COLLECTION
FOLIO HISTOIRE

Laurent de Wilde

Les fous du son

D'Edison à nos jours

Gallimard

© Éditions Grasset et Fasquelle, 2016.
© Éditions Gallimard, 2019 pour la présente édition.

Normalien, jazzman formé à New York et pianiste reconnu (prix Django-Reinhardt, Victoires de la Musique), Laurent de Wilde a été l'un des pionniers de la révolution électronique du jazz des années 2000 et continue de se produire activement. Il a publié en 1996 une biographie (*Monk*, Gallimard) qui a rencontré un grand succès (traduite en cinq langues, prix Pelléas, Prix Charles-Delaunay).

NOTE DE L'AUTEUR

Le livre que vous tenez entre les mains est un guide de voyage au pays du son, de la musique et de l'électricité. Certains sont des habitués de ces régions, d'autres n'y ont jamais mis les pieds. C'est à eux que s'adresse ce préambule, en leur proposant à la fin de l'ouvrage un glossaire dont les définitions se rapportent à notre sujet, et non à la science en général. J'espère qu'il leur sera utile lorsque, après quelques chapitres, un terme technique refera surface dont ils auront oublié le sens.

Aux plus curieux, je suggère de se rendre sur mon site (laurentdewilde.com), où ils trouveront l'essentiel de ma documentation. Elle est organisée pour suivre la chronologie du récit et comprend des vidéos, des photos, de l'audio, des interviews et une foule d'autres choses glanées au cours de mes pérégrinations sur le Net. Elle constitue un complément bienvenu à la lecture de ce livre et leur fera voir et entendre ce que mes mots n'auront pas pu décrire.

Bon voyage !

Intro

Au début était le son. Au tout début, avant tout le reste. Le son, c'est de l'air qui vibre avec un peu de vivant pour le faire vibrer – il n'y a pas plus primitif que cela. La vie silencieuse n'existe pas, nous faisons tous du bruit, chacun notre petite musique, pou, thon, liane, python, crabe, gazelle, tilleul, amibe, humain, tous nous vibrons. Les bouddhistes comme les hindouistes ne s'y sont pas trompés, eux qui font naître notre monde avec le Om primordial, syllabe magique qui structure l'Univers dont il est la source, la somme et la substance. Le Nouveau Testament ne dit pas autre chose : au commencement était le Verbe, c'est-à-dire la voix de Dieu, autrement dit un son. Les scientifiques aussi d'ailleurs, qui théorisent l'explosion qui engendra nos galaxies, à laquelle ils ont donné le doux nom de Big Bang... À sa naissance, chaque petit de l'Homme revit cette histoire, il ne voit rien mais entend *tout*, plongé dès les premières secondes de son existence dans un immense chaos vibratoire dont il apprendra progressivement à décoder le sens.

Le son est partout, dans le noir, sous l'eau, dans le ciel, au centre de la terre. C'est la matrice qui nous unit, c'est le bain de notre vie. Il court dans nos os, et Pythagore, il y a plus de vingt-cinq siècles, disait déjà entendre la musique des planètes gravitant au-dessus de nous. Disons-le tout de suite : il n'y a pas que par les oreilles qu'on entend le son. Il passe en nous comme l'eau dans un buvard, par les pieds, le dos, le ventre, la tête... Son affaire c'est de vibrer, de continuer sa course, nous ne sommes que des obstacles passagers sur sa route, les témoins auditifs de sa propagation. Nous le *sentons* autant que nous l'entendons. Amusez-vous, allongé à plat ventre sur votre lit, à chanter la note grave et continue qui va faire résonner à l'unisson les ressorts de votre sommier et vous vous administrerez un massage phonique des plus agréables. On peut non seulement le sentir mais le *voir* aussi, quand il fait trembler de l'eau dans un verre...

Mais plus encore, le son parle à notre âme, il connaît l'accès direct et instantané aux replis les plus obscurs de notre être, là où sommeillent les bouffées d'éternité que sont le plaisir, les craintes, les espoirs, les tristesses, les désirs. C'est ce chemin qu'emprunte la musique qui, en apprivoisant le son, en l'ordonnant soigneusement selon ses envies et ses ambitions, tutoie l'inexplicable. C'est le mystère du chant : celui des sirènes qui attire Ulysse contre son gré vers une mort certaine, celui du chamane qui se connecte par la voix aux énergies primitives de l'univers, celui qui exhorte par ses hymnes le révolutionnaire à faire couler un sang honni, celui de la berceuse qui endort l'enfant en quête de sommeil... Maîtriser ce pouvoir magique du son est un enjeu qui fascine l'humanité depuis toujours et qu'elle n'a cessé d'explorer. Ses premiers instruments : la percussion dont les vibrations s'enfoncent dans le sol, la flute qui fait chanter le souffle du vent, et la voix de l'homme coincé entre ciel et terre avec lesquels il rêve de se fondre. Puis viendront les cordes, les anches, les cuivres, chacun avec la couleur, l'intonation et le charme qui le fondra au mieux dans l'orchestre.

Petit à petit, la musique en Occident prit des formes de plus en plus complexes, on se mit à l'écrire, à la penser, à l'étendre. Une voix, puis deux, puis trois, pourquoi pas dix, on se mit à combiner les sons les uns avec les autres de façon harmonieuse, car l'harmonie n'est que cela, des sons qui s'entendent bien, et progressivement chaque instrument trouva sa place dans l'orchestre tel que nous le connaissons aujourd'hui. Cordes, cuivres, bois et percussions sont maintenant alignés depuis quatre siècles dans la fosse de nos théâtres sous le vigilant pointillisme de la baguette du chef. Une puissance de feu indéniable, une belle palette sonore, mais ça fait du monde, du brouhaha, des chaises. Pourquoi n'aurait-on pas un instrument qui les contiendrait tous et dont un seul homme pourrait jouer ? Un instrument qui exprimerait la note la plus grave possible ainsi que la plus haute, qui permettrait de tout faire entendre avec simplement ses deux mains, grâce auquel on pourrait *voir* la musique, sa largeur et sa logique bien alignées sous les doigts ? Qui pourrait pousser le rythme, l'harmonie et la mélodie en même temps, qui permettrait de composer des pièces complexes et de les entendre tout de suite, sans avoir à convoquer tous les musiciens et sortir encore une fois les chaises et les pupitres, un instrument qui serait totalement autosuffisant ? C'est pour assouvir ce rêve de commandeur solitaire que l'homme inventa le clavier.

Orgue, épinette, clavecin, vielle à roue, accordéon ou piano sont chacun une déclinaison possible d'une *idée* d'instrument plus qu'un instrument eux-mêmes. Ils peuvent en effet exprimer des attaques, des tenues et des timbres très différents – il y a loin d'un tonitruant jeu de grandes orgues au pincement discret des cordes du clavecin – mais ils ont en commun cet arrangement identique de touches noires et blanches qui permettent de commander un peu ce qu'on veut. Le clavier est une sorte de vue de l'esprit, un modèle, un poste de contrôle au travers duquel toute la musique doit passer – ce que l'on assigne au bout des touches ne dépend que de l'usage auquel on le destine. Vous voulez de la corde frappée ? Vous adorerez le piano. De l'air soufflé ? Je vous conseille l'orgue. De la corde pincée ? Le clavecin est pour vous. Et le clavier pour tout le monde. Blanche noire blanche noire blanche – blanche noire – blanche noire blanche noire blanche... et on recommence. Une séquence de douze notes toujours réparties de la même façon, on les répète autant qu'on veut vers le haut ou vers le bas. Ça semble un peu rigide, mais c'est très pratique pour faire de la musique. Cependant, le problème surgit qu'il faut assigner à chaque touche une note d'une hauteur définitive et universelle (un violon ou une flûte peuvent aisément affiner la justesse de leur instrument en temps réel, ce que ne peuvent faire un orgue ou un piano) et ça ne marche pas toujours si bien que ça. Séparément, chaque note peut sembler juste, mais quand on en joue beaucoup à la fois, comme seul le clavier le permet, on s'aperçoit qu'elles ont parfois du mal à se combiner entre elles et qu'elles frottent les unes contre les autres de façon très désagréable.

On peut dire que cette énigme a enquiquiné l'oreille humaine pendant des siècles et des siècles. Mais comme c'était une énigme, on essaya de la résoudre, et la lumière se fit progressivement sur les lois physiques du son que le clavier convoquait avec autant d'arrogance. Toutefois, c'était une recherche dont, aussi sérieuse qu'elle soit, la boussole demeurait le plaisir. Une méthode moyennement scientifique : c'est comme si on calculait le mouvement des astres en fonction de la beauté d'un coucher de soleil. Décider qu'une combinaison de sons est harmonieuse ou pas dépend de son aspect *plaisant* ou non. Néanmoins, et ce n'est pas le côté le moins troublant de la chose, on tomba vite d'accord sur le fait que cette sensation subjective de plaisir était partagée au même endroit par tous, lui conférant ainsi une sorte de valeur universelle. Ce n'était pas à proprement parler une étude physique du phénomène sonore, mais cela s'en approchait avec ferveur, et lorsque Jean-Philippe Rameau publie en 1737 son fameux traité *Génération harmonique*, l'affaire de l'accordage définitif du clavier est quasiment réglée. Le compositeur s'appuie d'ailleurs sur les travaux des plus illustres savants qui l'avaient précédé : Galilée, Kepler, Descartes, Sauveur, Huygens, Newton... Tous ont été fascinés par les liens entre la musique et la physique du son, ils ont beaucoup écrit sur le sujet, intimement persuadés qu'il existait un passage secret entre l'Art et la Science.

Un passage que leur ancêtre à tous, Pythagore, avait découvert dès le VIe siècle avant J.-C. en établissant que la hauteur relative des notes était régie selon des proportions mathématiques élémentaires et que plus les sons obtenus étaient beaux, plus leur rapport numérique était simple. Le plus étonnant est que cette fusion typiquement grecque entre le Beau et le Vrai (tout ce qui est objectivement plaisant a une raison mathématique de l'être) a pendant plusieurs millénaires servi de fil rouge à l'étude sensible du son et qu'il faudra attendre justement l'époque de Rameau pour que la science moderne commence à en dévoiler pleinement les mystères. Les travaux contemporains d'Euler et Bernoulli posèrent des fondations théoriques dont l'ingéniosité foisonnante du XIXe siècle allait s'emparer pour offrir avec Chladni, Scheibler, Laplace, Fourier, Ohm puis Helmholtz un décryptage extraordinairement précis du phénomène des ondes sonores. Oui, le son, ce sont des ondes, avec chacune sa fréquence obéissant à des règles complexes mais prévisibles. Des ondes dont on commence à pressentir l'universalité des lois avec la maîtrise simultanée du courant électrique, dont les applications innombrables vont bouleverser notre monde et le faire basculer dans la modernité. Car l'électricité est une onde elle aussi, et une onde porteuse, elle va propulser toutes les autres bien au-delà de leur champ d'action naturel. Un véhicule extraordinaire qui propose une nouvelle relation à la musique en décuplant ses possibilités !

Le son, la musique, l'électricité. C'est à la fin du XIXe siècle que débutera cette extraordinaire collision dont ces pages entendent être le récit. Les acteurs de cette aventure sont les inventeurs. Désormais on ne découvre plus, on invente : la science est passée, place au business. Chacun reprend les travaux de ses prédécesseurs, comme toujours, mais il s'agit à présent de fabriquer des objets commerciaux dans l'espoir de les breveter puis de les vendre. Et en matière de musique les possibilités sont innombrables. À en faire tourner la tête !

Ces inventeurs seront légion et on ne pourra ici les raconter tous, mais ceux dont nous suivrons les pas célébrèrent avec splendeur cette passion pour l'innovation musicale et sonore. Leurs instruments ne furent pas des vieilleries qui marquèrent brièvement leur époque, mais bien de remarquables inventions dont la plupart sont présentes aujourd'hui dans les studios d'enregistrement. En mettant leur imagination au service de la musique, ces hommes lui ont donné leur vie avec une générosité souvent bien mal payée en retour.

Car on ne choisit pas d'être inventeur. C'est une passion qui taraude la plupart dès leur plus jeune âge. Du latin *invenire*, trouver, rencontrer, découvrir. Aller au-devant de la nouveauté. S'ouvrir à l'impensé. Ouvrir, aussi. Au grand désespoir de leurs parents, ce sont souvent des mômes qui démontent tout, réveil, grille-pain, téléphone, ils veulent comprendre comment ça marche, ça leur donne plein d'idées. Des esprits insatiablement curieux et inventifs, toujours en éveil, toujours surpris. Des âmes d'enfants éternels – on remarquera qu'un nombre étonnant d'entre eux vécurent fort vieux. Ce sont des visionnaires, ils ont du recul, de la hauteur d'esprit, du courage, de l'obstination. Il n'y a pas de retraite dans le métier d'inventeur, pas plus que dans celui d'acteur, de peintre ou de musicien, quand on l'est, c'est pour la vie. Inventer, c'est jeter inlassablement une ligne vers l'avenir en espérant que ça morde, on ne peut pas poser la canne et dire que c'est fini, il y a tant d'idées qui frétillent, juste là, à portée de main ! Naviguant entre l'Art, la Science et l'Argent avec une chance inégale, nombreux furent ceux qui choisirent le clavier comme bâton d'aveugle dans ce nouveau monde éblouissant. D'autres, plus audacieux, choisirent de se lancer dans l'aventure avec pour tout bagage leur seule imagination. Quelques-uns construisirent un empire, d'autres moururent sans le sou, certains sont encore vivants, mais leurs vies furent toutes belles, généreuses et entêtées. Dédiées sans limites à ce miracle du son, à cette pâte magique qui ne demande qu'à prendre la forme qu'on veut lui donner.

Tous fous du son.

Chapitre premier

EDISON

UN JEUNE HOMME ENTREPRENANT

Tout pourrait commencer avec Edison. Déjà, dans son nom, il y a son. Et si on le prononce à l'américaine, ça sonne. Et dissone. Ce qui prend de l'importance quand on sait que le jeune Thomas Alva, de nature maladive, souffrira d'une scarlatine à treize ans qui le laissera quasiment sourd de l'oreille gauche et guère mieux de la droite. Doté d'une fort vive intelligence ainsi que d'une détermination précoce, le jeune Al, comme on l'appelle à l'époque, vivra rapidement cette infirmité non comme une malédiction mais bien au contraire comme une aide bienvenue à la concentration intellectuelle. N'ayant qu'un goût modéré pour le papotage mais passionné de lecture, le fait d'être naturellement isolé du tintamarre de la vie le conduira à s'astreindre à communiquer sur l'essentiel – une vertu qui le distinguera très tôt de ses contemporains. Bien plus tard, quand il aura connu gloire et fortune, on tentera en vain de le persuader de subir une opération qui lui aurait rendu l'audition – ce qu'il entendait lui suffisait amplement, aimait-il à répondre. Lui, l'inventeur du phonographe et du micro de téléphone...

Il est né le 11 février 1847 à Milan, dans l'Ohio. C'est une petite ville du Nord-Est des États-Unis où les hivers sont rudes, au bord du lac Érié. Peut-être que la gémellité entre son humble ville natale et la prestigieuse cité italienne lui inspira très tôt le sens des liens invisibles faisant fi des distances et des climats, toujours est-il qu'il est encore petit quand son père, immigré canadien et modeste propriétaire terrien, décide de s'installer avec sa femme et ses sept enfants (Thomas est le dernier) à Port Huron, plus au nord dans l'État du Michigan, sur les rives du lac Huron. La ville est affluente, elle est située sur la frontière canadienne et se trouve sur la ligne de chemin de fer reliant Toronto à Detroit ; les affaires y sont meilleures qu'à Milan et le développement croissant du rail y nourrit une prospérité nouvelle. Thomas y grandit, élevé par une mère ancienne institutrice et un père touche-à-tout admirateur de Thomas Paine. Tous deux sont parfaitement conscients des talents exceptionnels de leur lil'Al et sauront le guider dès ses débuts dans sa soif de savoir. Mais il est encore jeune quand le pays bascule dans un conflit déterminant de son histoire, la guerre de Sécession.

Thomas a quatorze ans et, faute de s'intégrer au système éducatif américain qu'il juge trop lent et rigide, le voici plongé dans la vie active au moment où débute cette guerre civile meurtrière. Les États du Nord, isolés des combats, sont avides de nouvelles fraîches sur cet affrontement dont dépend l'avenir de la nation. En bon entrepreneur digne du rêve américain, le jeune Edison comprend rapidement le parti qu'il peut tirer de la situation : cela fait deux ans qu'il propose en exclusivité sur la ligne de chemin de fer Port Huron-Detroit bonbons, boissons et cigarettes, et voilà que subitement les journaux relatant les dernières nouvelles du front s'arrachent comme des petits pains. Il embarque donc une presse d'occasion dans le wagon à bagages et s'applique à rédiger et à imprimer sur place les quelque six cents exemplaires de son *Grand Trunk Herald* qu'il vend avec les autres journaux. Il profite d'ailleurs de cet espace improvisé pour réaliser en parallèle quelques expériences de chimie (clairement une science où on n'apprend rien si on n'essaye pas), dont la plus malheureuse mit le feu à son wagon-imprimerie, sonnant ainsi le glas de son laboratoire mobile. Il racontera plus tard que c'est suite à la correction qu'il reçut du chef de train qu'il perdit l'audition, et il est probable qu'ajoutée aux séquelles de sa scarlatine, cette mésaventure scella son sort. Mais comme dans les romans, le destin lui sourit un jour lorsque, marchant le long d'une voie ferrée, il sauve un bébé jouant entre les rails en l'écartant à la dernière seconde d'un wagon roulant à sa rencontre. Le père de l'enfant, télégraphiste de la station de Mount Clemens, lui propose en gage de reconnaissance de l'engager sur-le-champ comme apprenti pour deux mois et de lui apprendre le morse. Le télégraphe, c'est l'avenir. Edison accepte sans hésiter et, à quinze ans, le voici sur le chemin de sa vie dont il n'aura plus qu'à dérouler le fil.

Thomas n'est pas un télégraphiste modèle. Dès ses premiers boulots, beaucoup plus intéressé par son instrument de travail que par la fastidieuse transmission des messages codés pour laquelle il a été engagé, l'inventeur en herbe passe aux dépens de ses clients un temps considérable à étudier ce nouveau et fascinant moyen de communication. Il faut dire que son fonctionnement est d'une simplicité merveilleuse : une batterie alimente un interrupteur commandé par le doigt. Lorsque celui-ci est enfoncé, le courant électrique passe dans un fil au bout duquel se trouve le récepteur, constitué d'un électroaimant. Il s'agit d'une bobine de fil électrique qui, lorsqu'elle est alimentée en courant, crée un champ magnétique auquel réagit n'importe quel objet métallique situé en son centre. Un stylet, par exemple, qui transcrira en lignes interrompues sur un papier déroulant les impulsions électriques envoyées par l'émetteur. C'est magique : on appuie sur l'interrupteur et, à l'autre bout du fil – qui peut être à des milliers de kilomètres –, le stylet transcrit l'impulsion. Pour la première fois dans l'Histoire, l'homme a inventé un système de communication qui, en temps réel, va plus loin que l'œil ou l'oreille. Les distances sont devenues des abstractions : elles ne tiennent littéralement qu'à un fil.

Depuis le brevet que Samuel Morse a déposé en 1840 avec son alphabet chiffré qui standardise le système, le télégraphe (étymologiquement : qui écrit à distance) a généralisé l'idée que, grâce à l'électricité, un signal pouvait se déplacer instantanément n'importe où. C'est vraiment très excitant, grisant même. Et très prometteur, se dit Edison, qui dès lors n'a de cesse de perfectionner le système. Il imagine la possibilité de faire courir le signal en aller-retour instantané sur le même câble et invente derechef le télégraphe en duplex. En parallèle, il poursuit ses recherches en chimie qui s'avèrent une fois de plus fatales : au cours d'une expérience sur une batterie au plomb, il renverse par terre une bonne dose d'acide sulfurique qui troue le plancher et attaque le bureau de son patron un étage au-dessous, entraînant son renvoi instantané. Ce ne sera ni la première ni la dernière fois pour ce Gaston Lagaffe du télégraphe qui continue inlassablement de passer ses heures de bureau à inventer de nouveaux appareils avant de se faire virer. Il rebondit un peu partout comme ça entre le Canada et les États-Unis puis, à vingt-deux ans, avec la détermination qui le caractérise, il décide d'arrêter les bêtises et de tenter sa chance à New York.

Les versions divergent sur les circonstances exactes de son premier coup d'éclat. Il faut dire que la propension progressive de l'inventeur à construire publiquement son propre mythe l'amènera à jeter un voile parfois trompeur sur son passé. Toujours est-il que lorsqu'il débarque dans la capitale de la finance, il n'a pour toute fortune qu'une foi inébranlable en sa bonne étoile, et le voilà qui commence à traîner dans le quartier de Wall Street. Si l'on mettait aujourd'hui ses pas dans les siens, on ne trouverait que des rues vides et propres, bordées d'immeubles glaçants et vertigineux dont les noms s'affichent en lettrages imposants : nous sommes ici chez les maîtres du monde, et ils sont bien cachés par d'épaisses couches de béton, de verre teinté et de réceptionnistes vigilantes. Mais à la fin des années 1860, c'est une tout autre foule qui s'y presse.

En effet, le télégraphe a procuré aux financiers un accès à un flux constant d'informations en temps réel, leur permettant d'ajuster sans cesse la finesse de leurs échanges sur le cours de l'or. Tous les câbles convergent vers New York qui défie ouvertement Londres comme capitale mondiale des affaires, et ces quelques rues situées au sud de Manhattan grouillent de commis, de courtiers et d'affairistes qui tous ont compris qu'avec un peu d'opportunisme, chacun des petits bouts de papier crachés par le télégraphe pouvait littéralement se changer en or. Les alchimistes avaient dit vrai ! Ils s'étaient juste trompés de méthode ! Voici donc Wall Street qui devient le chaudron bouillonnant de ces nouveaux magiciens rêvant de gloire, de richesse et de puissance... De cette effervescence ne subsiste aujourd'hui que la statue au Bowling Green Park d'un taureau furieux fonçant tête baissée et dont les cornes menaçantes amorcent un mouvement de bas en haut. Les marchés raffolant des courbes ascendantes, cette analogie fait dire depuis aux analystes qu'une Bourse en hausse est un « bull market » (et celle en baisse un « bear market », en référence au mouvement descendant des bras de l'ours debout sur ses pattes arrière). Mais à l'époque, il fallait réellement charger tel un taureau à travers une inextricable cohue si l'on voulait acheminer au plus vite les informations sur les cours de l'or et tirer pleinement profit de leur fraîcheur. Leur affichage, retransmis en direct sur la façade du Gold Exchange, attirait en conséquence une foule compacte en perpétuelle agitation.

Voici donc notre jeune Edison se mêlant à la foule en automne 1869. On l'imagine enfiévré par l'énergie dégagée de cette chaudière infernale et tentaculaire, prêt à sauter dans l'action... Et le sort lui sourit. Il faut dire que tout bouge très vite autour de lui. L'achèvement du Northern Pacific Railway la même année a permis de relier les deux côtes Pacifique et Atlantique des États-Unis et l'économie américaine se découvre soudain une dimension transcontinentale. Les premiers margoulins de Wall Street ne tardent pas à voir la faille et tentent, à l'automne 69, d'en gonfler artificiellement les cours. Le 24 septembre, Wall Street succombe à la première d'une longue série de convulsions qui se prolongeront jusqu'à nos jours : c'est le Black Friday, le métal jaune grimpe en flèche, des fortunes s'évaporent, tout le monde panique, c'est la surchauffe.

Venu ce jour-là proposer ses services à Mr Laws, président du Gold Exchange et inventeur de ce système d'affichage des cours, appelé « stock ticker » à cause du petit bruit que faisait le panneau quand il changeait de valeur, Edison débarque en pleine crise. Courant après le marché devenu fou et sous l'effort exceptionnel fourni par ses rouages, le mécanisme qui affiche les cours est tombé en panne. L'argent flambe, et on ne peut même pas le voir flamber ! Tout le monde s'arrache les cheveux, mais Thomas déclare d'une voix calme : je crois que je peux le réparer. Laws se tourne vers le jeune homme et lui dit eh bien vas-y, fiston, mais vite ! Après un rapide examen des entrailles de la machine, Edison refixe un petit ressort qui était sorti de son axe et, miracle, tout se remet en route. Merci la bonne étoile. Comprenant qu'il a devant lui un garçon qui connaît son affaire, le président du Gold Exchange lui demande s'il peut améliorer le mécanisme pour éviter à l'avenir de telles pannes. Avec une assurance impavide, le jeune freluquet lui répond : sans aucun doute.

LES PREMIERS BREVETS

C'est en prononçant ces mots qu'Edison débute officiellement sa carrière d'inventeur. Engagé comme mécanicien en chef le lendemain pour un somptueux salaire de 300 dollars par mois, il fournit quelques jours plus tard à son patron ébahi les plans d'une installation plus performante (sur laquelle il travaillait depuis des années) qui deviendra peu après la machine utilisée par le Gold Exchange. Grâce à son génie mécanique, Edison se retrouve ainsi en plein cœur d'un capitalisme soudain avide de technicité, et c'est le jackpot. Cent ans auparavant, son illustre et fort sympathique compatriote Benjamin Franklin découvrait le Gulf Stream, inventait la lunette à double focale, le cathéter souple, établissait la polarité du courant électrique et dessinait un modèle de poêle à bois encore en usage aujourd'hui, tout ça sans déposer le moindre brevet. Il ne faisait, disait-il, que rendre à l'humanité ce qu'elle lui avait donné. Mais en cette fin du XIXe siècle se dessine une Amérique plus technique, plus riche, plus vorace. Les grandes infrastructures sont en train de voir le jour, le rail, le télégraphe, bientôt le téléphone, et puis la guerre de Sécession est finie. Une nation, une langue, une monnaie. Un seul marché, immense, connecté, à prendre. Les grandes fortunes peuvent désormais se faire très vite, l'argent afflue de tous côtés, les investissements sont pharaoniques, les pertes abyssales, les enjeux historiques, il s'agit de labourer sans retard ce champ vierge et fertile, et les premiers arrivés seront les premiers servis. Comme jadis le *settler* déployant le fil de fer barbelé pour délimiter sa propriété à l'époque où sa seule richesse était la terre, l'heure est maintenant au brevet qui protège une invention technique dans le quadrillage filaire de cette nouvelle nation. Edison sera l'un des premiers à comprendre les conséquences de cette nouvelle donne quand il déposera non son premier mais son plus décisif brevet, celui sur ce fameux « stock ticker » remplaçant celui de Laws, qui lui rapporta la fort coquette somme de quarante mille dollars (plus de un million aujourd'hui), ce qui n'était pas mal pour un jeune homme de vingt-deux ans qui, il y a quelques semaines encore, dormait dans des abris de fortune et se battait pour un quignon de pain.

Les affaires vont pouvoir commencer. Avec deux autres entrepreneurs, il fonde une compagnie dédiée à l'amélioration du télégraphe, il quitte le Gold and Stock Exchange dont il avait continué de perfectionner les machines et part travailler pour la Western

Union, l'empereur du fil qui chante – et nouveau propriétaire du Gold and Stock. Ses connaissances en télégraphie lui permettent d'accéder à un poste élevé dans la maison, d'où il dirige d'une main de fer ses équipes de recherche (il connaît, pour en avoir abusé lui-même, tous les stratagèmes des tire-au-flanc). Seulement voilà : en travaillant à la Western Union, Edison a accepté d'accorder à son employeur l'exclusivité de ses inventions, et ça l'énerve. Il prend progressivement conscience de l'importance de celles-ci et de la facilité avec laquelle il peut s'en faire dépouiller par une simple signature en bas d'un bout de papier. Dans la prolongation de son télégraphe en duplex, il invente à cette époque le télégraphe en quadruplex (deux messages dans les deux sens simultanément) et, avec une filouterie de débutant, vend son invention à un monsieur Gould sans vraiment lui expliquer l'affaire de l'exclusivité avec Western Union. S'ensuit un procès bien sûr, mais entre Gould et Western Union, personne ne niant à Edison la propriété de son brevet. Western Union gagne au final et cède au jeune homme pour exploiter son invention la somme de dix mille dollars (qui s'ajoute aux cinq mille qu'il avait escroqués à Gould en lui promettant l'exclusivité) : on doit reconnaître que Thomas Edison mène bien sa barque.

Il faut dire que, depuis son succès au Gold Exchange, il est passé d'une vie de télégraphiste itinérant pour quelques *cents* la journée à celle d'un homme installé et sociable, découvrant avec retard le plaisir des compagnies féminines. Il est devenu un grand et beau jeune homme. Du haut de son mètre soixante-dix-huit, une taille peu courante à l'époque, il darde son regard bleu sur le monde avec une assurance exceptionnelle qu'accentue son menton volontaire. Son nez est droit, puissant, ses lèvres finement dessinées. En raison de sa surdité, il parle fort et impressionne par sa compacte corpulence. De son père, qui avait dû fuir en catastrophe le Canada en raison d'activisme antigouvernemental, il a hérité un déterminisme résolu et audacieux dont la maturité étonne à un si jeune âge. Il dort quelques heures par nuit, pas plus, il est trop occupé, l'avenir n'attend pas. Et il tombe amoureux d'une ravissante employée de seize ans, Mary Stilwell, qu'il épouse en décembre 1871 et avec qui il aura trois enfants : William, Thomas Jr. et Marion. Il s'agit de s'organiser. Quelle direction prendre ? Travailler pour de grandes compagnies avec un bon salaire est certes intéressant mais les hiérarchies sont obtuses et les contrats d'exclusivité abusifs. Et puis il n'y a pas que la télégraphie dans la vie, Thomas pressent que de nouvelles forces sont en marche... Mû par un trait de génie, il décide alors de sauter le pas : il *invente le métier d'inventeur*. Avec son capital accru par ses derniers gains, il s'installe en 1875 dans ce qui deviendra le berceau historique des plus grandes inventions en matière de son : Menlo Park. Pour la première fois, un homme se lance dans un laboratoire privé avec pour but d'*inventer en flux continu*. Situé dans le New Jersey près de Newark, ce bâtiment s'élargira à d'autres dépendances, toutes dévouées à la création d'idées nouvelles, et crépitera vite de talent et d'audace.

Parce que ça s'agite à côté. Il n'est pas le seul et la compétition promet d'être féroce. Alexander Graham Bell (dont on remarquera que la mère et la femme étaient sourdes, elles aussi), originaire d'Écosse, s'intéresse depuis longtemps au son et à sa transmission par l'électricité. De son côté, Elisha Gray, de huit ans son cadet, vient de rendre public en 1874 son merveilleux télégraphe harmonique, petit clavier à deux octaves qui transmet les vibrations de lamelles magnétiques et active une sorte de boîte à musique à l'autre bout du fil. De toute évidence le télégraphe commence à avoir fait son temps. Écrire à distance en épelant les lettres, voilà trente-cinq ans que cela est possible et cette révolution semble maintenant vieillotte. Le nouvel enjeu décisif c'est de faire voyager... le son. Or, voici qu'un même jour de février 1876 les deux hommes déposent simultanément un brevet pour l'une des plus brillantes inventions du siècle : le téléphone. Edison vient d'entrer dans la course, mais avec juste ce qu'il faut de retard pour assister comme toute l'Amérique ébahie à la bataille historique entre Bell et Gray pour la paternité du brevet. Les enjeux sont énormes et l'affaire est embrouillée : Gray aurait déposé un *caveat*, sorte d'option de brevet gelant les exploitations concurrentes éventuelles, quelques heures avant le dépôt officiel de Bell. S'ensuit alors une suspension de plusieurs mois dans l'attribution du brevet, et il semblerait que Bell en ait profité pour se renseigner sur celui de Gray, plus abouti, et modifier le sien opportunément avec la complicité d'un agent des dépôts, alcoolique notoire que Bell aurait arrosé, c'est le cas de le dire, pour l'occasion. Résultat des courses : Bell finit par gagner, pas vraiment à la loyale, son appareil ne fonctionne qu'imparfaitement, mais il est désormais clair pour tout le monde qu'en matière de brevets, tous les coups sont permis. Et Edison ne va pas se gêner.

PREMIERS PAS DANS L'AVENTURE SONORE

Il est arrivé trop tard dans cette affaire, mais c'est pour s'être concentré plus que ses concurrents sur le point faible du téléphone de Bell : la qualité du son.

En effet, nous sommes aux tout premiers jours de cette fabuleuse invention et les conversations sont à peine audibles. Plutôt que de considérer que la raison en est la longueur et la rusticité des fils, Edison comprend très tôt que c'est le signal lui-même qui doit être amélioré et, comme à son habitude, il s'appuie sur les découvertes de ses prédécesseurs pour en perfectionner le fonctionnement.

Car il n'est ni le premier ni le seul à s'intéresser à la question. Dès 1667, le mathématicien et astronome anglais Robert Hooke écrivait : « Je puis affirmer qu'en employant un fil tendu, j'ai pu transmettre instantanément le son à une grande distance et avec une vitesse, sinon aussi rapide que celle de la lumière, du moins incomparablement plus grande que celle du son dans l'air... » Il venait ni plus ni moins d'inventer le téléphone en pot de yaourt ! Un fil tendu entre deux cornets dont le fond vibre et transmet le signal de l'un à l'autre, à la fois émetteur et récepteur. Tout simplement génial. Le son qui sort aujourd'hui de notre smartphone fonctionne sur le même principe, seuls les fils ont changé.

Soit dit en passant, je n'arrive pas à m'expliquer comment cette découverte extraordinaire n'a pas généré un intérêt plus soutenu auprès de ses contemporains. Parce que quand même, tout est là. Émission, vibration, transmission, restitution. C'est un peu comme si Christophe Colomb découvrait l'Amérique et envoyait pour la faire connaître une lettre qui dormait deux cents ans dans un tiroir (ce ne sont pas les Indiens qui s'en seraient plaints). Trop tôt, trop génial. Il faut dire encore une fois que le phénomène sur lequel s'appuie cette découverte est d'une simplicité extrême : les modulations de la voix, concentrées dans le pot, font vibrer l'air qui à son tour fait vibrer la membrane ronde en carton au fond. Cette vibration court le long du fil tendu et se transmet à l'autre membrane qui se met à vibrer à son tour. Et croyez-le ou pas, cette vibration se transmet à l'air qui *reproduit le son original*. Et ça marche dans les deux sens ! Autrement dit, quand elle est orientée vers une source de son, une membrane suffisamment fine (de préférence circulaire, ça marche mieux) a la capacité de capter une information sonore qui est un reflet parfait de la réalité, et, une fois transmise par un fil tendu, de la restituer à l'identique selon le même procédé. Ce n'est franchement pas compliqué, et il est difficile d'admettre que ni les Grecs, ni les Romains, ni même des savants plus récents comme Léonard de Vinci ou Galilée n'avaient remarqué ce phénomène physique élémentaire. Vu d'ici, ça semble quand même plus facile que d'inventer l'hélicoptère ou de prendre conscience de la rotation de la Terre ! Mais après tout, il est aisé de s'étonner, le propre d'une découverte géniale étant qu'on se demande toujours pourquoi personne n'y a pensé avant.

Néanmoins, la science avait avancé, la médecine en particulier, et depuis le début du XIXe siècle, on avait une idée de plus en plus précise sur le fonctionnement de l'ouïe humaine. Surprise, nous aussi avons une membrane qui vibre, le tympan, derrière lequel trois osselets articulés, le marteau, l'enclume et l'étrier, transmettent la vibration à une petite poche de liquide en délicieuse forme d'escargot, la cochlée, à l'intérieur de laquelle sont situés les capteurs nerveux qui vont transformer pour notre cerveau le signal... en électricité. Mais ça, on ne le sait pas encore à l'époque de Bell, même si celui-ci, tout comme son père et son grand-père, a voué sa vie au problème de la surdité et de sa rééducation. Le plus étonnant est sans doute que ce n'est pas lui mais son concurrent Elisha Gray qui développe un système dont les mécanismes rappellent étrangement l'anatomie humaine.

En effet, pour transmettre au mieux les inflexions de la voix, il imagine le procédé suivant : il utilise une membrane, comme toujours, sauf qu'en son centre est fixée une aiguille en métal qui est plongée dans de l'eau rendue plus conductrice de l'électricité par la présence de quelques gouttes d'acide. Mue par les vibrations de la membrane, l'aiguille sautille à proximité d'une plaque de métal également électrifiée qui interprète ses va-et-vient en variations d'intensité électrique, transmet ces variations par un fil de cuivre à un dispositif semblable à l'autre bout ; l'aiguille vibre selon le signal et fait vibrer la membrane qui restitue le son original. Très malin. Beaucoup plus que la solution de Bell, qui consistait à disposer une membrane métallique devant un champ magnétique, avec pour même effet de générer un courant électrique en fonction des ondes émises par la voix et des mouvements de la membrane, mais de façon beaucoup moins efficace : il fallait s'époumoner dans le cornet pour espérer se faire comprendre. Seul problème : l'eau acide, ça s'écoule et ça fait des trous dans les costumes. De toute évidence, on s'approchait d'une solution mais on n'y était pas encore.

En fait, ils sont quelques-uns à comprendre qu'il faut développer un outil spécifique à la captation de la voix, entièrement dédié à reproduire des sons modestes, des tout petits sons, en grec *micro phonè*, bref qu'il faut inventer le microphone. Le mot existe depuis 1827, mais l'objet a dû attendre cinquante ans avant de voir le jour (c'est étonnant comme parfois on invente un mot pour un objet qui n'existe pas encore et qui, du coup, est forcé d'accéder à l'existence), et

Bell est sans aucun doute l'un des pionniers de cette recherche. Mais pendant que Gray et lui s'étripent pour la paternité du téléphone, il y a au moins trois personnes qui en sont déjà à l'étape suivante : un immigré anglais d'une trentaine d'années du nom de David Hughes, un Allemand de vingt-six ans installé à Washington, Emile Berliner, que nous aurons l'occasion de retrouver plus tard, et Thomas Edison, de quatre ans son aîné. Ils font tous les trois le même constat : la membrane, l'électricité, ça marche, mais il faut trouver une façon plus fine de traduire les vibrations de la membrane en signal électrique. La plaque métallique, c'est rustique, le stylet dans l'eau, c'est pas mal mais pas très pratique si on veut fabriquer l'objet en grand nombre, il y a moyen de faire mieux. Avec de tout petits granules de charbon, par exemple. Qui, bien serrés, se compresseraient et se détendraient très finement en fonction de la pression exercée par la membrane et dont la souple résistance traduirait en électricité les variations d'intensité de la voix avec une plus grande fidélité.

Et les trois inventeurs de se précipiter vers la même solution : le microphone à charbon. Historiquement, Hughes avait bien avant 1877 démontré publiquement l'efficacité de son invention mais ce sont Edison et Berliner qui à leur tour déposent chacun un brevet revendiquant la paternité du procédé. Bataille, et ce coup-ci, c'est Edison qui gagne. Le gros lot. Jusqu'aux années 1970, c'est-à-dire bien après l'expiration de son brevet, *tous* les téléphones seront équipés de microphones à charbon. Encore une fois, la victoire est contestée, et ce sera le début pour Edison d'une série de grands procès qui prendront une place considérable dans sa vie d'inventeur. Mais il a gagné sur un terrain très important pour nous : le son, et il ne va pas tarder à aller plus loin.

Avant de clore ce chapitre du téléphone, il convient de remarquer que son invention fut officiellement reconnue par le Congrès américain en 2001 comme appartenant à Antonio Meucci, immigré italien arrivé à New York en 1850, qui avait déposé dès 1871 un *caveat* semblable à celui de Gray, mais dont la protection était tombée faute d'avoir pu payer les dix dollars de son renouvellement. À quoi tient parfois l'Histoire...

LE PHONOGRAPHE

Mais revenons à Menlo Park. Les affaires fleurissent, Edison a le vent en poupe et il est prêt à lancer un nouveau chantier. Cette histoire de microphone lui a donné des idées et il aimerait bien aller jusqu'au bout. Ça y est, le son voyage, bientôt le système sera rodé. Et si c'était possible de le graver ? Et de le rejouer après ? Non pas de le transmettre en temps réel, mais de le stocker quelque part, prêt à être utilisé quand on le désire ? De créer une sorte de photo du son ? Ce serait vraiment magnifique ! La moitié du travail a déjà été faite presque vingt ans auparavant lorsqu'un jeune sténographe français du nom de Édouard-Léon Scott de Martinville réussissait, grâce au même procédé de membrane vibrante avec un stylet en son centre, à transcrire du son sur un cylindre rotatif de papier enduit de noir de fumée. Superbe accomplissement scientifique, c'est la première fois qu'on peut voir une onde aussi clairement que si l'on lisait le journal. Seulement il s'est arrêté là, son appareil écrit mais ne lit pas le son, et en baptisant son invention le *phonautographe*, il n'a pas conscience qu'il lui fallait une syllabe en moins et une fonctionnalité en plus. Ce à quoi Edison se hâte de remédier en inventant le *phonographe*. Là encore, il n'est pas le seul à y penser, Charles Cros présente à Paris en avril 1877 devant l'Académie des sciences son *paléographe* fonctionnant quasiment sur le même système (il semblerait d'ailleurs qu'Edison ait eu vent de cette présentation, se procurant des schémas détaillés qui lui furent fort utiles). À la différence de Cros, dont le peu de moyens et de réactivité ont fait dire aux commentateurs français de l'époque qu'il « s'était endormi sur le rôti », sa connaissance approfondie du télégraphe et du téléphone ainsi que les moyens mis en œuvre dans son nouveau laboratoire permettent à Edison de fabriquer un prototype convaincant dont il dépose le brevet le 24 décembre 1877. Celui-là, il est à lui, personne ne le conteste, et il entend le faire savoir. Il va même quelques semaines auparavant s'offrir une petite visite dans les bureaux du magazine *Scientific American* à New York pour y démontrer devant les journalistes ébahis le fonctionnement de sa nouvelle invention. Après avoir posé l'objet sur la table d'un geste théâtral et remonté la manivelle, le cylindre se met en route et du pavillon de l'instrument s'échappe une voix qui leur demande s'ils vont bien, si le phonographe leur plaît, annonce qu'il se porte à merveille et finit par leur souhaiter une bonne soirée. Succès immédiat. Si l'invention du microphone à charbon lui promet de substantiels revenus, il s'avère que celle du phonographe l'expose aux yeux du grand public comme un inventeur américain de premier ordre. Le chemin de Menlo Park est désormais connu de tous les journalistes avides de sensationnel et il devient clair qu'Edison est, comme on dit dans le jargon, « un bon client ». C'est bon pour son ego mais aussi pour ses affaires, car il avance dans ses projets avec une assurance et une renommée qui se révéleront de plus en plus embarrassantes pour ses concurrents.

Mais comment marche son invention ? Eh bien comme toujours avec une membrane et une aiguille, car il s'est rendu compte quelque temps auparavant que, selon les variations d'intensité du courant qui animent le stylet du télégraphe, celui-ci marque le papier plus ou moins profondément. Ça le fait réfléchir. Qu'est-ce que ça donnerait si, mues par du son, on gravait ces variations sur un support plus adéquat ? Il essaye d'abord avec un papier défilant enduit de paraffine, puis avec un cylindre tournant sur lui-même, recouvert d'une feuille d'aluminium. Et là, hourra ! ça marche. En ce jour d'automne 1877, il enregistre *Mary Had a Little Lamb* (l'équivalent anglais de *Il pleut, il pleut, bergère*) dans le pavillon, au bout duquel l'aiguille poussée par la membrane fait son travail de gravure sur la feuille de métal. Et quand il remet le rouleau en route et repose l'aiguille sur le sillon ainsi tracé, celle-ci tressaute sur la membrane qui vibre... et retransmet le son gravé ! Difficile de faire plus simple. Le son se grave et se lit selon le même système dans les deux sens ! Même pas besoin d'électricité ! Encore une fois c'est à se demander comment le procédé n'a pas été découvert plus tôt...

Pour la petite histoire, une équipe de chercheurs américains de l'Université de Berkeley a remis la main en 2008 sur le rouleau historique sur lequel Scott de Martinville avait transcrit pour la première fois une onde sonore en 1860. Grâce à l'analyse numérique du graphe ainsi tracé, ils ont offert au brillant inventeur presque cent cinquante ans plus tard le plaisir qui lui aura cruellement fait défaut de son vivant : celui d'enjamber la découverte d'Edison et d'entendre son invention restituer du son. Ce document dure onze secondes, et on peut y découvrir à travers les scories du temps une voix androgyne (sans doute celle de Scott déformée par le procédé) qui chante les quatre premières mesures de *Au clair de la lune*, visiblement émue au point de manger un temps dans la mélodie. Il est d'ailleurs troublant de voir comment, malgré la gravité de ce moment historique, Scott comme Edison ont recours à l'enregistrement d'une comptine, comme s'ils voulaient utiliser pour leur première expérience un son connu dès la plus petite enfance... On imagine les deux inventeurs, penchés sur leur cornet acoustique, empreints d'une solennité scientifique, scander dans leur engin leur petite ritournelle devant leurs assistants incrédules... Quant à Charles Cros, poète reconnu et ancien professeur de chimie à l'institut parisien des sourds-muets, il conçut une immense amertume de ne pas avoir été crédité pour cette invention, s'enfonçant dans un alcoolisme suicidaire qui finit par l'emporter peu après ses quarante-cinq ans.

Quoi qu'il en soit, ça y est, Edison grave le son. Paradoxalement, il ne sait pas très bien à quoi ça peut servir. Il est allé au bout de son idée, par pure passion d'inventeur, le résultat est certes tout à fait étonnant, mais que faire de ce gadget ? Ça ne donne pas les cours de la Bourse, ça ne transmet pas en temps réel les dernières nouvelles, bref, ça ne bouge pas, ça conserve, c'est tout le contraire de ce qui se passe autour de lui. Pour l'obtention du brevet il lui faut néanmoins préciser l'utilité publique de l'invention, et Edison communiquera à la presse la liste suivante :

1 – Faire office de sténographe et servir aux chefs d'entreprise de mémos dictés pour le courrier de leurs secrétaires (le dictaphone, en somme).

2 – La réalisation de livres phonographiques pour les aveugles.

3 – L'apprentissage de la diction (notamment pour les sourds).

4 – La reproduction de la musique.

5 – Permettre de réaliser un « album de famille » comprenant les voix et chansons des êtres chers de la maison.

6 – La fabrication de boîtes à musique et de jouets parlants.

7 – La réalisation d'annonces publiques précisant d'une voix claire la fin de la journée de travail ou la pause déjeuner.

8 – L'archivage des langues et dialectes avec leur prononciation exacte.

9 – À des fins éducatives, l'enregistrement des leçons des professeurs comme aide-mémoire, et finalement.

10 – En connexion avec le téléphone, la diffusion de documents sonores historiques, plutôt qu'une conversation futile et éphémère.

Encore un peu et il inventait le répondeur !

On notera que l'homme balaye large et que quasiment toutes ces utilisations virent le jour tôt ou tard sous une forme ou une autre. Mais on note aussi qu'il n'imagine visiblement que très vaguement l'extraordinaire avenir qui attend la production phonographique musicale, devenue aujourd'hui une activité industrielle brassant plusieurs dizaines de milliards d'euros par an. Pour sa défense, il faut dire que d'une part il n'était, en raison de sa surdité partielle, que peu mélomane et que, d'autre part, avoir à l'époque chez soi une machine qui joue de la musique est une idée complètement incongrue. L'électricité n'est encore qu'une énergie très peu et mal utilisée, le téléphone est réservé aux *happy few*, on roule en carriole, on se chauffe au bois et au charbon, les journées de travail sont longues et dures, on ne voit pas ce qu'on ferait d'un truc comme ça à la maison ni à quel moment on pourrait s'en servir – il faudra que ce siècle finisse de s'écouler avant que la plupart de ses contemporains ne prennent conscience de tout l'intérêt commercial du procédé.

Homme d'action et de nouveauté, l'inventeur ne tarde donc pas à mettre son phonographe au rayon « postérité » de Menlo Park sans se soucier vraiment de l'améliorer en vue d'une utilisation dont il n'a lui-même pas l'intuition, laissant le champ libre à ses concurrents qui, eux, avaient le nez creux. En particulier Emile Berliner, l'autre inventeur du microphone à charbon, qui avait vendu son invention à Bell et s'était quand même fait souffler le brevet par Edison. Car tout est à améliorer dans le phonographe, comme souvent dans les premiers jets : le mécanisme d'entraînement, la matière des rouleaux sur lesquels graver, la membrane, l'aiguille, le pavillon, il faut tout repenser. Berliner n'est pas le seul, d'ailleurs : Bell, avec l'aide de son cousin Chichester, s'est mis au travail et il lui faudra presque neuf ans pour déposer un brevet de *graphophone* perfectionnant la machine d'Edison. Mais c'est grâce à Berliner (qui a quitté Bell et s'est mis à son compte) que nous connaissons le tourne-disque sous sa forme actuelle.

Trois innovations fondamentales le catapultent brillamment dans la modernité. Tout d'abord, le procédé de gravure. Au lieu d'utiliser le stylet verticalement, il le fait latéralement : les vibrations de la membrane ne sont pas transmises sur le support en profondeur, mais en largeur dans le sillon. Si l'on regarde un disque au microscope, on voit très bien le tracé sinueux du signal semblable aux méandres d'un fleuve, le fleuve du son. Cette technique permet de lire et de graver sur le même plan, ce qui simplifie beaucoup de problèmes. Ensuite, avec l'utilisation de la galvanoplastie, véritable moule permettant de reproduire un enregistrement en un très grand nombre de copies, Berliner ouvre la voie au commerce de la musique enregistrée... après vous, messieurs ! L'inventeur de la maison de disques, rien que ça ! Et enfin, oui, le disque, il invente le disque. Beaucoup mieux que le rouleau. Plat, circulaire, le support parfait. Le bon vieux disque, le même qu'aujourd'hui. D'une simplicité telle que cent ans plus tard, quand la musique réinventa tous ses codes en basculant dans le numérique, le format fut néanmoins conservé du vinyle au CD, en plus petit – on n'avait toujours pas trouvé mieux. Berliner, véritable Gutenberg du son, a, en quelques années, posé les jalons pour les siècles à venir... Mais tout cela prend du temps, et le brevet de son *gramophone* n'est déposé qu'en 1887.

L'AMPOULE

En ce qui concerne Edison, l'homme qui ne dort jamais, il n'a pas de temps à perdre avec ça car il est persuadé que ses nouvelles recherches dans un domaine complètement différent vont aboutir à un succès définitif. Sans se douter que l'aventure dans laquelle il se jette l'emmènera plus loin qu'il ne l'aurait désiré... Mais il n'a que trente ans, il est Thomas Alva Edison, inventeur et millionnaire, alors il fonce.

Avec son flair infaillible et sa curiosité toujours en éveil, il a pris connaissance des travaux de quelques Européens plus âgés que lui qui s'acharnent à trouver une façon de produire de la lumière dans un globe de verre avec de l'électricité. Ils appellent ça une *lampe à incandescence* et le plus jeune et actif d'entre eux, un Britannique du nom de Joseph Swan, de vingt ans son aîné, est allé assez loin dans la réalisation de ce projet. Le principe en est simple : en faisant passer du courant électrique à travers un filament, la résistance de celui-ci le porte à incandescence à l'intérieur d'un petit globe en verre transparent qui, tout en le protégeant, diffuse la lumière ainsi obtenue. Plusieurs pistes sont explorées : faire le vide dans le globe ou le remplir de gaz, utiliser comme filament un fil de coton trempé dans de l'acide sulfurique ou alors un fil de carbone, mais pour l'instant les expériences sont peu concluantes. Le vide n'est pas parfait, du coup le filament en brûlant noircit le verre, il ne dure pas longtemps, il faut une énergie considérable pour le porter à incandescence, bref on n'y est pas encore.

Edison prend le problème à bras-le-corps. Il dépose un brevet en novembre 1879 qui revendique l'invention de l'ampoule à incandescence avec un filament de carbone dont il sait qu'il n'est pas idéal, mais qui lui permet de marquer son territoire et de présenter son invention en public le 31 décembre de la même année. Ensuite, il applique sa méthode désormais célèbre, 1 % d'inspiration, 99 % de transpiration, et décide d'étudier méthodiquement *tous* les matériaux imaginables pour le meilleur filament possible. Il dépense plus de un million de dollars actuels pour envoyer ses laborantins aux quatre coins de la planète avec pour mission de brûler tout ce qu'ils trouvent et de voir comment ça se passe. Coton, lin, bois, plantes, papier, plus de six mille matériaux sont ainsi testés ! Après plusieurs mois de recherches, c'est le bambou du Japon qui, si l'on peut dire, remporte la palme en promettant de se consumer pendant plus de mille deux cents heures. Presque cent fois plus que les malheureuses treize heures et demie de son filament de carbone. Grâce à une savante campagne de presse, le mot est bientôt sur toutes les lèvres en Amérique : le Magicien de Menlo Park a inventé l'ampoule électrique.

À ceci près que son brevet ne tient pas vraiment la route. En effet, Joseph Swan avait déposé un an auparavant une invention similaire en Angleterre, et cette fois-ci il n'y a rien à dire, l'idée est déjà prise, Edison n'a fait que l'améliorer. Après avoir tenté le coup avec quelques avocats agressifs (on ne sait jamais, ça peut marcher), l'Américain décide de s'arranger à l'amiable et se résout à s'associer en 1883 avec son concurrent. La chance incroyable qu'eut Edison dans cette histoire fut d'avoir en face de lui un fort aimable sujet de Sa Majesté, physicien et chimiste, qui, bien qu'il demeurât intraitable sur la propriété de sa découverte sur laquelle il travaillait depuis presque trente ans, était peu versé dans les affaires et se contentera d'exploiter son invention en Angleterre, laissant à Edison le très lucratif marché américain. Malgré la fusion, chacun poursuit donc l'amélioration de son modèle indépendamment, et Swan découvre rapidement qu'un filament de cellulose obtient des résultats encore meilleurs. Edison, intraitable, refuse de tenir compte de cette amélioration et mettra dix ans à accepter de l'adapter à ses ampoules. Et voilà que nous trébuchons pour la première fois sur un aspect de son caractère qui se révélera être son talon d'Achille. Il est génial, Thomas Alva Edison, mais à force de chevaucher les forces énormes qui émergent autour de lui, de tracer l'avenir à coups de millions et de construire savamment sa propre légende, il a du mal à collaborer d'égal à égal avec qui que ce soit. C'est lui le patron, c'est lui qui fait tourner la boîte, c'est son nom dans le journal, et il lui est difficile d'admettre qu'une bonne idée ne soit pas la sienne. De toute façon, dans cette histoire d'ampoule, pense-t-il à juste titre, le plus important n'est pas tant d'améliorer l'objet que le courant qui l'alimente. De nouveau, à peine l'étape atteinte, il vise celle d'après, encore plus grandiose : la distribution de l'électricité.

L'ÉLECTRICITÉ

Car c'est bien beau de faire marcher une ampoule dans un laboratoire, mais d'en allumer cent à la fois dans les rues et les maisons d'un quartier comme on le fait déjà avec l'éclairage au gaz est une autre paire de manches. Et tant qu'il n'aura pas trouvé la solution, son invention ne servira pas à grand-chose. Il travaille donc d'arrache-pied à résoudre les différents problèmes que lui posent l'acheminement de l'électricité comme les feux intempestifs ou les chutes de tension. Il perfectionne ses générateurs de courant ainsi que l'isolation des fils électriques et, après avoir breveté un système de distribution en 1880, il alimente fièrement deux ans plus tard cinquante-neuf foyers dans Pearl Street, une rue au sud de Manhattan. Cette fois-ci, c'est la bonne. Si ça continue comme il l'espère, il sera bientôt le maître du réseau électrique de la ville de New York et, pourquoi pas, des États-Unis. À peine trente-cinq ans et sur le point de devenir l'un des hommes les plus puissants du monde. De quoi en ébranler plus d'un. Surtout qu'un affreux événement le coupe subitement dans son élan : sa femme Mary s'éteint en 1884 à vingt-neuf ans, emportée par un fulgurant accès de typhoïde. Il est anéanti. À tel point, se souvient sa fille, qu'il est incapable d'annoncer l'affreuse nouvelle à ses enfants. Le trou sans fond. Se battant tous les jours pour inventer le futur, voilà que le seul qu'il croyait sûr, celui de sa famille, s'écroule subitement. Du jour au lendemain, il se retrouve veuf à trente-sept ans avec trois enfants à charge, lancé dans la course la plus importante de sa vie, il travaille quelque vingt heures par jour au milieu des controverses et des procès publics, ça fait quinze ans qu'il est arrivé à New York et qu'il n'a pas pris un jour de repos, la pression est trop forte. Il craque.

C'est un moment très important dans sa vie. Autoritaire, passionné, infatigable, Thomas Edison n'a pas encore connu la défaite, tout lui sourit, même dans des situations critiques comme avec Swan, il est comme un joueur qui gagne et gagne encore. Il a en dix ans inventé, entre autres (il déposera plus de mille brevets dans sa vie), une machine à dire les cours de l'or, le microphone, le phonographe, l'ampoule, il est sur le point de fournir l'Amérique en électricité, il n'a aucune raison de s'arrêter. Cette fois, le coup est trop rude à encaisser et, après avoir si tristement mis en terre sa jeune femme, il se replonge dans son travail mais résiste mal aux premiers signes de l'hiver. Il voyage beaucoup, rendez-vous d'affaires, expéditions scientifiques, et c'est très affaibli qu'il tombe par hasard à Philadelphie sur une tête connue surgie de son passé, Ezra Gilliland. Cet homme jovial connaissait Thomas depuis son adolescence – ils sont nés la même année – et ils avaient écumé ensemble les postes de télégraphistes autour des Grands Lacs. Moins génial et entreprenant qu'Edison, il a cependant fait un beau chemin de son côté et travaille à Boston comme consultant chez Bell à améliorer son système du téléphone. Il se trouve qu'en cet hiver 1884, il est en train de mettre en application certains brevets de son ami pour le compte de Bell, c'est donc avec effusion qu'ils se tombent dans les bras. Pour Edison, retrouver ainsi un témoin de son passé de jeune homme est un véritable bain de jouvence. Entre-temps, Ezra s'est marié à une très accorte jeune femme, Lillian, et le couple mène une joyeuse existence. Passées leurs retrouvailles, devant les traits tirés et le moral en berne de son illustre camarade, Ezra l'exhorte à prendre un peu de repos et l'invite en février à venir le retrouver en Floride. Thomas cède et s'accorde enfin quelques jours de vacances.

Et ça lui plaît. Les Gilliland sont vraiment marrants. Lui est un bon vivant doublé d'un interlocuteur de haut vol, elle est débordante de charme et d'activité, ils voient du monde, vont au concert, font des excursions, c'est un moment parfait. Regonflé par ce moment d'oisiveté, il rentre à New York en triple vitesse et reprend ses affaires de plus belle, mais c'est pour retomber malade encore plus gravement. Il s'irrite facilement et c'est d'ailleurs à ce moment qu'il sème les graines de ses futurs ennuis... mais nous verrons ça plus tard. Il se rend compte qu'il ne tourne plus rond et, venu l'été, annule tous ses rendez-vous pour passer à nouveau quelques jours chez les Gilliland dans une station balnéaire aux environs de Boston. Là encore, ça le change. Parce qu'il n'est plus à New York, ce monstre rugissant de la modernité et paradis des ambitieux, mais au contact de la haute société de Boston, qui, avec celle de Philadelphie, s'apparente le plus à une aristocratie dans ce pays.

Les plaisirs y sont raffinés, modernes mais de bon goût. Et puis Lillian Gilliland (quel nom ! il a plus d'L qu'une libellule !), affectueusement surnommée Mamma G par Edison, s'est mise en tête de lui trouver une épouse qui le fera repartir du bon pied. Elle invite donc de sémillantes demoiselles à partager leur compagnie et un soir se présente une ravissante jeune femme de l'Ohio, Mina Miller, étudiante en musique à Boston, qui exécute pour les invités un récital improvisé. Edison tombe sous le charme. Baba gâteux. À partir de ce moment, il ne pense plus qu'à elle. Mina ci, Mina ça, il manque de se faire renverser par un tramway tant il est obnubilé par cette petite brune aux yeux étincelants. Il achète en quelques semaines plus d'habits qu'il n'en a jamais eu de toute sa vie, des costumes hors de prix, des manteaux, des chemises sur mesure à la douzaine et même, avoue-t-il, des chaussures intentionnellement trop étroites. Il découvre son corps, son apparence, il se sait puissant mais ne s'est jamais demandé s'il était beau, il s'en inquiète. Il s'est voûté depuis ses débuts d'inventeur, il traîne des pieds, il s'aperçoit qu'il est toujours mal fagoté. Ses lectures changent elles aussi, en vue d'acquérir un peu de conversation dans cette société si éduquée et spirituelle où il se sent franchement plouc. Bref, il est amoureux.

Ces deux mois de juillet et août à Woodside Park seront sans doute les plus beaux de sa vie. Au désespoir de son fidèle adjoint resté à New York faire tourner la boutique et qui le bombarde quotidiennement de lettres et télégrammes se terminant invariablement par « urgent : quand rentrez-vous ? », il découvre l'oisiveté, une expérience toute nouvelle pour lui. Enfin, une oisiveté relative. On ne demande pas au cerveau d'Edison de se débrancher comme ça. Il s'astreint d'ailleurs à tenir d'une écriture claire et posée un journal dans lequel il relate les différents événements de cet été miraculeux, et voici sa première entrée :

« 12 juillet 1885 – Réveillé à 5 h 15. Mes yeux

étaient embarrassés par la lumière du jour – me suis retourné et tenté un autre plongeon dans le sommeil – réussi – réveillé à 7 h. Pensé à Mina, Daisy et Mamma G – mis les trois dans mon kaléidoscope mental pour obtenir une nouvelle combinaison à la Galton. Pris Mina comme base, essayé d'améliorer sa beauté en ajoutant certains aspects de Daisy et Mamma G, une sorte de perfection Raphaëlisée, suis tombé dedans trop profond, esprit vagabond et me suis rendormi – réveillé à 8 h 15. Grattement insistants à la tête, beaucoup de pellicules blanches et sèches – quelle est cette m-dite substance, peut-être c'est la poussière de toute cette sèche matière littéraire dont je me suis bourré le crâne ces derniers temps. Ça se déplace, plein sur mon manteau, regarder à ce sujet dans l'Encyclopédie. Fumer trop me rend nerveux – perdre cette tendance naturelle à acquérir de telles addictions – tenir constamment dans ma bouche de gros cigares a déformé ma lèvre supérieure en une sorte de rictus tout droit sorti de La Havane. »

Comme on le voit, son esprit scientifique couplé à une toute nouvelle prise de conscience de ses apparences physique et intellectuelle le tiennent doublement occupé. Mais l'amour brûlant qu'il éprouve pour la belle Mina (paraît-il la plus jolie fille de l'Ohio) emporte tout et il ne tarde pas à lui déclarer sa flamme. Toujours pratique, il lui apprend le morse de façon à communiquer secrètement avec elle en société, et c'est en ce langage codé qu'il lui demandera sa main dans une carriole les emmenant dans les White Mountains et que, le cœur battant, il déchiffrera sans peine sa brève réponse « -.-- . ... » qui signifie tout simplement : YES.

Toujours dans l'action et cruellement conscient de la nécessité pour ses enfants d'avoir une mère, il abrège donc promptement son veuvage et dépose officiellement sa proposition au père de Mina, un entrepreneur millionnaire, cultivé et fort pieux, qui, après une résistance de bon aloi, finit par consentir à cette union. Il faut dire que sa fille ne se marie pas avec n'importe qui. Thomas est une célébrité, ses moindres déplacements sont relatés dans la presse locale, ce qui fera dire à l'un de ses membres, à l'annonce de son mariage en février 86, qu'« Edison est sans aucun doute l'homme le plus chanceux de la terre ». De fait, sa deuxième épouse appartient à un monde dont il ne rêvait même pas lorsqu'il avait épousé la première : fortunée, cultivée, sûre d'elle, entreprenante, elle se révélera être à la fois une mère de famille accomplie (elle lui donnera trois enfants, Madeleine, Charles et Theodore), une épouse curieuse et passionnée, et par-dessus tout une collaboratrice aux conseils judicieux.

LA GUERRE DES COURANTS

Ça tombe bien car il en a bien besoin. Quelques mois auparavant, il a manqué singulièrement de jugement en traitant de façon très cavalière une drôle d'asperge moustachue de vingt-neuf ans qu'il avait prise à son service. Ce fils de prêtre orthodoxe avait un parcours singulier : né austro-hongrois dans l'actuelle Croatie, il avait travaillé au télégraphe à Budapest, puis pour la Continental Edison à Paris où son directeur, collaborateur et ami du fondateur, l'avait remarqué et encouragé à tenter sa chance aux États-Unis. Sur le bateau qui l'avait acheminé à New York en 1884, il s'était fait dérober toutes ses affaires et avait mis le pied sur le sol américain avec pour toute possession quelques poèmes, quatre *cents*, les plans d'une machine volante et sa lettre de recommandation qu'il présenta sans tarder à l'inventeur, sur laquelle on pouvait lire : « Mon cher Edison, je connais deux grands hommes, tu es l'un d'entre eux, l'autre est ce jeune homme. » Edison l'engage derechef dans son Electric Light Company qu'il a fondée quelques années plus tôt.

Mais le garçon n'est pas commode. Intuitif, enflammé, il est souvent abrupt et condescendant, c'est un Européen avec une moustache et un sens de l'honneur que même à Boston on a oublié. Il parle huit langues et trouve l'Amérique laide, bruyante et arriérée. Il a littéralement des visions. Son esprit génialement libre est aux antipodes de celui de son nouveau patron, méthodique, laborieux mais conquérant. Avec un aplomb confondant il lui propose d'ailleurs très vite d'améliorer son système de distribution d'électricité. Comme ça, à Edison, le Magicien de Menlo Park. Celui-ci rigole et lui promet cinquante mille dollars s'il y parvient. Et, s'appuyant sur ses recherches personnelles déjà fort avancées, le jeune homme réussit son pari six mois plus tard, brillamment. Il présente son système à Edison, réclame ses cinquante mille dollars. À sa grande surprise, ce dernier éclate de rire et lui dit qu'il n'a rien compris à l'humour américain, qu'il ne lui payera pas un centime, mais qu'il va voir si on peut malgré tout exploiter son invention. Entre les deux hommes, c'est triste à dire, le courant ne passe pas. Dans l'heure qui suit, le jeune homme demande son solde et quitte la compagnie. Avec une grande imprudence, Edison venait de piétiner l'honneur et le travail de l'homme qui sera l'artisan de sa plus grande défaite dans la fameuse guerre des courants : Nikola Tesla.

Car il se trouve qu'au moment où se déroule cette altercation, Edison est confronté, outre son veuvage récent, à de sérieux problèmes dans son entreprise d'électrification de New York. En effet, le courant que produisent ses centrales est d'une excellente qualité mais il a un gros défaut : il ne va pas loin, deux kilomètres tout au plus, après il perd de sa puissance. Gênant quand on veut alimenter toute une ville. Absolument pas grave, rétorque Edison, il suffit d'installer une centrale tous les quatre kilomètres. Mouais. Pour une ville ça peut encore se concevoir, mais à la campagne... Autre contrariété, du fait de leur résistance devant la forte intensité requise du courant, les câbles qui l'acheminent chauffent énormément. Ce qui entraîne des feux, des fils qui tombent, des accidents, c'est embêtant. Au bout de quelques années d'exploitation, ces perturbations arrivent tellement souvent qu'à force d'éviter (*to dodge* en anglais) les câbles de tram et d'alimentation en électricité qui ne cessent de tomber sur la rue, l'équipe de baseball de New York prendra le nom des Brooklyn Dodgers, les éviteurs de Brooklyn.

À la décharge d'Edison, il faut dire que, depuis la découverte progressive de l'électricité, on est arrivé à un système fort pratique et maîtrisé et qu'il n'y a pas de raison d'en changer : on crée avec une pile ou un aimant une tension électrique dans un fil conducteur, les électrons vont tous dans le même sens, et il suffit de placer ce qu'on veut sur ce fil, ampoule, téléphone, télégraphe, pour les alimenter en courant continu. C'est, en très simplifié, le système qu'utilise Edison dans sa production. Mais voici quelques années qu'en Europe on s'intéresse de plus en plus à une variante très prometteuse, le courant alternatif. D'ailleurs, quand Tesla débarque à New York, la société Ganz dans son Autriche-Hongrie natale a déjà mis en application un réseau d'alimentation électrique dans une cinquantaine de foyers, et ça marche. Le principe en est très simple : en faisant tourner un aimant en alternant ses bornes plus et moins devant une bobine électrique, celle-ci se charge d'électricité positive puis négative au rythme de la rotation de l'aimant. Le courant qui passe dans la bobine change donc de sens autant de fois que tourne l'aimant. Or, on s'aperçoit que non content de pouvoir faire fonctionner une ampoule aussi bien qu'en continu, le courant alternatif possède la particularité d'être beaucoup plus malléable : on peut transformer sa tension aisément et du coup le transporter beaucoup plus loin. Il faut croire que des électrons qui au départ peuvent alterner de sens cent vingt fois par seconde sont par nature plus dociles au changement.

On comprend donc que lorsqu'Edison prend connaissance de la proposition alternative de Tesla, c'est comme si ce dernier lui apprenait, comme aurait dit Sun Ra, qu'il est sur le bon chemin mais dans la mauvaise direction. Difficile à avaler pour notre grand inventeur qui là encore manque de perspicacité : les transformateurs sont en train d'être inventés et bientôt l'électricité sera aussi maniable qu'un rouleau de guimauve, on est parti pour de grandes choses, mais c'est trop tard, il est déjà à fond dans l'autre sens et il refuse de l'admettre. Le voilà du mauvais côté du progrès. Parce que dès qu'il a démissionné, Tesla continue ses recherches à son compte et il va vite, le bougre. Il n'a plus de travail, plus d'argent, il travaille dans le bâtiment pour deux misérables dollars par jour, on pourrait croire qu'il a été écrasé par Edison mais non, il continue d'inventer et de déposer des brevets. À tel point qu'il finit par intéresser George Westinghouse qui le prend comme collaborateur en 1888 pour développer, en utilisant ses inventions, des plans de distribution de courant alternatif à grande échelle. Et c'est parti pour la guerre des courants.

Elle durera cinq ans avec un seul enjeu : alternatif ou continu, il faut choisir, et un seul système doit survivre à grande échelle. Mais pour livrer bataille, il faut des investissements énormes et le perdant risque des pertes proportionnellement colossales. Westinghouse, inventeur lui aussi et brillant mécanicien (la plupart des trains modernes utilisent encore son système de freins), est convaincu de la supériorité pratique de l'alternatif sur le continu. Personne ne dispute la qualité du courant continu, c'est d'ailleurs grâce à lui que fonctionnent la plupart de nos objets électroniques aujourd'hui (d'où la nécessité d'un petit redresseur à chaque fois), mais le distribuer à grande échelle pose trop de problèmes de fond à résoudre, notamment sur la résistance des câbles. Surtout lorsqu'on a l'alternatif dont on peut aisément transformer la tension autour de 50 000 volts pour des longues distances avec une déperdition de chaleur bien moindre et le retransformer en 110 volts pour un usage domestique. Or l'Amérique n'attend pas, elle court, elle court et elle veut... du courant.

S'engage donc une bataille homérique. Derrière Edison, il y a le banquier JP Morgan, impitoyable maître du tout nouveau capitalisme américain, brutal et vorace. L'ampoule, il y était, il faisait partie des financiers soutenant le projet et il ne veut pas rater le prochain coche, il y a trop d'argent à se faire. Derrière Westinghouse, on trouve Nikola Tesla, un inventeur complètement génial mais un peu « spécial », ainsi qu'une solide haine des banquiers considérés comme une version moderne des usuriers. Vieille histoire du pot de fer contre le pot de terre. Les businessmen contre les idéalistes. Au début des combats, ils ont dû se frotter les mains chez les adeptes du continu, on en fera de la chapelure, se disent-ils. Eh bien non. Petit à petit, l'alternatif gagne du terrain. C'est d'autant plus extraordinaire que George Westinghouse est quelqu'un de très calme et posé qui n'a aucun penchant pour le culte de la personnalité, il croit en l'honnêteté dans les affaires, bref, tout le contraire de notre Edison dont on est obligé de constater qu'il commence à prendre un mauvais tournant.

Au vu de la situation, ce dernier décide de procéder à l'américaine, c'est-à-dire de pourrir publiquement l'adversaire dont il sent qu'il est en train de gagner. Ça s'appelle une *smear campaign*, une campagne de dénigrement par voie de presse (exagérée, voire franchement malhonnête), et la pratique est aussi vieille que les États-Unis eux-mêmes. Le président Adams (deuxième du titre en 1796) connut une campagne de réélection plutôt rude contre Thomas Jefferson (qui allait devenir le troisième) au cours de laquelle ce dernier fut accusé d'être le fils d'une métisse indienne et d'un père mulâtre, qui n'apporterait au pays que la guerre civile et une orgie nationale de viols, d'inceste et d'adultère. Moyennant quoi les deux hommes étaient très bons amis et poussèrent même la connivence jusqu'à mourir le même jour trente ans plus tard, mais là n'est pas la question. Quand il s'agit de gagner, tous les moyens sont bons, et comme on l'entend souvent en Amérique, il n'y a là rien de personnel.

UNE DÉFAITE SANS VAINCU

JP Morgan laisse donc traîner des rumeurs malveillantes sur la solidité de la compagnie de Westinghouse : les titres chutent en Bourse, il tente de les racheter, en vain. Edison, quant à lui, la joue plus technique. Il pointe une faiblesse de l'alternatif : si on met les doigts dans la prise, on s'électrocute bien plus méchamment qu'avec du continu. En effet, c'est l'aller-retour à grande vitesse du courant qui nous colle au fil, surtout à une fréquence autour de 60 Hz, alors que le continu produit un choc que l'on peut repousser. Ce dernier a aussi des dangers, c'est plus un argument qu'une démonstration irréfutable, mais pendant quinze ans, Edison va enfoncer ce clou. Taper dessus jusqu'à l'écœurement. Il va organiser des exécutions publiques d'animaux, chats, chiens, poulets, en prenant bien soin de préciser à chaque badaud que c'est du Westinghouse qui tue ces animaux. Il passe à des animaux plus gros, des cochons, des vaches et pourquoi s'arrêter, en 1903 il électrocute fièrement devant ses propres caméras une éléphante. Oui, une éléphante, avec du Westinghouse. Elle s'appelait Topsy et elle avait été condamnée à mort pour avoir écrasé trois dresseurs de son cirque qui avaient passé sa vie à la malmener. On voit à l'écran la pauvre bête se raidir, fumer des pattes et du crâne avant de s'écrouler inerte au sol. Épatant.

Mais Topsy, c'était un peu la cerise sur le gâteau si l'on peut dire puisque ça faisait déjà treize ans qu'Edison avait franchi le pas et s'était choisi un cobaye humain. Un homme, comme vous et moi. Enfin pas exactement je l'espère, puisque ce William Kemmler avait sauvagement assassiné sa femme à coups de hache et qu'il avait été promptement condamné pour ce crime à la peine capitale. Véritable incarnation du *self-made man* américain promettant à son pays un futur radieux, Edison rêvait de rendre plus humaine sa démonstration commerciale et avait fini par convaincre le directeur de la prison d'Auburn au nord de New York de s'équiper d'un appareillage qui exécuterait les condamnés à mort grâce à cette énergie maléfique qu'est le courant alternatif. C'est un raisonnement parfaitement tordu, dans la mesure où Edison était publiquement opposé à la peine de mort (tout comme Westinghouse d'ailleurs) et que c'est au nom de l'humanisme qu'il suggère cette nouvelle forme d'exécution supposément propre, instantanée et moderne, alors qu'il en dénonce à hauts cris les vices. On ne tarda donc pas à vérifier les allégations du grand inventeur un beau matin d'août 1890 en asseyant William Kemmler sur un meuble en bois façonné tout spécialement pour l'occasion et en le soumettant à une décharge de mille volts – dix fois la tension circulant dans le réseau alternatif : Edison venait d'inventer la chaise électrique.

On ne peut pas dire que ce soit une réussite. À la grande horreur du public présent à l'exécution, après une première décharge de dix-sept secondes, le condamné, pourtant déclaré mort par le médecin légiste, se remet à respirer. Vite, une autre, dit le médecin. On décide de doubler la dose, deux mille volts (on ne comprend pas, la veille avec un cheval ça avait marché). Mais on est en 1890, deux mille volts ça ne se commande pas d'un claquement de doigts, il faut recharger les accumulateurs. Pendant plus de sept minutes, on peut donc entendre Kemmler gémir de façon abominable. Enfin vient la deuxième décharge et là c'est l'horreur pure. Ses veines éclatent à la surface de sa peau tandis que se répand dans la chambre d'exécution une insoutenable odeur de chair brûlée. Plusieurs personnes dans le public commencent à se sentir mal, mais ne peuvent quitter la pièce. Comme le dira Westinghouse : on aurait fait ça plus proprement à la hache. Moderne et indolore, mon œil. Cruel et inhumain, plutôt. Et surtout interdit par la Constitution des États-Unis, s'indignent un très grand nombre de journaux dont les envoyés spéciaux ont encore dans les narines le fumet de la chair humaine rôtie. Encore mieux, se dit Edison dont, bien entendu, le nom n'apparaît pas dans le procédé et qui dépensera des fortunes en lobbying et campagnes de presse pour associer à sa chaise électrique le nom de Westinghouse. Kemmler a été westinghousé, voilà ce qu'il aurait aimé entendre. Situation ubuesque où, pour la seule fois de sa carrière, Edison ne revendique pas une invention et s'acharne à lui donner le nom de son concurrent ! Peu remué par le déroulement de l'électrocution, il ne voit là d'ailleurs qu'un premier essai peu concluant qu'il convient d'améliorer (inspiration / transpiration), ce qu'il fera, d'où la triomphale exécution de Topsy treize ans plus tard. Et l'adoption de la chaise électrique par le système judiciaire américain depuis. Un bel exploit. Ça, c'est de la campagne de presse.

Pendant ce temps, JP Morgan rachète à tour de bras les entreprises concurrentes dans le secteur, alternatif ou continu il s'en fout, ce qu'il veut c'est tout avoir. Il fusionne en 1892 tous ces achats avec la compagnie d'Edison, partage le deal avec d'autres banquiers et fonde la très pérenne General Electric. Mais malgré les efforts malfaisants d'Edison, la balance penche de plus en plus nettement en faveur de l'alternatif, et en 1893 tombent les derniers coups de grâce. Le premier aura lieu lors de l'Exposition universelle de Chicago, avec l'attribution du marché de l'illumination du site : Edison propose un devis d'un million huit cent mille dollars. Vous êtes complètement fou, lui répondent les organisateurs. Voyez donc ça avec ma nouvelle compagnie, la General Electric, leur répond-il hautain. Elle propose plus raisonnablement cinq cent cinquante mille, mais Westinghouse l'emporte à quatre cent mille. Dans son devis, il a calculé le prix que lui coûterait l'utilisation des ampoules d'Edison, et quelques semaines avant l'ouverture, voilà qu'il reçoit un papier timbré qui l'informe que la General Electric lui refuse le droit de les utiliser. On n'est pas chez des enfants de chœur, mais là c'est franchement le coup de vache du mauvais perdant. Tout semble fichu. Mais ce coup-ci, Edison a trouvé un adversaire à sa taille qui, en une poignée de semaines, va inventer un modèle d'ampoule qui contourne le brevet existant tout en l'améliorant et, dans la foulée, construire une usine afin d'en fabriquer *quatre-vingt-douze mille* à temps pour l'ouverture ! Pari tenu. Les visiteurs des cinq continents viennent le soir du 1er mai s'ébahir devant ce kilomètre carré brillant de tous ses feux électriques... Et ils seront vingt-sept millions à contempler ce miracle pendant six mois... Le coup est rude pour Edison, car il est public : il pense qu'aux yeux du monde entier, il est celui qui a échoué à imposer son rêve. C'est tout de même son *idée* d'ampoule qui illumine l'Exposition universelle. Mais il voulait tout, et c'est raté.

Deuxième et dernier coup de grâce : avec la collaboration technique inestimable de Tesla, Westinghouse décroche la même année le marché d'une centrale hydroélectrique sur les chutes du Niagara. Pour Edison, c'est désastreux. Les chutes du Niagara, la plus généreuse source d'énergie que l'on puisse imaginer aux États-Unis, maîtrisée par l'homme et générant des quantités astronomiques de courant *alternatif*, voyageant sur des dizaines, bientôt des centaines de kilomètres ! Le plus humiliant, c'est qu'à la General Electric, on a déjà compris que la bataille était perdue. On investit avec lucidité dans l'alternatif, en prenant bien soin de ne pas laisser Edison aux commandes de la boîte, bien au contraire, on ne lui demande pas son avis sur les choix stratégiques à prendre, trop d'argent en jeu. Soit dit en passant, cela démontre l'habileté médiatique d'Edison, car ce dernier passera dans l'Histoire comme le fondateur triomphal de la General Electric alors qu'il est, en fait, le grand perdant idéologique de cette histoire. Encore aujourd'hui, son imposant portrait trône sur la page d'accueil internet de la compagnie, pour laquelle il déposera quantité de brevets d'ailleurs, mais je ne peux m'empêcher de penser qu'en tortillant ainsi les faits, c'est un peu comme si on hissait une statue de Napoléon sur la colonne de Trafalgar Square.

Ironiquement, du côté Westinghouse cette victoire écrasante a dépassé leurs espérances au point de les embarrasser sérieusement. En effet, Tesla avait signé avec la compagnie un fort généreux contrat qui lui assurait deux dollars cinquante par cheval-vapeur d'énergie produite grâce à ses inventions. Et arrivé en 1893, il avait déjà touché deux cent mille dollars de redevances sur ses brevets (près de cinq millions aujourd'hui). Or, après avoir mis toutes ses forces dans la bataille, la compagnie est exsangue et se profile de plus en plus précisément une victoire à la Pyrrhus où le gagnant perd quand même. General Electric rêve de les avaler, JP Morgan met tout son poids, le fruit est bientôt mûr à cueillir, alors Westinghouse convoque Tesla et lui dit : si on continue comme ça, je ferme la boutique et vous devrez vous débrouiller avec ceux d'en face. N'en parlons plus, répond Tesla qui déchire le contrat, il n'en est pas question (ce n'est pas Edison qui aurait fait ça). Cela dit, ce geste théâtral ne lui portera pas chance puisqu'il mourut à quatre-vingt-six ans dans une chambre de l'Hotel New Yorker, seul et sans le sou, non sans avoir auparavant inventé quantité de choses merveilleuses qui bouleverseront l'Histoire des Sciences. Mais il faut croire que le versant commercial de ses activités ne tenait qu'une place secondaire dans ses préoccupations, puisqu'il alla jusqu'à travailler sur le projet magnifique de distribuer gratuitement de l'énergie électrique sans fils partout dans le monde.

— Gratuitement ? lui demanda un banquier.
— Oui !
— Je ne vois pas l'intérêt...

Et c'est un peu ça le problème : tout est une question de centre d'intérêt. Dans ce nouveau monde technologique, il y a ceux qui déposent et ceux qui inventent. Ceux qui inventent passent à l'Histoire et ceux qui déposent passent à la caisse. Et à l'Histoire, pour les plus chanceux comme Edison.

Ce dernier s'aperçoit d'ailleurs qu'entre-temps, Bell et Berliner ont perfectionné son phonographe. Il se relance donc dans une course qu'il avait pourtant gagnée la première fois. Il perfectionne son système, adapte à son appareil un mécanisme payant qui, lorsqu'on y glisse une pièce, enclenche la lecture d'un enregistrement choisi. Gros succès commercial, c'est l'ancêtre du juke-box, mais finalement de courte durée car une fois de plus l'inventeur reste bloqué sur son standard, le rouleau, et néglige les avantages objectifs du disque plat. Le son est beaucoup plus finement enregistré et restitué qu'avec son modèle original, c'est indéniable, mais son format va progressivement s'éteindre au profit de celui du *gramophone* de Berliner qui fondera par la même occasion la Deutsche Grammophon, label pionnier de l'enregistrement phonographique comptant à son catalogue des milliers de titres dès le début du siècle. Une nouvelle dynamique est en train de naître et Edison a encore raté le coche, le son est en train de lui échapper, ainsi que ce que l'on pourrait appeler ses produits dérivés.

Peut-être est-ce le moment pour nous de laisser notre Grand Inventeur continuer sa course... Oh elle continue, il va falloir inventer le cinéma maintenant, et puis lui rajouter une bande-son... Les années à venir seront encore fertiles, moins éclatantes peut-être, mais pour nous, les adorateurs du son, il a déjà donné l'essentiel : le microphone, la gravure et l'ampoule. Et en ce qui concerne l'Amérique, il laisse un testament impressionnant : côté industriel, la General Electric (résultats nets aujourd'hui : plus de dix milliards par an), la Continental Edison, à ne pas confondre avec la Consolidated Edison, ConEd pour les intimes, qui continue d'alimenter en courant la ville de New York, et plus de mille brevets dans toutes sortes de domaines. Côté créatif, il est l'un des tout premiers à se trouver au carrefour du son, de l'électricité et, par l'usage ultérieur de son phonographe, de la musique ! Une place de choix dans le sujet qui nous occupe, et qui inspirera un grand nombre de ses successeurs. Car il fonde également le tout nouveau mythe de l'*inventeur* qui deviendra une des figures magiques de l'imaginaire américain. Le môme qui est parti de rien et qui s'est fait tout seul. Le gars qui a la bonne idée au bon moment et qui sait comment l'exploiter. Celui qui sait se battre contre la concurrence, pas toujours dans les clous, et qui sait transformer son nom en marque. Celui qui joue en utilisant toutes les tactiques, ruses et pratiques de la profession, qui sent le futur, tel un chasseur sur la piste. Une sorte de guerrier primitif de l'invention, de grand ancêtre du métier. Ni commode, ni plaisant, mais immensément riche, dynamique et puissant. Le type bourré de maximes qu'il partage avec tous ceux, fort nombreux, qui veulent connaître les clés de son succès (« ne jamais inventer quelque chose dont les gens ne veulent pas », « la valeur d'une idée dépend de la façon dont on l'applique », « je n'ai pas raté, j'ai juste découvert dix mille façons qui ne marchent pas », « pour avoir une grande idée, il suffit d'en avoir plein », « il n'y a pas de substitut au dur labeur », etc.). Une icône, un modèle pour cette Amérique au faîte de sa seconde révolution industrielle, finissant ce siècle en beauté avec une nouvelle fringale de son. Et c'est grâce à lui, parfois même en dépit de ses efforts, que tout est désormais prêt pour la grande aventure.

Chapitre II

CAHILL

Car il n'a pas été grandement question de musique pour l'instant et cette absence commençait à devenir gênante. Et tout débute réellement ici, avec Thaddeus Cahill – un nom qui demeure inconnu d'un très grand nombre de mortels. Fils d'immigrés irlandais, ses débuts dans la vie ne sont pas faciles : il perd sa mère quand il a sept ans et son père, sujet à des conjonctivites chroniques, passera sa vie de famille à la maison affublé d'une cécité quasi complète. Cette proximité a néanmoins du bon car avant ses ennuis ophtalmiques, monsieur Cahill senior avait fait sa médecine à Harvard et, après leur déménagement à Oberlin dans l'Ohio, se révèle être un tuteur remarquable pour ses enfants, tout particulièrement pour le jeune Thaddeus, vite repéré pour ses dons intellectuels exceptionnels. Né en 1867, premier garçon après trois sœurs, c'est un enfant vif et brillant, surprenant dès son plus jeune âge par la maturité de son jugement. Il est également de la « génération téléphone » : tout jeune adolescent, il découvre ce nouveau bouleversement de la vie quotidienne.

Immédiatement, il expérimente, démonte, teste, peste (contre la compagnie Bell qui ne veut pas lui fournir du matériel de recherche), obnubilé par l'idée que la musique peut et doit voyager par ce média. Pour gagner sa vie, il devient à quatorze ans sténographe au tribunal de l'État de l'Ohio, où il apprend, détail capital, à taper à la machine à écrire. Et c'est à seize ans qu'il quitte enfin le foyer paternel pour aller à l'école, il entre en terminale, finit premier de sa classe et adresse, le jour de sa *graduation*, un long discours de remerciements en latin aux familles ébahies. Puis il entre à l'Université d'Oberlin, mais il n'y est pas à son aise (on commence à reconnaître le syndrome de l'inventeur peu friand d'un savoir scolaire qu'il perçoit comme borné de toutes parts), et au bout de quelques mois il retourne travailler chez lui. La musique, le son, l'électricité, voilà qui lui parle. Il n'est pas musicien lui-même, mais il sait que les trois mondes communiquent, c'est un esprit scientifique et sensible qui a la capacité d'*entendre* la beauté des mathématiques. Et puis il y a en lui ce petit truc en plus des inventeurs qui fait qu'il est toujours à la recherche de ce qui pourrait être amélioré.

Des améliorations en musique, il en imagine partout. Déjà, dans les dynamiques. Il remarque avec pertinence que si la hauteur des notes et le tempo d'un morceau peuvent être définis avec une précision mathématique (tant de vibrations par seconde pour la note, tant de battements par minute pour le tempo), il n'existait aucune autre notation du *volume* que la vague échelle de pianissimo à fortissimo. Il faudra attendre les années 20 pour exprimer la puissance d'un signal sonore en décibels (dB), et il ne s'agit là que d'une simple mesure scientifique, pas d'une notation musicale. À la fin du XIXe siècle, on est donc encore dans un flou total. Ce sera l'objet de son premier brevet, qu'il obtiendra à dix-huit ans : une valve à air pour contrôler, grâce à un clavier, l'intensité du son d'un orgue. Un deuxième organiste jouerait en même temps que le premier sur la même partition, mais il ne jouerait que les intensités, pas les notes. Le clavier qu'il imagine est standard, avec des touches noires et blanches, sauf qu'en appuyant sur une touche on ne fait que définir le volume de ce que joue *l'autre* organiste. Plus on est vers le « bas » du clavier, plus le son sera doux, et plus on est vers la droite, plus il sera fort. Cahill répartit les valeurs de façon suffisamment fine pour qu'une octave sur son clavier (de *do* 1 à *do* 2 par exemple) corresponde à un doublement de l'intensité sonore. Rien que ça, c'est une idée d'une très grande modernité : altérer le signal de chaque note en fonction d'une échelle dynamique assignée à un autre clavier est une façon de penser qui ne commencera à se déployer que soixante ans plus tard, à l'ère de l'électronique et de l'informatique ! Penser à faire jouer à un clavier *autre chose que des notes* est d'une audace folle !

De fait, il est le premier à comprendre que pour pouvoir effectuer un réel saut vers le futur, tout doit passer par le clavier et le clavier seulement. Les notes ont des fréquences précises et connues, et qui dit touches dit valeurs chiffrées, un langage que l'électricité parle très bien. Pour Thaddeus, en cette époque d'invention bouillonnante, le clavier représente sans aucun doute le trait d'union providentiel entre la science et la musique qui va lui permettre de bouleverser l'avenir.

PETIT HISTORIQUE DU CLAVIER

Remarquons au passage que le clavier a mis un certain temps à se fixer sous la forme que nous lui connaissons aujourd'hui. À vrai dire, il mijote depuis l'Antiquité, c'est un souci de l'homme très ancien, et dès le IIIe siècle av. J.-C., on le voit apparaître sous les mains du Grec Ktesibios. Cet ingénieur d'Alexandrie était un expert particulièrement versé dans les sciences de l'eau, à titre civil comme militaire, et fut considéré comme l'un des esprits scientifiques les plus brillants de son temps. Premier Mécanicien de l'Histoire, contemporain d'Archimède, on lui doit, entre autres, le piston, le monte-charge, l'utilisation mécanique de l'air comprimé... et l'hydraule, ancêtre de l'orgue moderne. Il s'agit d'un meuble sur lequel est assemblée une rangée de flûtes verticales, les traditionnels *auloï*, dont les anches sont à leur base exposées à de l'air comprimé. C'est un système hydraulique qui comprime l'air, d'où le nom d'hydraule. Tout est là : les tubulures verticales, le principe de sommier (le nom moderne de la partie de l'orgue où sont fichés les tuyaux), l'alimentation en air comprimé, et même le clavier ! En effet, on active l'arrivée d'air dans tel ou tel tuyau avec un système de petit levier qui, lorsqu'on pose le doigt dessus, pousse une soupape qui s'ouvre et laisse passer l'air – c'est, comme on l'a vu, d'après ce simple mécanisme que Cahill a conçu sa première invention. Et grâce au compresseur imaginé par Ktesibios, le souffle régulé peut alimenter en continu plusieurs tuyaux en même temps, donc produire plusieurs notes, donc... permettre théoriquement tout ce qu'on fait aujourd'hui.

C'est une invention colossale qui préfigure avec exactitude ce que deviendra notre musique vingt siècles plus tard – le plus drôle étant que c'est sans doute à la nature revêche de l'aulos que l'on doit cette invention : ce genre de hautbois à anche double, au son aigrelet, était extrêmement dur à jouer et déformait affreusement les traits de celui qui en jouait, forçant les aulètes à porter un masque de cuir pour soulager leurs efforts. Mais c'était un instrument considéré comme plus noble que le syrinx qui se tenait comme une flûte de Pan et nécessitait une moindre dextérité. Sur le reste, on ne peut que laisser la parole au théologien Tertullien qui écrira quatre siècles plus tard : « Contemplez la prodigieuse magnificence de l'orgue hydraulique : tant de pièces, tant de parties, tant d'articulations, tant de chemins pour les voix, tant de raccourcis pour les sons, tant d'échanges de tons, tant de rangées de tuyaux d'anches : et tout cela est un seul ensemble. » Nous avons bien là une description de la première *machine à faire de la musique*. Alors que tous les autres instruments sont joués par le corps en contact direct avec le son (la flûte entre les lèvres et les doigts, le violon entre la main et le cou, la percussion avec la main ou une baguette), cette invention tout à fait exceptionnelle délègue au bout des doigts le soin d'enclencher la mécanique qui jouera les notes à son tour. Par l'intermédiaire du clavier, véritable organe de commande aux pièces savamment emboîtées les unes dans les autres, l'instrumentiste est *physiquement dissocié* des sons qu'il produit. Il arrivera même à la Renaissance qu'un organiste assis à son clavier se trouve à plus de trente mètres des tuyaux dont il joue. Cela fait donc très longtemps que la machine rôde dans l'histoire de la musique, elle est quasiment aussi vieille que la musique elle-même. D'ailleurs le nom grec *organon* veut dire instrument au sens d'*outil*, dès le départ on est dans la mécanique. Rappelons que chez les Hellènes, la Musique dépendait de deux dieux à la fois : Apollon pour l'ordre et Dionysos pour l'oubli, et ainsi s'immisce un clavier tout apollinien dans l'univers dionysiaque de l'ivresse musicale, imposant ses petites tranches glacées au plaisir des oreilles, cette évidence se répétant tout au long de son histoire...

Histoire chaotique puisque à partir de l'an 313 (l'adoption du christianisme par l'Empire romain de Constantin), il est décidé que cet instrument magnifique qu'est l'orgue a trop longtemps enrichi de sa chaleureuse présence les fêtes païennes, et qu'il convient désormais d'utiliser pour les cérémonies religieuses des instruments moins... païens. Exit l'orgue qui se trouve chassé à l'est de la nouvelle capitale de l'empire, Constantinople (aujourd'hui Istanbul), et se réfugie en Orient pour y continuer sa paisible et pneumatique existence. Passe le temps, et le voilà qui ressort de sa retraite asiatique quatre cent cinquante ans plus tard, quasiment inchangé, sous la forme d'un cadeau offert par un autre Constantin, un empereur byzantin cette fois, à Pépin le Bref puis à son fils Charlemagne.

L'ironie est encore au rendez-vous quand on sait que ce généreux Constantin passa dans l'Histoire sous le nom de « Copronyme », littéralement « au nom de merde », car il avait selon la légende populaire déféqué dans les fonts baptismaux, inspirant au patriarche qui baptisait l'impérial bébé la prophétie (assez plate il faut bien le dire) : cet enfant remplira l'Église de sa puanteur. Je doute que ce saint homme ait eu la vision de l'hydraule comme d'un agent infectieux menaçant la gloire de Dieu, néanmoins les faits sont là, qui attestent qu'à partir de ce moment, et malgré les réticences de Rome, l'orgue commence à trouver sa place définitive dans la liturgie chrétienne. Il est revenu avec un soufflet, et il peut maintenant être de toutes les tailles. C'est d'ailleurs ainsi que sainte Cécile, patronne des musiciens, est représentée le plus souvent à partir du XVe siècle : avec, à la main, un petit orgue portatif.

À ce sujet, je propose un arrêt de quelques minutes à la station sainte Cécile. Les affaires de saintes sont des choses sérieuses, surtout lorsqu'elles jouent du clavier. En outre, représenter les musiciens auprès des Instances Supérieures est une responsabilité de taille, car pour l'interprète croyant mais traqueur qui blêmit avant de monter sur scène, il est essentiel d'avoir une sainte un peu consistante à qui pouvoir se vouer. Personnellement, j'ai connu « sa » cathédrale avant l'histoire de sa vie et ce fut pour moi une immense surprise.

Édifié à Albi sur les ruines de plusieurs édifices antérieurs, ce bâtiment ressemble de l'extérieur à un navire de guerre. Construit tout entier en brique rose (ce qui adoucit sa sévérité militaire), il trône sur les hauteurs du Tarn avec une emphase qui invite à la crainte. Ce qui était parfaitement l'effet voulu, puisque sa construction était censée mettre un point final et symbolique à l'écrasement définitif des malheureux cathares par les armées de l'Église catholique romaine. On anéantit l'ennemi et ses croyances, puis on construit un gros machin qui fait peur par-dessus pour décourager les autres : pas vraiment ma vision de la musique, mais comme je n'allais pas tarder à le découvrir, l'habit ne faisait pas le moine.

Car sitôt entré, on découvre ébahi une décoration, un espace, une lumière absolument uniques. Je n'ai jamais été un grand fan des cathédrales gothiques dont le message m'a toujours semblé être : il fait froid, tout est sombre, tu es une entité minuscule et pécheresse, Dieu habite au-dessus de toi à des milliers de kilomètres, quel que soit ton souci ne te fatigue même pas à espérer son attention. L'élévation inouïe des perspectives, cette audace perpétuelle vers le haut fait que lorsqu'on est à l'intérieur on se trouve vraiment *tout en bas*. Mais dans Sainte-Cécile il se passe quelque chose de très différent. Certes, c'est une cathédrale, comme l'impose le style gothique à l'époque de sa construction qui débute en 1282, et ce n'est pas un petit format : cent treize mètres de long, quarante de haut, trente-cinq de large, comme disent les agents immobiliers on est sur un beau volume. Mais contrairement à ce qu'on voit d'habitude, c'est-à-dire des murs nus et des voûtes sans cassures, on a l'impression que tout est fait pour qu'on y soit à l'aise comme dans un salon de thé.

Les plafonds sont peints avec une minutie extrême qui éclaire d'un bleu électrique les arches dorées des voûtes, on croirait voir un immense dos de monstre marin tatoué à l'encre de mille dessins, contours et volutes, c'est d'une splendeur presque orientale. Chaque renfoncement de vitrail est rehaussé de peintures à motifs, comme autant de tissus géométriques différents glanés sur la route de la soie. Les hauteurs colossales de la nef sont brisées par un jubé, édifice indépendant à l'intérieur du chœur qui ramène les volumes à des proportions plus humaines. Ce jubé abrite plus d'une centaine de petites statues en bois sculpté d'une finesse extraordinaire représentant des saints de l'Ancien et du Nouveau Testament ainsi qu'une multitude d'artisans avec l'outil de leur corps de métier. On a l'impression que tout est fait pour réchauffer la rigueur des pierres froides – il n'y a qu'à voir les couleurs éclatantes étalées sur les murs et le plafond, intouchées depuis leur création, pour comprendre l'ardeur qui fut mise à les peindre. Bref, c'est une cathédrale dans laquelle un musicien peut se reconnaître.

Cela dit, et c'est là qu'on s'aperçoit que les cultes empruntent souvent de singuliers détours, au moment où cet édifice fut construit, sainte Cécile, ou du moins son âme béatifiée, ignorait qu'elle deviendrait la patronne des musiciens. En fait, il semblerait que sa sainte protection lui ait été attribuée à la suite d'une erreur de traduction d'un texte latin lui faisant abusivement jouer de l'orgue le jour de son mariage, alors qu'elle ne faisait que chanter. Hormis ce détail, peu de choses dans son martyre nous ramènent à la musique : pour avoir tenté d'enterrer selon leurs rites des chrétiens jetés à la fosse commune, elle est, malgré sa noble origine, condamnée à mort par l'empereur Marc-Aurèle. Plutôt que d'être exécutée publiquement, elle demande à être suffoquée par la vapeur dans sa propre maison, mais le supplice échoue, on ne se débarrasse pas d'une sainte aussi facilement. Devant ce constat, le préfet furieux ordonne qu'on la décapite, mais Cécile est vraiment coriace et trois coups de lame d'un bourreau apeuré ne suffisent pas à l'achever. La loi romaine interdisant quatre coups consécutifs, la malheureuse est donc abandonnée à son agonie pendant un jour et une nuit avant qu'elle ne succombe à ses plaies. C'est dans la position de sa mort que le pape Pascal Ier la découvrit émerveillé quelque six cents ans plus tard au cours d'un grand sauvetage des catacombes, son corps conservé comme s'il venait de tomber là. Émanait également de sa dépouille miraculeusement intacte un parfum de rose et de violette (la fameuse odeur de sainteté) qui acheva de convaincre le pape qu'il avait effectivement déterré une sainte.

Peu de choses donc en rapport avec la musique, dont un autre saint patron défendait par ailleurs les couleurs en la personne de saint Grégoire. Lui, c'est du solide : pape, l'un des Pères de l'Église d'Occident, on lui doit à la fin du VIe siècle un immense travail sur les cérémonies religieuses et la musique qui les accompagne. Les premiers chants sacrés portent d'ailleurs son nom sous le terme de chant grégorien. Il était donc un candidat naturel à la protection des musiciens, qu'il assura d'ailleurs fort logiquement jusqu'au début de la Renaissance italienne, époque à laquelle on commença à s'habituer à voir la gent féminine représentée sous d'autres formes que la sainteté. Aussi, quand en 1584 fut fondée l'école de musique de Rome, on plaça celle-ci sous le patronat d'une sainte Cécile dont les talents musicaux avaient été sans doute un peu exagérés pour l'occasion mais dont on imagine que les charmes étaient plus contemporains que ceux du vénérable et barbu Grégoire. Tout ceci pour dire que lorsque sa cathédrale fut érigée puis décorée, la célèbre martyre n'avait pas encore été mariée à son instrument. Les admirables travaux de peinture et de sculpture datant de cette époque témoignent néanmoins d'une chaleureuse exubérance dont la musique polyphonique serait bientôt complice, justifiant a posteriori le sinueux chemin des saintes protections. Et quand deux cents ans plus tard le célèbre facteur Christophe Moucherel dotera la cathédrale des plus grandes et belles orgues de l'Europe de son siècle, il scellera ainsi l'alliance définitive entre sainte Cécile et son Orgue. Pour les spécialistes : quatorze jeux de Positif, dix-sept de Grand-Orgue, huit de Bombarde et quatre de Récit, plus ceux du pédalier. Pour les curieux : trois mille cinq cent quarante-neuf tuyaux. L'ultime machine à son. Dark Vador en aurait rêvé, tout simplement l'instrument le plus puissant de la galaxie, commandé par cinq claviers, empilés bien proprement les uns sur les autres. Pas exactement la version portative.

En revanche, celui qu'on voit entre les mains de la sainte sur le fameux tableau de Raphaël datant de 1516 a un clavier vraiment rudimentaire. On ne le voit pas très bien, parce qu'elle tient son orgue à plat vers le bas, ce qui donne au peintre l'occasion de détailler le reste de cet instrument fabuleux avec ses petits tuyaux bien rangés par ordre de taille (sauf deux qui visiblement se sont détachés du sommier). Mais sous cet angle, le clavier, qui est perpendiculaire aux tuyaux, est vu en épaisseur, pas en hauteur. Et on ne distingue pas comment les touches étaient réparties, s'il y avait des noires, des blanches... Surtout qu'il a l'air très court. On pense aux petits interrupteurs carrés qu'on verra sur les contrôles *on / off* des premiers claviers électroniques, et là, sur le tableau, certaines notes sont en position *off*, la plupart en *on*, c'est à croire que les ingénieurs chez Roland ou Yamaha avaient tous Raphaël en tête quand ils ont dessiné leurs machines... Car c'est tout ce qu'il nous reste pour tenter de voir quand et comment le clavier a adopté la forme définitive qu'on lui connaît aujourd'hui : la peinture, les croquis, les gravures. De vrais instruments d'avant le XVe siècle, il semble curieusement qu'aucun n'ait survécu, aussi doit-on se résoudre à traquer dans les images et les écrits de l'époque les détails de leurs premiers balbutiements.

ON AFFINE LE MODÈLE

Ça ne va pas de soi, un clavier, ça ne s'invente pas tout seul. C'est un outil de commande, on l'a vu depuis les Grecs, mais de quelles notes au juste ? Eh bien pour commencer, de celles dont on a besoin. Avec ce dispositif, on peut voir littéralement noir sur blanc les notes qui sont utilisées à une époque donnée, une chose qui est totalement impossible sur un violon par exemple, qui contient en puissance toutes les notes, gammes ou intervalles imaginables, il suffit de poser les doigts où on veut sur le manche. Sur un clavier, toutes les notes doivent être pensées, fabriquées et assignées *avant* de pouvoir sortir le moindre son. À l'origine, l'instrument était fait pour accompagner la voix, or les notes dont la voix a besoin pour être accompagnée sont celles qu'à partir du Moyen Âge on entendra le plus souvent : *do, ré, mi, fa, sol, la, si* bémol, *si*.

Cela dit, je les énumère en commençant par *do*, mais on pourrait tout aussi bien commencer par *fa*, comme ce sera le cas sur les premiers claviers connus. Ou alors par un *la* comme les Anglo-Saxons qui utilisent les lettres de l'alphabet : A B H C D E F G (le H représentant le *si* bécarre et le B le *si* bémol), ce qui leur fait commencer la gamme deux notes plus bas que chez nous (notre *do* étant leur C). Bref, les choses partent dans tous les sens, mais c'est normal, c'est le début. Progressivement, on voit apparaître de nouvelles touches sur ce clavier exclusivement monochrome. On ajoute ici et là des notes dont on a besoin pour exprimer telle ou telle harmonie, ou pour changer de gamme sans changer d'instrument (avec seulement un *fa* dièse en plus, on peut déjà jouer en *do* et en *sol* majeurs, deux tonalités éloignées en hauteur). Pour les différencier, on les fabrique d'une autre couleur et on leur donne une place à part sur le clavier, un peu en recul. On en rajoute plus ou moins en fonction de la hauteur désirée des sons. On commence à parler de *marches* (aujourd'hui les blanches d'un clavier de piano) et de *feintes* (les noires). Outre l'orgue portatif se développe également l'*orgue positif*, qui se joue assis, les bras perpendiculaires au clavier comme aujourd'hui, favorisant une plus grande dextérité. On lui adjoint un pédalier. On réfléchit au meilleur système. Petit à petit, on s'*organise*.

Oui, il faut s'organiser, c'est-à-dire tout mettre dans l'orgue. Alors que les autres instruments à vent, à cordes ou à percussion sont à la recherche des meilleurs matériaux, bois, vernis, alliages, pour produire le son le plus pur, l'orgue, lui, cherche sa meilleure interface de commande. C'est très abstrait. Pour un musicologue, cette période allant du IXe siècle, époque du retour de l'orgue en Europe, à l'an 1440, date du manuscrit d'Arnaut de Zwolle dessinant un clavier à sept marches et cinq feintes comme celui du piano contemporain, est absolument passionnante. Ces six cents ans d'hésitations et de tâtonnements constituent un tournant capital dans l'histoire de notre musique. Parce qu'une fois que le clavier a trouvé sa forme définitive, tout va aller beaucoup plus vite, et dans une direction très particulière. Et c'est lui qui va accompagner la musique européenne vers ce devenir, il en sera à la fois le moteur et la carte.

Quand on la compare aux autres traditions musicales (indienne, africaine, chinoise…), on remarque que la nôtre comporte deux traits caractéristiques qui la distinguent de ses consœurs : d'une part l'attention toute particulière accordée à l'harmonie, c'est-à-dire aux notes jouées simultanément les unes au-dessus des autres (d'où l'importance de la notation musicale qui organise les différentes voix qui ne se répètent pas mais au contraire varient sans cesse), et d'autre part la définition du plus petit intervalle entre deux notes comme étant le demi-ton. À titre d'indication, les musiques arabe ou indienne jouent avec des intervalles allant jusqu'au cinquième de ton. C'est assez grossier comme division, un demi-ton, l'oreille est beaucoup plus fine que ça, c'est dommage de se cantonner à une mesure aussi épaisse, mais c'est la condition pour que la verticalité de plusieurs sons joués ensemble soit à peu près stable. Autrement dit, c'est avec des briques et non des tuiles qu'on peut monter un solide mur du son. Et la brique, c'est le demi-ton.

Ce qui implique énormément de choses. Tout d'abord, ça veut dire qu'à l'intérieur d'une octave il y aura douze divisions, ni plus ni moins. Douze demi-tons qui devront exprimer à eux seuls toute la musique, au prix de quelques compromis de taille. Par exemple, sur un clavier un *sol* dièse et un *la* bémol seront exprimés par la même touche, donc la même note. Pour un violoniste, c'est une absurdité, il entend et joue un *sol* dièse plus haut qu'un *la* bémol, ce sont deux notes différentes, mais un pianiste jouera et *entendra* la même note. Ce qui est tout sauf une découverte, puisque Pythagore avait, dès le VIe siècle avant J.-C., théorisé sur ce fait ainsi que sur les faiblesses du système, mais nous y reviendrons. De cet arrangement il découle également que les cinq touches noires, les feintes, historiquement des pièces progressivement rajoutées au clavier diatonique de base pour lui permettre d'acquérir un peu plus de souplesse mélodique et harmonique, ne forment à l'arrivée ni plus ni moins que la fameuse gamme pentatonique (c'est-à-dire à cinq notes) qu'on retrouve dans quasiment toutes les traditions musicales de la planète ! La plus vieille gamme du monde qui s'invite par la petite porte sur la machine occidentale à fabriquer de la musique ! Un balafon d'ébène trônant au beau milieu de notre dorémifasollasi bien blanc venu tout droit de saint Grégoire ! Le meilleur des deux mondes ! On ne peut qu'admirer l'improbable universalité de ce clavier qui précipite la musique européenne dans sa modernité.

Et devient par conséquent le premier outil de ses compositeurs.

UN FORMAT UNIVERSEL

À partir du XVIe siècle, il gagne en autonomie et se détache de l'orgue, on lui sent un destin bien à lui. Pourquoi se restreindre à l'encombrante et énergivore pneumatique des tuyaux ? On lui imagine alors de nouvelles fonctions comme avec l'épinette, le virginal ou le clavecin dont on peut pincer les cordes avec un ongle, ou encore le clavicorde, dont la corde est frappée par une pièce de métal. Ces nouveaux instruments s'éloignent radicalement de l'ancien usage du clavier, rien à voir avec l'antique vielle à roue, sorte de violon à manivelle posé sur les genoux dont les notes sont jouées par un clavier rudimentaire qui actionne une roue frottant les cordes – un violon pour débutant qui jouerait toujours juste. Cette fois, il s'agit vraiment d'une rationalisation pour en faire quelque chose d'autre. Tous les espoirs sont permis, la grande marmite se met à bouillir, on imagine d'appliquer le mécanisme du clavicorde à un cadre de cordes tendues comme celles du tympanon qu'on frappe avec des baguettes, et tôt ou tard, ça devait arriver, on invente le piano. Un Florentin du nom de Bartolomeo Cristofori réalise au tout début du XVIIIe siècle la fabrication d'un nouvel instrument, le pianoforte, qui interpelle immédiatement la communauté musicale par son extraordinaire potentiel. Il faut dire que son invention sonne vraiment bien. Après les Allemands, les Viennois s'en emparent et Stein, puis Streicher et Walter perfectionnent le système : c'est sur leurs instruments que joua et composa Mozart. Au début du XIXᵉ ce sont des facteurs français comme Érard et Pleyel qui prolongent leurs recherches sous les doigts de Chopin et de Liszt, puis c'est la famille Steinway, à New York puis à Hambourg, qui en 1880 construit les usines d'où sortiront les modèles qu'on peut considérer comme définitifs.

Quatre-vingt-huit notes du *la* grave au *do* aigu (sept octaves plus une tierce), plus de deux cent trente cordes, trois pédales (une forte, celle de droite, une douce, celle de gauche, et une tonale au milieu qui ne maintient que les notes sélectionnées quand on l'enfonce), une mécanique d'une cinquantaine de pièces *pour chaque touche* (sans compter les vis), une longueur de corde pouvant dépasser deux mètres pour les notes les plus graves, nous avons là le pur-sang des claviers pour lequel tous les compositeurs écrivent désormais. Le soliste parfait, le nouveau truc à la mode : percussif mais chantant, orchestral mais solitaire, tous les contraires réunis sous les doigts d'un seul virtuose. Car à la grande différence de ses prédécesseurs à clavier, celui du piano est dynamique, c'est-à-dire qu'il peut, en fonction de l'intention qu'on imprime aux touches, sonner staccato ou legato, pianissimo ou fortissimo... Le principe mécanique s'est considérablement assoupli, il ne s'agit plus de pincer uniformément des cordes ou d'ouvrir des tuyaux, mais de frapper ou de caresser ces mêmes cordes avec un marteau, puis de choisir de les laisser résonner ou non, ce qui ouvre un monde de nuances sonores encore inconnues mais fort excitantes. Ce qui était il y a quelques siècles une machine rigide est devenue plus complexe, plus émotive, à fleur de peau. Ah, malgré toutes ces pièces entre le doigt et la corde, on a vraiment l'impression de la sentir vibrer quand le marteau la frappe... Le piano réussit le pari improbable d'être *une machine sensuelle*, ça laisse rêveur.

C'est aussi un outil de travail, car même si les compositeurs écrivent pour d'autres instruments, ils ont avec celui-ci tout l'orchestre sous les doigts, au saut du lit (beaucoup plus pratique que l'orgue, ses tuyaux et ses soufflets, ou le clavecin dont l'attaque pincée obscurcit les harmonies un peu complexes). Les musiciens professionnels ne seront pas les seuls à s'en servir, le XIXe siècle voit éclore une bourgeoisie avide de sensations musicales dont le piano à queue devient l'instrument de prédilection, le Meuble Musical Universel. Splendide sentiment : plus besoin de sortir de chez soi pour écouter de la musique, il suffit d'apprendre à en jouer à la maison. Les bonnes familles mettent donc leurs filles au tabouret, il leur faut des professeurs (c'est ainsi que Franz Liszt rencontra la mère de ses enfants), des partitions (ce sont les débuts de l'édition musicale) et petit à petit s'organise un système de consommation dont le modèle perdure encore aujourd'hui. Avoir un piano chez soi permet de faire vivre les marchands de piano, les accordeurs, les déménageurs, les professeurs, les éditeurs, les assureurs, et je ne parle même pas des moutons dont on utilise la laine pour recouvrir les marteaux ! Le business est en route !

UNE AMÉRIQUE EN PLEIN BOULEVERSEMENT

Voici donc où nous en sommes quand Thaddeus Cahill a vingt ans. Car les choses ont changé depuis la jeunesse d'Edison. L'Amérique a évolué à une vitesse inimaginable. Entre 1880 et 1900, sa population va passer de cinquante à soixante-quinze millions d'habitants. La moitié en plus, en vingt ans seulement ! C'est colossal, jamais on n'a vu une courbe d'accroissement aussi verticale. La ville de New York triple quasiment de population, passant de 1 200 000 habitants à 3 400 000 sur ces deux décennies. Les grandes infrastructures se mettent en place : téléphone, électricité, rail, eau courante. Le moteur à explosion ainsi que les succédanés du pétrole (essence, vinyle en ce qui nous concerne) sont sur le point de s'imposer, on construit à tout-va, on tire des millions de kilomètres de câbles électriques et de tuyaux de plomb. Après une guerre civile dévastatrice, la stabilité politique s'est installée, faisant alterner à Washington démocrates et républicains dont les noms, Arthur, Cleveland ou Harrison ne laissent qu'un souvenir fugace dans la mémoire de l'Amérique. Leur tâche d'ailleurs est simple : ne pas obstruer la naissance du capitalisme boursier en train de voir le jour et dont les caprices rythment désormais la vie du pays : panique de 1873 (initiant la Grande Dépression qui durera jusqu'en 1896), de 1893 (un Américain sur cinq est au chômage en 1894), toutes deux déclenchées par des spéculations abusives sur les chemins de fer... Peu soucieux de répéter ses erreurs, le système teste surtout sa propre résistance, construit ses anticorps et instaure le mouvement désormais immuable des cycles de prospérité subite s'achevant en crise majeure à peu près tous les vingt ans.

C'est une période très dure dans les villes, où anarchistes et syndicalistes jouissent d'une popularité croissante auprès des nouveaux immigrants. C'est l'époque où Jack London imagine *Le Talon de fer*, ce récit fictif d'une Amérique socialiste en lutte ouverte avec le Grand Capital, c'est l'époque des massacres de grévistes, des débuts de la Mafia, des premières traductions de Marx, ça chauffe dur ! Mais c'est aussi le moment de faire des affaires, tout est à prendre. Grands Gouffres, Grands Enjeux. Tout est grand. La folie côtoie le génie, les initiatives les plus incongrues peuvent déboucher sur un éclatant succès, le bon sens peut rouler dans le fossé, le monde peut se mettre à l'endroit puis à l'envers tant qu'il génère du billet vert. Et pour générer, il génère. Les grandes fortunes américaines sont en train de creuser leurs fondations, Carnegie, Morgan, Vanderbilt, Rockefeller : les familles qui vont gouverner le pays pour le siècle à venir. La science découvre l'improbable, on n'a même pas le temps de se rêver un futur qu'il est déjà là. On a vu les distances s'abolir et l'espace devenir une abstraction, maintenant grâce à la photo, puis au phonographe, et bientôt au cinéma, on peut fixer un moment de vie pour l'éternité et le rendre accessible à qui le veut quand il le veut, pour le son comme pour l'image. Après l'espace, c'est au tour du temps d'être aboli : les deux dimensions fondamentales de notre conscience sont, en une petite génération, profondément remises en question.

Avec l'arrivée d'une importante classe moyenne américaine émerge également un concept nouveau : celui des loisirs accessibles à tous. La culture, qui était jusque-là une affaire de riches, devient démocratique. Celui qui bosse dur a aussi le droit, presque le devoir, de s'amuser à aller au théâtre, à rire ou pleurer au cinéma, à écouter de la musique. Conséquence inattendue du fordisme qui partage le travail en tranches, le loisir apparaît également comme une industrie fertile et les premières places sont à prendre immédiatement. Ce qui donne des ailes à Cahill pour l'invention de son nouvel instrument. Car c'est bien beau d'inventer, mais il faut vendre. Le nouvel orgue sur lequel il travaille ne sera donc pas simplement un clavier révolutionnaire, il produira aussi un bien de consommation courante.

Mais avant de voir comment, un détour par la France s'impose, où une idée splendide venait de naître grâce à l'infatigable ingéniosité de Clément Ader (qui, ironiquement, passa à la postérité pour l'invention d'aéroplanes qui ne volèrent jamais, financés par des améliorations du téléphone de Bell qui, elles, marchaient très bien). C'est ainsi que l'inventeur avait fait fortune, en fondant avec succès la Compagnie générale du téléphone de Paris, dotant la capitale française de son premier réseau de communication. Dans le cadre de l'Exposition internationale d'électricité qui y fut organisée en 1881 (et dont Edison fut incontestablement l'invité vedette), Ader proposa un système de captation d'une représentation d'opéra qu'il retransmettait par téléphone (avec des micros à charbon) depuis le palais Garnier jusqu'à un bâtiment voisin. Loin d'être un gadget, ce système était d'une grande sophistication : capté par douze micros disposés en longueur sur la scène, le signal était ensuite mixé en deux lignes, une droite et une gauche, arrivant à l'auditeur sous forme d'écouteurs à plaquer sur les oreilles, reconstituant ainsi la musique sous sa forme stéréophonique. Oui, stéréophonique ! Cinquante ans avant les travaux du Britannique Alan Blumlein qui en 1931 déposera le premier brevet de captation « binaurale » et ouvrira la voie après guerre à l'utilisation de la stéréo telle qu'on la connaît aujourd'hui !

Sous le nom de *théâtrophone*, ce procédé révolutionnaire enchanta immédiatement les foules qui avaient l'impression d'être physiquement présentes au concert alors que, le progrès aidant, elles s'en trouvaient de plus en plus éloignées. Le grand

Victor Hugo lui-même fut l'un de ses premiers et plus ardents admirateurs, et Marcel Proust, qui passa le plus clair de sa courte vie alité, en était un fidèle abonné. Le succès du dispositif dura jusqu'aux années trente lorsqu'il succomba finalement à l'arrivée de la radio, après avoir entre-temps considérablement enrichi l'entreprenant Ader. Pour donner une idée de l'incroyable engouement entraîné par le théâtrophone, il suffira sans doute de citer le procès que lui intenta – et gagna – Guiseppe Verdi qui contestait la diffusion de ses œuvres par ce truchement sans contrepartie financière, premier des grands procès en propriété intellectuelle de l'histoire de la musique !

NAISSANCE DU *TELHARMONIUM*

Les concerts retransmis par téléphone connaissent un succès identique aux États-Unis (même si la stéréo n'est pas utilisée), et on les retrouve même dans un best-seller de science-fiction utopiste d'Edward Bellamy paru en 1888 intitulé *Looking Backward* qui enflamma l'imagination du jeune Cahill et lui donna la clé indispensable à la commercialisation de son idée révolutionnaire. Voici donc son idée : construire un orgue électrique joué en temps réel et dont la musique serait diffusée par téléphone auprès de ses abonnés – avec cent ans d'avance, le principe de la musique en ligne. Hôtels, dancings, restaurants ou particuliers auraient à leur disposition, grâce à un simple abonnement, un flux continu de musique par téléphone dont ils pourraient profiter à leur guise, une sorte de service à distance. La différence avec les concerts diffusés tels qu'ils existaient à l'époque est que ceux-ci n'étaient pas retransmis avec une puissance suffisante pour pouvoir être entendus autrement que l'écouteur collé à l'oreille. Cahill, lui, imagine un instrument qui créerait *directement* un signal électrique dont l'intensité serait modulable à volonté et qu'on pourrait distinctement entendre à l'autre bout de la ligne par un pavillon similaire à celui des phonographes.

L'inventeur est sûr que celui qui arrivera à réaliser ce rêve fera avancer la musique d'un pas de géant. Avec l'aide de deux de ses sœurs aînées et de ses deux frères cadets, tous convaincus de l'importance de ses travaux, Thaddeus se lance à corps perdu dans cette innovation capitale et la famille déménage à Washington. Ils y rencontrent Bell et Edison et sont même invités à une réception à la Maison-Blanche. De toute évidence, un futur prometteur attend cette entreprenante famille. Notons accessoirement que Cahill passe le barreau et devient avocat, tout en brevetant un système novateur de clavier de machine à écrire qui inspirera plus tard le modèle de clavier électrique le plus utilisé pendant trente ans aux États-Unis : nous avons affaire à un esprit brillant et déterminé capable d'embrasser plusieurs problèmes à la fois – ce qui s'avérera être un problème par la suite, mais n'anticipons pas. Il se met donc au travail et dépose en 1895 un brevet pour un « appareil générant et distribuant de la musique électriquement ».

Seulement voilà : le brevet est refusé. L'Office des brevets de Washington objecte que rien dans l'invention de Cahill n'a de caractère authentiquement original. Pour commencer, il y a le télégraphe harmonique d'Elisha Gray, breveté neuf ans plus tôt. Celui-ci fonctionne selon un système fort simple : une touche de clavier fait osciller une lamelle métallique alimentée en courant. Celle-ci, en vibrant de bas en haut, ouvre et ferme le circuit électrique exactement comme un interrupteur que l'on actionnerait à la fréquence définie par la hauteur de la note exprimée par la lamelle (pour un *la* grave par exemple, cent dix fois à la seconde). Il en résulte un courant électrique qui, une fois transformé en alternatif, est acheminé par un fil qui fait vibrer un résonateur à la même fréquence. C'est formidable, concède Cahill dans une argumentation de cent trente-quatre pages, mais

1) L'invention de Gray ne produit que des courants très faibles et le signal obtenu l'est également. Augmenter le courant ne servirait à rien, il en résulterait la formation d'arcs électriques entre la lamelle et le contacteur rendant l'opération inefficace.

2) L'intensité du son non plus n'est pas variable, donnant lieu à une expression uniforme.

3) La forme d'onde créée est très rudimentaire, elle produit une seule fréquence et un son peu musical.

C'est là une remarque capitale, car si toute note correspond à une fréquence précise, comment se fait-il que deux instruments différents puissent être identifiés à l'oreille immédiatement ? En quoi un *sol* joué par un violon est-il différent de celui joué par une flûte ? Si c'est la même note, c'est la même fréquence, elle devrait donc produire le même son ! Comme l'évidence nous prouve le contraire, c'est ici qu'intervient la notion de *timbre*. Pas celui qu'on colle sur une enveloppe, mais celui qui différencie la richesse et la nature d'un son par rapport à un autre.

Car on s'est rendu compte que, tel l'arbre cachant la forêt, une note en contient plusieurs autres qui viennent enrichir la note initiale de ce qui constitue son timbre : les harmoniques. La langue anglaise est à ce titre beaucoup plus explicite puisqu'elle parle d'*overtones*, de tons superposés. Si l'on se penche sur les cordes d'un piano à queue et que d'une main on joue une note au clavier, tandis que de l'autre on promène son doigt le long de la corde, on peut entendre surgir tout un tas de notes qui ne sont pas du tout celle qui est attribuée à cette touche. Pourtant quand on joue normalement, sans mettre les doigts dans les cordes, ces notes fantômes sont présentes dans l'expression de la note principale, mais on n'y fait pas attention, elles sont comme cachées derrière. Et Dame Nature a bien fait les choses. Ainsi, lorsqu'on joue par exemple un *la* grave sur le clavier du piano (pour une fréquence de 110 Hz), on pourra discerner derrière ce *la* fondamental un autre *la* une octave au-dessus (220 Hz), puis un *mi* tout de suite après (330 Hz), puis encore un *la* à l'octave suivante (le fameux 440), puis un *do* dièse (550), un *mi* (660) et un *sol* (770) à la suite, puis encore un *la* (880), suivi d'un *si* (990), d'un *do* dièse, d'un *ré* dièse et d'un *mi*, et ça continue encore comme ça jusqu'aux limites de l'audition humaine. C'est sur ces harmoniques qu'un accordeur s'appuie pour accorder un piano.

Or, tous ces harmoniques sont plus ou moins présents en fonction de l'instrument qui les joue, et c'est leur nombre et leur importance qui en définira le timbre. Une flûte par exemple en laissera apparaître beaucoup moins qu'un violon. Si on veut, comme Cahill, créer artificiellement un son qui ne soit pas réduit à sa simple fréquence fondamentale mais qui puisse ressembler à quelque chose d'un peu convaincant, il faudra donc inventer un système qui accompagnera chaque note de ses harmoniques correspondants en les fabriquant un à un. Du vrai travail de synthèse. Et c'est la différence essentielle avec le système rudimentaire inventé par Gray. Avant eux, Helmholtz avait déjà découvert un procédé qui fabriquait électriquement un son accompagné de ses harmoniques (grâce à des diapasons vibrant devant des électroaimants), méritant ainsi la paternité technique du premier synthétiseur. Cependant l'objectif était non pas de créer un instrument de musique, mais de recréer artificiellement le son de la voix humaine – une autre paire de manches, assurément. Cahill, lui, se place dès le départ dans une perspective musicale, ce qui fait de lui le premier inventeur de clavier électromécanique de l'humanité, ce dont il aura grand mal à convaincre l'Office des brevets qui n'était pas tout à fait prêt à admettre une abstraction aussi stupéfiante.

D'autre part, objecte l'inventeur, le système de Gray se fait avec un simple contact électrique alors que le sien fonctionne au moyen de *roues phoniques*, ce qui change tout. Imaginez une roue dentée dont les dents sont disposées à intervalles réguliers et dont la tranche tourne devant un aimant entouré d'une bobine de cuivre : lorsque le profil métallique d'une dent est proche de celle-ci, il se crée dans la bobine un courant qui s'interrompt dès qu'elle est passée, pour recommencer à la suivante selon une fréquence régulière. La vitesse de rotation de la roue et le nombre de ses dents définiront ainsi la fréquence du courant électrique créé par ce moyen. Par exemple, si l'on fait tourner une roue phonique à cent dix tours par seconde et qu'on lui attribue quatre dents, la fréquence du courant créé sera de 110 fois 4, c'est-à-dire 440 Hz (un hertz équivalant à un battement par seconde) qui n'est autre que celle du fameux *la* 440 du diapason des accordeurs de piano. Si la roue tourne à la même vitesse mais avec huit dents au lieu de quatre, nous aurons une fréquence de 880 Hz, celle du *la* une octave au-dessus. Parce que c'est ça qui est bien avec une fréquence : chaque fois qu'on la double, on obtient la note située une octave au-dessus – preuve supplémentaire que musique, physique et mathématiques sont étroitement liées.

Le système qu'a imaginé Cahill est donc celui-ci : pour chacune des douze notes de la gamme chromatique correspond un axe sur lequel tournent pas moins de huit roues dentées, la première correspondant à la note fondamentale et les sept autres aux sept premiers harmoniques, chacune devant son électroaimant. La vitesse de rotation de chaque axe dépend de la fréquence fondamentale de la note voulue et du nombre de dents multiples de celle-ci. Même si le principe de la roue dentée avait déjà été exploré auparavant, l'utilisation qu'en fait Thaddeus est sans précédent, et c'est sur la somme et non les parties que repose son brevet – il faut toute l'étroitesse d'esprit du commis des dépôts pour ne pas s'en rendre compte. Ajoutons à cela le fait que l'orgue de Cahill possède la capacité de varier l'intensité du son grâce à son invention préalable dont nous avons déjà parlé et qu'il a « électronisée » à cet effet, que l'âpreté du signal électrique est adoucie par une chaîne de redresseurs qui « lissent » les formes d'ondes de façon fort plaisante, qu'à la différence de l'appareil de Gray, qui fonctionne par interrupteurs, le sien opère en circuit fermé (électriquement et mécaniquement beaucoup plus stable), et force est de constater que nous sommes en présence d'une invention authentiquement novatrice. La pugnacité de son argumentation ainsi que le soutien indéfectible de sa famille et de son avocat finissent donc par triompher de la résistance de l'Office des brevets et, le 6 avril 1897, Cahill obtient finalement le brevet numéro 580 035 lui garantissant l'exploitation paisible de son instrument et de sa transmission téléphonique. Reste à trouver un nom. À cause des nombreuses dynamos (les ancêtres des générateurs) nécessaires à la production du courant, Cahill penche pour le *Dynamophone*, mais ce mot manque un peu d'ampleur tout en occultant le mode de diffusion projeté : ce sera donc le *Telharmonium*.

L'HEURE DES BANQUIERS

La suite des opérations est évidente, mais non moins ardue : fabriquer un prototype et trouver des financements. Les choses avancent lentement. Le père de Thaddeus meurt en 1899, alors que ce dernier poursuit ses études de droit (il obtient son doctorat en 1900), et qu'il gère en même temps avec ses frères son usine de machines à écrire (dont le clavier électrique permet de taper plus de deux cents mots à la minute). Cette entreprise finira par péricliter par manque d'attention constante – l'ubiquité a ses limites. Néanmoins, le *Telharmonium* est la grande affaire de sa vie. Il y travaille d'arrache-pied et, en 1901, un premier modèle, rudimentaire, lui paraît suffisamment performant pour commencer un tour de table. Son choix se porte alors sur un investisseur sérieux et prometteur, Oscar T. Crosby. Ancien élève de l'académie militaire de West Point devenu ingénieur dans l'armée, ce dernier s'était consacré depuis une quinzaine d'années au rail électrique, domaine dans lequel il avait amassé une fortune non négligeable. Grand voyageur, amateur d'art averti, il emportait toujours avec lui les œuvres de Kant, Spinoza et Descartes, ainsi qu'un exemplaire du Coran, de la Bible et des Méditations de Bouddha. Avec un de ses amis, Frederick C. Todd, il développe un intérêt immédiat pour le *Telharmonium* et, séduit par Cahill dont la calme assurance lui inspire la plus grande confiance, il investit les sommes nécessaires pour perfectionner le prototype. En 1902, ça y est, Thaddeus est prêt et il décide d'organiser un dîner de banquiers au très sélect Maryland Club de Baltimore. Dans la salle de réception trône un téléphone couplé à un pavillon de diffusion et, une fois les conversations d'usage épuisées, l'inventeur passe un rapide coup de fil à Washington où un ami à lui, Paul Fishbaugh, homme d'affaires et excellent organiste, attend son appel assis au clavier du *Telharmonium*. Quelques secondes plus tard, le miracle se produit : du pavillon du téléphone s'écoule devant les banquiers médusés l'imposante cadence du *Largo* de Haendel.

C'est un succès total. Tout le monde y croit, c'est l'avenir de la musique qui est en marche. Dans les fumées de cigares et les vapeurs d'alcool, le chiffre tombe : ils sont prêts à investir la somme de cent mille dollars. C'est un montant considérable, l'équivalent de trois millions aujourd'hui, et ils ne sont pas prêts à les lâcher sans de solides contreparties. Mais Cahill reste calme et ferme, et au bout de trois mois d'intenses discussions, obtient toutes les conditions qu'il désire : il reste intégralement propriétaire de son invention dont il licencie l'usage pour une durée de dix ans, les cent mille dollars ne sont qu'un acompte, payable sur-le-champ, de l'investissement total dont le montant n'est pas encore défini mais qui peut vraisemblablement s'élever à trois ou quatre cent mille dollars, et c'est lui qui obtient le droit de rédiger les contrats. Le jeune homme de trente-quatre ans sans fortune ni succès préalable a bien tenu face à des banquiers rompus à ce type de négociation, surtout qu'ils n'ont fait qu'entendre un orgue au téléphone et n'ont pas la moindre idée de l'aventure technologique dans laquelle ils s'embarquent ! En juin 1902, les contrats sont enfin signés avec la Cahill Music Machinery Manufacturing Company. Ils prévoient que les tarifs de la musique, diffusée par un diaphragme et un pavillon, seront de « cinquante dollars par diaphragme utilisé dans des salons, salles à manger, bars, salles de billard, porches ou tous types de lieux publics tels que restaurants, hôtels, cafés, saloons, clubs, magasins ou dépôts dans des villes de plus de cent mille habitants ». Pour des villes plus petites, l'abonnement tombait à vingt-cinq dollars, puis à dix pour des particuliers.

Les bases sont posées, il faut maintenant fabriquer la machine et trouver d'autres actionnaires. Cahill attire l'attention de George Westinghouse dont nous connaissons déjà les qualités, mais celui-ci décline la proposition d'entrer dans le capital de la compagnie. Néanmoins, il promet d'équiper chacune de ses trois maisons du dispositif et amène au laboratoire de Thaddeus le célèbre Lord Kelvin, sujet remarquable de Sa Gracieuse Majesté, scientifique exceptionnel et auteur historique de la deuxième loi de thermodynamique (celle sur l'entropie), qui s'extasie devant le *Telharmonium* et le proclame « un des plus grands accomplissements du cerveau humain », ce qui, venant de lui, n'était pas un mince compliment. Il proposera même à Cahill de lire devant la Royal Society of London une communication sur le sujet si l'inventeur prenait la peine de l'écrire. Hélas, pressé par le temps et ses multiples obligations, Cahill ne donna pas suite à cette prestigieuse invitation.

Il faut dire qu'il ne dort désormais plus que quatre heures par nuit. C'est un homme mince malgré les quantités considérables de nourriture qu'il ingurgite pour tenir le coup et il paraît plus grand que sa taille, qui est modeste – il ne pèse d'ailleurs guère plus qu'une soixantaine de kilos. Il ne boit pas et ne fume pas, comme d'ailleurs toute sa famille qui est d'une grande tempérance. Toujours d'humeur égale et soigné de sa personne, il frappe l'observateur par sa tranquillité et son autorité naturelle. Sa vie sentimentale semble entièrement dévolue à une certaine Mary Fairchild, mais celle-ci, visiblement peu encline à épouser un homme qui passe plus de temps avec les machines que les humains, lui refusera sa main avec constance et il ne se mariera jamais. Autant de temps gagné pour son invention qu'il poursuit désormais avec un zèle qui fascine ses proches : il ne prend ni vacances, ni repos, ne tombe jamais malade, fédérant autour de lui les enthousiasmes et les énergies avec une foi communicative. Et il en faut de l'énergie, car maintenant que l'accord est signé, il faut se mettre au travail sans perdre de temps.

Déjà, déménager. Les investisseurs ont choisi pour lui l'emplacement de ses prochains ateliers : ce sera Holyoke, dans le Massachusetts. Située près d'un barrage sur la Connecticut River, cette ville bien desservie par le rail et profusément alimentée en électricité attire depuis une quarantaine d'années les manufactures les plus diverses, la main-d'œuvre locale est fidèle et qualifiée, l'idéal pour construire une machine aussi sophistiquée et gourmande en énergie. Car souvenez-vous, nous avons douze axes autour desquels sont fixées huit roues crantées (en réalité un peu moins car Cahill a réussi à utiliser certaines roues pour compléter deux notes différentes), ce qui fait en principe quatre-vingt-seize bobines de dynamos (mais en fait il y en a la moitié en plus), sans compter les séries de redresseurs assignés à chaque note pour « lisser » le signal – un sacré paquet de fils ! En outre, comme Cahill est un génie très en avance sur son temps, il n'a pas eu la patience d'attendre que soit inventé l'amplificateur, qui ne sera imaginé qu'une dizaine d'années plus tard. Fournir un courant suffisamment fort pour être acheminé avec succès sur les fils du téléphone et faire vibrer l'importante membrane qui se trouve au bout nécessite au départ des bobines qui peuvent mesurer un mètre ! Et des roues phoniques dont certaines ont la taille d'un homme !

Résultat : des imposantes sept tonnes du premier prototype, on est passé à un engin de deux cents tonnes et de vingt mètres de long. Le moins qu'on puisse dire, c'est qu'on est loin de l'orgue portatif de sainte Cécile. D'autant plus que Cahill a entrepris de résoudre tous les problèmes en même temps, y compris le plus insoluble, celui du tempérament. Ce qui est vraiment très courageux, à la limite de l'inconscience, même, car cette question empoisonne le monde de la musique et des mathématiques depuis deux mille cinq cents ans, sans que personne ne soit arrivé à une solution satisfaisante.

Quel est le problème ? Il a été posé par Pythagore et voici comment on pourrait imaginer l'expérience qu'il a menée.

LE TEMPÉRAMENT

En tendant deux cordes de longueur inégale, il se rend compte que plus la corde est courte, plus la note qu'elle exprime est haute. Mieux, lorsqu'une corde est deux fois plus courte que l'autre, sa vibration produit avec la première une résonance fort plaisante (qu'on appellerait vingt siècles plus tard une octave), et, remarque satisfaisante, celle-ci exprime une fraction : 1/2. Pour Pythagore, tout l'univers est nombre, et il ne s'étonne pas que les sons suivent cette règle : il note donc que *hauteur* de note et *longueur* de corde sont inversement proportionnelles, et entreprend d'affiner sa recherche. Il continue de pincer ses cordes, très attentivement, écoutant à chaque fois l'intervalle obtenu. Tous, à l'exception de l'octave, semblent conflictuels, agressifs, sauf un, qui possède un équilibre parfait entre la tension et la détente. Il a la rondeur statique de l'octave, mais possède sa propre dynamique et semble aller paisiblement quelque part, on dirait une bulle montant lentement au ciel. C'est beau.

Pinçant et repinçant les deux cordes, le penseur s'abandonne au plaisir d'écouter ces deux notes différentes qui s'épousent et se repoussent en même temps. Il mesure la taille des deux cordes. Celle qui sonne le plus haut fait exactement les deux tiers de la plus grave. Tiens tiens. Encore une fraction, l'une des plus simples avec ça. Pythagore sait qu'il a trouvé quelque chose, les dieux lui montrent la voie, il décide de suivre cette bulle qui monte. Il raccourcit la corde la plus longue à la taille de celle qui lui a donné tant de plaisir, les voilà qui sonnent à l'unisson maintenant. Puis, mesurant soigneusement, il raccourcit d'un tiers l'une des deux et le miracle se reproduit : cet intervalle divin résonne à nouveau, mais grâce à une nouvelle note ! Il entrevoit soudain la logique qui se déroule d'elle-même devant ses yeux. Cet intervalle (qu'on appellerait une quinte aujourd'hui), cette fraction exprimée en son, c'est une marche, un grand escalier qui va mener jusqu'à la connaissance ! Il poursuit son expérience de deux tiers en deux tiers, révélant à chaque étape une nouvelle note et, de marche en marche, obtient douze notes différentes avant de retrouver, à la treizième, la même que la première, mais sept octaves au-dessus.

Enfin, pas exactement. Car lorsqu'en partant de cette treizième note on redescend d'octave en octave jusqu'à la première (alors qu'on était monté en quintes), on arrive un peu plus haut que l'originale. C'est indéniablement un problème, digne des Shadoks : nous sommes devant une échelle qui monte plus bas que quand on la descend ! Autrement dit l'ascension en douze quintes est plus longue que la redescente en sept octaves ! C'est absurde ! En fait pour que le compte soit bon, remarque Pythagore, il faut que le dernier barreau de l'échelle soit un tout petit peu plus haut que les autres, et c'est avec un humour plurimillénaire qu'il appellera ce dernier intervalle la *quinte du loup*. Car il y a effectivement un loup là-dedans, et pas de solution à cette énigme si l'on s'en tient à des fractions simples.

Mais comment fait-on alors pour jouer de la musique ? Tout devrait être faux tout le temps ! Eh bien on triche. Depuis le début. Parce que nous avons choisi le demi-ton comme la plus petite division possible, nous sommes confrontés à un compromis permanent entre les maths et l'acoustique. Pour les musiciens qui jouent d'un instrument dont la justesse peut être modulée en temps réel, ce n'est pas vraiment un problème, ce sont à leurs oreilles qu'ils font confiance pour s'ajuster, pas à des chartes de fréquences ! Mais pour un accordeur de piano, il va falloir *tricher à l'avance* et s'arranger pour que ça sonne bien dans tous les cas. C'est ça le tempérament : disséminer la triche, la saupoudrer un peu partout, baisser la tierce, hausser la quinte, ni vu ni connu. Supposez qu'on prenne le jour supplémentaire d'une année bissextile et qu'on le répartisse en toutes petites tranches sur quatre années consécutives, une minute par-ci, deux minutes par-là, tout ça pour qu'on ait une adéquation *parfaite* de notre calendrier au mouvement des astres sans s'embêter avec un 29 février occasionnel. Tous les jours ne feraient pas la même longueur selon les saisons, il faudrait des montres qui tiennent compte de chaque journée plus ou moins extensible (on imagine : aujourd'hui, la journée fera vingt-quatre heures, une minute et sept secondes), ce serait d'une complexité invraisemblable... mais ce que l'astronomie calendaire refuse de faire, la musique le fait. Ou plutôt : le clavier impose à la musique de le faire. Tricher en permanence entre l'oreille et les nombres. Le clavier bien tempéré est donc un exercice de filoutage scientifique particulièrement ardu, qui a servi de champ de bataille à des affrontements aussi âcres que nombreux. Il n'y a d'ailleurs pas *une* façon d'accorder un piano, mais une infinité de façons différentes, des écoles, des standards : le tempérament pythagoricien, le mésotonique, l'égal contre l'inégal, et puis chaque pays a une préférence pour tel type d'intervalle plus qu'un autre, chacun avec sa propre grille de fréquences qui se présente sous forme de petits livrets bourrés de colonnes de chiffres, on a l'impression d'être devant un annuaire des marées !

Pas de problème, oppose Cahill qui a vraiment réponse à tout. Il suffit de proposer pour chaque note trois hauteurs différentes, une un peu basse, une juste et une un peu haute, à choisir en fonction de la tonalité de la pièce et de ses harmonies. Ce qui signifie trente-six touches au lieu des douze traditionnelles dans l'octave. Et un alignement de touches noires et blanches sans interruption, pas en paquets de deux et trois comme habituellement, sur deux claviers de quatre-vingt-quatre notes chacun. Selon les cas, on jouera un accord de *do* majeur avec un *do* sur un clavier, un *mi* sur celui d'en dessous et un *sol* sur un troisième encore en dessous. Ainsi privé de repères traditionnels, il est très difficile de savoir ce qu'on fait et où on va. Sans compter les deux pédaliers d'intonation par interprète. Car j'oubliais, il faut deux personnes pour se servir de cet orgue correctement. Une qui joue les deux claviers (et leurs sous-claviers légèrement plus haut et plus bas) assignés au son, et une qui joue du clavier contrôlant les dynamiques tout en gérant les différents changements de timbre (passant de la flûte à la trompette au hautbois, etc.). Bref, c'est un casse-tête absolu, une ambition de contrôle total sur toute l'expression instrumentale, mais sur le papier, tous les problèmes de la musique occidentale et de son interprétation au clavier sont enfin résolus.

EN ROUTE POUR LES AFFAIRES

En outre, Cahill a trouvé la perle rare qui saura s'adapter aux exigences de cet instrument du futur en la personne d'Edwin H. Pierce. Discutant avec un associé des difficultés de trouver un traducteur allemand pour décrire et breveter son instrument dans le tramway qui l'emmenait à son usine (où s'échinaient tout de même cinquante ouvriers sur son projet), il attire l'oreille d'un jeune homme qui se présente : diplômé du Conservatoire royal de Leipzig, il est parfaitement bilingue et propose de faire le travail. Les deux hommes parlent brièvement puis se revoient, l'évidence s'impose : Pierce est l'homme de la situation. C'est le début d'une collaboration qui durera les deux années les plus glorieuses de cette épopée, de 1905 à 1907. Edwin est un excellent lecteur de musique, un claviériste accompli et un esprit curieux. C'est un collaborateur précieux pour les recherches sur les harmoniques et les problèmes de tempérament. Il est fasciné par cet inventeur qui prend à bras-le-corps tous les problèmes de la musique et de la science en même temps. Il faut dire que Cahill mène grand train, au sens propre comme au figuré, puisqu'il se déplace dès 1902 dans une Cadillac dernier modèle, ce qui ne manque pas d'impressionner Pierce ainsi que ses six enfants qui adorent y faire des tours. Bref, comment ne pas succomber à la séduction de cet homme aussi enthousiaste que soigné ? Surtout que les affaires s'accélèrent et qu'on va passer à la phase suivante : l'installation de l'instrument à Manhattan est décidée pour l'été 1906. Il est acheminé en pièces détachées depuis Holyoke (il faudra vingt wagons de train) jusqu'à son adresse new-yorkaise, au coin de Broadway et de la 39e Rue.

L'endroit est splendide, en plein cœur du Rialto, ce quartier des théâtres où se retrouve tous les soirs une société cosmopolite et fortunée en perpétuelle quête d'amusement. Le 26 septembre, neuf cents membres de la New York Electrical Society se pressent devant le Telharmonic Hall (dont la contenance admet au mieux trois cents personnes) pour une présentation exceptionnelle. Au fond trône l'Engin Miraculeux dont on ne voit que les deux séries de claviers, une impressionnante collection de boutons, interrupteurs et tirettes, plus une multitude de fils qui s'enfoncent dans le sol pour y rejoindre la machine elle-même située un étage en dessous. De façon fort solennelle, Oscar Crosby s'adresse aux scientifiques pour présenter ce projet dont il a été le principal soutien dès son origine. Entre quinze et vingt mille récepteurs peuvent être connectés à cet instrument, se réjouit-il, et ceci n'est que le premier d'une longue série, vous trouverez bientôt des *Telharmoniums* dans tous les États-Unis ! Et maintenant, place à la musique !

S'ensuit un concert pas très réussi d'un point de vue artistique (il faut avouer que ces claviers sont diablement difficiles à maîtriser), mais la curiosité prend le dessus pour cet orgue du futur dont les circuits électriques reproduisent assez fidèlement, il faut bien le dire, la flûte, le violoncelle, la clarinette ou le basson. Et puis la façon dont est produit le son est tellement extraordinaire... Si on s'intéresse un tant soit peu aux innovations techniques, comment rester insensible à cette révolution ? Fabriquer une musique aussi complexe et aboutie avec exclusivement de l'électricité est une véritable prouesse, promise à un développement grandiose, tout le monde s'en rend compte ! Heureusement d'ailleurs, sinon ce serait à désespérer de l'humanité. Le bruit se répand dans les journaux qu'une aube nouvelle vient de se lever et qu'on va voir ce qu'on va voir.

Maintenant que la presse est conquise, pensent l'inventeur et les financiers, place au business ! Un seul et dernier détail : un arrangement a été pris auprès de la New York Telephone Company qui a le monopole des infrastructures new-yorkaises pour poser le long de son tout nouveau réseau des câbles spécifiquement dédiés au *Telharmonium*. En effet, il n'avait pas échappé à Cahill que la vigueur de son signal avait tendance à perturber celui acheminé par les câbles voisins du téléphone (beaucoup plus faible en intensité, quelques milliampères suffisaient) et pouvait affecter les conversations jusqu'à les rendre inaudibles. Il avait donc été convenu qu'un traitement spécial les isolerait des lignes téléphoniques au moment de leur installation. Mais on est en 1906, en un temps de grande fébrilité économique. Cela fait deux ans que le marché s'envole, on est en plein boom, on a l'impression que Wall Street est en train de faire le premier rail de coke de son histoire. En avril, c'est le tremblement de terre de San Francisco ? Pas grave. En septembre l'armée doit aller faire la loi à Cuba ? La guerre c'est bon pour l'économie ! Tant que c'est pas sur nous que tombent les bombes ! New York vit un de ces moments d'ivresse où rien ne peut aller mal et où les dollars font des petits sans qu'on ne leur demande rien. La New York Telephone Company est donc très occupée à tirer ses propres lignes et à se forger un réseau qui lui rapporte tout de suite – inutile de dire que celles du *Telharmonium* ne sont pas sa priorité. Mais après avoir beaucoup insisté, une première ligne est posée qui descend le long de Broadway et c'est le très chic restaurant français Café Martin qui, en exclusivité mondiale, recueille treize blocs plus bas le précieux signal. L'endroit est à la mode, on y sert deux mille couverts par jour et son patron brûle d'impatience de régaler sa clientèle avec une attraction aussi moderne que plaisante. Le 9 novembre a lieu l'inauguration officielle de la diffusion dans un lieu public et après un début un peu déconcertant (un diaphragme défectueux se met à grésiller horriblement pendant que le volume général laisse à désirer) suivi d'immédiats ajustements, le restaurant est rapidement baigné dans les volutes de Bill Simmons, Bizet et Wagner.

Tout le monde adore. Les claviéristes ont eu le temps de se familiariser avec la machine infernale et leur jeu est beaucoup plus lisse que deux mois auparavant, la musique est fluide. Cors, flûtes, hautbois sont reconnus avec émerveillement. Après un repas bien arrosé, les invités sont acheminés jusqu'au Telharmonic Hall, là où la musique est fabriquée, et où a été installée au-dessus des claviéristes une lampe à arc chantante ! Cette invention géniale du Britannique William Duddell avait la particularité d'éclairer une pièce comme une lampe à arc normale (le mode d'éclairage qui avait précédé celui des ampoules), mais en chantonnant une mélodie en fonction de la tension qui la traversait. En faisant passer le courant du *Telharmonium* dans une telle lampe à arc, celle-ci se mettait donc à chanter à l'unisson avec la musique de façon fort futuriste et spectaculaire. Grosse impression. Du coup un deuxième grand restaurant, Louis Cherry's, emboîte le pas au Café Martin. Le *New York Times* en parle dans son édition du dimanche. La semaine d'après, c'est Mark Twain, l'Écrivain National, qui se rend au Telharmonic Hall (encore fermé au public) et déclare sous le charme : « Le problème avec ces belles inventions, c'est qu'elles ont tendance à modifier notre emploi du temps. Chaque fois que j'en vois une comme celle-ci, il faut absolument que je reporte l'heure de ma mort. Je ne pourrais quitter ce monde sans l'écouter encore, encore et encore. » Il prend un abonnement sur-le-champ, et une ligne spéciale sera tirée pour lui jusqu'à son appartement. Puis c'est au tour du Muséum d'histoire naturelle qui en use lors d'une soirée de gala, puis du théâtre du Casino de façon continue, puis de l'hôtel Normandie et du Waldorf-Astoria, deux hauts lieux de la société new-yorkaise... Les abonnements se vendent comme des petits pains, les bars, les restaurants, les particuliers affluent pour avoir droit eux aussi à ce miracle technologique.

Dernière phase : le 11 janvier 1907 s'ouvre officiellement au public le Telharmonic Hall. C'est une salle d'aspect néoclassique avec des colonnades égayées par des branches de palmier du plus bel effet. Un splendide canapé feutré circulaire en forme de presse-citron, des fauteuils en paille, des bouquets de fleurs, et tout au fond de la pièce contre le mur, l'Engin. Il n'est pas très profond mais fait deux fois la hauteur des claviéristes qu'on voit assis de dos. Avec sa haute structure métallique et la multitude de fils tendus derrière on dirait une sorte de métier à tisser ultramoderne, un métier à tisser du son. Des pavillons de diffusion sont disposés un peu partout dans la salle, avec des membranes dissimulées dans les murs et même dans les boutons de porte. C'est très impressionnant, surtout avec la lampe chantante qui crépite joyeusement au plafond.

Toute la haute société de New York y est invitée : hommes politiques, grands patrons, millionnaires, scientifiques, mécènes, artistes, à qui l'on distribue la brochure *Telharmony* expliquant les détails de cette révolution. Là encore, c'est un tabac, tout le monde est emballé. Et maintenant que le Hall est ouvert, des personnalités musicales y passent en coup de vent, comme Caruso ou Puccini, ou encore Alfred Hertz, le chef du Metropolitan Opera qui souhaite une bienvenue enthousiaste à ce nouvel instrument. Des diffuseurs sont installés à l'extérieur du bâtiment, inondant de musique électrique les trottoirs de Broadway. On voit des pubs dans la presse, un journal déclare même : vous y écouterez la musique de l'an 2000 (en 1907 il fallait oser) ! Deux concerts publics sont proposés chaque jour à 15 heures et 20 h 30. Des sortes de masterclass également, où l'on montre au public comment on peut construire un son en empilant les harmoniques, modifiant ainsi son timbre au fur et à mesure (mais pourquoi est-ce qu'on ne fait pas ça aujourd'hui ?). Les tickets se vendent un mois à l'avance et les deux cent soixante-treize places assises sont occupées toute la journée par des visiteurs incrédules mais ravis. Brahms,

Chopin, Mendelssohn, Beethoven, le programme s'étoffe et change de mois en mois. Les concerts du dimanche sont réservés à la musique sacrée. On ne voit vraiment pas ce qui peut mal tourner, on est en train d'assister à l'émergence d'une nouvelle façon de consommer de la musique que rien ne semble pouvoir arrêter.

LES ENNUIS COMMENCENT

À part le petit problème de la puissance du signal qui perturbe les câbles voisins. Car même avec un traitement spécial, l'inconvénient demeure, et il empoisonne la vie des utilisateurs du téléphone. Tout à la perfection de son système, Cahill envoie dans son circuit un niveau de signal énorme sans prendre en compte le fait qu'il est totalement disproportionné par rapport à l'utilisation des fils voisins qui est de transmettre la voix humaine. Surtout qu'à plus d'une reprise, c'est le réseau standard qui est utilisé par le *Telharmonium* pour effectuer divers essais et améliorations. Du coup, par la magie électrique de l'*induction*, dans ce cas mal maîtrisée, les conversations peuvent être complètement recouvertes par une impeccable mais exaspérante exécution d'une rêverie de Schumann qui déborde littéralement du câble d'à côté. Et les abonnés se plaignent, bruyamment. Ils n'en peuvent plus. Même JP Morgan est à bout de nerfs de ne pouvoir faire ses affaires sans se voir imposer en plein milieu d'un deal l'intégralité d'une danse hongroise ou d'un Nocturne en *ré* bémol. À tel point que le vice-président de la New York Telephone Company, un certain Mr Cahill, rien à voir avec le nôtre (mais la coïncidence est troublante vu l'originalité du nom), décide de prendre son téléphone, justement, et d'appeler Crosby pour lui dire que la situation n'est plus tenable et qu'il faut renégocier les termes de l'accord avec la New York Electric Music Co. Il a fort à faire avec les associations de consommateurs exaspérés par les prix astronomiques et le service déplorable des nouvelles lignes téléphoniques, ils sont en train de faire passer des lois municipales de plus en plus contraignantes et le *Telharmonium* n'est qu'un souci de plus.

D'ailleurs, toute la ville en a marre d'avoir grandi aussi vite et de façon aussi sauvage. Les intérêts privés ont fait la loi à Manhattan depuis plus de trente ans et se dessine en 1907 une municipalité plus soucieuse de la défense de ses administrés. L'exclusivité de la NY Telephone Co prend fin, AT&T est autorisée à poser des lignes à Manhattan. Crosby tente sa chance, réussit à obtenir lui aussi une franchise pour pouvoir poser ses propres lignes, mais c'est pour se retrouver devant une mairie qui est devenue puissante, et gourmande. La diffusion de la musique est un luxe et non une nécessité, dit-on chez le maire. De plus tout le monde dit que ce luxe va rapporter des millions. Donc OK pour une franchise, mais chère. Crosby fait vite ses comptes. Pour l'instant le *Telharmonium* ne fait pas rentrer grand-chose : moins de mille dollars par semaine en royalties, peut-être mille cinq cents en tickets de concerts, ça ne couvre même pas les dépenses courantes de la location de l'endroit et des salaires des musiciens et techniciens qui tournent en trois-huit sur le clavier. Tout le capital a déjà été investi dans la fabrication de l'instrument et en ce mois de juin 1907, voilà qu'il faut réinjecter de l'argent, et pas des petites sommes. Tout ça à cause de l'induction, dont la puissance avait été sous-estimée. Deux solutions : ou bien rebattre le tambour et, avec une revue de presse incroyablement élogieuse, lever de nouveaux fonds pour poser des lignes dédiées à la musique, ou renoncer à ses pertes et se retirer.

C'est là que le destin décide pour Crosby. Car un sévère ralentissement de l'économie est en train de se faire sentir durant l'été, l'Amérique est exsangue, le tremblement de terre de San Francisco l'a sonnée mais elle ne s'en est pas rendu compte sur le moment et elle n'a plus les ressources pour faire tenir la bulle qui la portait depuis plusieurs années. Quand celle-ci explose début octobre, tout s'effondre et c'est la catastrophe. Les millions s'envolent en fumée, c'est une crise terrible qui conduira d'ailleurs à la création de la Réserve fédérale pour éviter qu'une telle catastrophe se reproduise (avec le succès qu'on connaît). Surtout qu'après un redressement momentané et une reprise en main de la Bourse par la banque de JP Morgan (ce sera pour lui le moment de prendre une vieille revanche et de racheter enfin Westinghouse), le cours des métaux dévisse à son tour en novembre, nécessitant la création d'un monopole de l'acier par l'US Steel, une autre compagnie de JP Morgan, toujours lui, comme c'est bizarre. La rumeur dit que cette année-là la privatisation de l'économie par ce banquier que nous commençons à connaître lui donna l'occasion de s'offrir un petit plaisir très attendu : torpiller cette compagnie exaspérante qui l'empêchait depuis un an de faire ses affaires en silence et s'assurer qu'elle n'aurait jamais plus la moindre chance de le déranger. Quand bien même Crosby l'aurait souhaité, il n'aurait trouvé personne pour lui prêter le moindre *cent* contre l'avis de JP Morgan. Quoi qu'il en soit, il a lâché l'affaire en juin et laissé à un associé le soin de conduire ce bateau ivre jusqu'à son dernier port. Exit Crosby.

UNE LONGUE EXTINCTION

Le plus terrible dans cette histoire est qu'elle n'a pas une fin propre et bien tranchée. Car Cahill est toujours obnubilé par les améliorations nécessaires à sa géniale invention, il a son troisième *Telharmonium* en tête qui sera plus simple, avec des alternateurs de meilleure qualité, un retour au clavier à douze notes par octave, il est si près du but... Il a d'ailleurs prévu de donner une conférence entre Noël et le jour de l'An, et ce n'est pas la crise qui va l'arrêter. Jusqu'à présent, c'était Crosby qui s'occupait des ventes et de la promotion, Thaddeus ne sortait pas de ses ateliers de Holyoke et refusait systématiquement de prendre la parole en public. Mais à l'invitation de la prestigieuse Association nationale des enseignants en musique, il est prêt à parler de son invention et à en donner les détails au Telharmonic Hall. Il est devenu très célèbre dans le monde de la musique et, malgré le froid et la crise, on se presse pour aller voir le grand homme livrer pour la première fois ses secrets.

À la hauteur de sa réputation, Cahill discourt en profondeur sur le *Telharmonium* (même s'il n'aborde pas la question du tempérament), révèle que, pour un son de flûte, il faut un premier harmonique fort et un deuxième faible, pour le hautbois surtout le cinquième, mais que l'objectif n'est pas l'imitation parfaite des instruments acoustiques. L'affaire est beaucoup plus vaste que cela, dit-il avec une conviction prémonitoire, et ceci n'est qu'un timide début : « Le compositeur du passé était comme un alchimiste des temps anciens, déclare-t-il alors, qui n'avait que peu d'alliages à sa disposition. Le compositeur du futur trouvera dans les vibrations sinusoïdales de la musique électrique les éléments purs à partir desquels tous les sons harmoniques peuvent être construits, non seulement ceux bien connus de l'orchestre, mais surtout bien d'autres nuances et combinaisons jusqu'ici inatteignables. »

Une musique entièrement synthétique. Cahill est le premier à avoir une vision concrète de ce qu'allait devenir cet art. En plein dans le mille, mais au mauvais moment. Deux ans plus tôt et Crosby obtenait sa franchise pour une bouchée de pain, tirait ses lignes dans Manhattan et l'affaire était conclue. Le *Telharmonium* s'imposait partout, se perfectionnait au fur et à mesure, tout le monde s'équipait, les bébés s'endormaient au son de ce miracle électrique et l'humanité avançait avec confiance dans l'avenir. On sait que le système marche, voilà plusieurs années qu'à Budapest, la compagnie Telefon-Hirmondo diffuse par téléphone l'ancêtre d'un programme de radio avec les cours de la Bourse, la météo, les nouvelles et de la musique en direct des cafés hongrois ! Pourquoi ça ne marcherait pas à New York, le nouveau centre du monde ? Mille réponses possibles (projet trop ambitieux, mal évalué, trop dépendant des infrastructures), mais reste la plus fataliste : mauvais timing. C'est la crise, il n'y a plus d'argent pour poursuivre le rêve. Retour à la dure réalité : deux cent cinquante mille licenciements en deux mois, deux millions de New-Yorkais en dessous du seuil de pauvreté. Le Telharmonic Hall voit le nombre de ses visiteurs chuter en flèche, cela malgré la visite nouvelle des entrailles de la machine dissimulée au sous-sol et la banderole à son entrée citant fièrement Mark

Twain : *Le Système Telharmonique sera un bienfaiteur du genre humain plus grand que le téléphone et le télégraphe*. Au soir du 16 février 1908, le Hall ferme ses portes pour ne plus jamais les rouvrir.

Bien piteusement, l'instrument est démonté puis réexpédié à Holyoke où il ne sera plus jamais déballé puisque Cahill est sur le point de finaliser son troisième *Telharmonium*, déjà fort avancé. Thaddeus n'est pas homme à se laisser abattre. Voilà quinze ans qu'il travaille nuit et jour sur ce projet, ce n'est pas une petite crise qui va l'empêcher d'aller au bout ! D'ailleurs, dès l'été 1908, les affaires reprennent et Wall Street se redresse (rendez-vous en 1929). Et puis le Telharmonic Hall était surtout là pour la promotion de l'instrument, qui a été faite et bien faite, maintenant il faut mettre un peu d'ordre dans la société, apurer les comptes, trouver une solution pour les câbles et ce sera reparti ! Thaddeus a gagné beaucoup d'argent avec la licence de ses inventions, et il est déterminé à réinjecter toute sa fortune dans son projet. Peu après son retour à Holyoke, il reçoit d'ailleurs la visite du pianiste virtuose Ossip Gabrilowitsch qui s'étonne : je croyais que le *Telharmonium* allait supplanter tous les autres instruments, et voilà que je ne peux l'entendre nulle part ! Quel dommage ! Certes, le pianiste n'était ni plus ni moins que le gendre de Mark Twain dont il avait épousé la fille Clara Clemens, mais cet enthousiasme partagé sera l'un des nombreux signes de soutien qui conforteront Cahill dans sa résolution de continuer. S'ensuivent deux ans de dur labeur et en 1910, le troisième *Telharmonium* est prêt. Les frères Cahill ont repris l'affaire familiale en main et les discussions avec la mairie de New York ont pris une tournure plus avantageuse maintenant que la compagnie ne représente plus la poule aux œufs d'or qu'elle semblait être auparavant. En décembre 1911, un nouvel agrément est signé pour un tiers du prix de 1907 et tout semble en place pour reprendre des affaires à voilure réduite. Le troisième modèle de l'instrument est acheminé à Manhattan pour cette résurrection à une adresse plus modeste mais fonctionnelle, à la 56ᵉ Rue. La musique reprend, on entend les sons électriques résonner à nouveau au Carnegie Hall, à l'hôtel Astor ou chez Healy's, le dernier endroit chic. Mais l'attrait de la nouveauté est passé et les financements ne viennent toujours pas. Malheureusement, la fermeture du Hall quatre ans auparavant est restée dans toutes les mémoires, et, pire, cette technologie est sur le point de devenir obsolète.

Car les câbles, la transmission par fil, tout ça c'est bientôt fini. Le nouveau truc c'est la radio. Sans fil. Toutes ces histoires de câblage, d'isolant, de signal trop puissant, de tranchées spéciales et d'autorisations publiques deviennent vite complètement dépassées, les airs sont à tout le monde, et en quelques années le *Telharmonium* va se retrouver ringardisé à la vitesse d'un mammouth en fin de pléistocène. Si l'on ajoute à ça l'omerta supposée de JP Morgan, on comprendra que les financiers éventuels ne se précipitent pas pour mettre la main au portefeuille. En outre, une compagnie très en vue est en train de finaliser un orgue pneumo-électrique invraisemblable dont le look futuriste va bientôt envahir tous les théâtres et salles de cinéma, imitant à lui tout seul avec ses quatre claviers les sons de tout un orchestre sous le nom imposant de *Mighty Wurlitzer*. Alors, le *Telharmonium* se fait tout petit et continue de jouer un peu, de moins en moins, il vivote mais périclite jusqu'à son extinction finale en décembre 1918, quand Cahill, qui a passé la cinquantaine, perd le bail commercial pour le local de son instrument à la 56ᵉ Rue. Après une interminable agonie de dix ans, ce coup-ci c'est le bout du chemin. Tout est fini. La machine est démontée, on perd sa trace, mais il semble qu'elle ait été vendue au poids, sur le trottoir, pour enlèvement. Évaporée. De toute cette extraordinaire aventure qui aura, entre 1902 et 1914, englouti la coquette somme de deux millions de dollars de l'époque (presque cinquante aujourd'hui), il ne reste rien. Les deux premiers *Telharmoniums* seront vendus plus tard, également au poids, et il ne semble subsister aucun enregistrement de cet instrument mythique qui a pourtant ouvert les portes de la modernité.

Mais abandonner ne fait pas partie du vocabulaire de la famille Cahill. Pendant les mésaventures de Thaddeus, son frère cadet, George, réputé à juste titre comme un homme d'affaires des plus fins, avait lui-même, entre deux séances de *Telharmonium*, déposé quelques brevets. Passionné de baseball, il avait remarqué que les matchs qui se prolongeaient à la nuit tombée étaient très mal éclairés. Il brevète donc un dispositif d'éclairage avec des réflecteurs pensés pour optimiser la puissance utilisée. Puis il invente une machine à lancer des balles pour s'entraîner, directes ou incurvées. Puis un système à deux ampoules de grande diffusion pour les matchs plus importants. Petit succès, sans plus. Enfin viennent les années 20, les *roaring twenties*. On commence à s'amuser en masse avec beaucoup d'application y compris le soir, ce qui n'était pas le cas auparavant. George, comme Thaddeus, a dix ans d'avance sur son temps, mais il n'en est que plus prêt quand la vague arrive. Avec l'aide de ses frères, il a déposé le brevet du *Giant Duplex Cahill Projector* qu'il vend à présent comme des petits pains. Et à la fin des années 20, cette invention illumine des milliers de piscines, patinoires, dancings, parkings et stations-service avec leurs deux fameuses ampoules à mille watts diffusant à un angle de 90 degrés. Sans compter les stades, bien sûr, bientôt tous équipés en Cahill, marquant de façon décisive l'histoire moderne du sport. Heureux succès pour la famille qui, en restant soudée, peut éviter de payer au prix fort l'effondrement de son rêve. Pendant ce temps, Thaddeus continue ses recherches musicales, il réfléchit à une utilisation de la radio avec son instrument, mais c'est trop tard, ce train-là est déjà passé.

Le pire c'est qu'il ne l'a pas vu quand il était là en la personne du très génial Lee de Forest qui, dès le début 1907, lui avait proposé de diffuser son *Telharmonium* par la voie des airs. Cahill avait acquiescé sans vraiment s'intéresser à ce nouveau développement, obnubilé par ses histoires de fils qui débordent. Pourtant la solution était là, sous son nez ! Enfin presque, car les essais de Forest se heurtent dès le premier jour à un problème identique à celui de Cahill, comme il s'en rend compte le lendemain de la première diffusion sur le toit du Telharmonic Hall, lorsque l'électricien en chef de la base de l'US Navy à Brooklyn débarque furibard. Celui-ci avait identifié la position du signal qui saturait les liaisons radio de l'Armée avec ses versions électrifiées de l'ouverture de *Guillaume Tell*, et ça ne lui plaisait pas du tout. Oh pardon, fait de Forest, pressentant néanmoins qu'il est certainement possible d'utiliser des fréquences différentes et de pallier facilement ces inconvénients. Il cherche à en convaincre Cahill, d'ailleurs, car il imagine lui aussi un futur radieux et il lui propose de partager l'aventure, mais les deux inventeurs, chacun fixé sur son étoile, n'arrivent pas à s'entendre. Les câbles, c'est du solide, pense Cahill, alors que la radio n'est encore qu'une intuition, le son est très mauvais, ce sont des successions de craquements insoutenables, des interférences à tout bout de champ, personne ne voudra payer pour quelque chose d'aussi approximatif en termes de qualité d'écoute. Le fil, c'est fini, pense de son côté de Forest, il faut affiner le procédé, mais on ira bientôt plus loin qu'aucun câble ne pourra jamais aller.

Et c'est lui qui a raison. Quand Thaddeus s'éteint dans son sommeil le 12 avril 1934, suivi l'année suivante par son frère George, la radio a depuis longtemps gagné, elle a pris son essor dans le monde entier, grâce à un petit objet que venait juste d'inventer de Forest quand il rencontrait Cahill, une invention splendide aux applications vertigineuses qu'on appellera plus tard la triode, mais que lui a nommée, tout simplement, l'*audion*. À l'insu même de son inventeur, cet objet serait la clé qui allait ouvrir un univers prolifique, senti, attendu mais encore vierge, et où allait s'épanouir enfin le monde de la musique avec celui des ondes.

Chapitre III

THEREMIN

Les ondes... Elles sont devenues à l'aube du XXe siècle l'objet de toutes les attentions. Pour les scientifiques, elles représentent depuis peu une façon entièrement nouvelle d'expliquer le monde encore obscur du magnétisme et de l'électricité, et depuis les travaux de Maxwell qui en théorisait l'existence sans en prouver la réalité par l'expérience, de nombreux savants étaient à la recherche de cette démonstration. Si la lumière peut se comprendre comme une onde électromagnétique, comme l'avait supposé ce génial physicien écossais, de nombreuses autres ondes de ce type existaient forcément. Vingt-trois ans plus tard, en 1887, un jeune et brillant physicien allemand en apporte la preuve avec l'expérience suivante : en mettant sous haute tension deux billes métalliques éloignées de quelques millimètres, chacune au bout d'un fil de cuivre tendu alimenté en courant, il constate qu'à un certain moment une petite décharge se produit avec une étincelle passant d'une bille à l'autre. Jusque-là rien d'extraordinaire, ce phénomène était déjà connu depuis longtemps. Mais ça devient beaucoup plus intéressant quand il dispose à faible distance un petit collier métallique circulaire avec une attache très légèrement entrouverte, et constate que le même phénomène d'étincelle s'y produit au même moment ! De l'électricité à distance ! Comme le rêvait Tesla !

Ce qu'explique parfaitement la théorie de Maxwell : en créant une décharge électrique avec ce dispositif qu'on appelle un *éclateur*, il génère en même temps une onde qui, en se propageant à très grande vitesse, « porte » l'énergie jusqu'au collier récepteur. Avec cette antenne rudimentaire, il vient tout simplement de rendre *visible* l'effet d'une onde électromagnétique... La preuve est donc faite, se réjouit Heinrich Hertz (car c'était lui), passons maintenant aux expériences sur la lumière ! Ce faisant, il négligea complètement de s'intéresser aux conséquences pratiques de cette découverte, et quand on lui demanda à quoi elle pouvait bien servir d'autre que de prouver une théorie, il répondit fort candidement : à rien. Il ne vécut pas assez longtemps pour comprendre l'étendue de son erreur, mais autant dire que son expérience n'était pas perdue pour tout le monde. Hertz était de la vieille école, son père était sénateur et sa grand-mère la fille du banquier Salomon Oppenheim Jr., il ne cherchait pas à réussir autrement qu'en repoussant les limites du savoir humain. Mais d'autres avaient des visées plus terre à terre : envoyer une décharge électrique à distance ressemblait furieusement à ce que le télégraphe faisait depuis cinquante ans avec un fil, sauf que maintenant ça se passait dans les airs et que le fil allait pouvoir devenir superflu.

Les expériences de Hertz avaient indiqué comment émettre une onde avec l'éclateur, mais le problème de la réception demeurait entier : au-delà de deux mètres, on ne recevait plus grand-chose. Pour obtenir des résultats intéressants, il fallait donc mettre au point un récepteur suffisamment sensible pour capter l'onde à une plus grande distance. Un homme en Italie l'avait compris avant les autres : Guglielmo Marconi. En s'appuyant sur les travaux de Branly et de Popov, dont il utilisa respectivement le cohéreur et l'antenne, il réalisa en 1895, un an après la mort de Hertz, une première liaison dans les Alpes à plus de deux kilomètres de distance. En 1897, ce fut à treize kilomètres qu'il envoya son premier signal compréhensible en morse, et quand il expédia depuis l'Angleterre en 1899 par-dessus la Manche un télégramme d'hommage à Branly, on sut clairement que la Télégraphie Sans Fil était née.

Mais comme d'habitude, il n'était pas le seul à s'intéresser à la question, surtout que le télégraphe, avec ou sans fil, c'était un peu moins moderne que, mettons, le téléphone. Entendre une voix c'est quand même plus sympa que de retranscrire des lignes de bips-bips. Transmettre à distance et sans câblage une conversation téléphonique, *ça* ce serait vraiment bien. Un inventeur canadien en est persuadé et c'est avec lui que les choses vont vraiment avancer. Il s'appelle Reginald Fessenden et il a travaillé plus jeune au laboratoire d'Edison auprès du Grand Homme, il a rejoint Westinghouse au moment de l'exposition de Chicago en 93 pour l'aider à concevoir et installer ses ampoules dans les circonstances que l'on connaît, et plus le nouveau siècle approche, plus il s'intéresse à ce phénomène inédit que sont les ondes électromagnétiques. Il n'est pas impressionné par le système de Marconi qu'il trouve rudimentaire. Et surtout, il veut faire voyager du *son* par les airs, pas de simples décharges électriques. Alors il a cette idée simple et géniale : brancher un micro de téléphone sur le dispositif et moduler dans le même circuit les ondes électromagnétiques par les ondes acoustiques de la voix humaine. A priori, aucun rapport : les premières font vibrer de la matière, sont d'une basse fréquence (entre 40 et 1 500 Hz) et se déplacent à trois cents mètres par seconde, tandis que les deuxièmes n'ont pas besoin de matière, elles se propagent partout, même dans le vide, sont d'une très haute fréquence (plus de 100 000 Hz) et voyagent un million de fois plus vite.

Et pourtant ça marche. En transformant la voix grâce au micro en signal électrique, les deux ondes se modulent dans le circuit pour en former une troisième qui sera audible par le récepteur approprié ! Miraculeux ! En fait, la transmission d'une voix à la radio comme l'imagine Fessenden fonctionne un peu comme dans les films d'espionnage où le héros décrypte une adresse sur le bloc-notes du méchant qui a retiré la page mais laissé une empreinte sur celle d'en dessous : quand le héros balaye légèrement au crayon noir la surface lisse de la page blanche, les caractères apparaissent nettement en contraste car ils ne sont pas sur le même plan que le papier, ils sont en relief, ils représentent une modulation par rapport à l'aspect plan de la page, c'est ça qui les rend lisibles. Pour Fessenden il s'agit donc de fabriquer un récepteur qui soit capable de détecter ces modulations et de les isoler du reste de la transmission. Il commence assez ingénieusement avec un fil qui chauffe en fonction de ces petits « reliefs » dans le signal, puis applique en 1901 un phénomène physique qui, correctement exploité, rend le système beaucoup plus fiable. En modulant des fréquences audio variables (la voix dans un microphone) avec une fréquence radio porteuse constante (une onde électromagnétique), il envoie par une antenne ce signal modulé qu'un récepteur pourra entendre à condition d'être équipé lui-même d'une antenne, d'un circuit accordé à la même fréquence radio et d'un détecteur (comme dans un poste à galène).

Si côté réception on ajoute le signal reçu à cette fréquence constante, la même que l'émetteur, il se passe quelque chose d'inouï : les très hautes fréquences s'annulent et laissent apparaître, audibles, celles correspondant à la voix qui a été pour ainsi dire « portée » par les ondes et réapparaît comme par magie. Stupéfiant, et très pratique. Cela donne à Fessenden l'occasion d'inventer un nouveau mot splendide : *hétérodyne*, étymologiquement « qui tire sa puissance de l'autre ». Tout un programme... On sait désormais utiliser la friction (également appelée *battement*) entre deux ondes hétérodynes pour en créer une nouvelle – une découverte dont l'application perdure encore aujourd'hui. Pour fêter ça, le Canadien diffuse le soir de Noël 1906 la première émission de radio de l'Histoire avec une petite introduction parlée de sa part, suivie d'une version phonographique du *Largo* de Haendel (dont on remarque qu'il est le tube de l'époque, il faisait aussi partie du premier répertoire du *Telharmonium*), puis d'un solo de violon exécuté par ses soins sur une composition de Gounod, du psaume *Douce Nuit* chanté d'une voix un peu fausse, d'un extrait de la Bible, et d'un très ému « Joyeux Noël » qui fut entendu en mer à plus de huit cents kilomètres !

Ceci acquis, l'enjeu technique de ce début de siècle est par conséquent d'arriver à fabriquer 1) des émetteurs stables qui produisent une même fréquence sans discontinuer et 2) des récepteurs suffisamment fins pour pouvoir capter ces fréquences ainsi que leurs modulations à grande distance. En ce qui concerne l'émetteur, on commence à utiliser la technique d'étincelle à arc, le même arc chantant qui égayait le Telharmonic Hall, sauf que, grâce à l'ingéniosité du Danois Valdemar Poulsen, celui-ci produit désormais plusieurs centaines de milliers d'étincelles à la seconde et que, dans un petit coin de son circuit, se crée par résonance une oscillation électrique extrêmement rapide qui à son tour génère une onde de la même fréquence. Une onde radio, stable. C'est un tournant décisif car il s'agit du premier *oscillateur*, un petit objet qui nous accompagnera désormais tout au long de ces pages. C'est d'ailleurs cette version primitive à étincelle qui sera employée en radio jusqu'à l'utilisation de l'*audion* (on y arrive). Notons également que l'idée de départ de Fessenden lors de sa première tentative en 1900 était de réaliser un téléphone sans fil, mais qu'il faudra attendre 1973 et l'intervention de Martin Cooper pour que celui-ci vît le jour ! Comme quoi espérer l'impossible permet toujours d'avancer...

LES BALBUTIEMENTS DE LA RADIO

En ce qui concerne le récepteur, les choses évoluaient depuis un moment. Pendant qu'Edison cherchait à perfectionner son ampoule, il avait remarqué que, dans ses premiers modèles, des dépôts noirs se formaient à l'intérieur du verre. Il avait imaginé un procédé pour tenter de comprendre ce phénomène et avait recouvert la face intérieure de l'ampoule d'une feuille d'étain reliée au filament électrifié ainsi qu'à un galvanomètre mesurant l'éventuel passage de courant de l'un à l'autre. L'inventeur savait que pour bien inventer il faut d'abord tout essayer, et ce dispositif précis n'était sans doute qu'une des multiples pistes qu'il explorait avec obstination. Mais ce jour-là, il remarqua que, quand on allumait l'ampoule, un très faible courant passait dans la feuille d'étain si elle était branchée côté plus. Tiens, marrant, se dit-il, je le note. Nous sommes en 1880, et trois ans plus tard il déposera à tout hasard le brevet de ce qui restera connu comme l'*effet Edison*, sans vraiment savoir à quoi ça pouvait servir.

Comme souvent dans l'histoire des inventions, pendant quelque temps l'idée reste là, en l'air, jusqu'à ce que quelqu'un d'autre s'en empare et l'associe à une réflexion complètement différente dont elle devient la pièce maîtresse. En l'occurrence, c'est l'Anglais Fleming qui s'en charge. Il travaille avec Marconi depuis 1899, et en perfectionnant le dispositif d'Edison, il s'aperçoit qu'en plaçant dans une ampoule sous vide une fine plaque métallique devant un filament électrique qui la chauffe, cette plaque se révèle sensible aux ondes radio. De plus, quand elle est branchée dans le bon sens, elle permet de transformer du courant alternatif en continu, ce qu'on appellera un *redresseur*, et constitue un pas essentiel dans le traitement de l'électricité. En 1906, il dépose donc le brevet de la *diode* et ouvre ainsi officiellement l'ère de l'électronique, mot qu'il invente pour l'occasion et qui signifie : traitement des signaux électriques. L'ampoule, qu'Edison inventa pour éclairer le monde, vient de devenir tube ou lampe et va, à l'abri des regards, chauffer les circuits pendant plus de cinquante ans...

C'est une véritable révolution. La terminologie s'en ressent d'ailleurs. Devant un objet aussi neuf et crucial, les mots ne semblent pas assez justes, alors on les accumule : *diode à vide*, *lampe à effet thermoïonique*, *kénotron* (mon préféré), *tube thermoïonique*, *redresseur* ou *valve de Fleming*... Et c'est surtout la ruée des inventeurs qui se précipitent pour améliorer le système. Tout de suite après, en rajoutant à ce dispositif un troisième élément, une petite grille *entre* le filament et la plaque, et en connectant cette grille directement à l'antenne réceptrice, Lee de Forest ajoute sans le savoir *la* pièce qui allait tout changer. De plus, au lieu de mettre sur le circuit un galvanomètre qui affiche les sautes de courant, c'est un casque qu'il branche, grâce auquel il peut *entendre* ces modulations, d'où son choix du nom de l'audion. Pour alimenter le casque en électricité, il a recours à une deuxième batterie et là, ça y est, il tient quelque chose de génial. Il est sur la même piste que Fessenden, faire voyager du son dans les airs, il est très excité et ce nouveau récepteur est beaucoup plus fin que celui de Fleming. On comprend pourquoi en ce début 1907 il est aussi intéressé par l'instrument magnifique de Thaddeus Cahill : celui-ci lui fournit un signal électrique bien clair et puissant, la matière première idéale pour ses expériences de radiodiffusion !

Ce mot, *radio*, du latin « qui rayonne », inventé par Branly quelques années auparavant, de Forest l'utilise de plus en plus souvent pour décrire le champ de ses expériences. Petit à petit le mot passe sur toutes les lèvres et stimule toutes les imaginations. En 1912 un brillant chercheur, Edwin Armstrong, démontre que l'audion de Forest peut servir à autre chose qu'à recevoir des ondes. En effet, cette petite grille électrifiée qui se met entre le filament et la plaque réceptrice permet également d'*amplifier* le signal reçu qui n'a plus besoin d'être transmis comme avant à sa puissance maximale, il suffit de le traiter à l'arrivée pour lui donner l'amplitude voulue ! Exactement ce qui manquait à Cahill... Mais ce n'est pas tout, car lorsqu'on branche la sortie de cette triode sur sa propre entrée, on obtient un circuit résonant qui fait office d'oscillateur, reléguant les étincelles de Poulsen au royaume des antiquités. Le plus étonnant, c'est que l'inventeur de ces deux extraordinaires applications n'est pas de Forest, mais bien Edwin Armstrong, qui semble mieux connaître l'audion que son propre créateur. Ce qui donnera lieu à un très long procès pour la paternité du brevet, procès qui venait s'ajouter à celui que Marconi faisait à de Forest qu'il accusait d'avoir volé l'idée de diode de Fleming pour breveter son audion. L'affaire est embrouillée, mouvementée, tragique, nous en reparlerons plus tard, ne la laissons pas nous gâcher l'ivresse de toutes ces nouveautés.

Jetons un regard en arrière sur les trente-six ans qui viennent de s'écouler. 1876 : invention du téléphone. 1912 : première amplification d'un signal. Le moins qu'on puisse dire c'est qu'en une génération et demie, le monde a basculé dans la modernité telle que nous la définissons encore aujourd'hui : l'avion, l'automobile, le cinéma, l'électricité domestique, le téléphone, la radio, le disque sont nés pendant ces années. Mis à part la télévision (sur le point d'être inventée également), l'informatique et internet, ce sont tous les composants de notre société actuelle qui émergent de ces trois décennies dont la dernière s'achevait il y a un siècle. C'est un bouleversement technologique énorme pour un si petit laps de temps, surtout que grâce aux nouveaux moyens de communication, les découvertes scientifiques se produisent désormais un peu partout : États-Unis, Europe, Russie… Certaines d'entre elles reposent d'ailleurs sur des principes qui ne sont pas encore élucidés à l'époque, comme les ondes électromagnétiques par exemple : comment font-elles pour se déplacer dans le vide, et à une telle vitesse ? On imagine un « éther », sorte d'espace mystérieux dans lequel elles se déploient, ouvrant la voie à tous les mysticismes et affabulations. Qui sait, peut-être est-ce là aussi qu'évoluent les âmes des morts (Edison en était convaincu) ? Au train où vont les découvertes, une telle trouvaille ne serait pas si étonnante... Voilà, les bases techniques d'une nouvelle ère sont posées et l'imaginaire humain est à un point d'ébullition absolument unique dans son histoire. Les outils sont là, il faut désormais leur inventer des fonctions.

UN JEUNE RUSSE VISIONNAIRE

Quelques années se sont écoulées depuis l'effondrement du rêve de Cahill, et de Forest ouvre le bal en 1915 avec son *Audion Piano*. Il n'en fera pas grand-chose, c'est plus un appareil publicitaire que l'objet d'une vraie recherche comme le *Telharmonium*, mais il demeure néanmoins que ce clavier de trois octaves entre dans l'Histoire comme le premier instrument de musique électronique (et non plus simplement électromécanique). Avec un oscillateur par octave, l'*Audion Piano* utilise le principe de Fessenden avec des ondes hétérodynes, chaque note émettant un signal radio qui est reçu, lu et amplifié par ses fameuses triodes. Le son émis est aérien, il ressemble à celui d'une guitare hawaïenne un peu aiguë, tantôt chantant tantôt criard, et son contrôle est approximatif – on peut ajuster la hauteur du son en posant son doigt sur différents endroits du circuit. Plusieurs raisons font que l'instrument n'est pas un grand succès : le fait qu'un seul oscillateur par octave empêche de jouer plusieurs notes proches en même temps, donc pas d'accords possibles, l'aspect instable de la justesse des sons, et surtout le peu d'implication de son inventeur, pour qui ce clavier n'était qu'une illustration des possibilités de son audion et non une fin en soi.

Pourtant, à des milliers de kilomètres de là, un jeune opérateur radio russe allait reprendre la même idée et inventer quelques années plus tard un instrument similaire, quoique totalement différent, avec lequel il allait changer profondément l'Histoire de la Musique. Car si Lev Termen n'avait pas eu vent de l'*Audion Piano*, il connaissait en revanche l'usage de la triode, qu'il manipulait depuis quelques années pour la toute jeune armée soviétique. Né le 15 août 1896 à Saint-Pétersbourg, cet enfant brillant (qui dira se souvenir parfaitement de sa propre naissance) démontait et remontait la montre de son grand-père à sept ans, avait commencé le violoncelle à neuf, découvert une étoile jusque-là inconnue à quinze, et intégré l'École de physique et de mathématique de l'Université de Saint-Pétersbourg à dix-huit. C'était en 1914, la Première Guerre mondiale venait d'éclater. Sans doute pas la meilleure période pour étudier, surtout que la Russie impériale accumulait défaite sur défaite, et que ce qui était considéré il y a peu comme une promenade de santé était en train de se changer en une guerre sale, longue et compliquée.

En 1916, il avait fini par être mobilisé, heureusement pas sur le front. Formé en six mois à l'École d'ingénierie militaire de l'armée, il était ressorti instructeur radio pour les jeunes recrues. Ce nouveau moyen de communication avait en effet révolutionné l'art de la guerre et son apprentissage était devenu une urgente nécessité. Ses premiers travaux pratiques utilisant l'audion de Forest consistèrent donc à superviser la construction d'une tour de transmission à Saratov, sur la Volga, pour pouvoir communiquer en temps réel avec Moscou. On ne peut pas dire que cette orientation soit celle qu'avait voulue

Lev, mais au moins il n'était pas en première ligne, surtout que les choses commençaient à se dégrader très dangereusement. L'abdication du tsar en février 1917, mettant fin à trois cents ans de règne de la famille Romanov, livrait la Russie à elle-même en plein milieu d'un conflit dévastateur. Les désertions se multipliaient, les rangs des bolcheviques grossissaient à vue d'œil et le gouvernement provisoire qui avait pris la place du tsar ne semblait avoir d'autre urgence que de conserver ses propres privilèges. Le 25 octobre, l'inévitable se produit, c'est la prise du Palais d'Hiver, Vladimir Ilitch Lénine s'empare du pouvoir et la Russie bascule brusquement dans une nouvelle ère qui durera plus de soixante-dix ans.

Cette fois sous l'uniforme bolchevique, le jeune Lev est alors muté à Moscou, nouvelle capitale du régime, jugée plus orientale et « russe » que la très européenne Saint-Pétersbourg, devenue un foyer de résistance contre les communistes. En 1918 commence alors une longue période de terreur dont la redoutable Tcheka, toute première police secrète de l'URSS, sera le bras armé impitoyable. En 1919, Termen est renvoyé à Petrograd (le nouveau nom de sa ville natale qui allait devenir Leningrad cinq ans plus tard) où il découvre un champ de ruines dans lequel subsistent avec peine les citadins qui ne sont pas morts de famine ou n'ont pas été exterminés par l'armée des blancs. C'est une période terrible pour le jeune homme qui prend conscience que cette guerre civile meurtrière a totalement anéanti le meilleur de ses souvenirs. Mais il est accueilli par son ancien professeur d'université, Abram Ioffé, pour lequel il éprouve une immense admiration, et qui lui confie un poste à l'Institut physico-technique où il l'assigne à des recherches sur les oscillations à hautes fréquences. Pas question de discuter, ni Ioffé ni Termen n'ont la moindre liberté dans leurs choix scientifiques, c'est Lénine qui décide, et malheur à celui qui s'y oppose. Cela dit, cet Institut est devenu *le* centre de recrutement le plus important des scientifiques russes qui n'ont pas fui les communistes, une sorte de havre de paix qui abrite les savants des horreurs qui les entourent.

C'est dans le froid glacial de l'hiver 1919 que Termen et son équipe se mettent au travail. Sa curiosité est attirée par un phénomène qu'avaient remarqué ses prédécesseurs, les pionniers de la radio : la proximité du corps humain brouillait parfois la réception, produisant des sons parasites caractéristiques – avec tous ces oscillateurs qui vibraient à qui mieux mieux dans les premiers ateliers de radio, le phénomène devait être très fréquent. En fait, raisonne-t-il, le corps (relié de facto à la terre) se comporte dans les champs électromagnétiques comme une pièce connue depuis plus de cent cinquante ans en électricité, le condensateur : deux plaques conductrices de métal séparées par un isolant (ou du vide) accumulent de l'énergie jusqu'au moment où le courant passe malgré tout. Pour mesurer cet effet d'accumulation, on parle alors de *capacité* du condensateur. Et dans l'air, les choses se passent avec les ondes comme dans un circuit électrique, la présence d'un obstacle près du récepteur remplit le même rôle de condensateur et affecte la fréquence du signal radio. Dans un élan créatif propre aux grands esprits, voici donc Termen qui se dit : plutôt que de tenter d'éviter ce problème, pourquoi ne pas le maîtriser et en faire quelque chose ? Dans la foulée, il bricole le système suivant : avec l'oscillateur d'un audion, il émet une fréquence donnée à quelques mètres d'une antenne réceptrice qui, lorsque la présence d'un corps humain fait office de condensateur entre les deux et modifie la fréquence reçue, actionne un interrupteur qui produit un son. Alors que tout le monde cherche à émettre plus fort et plus loin, Termen inverse le raisonnement, réduit le champ d'émission à quelques mètres et s'appuie sur la *capacitance* de l'homme pour inventer... l'alarme anti-intrusion. Simple, invisible et résolument moderne, de quoi conforter Ioffé qu'il a fait le bon choix en lançant le jeune homme dans cette direction.

Encouragé par cette découverte, Termen continue un moment ses recherches sur les gaz et la façon dont ils réagissent à cette capacitance du corps, pour s'apercevoir qu'il commence à produire au fil des jours des sons de plus en plus intéressants. Le violoncelliste en lui s'intéresse vivement à ce phénomène qui lui laisse entrevoir des résultats grandioses. Il décide alors de recourir au principe des ondes hétérodynes pour tenter d'obtenir des variations encore plus fines, et commence à travailler sur un dispositif plus proche de la radio qu'il connaît, mais en en changeant légèrement les données. Il fabrique une boîte qui contient deux oscillateurs émettant la même fréquence. Mais l'un des oscillateurs est mis en circuit avec une antenne qui sort dressée en l'air du côté droit de la boîte, de telle façon qu'une main humaine (et non tout le corps, c'est une capacité très faible) sert de condensateur à ce circuit. Plus la main s'approche de l'antenne, plus la capacité augmente et plus la fréquence émise par l'oscillateur est réduite à sa réception.

Il se produit alors un battement entre la fréquence stable et celle qui est en train d'être modulée, exactement comme à l'arrivée d'un signal radio. Sauf que c'est la main qui produit ces variations et qu'elles ressortent sous forme d'une note dont la hauteur varie en fonction de sa proximité avec l'antenne. Avec un oscillateur fixe à 170 000 Hz, la main peut faire descendre la deuxième fréquence à disons

169 560 Hz, générant un battement de... 440 Hz, notre fidèle *la* d'accordeur. Si la main se rapproche, la fréquence du battement augmente, donc la note exprimée et, avec des gestes très fins et précis, on peut aller au *si*, puis au *do*, puis au *ré* et ainsi de suite, exactement comme sur le manche d'un violon invisible ! Ce qui produit un son très pur, assez semblable à celui d'une scie musicale, un son entièrement électronique, une belle onde sinusoïdale qui n'est finalement rien d'autre que de l'électricité qui chante en se diffusant dans l'air !

Même si le principe rappelle celui de l'*Audion Piano*, cette façon de produire un son électronique *avec son corps* est un saut conceptuel éblouissant. Car il renoue avec le geste ancestral de la production du son, comme on faisait avant l'arrivée du clavier et de sa complexe et rigide mécanique. En apprivoisant le vide dont on sait qu'il est traversé d'ondes électromagnétiques, on peut désormais prétendre enjamber la fastidieuse nécessité des touches noires et blanches et éluder sans remords la question du tempérament ! Et puis c'est beau à voir, un homme debout qui fait de la musique dans l'espace, par le simple mouvement de ses bras... Mais il reste un problème : le son ainsi créé est continu, on ne peut pas l'arrêter sauf en sortant du champ de réception de l'antenne. Qu'à cela ne tienne, dit Termen, et il bricole derechef une deuxième antenne horizontale à gauche de sa boîte miraculeuse, et s'arrange pour que la main gauche puisse par le même principe de capacitance affecter cette fois-ci l'*intensité* du signal. Quand la main est posée sur l'antenne, le circuit est coupé, aucun son ne sort. Plus elle s'en éloigne, plus le son est fort. Une main qui se hausse en coupelle pour le volume et l'articulation des sons, une autre qui, le pouce et l'index réunis, va et vient latéralement pour la hauteur, le jeune inventeur venait de créer un nouvel instrument de musique dont le jeu ne peut qu'intriguer par son étrange noblesse. Il le baptise l'*Etherphone* et, en octobre 1920, le présente à son maître Ioffé.

Celui-ci est émerveillé par la créativité de son ancien élève. Et quand ce dernier organise un petit concert en novembre où, accompagné au piano, il exécute parfaitement les mélodies du *Cygne* de Saint-Saëns et l'*Élégie* de Massenet, le patron de l'Institut clôture l'événement par un discours élogieux dans lequel il prédit au jeune Lev un brillant avenir et l'exhorte publiquement à déposer un brevet sur son alarme anti-intrusion et son fascinant *Etherphone* – ce que Termen fait en juin 1921. À l'automne, il est invité à présenter sa nouvelle invention au Congrès électro-technique de Moscou, véritable vitrine idéologique du nouveau régime. Comme l'a dit deux ans plus tôt le camarade Lénine, le communisme, c'est les soviets plus l'électricité, et l'instrument de Lev apparaît comme une indéniable et futuriste illustration de ce slogan. Sa prestation est très remarquée et un critique de l'époque écrit qu'« elle récolta le type d'applaudissements réservés habituellement aux grands artistes connus ». Quelques mois plus tard, le téléphone sonne et on l'informe que le grand Vladimir Ilitch Oulianov veut les voir, lui et son *Etherphone*. Le père de la révolution, Lénine lui-même ! C'est un choc pour Lev qui est aussi flatté qu'intimidé.

LES DÉBUTS DE LA GLOIRE

En ce matin de mars 1922, le voici donc en route pour le Kremlin avec dans le coffre d'un antique et pétaradant taxi les pièces de son *Etherphone* ainsi que celles de son alarme. Arrivé dans le saint des saints, il entreprend de monter son matériel et, après une longue attente, Lénine arrive enfin. Il s'adresse à Lev fort cordialement et il est visiblement intéressé par son matériel : alors, quel tour de magie nous avez-vous préparé, lui demande-t-il. Termen lui explique le système de son alarme et tout le monde s'émerveille. L'ambiance est très détendue, c'est le moment de passer à la musique. Lev interprète une étude de Scriabine, *Le Cygne* de Saint-Saëns et *L'Alouette* de Glinka. À peine celle-ci terminée, Lénine, visiblement transfiguré par la musique, se lève et demande à essayer. Terrorisé à l'idée que le chef de l'État puisse jouer affreusement faux (quel terrible embarras, peut-être pourrait-il le payer de sa vie !), voilà Termen qui l'enlace par derrière, lui prend les deux mains dans les siennes et le guide à travers les premières notes de *L'Alouette*. Ce moment de poésie surréaliste se transforme en pure joie quand Lénine finit seul la seconde moitié de la mélodie avec une intonation tout à fait honorable (surtout pour un membre du Politburo). Torrents d'applaudissements. Ils continuent la conversation en tête à tête, et pendant une heure et demie Lev explique à Lénine ce sur quoi il travaille, ses découvertes en astronomie, sa théorie sur les cellules nerveuses du cerveau, sur la décongélation du vivant... L'entrevue se passe vraiment très bien. En le raccompagnant à la porte, l'homme d'État confie à Termen toute la joie qu'il a de savoir que cette invention est russe et se dit persuadé qu'elle doit être montrée partout dans le pays. Pour galvaniser le peuple autour de ce miracle musical électrique soviétique. Pour la gloire du communisme. Pour montrer au monde que le progrès, c'est eux. Lev, comme il le confia longtemps après, résista à grand-peine à l'envie de l'embrasser.

Deux mois plus tard, une attaque cardiaque allait définitivement écarter Vladimir Ilitch du pouvoir mais il tint néanmoins parole puisque, quelques jours après cette entrevue historique, l'inventeur recevait dans sa boîte aux lettres un carton d'une valeur inestimable : un « mandat » personnalisé qui lui donnait accès à la gratuité totale de tous les trains sur l'ensemble du territoire. Une invitation en bonne et due forme à participer à une tournée d'agitprop, un concept communiste récent qui s'attache à la diffusion d'idées nouvelles et utiles. Termen ne se fait pas prier et commence cette tournée le 19 décembre 1922 avec un concert exceptionnel dans sa ville natale. Au répertoire désormais habituel d'*Etherphone* et piano (c'est sa tante qui l'accompagne), il ajoute un nouvel instrument de son invention, un violoncelle sans cordes fonctionnant sur le même principe, en plus d'un *Illumovox*, sorte de projecteur lumineux qui affiche des teintes différentes en fonction des modulations des instruments ! Comment résister à une créativité aussi débordante ?

C'est un succès phénoménal (auquel assiste le jeune Chostakovitch), le premier d'une longue série dont le suivant est un concert à Moscou, puis à Minsk, puis dans nombre d'autres villes où les masses se pressent pour assister à ce récital du nouveau siècle. Les critiques s'enflamment, et l'*Etherphone* est comparé au tracteur supplantant le bœuf, la houe, et des temps moyenâgeux heureusement révolus. La presse le rebaptise le *Termenvox*. Un musicien du nom de Kovalsky, blessé à la main, fabrique une imitation de cet instrument qui lui permet de jouer de la musique malgré son infirmité et le *Termenvox* prend une dimension aussi généreuse que générique, assurant à son inventeur une gloire alimentée par les trois mille concerts de Kovalsky étalés sur cinquante ans.

Malgré le décès de Lénine en janvier 1924, Lev continue de tourner, faisant don de ses gains à la lutte contre la famine qui sévit en Russie. Il perfectionne son instrument et met au point des filtres qui en modifient les sonorités. L'avènement des enceintes acoustiques à grande puissance lui permet maintenant de tenir tête à un orchestre symphonique et il se produit le 2 mai à Leningrad comme soliste du Philharmonique dans une œuvre qui a été composée spécialement pour lui par Andreï Filippovitch Paschenko. C'est la consécration. Mais ses talents de technicien sont réclamés à grands cris et il supervise en parallèle l'installation d'un système de sécurité à la Gosbank (la banque d'État) et dans la salle de l'or des Scythes située à l'Ermitage de Leningrad. De plus, il doit retourner à l'Institut où Ioffé l'attend avec impatience pour avancer dans leur nouvelle idée, la vision à longue distance.

Car maintenant que la radio est maîtrisée, la prochaine étape est de faire la même chose avec des images et Termen a depuis quelques années une idée assez précise sur le sujet. Celui de ce livre se limitant au son, nous n'entrerons pas dans les détails de ce qui constitue l'invention de la télévision, mais il suffira de dire que dès 1925, Termen avait trouvé le moyen, grâce à un ingénieux système de miroirs et de cellules photoélectriques, de transmettre par des câbles une image animée et de la recomposer en seize lignes sur un écran. Durant l'année qui suit, il poursuit ses recherches et, début 1927, il exhibe au Kremlin un système étonnamment abouti de transmission sans fil d'une image reconstituée par cent lignes qui permet de reconnaître clairement un visage en mouvement et de distinguer une activité jusqu'à trente mètres de la caméra. Cinq ans après, le revoilà au centre du pouvoir communiste avec une nouvelle invention révolutionnaire... on commence à le surnommer l'Edison russe.

Sauf que cette fois-ci, ce n'est plus Lénine qui joue *L'Alouette*, mais une brochette de généraux qui font leur rapport à leur nouveau maître Joseph Staline, qui lui ne se déplace pas. Et déclare la suite des recherches top secrètes, interdisant à Termen de les poursuivre. Le nouveau maître du Kremlin avait tout de suite compris l'usage de surveillance intérieure qu'il pouvait faire de cette invention et il était hors de question que son évolution se fasse au grand jour. C'est dommage car en 1927, Termen était clairement à la pointe de la recherche mondiale sur le sujet. Aux États-Unis, Alexanderson était à la traîne avec ses quarante-huit lignes et même Westinghouse avec soixante lignes à la fin de l'année. Et il faudra attendre 1930 pour que son écran carré d'un mètre cinquante de côté soit supplanté par celui des Américains... L'étrange accueil que connaît son invention fait comprendre à Termen qu'il est peut-être temps d'aller voir ailleurs si l'herbe n'est pas plus verte.

À LA CONQUÊTE DU MONDE

Et elle l'est. Sa première escapade à l'étranger date de 1925 quand, à l'insistance de Ioffé, il se rend à Berlin pour y déposer les brevets de son alarme et de son *Termenvox*. À cette époque, le climat d'agitation politique qui secoue l'Allemagne laisse espérer à ses voisins soviétiques la possibilité d'une radieuse internationale communiste, et les tentatives d'infiltration se sont multipliées dans tous les pans de la société allemande. La Tcheka des premiers jours est devenue le GPU (le redoutable Guépéou), tandis que l'Armée rouge se dote elle-même de son propre réseau d'espionnage, le GRU, et les membres de ces deux sinistres administrations pullulent dans les couloirs de l'ambassade berlinoise. Une société allemande tenue par un Russe, Goldberg and Sons, sert de paravent à cette opération d'espionnage industriel et commercial. Ioffé s'y rend souvent, officiellement pour acheter du matériel américain (dont le précieux audion), mais également pour laisser traîner une oreille dans ce grand salon du renseignement international.

Quand en 1925 Termen dépose à Berlin le brevet de ses inventions, il ne fait donc qu'agir dans le sens voulu par les hommes du renseignement, surtout que le dépôt se fait chez Goldberg en présence du consul des États-Unis. C'est plutôt astucieux, car du point de vue américain, le dépôt sollicité émanera d'une société allemande et non soviétique, ce qui ne déclenchera pas de suspicion notoire. Termen y assure la protection de ses inventions pour l'Allemagne, la France et l'Angleterre. Sur la liste des dépôts, il rajoute d'ailleurs à son *Termenvox* son alarme, des condensateurs, et des altimètres pour avion. Et surtout, il occidentalise son nom et devient officiellement celui qui donnera naissance au monde de la musique électronique : Léon Theremin.

Vivement encouragé par le Guépéou, il retourne à Berlin en été 1927, y ouvre un labo et tourne avec son instrument dans les grandes villes allemandes. Goldberg l'accompagne en tournée et fait la deuxième voix avec un *Termenvox* légèrement différent dont le volume est contrôlé par une pédale. Ils font une apparition très remarquée au Salon de la musique de Francfort et quand ils se produisent à

Berlin devant Albert Einstein et Bruno Walter, c'est l'ovation. Le *New York Times* est là et rapporte au Nouveau Monde les mots de l'inventeur lui-même : « Mon invention libère le compositeur du despotisme des douze tons tempérés du piano » ! Une déclaration fracassante qui ne laisse pas indifférent... En chapeau de l'article : « La Musique des Ondes Éthérées Éblouit les Savants. » Ça y est, la fièvre gagne la planète, maintenant l'Amérique le réclame, les propositions affluent, le Kremlin accepte et annonce une tournée de deux mois à partir de décembre, ah non attendez, maintenant c'est Londres qui l'exige à hauts cris, est-ce qu'on ne pourrait pas repousser de quelques jours la tournée américaine, ah mais s'il vient en Angleterre il doit passer par Paris, s'indigne-t-on en France, oui, les choses semblent vraiment s'emballer. Il est donc décidé qu'il ira jouer le 6 décembre à Paris salle Gaveau, puis au Royal Albert Hall le 9, avant de prendre le 14 un bateau pour les États-Unis.

Dans les deux capitales, l'élite scientifique, artistique et politique se bouscule pour voir de ses yeux et entendre de ses oreilles cette voix du futur venue de l'Est. La presse est sur le coup, bien sûr, et présente Theremin comme un savant-inventeur-musicien, sorte d'agrégat idéal de l'homme nouveau du XXe siècle. Sa caricature orne les pages des journaux en plusieurs langues. Sa pose sur scène, la main droite levée comme un chef d'orchestre tenant une baguette invisible, la gauche en arrondi gracieux avec le bras, créant un geste de vague de haut en bas, la tête légèrement penchée en arrière comme tirée par le menton, tout cela mis ensemble exerce une fascination immédiate sur les spectateurs. Le son qui s'échappe ainsi du vide semble les envoûter tous, plus l'*Illumovox* qui emporte le pompon. Paris et Londres découvrent leur premier set électro, et, tout comme les Berlinois, ils adorent ça.

Quelques esprits critiques, car il y en a toujours, font remarquer que d'autres chercheurs comme Armand Givelet ou Jörg Mayer avaient présenté l'été passé un clavier à lampe qui produisait le même son. Mais avec Theremin, la grande différence réside dans sa *gestuelle* du jeu, qui est inédite. C'est une authentique révolution dans l'approche musicale, elle ouvre un champ infini de possibles. Léon offre au monde un nouvel instrument dont le maniement est totalement intuitif, pas besoin de cours de piano. Ça, c'est du communisme ! On ne peut nier que le *Termenvox* constitue le tout premier frémissement de l'immense déferlement de la lutherie électronique sur le siècle à venir.

Le 20 décembre, Theremin et Goldberg débarquent à New York à une époque où la ville swingue très fort. Ça change de Moscou. On est en pleine prohibition, ce qui paradoxalement pousse les gens à s'amuser encore plus, été comme hiver, le jour comme la nuit (faisant, comme on l'a vu, l'affaire des Cahill), et il tombe en pleine hystérie de Noël. Ça a dû lui faire un choc. Une foule compacte attend l'inventeur à son hôtel et un reporter le décrit comme « un grand jeune homme distingué d'une trentaine d'années, très poli et modeste, l'œil bleu et le cheveu frisé, rougissant facilement ». Le temps de monter son labo et, le 24 janvier 1928, il donne son premier récital privé organisé par Rudolph Wurlitzer qui sponsorise sa tournée américaine. Tout le gratin new-yorkais est là, y compris Rachmaninov et Toscanini. Le concert se passe à peu près bien, mais il est clair que le format un peu guindé qu'il propose au public américain n'est pas complètement de leur goût. Malgré tout, le *New York Herald Tribune* publie le lendemain une critique élogieuse de la soirée... ouf, l'obstacle est passé.

Encore quelques apparitions privées (dont l'une en présence de Lee de Forest qui le congratule chaudement pour ce remarquable accomplissement), une démonstration aux ingénieurs de la Radio Corporation of America (RCA), très intéressés, une soirée publique au Carnegie Hall, et c'est parti pour la tournée US. Philadelphie, Akron, Cleveland, Chicago, Detroit puis retour à New York par la Brooklyn Academy of Music. Tout se passe à merveille, Wurlitzer a bien fait les choses, chaque concert est précédé d'une rencontre avec la presse et d'une performance privée pour les musiciens, scientifiques et autres sommités de l'endroit, la formule fonctionne, l'intérêt est là. Theremin a adapté son programme et le show est plus fluide, on peut parler d'un vrai succès. Pour clore la saison, il joue fin août au Stade Lewisohn avec le New York Philharmonic en proposant cette fois-ci un quatuor de *Termenvox*, composé de lui, Goldberg, une charmante émigrée russe, Alexandra Stepanoff, et un certain Mr Olgin, membre du Parti communiste local. Cette fois-ci c'est un vrai tabac, douze mille personnes debout pour une ovation de plus de cinq minutes forçant Theremin à venir saluer une demi-douzaine de fois. La consécration finale vient enfin en novembre lorsqu'un jeune compositeur russe de l'âge de Léon, Joseph Schillinger, écrit pour lui sa *First Airphonic Suite*, une pièce entièrement dédiée au nouvel instrument. De quoi faire taire les critiques parisiens qui se plaignaient de l'absence d'un répertoire original... C'est un moment capital, la première fois qu'une œuvre est composée en Amérique pour un orchestre symphonique dont le soliste est un instrument électronique ! La composition est exécutée par le Cleveland Orchestra et, malgré quelques pénibles larsens et un volume parfois exagéré, le public tombe encore une fois sous le charme.

BUSINESS À LA NEW-YORKAISE

Pour Theremin c'est l'occasion de faire le point. La visite de deux mois est devenue une année de succès à la chaîne, retourner en URSS maintenant n'a pas beaucoup de sens. Le fer est chaud ici, et il faut le battre. D'ailleurs ses honorables correspondants soviétiques lui font savoir qu'ils sont heureux de le voir se fondre dans le monde capitaliste. Il est autorisé à rester. Il commence à imaginer la production en série de son instrument... et il tombe dans le rêve américain. Qui se déroule à la perfection : au printemps 1929, la RCA, dont il avait vu les techniciens un an plus tôt, lui propose un accord. Cent mille dollars pour l'exclusivité du *Termenvox*, de l'alarme et de l'altimètre pendant deux ans, puis cinq cent mille si l'option d'achat est levée, plus un minimum de vingt-cinq mille par an de royalties sur chaque produit vendu. Et la naissance officielle du *RCA Theremin*, made in the USA. La consécration. Il accepte.

Chez RCA on a décidé d'en produire cinq cents exemplaires, histoire de tâter le marché, et comme on est en Amérique les choses vont vite, en septembre l'instrument est disponible en magasin pour la somme de cent soixante-quinze dollars, plus vingt pour les tubes électroniques, plus trente-cinq pour un speaker, ce qui fait quand même un total de deux cent trente dollars (l'équivalent de trois mille deux cents dollars d'aujourd'hui). Une grosse campagne de pub est lancée, des disques de mélodies américaines sont enregistrés sur les disques Victor dont

RCA vient de faire l'acquisition, le fils du patron de la division Musique apprend même à en jouer pour en faire la démonstration dans les magasins et à la radio, Wurlitzer l'expose dans toutes ses succursales, bref, il y a un gros effort de marketing pour faire du *RCA-Theremin* un succès.

Mais au bout de six mois les résultats remontent des points de vente et ils sont décevants. À cela plusieurs raisons : tout d'abord la crise de 29 a éclaté juste au moment de la sortie commerciale de l'instrument. Le même coup que Cahill vingt ans plus tôt, c'est à croire qu'il y a une malédiction de la finance contre la musique ! Deux cent trente dollars constituent une grosse somme, même pour ceux qui réussissent à passer sans trop de dommages à travers ces temps de disette. Ensuite, l'objet est fragile et repose sur une technologie nouvelle dont les vendeurs sont la plupart ignorants, n'offrant pas le moindre service après-vente à leurs clients en cas de pépin, ce qui arrive pourtant fréquemment. Et enfin l'instrument lui-même déconcerte passée la première fascination. On ne peut pas en jouer vite. Il n'y a pas de repères solides, pas de méthode d'apprentissage à part une demi-douzaine de photos et un livret sommaire, et puis on ne s'amuse à en jouer que si on est accompagné d'un autre musicien ou d'un phonographe... Malgré l'incroyable fascination qu'exerce l'instrument lorsqu'il est joué en public, la mayonnaise n'a pas pris, c'est triste à dire mais c'est un échec.

Le coup de grâce tombe lorsque Lee de Forest gagne le procès qu'il avait intenté à la RCA pour l'utilisation dans le *Theremin* de son fameux audion. Le même de Forest qui avait félicité Léon pour son splendide instrument voulait sa part du gâteau maintenant qu'il était commercialisé de façon aussi ostentatoire. Et l'obtient, avec de confortables indemnités de dédommagement. C'est alors que tombent les chiffres définitifs de vente : péniblement cinq cents, à perte. Pour RCA, ce n'est pas la mine d'or espérée, et, du jour au lendemain, ils lâchent tout. Millionnaire en 1929, Theremin, se retrouve ruiné en 31. Les vingt-cinq mille dollars d'avance lui ont filé entre les doigts et, en achetant du matériel à tout-va, il a accumulé les dettes – adossées à la Goldberg and Sons. Après le rêve, c'est le cauchemar américain. Fin 1930, il doit rendre sa chambre à l'hôtel Plaza et libérer le local de son labo quelques pâtés de maison plus loin.

Léon n'est peut-être pas un businessman, mais il n'en demeure pas moins un brillant inventeur doublé d'un artiste dont l'âme russe continue de vibrer sans relâche. De plus il est bel homme. Réservé, un peu solennel, passionné dans ses conversations les plus techniques, son anglais teinté d'accent russe s'est amélioré depuis son arrivée à New York et son aura de savant poète ne laisse pas les femmes indifférentes. Nombreuses sont celles qui sont séduites par son charisme, et les plus artistes d'entre elles prennent même des cours de *Theremin* avec lui. Dès 1928, il avait d'ailleurs imaginé un orchestre exclusivement composé de différentes versions de son instrument, pas moins de quarante musiciens répartis en huit groupes : cordes, cuivres, bois, percussions, voix, instruments harmoniques, sons *pizzicato* et nouvelles sonorités. En avril 1930, il propose au Carnegie Hall une version réduite à dix interprètes de cet orchestre futuriste. La musique est arrangée par Schillinger, définitivement conquis par cette musique inédite, et propose au public un nouvel instrument exhumé de ses années de jeunesse à Leningrad, le *Theremin à touche*. Plutôt que de se déplacer dans l'air, la main gauche de l'instrumentiste, assis comme pour jouer d'un violoncelle, se déplace sur une touche métallique qui, par ses propriétés conductrices, exécute la note voulue, tandis que la droite actionne un levier commandant le volume et l'attaque. Le registre grave, entre celui de la contrebasse et du violoncelle, donne à l'ensemble une épaisseur onctueuse et puissante. De toute évidence, Léon a plus d'un tour dans son sac et les surprises ne font que commencer.

Dans cet orchestre du Carnegie Hall figure, en plus de ses élèves de la première heure, une nouvelle recrue, Lucie Rosen. Elle est la femme du banquier et avocat Walter Rosen, plusieurs fois millionnaire, et fait partie de la haute société new-yorkaise qu'elle fréquente assidûment. Son grand-père avait été ambassadeur du président Lincoln en France et sa mère avait épousé un membre de la très britannique, célèbre et fortunée famille Guest. Brillante et fantasque, passionnée de science et de musique, elle professe une admiration sans bornes pour le professeur russe dont elle suit avec le plus grand intérêt l'évolution artistique et technologique. Elle rêve de participer à cette aventure et ses neuf ans de violon lui permettent de s'imaginer en future virtuose du nouvel instrument (elle en jouera d'ailleurs longtemps et avec succès). Aussi, quand Léon lui fait part de ses ennuis commerciaux et de son expulsion du Plaza, elle lui propose de mettre à sa disposition pour un loyer symbolique un des immeubles que possède son mari, situé ironiquement à deux rues seulement de la dernière adresse du Telharmonium. L'inventeur accepte avec gratitude cette solution temporaire, déménage son labo au 37 W 54e Rue dans un espace enfin digne de son inlassable talent, et voilà bientôt le Theremin Studio prêt à bouillonner de nouvelles inventions.

La diaspora russe se mobilise, Joseph Schillinger

y établit ses quartiers. Il a pris beaucoup d'importance ces dernières années et a mis au point une méthode de composition issue des mathématiques ainsi qu'une théorie de la perception musicale qui sont très remarquées. Il donne au Studio une conférence tous les vendredis et y organise une série de cours qui attire les plus grands : Tommy Dorsey, Benny Goodman, George Gershwin s'y pressent plusieurs fois par semaine. En écrivant la célébrissime *Moonlight Serenade*, Glenn Miller ne faisait d'ailleurs qu'exécuter un exercice que lui avait donné le maître russe. Et c'est Schillinger qui, au contact de l'imagination technique débordante de Theremin, conçoit le premier la possibilité d'introduire des machines dans un répertoire classique, il en fait même sa profession de foi (incidemment, ce brillant pédagogue fondera en 1945 l'établissement qui deviendra le très célèbre Berklee College of Music). Il présente Léon à son cercle d'amis compositeurs à la recherche de nouvelles formes musicales, qui comprend entre autres Charles Ives, Edgar Varèse et Henry Cowell. Rencontres fertiles car ce dernier lui passe commande en mars 31 d'un nouvel instrument qui mettrait en pratique leurs espoirs théoriques : une machine à créer des rythmes aléatoires... Il donne deux cents dollars d'avance à Theremin qui se lance dans sa nouvelle invention : le *Rhythmicon*.

DE NOUVEAUX INSTRUMENTS

Le principe en a été élaboré par les deux hommes. Ce sera un clavier traditionnel de seize touches (du *do1* au *mi2*) dont chacune exprimera une note et un rythme répétés. Sur un tempo donné, la note de la première touche en bas à gauche se répétera une fois par temps, la suivante deux fois par temps, la troisième, trois fois, la quatrième quatre fois et ainsi de suite jusqu'à seize (pour les musiciens : une succession d'une noire, deux croches, un triolet de croches, quatre doubles croches, un quintolet de doubles-croches, etc.). La note fondamentale sera au choix, et les autres suivront l'ordre de ses harmoniques naturels tel qu'on les a décrits plus haut. C'est vraiment une idée géniale. Une note, un rythme. Enfin, un rythme : le plus basique qui soit, c'est-à-dire la répétition régulière du même son. Mais c'est la combinaison entre eux qui promet d'être intéressante, car l'instrument sera polyphonique, c'est-à-dire qu'il permettra de jouer plusieurs touches en même temps. Le mécanisme comprendra une plaque circulaire rotative, au travers de laquelle seront émis, en fonction des touches jouées, des rayons de lumière captés par des cellules photoélectriques qui déclencheront le son. Le tempo pourra tout simplement être modulé avec la vitesse de rotation de la plaque, comme le feront bien plus tard les DJ avec leurs platines.

En janvier 32, l'appareil est prêt. Et il est à la hauteur des attentes. Dès que trois touches ou plus sont enfoncées, en déclenchant des cycles indépendants aux divisions tantôt paires tantôt impaires, on bascule dans une polyrythmie fascinante par son obstination et sa rigueur improbables. C'est un outil de jeu extraordinaire, enivrant, ni plus ni moins que la première *rhythm machine* ! Et mélodique en plus ! Créant une infinité de possibilités de combinaisons, une véritable usine à surprises ! En prévision de sa livraison, Cowell a d'ailleurs écrit en décembre 31 une suite en quatre mouvements, *Rhythmicana* – qui ne sera malheureusement jouée qu'après sa mort, quarante ans plus tard. Charles Ives lui aussi est passionné par cette machine et en commande un deuxième exemplaire à l'inventeur qui en profite pour améliorer le modèle. Décidément ça bosse dur au Theremin Studio, d'autant plus que Léon a fini par réaliser, pour une commande du chef d'orchestre Leopold Stokowski, le clavier électronique qui lui manquait pour son projet d'Orchestre du Futur : large de cinq octaves, polyphonique, staccato et vibrato programmables, filtres variables des harmoniques comme sur le *Telharmonium* mais en plus abouti, ruban métallique le long du clavier pour des intonations à la main... C'est un vrai saut en avant. L'ensemble est annoncé sous le nom de Theremin Electrical Symphony Orchestra, pour une performance à seize musiciens le 1er avril au Carnegie Hall. Ce coup-ci, l'idée est poussée jusqu'au bout. Même si ce n'est pas l'orchestre de quarante musiciens escompté, Léon n'est jamais allé si loin.

Profitant de l'occasion, il peut réaliser du même coup l'un de ses plus vieux rêves : adapter son invention à la danse. Grâce aux nouveaux moyens mis à sa disposition par les bienveillants Rosen, il y travaille depuis deux ans et l'instrument sera enfin prêt pour ce concert au Carnegie Hall. En hommage à la muse grecque de cet art, il l'a appelé le *Terpsitone*. Le principe en est le même qu'avec son *Termenvox* original, sauf que c'est une plaque métallique conductrice sur laquelle évolue le danseur qui fait office d'antenne et la position de celui-ci par rapport à la plaque qui module la hauteur du son, jouant ainsi *la mélodie du corps*. Comme la justesse est encore plus difficile à atteindre de cette façon, il va jusqu'à inventer un système électronique qui « redresse » les fausses notes : les fréquences quand elles ne sont pas jouées juste entrent en résonance avec un vibrateur qui déclenche le demi-ton le plus proche correctement accordé. L'instrument est diabolique, extrêmement difficile à maîtriser (le volume est contrôlé par un assistant en coulisses), mais ô combien exaltant ! Il ouvre les portes d'un nouvel art, à cheval entre la danse et la musique, et qui reste encore à explorer aujourd'hui !

L'inventeur présente donc ce soir-là un échantillon complet de ses inventions au public : *Theremin* violoncelle, en trois versions différentes, *Theremin* clavier (un qui imite les cordes, un autre les cuivres et un les timbales), *Rhythmicon*, *Terpsitone* et bien sûr *RCA Theremin* – c'est quand même incroyable de voir la créativité que l'inventeur a déployée depuis son arrivée en Amérique quatre ans plus tôt. Le jour du concert, l'affluence est médiocre, elle est surtout composée des modernistes les plus convaincus qui croient dur comme fer à cette nouvelle musique. Des curieux aussi, mais moins. Il faut dire qu'à New York l'effet de nouveauté s'éteint assez vite, il y a toujours quelque chose de neuf qui se passe et ça fait un moment maintenant que le public est familier de ces sons éthérés. Au programme, un peu de tout : un choral de Bach, du Saint-Saëns, son répertoire habituel, le *Terpsitone* jouant l'*Ave Maria* de Gounod accompagné d'une harpe, puis un petit prodige de dix ans qui joue *L'Alouette* de Glinka, suivi d'une démonstration de sa toute dernière invention : une machine à faire *voir* la justesse des notes. Relié électriquement au *RCA Theremin*, un tube rempli de néon projette en fonction des fréquences jouées des flashes lumineux très rapides sur deux disques tournants. Selon la vitesse, des nombres et des formes géométriques correspondant à la hauteur de la note apparaissent sur les disques en impression rétinienne et, quand la note est fausse, on ne voit plus que du flou. C'est astucieux, amusant, didactique et encore une fois totalement nouveau.

Malgré cette éblouissante débauche d'inventivité, les réactions sont mitigées. Le critique du *New York Times* écrit avoir passé une plutôt bonne soirée tandis que celui de *Time Magazine*, irrité par les incessantes présentations de Theremin, dit avoir eu « l'impression d'entendre une cour d'école jouer du kazoo ». Malheureusement, il ne subsiste pas à ma connaissance d'enregistrement de cette performance pour m'en faire une idée, mais voici comment je pense que les choses se sont passées.

Tout d'abord, il s'agit d'une *musique synthétique entièrement amplifiée*, ce qui est sans doute une première mondiale. À part la harpe accompagnant le *Terpsitone*, pas d'instrument acoustique. Le premier concert d'électro. En 1932, il fallait être prêt à l'entendre... Le critique du *Time* décrit d'ailleurs ironiquement le sol jonché de câbles et d'enceintes ainsi que l'atmosphère de laboratoire qui règne sur le plateau. Quand on a l'habitude de voir violons, trompettes et hautbois bien sagement rangés sur scène depuis des siècles, cette anticipation d'un concert des Talking Heads peut avoir de quoi décontenancer. Surtout que, visiblement, Theremin aime bien jouer fort, et il n'est pas du goût de tout le monde de se prendre les fréquences basses de ses timbales électroniques dans le ventre sans avertissement. Ça fait une sacrée surprise, il est même arrivé dans le passé que des auditrices au premier rang tournent de l'œil ! Souvent aussi, un instrument part en larsen, ce qui est très désagréable... Les salles de concert sont faites pour diffuser naturellement des instruments acoustiques, et depuis les Grecs le résultat est quasiment parfait. Faire débouler sur scène une vingtaine de haut-parleurs demande une maîtrise de l'acoustique, des matériaux et de l'amplification à grand volume dont l'inventeur est tout juste en train de découvrir les règles... Il y a de grandes chances pour que le son dans la salle ait été très bizarre et n'ait pas toujours servi la musique...

LES OBSTACLES S'ACCUMULENT

Ce qui manque aussi, c'est un répertoire approprié. Il est dommage que Schillinger n'ait pas pu écrire pour l'orchestre de Theremin, car en jouant depuis quatre ans des reprises de compositeurs connus, l'inventeur force la comparaison avec des instruments existants qui ont derrière eux des siècles de peaufinage en expressivité, et il n'en sort pas gagnant... Il faut des mois et des mois de répétitions pour arriver à un résultat probant, et personne n'en a le temps. En outre, la déclinaison de son invention sur plusieurs instruments ne change pas le fait que c'est toujours à peu près *la même sonorité* qui sort de chacun d'eux, même si c'est à des hauteurs différentes. On est encore à l'aube de la synthèse du son et pour l'instant on n'arrive à produire que des ondes sinusoïdales peu attractives. Et puis il n'y a pas d'*attaque* dans ce son, cette partie percussive si singulière à *tous* les instruments. Or, quand tout un orchestre fonctionne sans ça, il manque un truc, ça fait mou. Comme les tempos rapides sont impossibles à articuler correctement, tout le répertoire est lent, voire pompeux. Voilà ce que doit penser l'auditeur lambda en ce printemps 1932 (une année pas très heureuse en Amérique, la crise est en train de taper fort), qui a besoin de quelque chose de plus tonique pour le sortir de sa morosité.

Ce sera la dernière grande apparition publique de Léon Theremin. J'ai un véritable sentiment de malaise à l'idée que cet ultime concert, prophétique mais fatal, ait eu lieu un 1er avril. Comme si tout cela n'était finalement qu'une bonne blague. Car pour Theremin c'est l'aboutissement d'années et d'années d'efforts, de rêves, de choix, et il est bien conscient des faiblesses de ses instruments – forcément, c'est nouveau. Il essaye de résoudre les problèmes au fur et à mesure, il *sait* où ça doit aller mais il faut du temps, de l'argent... Comme tous les inventeurs visionnaires, il est déjà dans l'avenir, il le voit à travers les imperfections du présent, là où les autres ne voient rien que... le présent.

Mais il n'y a pas que la musique dans la vie. Léon est un inventeur, et la capacitance humaine n'a pas fini de livrer ses bienfaits. Car le Theremin Studio attire aussi des hommes d'affaires. Depuis l'enlèvement et l'assassinat du bébé de Charles Lindbergh, un feuilleton de deux mois et demi qui avait horrifié l'Amérique début 1932, on s'intéresse beaucoup aux alarmes, dont la présence dans le catalogue de l'inventeur laisse entrevoir de juteux profits. Deux hommes d'affaires associés, Boyd Zinman et Emmanuel Morgenstern apprécient le sérieux de l'inventeur, et en décembre de la même année, ils créent à trois la Teletouch Corporation qui aura pour but de commercialiser les inventions existantes de Léon et d'en inventer d'autres. Et ce ne sont pas les idées qui lui manquent.

Après l'alarme anti-voleurs, le détecteur d'incendie qui réagit aux brusques accroissements de température. Le Bureau des prisons lui commande un détecteur de métal pour le célèbre pénitencier d'Alcatraz (mais le système ne fonctionnera jamais de façon stable). Il imagine les premières portes d'immeuble à ouverture automatique. Il vend au colonel Batista une alarme anti-bombes pour sa résidence cubaine. Pour le grand magasin Macy's, il invente le *Teletouch Ray*, un capteur photoélectrique qui fait s'allumer une vitrine la nuit quand un passant s'en approche (économie d'éclairage, passage obligé pour les amoureux à 3 heures du matin). Le *Magic Mirror*, un miroir recouvert d'une couche conductrice réfléchissante qui, lorsqu'un badaud la frôle, déclenche un éclairage qui rend la vitre translucide et révèle une vitrine de bijoux somptueux. Et puis il rêve de construire un réseau de « suspension éthérée » qui porterait les voitures sur des ondes électromagnétiques...

Le tout avec la bénédiction du GRU, le fameux œil de Moscou, qui ne manque pas de le rappeler de temps en temps à ses devoirs patriotiques et de lui commander quelques travaux d'espionnage mineurs : on le fait postuler à des concours d'ingénieurs en aéronautique rien que pour avoir les plans des avions, des choses comme ça. Il les voit toujours dans des bars, les hommes en gris, et ils lui font boire de la vodka avant de le cuisiner pour savoir s'il est toujours fidèle à sa patrie. Il l'est, même s'il apprend à avaler une livre de beurre avant ces rendez-vous pour éviter l'ivresse, la cuite qui va avec et l'immense perte de temps. À leur suggestion, il propose à l'US Air Force des ébauches de pilotage automatique rien que pour pouvoir mettre deux minutes le nez dans leurs dossiers. C'est un bon communiste et, à la différence de son compatriote Schillinger qui a fait de l'Amérique sa nouvelle patrie, il n'envisage pas un instant d'abandonner sa nationalité.

En revanche, il n'est pas un bon capitaliste. Il n'a pas réussi à se refaire depuis 1931. Gagner de l'argent, ce n'est pas vraiment son truc, il préfère inventer. Tout à ses recherches, il a laissé les dettes tant personnelles que professionnelles s'accumuler, il a emprunté d'une main pour rembourser de l'autre, ignoré les relances et, au début de 1938, ses débiteurs sont sur le point de saisir ses biens. Il doit aux impôts des sommes considérables qu'il n'est pas en état de payer. Même les Rosen en ont assez. Bientôt huit ans qu'il est chez eux, beaucoup plus longtemps qu'ils ne l'auraient voulu, qu'il promet à Lucie de lui construire un *Theremin* plus abouti, encaisse l'argent et n'arrive pas à finir le travail. Et puis il ne s'est pas vraiment fondu dans la société américaine, la plupart de ses amis sont russes et son anglais demeure hésitant pour quelqu'un qui a passé plus de dix ans aux États-Unis.

Quant à sa vie sentimentale, elle a commencé par une amertume puis continué par une déception. Après un mariage célébré en 1924 à Leningrad, le couple s'est délité à New York (sa femme s'installera dans le New Jersey), et il est tombé amoureux de Clara Reisenberg, une immigrée russe de vingt ans de moins que lui qui jouait de son instrument avec une grâce telle qu'il en fera sa muse : c'était elle qui avait dansé sur son *Terpsitone* le soir du fameux concert du 1er avril. Hélas, la belle Clara au cœur sage avait préféré choisir un parti plus sérieux en la personne d'un ami d'enfance, un bel et brillant avocat, et deviendra Clara Rockmore, la star internationale du *Theremin*.

Quelque temps plus tard, il avait rencontré une jeune danseuse de l'American Negro Ballet dont il était tombé fou amoureux. Métisse splendide et improbable d'Indienne native, d'Afro-Américaine et d'Irlandaise, elle parlait six langues, dansait, peignait, lisait tout ce qui lui tombait sous la main, et donnait un souffle nouveau à la vie de Léon qui commençait à en avoir bien besoin. Début 1938, ce dernier épouse donc Lavinia Williams au consulat de l'Union soviétique. Mais dans le New York des années 30, le couple d'un quarantenaire blanc et russe avec une danseuse noire de vingt ans sa cadette ne passe pas inaperçu. Leur bonheur a un prix, celui de voir le vide se faire autour d'eux et pour Theremin, la situation est devenue intenable. Les Rosen le poussent poliment mais fermement dehors, il a le fisc américain à ses trousses, des huissiers pour dettes privées chez lui en permanence, et le sentiment qu'il a donné beaucoup plus à l'Amérique qu'il n'en a reçu. Même le FBI commence à s'intéresser à lui. Il a le mal du pays, ça fait un moment qu'il pense à rentrer en Union soviétique, mais c'est le GRU qui insiste pour qu'il reste. Il se passe des choses à Moscou, des généraux disparaissent, l'Armée rouge s'affaiblit et le Guépéou reprend la main. L'antenne américaine du GRU vacille, une porte est en train de se fermer, vite c'est maintenant... Il décide d'organiser son départ.

ESCLAVE DE BERIA

Le problème, c'est qu'il ne peut plus sortir du pays comme ça, il est en procédure judiciaire et de toute façon il n'y a pas de bateau direct pour l'URSS depuis les États-Unis. Il a besoin des services du GRU pour l'exfiltrer discrètement. Personne n'est au courant, pas même sa femme, pour qui il a obtenu l'autorisation de l'accompagner. En septembre tout s'accélère, la date de leur fuite est prévue pour le 15. Pour des raisons de sécurité ils ne doivent pas voyager ensemble et il est décidé que Lavinia le rejoindra deux semaines plus tard. Au petit matin, deux hommes patibulaires surgissent au Studio et enlèvent promptement Theremin, laissant derrière eux Lavinia incrédule. Quelques heures après, il est embarqué en passager clandestin sur le *Stary Bolshevik*, un cargo mouillé dans le New Jersey en partance pour Leningrad. Ça y est, le saut est fait. Sa femme va le rejoindre, ses inventions ne peuvent qu'intéresser le Kremlin, il sera accueilli en héros, une nouvelle page heureuse se tourne...

Il déchante dès son arrivée. Son contact du GRU a été exécuté, il n'y a personne pour l'attendre sur le quai. Dix ans ont passé et les choses ont considérablement changé. Il tombe en pleine purge stalinienne. Depuis deux ans, procès et exécutions sommaires ont fait, selon les estimations calculées depuis, entre deux et trois millions de victimes. Son père et sa mère sont morts eux aussi en 32 et en 35, il n'a plus d'endroit où aller, alors il se rend à son bon vieil Institut physico-technique pour y retrouver le professeur Ioffé et reprendre ses travaux avec lui. Mais l'homme qu'il a devant lui n'est plus le même : fuyant, craintif, c'est à peine s'il lui souhaite la bienvenue, il lui refuse un travail et lui dit de s'arranger avec les gens du NKVD (anciennement Guépéou et futur KGB). Ceux-là mêmes qui sont en train de mettre en œuvre les grandes purges – en fait, il envoie l'agneau à l'abattoir. L'inventeur n'est plus le grand Léon Theremin, il est redevenu Lev Termen, dont tous ont oublié le nom et dont le retour inopiné paraît suspect. Et le 10 mars 1939, l'inévitable se produit avec le classique coup de sonnette des hommes en gris : le jour même il est incarcéré à Moscou dans la prison des « politiques », une semaine plus tard il signe une confession dans laquelle il avoue sous la torture être un espion fasciste traître à sa patrie, et il est promptement condamné en août à huit ans de camp pour « participation à des entreprises contre-révolutionnaires ». Quelques jours plus tard, il est envoyé dans les terribles mines d'or de la région subarctique de Kolyma où sont situés les goulags les plus meurtriers du régime stalinien. Et bien sûr, aucune nouvelle de Lavinia. Pour un retour en gloire, c'est moyennement réussi.

Il est assigné à la construction des routes, et malgré les terribles conditions de travail (c'est un des endroits les plus froids de la planète), il ne peut s'empêcher d'inventer un système de monorail pour évacuer plus vite les graviers et multiplie par trois la productivité de son équipe : rations supplémentaires, il se fait des amis. Mais dans ce goulag, un tiers des prisonniers meurt chaque année – en fait ce camp est pensé pour ça, faire mourir les gens, et les chances de survie de Termen sont plutôt minces. Il y aurait d'ailleurs sûrement laissé la vie si, ironiquement, la Seconde Guerre mondiale ne l'avait sauvé d'affaire. En effet, une fois l'URSS entrée en conflit, Staline s'aperçoit qu'après avoir liquidé la quasi-intégralité de son état-major, c'est toute la crème des scientifiques russes qui a été jetée en prison. Même Tupolev, le plus grand ingénieur en aéronautique du pays, croupit dans une geôle pour des crimes imaginaires depuis 1937. Comprenant qu'il ne peut gagner la guerre à la tête d'une armée d'ignares et de courtisans, Staline crée les *charachkas*, des camps spéciaux de scientifiques dédiés à l'effort de guerre, et ordonne à Tupolev de dresser une liste des deux cents savants susceptibles de forger une force aérienne de qualité. Grâce à ses altimètres, Termen y figure. Changement de décor.

Le camp TsKB-29 est un paradis comparé à l'enfer glacé des huit mois qu'il vient de passer à Kolyma.

On y mange avec des couteaux et des fourchettes, on dort sous des couvertures, les gardiens sont respectueux et même s'il y a du bromure dans la soupe et des barreaux partout, être considéré comme un être humain digne de vivre est un changement bienvenu. Mais la recherche n'est pas intéressante, les directives souvent contradictoires et les circonvolutions administratives décourageantes. En 1941, Lev est transféré à Sverdlovsk (qui deviendra Iekaterinbourg) dans l'Oural puis à Kuchino près de Moscou pour y reprendre des recherches sur ses spécialités : la radio et le son. Il y invente un rayon radio détecteur de sous-marins ou de bateaux perdus et attire l'attention d'un homme aussi dangereux qu'influent : Lavrenti Pavlovitch Beria, grand patron du NKVD, homme lige de Staline et son ombre meurtrière.

Le maître espion commande alors à Termen une chose impensable : fabriquer un micro entièrement passif, sans fils ni pile. L'objectif est d'introduire ce micro dans la résidence de l'ambassadeur américain à Moscou, qu'il passe les rayons X sans être détecté et qu'il puisse émettre jusqu'à l'immeuble d'en face. N'importe quel ingénieur de l'époque aurait dit : impossible, mais ce n'est pas le genre de choses que Beria aime entendre – il y a encore pire que Kolyma –, alors Lev se met à réfléchir et trouve la solution. Il construit un petit tube dont l'une des extrémités est constituée d'une membrane qui vibre devant une plaque métallique très fine. L'autre fond de cette minuscule chambre de résonance est relié à la plaque grâce à une antenne longue de vingt centimètres. L'astuce, c'est que quand on dirige depuis le trottoir d'en face une onde très courte vers l'antenne (330 MHz), on « active » celle-ci ainsi que la plaque métallique qui fait office de capteur de micro. L'onde émise de la rue d'en face perçoit les modulations propres à la voix avant de se réfléchir et de revenir à l'émetteur qui décode ces modulations.

Dissimulé dans une très belle pièce circulaire de bois sculpté reproduisant l'aigle américain qu'avaient fabriquée les Scouts de Moscou, le tout avait été offert à l'ambassadeur qui n'avait pu que l'accrocher derrière son bureau. À partir de ce moment, les services secrets soviétiques eurent accès aux plus grands secrets diplomatiques américains pendant presque sept ans, et quatre ambassadeurs successifs furent espionnés quotidiennement sans en avoir le moindre soupçon. Il fallut qu'un opérateur radio britannique tombe sur cette fréquence par hasard en 1952 et entende Son Excellence George Kennan dicter une lettre à sa secrétaire pour que le pot aux roses soit découvert. En démontant l'appareil, les techniciens de la CIA furent horrifiés : jamais ils n'auraient pensé qu'une telle technologie d'espionnage fût possible, ce fut un coup très rude pour eux de se sentir ainsi à la traîne... Relatée dans de nombreux récits d'espionnage, l'astuce de Termen marqua un point important dans l'histoire de la guerre froide.

Beria est très content, et il pousse encore plus loin le défi en exigeant de Termen qu'il trouve un système, nom de code « Buran », pour entendre ce qui se passe dans une pièce, mais sans micro à l'intérieur cette fois, juste de l'extérieur. De plus en plus dur. D'accord, dit Termen, mais à une condition : il me faut une fenêtre. Si c'est le cas, alors je peux diriger un rayon infrarouge sur l'endroit précis où le verre résonne le mieux et transmet le plus fidèlement les vibrations sonores de la pièce. Le rayon revient avec les modulations et c'est dans la poche. Ça doit pouvoir fonctionner jusqu'à cinq cents mètres. Ce coup-ci Beria est aux anges, ça marche du tonnerre. Il braque ses rayons infrarouges sur toutes les fenêtres diplomatiques de Moscou et récolte des tonnes d'informations par ce moyen. Décidément, Termen est quelqu'un de très utile. Mais la tension augmente quand il lui demande le plus dur : espionner Staline chez lui. Le Crime Ultime. Comment refuser ? Le chef du renseignement n'a qu'à souffler pour éteindre la fragile chandelle de son existence. Alors le voilà, casque sur la tête, à écouter la vie de Joseph Staline, le nouvel ogre de la Russie, à faire vibrer ses petits micros dans ses appartements particuliers. Ce faisant, il sait qu'il s'enfonce de plus en plus loin dans le secret, dans l'indicible, et qu'une mort affreuse peut surgir n'importe quand. Mais il n'a pas le choix.

APRÈS LA GUERRE

Nous voici en 1947 et, théoriquement, Lev a purgé sa peine. Trois mois plus tard, un juge l'avise qu'il lui rend sa liberté. Et plus que ça encore, car l'attend à sa sortie une surprise phénoménale : il est récipiendaire du prix Staline, la plus haute distinction pour les arts ou les sciences. Certes, c'est un prix secret, car il est accordé pour une découverte dans un domaine sensible, mais cela reste une reconnaissance exceptionnelle de ses travaux... d'espionnage. Avec le prix vient également la coquette somme de cent mille roubles plus un appartement de deux pièces avec femme de ménage. Le luxe à la soviétique.

Il est libre. Enfin presque. Libre d'aller et venir dans Moscou, mais où trouver un travail ? Voilà huit ans qu'il est dans le secret, qu'il recueille sur bande magnétique l'intimité quotidienne d'un des plus grands tyrans du XXe siècle sous la surveillance d'un assassin non moins impitoyable, tous ses proches sont morts, et ses seules attaches sont ironiquement là où il travaillait auparavant comme détenu... Il rempile donc dans les services secrets, cette fois-ci comme volontaire. Ses efforts pour faire venir Lavinia restent vains, alors il finit par épouser fin 1947 une fort jolie secrétaire de vingt-six ans avec qui il s'entend bien, Maria Fodorovna Guschina, et qui lui donnera des jumelles l'année d'après.

À partir de là, il se fond dans l'anonymat complet des services secrets. Et dans l'ennui : il a réussi à survivre à la disparition de Staline puis de Beria en 1953, il a été totalement réhabilité par Khrouchtchev en 1957, mais depuis, plus rien d'intéressant, le KGB est devenu obsédé par les OVNI, on le fait travailler sur des trucs sans intérêt, il est prêt à prendre sa retraite. Deux ans plus tard, il retourne donc à la vie civile et reprend ses travaux musicaux avec ferveur. Il aura connu le GRU, l'OGPU, le NKVD, le MGB, le MVD, pour finir avec le KGB, et toutes ces années de contrôle tentaculaire par ces acronymes sur sa vie n'ont toujours pas eu raison de son inlassable créativité. Il va construire de nouvelles interfaces de contrôle pour un *Theremin* 2.0 avec des cellules photoélectriques interprétant les mouvements du regard, changeant les timbres selon qu'on tourne les yeux à droite ou à gauche. Il invente un analyseur d'accordage de piano et une machine à ralentir la musique enregistrée sans toucher au tempo... En 1967, Harold Schonberg, le célèbre critique musical du *New York Times*, se rend au Conservatoire de Moscou où il retrouve un Lev Termen en pleine forme sur vingt projets en même temps. L'article une fois publié réveille l'attention d'amis et collègues outre-Atlantique et c'est un réconfort pour lui de voir qu'il n'a pas été oublié. Mais ce bourdonnement irrite les responsables du Conservatoire et il est remercié peu de temps après. Sa troisième femme, Maria, meurt en 1970, il a repris contact avec Lavinia qui le croyait mort depuis toutes ces années, mais le temps a passé, elle a construit sa vie à l'Ouest et celle de l'Est laisse encore beaucoup à désirer... Elle mourra en 1989 sans jamais l'avoir revu.

Lorsque Gorbatchev accède au pouvoir, le pays se décongèle progressivement. Theremin obtient l'autorisation de passer ce qui reste du rideau de fer en 1989 à l'invitation du Festival international de musique expérimentale de Bourges. Il est attendu par tout le gratin de la musique électronique, enfin, bon, c'est un homme de quatre-vingt-douze ans maintenant, et ses forces commencent à faiblir, mais il est absolument enchanté de ce retour tardif. En 1990, c'est une apparition éclair pour un concert à Stockholm, et en 91 il retourne enfin aux États-Unis comme invité de l'Université de Stanford en Californie, où il est traité comme le Messie revenu sur terre. En 93, il se rend en Hollande pour une dernière conférence, et quand il rentre à Moscou, il s'aperçoit que son labo a été vandalisé. On ne saura jamais qui le persécuta de la sorte, mais ce coup-ci c'est trop et il sombre dans l'accablement. Le 3 novembre 1993, au lendemain de la diffusion sur la BBC du premier documentaire sur sa vie et son œuvre, il quitte ce monde à l'âge vénérable de quatre-vingt-dix-sept ans.

Il avait eu le temps d'enseigner les secrets de son instrument à la petite-fille de son cousin, Lydia Kavina, qui demeure aujourd'hui une de ses interprètes les plus respectées, après une longue série de concertistes comme Lucie Rosen et Clara Rockmore. En quittant New York en 1938, il lui semblait laisser derrière lui autant de dettes que de regrets. Mais le jour même où il embarquait clandestinement pour

Leningrad, son instrument interprétait déjà sur MBS la musique d'un feuilleton de super-héros qui allait enchanter l'Amérique pendant quinze ans, *The Green Hornet*. Le son futuriste et légèrement inquiétant du *Theremin* s'était pendant les années 30 gravé dans l'oreille collective et ce n'était que le début d'une longue histoire musicale. Grâce à Samuel Hoffman, un podologue mélomane qui s'était pris d'affection pour l'instrument et avait quelques connexions dans le monde du cinéma, le *Theremin* fit son entrée au panthéon de la musique de film en 1946 avec *Les Enchaînés* d'Alfred Hitchcock dont il fut avec Cary Grant et Ingrid Bergman une voix inoubliable, ainsi que la star instrumentale du *Jour où la Terre s'arrêta*, de *La Maison du Dr Edwardes*, des *5 000 doigts du Dr T*, de *Planète interdite*, des *Dix Commandements*... C'est avec un *Theremin* modifié à touche que Paul Tanner enregistra pour les Beach Boys en 1966 l'hymne qui allait le faire entrer dans la pop par la grande porte : *Good Vibrations*, dont il interprète le refrain de façon inoubliable. Le guitariste Jimmy Page utilisa quant à lui le modèle original dans un grand nombre d'enregistrements et de performances de son groupe Led Zeppelin. Rendant ainsi un vibrant hommage à ce génie dont la vie avait été, à sa façon bien personnelle, diablement rock'n'roll.

Chapitre IV

MARTENOT, LE *TRAUTONIUM*

Il arrive souvent qu'en découvrant la vie d'un grand homme on se dise : quelle chose singulière que le destin, si seulement il était né à un autre endroit ou dans une autre famille, que se serait-il passé ? Qu'est-ce qui aurait été différent ? Impossible bien sûr de répondre à cette question, mais dans le cas de Theremin, il semble que l'Histoire ait apporté une sorte de réponse en faisant naître en France deux ans plus tard son quasi-double, Maurice Martenot.

Peut-être faut-il aller chercher au XIIe siècle les racines de cette gémellité, puisque c'est de France que venait la famille de Theremin, anciens cathares chassés d'Albi (comme on se souvient matés par sainte Cécile, tout se tient), une branche émigrant jusqu'en Russie et allant s'installer à la cour du tsar dont le grand-père de Léon fut le médecin. Celle de Martenot est d'origine plus modeste : Maurice descend de deux lignées de fonctionnaires et d'administrateurs qui, s'ils étaient installés à une place relativement confortable de la société, n'avaient pas fréquenté les hautes sphères du pouvoir. À la différence de Léon, vite séparé de son unique sœur cadette, Maurice est l'enfant du milieu, coincé entre une grande sœur, Madeleine, de onze ans son aînée, et une petite, Geneviève, vite appelée Ginette, de quatre ans plus jeune que lui. Entre Madeleine et lui, un petit Gabriel était né, mais il était mort très jeune, ce qui explique l'affection anxieuse dont le petit Maurice fut très tôt l'objet. Contrairement à la famille Theremin qui fut éparpillée par la guerre et la révolution, les Martenot demeureront jusqu'au bout une fratrie très unie, ce qui aura une grande importance à plus d'une occasion.

Comme Léon, Maurice démonte le réveil de sa mère à neuf ans, comme lui il apprend le violoncelle enfant, comme lui il est mobilisé pendant la guerre (il est né en 1898, trop jeune en 1914, il finira par être appelé en 1917), et comme lui il est affecté aux transmissions. Encore une fois, la radio. On commence à voir que ce médium eut une influence considérable dans la naissance de la lutherie électronique, car il mit à la disposition de quelques esprits ingénieux et créatifs les premiers éléments à partir desquels ils purent élaborer ce nouvel art, en particulier grâce à la triode dont Martenot découvre à l'armée la manipulation. Il fait le même constat que Theremin au sujet des interférences du corps humain sur les ondes hétérodynes. Et, pareillement, il met au point un système de contrôle de ces dernières pour en faire des notes jouables par un musicien. Mais là où Theremin est avant tout un inventeur avec un don pour la musique, Martenot est surtout un musicien avec la bosse de l'invention. Sa sœur aînée Madeleine est enseignante de musique, Ginette et lui sont pianiste et violoncelliste et c'est ainsi qu'ils entendent gagner leur vie. À la fin de la guerre, Maurice rejoint donc un orchestre de cinéma et entame sa carrière de musicien de spectacle. Déjà, l'enseignement l'intéresse, mais n'anticipons pas. Son invention en chantier passe donc un peu en deuxième plan comme une sorte de hobby. Il est violoncelliste la semaine et inventeur le week-end. Mais il est vraiment accroché par le son qui s'échappe de son ébauche d'instrument électronique, il sent qu'il y a là quelque chose de pur et neuf, le souffle d'une énergie à peine née qu'il faut apprendre à maîtriser et qui recèle bien des promesses.

Installé au 23, rue Saint-Pierre à Neuilly où sa grande sœur a ouvert son école (une adresse illustre puisque c'est là que pendant soixante-quinze ans fut enseignée la méthode Martenot), Maurice utilise le grenier pour y entasser son matériel d'inventeur en herbe. Il cherche, teste, ébauche, détruit pour reconstruire, bref, tout ce que fait un inventeur quand il est à la recherche de quelque chose qu'il sent naître mais qu'il ne tient pas encore. En attendant, il se marie en 1925 avec Renée, une élève de sa grande sœur, et s'intéresse de plus en plus aux différentes méthodes d'enseignement musical. Il découvre avec passion les travaux de Maria Montessori, puis ceux d'un violoncelliste géorgien, Youri Bilstin, avec qui la famille sympathise et qui sera leur premier guide dans une notion capitale de leur future philosophie de l'apprentissage : la relaxation.

Il leur apprend, entre autres, une vérité essentielle pour tous les musiciens mais dont peu sont conscients : leur premier instrument, c'est eux-mêmes, et c'est sur cela qu'il faut travailler pour commencer. Faire le vide, trouver le calme intérieur, sentir son corps dans le présent, tout ça est devenu en Occident une suite de poncifs depuis la vulgarisation de la pensée orientale, mais dans les années 20, c'est une approche totalement révolutionnaire, et qui fonctionne merveilleusement bien ! Non seulement ce travail préliminaire personnel donna lieu à un ouvrage fondateur, *La Relaxation active*, écrit par Maurice, mais ce dernier la mit en pratique dès ses débuts avec beaucoup d'assiduité. Il en tira une grande satisfaction, particulièrement en ce qui concerne ses travaux d'inventeurs. Ainsi, avant de se mettre au travail, il prenait toujours le temps d'une petite séance de relaxation qui lui assurait l'efficacité de sa réflexion et de sa créativité.

Dans le courant de l'année 1927, il apprend l'existence de Theremin dont la renommée commence à dépasser les frontières de l'URSS et il se précipite pour le voir lors de son passage salle Gaveau. Il aurait bien voulu le coiffer au poteau dans sa propre ville, mais il n'est pas encore prêt et ça lui donne un vrai coup de fouet pour avancer. Surtout que malgré la fascination suscitée par la prestation du Russe, il voit tout de suite les inconvénients de son dispositif sonore dont la justesse est approximative et l'attaque inexistante. Il sait qu'il peut faire mieux et cette fois-ci il va y dévouer tout son temps libre. Il prend un imprésario qui fixe une date avec lui : on fera un concert le 3 mai 1928 à l'Opéra de Paris. Ce sera l'occasion de présenter pour la première fois au public son invention révolutionnaire, les *Ondes musicales*.

LES *ONDES MARTENOT*

Elles ont quand même une drôle d'allure. L'instrument se présente sous la forme d'un grand pupitre sur pied en bois, comme un lutrin d'église, placé à un mètre de l'instrumentiste. Ce dernier y est relié par un fil enroulé par une bague autour de son doigt. Ce fil horizontal s'insère dans le haut du pied qui est creux et dans lequel il descend verticalement grâce à une poulie, comme un yo-yo. À demi-hauteur du pied, à l'intérieur, l'endroit crucial : selon qu'on le tire ou non, une partie métallique du fil monte ou descend entre deux rangées de vis électrifiées. En fonction de sa hauteur, cette partie métallique tient le rôle de condensateur variable que jouait la main de Theremin par rapport à l'antenne, sauf que là, ce n'est pas la capacitance du corps qui est exploitée, mais celle du fil métallique. Plus bas, celui-ci prend un nouvel angle sur une autre poulie et poursuit sa course en longeant le sol de gauche à droite. Sur cette dernière section est fixé un petit doigt en caoutchouc qui se déplace horizontalement au-dessus du dessin d'un clavier posé par terre. C'est un repère visuel pour placer sa main dans l'espace au bon endroit : l'ondiste tire le fil d'avant en arrière et voit à ses pieds le petit doigt défiler de droite à gauche en pointant la note désirée. Plus on tire sur le fil, plus la note obtenue est grave, plus on le laisse aller vers le pupitre, plus la note est aiguë. Ça a l'air un petit peu rudimentaire comme ça, mais ça marche bien.

Voilà pour la main droite. La gauche, comme sur le *Theremin*, sert à contrôler le volume du son. Mais au lieu de l'antenne contrôlée directement à la main chez le Russe, le Français est parti dans une autre direction qui lui permet un contrôle plus rapide. Un petit bloc de verre dépoli, étroit et long comme une fine touche de piano, est strié de quelques lignes au crayon de plomb et baigne dans un réservoir empli de mercure. L'ensemble est électrifié et la capacitance varie en fonction de l'enfoncement du bloc de verre dans le mercure – plus on l'enfonce, plus l'intensité du son est forte, en revanche, si l'on n'appuie pas, aucun son ne sort. L'avantage de ce système est que ce bloc, qui ne fait guère plus qu'un centimètre et demi d'épaisseur, permet de passer du silence au volume maximum en un temps extrêmement bref si on l'enfonce d'un coup, ce qui simule de façon très convaincante une attaque comme on la trouve sur tous les instruments acoustiques (chose impossible avec le *Theremin*). En revanche, le contrôle progressif des dynamiques est beaucoup plus ardu, sachant que la palette des possibles s'étend sur seulement un centimètre et demi d'épaisseur et qu'il faut en user avec beaucoup de finesse.

Enfin, petit plus qui a son importance : sur le boîtier de la main gauche figurent également des boutons qui permettent d'amplifier ou de réduire les harmoniques du son joué, comme un filtre sélectif, ce qui est un vecteur d'interprétation supplémentaire extrêmement prometteur. Les circuits électroniques sont situés quant à eux dans une grosse boîte derrière le pupitre, posée sur une table sous laquelle sont empilées les batteries alimentant le tout en électricité. Et sur le pupitre, les partitions.

L'instrument est donc d'un point de vue technique pensé très différemment, mais il est surprenant de voir que la position de jeu est sensiblement la même : debout, la main droite levée se déplaçant d'avant en arrière et la main gauche à la hauteur de la hanche. Dans le cas du *Theremin* tout se passe dans le vide, tandis que dans celui de Martenot il y a un fil enroulé autour du doigt de la main droite et la main gauche repose sur un petit meuble qui soutient le boîtier au mercure. Le premier est libre, mais presque trop, le deuxième ne l'est déjà plus tout à fait, il ne s'appuie plus *que* sur de l'air. Deux interprétations de la même posture et cette vision idéale du contrôle des ondes. Deux technologies divergentes dont les différences vont s'affirmer au fil des ans.

La soirée du 3 mai se jouera à guichets fermés. Une bonne campagne de presse, ajoutée à une excitation presque patriotique à voir et entendre la réponse de Martenot à Theremin, a échauffé les esprits et tous les sièges sont réservés jusqu'au dernier strapontin. L'avant-première quelques jours auparavant s'est très bien passée, même l'inventeur du cinéma Louis Lumière était là. Maurice est venu la semaine d'avant tester son instrument lors d'une générale dans la grande salle, histoire de vérifier que son système de haut-parleurs se mariait bien avec l'acoustique du piano, bref de se préparer au mieux pour son premier concert amplifié, et tous les voyants sont au vert : le 3 mai sera un jour historique. Sauf que ce jour-là, historique rime avec panique. Car quand Martenot monte son matériel l'après-midi, il n'y a plus rien qui marche. Enfin si, ça marche, mais pas comme ça devrait. Ça miaule, ça grince, c'est l'horreur. Il est en train de vivre la première Panique Totale de l'histoire de la musique électro – des générations de musiciens connaîtront par la suite ce moment où, pour une raison inconnue, il n'y a plus rien qui marche.

Dans ces cas-là, une seule procédure : 1) se calmer, respirer à fond avec le ventre. Maurice le fait depuis des années. 2) tout vérifier de la façon la plus systématique possible, afin de ne rater aucune panne. Car il peut y avoir plusieurs causes conjointes pour une seule panne, ou plusieurs pannes cachées les unes derrière les autres... L'inventeur contrôle chaque circuit, chaque pièce, démonte et remonte tous les composants de ses *Ondes*, teste toutes les soudures et ça ne marche toujours pas. La Panique s'intensifie. Rien n'a changé ici depuis la semaine dernière ? demande-t-il au régisseur de la salle. Ah non, répond l'autre, nous, vous savez, à l'Opéra, on reste toujours au même endroit. Oui, je sais, mais vous êtes vraiment sûr ? insiste-t-il. Ah ben peut-être que si après tout, finit par avouer l'imprévoyant, on a changé de courant. Quoi ? Oui, il y a trois jours on est passés du continu à l'alternatif... Les « grandes orgues » qui éclairent la scène marchent soit à l'un, soit à l'autre. Ah, fait Martenot qui se dit, je ne vois pas ce que ça change, moi je suis alimenté par ma propre batterie, le sens de leur courant ne devrait pas affecter ma machine... Puis soudain il demande : où sont les circuits des grandes orgues ? Eh bien en dessous de vous, se voit-il répondre.

En fait, se trouvaient sous la scène d'immenses bobines électriques qui lorsqu'elles passaient en alternatif devenaient des générateurs de champs électromagnétiques redoutables affectant les très sensibles *Ondes*. Voilà pourquoi rien ne marchait. Dans ces débuts désordonnés de la régie électrique et de la musique électronique, il y avait des incompatibilités à découvrir et celle-ci fut sans doute la première. Tout en se promettant intérieurement de blinder son instrument dès le lendemain matin, Martenot insiste auprès du régisseur qui finit par consentir à repasser en continu (il fallait à l'époque emprunter un souterrain qui courait jusqu'à la Madeleine)... Miracle ! Ça marche ! Dix minutes avant l'entrée du public ! Maurice est soulagé mais il doit passer du stress de l'ingénieur au trac du musicien sans transition, et redirige son énergie vers un champ créatif complètement différent... Là encore les leçons de Bilstin lui sont précieuses et il recouvre sa concentration juste à temps. Ginette est au piano, elle est prête... Le rideau se lève...

Les *Ondes* emportent le public dès les premières volutes du choral *Oh doux Jésus* de Jean-Sébastien Bach. Martenot se souviendra jusqu'à la fin de sa vie de ce moment de grâce où, après avoir eu la certitude de tout perdre, il avait senti qu'il était en train de tout gagner. Comment le public s'était enroulé autour de leur musique, totalement réceptif. Comment il l'avait ressenti lui-même dans l'épaisseur de l'air, dans la pureté du son, dans cette conviction intime, claire comme du cristal, que le moment était *parfaitement là*. Au programme, des œuvres de Debussy, Schumann, Beethoven, des transcriptions de pièces écrites pour le violon, le violoncelle ou le chant. Ginette accompagne magnifiquement le répertoire au piano. Maurice, grâce à son ingénieux repère visuel posé par terre, peut coordonner les oreilles, les yeux et la main de façon très sûre et musicale, sa maîtrise des attaques à la main gauche (le plus difficile) est parfaitement décontractée, gros succès. À sa sortie en coulisse, l'un des frères Gaveau, célèbre facteur de pianos, demande à l'inventeur s'il est prêt à lui céder la licence pour une fabrication en série. Peuh ! Vous n'y pensez pas, répond Martenot qui sait qu'il a un instrument fait de bric et de broc et qu'il peut faire beaucoup mieux. En fait, à ce concert, il est déjà dans sa tête passé à l'étape d'après.

PERFECTIONNEMENT DE L'INSTRUMENT

La deuxième version des *Ondes* verra le jour quelques mois plus tard. Il s'agit tout d'abord d'une consolidation : il n'y a plus de pupitre, tout est concentré en une sorte de commode haute sur pattes d'environ un mètre de hauteur dans laquelle rentre le fil tendu. Un boîtier est posé dessus avec le reste du circuit à l'intérieur. On en joue toujours debout, mais le clavier-repère n'est plus par terre, il est placé sur le bord en haut de la commode, ce qui permet de voir plus facilement le doigt en caoutchouc se déplacer et d'atteindre une note juste avec le fil du premier coup. Mais il y a aussi une extension tout à fait splendide : la bague en celluloïd autour du doigt tenant le fil est maintenant agrémentée d'une sorte de prolongement charnu à l'intérieur duquel sont insérées six minuscules épingles comme sur une pelote et très faiblement électrifiées. Seule leur tête affleure au toucher et quand on y applique les doigts restants de la main droite on modifie instantanément la hauteur du son. Plus on appuie fort, plus l'intervalle est grand.

C'est un véritable coup de génie, car il répond directement à l'une des failles les plus criantes du *Theremin*, avec lequel il est excessivement difficile d'atteindre rapidement et avec justesse de grands intervalles. C'est exactement comme avec la voix : il n'est pas très difficile de chanter juste tant que les notes sont proches les unes des autres, mais quand elles sont plus éloignées c'est là que les ennuis commencent. Le tout premier intervalle de *La Marseillaise* est une quarte, ce qui n'est pas un très grand écart, mais essayez de le chanter vraiment juste, vous verrez ! Et le coup de génie au carré de Martenot est de proposer des intervalles tout faits : seconde, tierce, quinte, octave... D'une seule pression du doigt on peut exécuter avec précision des motifs d'embellissement extrêmement musicaux qui rendent l'instrument immédiatement plus expressif. Un ingénieur aurait sans doute pensé pour ces extensions : je choisis des multiples harmoniques, ou encore je ne définis pas de notes, c'est la pression qui décidera de la hauteur du son. Mais Martenot pense avant tout en musicien, à l'intérêt crucial et immédiat de se fondre dans la culture musicale existante, il pense au violoncelle qui peut faire toutes ces choses, il veut que son instrument puisse faire ce que les autres font, *plus* ce qu'ils ne font pas !

C'est vraiment passionnant d'assister à l'évolution d'un instrument de musique, on dirait qu'elle suit une sorte de loi de Darwin accélérée où l'adaptation au milieu se combine à sa logique propre pour atteindre un équilibre parfait de survie. Dans le cas de Martenot, c'est une mutation aussi rapide que spectaculaire, car dès 1931 un troisième modèle est disponible – celui qu'il acceptera de commercialiser avec Gaveau. Et à la différence de l'*homo sapiens* qui évolue en se tenant progressivement debout, l'*homo martenens* grandit en s'asseyant. En effet, pourquoi regarder avec les yeux ce qu'on peut toucher avec le doigt ? Sur cette nouvelle version, le clavier est incrusté dans le meuble, on peut désormais s'asseoir devant et poser son propre doigt dessus. Le clavier est toujours factice, c'est juste un repère visuel, mais remplacer le petit doigt en caoutchouc qui court contre le sol par un vrai semble frappé au coin du bon sens. Le son est toujours commandé par un fil sauf que maintenant, plus besoin d'élastique, il est parallèle au faux clavier dont il fait le tour par en dessous pour revenir de l'autre côté. Pour en jouer, il y a toujours, tendue par le fil de part et d'autre, cette bague que l'on porte à l'index, on déplace simplement le doigt sur les touches dont on veut exprimer la hauteur. Il est également possible de pratiquer le *jeu à distance*, comme l'appelle Maurice, c'est-à-dire debout comme avec les précédents modèles, mais il recommande de commencer par y jouer assis pour se familiariser avec l'instrument. L'évolution vers la maniabilité de l'instrument semble faite quasiment à reculons, car ce sont deux logiques qui s'affrontent : celle de la pratique et celle du rêve persistant des premiers frissons.

Pour la main gauche, ça change aussi. Le mercure,

c'est pas génial. Si par mégarde on laisse tomber le boîtier, il s'en échappe des petites billes argentées que l'on met des heures à rassembler. Ça nous rappelle le moment où Gray invente le micro à eau pour se rendre compte que ça ne va pas marcher à grande échelle. Martenot se tourne donc vers l'élément qui cinquante ans plus tôt avait déjà sauvé l'affaire : la poudre de carbone. Sous la touche d'intensité, une plaque électrique. Mais au lieu de baigner dans du mercure, elle s'enfonce cette fois-ci dans un petit sac rempli de cette poudre qui, quand on la presse, conduit ces variations d'intensité à l'autre plaque qui est au fond du sac. C'est souple, précis, et ça ne changera plus dans les modèles d'après (j'ai entendu la semaine dernière une ondiste qui se réjouissait de son prochain concert avec un groupe de rock, grâce auquel elle allait pouvoir vraiment jouer « au fond du sac »). Quant aux aiguilles, elles ont migré vers la main gauche, de la droite ne dépend plus que la hauteur du son à la bague. Pour être disponible dans les deux positions, assis au clavier ou debout à distance, le boîtier, qui contient désormais les contrôles de timbre, le sac et les aiguilles, se présente comme un tiroir qu'on peut retirer du meuble si on le désire. Ce petit tiroir aussi va rester, c'est très pratique pour le transport, et il va progressivement se doter de commandes multiples pour une main gauche de plus en plus sollicitée.

Et un an plus tard, la prolongation naturelle de l'évolution touche bientôt à son but. Tant qu'à poser le doigt sur des touches, autant qu'elles s'enfoncent... Martenot bricole donc un circuit électronique alternatif à la bague qui permet maintenant de jouer d'un clavier de six octaves comme si c'était un genre de clavecin. Les touches sont moins larges et moins profondes que celles d'un piano, mais elles permettent une virtuosité infiniment plus étendue que si on jouait à la bague. C'est comme si après avoir tapé à la machine à un doigt on passait d'un seul coup à dix ! Maurice sent bien qu'il est attiré par le clavier comme par un aimant, que c'est la pente naturelle de son instrument, mais il ne veut pas tomber dans ce piège, c'est pour ça qu'il y va à reculons : toutes ces nouveautés, toute cette créativité pour s'enfermer dans le vieux schéma des marches et des feintes, du maudit intervalle de demi-ton dont on aimerait tant s'affranchir ? Pas question ! Alors qu'au violoncelle, le vibrato est tellement beau... se déplacer très légèrement sur la touche et faire délicatement vibrer la note comme le fait aussi la voix humaine, à la recherche non de la justesse mais de son ressenti le plus vrai... Tout ce que ne fait pas le clavier ! Avec Theremin et Martenot, voilà l'enjeu des années 20 : délivrer l'homme de la tyrannie des touches, lui faire découvrir la liberté nouvelle des ondes électromagnétiques, ouvrir les portes et les fenêtres, sauter dans l'inconnu sans s'agripper aux vieilles rampes, penser neuf, sans clavier !

Pour Martenot, l'usage de celui-ci ne peut donc être toléré que s'il arrive à l'assouplir, à le défaire de l'intransigeance de son tempérament, lui faire jouer non pas une note ou une autre, mais un peu des deux. Et c'est là le dernier grand coup de maître, sans doute le plus moderne avec le recul, car personne d'autre ne s'y est risqué depuis, malgré l'invraisemblable perfection de cette invention : il met l'ensemble du clavier en suspension, tendu entre des fils légèrement élastiques, ce qui permet à l'interprète de *jouer un vibrato sur la note choisie*. Oui, du vibrato naturel sur un clavier ! Théoriquement c'est impossible, on atteint là sa limite émotionnelle. Tout comme on ne peut pas voyager plus vite que la lumière, on ne peut pas faire de vibrato sur un clavier, c'est comme ça. Mais un clavier, c'est comme une montre dont la plus petite division serait l'heure. Or, sans les minutes ni les secondes, il manque tous les moments importants. Sur tous les instruments à cordes, on a depuis la nuit des temps pris l'habitude de faire rouler légèrement le doigt d'avant en arrière sur la corde pour insuffler à la note jouée une vie, une authenticité qui est la véritable signature de l'interprète, *son* vibrato. Sur un clavier, c'est impossible. Une touche – une note – une fréquence, c'est le principe. Sauf que grâce à ce système de suspension, on peut maintenant rouler de droite et de gauche sur une touche pour que tout le clavier, qui oscille sous l'impulsion du doigt, exprime l'impossible, l'impensable, l'invraisemblable *vibrato du pianiste*.

Martenot fait tout simplement sauter les cloisons qui existent entre les demi-tons du clavier, il redonne de la chair à cette idée terriblement *partitionnée* d'organiser la musique. C'est une avancée spectaculaire dans la façon de concevoir un instrument à touches. Surtout qu'en dépit de cette amélioration remarquable, il conserve le système de bague qui permet toujours de glisser tant qu'on veut entre les notes en se servant du clavier comme repère visuel : on déplace alors son doigt le long d'une réglette juste en dessous du clavier dans laquelle sont creusés des repères pour y accueillir le gras du doigt bagué. Le meilleur des deux mondes en quelque sorte. L'inventeur s'est posé la question de savoir s'il allait pousser l'imitation jusqu'à rendre son clavier polyphonique, c'est-à-dire lui donner la capacité de jouer plusieurs sons en même temps. Mais c'eût été le pas de trop, celui qui aurait tiré son invention vers l'orgue, vers l'harmonie conventionnelle et l'aurait empêchée de s'envoler vers son destin à elle... Les *Ondes* resteront donc monodiques, elles seront le chant d'une seule voix et c'est bien mieux comme ça.

Nous avions laissé Martenot avec Gaveau dans les coulisses de l'Opéra après sa prestation triomphale du 3 mai 1928. Le concert va vivement frapper les esprits, et *Le Figaro* du lendemain place son aboutissement « bien loin des essais du professeur russe ». Sa réputation se répand comme une traînée de poudre (de carbone) et rapidement, il se produit dans toute l'Europe : Angleterre, Allemagne, Italie, Belgique, Suède, Pays-Bas, Norvège, Suisse, Autriche... À chaque concert, le même succès, le même enthousiasme. Les versions de l'instrument s'améliorent en temps réel, ce sont tous les six mois des pas de géant accomplis vers le modèle parfait... Dès le mois de décembre, une œuvre est écrite pour les *Ondes*, un *Poème symphonique* de Dimitri Levidis (tombé dans l'oubli), la première d'une immense série qui s'allonge encore à l'heure où j'écris ces lignes. Heureusement que dans ses tournées il passe après Theremin... Partout où il se produit on souligne sa supériorité instrumentale, le Russe ayant eu néanmoins l'avantage de la surprise. Pendant ce temps, de l'autre côté de l'Atlantique, le grand chef d'orchestre britannique Leopold Stokowski qui s'intéressait aux *Ondes* quasiment depuis leur naissance tombe lors d'un passage à Paris sur la quatrième version avec clavier vibrant : il comprend instantanément que Martenot a trouvé le truc. Il l'invite à jouer avec l'Orchestre de Philadelphie dont il assure la direction. Stokowski (qui commandera également à Theremin une version clavier de son instrument) est un homme d'une curiosité insatiable doublée d'un sens du spectacle inné, il commence à être une vraie star aux États-Unis – son invitation représente un adoubement officiel des *Ondes* outre-Atlantique.

VOYAGES ET BONNES IDÉES

Une petite tournée américaine est montée. Et avec la même ardeur qu'il déploie dans l'amélioration de son instrument, Maurice se dit : tant qu'à partir, et si on partait *vraiment* ? Un Martenot World Tour est donc envisagé, puis décidé : on voyagera vers l'ouest jusqu'au retour à la maison par l'autre côté ! Le départ est prévu fin novembre 1930. Première étape, Philadelphie, pour deux concerts, puis New York au Carnegie Hall, le tout avec orchestre, puis la suite avec Ginette au piano et Maurice aux *Ondes* : Chicago, Denver, Seattle. À New York, il en profite pour aller voir Theremin à son Studio sur la 54e Rue où les deux inventeurs discutent avec passion des nouvelles pistes à développer : projections colorisées, musique en quarts de tons, claviers commandant de multiples instruments en même temps... Rien de concret ne sortira de cet entretien, mais il dut avoir sur Martenot l'effet salutaire d'un encouragement bouillonnant à aller toujours plus loin.

Ce qu'il fait géographiquement, puisque la tournée se poursuit à Honolulu et se dirige vers le Japon où ils jouent pendant un mois. Après c'est Shanghai, Macao, Hong Kong, Manille, Saigon, Singapour, Java, où ils s'attardent longtemps aussi, et enfin retour à Paris ! Quel périple ! L'inventeur en revient avec des étoiles dans la tête. Une chose est sûre : il aura rencontré toutes les pannes possibles et imaginables et, une fois rentré, l'instrument est certifié conforme à l'exploitation dans tous les pays et par tous les moyens de transport ! Rien ne vaut une petite tournée mondiale pour vérifier, c'est le cas de le dire, si l'instrument tient la route (cela dit, même aujourd'hui, les ondistes se déplacent toujours avec deux *Ondes* pour pouvoir en réparer une avec l'autre en cas de pépin). Mais Maurice a aussi entendu des musiques et des sons dont il ignorait l'existence et qui l'ont bouleversé, particulièrement à Java. Les gongs, surtout, l'ont beaucoup fait réfléchir.

Car maintenant qu'il tient la version à peu près idéale de son instrument et de ses commandes (la possibilité de jouer à distance disparaîtra rapidement au profit du jeu assis), il reste un problème à résoudre : la diffusion du son. Jusqu'à présent, il a utilisé un haut-parleur mais le son est un peu sec, il lui manque une résonance naturelle qui le rendrait plus agréable, plus vivant, plus souple. Au début de ses expérimentations, Martenot avait l'habitude de fixer le haut-parleur sous un piano à queue dont la pédale forte restait enfoncée : les cordes, ainsi libérées des étouffoirs, résonnaient librement en sympathie avec les vibrations que le haut-parleur transmettait au bois, agrémentant le son initial d'une *réverbération* fort plaisante à l'oreille. Mais d'une part les propriétaires de piano n'aiment pas trop qu'on visse des haut-parleurs sur leur belle table d'harmonie, et d'autre part il doit bien y avoir quelque chose de plus pratique qu'un meuble de cinq cents kilos et deux cents cordes pour faire l'affaire.

Aussi, quand il rentre d'Asie, met-il au point un système par lequel il fixe dans un gong d'une quarantaine de centimètres de large une petite vis qui transmet les vibrations du signal des *Ondes*. Ainsi stimulé, l'ensemble se met à résonner, donnant au son une coloration très métallique ainsi qu'une petite suspension à la fin, et lorsque le signal ne passe plus, le gong sonne encore naturellement. Ce procédé préfigure brillamment l'utilisation de la réverbération à grande échelle dans le traitement du son – les premiers modèles de studio seront d'ailleurs constitués de grandes plaques métalliques résonant selon un principe similaire. Ce n'est que beaucoup plus tard, en 1948, que Martenot trouvera finalement le substitut au volumineux piano avec la magnifique *Palme* dont le son et le design sont devenus des prolongements naturels des *Ondes* telles qu'on les connaît désormais. Il s'agit d'une sorte de caisse de guitare sans manche en forme de palme dont les douze doubles cordes sont tendues en éventail au lieu d'être parallèles les unes aux autres. Un haut-parleur transmet au fond de la caisse de résonance les vibrations du signal et les cordes résonnent en sympathie avec les fréquences jouées. Il y en a douze, une pour chaque demi-ton de la gamme chromatique de façon à ce que, quelle que soit la note jouée, une corde vibre à l'unisson.

C'est faire preuve d'une grande lucidité que de concevoir un instrument *et* sa diffusion en même temps. N'oublions pas qu'à l'époque le musicien était cruellement esclave des systèmes de propagation de sa musique. Voilà sans doute une autre des leçons que Martenot a retirées de sa tournée mondiale : si elles n'ont pas de diffuseur approprié, les *Ondes* ne sont guère plus qu'un embrouillamini silencieux de fils, de lampes et de soudures. L'instrument en soi ne produit pas de son, ce n'est qu'à travers l'amplification qu'il se met à vivre. Dépendre ainsi entièrement des haut-parleurs d'une salle de spectacle revient pour un violoniste à venir au concert avec juste ses cordes, pour les monter sur un violon fourni sur place... La conception de ces diffuseurs est donc cruciale pour Martenot. Progressivement d'ailleurs, ils feront partie intégrante de l'instrument et le tiroir dans lequel se trouvent les commandes de main gauche finira par s'agrémenter des touches Dl, D2, D3 ou D4 que l'on presse selon que l'on veut envoyer le signal vers un haut-parleur simple à membrane en carton, une réverbération à ressort, le gong ou la *Palme*.

CRÉATION D'UN RÉPERTOIRE

Les priorités que se fixe Martenot dans les années 30 vont donc le différencier fondamentalement de Theremin. Car pendant que ce dernier tente de fabriquer son instrument en série (dans les plans qu'il avait faits avant de signer chez RCA-Victor, il projetait d'en vendre dix mille par an les cinq premières années !) sans en régler de façon notable les inconvénients, le Français s'oriente quant à lui dans une direction inverse. Il s'aperçoit très rapidement que la qualité des instruments qui sortent de chez Gaveau, avec qui il est en contrat, n'est pas du tout à la hauteur de ses exigences. Erreurs grossières, négligences et ignorance s'accumulent. L'instrument ne fonctionne pas, ou mal, il est trop souvent renvoyé en service après-vente où il est mal réparé, et le fait d'avoir son nom gravé sur un clavier d'aussi piètre qualité accable Martenot pour qui est dévaluée toute une vie d'effort et d'excellence. Notons bien ce moment, car il constitue la première version de l'histoire qui s'écrit entre inventeurs et fabricants que nous retrouverons souvent au cours de ces pages, et dont certains épisodes se déroulent encore aujourd'hui. De toute façon, pense Martenot, le modèle commercialisé par Gaveau est déjà dépassé, il faudrait en fabriquer un nouveau et c'est hors de question vu la façon dont ils s'occupent de celui-ci. Donc, fin du deal, il reprend l'exclusivité de son brevet et ça restera comme ça jusqu'au jour de sa mort.

Il est amusant de constater que Theremin vendit en un an chez RCA-Victor plus d'instruments que Martenot en toute une vie (cinq cents contre deux cent soixante-dix, ce qui n'est pas fameux dans les deux cas) mais la comparaison s'arrête là. Car le Français n'eut jamais l'intention de gagner de l'argent avec son instrument et, d'un point de vue strictement financier, celui-ci lui aura certainement plus coûté que rapporté. En revanche, sur le plan musical, son implication est totale pour offrir aux compositeurs de son époque un outil nouveau, souple et fiable, et ceux-ci vont bientôt se bousculer pour faire figurer cette nouveauté dans leur répertoire. En 1932, Darius Milhaud écrit trois pièces pour les *Ondes*, dont une *Suite* en duo avec un piano. En 1933, le grand Maurice Ravel, déjà malade, se rend rue Saint-Pierre et donne sa très influente bénédiction à une transcription pour *Ondes* et piano de ses *Contes de ma mère l'Oye*. C'est le début de la consécration. La même année, Arthur Honegger écrit pour elles des parties de *Semiramis*, une pièce mineure, avant de leur offrir des cadences magnifiques et cruciales dans son splendide *Jeanne d'Arc au bûcher* de 1935, l'année où André Jolivet lui aussi commence à composer pour l'instrument avec ses *Trois poèmes*.

En 1937 a lieu à Paris l'Exposition internationale des arts et techniques, pour laquelle Martenot a obtenu une commande d'État de quinze instruments : tous les soirs pendant trois semaines doit se produire un orchestre de seize ondistes, dirigés par Ginette, qui joue du Bach, du Franck, du Debussy. Un certain Olivier Messiaen est également commissionné pour fournir l'orchestre en musique, et il écrit à cette occasion la magnifique *Fête des belles eaux* pour six *Ondes* qui se mêlent entre elles avec grâce : tantôt flûtes, tantôt clarinettes, tantôt bassons, tantôt autre chose d'inconnu et de séduisant, elles gagnent ici leurs lettres de noblesse ainsi qu'un passe d'entrée « tous terrains » dans le répertoire des compositeurs contemporains. C'est une belle chose à voir que ces huit ondistes (leur nombre a en fait diminué de moitié car il n'y avait pas à cette époque assez d'instrumentistes expérimentées) jouant la musique des éthers en toge blanche, un pied dans l'époque romaine et l'autre dans la science-fiction...

Car ce sont des femmes qui jouent des *Ondes*. Comme pour le *Theremin*, d'ailleurs. Maurice a rapidement passé la main à Ginette qui sera la vraie virtuose de la famille, ouvrant la voie à d'autres ondistes, quasiment toutes du beau sexe. Comment l'expliquer ? Tout d'abord, très concrètement, le monde des musiciens professionnels étant très conservateur à l'époque, il n'y avait aucun débouché possible pour une femme dans le milieu autrement que comme harpiste, chanteuse ou accompagnatrice de chanteuse. Avec le *Theremin* comme avec les *Ondes*, les cartes sont rebattues et on repart de zéro, à sexe égal en quelque sorte. Ce sont des instruments du futur et c'est l'occasion pour ces femmes de revendiquer une liberté et une égalité qui est quasiment inscrite dans le génome de l'instrument lui-même, sans aucun a priori. Enfin, il est possible que la qualité quasi céleste des sons exprimés (Messiaen confiera plus tard que les *Ondes* étaient pour lui le son exact de l'au-delà) autorise des femmes à les incarner... aux yeux des hommes. Ce qui conduira certaines ondistes dans des orchestres classiques à devoir affronter un double préjudice : contre les femmes, et contre l'électronique – il y a malheureusement toujours un prix à payer quand on est en avance sur son temps. Parmi les ondistes historiques les plus connues, on peut citer Jeanne Loriod, dont la sœur épousa Messiaen, Nelly Caron, qui a commencé comme son assistante à la radio ou Sylvette Allart, qui fut pendant longtemps l'ondiste de Jacques Brel, lorsque celui-ci enregistra en 1959 *Ne me quitte pas*, dont l'introduction en solo acheva de populariser l'instrument. On a oublié qu'à la Libération, tout music-hall qui se respectait se devait d'avoir un ondiste – c'est d'ailleurs sous cette étiquette que Pierre Boulez débuta en 1946 sa carrière au théâtre de Jean-Louis Barrault et Madeleine Renaud, une expérience qui lui inspirera ses magnifiques compositions pour les *Ondes* par la suite.

LES TRENTE GLORIEUSES

À la fin des années 30, la famille Martenot est fort occupée à enseigner, à inventer et à jouer. Madeleine est une professeure adorée par ses élèves (dont une certaine Simone Signoret), Maurice qui l'assiste volontiers continue d'améliorer sa méthode pédagogique ainsi que ses modèles d'*Ondes*, il a vu sa famille avec Renée s'enrichir de quatre beaux enfants, quant à Ginette, elle court d'orchestre en orchestre pour interpréter les œuvres de plus en plus nombreuses qui sont écrites pour elle. Mais la drôle de guerre survient et fait éclater cette ruche d'activité, jetant la famille sur les routes – ce n'est que courant 41 qu'elle se regroupera à Paris. Brièvement appelé à Vichy par le tout jeune gouvernement pour y enseigner la musique aux enfants des dizaines de milliers de réfugiés chassés par l'occupation de la zone Nord, Maurice y fait la connaissance d'un jeune ingénieur du son, Pierre Schaeffer, qui anime une émission quotidienne intitulée « Radio Jeunesse ». Rapidement, les deux hommes se lient d'amitié et décident de fonder à Lyon une association, la Maîtrise Jeune France, qui fera tourner pendant toute l'année 1941 un orchestre symphonique de jeunes musiciens à travers le pays occupé. Leur répertoire ? Le *Jeanne d'Arc* de Honegger (livret de Paul Claudel) avec Ginette aux *Ondes*, dont ils donneront quatre-vingt-quatorze représentations. Quant aux locaux de répétition de l'orchestre au couvent de la montée des Carmélites, ils serviront également de cachette à une cinquantaine de familles juives poursuivies par les nazis...

Mais l'atmosphère à Vichy devient vite irrespirable. Ce gouvernement qui semblait incarner l'honneur sauvé de la France a basculé dans une collaboration qui répugne aux deux hommes – ils déménagent à Paris. Schaeffer est chargé par la RTF (future Maison de la radio) de fonder un atelier de recherche, le Studio d'Essai, et Martenot l'y rejoint fin 42 pour s'occuper de la formation des ingénieurs du son. C'est là qu'il passera la fin de la guerre et continuera de travailler jusqu'en 1953 – le chemin tracé par Schaeffer divergera alors progressivement de celui de Martenot dont les priorités demeurent l'enseignement de la musique et le perfectionnement de ses *Ondes*. En 1947, c'est la consécration finale : le Conservatoire national de musique de Paris ouvre une classe d'*Ondes* (il y en a trois en France aujourd'hui).

Les pièces écrites pour son instrument sont devenues suffisamment nombreuses pour justifier cette classe et l'immédiat après-guerre voit un nombre croissant de compositeurs qui écrivent pour lui.

Parmi les plus connus, on peut mentionner André Jolivet et son *Concerto pour Ondes Martenot et orchestre* créé à Vienne en 1948 (pour lequel Maurice réalisa son fameux diffuseur en forme de palme) et qui sera joué l'année d'après à Boston sous la baguette de Charles Munch, ou encore Messiaen et sa monumentale *Turangalîla-Symphonie* dont Leonard Bernstein dirigea la première en 1949, également à Boston. On commence à en trouver dans tous les grands théâtres non seulement à Paris mais à Londres et à Bruxelles. Les soutiens de la première heure, comme Barrault et Renaud, se sont étoffés de la prestigieuse signature du cinéaste Abel Gance, qui avait demandé dès 1930 la présence des *Ondes* pour la bande-son de son film *La Fin du monde*. Vingt-cinq ans plus tard, on dénombre plus de trois cents films qui y ont eu recours, sans parler des soixante symphonies, dix-sept ballets et quarante-huit œuvres lyriques...

Les *Ondes* ont trouvé leur place dans la musique des Trente Glorieuses. La personnalité de Maurice, un homme d'une grande modestie et d'une humaine simplicité, a certainement beaucoup fait pour ce succès, outre bien sûr la qualité visionnaire de son instrument. Car en plus d'être un pédagogue hors pair et un vrai mystique de la musique, il était un luthier attentif et dévoué pour tous les compositeurs et ondistes qui le sollicitaient. Tous se souviennent avec émotion de cet homme de taille moyenne avec son éternelle moustache, toujours affable et prévenant, l'œil luisant d'une intelligence heureuse, toujours dynamique, dans l'action, dans les projets, mais aussi dans le plaisir de l'instant. C'était un inventeur qui croyait à son instrument avec toute son âme de musicien et qui ne le concevait pas autrement que comme une extension du système nerveux de celui ou celle qui en jouait. Il voyait d'ailleurs la connexion directe de l'instrument au cerveau comme l'avenir de la musique... hélas nous n'y sommes pas encore. En revanche, c'est lui qui a vu et senti avec quarante ans d'avance ce que deviendrait la gestuelle du claviériste moderne, c'est-à-dire la main droite sur les touches et la gauche sur les différentes commandes de modulation disponibles, Chick Corea, Maurice Martenot, même combat !

Hélas, par un étrange retournement historique, l'arrivée dans les années 70 de la musique électronique grand public reléguera cet instrument dans un oubli presque total. À tel point que lorsque au début des années 80, après le décès de Maurice Martenot dans un accident de Solex à l'âge canonique de quatre-vingt-un ans, un redressement de l'URSSAF met gravement en péril l'école Martenot, ce n'est que grâce à la fidélité de Messiaen, qui écrivit son opéra *Saint François d'Assise* pour trois *Ondes*, qu'elle arrive à éviter son extinction pure et simple ! Un nouveau modèle transistorisé a été mis au goût du jour dès 1971 pour remplacer les vieilles lampes, fragiles et désuètes. Le tiroir de la main gauche comprend maintenant des aiguilles (qui n'en sont plus, mais des petits boutons) de quart de ton (inférieur et supérieur), de ton, de tierce et de quinte, toutes combinables entre elles, deux pédales d'intensité et de filtre, une genouillère en option pour les mêmes commandes (c'est-à-dire une pédale qui se joue avec le genou par-dessous le clavier), quatre diffuseurs différents mixables entre eux... Huit choix de timbres : Ondes, Creux, Petit Gambé, Nasillard, Octaviant, Souffle et Tutti... Comme une petite boîte à épices du son ! Un instrument totalement abouti, pour lequel existe un abondant répertoire, mais c'est comme si la greffe n'avait finalement jamais pris.

Comment cela se fait-il ? Plusieurs explications se présentent. D'une part, une sorte de conservatisme dans les milieux de la musique classique, pour qui les instruments sont nécessairement acoustiques et l'électricité une faute de goût. Ensuite, le fait que cet instrument ait paradoxalement beaucoup servi à des compositeurs classiques contemporains l'a marginalisé par rapport au grand public (même si Brel, Radiohead ou Yann Tiersen en ont fait un usage intensif). De même, l'absence de commercialisation en série a certainement joué en sa défaveur quand les premiers synthétiseurs américains et japonais ont débarqué sur le marché en grandes quantités à des prix beaucoup plus attractifs : je n'ai jamais vu dans un magasin de musique des *Ondes* exposées à la vente, ce n'est tout simplement pas le même circuit (pourtant Dieu sait que le clavier flottant pour le vibrato est une idée de génie). Enfin, la multitude de fonctions disponibles aujourd'hui sur n'importe quel clavier moderne rend celles des *Ondes* très étriquées : monophonique, variation autour d'une seule famille de sons, pas de connectique moderne avec d'autres instruments, lourd et fragile à transporter... Dix fois le prix (on en trouve à un peu moins de vingt mille euros), cinq fois le poids !

Martenot n'était pas intéressé par les affaires et le prix à payer fut peut-être de ne laisser le goût de son instrument qu'à un petit groupe d'héritiers spirituels qui entretiennent et prolongent son travail : Ambro Oliva avec son *Ondéa* et Jean-Loup Dierstein qui perpétue le modèle original, unité après unité. Qui sait ? Peut-être l'instrument reviendra-t-il à la mode... Il est difficile de ne pas rester pantois devant le modèle de 1937, exposé au musée de la Musique à *la Villette*, qui fut réalisé en pièce unique pour un ami des Martenot, le grand écrivain indien Rabindranath

Tagore : on dirait un harmonium portatif qui aurait muté en quelque chose d'un autre monde. À l'intérieur d'une belle caisse rectangulaire de chêne clair, on peut voir un clavier de cinq octaves dont les touches sont un peu déchaussées les unes par rapport aux autres – c'est le tribut payé au temps par tous les claviers qui ont beaucoup de mal à conserver une régularité géométrique, sauf quand ils sont en plastique. Sur le côté, dans le renfoncement, deux contacteurs, l'un ambré, l'autre métallique. Le long du clavier, la bague, attachée au fameux ruban qui a remplacé le fil, suspendue au-dessus de la réglette bosselée sur laquelle on pose le doigt bagué quand on ne joue pas du clavier. Et en dessous du clavier, sous le nez des touches, une plaque verticale dans un matériau qui semble être du zinc au milieu de laquelle on peut voir émerger douze petites roulettes dentelées noires. Lorsqu'on s'approche de l'instrument, on peut voir que chaque roue correspond à l'un des douze demi-tons contenus dans l'octave. La première est la molette du *do*, la suivante une molette sans rien marqué dessus et qui est un *do* dièse ou un *ré* bémol, comme on veut, la suivante est celle du *ré* et ainsi de suite jusqu'à la douzième pour le *si*. À gauche de chaque molette, un petit affichage rotatif indique la hauteur précise choisie pour accorder la note.

Ce système, pensé pour pouvoir jouer des ragas indiens dont les modes sont accordés beaucoup plus finement qu'au demi-ton, permet en fait de choisir un accord au *douzième de ton* près. Oui, le douzième, pas le demi ! Six fois plus fin ! En fonction du mode choisi, c'est-à-dire des suites de notes de différentes hauteurs qui seront jouées dans le morceau, il est possible d'accorder chacune d'entre elles au plus près de la justesse où elles doivent se trouver... On passe du prêt-à-porter au sur-mesure, ça vous change un clavier. Avec en outre le système de suspension qui permet le vibrato, c'est une réponse magnifique à l'énigme que Cahill essaya de résoudre trente ans auparavant, une proposition de tempérament *à la carte*, où chaque ton peut varier de hauteur en fonction de la nécessité du morceau. C'est redonner au clavier toute la souplesse qui lui manquait depuis qu'il s'était figé en demi-tons cinq cents ans plus tôt ! Une sorte de rêve impossible réalisé, une gageure, une lubie magnifique ! De le voir comme ça, en zinc rutilant comme un bar auquel on désire s'accouder, cet instrument dégage une créativité et un modernisme auquel un musicien ne peut pas être insensible, il semble lui dire : joue-moi...

LE *TRAUTONIUM*

Malgré tout, les *Ondes* se fabriquent et se jouent encore aujourd'hui, tout comme le *Theremin* ! Mais il y a un troisième inventeur, celui-ci allemand, qui mit au point à la même époque l'instrument que personnellement je trouve à la fois le plus fou et le plus familier. Sa solution pour échapper à la tyrannie du clavier semble sortir tout droit d'un rêve : imaginez un meuble genre secrétaire avec toutes sortes de gros boutons à la place des tiroirs. À l'endroit où l'on écrit, une réglette au-dessus de laquelle est tendu un fil. On s'assoit, on pose le doigt sur le fil qui, en rentrant en contact avec la réglette, produit un son. C'est très simple, très intuitif, un peu comme un manche de guitare à une corde. Plus on enfonce vigoureusement la corde sur la réglette (qui est montée sur ressorts), plus le son est fort. Cela ressemble aux *Ondes Martenot* par la présence du fil et de la réglette, sauf que le geste ne consiste pas à déplacer ce fil de droite à gauche, mais à poser tout simplement le doigt dessus. Et les sons qui en sortent sont stupéfiants. Le nom de cet instrument ? On le croirait tiré d'un traité de paléontologie (ou de la table périodique des éléments) : le *Trautonium*. Et pourtant il semble aussi futuriste maintenant qu'il y a quatre-vingts ans.

Son inventeur, Friedrich Trautwein, est né en 1888 à Wurtzbourg, en Allemagne. Il a donc une dizaine d'années de plus que Martenot et Theremin et une vingtaine de moins que Cahill, ce qui le situe dans une sorte de trou générationnel entre les bidouilleurs du téléphone et ceux de la radio. Après avoir étudié l'électrotechnique à l'Université de Karlsruhe, le droit à Berlin et la physique à Heidelberg, il subit néanmoins le même sort que Martenot et Theremin quand survient la Première Guerre mondiale, puisqu'il est affecté à une équipe de radiocommunication (à cheval) où il sera officier. Lorsqu'il est démobilisé en 1918, il commence à travailler sur le réseau allemand de télégraphie puis participe à la création de la première radio germanique à Berlin, la Voxhaus. La radio, toujours la radio. En 1922, il dépose son premier brevet pour un « dispositif générant des vibrations à l'aide de tubes électroniques », puis en 1924 pour « une méthode pour produire des sons musicaux de certains timbres ». En 1929, il rejoint la RVS, un organisme expérimental développant les liens entre la musique et l'électronique à l'Académie des arts de Berlin, et commence à y construire le prototype de son instrument. Un an plus tard, le *Trautonium* est né.

Comme d'habitude, il est difficile d'attribuer la paternité d'un procédé ou d'un instrument nouveau sans se voir opposer immédiatement l'existence d'un prédécesseur plus obscur et moins chanceux. C'est ici le cas, puisque le principe de la réglette avait été exposé l'année précédente par Hellberger et Lentes avec leur *Hellertion*. Mais nous nous contenterons de dire que l'idée était dans l'air et que visiblement plusieurs inventeurs cherchaient dans la même direction. Cependant, là où le *Trautonium* marque un moment décisif dans l'histoire des synthétiseurs, c'est qu'il est le premier à faire chanter un *oscillateur à relaxation* et à en traiter le signal de façon novatrice.

Il est temps de nous attarder quelques instants sur ce nouvel oscillateur et la forme d'onde qu'il produit. Car oui, les ondes ont des formes bien précises lorsqu'elles sont produites électroniquement et jusqu'à présent, nous n'en avons rencontré qu'une seule : l'onde sinusoïdale. Quand on la voit sur un oscilloscope, elle se présente sous la forme d'une vaguelette au creux et à la crête arrondis, l'onde la plus simple que l'on puisse imaginer – c'est sa fréquence paisible et prévisible qui avait inspiré Joseph Fourier plus de cent ans auparavant, lorsqu'il avait posé les bases de ses calculs des périodes et des harmoniques, dont les applications acoustiques commençaient à peine à poindre. Soit dit en passant, il est quand même hallucinant de constater que, tout comme avec les travaux de Maxwell sur les ondes électroacoustiques dont la preuve serait apportée par Hertz vingt-cinq ans plus tard, la recherche purement mathématique de Fourier n'allait déboucher qu'un bon siècle après sur des applications sonores totalement surprenantes. Il avait bien prédit que lorsque l'on soustrayait une onde périodique à une autre (comme avec nos fameuses hétérodynes), la résultante était forcément sinusoïdale. Mais aurait-il imaginé que des ingénieurs radio utiliseraient ce procédé pour faire de la musique électronique ?

Quoi qu'il en soit, on découvre petit à petit comment produire d'autres ondes que sinusoïdales. En les bricolant, en les saturant, en les triturant, on arrive maintenant à leur donner une autre forme que ce creux et cette bosse alternés qui produisent un son un peu terne, comme un désert fait d'une seule et même dune qui se répéterait à l'infini. On peut maintenant créer une forme carrée, comme un créneau de château fort, une forme triangulaire, comme des pyramides alignées l'une à la suite de l'autre, et une forme en dent de scie, comme un toit d'usine. Or, chacune d'entre elles produit un son qui a ses propres harmoniques, ces fameuses notes cachées derrière la note fondamentale qui donnent toute la couleur du timbre. La sinusoïdale en est quasiment exempte, d'où l'aspect un peu terne du son qu'elle produit, il n'y a quasiment que la fondamentale, donc une expression plutôt pauvre. L'onde carrée est plus riche, mais elle n'aura que des harmoniques impairs : si sa fréquence est de 100 Hz, ses harmoniques seront de 300, 500, 700 et ainsi de suite. L'onde triangulaire aura des harmoniques impairs elle aussi, mais en moins grand nombre, ce qui la rapproche de la sinusoïdale dans son manque de caractère.

Et puis il y a la dent de scie. Pour voir sa forme, imaginez une flèche qui grimpe, qui grimpe et qui tombe tout d'un coup à son niveau le plus bas, puis remonte, remonte, puis retombe, et ainsi de suite. C'est d'ailleurs ce qui se passe dans l'oscillateur qui la produit : le courant s'accumule progressivement dans un condensateur jusqu'au moment où, une fois atteint le point de tension maximale, il se décharge d'un coup pour repartir de zéro : ce faisant, il se relâche complètement, d'où le terme d'oscillateur « à relaxation ». Et cette forme d'onde est, elle, extrêmement riche en harmoniques, pairs, impairs, tout ce qu'on veut. Ce sera celle qu'on utilisera pour imiter la complexité du son d'un violon. L'avantage au départ d'utiliser une onde en dent de scie est qu'on n'a qu'à *retirer* les fréquences et les harmoniques dont on ne veut pas pour créer un son différent, c'est ce qu'on appelle de la synthèse *soustractive*, à la différence de la méthode de Cahill, Martenot et Theremin qui consistait à fabriquer une sinusoïdale pour modifier sa forme et lui ajouter des harmoniques et donc du timbre – ce qui explique le nom de synthèse *additive*. On comprend pourquoi la méthode de Trautwein est pour cette époque aussi nouvelle et d'une aussi belle économie de moyens, car, comme chacun sait, qui peut le plus peut le moins : en produisant un signal dont la richesse était acquise, il n'avait qu'à sélectionner ce qui l'intéressait en filtrant ce dont il ne voulait pas. Cette notion de filtre prendra d'ailleurs une importance considérable par la suite et c'est le *Trautonium* qui en portera le premier les couleurs.

Au RVS où Trautwein conduit maintenant ses recherches, les musiciens travaillent de pair avec les scientifiques, et un jeune et brillant compositeur du nom de Paul Hindemith s'intéresse énormément à ces nouvelles technologies. Il avait commencé de travailler avec Jörg Mager (qui avait brièvement rencontré Theremin lors du passage de ce dernier en Allemagne), mais celui-ci est d'un caractère un peu abrasif, aggravé par la crainte de se faire dépouiller de son invention (un tour d'esprit fréquent chez les inventeurs). Le compositeur s'est donc détourné de lui au profit of Trautwein à qui il commande trois *Trautoniums* pour une pièce qu'il est en train d'écrire. Il lui présente un de ses élèves, Oskar Sala, qui, aux côtés de Hindemith et Rudolf Schmidt, exécutera la pièce avec un si grand intérêt qu'il ne quittera plus l'instrument et deviendra par la suite son principal interprète et développeur. Le son de cette suite très dépouillée est clairement expérimental et ne rend pas encore grâce aux multiples facettes de l'instrument, ne laissant apparaître que sa gravité cuivrée la plus radicale. Néanmoins, très rapidement, et le compositeur et les trautonistes vont trouver le chemin vers une plus grande expressivité, comme l'atteste l'étonnant *Concertino pour Trautonium et orchestre à cordes* dans lequel Oskar Sala déploie une technique époustouflante. On croit y reconnaître tantôt une clarinette, tantôt un trombone, mais il est clair au bout de quelques instants qu'on a affaire à un nouveau venu dans la grande famille instrumentale, surtout quand dans les graves il fait entendre des zzziooounnnng et des vvvooooaaaaaooo dignes des grandes heures de Pink Floyd. Les mêmes sons planants, quarante ans avant.

OSKAR SALA, MIXTURTRAUTONISTE

Tout comme ses confrères russe et français, l'Allemand se met en cheville avec un fabricant national pour une production en série et ce sera la marque Telefunken qui confectionnera entre 1932 et 1935 un peu moins de deux cents *Volkstrautonium* dont le succès ne fut pas au rendez-vous, bien qu'il s'agisse de la première production en masse d'un instrument électronique en Europe. Il faut dire que le climat économique et politique dans l'Allemagne de l'époque n'encourageait pas particulièrement ce type d'exploration, pour laquelle aucune application militaire ne semblait s'imposer. Mais c'est compter sans la ferveur d'Oskar Sala qui reprend à son compte les travaux de son maître et se lance dans la fabrication d'un *KonzertTrautonium* dédié à la scène : les commandes sont perfectionnées pour un usage en temps réel et surtout une deuxième réglette est ajoutée en dessous de la première. Comme sur un orgue d'église, le concertiste peut ainsi jouer deux voix différentes en même temps, un véritable pas de géant car il introduit le principe de polyphonie, une perspective totalement inédite pour ce type de synthèse de son.

Sala part en tournée européenne en 1938 et laisse derrière lui à chaque concert un souvenir brûlant de modernité musicale – mais l'irruption de la guerre interrompt cette aventure et ce n'est qu'en 1949 qu'il se remet à l'œuvre avec une nouvelle idée en tête, aussi originale qu'audacieuse. Depuis Cahill, remarque-t-il, tout le travail de fabrication du son repose sur le même modèle : une fréquence fondamentale avec des harmoniques au-dessus. L'instrument de Trautwein allait déjà dans le sens contraire, puisque au lieu d'ajouter des harmoniques il en retirait, mais Sala va encore plus loin à l'envers, si l'on peut dire, puisqu'il conçoit la possibilité de créer des *subharmoniques* en dessous de la fondamentale. Ces notes très graves expriment des fractions naturelles de la fréquence fondamentale, à l'opposé des harmoniques qui en sont des multiples. Pour cela il fabrique un outil électronique remarquable dont la suite de notre récit révélera l'importance : un diviseur de fréquences. Il en assigne quatre à l'oscillateur principal et les conçoit de telle sorte qu'on peut choisir pour chacun une fraction différente, l'ensemble de ces subharmoniques formant ce qu'il appelle une mixture – d'où le nom de son instrument. Mieux encore, il propose au mixturtrautoniste le choix entre trois combinaisons différentes que l'on sélectionne par simple pression du doigt.

Le résultat est saisissant. Ce nouveau procédé donne une épaisseur au son synthétique que ne peuvent approcher les *Ondes Martenot*. Le fait de l'utiliser dans des salles de concert classiques, familières de ces fréquences graves avec les contrebasses ou les timbales, ne rend cette richesse harmonique que plus évidente et élève l'instrument à une autonomie concertante remarquable. Et ce n'est pas la seule amélioration qu'apporte Sala au modèle original. Pour fluidifier son jeu, il fixe des petites languettes de tissu au-dessus des réglettes qui lui permettent d'atteindre facilement la justesse sur certaines notes en appuyant dessus pour enfoncer la corde. Avec ce procédé, il est désormais possible de jouer à deux mains de grands intervalles en toute sécurité et de se concentrer sur la musique plus que sur son exécution. Sala ajoute également un générateur de bruit qui exprime toutes les fréquences en même temps, produisant un *shhhh* sans tonalité apparente. Là encore, nous sommes devant une innovation majeure qui trouvera de nombreux adeptes dans les décennies suivantes et constitue un élément précieux dans la lutherie électronique : correctement utilisé, par exemple de façon très brève, il peut simuler l'attaque d'un son produit par une flûte, et ce n'est là qu'un seul des usages qui en seront faits un peu plus tard. Un nouveau système de contrôle du volume apparaît, avec pour chaque réglette une pédale qui fonctionne selon le même principe que le sac de Martenot sauf que c'est de la glycérine dont il utilise la capacitance – elle s'avère d'une grande finesse.

Oskar se trouve donc au début des années 50 aux commandes d'un ahurissant poste de pilotage qui lui permet de jouer des choses très variées : le répertoire de Hindemith, toujours, mais aussi celui de Honegger ainsi que ses propres compositions. Les possibilités sonores de son instrument sont réellement extraordinaires et ne manquent pas d'attirer l'attention des publicitaires allemands pour qui il réalise de nombreuses illustrations musicales. En 1958, il ouvre son propre studio d'enregistrement et les années 60 voient son répertoire s'enrichir de nombreuses musiques de films (dont la partition des *Rayons de la mort du Docteur Mabuse*) et il connaît une gloire définitive en signant la bande-son des *Oiseaux* de Hitchcock en 1963, imitant à la perfection les cris de ceux-ci avec les glissandos si caractéristiques de son invention. La photo célèbre du réalisateur britannique penché sur le *MixturTrautonium* sur lequel s'affaire Sala lors de la séance d'enregistrement fait rapidement le tour de monde et installe le musicien sur un piédestal dont il ne descendra plus – sa célébrité sera telle qu'il sera même décrété « sénateur d'honneur » de la ville de Berlin.

Il représente un cas unique dans notre récit. Ce n'est pas lui qui a inventé le *Trautonium*, mais de musicien il est devenu ingénieur et a considérablement amélioré le modèle original pour en faire un instrument concertant (Trautwein continuera ses recherches électroacoustiques et lui aussi perfectionnera son *Trautonium*, mais de façon moins spectaculaire). Il s'est réellement approprié l'invention en lui donnant une vie qu'elle n'aurait jamais connue sans lui. Malgré quelques copies de l'instrument fabriquées à la fin des années 80, Sala aura été le seul être vivant à en jouer et à se produire sur scène avec. Il tracera son sillon, pionnier de l'électronique dans le monde de la musique classique, dont il bouleversera les usages et ouvrira l'esprit. Mais l'extrême complexité de manipulation de cet engin de rêve, qui n'aurait pas déparé dans un concert de Klaus Schulze ou de Tangerine Dream, la précocité de son fonctionnement, qui combine en temps réel la production du signal avec son traitement au moyen de divers effets, ainsi que la difficulté à en maîtriser habilement la justesse ont fait d'Oskar Sala un maître sans élève, un prophète sans église, brillant toute sa vie tel un astre splendide et solitaire.

Chapitre V

HAMMOND, LES BREVETS

Allemagne, France, Russie : depuis la déconfiture de Cahill, l'innovation en lutherie électronique semble plus fertile en Europe qu'en Amérique. Remettons-nous dans le contexte de ce début des années 30 : sur le Vieux Continent, une communauté musicale solidement installée entre Vienne, Paris, Saint-Pétersbourg, Rome ou Berlin bouillonne depuis plus de deux siècles et dévore l'avenir à pleines dents. L'épouvantable boucherie de la Première Guerre mondiale a électrisé cette génération de survivants visionnaires pour qui l'audace n'est pas un vain mot et tout ce qui est neuf est bon à prendre. Voici dix ans qu'Arnold Schönberg a éclaté le principe de tonalité à coups de musique sérielle, et que ce soit Hindemith en Allemagne ou Honegger en France, l'idée de recourir à de nouveaux instruments électroniques semble parfaitement logique dans l'esprit d'aventure et de découverte du temps.

Il faut dire que, côté inventeurs, on s'en donne à cœur joie. L'entre-deux-guerres est d'une magnifique folie créative. Il est malheureusement difficile de s'attarder sur tous les instruments électroniques inventés entre 1920 et 1935, mais en voici tout au moins une liste savoureuse quoique non exhaustive, juste pour le plaisir des oreilles : le *Partiturophone*, le *Sphärophone*, le *Dynaphone*, l'*Hellertion*, le *Cellulophone*, le *Givelet*, la *Croix sonore*, le *Radiopiano*, le *Pianotron*, le *Mutatone*, l'*Ondium Péchadre*, l'*Orgue radiosynthétique*, le *Sonar*, le *Saraga-Generator*, le *Variophone*, l'*Emiriton*, sans oublier le très délicieux *Piano optophonique* datant de 1916 ! Chacun avec sa sonorité, son astuce, son répertoire et son compositeur associé, plus ou moins brillant ou connu...

Aux États-Unis, la situation est différente. La toute jeune radio a engendré une industrie musicale que l'avènement des « talkies », les films parlants, n'a fait qu'exacerber. Il faut du son à tout prix, et en masse. Or les nouveaux compositeurs chouchous de la scène américaine sont ceux qui font de cette nouvelle musique époustouflante qu'on appelle le jazz : Duke Ellington, George Gershwin ou Cole Porter ont un rayonnement beaucoup plus important que Stravinsky ou Varèse, grand consommateur d'instruments électroniques qui passera d'ailleurs autant de temps en Europe qu'aux États-Unis pendant cette période. Même un chef d'orchestre aussi renommé que Stokowski (celui qui avait fait venir Martenot à Philadelphie) a bien du mal à faire admettre à son public américain que l'avenir de la musique passe par l'électronique, et devra se rabattre plus d'une fois sur des orchestrations plus consensuelles.

La dynamique de l'innovation créative est ailleurs, elle est dans le développement viral du jazz et de ses formes de plus en plus complexes et profitables. Cette nouvelle musique vient d'inventer la batterie, de sortir le saxophone de son placard et se dirige vers un développement exclusivement acoustique.

En outre, l'électricité est à cette époque un luxe et ses instruments fort fragiles. Du point de vue de l'inventeur, l'idée de mettre dans chaque foyer un autre meuble musical que le piano est donc tentante mais assez improbable. Ça n'a pas marché avec le *Theremin*, il y a bien eu des tentatives avec le *Staccatone* ou le *Pianorad* (des instruments polyphoniques produisant des ondes sinusoïdales sans grand attrait), ou encore le *Polytone* et l'*Orgue syntronique* (deux intéressantes prolongations du *Cellulophone* français) ou le *Rangertone* et l'*Emicon*, mais aucun de ces claviers ne dépassa de beaucoup le stade du prototype. Et puis c'est la crise, le krach de 29 a mis l'Amérique à genoux, on se demande qui va s'embêter à mettre un gros machin comme ça avec plein de lampes et de boutons dans son salon, il y a déjà la radio pour ça ! Non, vraiment, il faudrait un miracle pour qu'en 1934 on invente un nouvel instrument qui puisse se vendre – il n'y a pas de pire moment.

C'est pourtant ce que Laurens Hammond va faire, au-delà de ses espoirs les plus fous. Et pas avec un petit truc qui a deux fils et une antenne, non, avec un orgue, un bon gros orgue électromécanique qui pèse aussi lourd, coûte aussi cher et prend autant de place qu'un piano, le seul, l'unique : l'*orgue Hammond*. Le casse du siècle. Quelque six millions d'instruments vendus entre 1935 et 1974, une réussite unique dans la lutherie du XXe siècle. Inventé par un garçon peu mélomane, ne jouant pas de clavier lui-même, considéré par sa propre sœur comme l'homme le plus intelligent qu'elle ait connu, mais le plus stupide en ce qui concerne la poésie... bref un captivant profil d'inventeur. Comment y est-il arrivé ? Un petit peu par hasard et beaucoup par obstination, c'est une histoire atypique qui mérite d'autant plus d'être racontée que, pour une fois, elle finit plutôt bien.

UNE ENFANCE INSOLITE

Laurens est né en 1895, il est à quelques années près l'aîné de Theremin et Martenot, il fait donc partie de la même génération. En revanche, il a suivi une trajectoire complètement différente, voire opposée. Petit dernier après trois grandes sœurs, sa famille s'est installée au bord du lac Michigan dans la ville d'Evanston où son père, Andrew Hammond, a gravi un à un les échelons de la First National Bank of Illinois pour finir patron de l'agence de la ville. Sa mère, Idea Louise Strong, fille de fermier, est une femme tout à fait exceptionnelle dotée, outre d'un nom de jeune fille taillé pour l'aventure, d'une vive sensibilité artistique ainsi que d'un grand sens pratique. Son idole est Eleonora Duse, l'actrice italienne légendaire dont la passion pour le poète D'Annunzio en fit la rivale éternelle de Sarah Bernhardt. Idea est une élève brillante de l'Art Institute of Chicago mais quand elle rencontre Andrew, l'amour l'emporte, adieu la peinture, elle sera mère de famille. Aussi créative que volontaire, elle exige de ses enfants une conduite exemplaire et sa main est leste pour le leur rappeler. Mais sa passion pour eux demeure la plus forte, et c'est aux bras d'une mère aimante que Laurens vit ses premiers jours. La maison est heureuse et vit sur un train de banquier avec force chevaux et domestiques lorsque son père, dont le nom est cité dans un scandale de délit d'initié, se donne la mort en 1897. Il va se noyer dans le lac, à quelques centaines de mètres de la maison

Hammond. Laurens vient d'avoir deux ans et cette tragédie va changer le destin de la famille entière.

Privée brutalement de revenus et protégée par une assurance médiocre, Idea fait vite ses comptes : il faut quitter la maison. Et plutôt que de dégringoler l'échelle sociale qu'elle venait à peine de grimper, elle décide de suivre son étoile et d'aller voir ce qui se passe en Europe – la vie y est moins chère, et puis c'est quand même là-bas qu'il y a de l'action en peinture, c'est la chance d'une deuxième vie qu'elle saisit au bond. La voici donc qui prend le bateau pour l'Angleterre avec ses quatre enfants, en route pour la terre des ancêtres ! La famille débarque en 1899 et traverse la Manche dans la foulée pour arriver dans une France totalement déchirée par l'affaire Dreyfus. Le procès de Rennes, où le malheureux sera jugé coupable une deuxième fois en dépit de son évidente innocence, se déroule dans une atmosphère de guerre civile et, depuis cinq ans que dure cette affaire d'espionnage, la tension est à son comble. Pour tous les journaux anglo-saxons, cette histoire n'est d'ailleurs que celle d'un procès truqué par des généraux plus soucieux de couvrir l'honneur de leur armée que de savoir quel est le vrai coupable. Moyennant quoi la France est tout de même au bord de l'explosion. Idea est horrifiée. Faire tout ce voyage pour ça. La sottise humaine n'a décidément pas de limite. Du coup, elle continue jusqu'à Genève où elle s'installe deux ans durant, en attendant que l'antisémitisme français s'assagisse un petit peu. Le jeune Laurens a le temps d'y apprendre le français et la famille bouge à nouveau, mais à Dresde cette fois-ci, où il passe sa sixième et sa septième année. Il est donc parfaitement trilingue quand sa mère décide enfin de s'installer à Paris.

Ils sont logés en face du jardin du Luxembourg

et les enfants vont à l'École alsacienne. Laurens y apprend le grec, le latin, l'histoire de France et plein d'autres choses rébarbatives pour un enfant de huit ans, mais il y joue aussi aux échecs, fait les quatre cents coups dans le jardin et sèche régulièrement les cours avec ses sœurs pour participer aux petits voyages organisés pour quelques semaines par leur mère : ils vont en Italie, en Espagne, en Autriche. C'est une vie riche en couleurs, en expériences, en sensations. Laurens apprend beaucoup, mais il n'est pas très bon à l'école, même pas en maths. Cependant, c'est un bricoleur infatigable. La chimie, la mécanique, l'électricité sont des domaines qui le passionnent et auxquels il consacre toutes sortes d'expérimentations d'un enfant de son âge, plus ou moins heureuses. Sa mère le soutient, l'encourage. À douze ans, il imagine une boîte de vitesses automatique pour automobile, en dresse les plans, les lui montre, elle voit que c'est du sérieux, et lui dit : viens, on va déposer un brevet. Après quoi elle l'exhorte à montrer son invention à différents fabricants pour voir ce qu'ils en pensent. Il se fait jeter d'un peu partout, mais le chef mécano de chez Panhard prend le temps de regarder ses plans. Stupéfié par la qualité du travail dessiné, il le prend à part et lui dit : petit, ton plan, il est génial mais il peut pas marcher. Théoriquement c'est bon, mais en pratique, aucun acier n'est suffisamment solide pour supporter des tensions aussi fortes. Reviens nous voir dans quelques années, je suis sûr qu'on aura du boulot pour toi. Ballotté entre fierté et déception, Laurens ressort de l'atelier avec le sentiment que son avenir appartient aux choses qui s'emboîtent et que ce n'est que le premier pas d'une longue et joyeuse marche.

En 1909, il a quatorze ans, le poil commence à pousser et il sera bientôt en âge de partir au service militaire français pour deux longues années. L'Allemagne de Bismarck montre ses muscles, la défaite de 1870 pèse encore sur tous les estomacs à l'ouest du Rhin et l'Europe bout à petit feu. Idea est suffisamment fine pour sentir que les mêmes militaires qui s'étaient si sottement entêtés avec Dreyfus seront ceux qui enverront leurs propres troupes à l'abattoir sans ciller le moins du monde, et qu'il est temps de rentrer aux États-Unis où l'on ne se sent nullement concerné par ces vieilles haines recuites. Retour donc dans l'Illinois où Laurens, jeune adolescent, retrouve son Evanston natal inchangé, habité par des gens qui n'ont pas beaucoup changé non plus. Après une période d'adaptation un peu difficile, il met le couvercle sur son évidente maturité qui le distingue de ses camarades, devient un élève américain chahuteur et populaire, et, comme il n'est absolument pas doué pour les jeux de balle, c'est comme star du club de théâtre qu'il est élu délégué de classe en terminale.

Comme tous nos inventeurs, il invente tôt et dépose son premier vrai brevet à seize ans : un baromètre à deux branches, en forme de diapason, assez sensible pour afficher une différence de pression entre le plancher et l'estrade de son prof. Pas hyper utile mais une fois remboursés les cent dollars de dépôt à sa mère, il réussit à en vendre pour deux cents dollars de plus. Ce n'est pas la mine d'or, mais le signe indubitable qu'il est toujours sur la bonne voie. Son bac en poche, il s'inscrit à la très distinguée école d'ingénieur de la Cornell University, à laquelle ses notes exceptionnelles lui donnent un accès sans examen. Là, il étudie l'ingénierie mécanique, mais un jour où, après une nuit blanche à faire la fête, il se présente à son examen d'électricité, une matière sur laquelle il n'avait qu'un enseignement léger, un peu embrumé par les agapes de la veille, il ne se rend pas compte qu'il s'est assis dans une salle d'examen pour spécialistes de dernière année. De fait, le problème qui lui est posé porte sur des connaissances qu'il n'a jamais acquises. Pourtant, sans hésiter, il tente de le résoudre à sa façon. L'électricité, raisonne-t-il, est souvent comparée à un fluide. Or les fluides sont régis par les lois de Bernoulli. Tentons donc de résoudre ce problème de cette façon, se dit-il, et il y parvient, trouvant les bonnes réponses.

Convoqué par le correcteur de l'examen, il doit d'abord se défendre de l'accusation de tricherie avant d'expliquer les raisons de sa présence à la mauvaise épreuve. Le professeur, émerveillé par un talent aussi précoce quoique exaspéré par l'éthylisme de ce singulier étudiant, finit par lui donner juste la moyenne – mais le libère avec un an d'avance, l'estimant déjà parfaitement mûr. Sorti de l'université, il commence à travailler dans une usine de Détroit qui l'avait repéré à Cornell, la McCord Manufacturing Co, spécialisée dans la fabrication de radiateurs pour automobiles. Bien entendu, au bout de quelques mois il se met à inventer, on ne peut pas aller contre sa nature. Le marbre capte remarquablement la chaleur, observe-t-il. Moulu en poudre puis agrégé à une peinture dans laquelle il trempe le radiateur, voilà que la capacité isolante de ce dernier est doublée grâce au procédé ! Il ne tarde pas à se faire une petite réputation chez McCord et Dieu sait où il serait allé si le président Wilson n'avait décidé de jeter l'Amérique dans la Première Guerre mondiale en 1917. Hammond s'engage immédiatement et part pour l'Angleterre puis la France qu'il retrouve en plein Chemin des Dames. Heureusement, il ne sera pas envoyé au front sauf à la toute fin du conflit où il passera quelques semaines dans les tranchées

– on peut dire qu'il s'en sort bien et que cette année de guerre aura été plus instructive que terrifiante.

INVENTEUR À TOUT PRIX

L'armée l'a assigné à sa spécialité universitaire qui est l'ingénierie mécanique – et non à la radio comme les autres inventeurs que nous avons rencontrés, ce qui fera sans doute toute sa différence avec eux. Lui, il est dans les moteurs. Et quand il est démobilisé en 1918, c'est vers la ville des moteurs qu'il va, à Détroit, dans la société d'un major sous les ordres duquel il s'était retrouvé en France et avec qui il avait sympathisé. Hammond entre donc à la Gray Motor Company et grimpe rapidement les échelons de la société pour devenir ingénieur en chef quand la bougeotte de l'inventeur vient encore le chatouiller : ce n'est pas pour une compagnie qu'il veut travailler mais pour son propre compte et chaque mois passé au bureau l'éloigne un peu plus de ce vœu. Pendant un moment il va donc doubler ses journées pour la Gray de soirées et de nuits pour lui-même, poursuivant deux projets qu'il a en tête : une horloge qui ne fait pas de bruit, parce qu'il y a des gens que ça dérange, et un système pour visionner des films en trois dimensions, parce que le cinéma c'est l'avenir et que la 3D c'est bien le minimum.

Une petite parenthèse à ce sujet. Le cinéma a joué un grand rôle dans la vie de la plupart des personnages que nous croiserons dans ce livre. Edison passera la fin de sa vie d'inventeur à tenter d'imposer son système de gravure du son sur la pellicule pour les films parlants, Lee de Forest également, aucun avec succès (même si leurs solutions étaient meilleures que les procédés finalement adoptés). On a du mal à imaginer la fascination que ce nouveau média a exercée sur toute l'Amérique, inventeurs compris. Il brille comme un Eldorado splendide et magnétique, c'est du rêve qui brûle l'argent à une vitesse folle mais en rapporte aussi énormément, un monde imaginaire d'un illogisme parfait pour ce pays épris d'ascensions spectaculaires, de chutes tragiques et de passions incendiaires. Et pour ceux qui n'arriveront pas à arrimer un brevet à ce chariot magique, il reste encore la possibilité d'en fournir la musique – beaucoup d'entre eux s'y emploieront avec application. Hammond lui aussi subit cette fascination et, dès 1920, il s'évertue à trouver une astuce pour toucher le gros lot. L'horloge silencieuse, c'est pas très compliqué, il suffit de mettre la mécanique dans une boîte isolante. Mais la 3D au cinéma, voilà un défi à sa hauteur.

Il y a bien le vieux truc des lunettes en carton, les anaglyphes avec un œil rouge et un œil bleu qui permettent de voir en relief une image spécialement traitée, mais Hammond trouve que c'est un équipement trop bon marché qui ne va pas trouver de public tellement il est *cheap*. Étrange aveuglement de l'inventeur qui se trompe complètement sur ce que les gens veulent – rappelons qu'*Avatar* fut grâce à ce dispositif le film le plus vu de la planète depuis que le cinéma existe... Ce n'est pas facile de savoir à l'avance ce qui va prendre ou pas ! Laurens voit à la place un système beaucoup plus élaboré qui permet une stéréoscopie contrôlée par des sortes de lunettes mécaniques dont le clapet s'ouvre et se ferme à toute allure. En fait c'est très simple : il suffit de projeter alternativement grâce à ce système de volets qui s'ouvrent et se ferment en rythme, une image vue par l'œil droit puis une autre vue par l'œil gauche, s'assurant ainsi que chaque œil ne voit que l'image qui lui est destinée puis, grâce au phénomène de persistance rétinienne, de laisser le cerveau faire le reste. Les essais sont d'ailleurs spectaculaires, l'effet est très réussi. Ça s'appellera le *Teleview*.

Il faut donc synchroniser les volets avec le défilement de la pellicule dans les deux projecteurs et ça, c'est de la mécanique, la spécialité de Hammond. Époustouflé par sa propre invention, Laurens convainc sans peine un investisseur fortuné, et le voilà parti dans sa première entreprise réellement ambitieuse. Parce que pour voir ce que ça donne, il faut *tourner un film en 3D* ! On est loin du baromètre bricolé dans le garage : là, il faut dépenser beaucoup d'argent et mettre le produit sur le marché avant de savoir si on a quelque chose qui tient la route. Notre jeune inventeur se trouve donc transformé en producteur de cinéma à tout faire : il engage la chérie de son investisseur comme star du film, loue l'équipement et les services d'un réalisateur (Roy Neill, qui deviendra un pilier des séries B hollywoodiennes), d'un acteur (Grant Mitchell qui connaîtra également une longue carrière dans le parlant) et, fort de son expérience théâtrale au lycée, il écrit lui-même le scénario de ce qu'il espère être la nouvelle coqueluche de l'année.

Son œuvre a pour titre *The Man From M.A.R.S.* et c'est un film muet de science-fiction. Le héros, un scientifique étourdi et rêveur, est amoureux de la fille de sa logeuse et espère faire fortune avec l'idée d'une horloge silencieuse (première règle en création artistique : recycler ses expériences personnelles). Mais il s'est également lancé dans la construction d'une radio avec laquelle il espère contacter la planète Mars. Après quelques péripéties, ses efforts sont enfin récompensés, la communication est établie, commence alors une fructueuse relation avec les Martiens (en particulier avec PuxPux, GinGin et Tuz-Tuz), dont la technologie est bien entendu infiniment plus avancée que la nôtre. En résulte un triomphe du héros qui transmute avec succès des charbons en diamants, de l'argile en or, et fabrique de l'acier qui ne pèse rien. Sa fortune est faite. Hélas il se réveille devant sa radio, il s'était endormi en tournant les boutons. La fille de sa logeuse lui apprend alors que son horloge silencieuse fait un tabac et que finalement il a fait fortune pour de vrai. Tout ça en une heure et trente-cinq minutes, en noir et blanc et en silence. Enfin, avec un orchestre dans la salle mais sans paroles, on est en 1922. Et en *Teleview*.

Il loue à Manhattan la salle du Selwyn Theater sur la 42e Rue qu'il équipe spécialement pour l'occasion de son système de lunettes mécaniques, il se rend même en Californie à la dernière minute pour racheter à vil prix un brevet dont il avait vu qu'il menaçait le sien, et le 27 décembre c'est la sortie du film. Les gens adorent. La preuve, ils partent au bout de dix minutes en disant : c'est chouette, je connais un copain qui va adorer ça. Bon, en réalité, c'est un désastre. On n'arrive pas à suivre l'histoire, l'impression de volume est saisissante, mais comme dit la sœur de Laurens pour le consoler : personne n'a envie de rester assis une heure et demie à regarder des actrices passer des portes en trois dimensions. Ce qui compte c'est le scénario, et de tout voir trop bien est presque dérangeant. En outre, le dispositif dans la salle est un peu lourd. Il faut, pour profiter de l'illusion, placer son visage devant un genre de hublot de vingt centimètres de diamètre planté devant chaque siège, ce qui prend peu en compte la deuxième finalité du cinéma, qui est de pouvoir se tripoter et s'embrasser dans le noir. Bref, l'affaire est cuite, et au bout de deux semaines le film est retiré de l'affiche.

C'est un moment très douloureux pour Hammond car c'est son premier gros coup foireux, avec tout l'argent qui s'envole en fumée. Il en pleurera de rage pendant plusieurs jours. Jusqu'à présent, on peut dire que la vie lui souriait plutôt, mais pour la première fois qu'il s'engage dans quelque chose d'envergure, ça ne marche pas. Il veut être inventeur, comme Edison, attraper le futur avant tout le monde, et ce n'est visiblement pas comme ça qu'il va y arriver. Encore une victime du rêve hollywoodien, il n'est pas le premier et ne sera pas le dernier – il n'y a pas si longtemps, on se souvient en France de cet employé du Crédit lyonnais qui pensait lui aussi faire fortune dans le cinéma en rachetant la Metro Goldwyn Mayer et a plongé la banque d'État dans une faillite abyssale. Mais Laurens n'a pas dit son dernier mot et si le cinéma semble avoir englouti ses espoirs et ses économies, l'attrait de la scène continue de motiver le jeune inventeur qui décide de poursuivre ses recherches sur la vision en relief. Laissant derrière lui le coûteux et complexe système des clapets synchronisés, il se rabat sur les lunettes à verres rouge et bleu, les fameux anaglyphes, avec lesquels il y a finalement peut-être quelque chose à faire.

Dans un premier temps, il met au point un système un peu coquin qu'il croit pouvoir vendre à Florenz Ziegfeld, patron du très célèbre spectacle de cabaret les *Ziegfeld Follies*. Il s'agit d'habiller ses danseuses avec des habits en gélatine colorée : quand la lumière bleue inonde la scène, on les voit exécuter un numéro de danse dans des habits fort pudiques, mais quand tout d'un coup on bascule à la lumière rouge, les habits disparaissent et on peut alors admirer les charmantes créatures évoluer sur scène dans leur plus simple appareil. Hum, fait Ziegfeld, marrant mais non. Ce sera l'émeute, on va avoir des problèmes avec la police. Vous n'avez pas autre chose ? Si, bien sûr, répond Hammond, qui lui expose sa deuxième invention : sur une toile tendue au-devant de la scène sont projetées les ombres des danseuses éclairées à contre-jour par des projecteurs décalés bleus et rouges. Du coup, lorsqu'on chausse les lunettes *ad hoc*, les ombres des danseuses apparaissent en relief – en soi le système est simplement divertissant, mais c'est compter sans le sens du drame de Hammond qui, au moment opportun, fait passer tout près des projecteurs une fausse araignée qui prend sur l'écran de toile des proportions gigantesques et crée une soudaine panique dans la salle.

À l'essai le premier soir, le dispositif fonctionne au-delà des espoirs de Hammond et les cris d'effroi suscités par la monstrueuse araignée sont tellement vifs que les pompiers débarquent en masse dans le théâtre pour maîtriser ce qu'ils croient être un incendie. Ziegfeld est enchanté et engage Hammond sur-le-champ. Celui-ci brevète le système qu'il nomme le *Shadowgraph* et en offre l'exclusivité à Ziegfeld, malgré les offres répétées de leurs concurrents, les Schubert. Ça y est, il a trouvé quelque chose qui marche et son invention fera partie des attractions du théâtre pendant de longues années, lui rapportant à l'époque soixante-quinze mille dollars, l'équivalent de un million aujourd'hui. C'est officiel, il est désormais inventeur et il gagne sa vie avec des idées. Il goûte beaucoup le milieu du spectacle où il est fort à son aise – beau garçon, bon danseur, ingénieux et farceur, buveur solide, il devient vite un habitué des shows de Broadway pour lesquels il propose souvent des solutions d'éclairage ou d'alimentation électrique qui font de lui une personnalité appréciée et choyée.

C'est à cette époque que Hammond reprend contact par l'intermédiaire de sa sœur Peggy avec la famille Anton Smith, qu'il avait connue à Paris à l'époque de l'École alsacienne, et qui avait depuis déménagé à New York. Leur fille Mildred était trop petite pour intéresser le jeune Laurens, alors plus attiré par l'idée de faire sauter des pétards au Luxembourg que par celle de courtiser le beau sexe. Mais Mildred est devenue entre-temps une très ravissante jeune personne, au charme de laquelle l'inventeur ne résiste pas longtemps, et peu de temps après les voilà mariés. Les jeunes époux décident pour leur voyage de noces de retourner en Europe, ce qui donne à Laurens l'occasion de vérifier s'il peut y breveter son *Shadowgraph*. Le voyage est un succès amoureux mais un échec commercial : il s'aperçoit qu'il lui est impossible d'empêcher la contrefaçon de son système qui est devenu très en vogue à Paris et à Londres, et sur lequel il s'échine en vain à récupérer quelque redevance.

LA QUESTION DES BREVETS

Encore une amère leçon pour lui, et l'occasion de nous attarder quelques instants sur cette question fondamentale des brevets qui empoisonnera la vie de tous les inventeurs cités dans cet ouvrage. Car on pourrait penser qu'il suffit, lorsqu'on tient une véritable invention, de déposer un brevet pour se trouver à l'abri des ennuis – malheureusement il n'en est rien. On se souvient de la sulfureuse affaire du téléphone avec Bell et Gray, ainsi que celle du microphone, prétendument inventé par Edison et Berliner au même moment : en la matière, rien n'est jamais joué d'avance et souvent le plus inventif n'est pas forcément le plus habile à défendre son invention.

Voici comment ça marche aux États-Unis (et un peu partout ailleurs dans le monde pour l'essentiel) : quand on estime avoir inventé quelque chose de nouveau (un objet, un mécanisme, un procédé, une application, une combinaison ou un usage), et après avoir vérifié que cette découverte n'a pas déjà été faite par quelqu'un d'autre, on effectue la demande d'un brevet à l'US Patent and Trademark Office par le dépôt d'un dossier. La demande est examinée par un officier compétent qui, la plupart du temps, sollicite des renseignements complémentaires, entamant ainsi une procédure d'échanges et de validations successives qui peut durer entre plusieurs mois et plusieurs années (comme ce fut le cas avec Cahill et son *Telharmonium*).

Une fois que l'invention est brevetée et les frais de dossier acquittés, elle est considérée valide pendant dix-sept ans, après quoi elle tombe dans le domaine public (en fait la loi américaine a changé récemment et s'est alignée avec le reste du monde sur plusieurs points fondamentaux, dont une durée de vingt ans de validité, mais aucun de nos inventeurs n'en profitera). En outre, pour conserver la validité de ce brevet, il faut s'acquitter d'une redevance périodique qui intervient avant la quatrième, la huitième et la douzième année suivant la date de dépôt, faute de quoi l'invention cesse d'être protégée. Précisons également que cette redevance *augmente* au cours des années. À titre indicatif, en tenant compte des frais de dépôt assortis d'une procédure sans complication particulière, et en ajoutant les redevances sur toute la durée d'un brevet, il faut compter aujourd'hui pour les US environ vingt mille euros (trente-cinq mille en Europe pour dix pays et cent soixante-dix mille pour le monde pendant dix ans), ce qui fait tout de même une somme.

Surtout qu'en fait, le brevet ne protège pas l'invention de façon indiscutable, et c'est là le côté épineux de l'affaire. Car que se passe-t-il en cas de litige ? Imaginons que je suis aux États-Unis et que j'ai inventé le moteur à eau. Ça fonctionne vraiment bien, j'ai déposé un brevet, j'en ai cédé l'exploitation à une marque de voiture qui en équipe tous ses modèles et je touche des royalties à chaque moteur vendu, c'est magnifique. Mais voilà qu'une autre compagnie met sur le marché un engin ressemblant énormément au mien. Je vais donc saisir un juge et rentrer dans ce qu'on appelle la procédure de *discovery* : à moi de monter un dossier légitimant ma plainte en contrefaçon tout en avisant la compagnie adverse de toutes les pièces de mon dossier. Mon adversaire est lui aussi tenu de me communiquer l'état de sa défense, de façon à ce que les faits de droit indiscutables soient déjà établis quand ils seront présentés au juge, lui épargnant la partie la plus fastidieuse de l'instruction et le laissant simplement se prononcer sur les points qui restent encore litigieux.

Sur le papier, c'est une procédure qui force les parties à jouer cartes sur table, rendant plus probable la manifestation de la vérité. Mais dans la pratique, l'issue du jugement est hélas connue d'avance : en règle générale, c'est le plus gros qui gagne. Mon adversaire a en effet plusieurs pistes de défense. Tout d'abord, il peut durant la phase de *discovery* me donner non seulement toutes les pièces relatives au dossier, mais aussi toutes les pièces ayant un très lointain rapport avec celui-ci, tout mélanger et me noyer dans la paperasse. Il me faut alors une équipe chevronnée pour faire le tri et chercher l'aiguille dans la botte de foin. Déjà, si je n'ai pas les moyens de me payer une telle équipe, je suis hors course. Autre axe de défense de l'adversaire : mettre en cause la validité de mon brevet. Car jusqu'à très récemment, la priorité aux États-Unis va non à celui qui a *déposé* mais à celui qui a *inventé* le premier. Mon opposant va donc pouvoir tenter de prouver que ses recherches étaient antérieures aux miennes, ce qui là encore implique une énorme paperasse. Il va pouvoir mobiliser des experts et les payer pour leur faire dire exactement ce qu'il a envie d'entendre, jusqu'aux limites admises ou non de l'honnêteté. Ou alors il peut prouver que, plus de un an avant mon dépôt, quelqu'un a donné une interview, a publié dans un journal ou a donné une conférence détaillant l'invention dont je me réclame. Et pas forcément quelqu'un d'autre, ça peut être moi, ça ne change rien, s'il est prouvé qu'il y a eu une communication publique sur le sujet, le brevet ne tient plus. Enfin, il est possible de démontrer qu'il n'y a pas contrefaçon, mais amélioration, modification ou altération de la nature de l'invention qui du coup ne rentre plus dans le strict périmètre de mon brevet.

Dans cette justice de riches, le gagnant ou le perdant n'est donc pas celui qui a raison ou tort, mais celui qui est le plus puissant et peut faire débouler au tribunal tout un immeuble d'avocats pour écrabouiller la partie adverse. Parfois donc il vaut mieux négocier hors procédure un arrangement injuste que de se lancer dans un procès fort cher où toutes les procédures dilatoires seront utilisées sans vergogne pour saigner à mort l'adversaire par le supplice des mille coupures. Ce qui pousse aujourd'hui les inventeurs à une réflexion globale sur la nécessité de breveter ou non leurs inventions, tant le processus est coûteux et l'issue incertaine en cas de conflit. Car il faut se protéger dans chaque pays susceptible de fabriquer de la contrefaçon : si la Corée du Sud commence à produire des imitations de mon moteur à eau, je n'aurai pas de recours possible devant leur système judiciaire si je n'y ai pas déposé de brevet spécifique. Et encore, ça ne me garantirait que le droit de faire un procès, pas de le gagner, ce qui est peu probable quand je m'attaque à une économie qui n'est pas la mienne !

Incidemment, c'est ainsi qu'une société de la Silicon Valley spécialisée dans les voitures électriques au nom délicieux de Tesla Motors a récemment décidé qu'elle consacrait trop d'argent à tenter de protéger médiocrement ses inventions et qu'il était plus rentable pour elle de concentrer toutes ses ressources sur l'innovation. Par conséquent, elle communique publiquement sur ses trouvailles, comptant sur le fait que le développement est tellement rapide dans ce domaine que le temps qu'un concurrent exploite une invention rendue publique, la suivante serait déjà en route, rendant l'ancienne obsolète. Mais c'est un pari culotté, une telle politique demande une croissance constante en inventivité, faute de quoi le système s'effondre rapidement.

LE CAS ARMSTRONG

On voit combien cette histoire de brevet innerve des enjeux complexes car les sommes engagées peuvent être colossales et les issues fatales. À ce titre, l'affaire de Forest contre Armstrong en est un frappant exemple. On se souvient comment l'audion avait été inventé en 1906 par le premier et son utilisation comme amplificateur et oscillateur en 1912 par le second. En fait, voici très rapidement ce qui s'est passé. Début 1906, Lee de Forest se trouve dans une période particulièrement pénible, puisque la compagnie qu'il avait cofondée, l'American De Forest Wireless Telegraph Co, vient de faire faillite après s'être fait copieusement abuser par son partenaire, étrangement dénommé « Honest Abe » – il vendait à tour de bras des actions pour construire des stations de radio qui en réalité n'émettaient jamais rien. Au même moment, Lee épouse sa première femme pour la quitter quelques semaines après (il restera toujours très discret sur ce premier mariage). Notons également qu'à cette époque, il était déjà en bisbille avec Fessenden, qui l'accusait d'avoir utilisé son cohéreur (l'ancêtre de l'antenne) et Marconi, qui prétendait avoir été copié dans son invention de la Télégraphie Sans Fil. On imagine l'état de stress dans lequel il est.

Sans le sou, à la rue, Lee se jette à corps perdu dans la recherche, et là, en quelques mois, à force de tripoter les diodes et les antennes dans tous les sens, coup de génie, il invente la triode. Sur le moment, il ne se rend pas compte de l'importance de sa découverte ni de la multiplicité de ses applications – il aura d'ailleurs souvent un métro de retard sur ses contemporains dans le domaine. Mais une chose est sûre : il comprend immédiatement l'utilité de la triode en matière de réception radio, et cette découverte lui appartient en propre sans conteste. Il dépose le brevet et refonde une société, l'American De Forest Radio Telephone Co, qui a pour objet de vendre des audions et des produits pour la « téléphonie sans fil », un procédé encore inexistant, dont la société vend pourtant des actions à des acheteurs crédules.

En 1911, re-faillite et procès intenté par le ministère de la Justice pour abus de confiance. On passe sur le deuxième mariage de Lee qui ne durera guère plus de un an avec une sympathique suffragette, Nora Blatch, toujours est-il que c'est à ce moment qu'il décide de changer de patelin, New York étant devenu décidément trop hostile à son égard, et de s'installer sous les cieux plus cléments de la Californie.

Là il respire un peu, trouve un job à la Federal Telegraph Co où il continue ses recherches. Le boss de la compagnie, un certain Beach Thompson, l'avait engagé car il avait entendu parler de travaux effectués par divers ingénieurs sur les multiples applications de la triode, dont l'amplification. Il se hâte donc de mettre de Forest sur la piste et celui-ci découvre finalement fin 1912 la propriété amplificatrice de sa propre invention en redirigeant une partie du signal sortant de l'audion vers sa propre entrée. C'est le début d'une notion qui, après son appellation primitive de *circuit de régénération*, deviendra rapidement universelle sous le nom de *feedback*. Le temps de la perfectionner et il dépose à l'Office des brevets cette découverte début 1914... pour se rendre compte qu'un jeune et brillant ingénieur radio, Edwin Armstrong, avait déjà déposé une utilisation identique l'année d'avant. Panique à bord. Surtout que le système d'Armstrong est beaucoup plus sophistiqué et abouti que le sien, et qu'il prend en compte le fait que lorsque le feedback est assez puissant, le circuit devient résonant, produit de très hautes fréquences et devient ainsi un oscillateur.

C'est là que ça devient marrant. Parce que cet effet oscillant, qui se manifeste par les sifflements caractéristiques des ondes hétérodynes (qui allaient tant passionner Theremin et Martenot), est découvert par à peu près tout le monde en même temps (de Forest,

Armstrong, mais également un Allemand du nom de Meissner et un ingénieur de la General Electric, Irving Langmuir qui avait déposé un brevet le même jour qu'Armstrong), sauf que dans le cas de Forest, cet effet considéré comme indésirable doit être éliminé à tout prix. Occurrence invraisemblable dans laquelle l'inventeur passe totalement à côté de son invention. Et là où l'on frise quasiment l'absurde, c'est que lorsque Armstrong tente de déposer un brevet propre à l'activité oscillante de l'audion, il se voit opposer par le commis aux Brevets l'argument selon lequel il ne s'agit que d'une dérivation du principe d'amplification de très hautes fréquences et ne peut faire l'objet d'un dépôt séparé. Autrement dit, à cause de sa propre incapacité à voir les implications phénoménales de la découverte d'Armstrong, le commis officialise la position future de Forest qui sera de dire : il n'a pas inventé l'oscillateur, sinon il aurait déposé un brevet ! Un redoutable cercle vicieux.

Savourons l'absurde jusque dans ses moindres détails : le jeune Armstrong a tout juste vingt et un ans lorsqu'il découvre ce principe de feedback amplifiant et oscillant, nous sommes en 1912 et il aimerait bien déposer le brevet, mais il n'a pas les cent cinquante dollars pour le dépôt (quand même trois mille cinq cents d'aujourd'hui). Il demande à son père qui lui dit : finis d'abord tes études. Il effectue sur les conseils de son oncle une sorte d'acte notarié à tout hasard et ce n'est qu'après avoir quasiment perdu un an qu'il peut enfin, fraîchement sorti de Columbia à l'automne 1913, emprunter l'argent et déposer son fameux brevet. Quand quelques mois plus tard de Forest découvre qu'on l'a précédé dans le dépôt, c'est le branle-bas de combat et le début d'une bataille judiciaire qui durera plus de vingt ans.

Premier tournant : 1921, quand la cour de New

York donne raison à Armstrong. De toute évidence ce dernier a inventé une fonctionnalité révolutionnaire de l'audion dont de Forest ne s'était pas rendu compte. Ce dernier fait appel, perd à nouveau, pour être débouté une troisième fois par la Cour suprême de l'État. Le gros râteau. Deuxième épisode : la revanche du général Lee. Comme il y a également dans cette dispute un troisième larron, Irving Langmuir (le quatrième, l'Allemand Meissner, ayant été disqualifié pour cause de défaite militaire de son pays dans la Grande Guerre, les perdants ont toujours tort), de Forest peut saisir en appel la cour du District of Columbia, ce qu'il fait, et gagne pour la première fois. Il a de très bons avocats (ceux de la très puissante compagnie de téléphone AT&T) qui vont effectuer un remarquable travail de sape en utilisant des glissements de langage successifs dans les définitions et descriptions qui seront autant de coins enfoncés dans la partie adverse au fil des procédures d'appel. Et c'est au tour d'Armstrong de connaître la déconfiture jusqu'à la Cour suprême en 1928. Il se voit ainsi dépouillé rétrospectivement de quasiment tous ses brevets dans le domaine.

Troisième saison : la revanche. Lorsque AT&T poursuit une petite compagnie pour contrefaçon en 1934, Armstrong et ses avocats volent au secours de cette dernière et gagnent en première instance, ce qui laisse entrevoir la possibilité de retourner tous les jugements précédents. Mais AT&T fait appel, gagne jusqu'à la Cour suprême, et voilà, c'est fini, Armstrong a définitivement perdu. Au demeurant, toute la communauté scientifique sait que c'est lui l'inventeur du feedback. Ses autres inventions témoignent d'ailleurs de son importance capitale dans la propagation des ondes : en 1919, il reçoit la Légion d'honneur pour ses travaux radio durant la guerre (il n'a même pas vingt ans) durant laquelle il invente, inspiré par le Français Levy, le principe de récepteur superhétérodyne, encore en vigueur aujourd'hui. Et il est surtout l'artisan principal de la diffusion radio en modulation de fréquence, ce qui sera à la fois son testament et sa malédiction.

LA RADIO FM

En effet, depuis les débuts de la radio, on utilise toujours le même système : on mélange un signal à haute fréquence émis par un oscillateur avec un signal à basse fréquence émis par des ondes sonores comme de la musique ou une voix, et on expédie ce signal modulé dans les airs. Cette modulation dépend de son amplitude pour ainsi dire à l'identique dans les hautes fréquences. Mais Armstrong est persuadé que de moduler la fréquence (FM) au lieu de l'amplifier (AM) offre un réseau plus stable, moins sujet à la friture si courante en radio et permettant à un plus grand nombre de stations d'émettre dans des fréquences voisines. Ça n'a pas de rapport, mais il s'agit d'une approche aussi hardie que celle de Berliner qui gravait le son en largeur sur un disque, plutôt qu'en épaisseur sur un rouleau comme Edison : même façon de traiter le signal *dans une autre dimension*.

Moyennant quoi, s'il veut imposer son système, il a du boulot. Il faut créer un réseau FM dans tout le pays et convaincre les gens d'acheter de nouveaux postes de radio, ceux qu'ils ont déjà ne leur permettant pas de décoder le signal. Pour ça, il faut s'adosser à une grosse compagnie capable de peser lourd dans les changements. Pour Armstrong, le choix est simple, ce sera RCA, c'est à eux qu'il a vendu l'exclusivité de son récepteur superhétérodyne, ce sont eux qui l'ont soutenu dans sa bataille contre de Forest et c'est une compagnie solide depuis les débuts de la radio. Mais à sa grande surprise, ils déclinent. En fait, ils sont d'une part en train de travailler en priorité sur le nouveau chantier de la télévision, et d'autre part ils engrangent déjà des revenus considérables avec la radio AM, pourquoi tuer la poule aux œufs d'or ? Cela dit, il est clair que la technologie FM s'imposera forcément tôt ou tard (devenant celle que nous utilisons en grande partie aujourd'hui), mais la RCA ne veut pas payer de royalties, elle veut être propriétaire de l'invention pour quand viendra le moment. Elle propose un petit million de dollars à Armstrong qui évidemment refuse (quand même, l'invention de la FM...) et à partir de ce moment-là, il sera décrété empêcheur de tourner en rond à surveiller de près.

C'est donc quasi seul qu'il développe son réseau de radio FM. Il a obtenu de la Federal Communications Commission (FCC) en 1940 le droit d'émettre entre les fréquences de 42 à 50 MHz, et en 1941, plus de quatre cent mille postes de radios FM ont déjà été vendus. RCA louche sur les progrès de son ancien collaborateur et décide alors de le couler de façon définitive. Dès que la guerre est finie, sous prétexte d'avoir besoin de place pour les nouvelles fréquences télé, mais avec une mauvaise foi évidente accompagnée d'une campagne de pression ciblée et intense, la RCA, par le truchement de son redoutable directeur David Sarnoff (dont Armstrong avait pourtant épousé la secrétaire en 1922), réussit à faire imposer par la FCC une modification dans les attributions de fréquences radio. On ne vous a pas dit ? On change les règles. Ce ne sera plus de 42 à 50 MHz, mais de 88 à 108. Comme ça, d'un trait de plume. Du jour au lendemain, toutes les stations et postes de radio FM deviennent inutilisables. Pour l'inventeur c'est la faillite instantanée. Un assassinat pur et simple, un crime en col blanc, surtout que la RCA commence à fabriquer de l'équipement FM et à diffuser sur les nouvelles fréquences attribuées, sans payer bien sûr le moindre centime à Armstrong dont ils copient indûment le procédé. Il les attaque, ils font traîner, contestent, et commence le supplice des mille coupures.

Pour la deuxième fois, ce brillant ingénieur aux bons yeux doux et à la calvitie précoce perd la propriété de son invention à la suite d'une avalanche de coups bas et de chicaneries légales, d'abord contre de Forest, ensuite contre RCA. Début 1954, voici plus de trente ans qu'il est en procès contre des gens moins brillants mais plus avides et organisés que lui. Malgré son sens de l'innovation et de l'entreprise, le voici ruiné par ces compétiteurs peu scrupuleux. Sa santé s'est détériorée. Sa femme l'a quitté depuis le soir où, enragé par son sort, il s'est mis à la battre à coups de tisonnier. Il est miné par le remords, la rage impuissante, la haine de lui-même. Alors ce soir du 31 janvier, dans la chambre de son appartement new-yorkais, il enfile son manteau, son écharpe, ses gants, visse résolument son chapeau sur sa tête, ouvre la fenêtre et, depuis son treizième étage, saute dans le vide.

LA HAMMOND CLOCK COMPANY

On voit que ces histoires de brevets peuvent conduire à des extrémités dramatiques et illustrent souvent l'injuste ascendant de la crapulerie sur la création : les affaires sont les affaires, il faut s'y faire. En 1925, Hammond ignore tout de ce qu'il adviendra du malheureux Armstrong et du drame qui se construit, mais lors de son voyage de noces en Europe, il fait l'amère constatation qu'une invention n'est jamais vraiment protégée ailleurs que chez soi, et que même comme ça, les choses ne sont jamais gagnées d'avance. Quand il rentre aux États-Unis avec sa jeune épouse, il sait que la partie ne va pas être facile. Pour être au plus près de l'action, le couple s'installe à Chicago et Laurens se met tout de suite au travail. Il imagine une méthode de distillation du sucre par vapeur d'eau, fait des recherches, des calculs, ça lui prend des mois... et s'aperçoit en lisant un magazine que son exacte invention est sur le point d'être utilisée dans l'industrie de la canne à sucre. Le brevet allait être publié dans quelques jours. Caramba, encore raté.

Son cousin Walter, fort actif à Chicago, lui présente alors un ingénieur / homme d'affaires du nom d'Andrews, avec qui le courant passe immédiatement. Ils montent ensemble une boîte qui fabrique des alimentations électriques de rechange pour les radios (qui à l'époque étaient à pile). Hélas ils calculent mal leur coup, leurs *A-Box* se mettent toutes à fondre au bout d'un moment, ruinant les tapis de leurs fuites acides. Et un échec de plus. Seul bon côté : la rencontre au cours de cette aventure avec Forrest Redmond, directeur financier d'une grande valeur. Mais ça commence à bien faire, il va vite falloir trouver quelque chose qui marche. C'est là que son travail sur les lunettes mécaniques du *Teleview* s'avère fondateur, car il l'a familiarisé avec le délicat contrôle des moteurs synchronisés ainsi qu'avec la manipulation de l'électricité. Il a également l'habitude des horloges, puisqu'il en a fabriqué qui ne font pas de bruit. Toutes ces réflexions l'amènent à ce constat : l'électricité étant elle-même une horloge, pourquoi ne pas s'en servir pour se régler dessus ? En effet, le courant alternatif qui passe dans les prises américaines change de sens soixante fois par seconde (60 Hz, contre 50 Hz en Europe) et s'il est bien contrôlé dans les centrales électriques, il donnera une pulsation régulière permettant d'établir l'heure avec sûreté et précision.

Un certain Henry Warren avait déjà déposé le brevet d'une horloge électrique qui était depuis quelques années commercialisée par la General Electric, la *Telechron*, mais elle avait un défaut fondamental : quand il y avait une panne de courant, comme c'était fréquent à l'époque, l'horloge s'arrêtait puis reprenait sa course quand le courant revenait – ce qui lui faisait afficher la mauvaise heure sans qu'on ait d'indice pour s'en douter. Tout ça parce que le système était à démarrage automatique, autrement dit on la branche, on la met à l'heure et on ne s'en occupe plus. Très classe sur le prospectus mais pas très pratique au quotidien. Hammond développe donc une horloge électrique qui se démarre comme une horloge traditionnelle, puis bascule en électrique, tout en continuant de fonctionner mécaniquement en cas de panne de courant. Elle est tellement fiable que ses représentants de commerce ont pour instruction d'en offrir une gratuite à chaque opérateur de centrale électrique de la région afin qu'il puisse s'assurer de la parfaite régularité des 60 Hz produits par ses générateurs.

Là, il tient quelque chose. Ses horloges plaisent beaucoup. Laurens est un homme de goût et il sait proposer très vite un grand éventail de produits toujours classe allant du plus économique au plus luxueux. Il est également très exigeant sur la qualité et il fait fabriquer sur mesure les outils dont il a besoin afin de façonner les pièces qui seront assemblées à la chaîne par une main-d'œuvre non spécialisée. Hammond fabrique donc ses horloges lui-même et en licencie l'usage à d'autres fabricants. Ça marche tellement bien, d'ailleurs, que les avocats de la General Electric l'attaquent pour copie non autorisée. Sauf que cette fois-ci, Hammond a préparé son coup. Primo, son mécanisme démarre à la main et non en automatique, secundo son moteur est beaucoup plus petit, il tourne dix fois moins vite, il est donc beaucoup plus économique, et tertio les opérateurs de centrale électrique s'en servent pour réguler *leur* courant. Quoi ? s'étranglent les avocats de la GE. En fait personne ne savait dans la maison que les produits Hammond s'étaient effectivement imposés de facto comme référence dans les centrales, là où la GE ne l'avait pas fait elle-même, c'est-à-dire dans neuf cas sur dix. Consternation des avocats, tout le monde mort de rire côté Hammond, ça fait du bien de gagner de temps en temps.

Encouragé par cet engouement, Laurens décide de creuser l'affaire et le voilà qui imagine une horloge qui affiche non seulement l'heure mais aussi le jour et la date. Énorme succès. Nous sommes au début des années 30, la crise de 29 commence à faire sentir ses effets, mais les commandes continuent d'affluer et il n'est pas rare qu'à un mariage de l'époque, les jeunes époux se voient offrir six ou sept horloges Hammond qui donnent la date et l'heure tellement tout le monde trouve l'idée géniale. On dirait que Laurens et ses sept cents employés font partie des privilégiés qui vont réussir à traverser cette période sans trop de dommages, jusqu'au moment où arrive, aussi sûr que la pluie en hiver, le coup du brevet. Sa variante particulière ne manque pas de sel, avec un petit côté malédiction de la momie : courant 1930, le bruit commence à courir que le brevet de Hammond n'est pas valable. Renseignements pris, c'est exact. Un brevet avec exactement le même moteur synchrone a été déposé ironiquement en 1895, l'année même de sa naissance, par un Allemand de Cologne qui en a doté le beffroi de son église. Le système a été abandonné depuis, mais le brevet existe et invalide de facto celui de Hammond.

DES HORLOGES AUX CLAVIERS

Ses fabricants apprenant la nouvelle ne se voient plus obligés de lui payer de royalties, ce qui fait un trou énorme dans sa trésorerie et fin 32, la crise aidant, Laurens se retrouve le couteau sous la gorge : s'il n'a pas une idée, là, tout de suite, la boîte ne passe pas l'hiver. Et soudain, gling, le truc qui vient de nulle part : il faut pour Noël, décrète-t-il, une table à distribuer automatiquement les cartes pour les joueurs de bridge. Il bricole rapidement un prototype, le teste, ça marche bien, roulez jeunesse, il en met quelques exemplaires en dépôt dans des grands magasins de la région de Chicago et l'idée prend immédiatement. Tellement bien qu'à l'approche des fêtes, les ateliers travaillent à flux tendu, tout ce qui est fabriqué part immédiatement en magasin, à tel point que, juste avant Noël, ce sont des taxis qui font la queue devant l'usine pour acheminer au plus vite les précieuses tables de bridge qui distribuent (et se vendent) toutes seules.

Sauvé ! Il arrive à enchaîner au printemps avec, à prix cassé, des commandes d'horloges en masse pour la Poste et les chewing-gums Wrigley qui lui évitent tout juste le dépôt de bilan, mais il va falloir encore une fois trouver quelque chose qui l'amène au moins jusqu'à l'année prochaine… Il se creuse la tête : comment mettre à profit ailleurs que dans l'horlogerie son expertise des moteurs synchrones ? Quel est le meilleur coup à faire ? S'il y a bien un domaine où les choses ont évolué de façon considérable depuis ses années d'étudiant, il en est conscient, c'est celui du son. Pressentant qu'avec l'essor de la radio une nouvelle économie est en train d'émerger, il prend une formation accélérée auprès d'un ami qui lui apprend entre autres l'existence des travaux de Cahill et de ses roues phoniques, tombées depuis longtemps en désuétude. En tant qu'horloger, l'idée de la roue phonique lui parle immédiatement, et il imagine sur-le-champ une sorte de petit jouet fonctionnant sur cet astucieux système remis au goût du jour : maintenant que l'amplification existe et que le courant alternatif stable à 60 Hz garantit une rotation constante des axes sur lesquels sont fixées les roues dentées, donc des notes toujours justes, il est devenu assez simple de fabriquer pour pas cher un petit clavier de deux octaves maximum, un truc à brancher dans le speaker de sa radio pour faire des petites mélodies marrantes.

Pour donner du corps à son idée, il achète un vieux piano dont il évide les entrailles comme un vulgaire poisson pour ne garder que le clavier qui lui servira de contrôleur dans ses expérimentations. Il fabrique aisément un système de petites roues dentées qui tournent devant des électroaimants et commence à produire des sons de synthèse selon le procédé que nous avons vu avec Cahill. Et là, il se passe quelque chose d'incroyable, c'est comme si son invention accouchait toute seule, ou plutôt comme si lui n'en était que l'accoucheur, l'accompagnant simplement dans l'impérieuse nécessité de sa naissance. Jusqu'à présent nos inventeurs avaient quand même une petite idée de ce qu'ils cherchaient, mais là, c'est la première fois que l'on assiste au spectacle médusant de l'inventeur comme inventé par son invention : en venant renifler du côté de la musique pour voir s'il y avait un coup à faire, Hammond s'est tout simplement fait happer par le monde hypnotique des fous du son.

Dès le début des tests, avant même d'acquérir un clavier, il comprend que les enjeux sont beaucoup plus importants que ceux d'un cadeau de Noël à vingt-cinq dollars. Passée la première allégresse à reproduire un son de flûte, il reprend carrément les travaux de Cahill là où il les avait laissés. Retour aux bons vieux harmoniques : pour produire un son de synthèse un peu convaincant il faut pouvoir les reproduire au-dessus de la note fondamentale avec justesse et élégance, ce qui, on l'a vu, n'est pas gagné d'avance. Il faut que l'horloge du moteur synchrone soit absolument régulière, sinon c'est tout l'instrument qui devient faux. L'enclenchement des pignons entre eux doit être parfaitement fluide, pour les mêmes raisons. Il ne faut pas que le courant diminue de moitié quand on joue deux notes en même temps, toutes les touches doivent avoir le même volume, ensemble ou séparément. Il faut que les roues phoniques soient parfaitement centrées. Il ne faut pas qu'elles interfèrent par induction les unes avec les autres, brouillant le signal. Beaucoup, beaucoup de problèmes à résoudre, et vite.

Après avoir convaincu à grand-peine ses banquiers de le suivre dans ce pari, il passe l'année 1933 à approfondir ses recherches et en janvier 34 il est prêt à déposer un brevet. Ça tombe bien, car les pertes de la Hammond Clock Company commencent à être abyssales. Pour assurer son coup et faire la différence, il charge son prototype d'orgue dans un camion qu'il conduit jusqu'à l'Office des brevets à Washington et l'installe à l'heure d'ouverture dans un de ses sous-sols. Une des employées de Hammond, organiste du dimanche, se met à jouer au moment où son patron, quelques étages au-dessus, dépose son brevet dans le bureau approprié. Les employés sortent la tête, qu'est-ce que c'est que ça ? C'est génial, ça vient d'où ? L'effet est immédiat, tout le monde est sous le charme. Astucieuse opération, c'est bien joué. D'autant plus que la Grande Dépression continue de peser très lourd sur les épaules américaines et que tout ce qui peut donner du boulot – ou du moins empêcher de licencier – est considéré comme prioritaire. L'affaire est donc traitée avec une célérité inhabituelle et, le 24 avril 1934, il obtient le brevet pour son premier *orgue Hammond*. Macabre coïncidence faisant écho à l'histoire de l'horloger de Cologne, ce brevet entre en vigueur tout juste deux semaines après la mort de Cahill, comme s'il avait fallu attendre sa disparition pour que son idée revive et qu'enfin la malédiction soit brisée.

UNE IDÉE BIEN REPRISE

Il faut dire qu'avec Hammond, le système de Thaddeus est considérablement dépoussiéré. Bien sûr, maintenant qu'on maîtrise l'amplification, tout est plus simple. Plus besoin de ces énormes dynamos, de ces gigantesques pignons, de ces deux cents tonnes de fil et de ferraille, tout est miniaturisé. Les triodes, maintenant appelées *amplificateurs à lampe*, traitent parfaitement les très faibles courants induits par les minuscules roues phoniques. La régularité de rotation est désormais ajustée à la fréquence du courant électrique grâce au moteur synchrone. En fait, il faut deux moteurs : un normal d'entraînement, afin de mettre en branle toute la mécanique, et une fois que la bonne vitesse de 60 Hz est atteinte, un deuxième moteur (le synchrone) est lancé qui se cale sur la fréquence du courant électrique. Quant à la mécanique elle-même, elle est d'une précision, c'est le cas de le dire, d'horloger. En plus des six harmoniques habituels (en omettant une septième disgracieuse), Hammond en propose également deux un peu spéciaux : celui qui est une octave *en dessous* de la fondamentale et celui qui est une octave *en dessous du troisième harmonique*, concrètement une quinte au-dessus de cette même fondamentale. Sous chacune des touches des deux claviers de son orgue, neuf fils électriques de la taille d'un cheveu courent jusqu'aux roues phoniques correspondantes, un vers la fondamentale et huit vers les harmoniques. Et là où Hammond est vraiment génial, c'est que chacun de ces neuf composants du timbre est accessible à la main sous forme de tirette (*drawbar*) graduée de zéro à huit.

Des tirettes, mais quelle invention splendide ! Car jusqu'à présent, sur tous les orgues mécaniques à tuyaux, on compose les timbres des sons avec des poussoirs (les *appels de registres*) qui sont en fait des interrupteurs avec deux positions : *on* ou *off*. Pas beaucoup de choix. Par contre, ça force les facteurs d'orgues à inventer des noms originaux et descriptifs pour chaque combinaison de tuyaux et de timbres, les *jeux*. Allez, je ne résiste pas à la tentation d'en citer quelques-uns qui font particulièrement mousser le plaisir du son : *Cor de chamois, Flûte à biberon, Bourdon percé, Régale à gourde, Sacqueboute,*

Chalumeau, Quinte de bombarde, Cor d'amour, Tournebout, Contredulciane, Trompette à chamade, Montre espagnole, Gravissima, Doublette, Quintatons, Gros Nasard, Violette, Larigot... Avec Hammond, c'est le futur en marche, c'est-à-dire la Grande Simplification. Pour les harmoniques de synthèse, ce n'est pas compliqué, il n'y a plus que trois groupes : Sub (pour subharmoniques, deux tirettes), Fondation (quatre) et Brillance (trois). On peut mélanger les harmoniques à sa guise et faire sa petite cuisine en toute liberté. Sur les deux claviers et avec le pédalier, ça fait plus de deux cents millions de possibilités. Une avancée stratosphérique ! Et surtout ce dispositif inaugure le geste historique du *bidouilleur de son*, un peu plus de ci, un peu moins de ça, on tire, on pousse et c'est ainsi que désormais on va fabriquer la matière sonore. Mais ça, bien entendu, bien que ce soit un tournant majeur, personne ne s'en rend compte à l'époque.

Surtout que pour les paresseux, les deux claviers finissent à gauche par des touches aux couleurs inversées (pour ne pas se tromper) qui ne produisent pas de notes mais actionnent chacune un *preset*, c'est-à-dire une combinaison présélectionnée d'harmoniques. Un son tout fait, disponible à la demande par un seul doigt. C'est très pratique, on s'assoit, on appuie et l'orgue est prêt à envoyer du son tout de suite. Et si on aime faire ses timbres soi-même, plutôt que de partir de zéro, ça permet de choisir une sélection qu'on aime bien et de la personnaliser en modifiant quelques tirettes... Cette notion de preset est elle aussi d'une modernité inimaginable, car elle met à la disposition du musicien à la fois le manuel et l'automatique, une combinaison gagnante ! Il faudra attendre la fin des années 70 pour que le principe se généralise avec l'irruption des circuits informatiques dans la synthèse du son permettant de sauvegarder une combinaison particulière – pas mal, Laurens, un bon quarante ans d'avance !

Enfin, l'instrument *sonne bien*. C'est un miracle. La façon dont Hammond a suivi son intuition (et écouté avec sagacité un comptable de sa société qui était organiste amateur et l'a beaucoup aidé dans ses premières recherches) a abouti à un instrument d'une richesse étonnante pour une petite année seulement de tâtonnements. Se produisent alors deux faits déterminants pour l'avenir de Hammond. Tout d'abord, peu après sa démonstration sauvage à l'Office des brevets, il reçoit la visite de deux ingénieurs lui disant travailler pour Mr Henry Ford, qui a entendu parler de son invention et qui aimerait bien en savoir un peu plus à titre personnel. Pas pour le fabriquer en série, non, juste pour le plaisir. Hammond leur explique, ils repartent emballés. Et puis un certain John Hanert a lui aussi entendu parler de l'épisode à l'Office des brevets, il est ingénieur en électronique, organiste, improvisateur exceptionnel, et il a participé quelques années auparavant à la courte aventure du *Rangertone*, un orgue électromécanique dérivé lui aussi des roues phoniques de Cahill qui était resté à l'état de prototype, bref, le projet l'excite et il en maîtrise parfaitement les enjeux : il se présente peu après à Hammond qui l'engage dans son équipe – ce qu'il n'aura pas à regretter, Hanert se révélant être, après des débuts peu imaginatifs, un ingénieur en chef remarquable, aussi inventif que méthodique, contribuant grandement à la création de modèles mythiques de la marque.

Les nouvelles de Ford ne tardent pas à revenir et Laurens reçoit une invitation en bonne et due forme à présenter son instrument en personne devant le géant de l'automobile. Ça ne se refuse pas. L'orgue repart donc en camion pour les usines Ford de Détroit et, dans leur immeuble dédié à la recherche, Hammond en fait la présentation à un Henry Ford médusé. Passée la démonstration, celui-ci prend Hammond par le bras et lui dit : votre invention est absolument remarquable. Vous allez en vendre plein, dans tout le pays. Vous allez devenir quelqu'un de très riche. Je veux vous aider. Pas par intérêt, non, mais parce que j'adore la musique, je crois à ses bienfaits et vous la servez admirablement avec votre instrument. Demandez-moi ce que vous voulez, je mets mes ateliers gratuitement à votre disposition. De l'argent ? Je vous en prête tant qu'il vous en faut pour développer le projet, et sans intérêt. Dites-moi et vous l'aurez. Ah, et je vous achète les six premiers modèles qui sortent de l'usine, le numéro un je le mets chez moi.

Là, on prend une petite respiration. Juste le temps de laisser résonner les mots de Ford, qui représentent le rêve absolu de n'importe quel inventeur. C'est quand même pas n'importe quoi d'entendre ça. Déjà, c'est un oracle : vous allez faire fortune. Venant de la bouche d'un des hommes les plus avisés dans ce domaine, il faudrait beaucoup de mauvaise volonté pour ne pas y croire. Petit frisson dans le dos. Ensuite, la mise à disposition de ses moyens techniques, c'est carrément ce qu'il y a de mieux sur terre, n'importe quel plan sur papier, aussi farfelu qu'il soit, se matérialise sans effort dans les jours qui suivent ! Matière, ordonne-toi, je le veux ! Finies les machines outils à modéliser, adieu les fournisseurs, merci les banquiers, plus aucun souci concret, juste celui de penser ! Hammond confiera plus tard qu'il en avait les larmes aux yeux.

Mais tranquille comme Baptiste il décline très poliment cette offre généreuse, ne conservant que l'honneur qui lui est fait, ce qui est déjà immense. Et pour les six premiers, eh bien il ne peut rien promettre parce que le vrai premier il aimerait bien que ce soit George Gershwin qui l'ait, vous comprenez, pour l'image de la marque ce serait mieux, et puis le deuxième ce serait bien de le donner à Sigmund Romberg (un autre compositeur de comédies musicales très connu dans les années 30)... Laurens sait que ses ennuis sont finis et qu'il n'a pas besoin de l'aide de Ford, aussi flatteuse soit-elle. Mais il a le tact suffisant pour ne pas froisser le grand homme qui a, comment dire, quelques convictions. À la fois industrielles et politiques. Par exemple, il est interdit de fumer ou de boire dans ses usines, c'est le renvoi immédiat. Il est interdit d'être juif aussi, et la guerre approchant, ses sympathies pour le nazisme deviendront de plus en plus apparentes. C'est un homme très puissant aux États-Unis et refuser sa main tendue ne peut se faire qu'avec d'immenses précautions. Trop s'en approcher n'est pas non plus conseillé quand on ne partage pas ses idées.

Mais Hammond arrive à imposer cette courtoise distance légèrement aristocratique qui sera sa marque de fabrique, conserve la confiance de son mécène putatif, et se hâte de terminer la conception de son prototype avec sa petite équipe et ses propres moyens. Ce qui nous conduit à la date du 15 avril 1935, celle de la naissance officielle de l'*orgue Hammond Model A* tel qu'il est exposé à New York ce matin-là dans les locaux de la RCA. Deux claviers de soixante et une touches, un pédalier de vingt-cinq notes, douze presets, trente-six tirettes, cent quatre-vingts kilos, dix-sept mille pièces, dès son exposition au public, on se l'arrache. Il est vendu comme l'exacte contrepartie d'un orgue classique à tuyaux sauf qu'on peut l'avoir dans son église pour le prix modique de mille deux cent cinquante dollars seulement et l'encombrement d'un simple harmonium. L'entretien ? Quelques gouttes d'huile de temps en temps. Un accordeur ? Grâce au moteur synchrone il est toujours accordé, vive le progrès. Tout le monde lui saute dessus, Gershwin le premier (il en veut deux pour lui) et Laurens est obligé d'ouvrir de nouveaux ateliers pour satisfaire les commandes qui se mettent à pleuvoir. Ça y est, c'est parti comme ça jusqu'aux années 70. Ford avait raison. À tout juste quarante ans, Hammond va devenir très riche.

LE CASSE DU SIÈCLE

Car non content d'être un inventeur de génie (concevoir en moins de douze mois, par pure curiosité spéculative, un instrument aussi complexe et immédiatement populaire est un exploit inouï), c'est aussi un chef d'entreprise avec presque un millier d'employés sous ses ordres, et il entend mener sa boîte en authentique homme d'affaires. Très tôt, il comprend l'importance du marketing pour le succès de ses instruments et fournit sans perdre de temps des manuels et des enregistrements, organise des Hammond Organ Clubs un peu partout dans le pays, publie son magazine *Hammond Times*, occupe les émissions de radio et recrute activement des célébrités pour promouvoir ses produits. Maintenant qu'il sait tenir quelque chose de solide, il va développer des modèles d'orgues comme ses horloges : des bas de gamme, des super-luxe, avec ou sans chorus ou vibrato, avec ou sans speaker incorporé, pour l'église, pour le théâtre, pour les concerts... Chaque contexte a son instrument disponible, adapté au mieux, et au fil des ans plus d'une cinquantaine de modèles seront imaginés pour coller au plus près des attentes de la clientèle.

En même temps, il poursuit avec Hanert ses recherches fondamentales qui aboutissent rapidement à un très astucieux effet « chorus » par scanner dont on évitera la description technique, à un effet de réverbération à ressort et à huile très convaincant, ainsi qu'à un système d'autograissage du mécanisme baignant en permanence dans son lubrifiant (il faut juste changer l'huile du réservoir de temps en temps, comme une voiture). Tout cela est bien entendu incorporé aux nouveaux instruments au fur et à mesure. Il fallait également s'y attendre : des mauvais coucheurs essayent (sans doute pour tenter d'affaiblir la validité de ses brevets) de s'attaquer à la dénomination d'« orgue » utilisée par Hammond, ainsi qu'à sa prétention de proposer des combinaisons de timbres infinies. La Federal Trade Commission organise donc très solennellement une comparaison entre un orgue à tuyaux (75 000 dollars) et un instrument *Hammond* (à 2 500 dollars) devant un jury de quinze étudiants et quinze musiciens professionnels afin de savoir s'il s'agit bien, par leur signature sonore, du même instrument. Le répertoire est exécuté derrière un rideau et, une fois sur trois, le jury se trompe. Un doute raisonnable, constate le juge, non coupable, tranche-t-il, le *Hammond* est bien un orgue. Comme ça, c'est dit. Quant à la quantité de combinaisons possibles, elle passe officiellement de « infinie » à « deux cent cinquante-trois millions », comme ça c'est dit aussi, et plus personne ne viendra lui chercher des poux sur la propriété de ses brevets et la dénomination de son invention.

C'est d'ailleurs un côté très attachant de Hammond, qui n'a pas la vision agressive et procédurière de certains de ses contemporains. Ce qui l'intéresse, c'est de développer un produit de qualité qui se vend bien et dure longtemps avec *sa* vision des choses. C'est un pragmatique avant tout et à ses yeux, les batailles de brevets, c'est juste du temps perdu et mauvais pour le business. Avec Redmond aux finances et Hanert à l'atelier, il a constitué au fil des ans une petite équipe fidèle, soudée et créative, et il n'y a pas de raison que ça s'arrête. C'est également un excellent environnement pour donner le meilleur de soi-même en termes de créativité : confiance, respect, plaisir, c'est comme ça qu'on continue à produire de grandes choses. Ainsi, parallèlement au développement de l'orgue, Hanert peut poursuivre sa marotte de toujours : concevoir un clavier non plus électromécanique, mais entièrement électronique. Plus de roues phoniques, que des oscillateurs à lampes. Un synthétiseur polyphonique, voilà ce qu'il a en tête. On quitte le monde des orgues d'église, là, nous sommes plus dans la tradition *Theremin*, *Trautonium* et consorts. Tout peut arriver dans des recherches comme ça et dès 1938, Hammond et Hanert s'y jettent à temps plein.

L'AVENTURE SYNTHÉTIQUE

Ce clavier s'appellera le *Novachord* et constitue une avancée spectaculaire. Créer un instrument électronique *monophonique*, voici plus de dix ans que tout le monde fait ça partout. Mais fabriquer un instrument *polyphonique* est un défi redoutable, ça veut dire que derrière chaque note du clavier il doit y avoir un oscillateur indépendant pour qu'on puisse en jouer plusieurs en même temps. Ce qui nous fait déjà, dans le cas d'un clavier de quatre octaves (un demi-clavier de piano), quarante-huit oscillateurs ! Théoriquement c'est possible, mais après ça il faut encore d'autres lampes pour traiter le signal, ça finit par faire des engins monstrueux. La leçon de Cahill a été retenue, et ce n'est clairement pas dans le gigantisme mais dans la miniaturisation que se trouve la solution. Celle de Hammond et Hanert consiste donc à utiliser douze oscillateurs seulement (un pour chacun des douze tons), de les accorder au départ très haut et de *diviser* leur fréquence en fonction des notes demandées. En fait, cela consiste à mutualiser un oscillateur entre plusieurs notes en effectuant l'opération de division instantanée qui convient à l'octave recherchée. Ce système vient d'être découvert et Hanert est l'un des premiers à en essayer l'application. C'est une solution très élégante au délicat problème de la polyphonie, elle servira de fondement à de nombreuses inventions ultérieures, et rien que ça c'est déjà pas mal. Mais la surprise continue quand on examine l'instrument de plus près.

Car où en sommes-nous à la fin des années 30 en matière de clavier ? Il semble que l'ère magnifique de sa négation semble toucher à sa fin. Theremin est dans les geôles staliniennes, Martenot a fini par se plier à l'obligation de retourner aux touches noires et blanches pour contrôler la hauteur de son instrument, le *Trautonium* vivote à l'abri des regards et de l'intérêt public, l'heure est au bilan et il n'est pas très brillant. Et ce n'est parler que des inventeurs que l'on a déjà rencontrés, mais ils ne sont pas seuls, et personne pour l'instant n'a trouvé le moyen de proposer un contrôleur alternatif convaincant. Les tentatives de se libérer de la prison du clavier tempéré, aussi sublimes soient-elles, semblent vouées à l'échec. Plus on avance dans l'électronique, plus cette maudite succession de demi-tons rangés comme des dominos dans leur boîte semble s'imposer pour explorer l'inconnu comme la plus raisonnable, la plus *structurée*.

Car c'est bien beau d'inventer, mais si les gens ne se servent pas des inventions, elles meurent et, dans le meilleur des cas, il n'en reste une trace que compressée quelque part entre les milliers de pages d'une encyclopédie. Contrairement à la découverte, l'invention doit *servir*, elle doit être enracinée dans un quotidien concret dans lequel elle se glisse pour procurer agrément ou plaisir, elle doit être adaptée à nos besoins, parfois même en les inventant pour mieux les servir. L'inventeur n'est pas là pour tout chambouler, mais au contraire pour nous rendre le présent plus léger, plus disponible. Là où ça se complique c'est qu'en même temps, l'invention est une rupture de continuité, il faut penser le monde avec un regard frais, non conventionnel. Découvrir c'est s'ouvrir. À l'inconnu, au hasard, à la logique, aux intuitions, à l'absolu, aux raccourcis, aux prises de risques, à l'obsession, à tout ce qui fait bouillir la raison jusqu'à l'incandescence... Et à force d'avoir les yeux fixés sur le futur, on finit par voir le présent et ses contemporains comme *de travers*, comme emportés dans une mouvante et incertaine transition.

Cette dualité pousse à de nombreux compromis entre le conformisme et l'innovation, et la musique n'y fait pas exception. Qui veut inventer un nouvel instrument doit garder à l'esprit que la communauté existante et exigeante des musiciens, dont le nombre explose depuis l'arrivée de la radio et du cinéma, doit pouvoir s'en emparer *immédiatement*, sans avoir à réapprendre une nouvelle gestuelle instrumentale depuis le début. Ce qui nous ramène à la bonne vieille interface du clavier, connu de tous et facilement maîtrisable. Le succès des *orgues Hammond* en est bien la preuve.

Un seul point faible : l'expressivité. Car pour l'instant, que nous propose une touche ?

1) le bon vieil *on / off* de l'orgue, on appuie ça fait du bruit, ça s'arrête quand on lâche, ou

2) le son percussif résonant, comme avec le piano et ses différents ancêtres à cordes frappées ou pincées. Personnellement j'appelle ça le Tûûût et le Pinnng. Certes, Martenot a inventé une façon d'exprimer, si on le désire, des attaques plus progressives ou des déclins plus abrupts, mais ça veut dire qu'il faut les fabriquer en temps réel à la main (« au sac »), ça rappelle l'art du pinceau en calligraphie japonaise, un équilibre extrêmement fragile qui demande pour chaque note une maîtrise complète du geste créatif. Trop dur. Et puis ça immobilise une main. Il doit y avoir un autre moyen.

Hammond et Hanert vont donc travailler à élargir la palette de sons possibles exprimés par le clavier, en commençant par ceux qui n'ont pas d'attaque percussive, ceux que j'appelle les Vzzzioung. Les ensembles à cordes ou les voix en sont le parfait exemple. Car dans la vraie vie, les sons ne sont pas que des fréquences continues, ils ont une attaque, une tenue et une fin qui font partie intégrante de leur personnalité. Cette vie, ce déploiement dans le temps de l'intensité du son s'appelle son *enveloppe*, et de commencer à la tripoter est un fait tout à fait nouveau. Le *Novachord* proposera donc sept degrés différents d'attaque possibles – ça commence par la percussion familière au piano et ça finit avec quelque chose qui ne ressemble à rien de connu jusqu'à présent : l'attaque est lente, comme paresseuse, et quand on lâche les mains du clavier, le son s'éteint progressivement comme si on laissait la pédale enfoncée.

C'est quelque chose de banal aujourd'hui, mais en 1939 ça devait être une sensation très troublante, comme si le clavier ne fonctionnait pas correctement. Et surtout c'est un saut conceptuel remarquable dans la synthèse du son puisqu'on commence maintenant à se pencher sérieusement sur la *vie* de celui-ci, sur la façon dont il se déploie, à se demander comment reproduire tout ça artificiellement, et comment on va pouvoir le commander au clavier.

Une autre innovation fondamentale du *Novachord* tient à l'importance capitale du traitement des *formants*. Ceux-ci sont, en acoustique, les points de résonance caractéristiques d'un son, ils sont une partie essentielle du timbre, ce sont eux qui nous font distinguer la voix de notre mère de celle de notre fille, ils expriment une combinaison particulière d'harmoniques, une sorte de signature fréquentielle – l'équivalent en fait d'un preset de *Hammond* avec des harmoniques plus ou moins activés par les tirettes. En bricolant des filtres, c'est-à-dire en soumettant certaines fréquences à un traitement sélectif en temps réel et en les appliquant à ces formants, Hanert trouve une voie pour faire *vivre* les sons de façon spectaculaire... et synthétique. Mille exemplaires de ce petit bijou seront fabriqués. C'est toujours difficile de planter un petit drapeau et de dire : à partir d'ici commence une ère historique, mais personnellement, je pense que Fabrication en série + Oscillateurs à fréquences divisées + Travail sur l'enveloppe + Filtres à formants, le tout de dimensions fort acceptables = le vrai début du synthétiseur commercial.

Plus de cent cinquante lampes, bien sagement alignées sous le capot pour créer électroniquement les sons d'un chœur ou d'une section de violons, d'une beauté et d'une amplitude à couper le souffle. C'est un pas de géant dans la synthèse du son. Le modèle sort en 1939, le meuble est un peu plus volumineux qu'un orgue, les commandes de timbre et d'enveloppe sont simples et élégantes, Hammond et Hanert peuvent en être contents. Paradoxalement, ce ne sont pas les sons les plus séduisants aujourd'hui qui sont mis en avant à l'époque. Utilisé comme musique de fond pour des documentaires (sur les usines Ford en particulier), on tire de ce clavier à la beauté grave et planante des sons paradoxalement très aigrelets et terriblement datés. On croirait entendre un orgue Farfisa des années 60, ce qui est hallucinant quand on se rend compte que ce *Novachord* est de 1939 et qu'il est donc en avance sur son temps de trente et cinquante ans à la fois !

INTERLUDE MILITAIRE

Malheureusement, ce clavier est un échec commercial. Il coûte cher à fabriquer, il est difficile de garder les douze oscillateurs parfaitement stables et accordés tout le temps, et sur toutes ces lampes il y en a forcément une qui claque un jour ou l'autre. Et puis, en décembre 41, c'est Pearl Harbor, tout s'arrête, l'Amérique entre en guerre. Pour Laurens, même s'il doit abandonner ce modèle et les défis qui vont avec, la guerre n'est pas une mauvaise affaire, car ses orgues sont très demandées et l'armée est devenue en 1940 son premier client. Dans toutes les stations du Pacifique, l'US Navy a une chapelle et dans cette chapelle, un *Hammond*. Son invention fait littéralement partie des meubles. On y fait particulièrement attention, et ses secrets de fabrication sont jalousement gardés – à tel point que pendant la guerre de Corée, l'armée américaine aura pour obligation, en cas d'abandon forcé d'une base, de détruire intégralement ses *Hammond* pour éviter que les Coréens puissent en faire une copie !

Les usines de Laurens sont réquisitionnées pour l'effort de guerre et, en plus de fabriquer des orgues pour l'armée (le mythique *Model G*), elles devront assurer la confection de transmetteurs radio. Le cerveau de Hammond quant à lui est réquisitionné par le grand Vannevar Bush (aucun rapport avec la dynastie présidentielle), qui fut le coordinateur de l'effort de guerre scientifique américain – on lui doit entre autres le Manhattan Project qui réalisera la bombe atomique, mais il sera également un des pionniers du développement de l'informatique et d'internet. Hammond se retrouve donc réquisitionné, tout comme Theremin de l'autre côté de l'Atlantique – mais dans des conditions heureusement plus confortables –, au milieu d'un aréopage d'inventeurs et de savants tous concentrés sur les moyens à déployer pour gagner cette guerre. Il quitte son usine qui tourne à présent toute seule et le voici stationné d'abord en Floride puis dans le Nevada, dans le fameux centre militaire de Tonopah où auront lieu les premiers essais d'explosion nucléaire.

Il garde un excellent souvenir de cette période car, explique-t-il, sont mis à sa disposition des moyens de recherche colossaux administrés par des militaires dont il n'a pas à subir le grade. Grand patriote (il l'a prouvé plus jeune en se portant volontaire pour se battre en Europe en 1917), il est suffisamment atypique pour tirer un grand plaisir à bousculer ou à contredire cette hiérarchie à laquelle il ne doit rien d'autre que le bon plaisir de son imagination technique. Moyennant quoi il se met à travailler sur un sujet qui lui tient à cœur : celui du guidage des bombes. En effet, il déplore l'aspect terriblement rudimentaire des bombardements à l'aveugle qui font souvent des victimes innocentes et il s'attache à développer un système de télécommande guidant les bombes – qui du coup deviennent des missiles – vers des destinations précises. En fait, il vend à l'armée le concept qui, quelques décennies plus tard, enchantera les militaires et les journalistes couvrant la première guerre d'Irak, les fameuses frappes chirurgicales.

Il essaye tout d'abord avec uniquement un pilotage radio qui n'est pas assez précis, puis avec un système de caméra posée directement sur le nez du missile qui, grâce à ces informations visuelles, peut être en toute sécurité guidée par radio dans son vol. Seulement voilà, la technologie de la télévision n'est pas encore très au point, la compagnie RCA (que nous connaissons bien maintenant, et qui a présidé au développement de l'enregistrement musical, de la radio puis de la télévision, le tout sous le règne implacable de son directeur David Sarnoff, alias « le Général ») refuse d'en céder les plans à l'armée et ce n'est qu'à la toute fin de la guerre que l'US Air Force obtient le privilège d'utiliser les premiers écrans télé pour surveiller les trajectoires de missiles. Hammond lui-même raconte non sans ironie que l'armée étant régie moins par la pertinence de la raison que par l'infaillibilité de la hiérarchie (devenant ainsi une sorte de raison de secours), le premier essai de son dispositif fut effectué non par lui, un civil expérimenté dans ce domaine, mais par un jeune militaire sans la moindre formation pour utiliser cette nouvelle technologie. Le résultat fut que, une fois en situation de lancement au-dessus de l'Allemagne bombardée, l'infortuné jeune homme dont les convictions catholiques étaient connues de son commandement, guida sans grâce le missile qui prit un mauvais tournant faute de visibilité, et envoya l'explosif volant en plein dans une cathédrale, réduisant celle-ci en poussière sous ses yeux horrifiés. Il eut paraît-il beaucoup de mal à s'en remettre et le projet n'alla pas beaucoup plus loin puisque, peu après, la bombe atomique fut lâchée sur Hiroshima puis Nagasaki, rendant temporairement cette recherche tout à fait obsolète et triviale (entraînant d'ailleurs des cauchemars autrement plus sérieux chez Claude Eatherly, un des pilotes de cette expédition, mais c'est une autre histoire).

UN *HAMMOND* DANS CHAQUE FOYER

L'idée de guidage continua donc son chemin mais sans Hammond, pour qui la fin de la guerre marque le terme de sa collaboration avec l'armée. Il retourne à la vie civile et à ses usines. Quand il les avait quittées en 1941, vingt mille orgues en étaient déjà sorties, vendues dans trente-neuf pays, dont les cathédrales de Mexico et de Canterbury. Voilà quatre ans que les carnets de commandes pour de nouveaux instruments s'entassent, il n'y a plus une minute à perdre pour reprendre la production. Par contraste, les pendules offrent peu de débouchés et des profits minimes : ce sera la fin des horloges Hammond dont les élégants cadrans donnèrent l'heure à des milliers de gares et d'administrations publiques pendant presque deux décennies. Mais avec ses nouveaux instruments il va réaliser le rêve de tous les inventeurs : en mettre *un dans chaque foyer*. Surtout que grâce à Hanert, la marque a mis sur le marché un truc qui m'aurait rendu fou si c'était sorti quand j'étais gosse : un petit synthé monophonique *à coincer sous le clavier du piano*, le *Solovox*. Beaucoup moins cher que l'orgue et moins volumineux que le *Novachord*, son petit clavier de trois octaves aux touches rapetissées (mais très agréables, très charnelles à jouer, j'ai essayé) se coince effectivement en débord sous le clavier d'un piano droit ou à queue, à la droite du pianiste, comme un orgue miniature. De ce petit clavier sortent trois gros fils électriques entourés de tissu isolant marron le reliant au corps même du synthé (lui-même intégré à un haut-parleur). Il y a un seul oscillateur (donc monophonique), des diviseurs de fréquence et des contrôles d'enveloppe – exactement comme sur le *Novachord*.

Les sons qui en sortent sont assez basiques, ils sont fabriqués sur la même idée que ceux de l'orgue, c'est une série de presets de timbres différents pas très sophistiquée. Mais mieux quand même qu'un modèle classique puisqu'il y a cette fameuse enveloppe qui permet de fabriquer des sons avec des attaques progressives, du jamais vu sur un clavier ! Et là où c'est un produit très malin, c'est que ce n'est pas un gros bouzin qui mange toute la place dans le salon, mais un petit clavier qui se glisse tout tranquillement sous la main droite – plus un haut-parleur en acajou un peu plus encombrant, certes, mais qui permet de jouer *à la fois* du piano et du synthé. Très excitant et finalement peu intrusif, c'est une extension improbable du piano qui ouvre au monde de la musique électronique et la rend directement accessible. En fait, c'est absolument démoniaque comme idée, puisque le *Solovox* s'insinue dans la pratique traditionnelle de la musique, non pas comme *alternatif* mais comme *complémentaire* à l'acoustique. Le fait qu'il fut fabriqué pendant dix ans, de 1940 à 1950, atteste le succès de cette intrusion synthétique dans les foyers américains, présageant celle encore plus massive des orgues de tous les modèles.

À la sortie de la guerre, Hammond a donc cinquante ans et il est à la tête d'une grosse affaire qui marche bien. Il mesure un bon mètre quatre-vingts, il pèse près de cent dix kilos, porte des costumes d'une éternelle couleur marron et cache sa timidité naturelle derrière une moustache de bon aloi. Il fume et boit en abondance, sans être jamais soûl, il est toujours aimable quoique distant, humain et simple, parfois excentrique. Il n'aime pas trop la société, il est plus à l'aise en petit comité et surtout au travail où il peut vite être très exigeant. C'est un vrai inventeur, il amène sans cesse de nouvelles idées. Il sait qu'il faut en avoir cent pour qu'il y en ait une qui marche, alors il passe beaucoup de temps seul, à réfléchir. Puis il discute avec Stephens, son directeur technique qui dessinait de si jolies horloges, avec Hanert qui s'est avéré si inventif et qui joue si bien de l'orgue (le genre qu'on invite à toutes les fêtes car il met tout de suite l'ambiance en musique), avec Redmond le commercial, l'œil rivé sur les chiffres, avec Emory Penny, le responsable des ventes, tous les anciens de l'époque de la Hammond Clock Company, et quand après consultation il est persuadé qu'il tient une bonne idée, il fait en sorte qu'elle se réalise. Et les choses se font, à fond. De plus, il se trompe rarement, il a le goût sûr pour savoir ce qui va marcher, et il en est conscient. Il est méticuleux (bien obligé, la confection de ses instruments nécessite des milliers de soudures, une seule qui saute, tout l'instrument est en panne et il faut alors les vérifier une à une !), confiant (ce qui lui permet de déléguer facilement des travaux chronophages), passionné (ses employés savent que quand il a une nouvelle idée, il arrive comme un rouleau compresseur, et que si on a des objections à faire, mieux vaut attendre que la pression soit un peu descendue) et parfois surprenant (il arrive qu'aux fêtes de bureau il se souvienne de l'époque des Ziegfeld Follies et fasse une démonstration de son fameux pas de danse, un acte que Ziegfeld lui-même lui avait proposé d'acheter).

Dès 1948, il modifie sa stratégie et s'attaque au fameux foyer américain. Théâtres, églises, cinémas, voilà jusqu'à présent l'essentiel de sa clientèle. Mais comme l'a montré le *Solovox*, s'introduire chez les particuliers devient envisageable, et il décide de développer un modèle « spinet » avec deux claviers de quarante-quatre notes (et non plus soixante et une), des fonctions diminuées mais toujours performantes et un speaker incorporé, le tout pour un prix plus modeste que la version complète. C'est le *Model M* (baptisé par la presse le *modèle Cendrillon*) qui connaîtra un succès absolument spectaculaire. Bingo. Pendant ce temps-là, les recherches continuent et Hanert propose en 1950 une nouvelle invention, le *Chord Organ*, encore un truc complètement ébouriffant. Toujours sur le même principe d'oscillateur et d'enveloppe que le *Novachord*, il s'agit d'un instrument à un seul clavier qu'on joue de la main droite tandis qu'à la main gauche une série de boutons produit comme sur un accordéon des accords tout faits. On contrôle le volume avec un levier au genou et deux pédales de basse jouent l'une la fondamentale de l'accord que vous êtes en train de jouer à la main gauche et l'autre sa quinte, c'est-à-dire le jeu de tension-détente harmonique le plus vieux du monde. Avec un an de solfège et un peu de goût pour la musique on est le king of the chanson cinq minutes après l'avoir branché.

Le premier clavier pour les nuls ! Et un autre

verrou qui saute ! Jusqu'à présent, quand on voulait jouer facilement des airs connus, on se tournait plutôt vers le banjo ou la guitare, en matière d'accord la moitié du boulot est déjà faite. Et il faut avouer qu'avec le piano (mille excuses aux guitaristes), c'est un peu plus compliqué. Les notes sont bien toutes faites, mais après il faut se débrouiller avec, et pour fabriquer des accords à deux mains c'est une autre histoire. Avec le *Chord Organ*, fin de l'orgueilleuse suprématie des savants du clavier qui devient une boîte à musique qu'un enfant de cinq ans peut maîtriser. Et c'est le début d'une très longue famille de claviers / contrôleurs / « workstations » dont la descendance encombre aujourd'hui les vitrines des magasins de musique. Des tout-en-un faciles à jouer. Concept absolument génial qui plaît immédiatement et sera vite (et parfois bien piteusement) plagié par tous les fabricants de l'époque. Après donc le bingo, le superbingo.

LE *B-3*

Et ce n'est pas fini, parce que tout ça c'est de la petite bière comparé au modèle qui arrive en 1955, celui qui va tout casser, la star absolue, celui que tout le monde va s'arracher d'abord dans le jazz, puis dans la pop puis le rock, *le* modèle qu'on verra dans tous les magazines et dont la production durera presque vingt ans, le seul, l'unique : le *B-3*. On dirait le nom d'un bombardier, et c'est en fait un bombardier du son. Sa particularité ? Hanert, poussé par la concurrence dont les orgues ont des claviers très percussifs, a décidé de proposer une option sur le clavier du haut qui donne une attaque supplémentaire à la note jouée. Cette attaque, dont l'enveloppe est variable, porte surtout sur les harmoniques et, comme d'habitude avec un produit Hammond, le son est monstrueux. De plus, quand on joue une phrase au clavier, et si on lie les notes les unes aux autres (ce qui est le cas la plupart de temps), l'attaque s'entend à la première note mais pas aux suivantes, ce qui produit un contraste dynamique inattendu. Il est aussi possible, si l'on articule chaque note une à une, d'en entendre les attaques à chaque fois, mais c'est presque trop, ce qui est vraiment sympa c'est justement la combinaison entre un son archi-percussif au départ, puis presque miaulant tout de suite après. Comme, en même temps, un jaguar qui feule et un alligator qui claque des dents.

Quand on est assis sur le banc de cet engin mythique et qu'on a démarré le moteur primaire puis secondaire en prêtant une oreille attentive aux sons de la mécanique qui se réveille, aux centaines de roues dentées qui se mettent à tourner, on a l'impression d'être aux commandes d'un avion de chasse qui ne demande qu'à décoller. Énorme puissance de son, redoutable amplitude entre pianissimo et fortissimo, tout ça sous la commande de la confortable pédale de volume. Il faut juste assumer l'idée qu'une note puisse être une claque, oui, qu'elle peut claquer comme une balle de mitraillette sur le fond feutré d'un effet de *chorus* profond comme une église. Poser ses mains sur un tel clavier veut dire qu'il peut se passer des choses puissantes et graves. On n'est pas sur un *Chord Organ*, là, c'est vraiment du sérieux. Quand on commence à le jouer, tout de suite on le sent vibrer, *réclamer* quelque chose et c'est le décollage à la verticale. Les possibilités dynamiques et timbrales sont tellement variées qu'il est impossible de résister à en parcourir quelques-unes des infinies possibilités. On peut faire de vrais loopings de sons façon Patrouille de France, des accélérations foudroyantes, du surplace trompeur, on devient le maître des nuages, du ciel et du tonnerre. On peut, comme on veut, faire la pluie ou le beau temps. On peut jouer la main gauche et le pédalier à l'unisson, donnant une attaque supplémentaire à cette voix grave, tendue comme un arc géant. On peut faire des glissandos féroces comme des vols en piqué, on peut monter en chandelle, rugissant tout en haut jusqu'aux limites de l'audible...

Et on peut le faire swinguer comme aucun clavier avant lui. Le défaut des orgues d'église est en effet souvent, pour des raisons simplement physiques, leur manque d'attaque. Car il peut arriver que la disposition des tuyaux diffuse un son qui n'arrive à l'organiste que plusieurs centièmes de seconde après l'avoir joué (quand ce n'est pas le fond de la cathédrale qui renvoie la musique avec une bonne seconde de retard), ce qui est très perturbant – on pourrait comparer cette latence à un mauvais montage de film où les acteurs bougent les lèvres en décalage avec les mots. Les organistes ont d'ailleurs l'habitude de ce problème et sont plus concentrés sur la manipulation des touches et des registres que sur le son qu'ils produisent. Et voilà que la maison Hammond met sur le marché le clavier ultime qui non seulement efface le problème mais ouvre sur une infinité d'autres possibilités ! On a l'attaque d'un piano aux stéroïdes, plus la tenue d'un gros orgue d'église. Des forêts foisonnantes d'harmoniques chaleureux et changeants. Des touches agréables à jouer, vivantes, précises. Une souplesse à fleur de peau, bref deux cents kilos de perfection instrumentale électromécanique.

Les jazzmen s'en emparent et lui donnent ses

premières notes de noblesse, avec notamment Jimmy Smith, son ambassadeur le plus connu. C'est une vraie traînée de poudre, tout le monde veut en jouer. Il s'en vendra plus de cinq cent mille exemplaires dans le monde. Le tube du siècle. Le plus étonnant, c'est que son succès 'indiffère, voire irrite Laurens Hammond. Tout d'abord, il n'est pas particulièrement fan des musiques noires. L'opéra, le classique sont plus sa tasse de thé. Son instrument est la meilleure copie électromécanique possible d'un orgue d'église à tuyaux, c'est comme ça qu'il l'a conçu et perfectionné. Ce n'est pas qu'il soit raciste, c'est juste qu'il n'a jamais pensé que son orgue servirait à jouer cette musique-là, il estime simplement qu'il n'est pas fait pour ça, que c'est un contre-emploi. Un autre exemple de cette attitude nous est d'ailleurs révélé dans ses rapports avec Don Leslie. Ce dernier est un ingénieur radio passionné de musique (on commence à connaître ce profil) qui achète en 1937 un *orgue Hammond* et trouve que le speaker fourni par le fabricant est en deçà de ce qu'il devrait être. Il conçoit alors un système de diffusion du son totalement original : à l'intérieur d'une petite commode, il fabrique un rotor sur lequel sont disposés deux pavillons, l'un pour les aigus et l'autre pour les graves. Le signal du *Hammond* une fois amplifié est diffusé à travers ces speakers rotatifs à 360 degrés qui peuvent tourner à vitesse lente ou rapide.

Le résultat est saisissant. Que le son tourne de la sorte le fait non seulement se déplacer dans la pièce avec des variations d'intensité selon l'endroit où l'on se trouve, mais modifie également sa hauteur, suivant les lois de l'effet Doppler. Autrement dit, exactement comme pour un train dont on entend la cloche de plus en plus haut au fur et à mesure qu'elle approche, la hauteur du *Hammond* diffusée par la *cabine Leslie* donnera l'impression de fluctuer très légèrement en passant devant nous, comme un effet chorus mais en trois dimensions. Encore une fois, c'est moins une amplification fidèle qu'une sorte d'hyperbole du signal, mais il faut avouer que même si elle penche un peu du côté psychédélique de l'expérience acoustique, elle est absolument irrésistible – quand on est baigné par cette nappe de son chaud, on ne veut plus en sortir. Dès 1940, Leslie alla voir Hammond pour lui proposer de s'associer, mais ce dernier le reçut assez sèchement en lui faisant savoir qu'il n'en était pas question. Pour lui, la *cabine Leslie* est une *déformation* du son Hammond et n'a rien à faire sous ce nom.

C'est dommage, dit Leslie. Ça ne l'empêche pas de vendre ses cabines, au contraire, tout le monde les demande avec un *Hammond*, contre l'avis de Laurens, qui fait savoir à ses commerciaux qu'il ne veut pas entendre parler de cette association contre nature. Dans bien des magasins de musique, les *cabines Leslie* sont donc exposées au sous-sol pour ne pas froisser les représentants Hammond qui veillent au grain, ce qui n'affecte pas leur succès, bien au contraire. Plus Hammond dit qu'il ne faut pas acheter ce haut-parleur, plus les gens en veulent. Jamais on ne vit une ligne de publicité pour les *cabines Leslie*, elles se vendirent toutes seules avec l'orgue. La logique commerciale aurait voulu que les deux marques se rapprochent mais aussi longtemps que Laurens Hammond dirigea son entreprise, il résista à cette idée qui lui semblait totalement ridicule. Il fabriquait, disait-il, des haut-parleurs parfaitement adaptés à ses propres instruments. Là où c'est étonnant, c'est que ce n'est pas l'avis du public, et Hammond était pourtant connu pour être capable de *sentir* sa clientèle, mais sur certains points, on peut dire qu'il a un angle mort.

CHANGEMENT DE VIE

Un angle mort, ce serait d'ailleurs une autre façon de décrire la période qu'il est en train de traverser. En 1953, c'est son fidèle Redmond qui disparaît, le vieux, vieux copain de confiance avec qui il est parti de rien... Pour quelqu'un d'aussi fidèle que Hammond, c'est tout un monde qui s'écroule. Et puis, en 1954, un drame affreux : sa femme de toujours, la délicieuse et délicate Mildred, la petite Américaine des jardins du Luxembourg, qui lui avait donné deux filles, Peggy et Polly, se donne la mort en sautant du troisième étage de sa maison... Fragile, sans doute délaissée par un mari dévoué corps et âme à son entreprise, sa disparition est un choc terrible pour Laurens. Il perd vingt kilos, sombre dans une mélancolie silencieuse qui durera de très longs mois. Et quand il sort de ce tunnel, il sait que ses jours à la tête de la Hammond Instrument sont comptés. Il a presque soixante ans, il a travaillé d'arrache-pied pendant toute sa vie, sa fortune personnelle frise les cent millions de dollars, à quoi bon continuer de se tuer à la tâche ? De toute évidence, ses instruments ont acquis une vie propre qui finalement ne le concerne plus. Il a accompli le rêve de tout inventeur, il a fait fortune avec ses idées. Il a posé les jalons des révolutions à venir, initié l'essor de la synthèse du son, imaginé une pratique de la musique ludique et populaire et laissé son nom dans l'Histoire, que demander de plus ?
Il quitte en 1955 la société qu'il avait fondée

presque trente ans plus tôt en laissant sa direction entre les mains de Stanley Sorensen qu'il a soigneusement formé pour cela. Celui-ci continuera de diriger la société pendant de longues années jusqu'à ce qu'elle soit vendue au milieu des années 80 à un groupe australien. Laurens n'a plus très longtemps à vivre, il le sait et décide d'en profiter au maximum. Il fait beaucoup de voile, rencontre une femme plus jeune que lui, Roxana, qui lui fait reprendre goût à la vie et qui l'épouse en octobre 55. Il finira ses jours auprès d'elle, initiant malgré lui à son décès une dispute entre elle et sa fille Peggy, Polly ayant trouvé la mort quelques années plus tôt. C'est malheureusement une occurrence que nous retrouverons plus tard, où les enfants d'un inventeur sont confrontés à une opposition avec son ou ses épouses ultérieures, entraînant l'avenir de la société et de ses produits dans des directions parfois conflictuelles... En 1973, à l'âge de soixante-dix-huit ans, Laurens est finalement emporté par un cancer tenace.

Durant les vingt ans passés à construire des claviers, il aura dominé son époque par son imagination, sa sûreté et son pragmatisme, et il faudra attendre de longues années avant que quelque chose d'un peu nouveau dissipe son omniprésence dans le commerce des claviers électriques et électroniques. Ce n'est que dans les années 70 qu'un phénomène de consommation comparable se remettra en route et s'installera définitivement dans les mœurs de la communauté musicale. De 1935 à 1970, les instruments Hammond furent quasiment les seuls à trouver une clientèle fidèle parmi les artistes comme les particuliers. Il y a bien sûr quelques aventures passionnantes, comme celle du *Clavioline* inventé en 1947 par le Français Constant Martin (incidemment, le grand-père du réalisateur Michel Gondry), qu'on peut notamment entendre sur la chanson des Beatles *Baby You're a Rich Man* et distribué par Selmer. Ou de l'*Ondioline*, d'un autre Français, Georges Jenny, qui emprunte à Martenot l'idée du clavier suspendu, y ajoute des touches sensitives, un ruban pour y jouer des sons percussifs, un oscillateur riche en harmoniques et des presets saisissants de précision dans l'imitation d'instruments existants (c'est lui qu'on entend jouer dans *L'Âme des poètes* de Charles Trenet). Tous deux s'orientent ingénieusement dans la même dimension que le *Solovox*, mais un peu plus tard. Cependant, ces instruments n'excéderont pas la fabrication d'un millier d'exemplaires et constituent aujourd'hui des pièces de collection assez rares.

Une seule personne, moins charismatique et entreprenante que Hammond, eut dans la même période une importance créative similaire, quoique plus souterraine, mais nous en parlerons plus tard. Car il est grand temps pour nous d'explorer cette décennie 55-65 durant laquelle beaucoup de choses se mettent à changer en même temps. Vue de l'extérieur, elle semble ronronner en ce qui concerne la lutherie électronique – la star du moment, c'est plutôt la guitare électrique. Fender, Gibson, Rickenbacker, voilà les noms qu'on entend et qui attirent l'attention. Ce sont les années rock'n'roll, c'est ça la nouveauté, des guitares un peu partout avec des chanteurs accrochés dessus qui bougent des hanches. Par comparaison, c'est vrai que les claviers ça fait un peu vieux jeu. Il faut vraiment les exagérations d'un Jerry Lee Lewis debout sur son piano pour raviver l'intérêt porté à l'instrument. Non, la révolution se fait ailleurs, planifiant son prochain retour en force, loin des scènes tonitruantes et des objectifs de vente. L'avenir ? Il est dans les laboratoires.

Chapitre VI

TAPES AND COMPUTERS

La révolution va se faire par la bande. Pas la bande de billard, même s'il est vrai qu'on ne s'attendrait pas à ce que la musique se mette à bouger en suivant cette trajectoire, mais la bande magnétique. Il y aurait beaucoup à dire sur la façon dont progressent les découvertes, comme par à-coups : une subite nécessité ou un heureux hasard font que telle ou telle technique prend son essor quand une autre peut attendre son heure... pendant des décennies. On a vu comment la gravure du son sur rouleau puis sur disque s'est installée (avec un petit retard à l'allumage) dans les habitudes du nouveau siècle pour perdurer jusqu'à nos jours, mais la bande magnétique connut un éveil beaucoup plus tardif. Pourtant, ce procédé de fixation est pressenti très tôt par un inventeur du nom d'Oberlin Smith qui, après avoir visité Menlo Park en 1878 et acquis un des premiers phonographes d'Edison, est persuadé qu'on peut obtenir une restitution de meilleure qualité. Après de multiples expériences, il imagine un fil métallique, comme une très longue corde de piano, exposé à un champ magnétique modulé par le signal audio qu'on veut enregistrer. En passant devant ce champ, pense Smith, le fil métallique devrait pouvoir garder gravée la mémoire *magnétique* de ces modulations... Bien vu, mais il manque à Oberlin la puissance d'un Edison ou d'un Bell pour aller au bout de son idée et, après une publication remarquée en 1888 exposant clairement son intuition, il échoue à la mettre en pratique de façon convaincante.

Dix ans plus tard, Valdemar Poulsen (le même qui allait inventer les premiers oscillateurs à arc permettant les transmissions radio), trouve la solution et brevète en 1898 le *Télégraphone*, dont il faut saluer l'élégance technique mais regretter le nom, qui sonne vraiment très mal. Pourquoi appeler ainsi son ingénieux système ? *Graphe*, ça veut dire qui écrit, ça d'accord, *phone*, relatif au son, toujours d'accord, mais qu'est-ce qu'il y a de télé là-dedans ? *Télé* ça veut dire loin... Le fond de l'affaire, c'est que son invention est en rapport avec le téléphone : quand on doit s'absenter de chez soi, on enclenche la machine qui répond à votre place et demande à l'appelant de laisser un message, qu'elle enregistre sur ce fil magnétique – eh oui, enfin une date pas compliquée, c'est en 1900 que fut inventé le répondeur téléphonique, cet outil indispensable à notre vie quotidienne. C'est pour ça que Poulsen essaye de mettre « téléphone » dans le nom, ajoutant son bout de « gra » dedans.

Car au départ il y a une idée technique très astucieuse : on sait que grâce au microphone, le son est transformé en électricité sur les fils du téléphone. Il suffit d'enrouler à l'arrivée ces fils en bobine pour en faire des électroaimants et de faire passer un fil magnétisé devant, comme l'imaginait Smith. Et contrairement à la gravure physique, qui nécessite pour bien fonctionner un signal beaucoup plus puissant que celui qui arrive dans le cornet du téléphone, la gravure magnétique va chercher le signal *à la source*, c'est-à-dire dans les fils qui transportent le son, avant la vibration *mécanique* de la membrane qui amplifie le signal et le rend audible, elle reste purement électrique, c'est une alternative *magnétique* extrêmement élégante au rouleau d'Edison.

Le *Télégraphone* en a d'ailleurs repris intégralement le principe : le fil magnétisé de moins de un millimètre d'épaisseur est enroulé autour d'un gros cylindre et tourne à vitesse constante non pas devant une aiguille de gravure comme sur le *Phonographe* mais devant ce qu'on appelle maintenant une tête d'enregistrement, qui est en fait un bobinage dans lequel circule le signal et le traduit en modulations du champ magnétique qui s'« écrivent » sur le fil. Bien entendu, le système fonctionne également en sens inverse : en passant le fil enregistré devant les électroaimants, ces derniers perçoivent les modulations magnétiques et les traduisent au bout de la chaîne en un signal sonore (encore une étonnante qualité de la physique du son et de sa réversibilité). Ça marche plutôt pas mal, et à l'Exposition universelle de Paris en 1900, Poulsen enregistre l'empereur d'Autriche François-Joseph en visite à son pavillon, qui déclare prudemment : cette invention m'a beaucoup intéressé et je vous remercie pour cette démonstration. Il faisait bien de se méfier car il s'agit là du plus ancien enregistrement magnétique connu et sa voix a effectivement traversé le siècle intacte – comme quoi les rois et les empereurs doivent *toujours* être polis et penser à ce qu'on dira d'eux cent ans plus tard.

Peu après, le génial Danois se rend compte que quand on superpose « un courant continu d'une valeur convenable » à celui, alternatif, qui traverse la tête de lecture, ce courant, selon ses mots très clairs, « créait un vif mouvement des aimants moléculaires qui améliorait d'une manière importante les possibilités d'enregistrement, au moment de la naissance des inscriptions magnétiques, ce qui avait pour conséquence de rendre chaque détail de l'enregistrement très nettement perceptible ». Cette technique est connue aujourd'hui sous le nom de DC bias et nous en reparlerons un peu plus tard, mais sur le moment, on ne peut pas dire que l'accueil fut particulièrement enthousiaste. Poulsen essaye d'intéresser les Allemands, dont la curiosité pourtant dans ce domaine ne sera jamais démentie, mais ils ne sont pas preneurs. Ce dont il faut bien se rendre compte, c'est que raconté comme ça, on a presque envie de rentrer dans l'histoire pour aller leur tirer les oreilles, aux Allemands qui n'ont pas eu les deux sous de jugeote nécessaires pour reconnaître l'affaire du siècle. Mais en réalité, le responsable de chez Siemens en charge des propositions d'inventeurs voit en 1900 défiler toutes sortes de prophètes technologiques dont la multitude n'est que le reflet de l'immense bouleversement des années les plus récentes. L'électricité, le téléphone, le moteur à explosion, le télégraphe sans fil, c'est très nouveau, très prometteur, mais très instable, tout ne marche pas bien, et nous sommes clairement devant le cas d'une invention bien trop en avance sur son temps. Aux yeux de l'employé de Siemens, Poulsen propose une application commerciale (un répondeur-enregistreur téléphonique) dont l'utilité n'est pas flagrante vu l'état embryonnaire du réseau, et il ne peut pas comprendre qu'il a entre les mains *le premier enregistrement magnétique du genre humain*, ce qui n'apparaîtra comme évident que bien longtemps après.

Moyennant quoi Poulsen propose son invention en Amérique. Celle-ci ne faillit pas à sa réputation, c'est son bon côté à l'Amérique, elle aime les inventeurs, elle croit et a toujours cru qu'ils constituaient un trésor national inestimable, et en 1905 il vend son *Télégraphone* à une société associée à DuPont qui n'en fera hélas pas grand-chose... à part, quand démarre la Première Guerre mondiale, les vendre à l'armée allemande qui s'en servira pour diffuser des messages télégraphiques à sa flotte sous-marine. C'est encore un Allemand, Fritz Pfleumer, qui, lors d'un voyage d'affaires à Paris en 1927, se roule une cigarette à une terrasse de café et a l'intuition d'une bande semblable à celle du papier à rouler (qui venait à l'époque en rouleau et non en feuilles séparées). Il se dit : en l'enduisant de poudre d'oxyde de fer (de la rouille en langage courant), on devrait tenir une alternative satisfaisante au fil de Poulsen. Il essaye, ça casse, ça l'énerve, il recolle, ça tient puis ça recasse, mais il est sûr que s'il arrive à fabriquer une bande d'une matière suffisamment solide, il pourra couper, recoller, recouper le son à sa guise en fonction de ce qu'il y a sur la bande, bref le métier de monteur son est inventé. Mais son outil de travail pas tout à fait encore.

LE *MAGNETOPHON*

Cette fois-ci, il intéresse personnellement Hermann Bucher, le patron de la toute-puissante AEG (propriétaire avec Siemens de Telefunken), qui lui propose en 1932 un contrat pour réaliser un enregistreur magnétique. Pour ce projet, AEG s'allie à BASF, une filiale de l'encore plus puissante IG Farben, qui fournira une équipe de recherche sur les laques et les films plastiques pouvant convenir à cette utilisation. Et voilà qu'en 1933, un ingénieur d'AEG, Eduard Schuller, découvre un moyen simplissime d'optimiser la magnétisation de la bande lorsqu'elle passe devant la tête d'enregistrement : en enroulant les fils de la bobine autour d'un anneau légèrement aplati fendu à son extrémité, il découvre que le champ magnétique se concentre très fortement à l'endroit de la fente, comme aspiré par cette mince tranche de vide (l'*entrefer*), et que c'est lorsqu'on utilise cette fente comme tête d'enregistrement que l'on obtient les meilleurs résultats – une découverte tellement splendide qu'on n'a pas fait mieux depuis et qu'on l'utilise encore à ce jour.

Une présentation officielle a lieu en 1935 à Berlin par AEG et BASF qui font découvrir au public cette nouvelle machine, appelée *Magnetophon*. Trente ans après Poulsen, l'invention allemande semble affligée des défauts et qualités contraires : si l'étymologie de son nom reprend le cours attendu du bon goût universel (cela dit, il aurait pu tout aussi bien s'appeler le « magnétographe »), la restitution du son est très en deçà des attentes. Disons-le tout net, malgré le fait que l'appareil soit portable et de maniement facile, le résultat est un flop et ne soutient pas la comparaison avec le phonographe dont les disques reproduisent voix et musique avec une plus grande fidélité. Mais les Allemands poursuivent les recherches avec opiniâtreté. Les bandes d'acétate sont recouvertes d'oxyde de fer noir (Fe_3O_4) puis de fer brun (Fe_2O_3), le défilement se cale à soixante-dix-sept centimètres par seconde et la largeur du support à six millimètres et demi, petit à petit le format se précise. Hitler lui-même est fan du magnétophone, qu'il utilise beaucoup pour la retransmission de ses discours, déjouant ainsi les risques d'attentat en quittant la ville avant que le discours ne soit retransmis comme en direct. Précisons que l'utilisation de la radio AM (à modulation d'amplitude), en raison de la mauvaise qualité des transmissions, ne rendait pas audible la différence entre le direct et le différé.

En une entente intelligente, le groupe de diffusion radio RRG collabore avec AEG et BASF, et l'un de leurs ingénieurs, Walter Weber, redécouvre accidentellement en 1940 le principe du bias qui consiste à magnétiser la tête d'enregistrement avec un courant superposé à celui du signal audio, sauf que cette fois-ci, c'est avec un courant alternatif à très haute fréquence (et non plus un courant continu) qui « sensibilise » beaucoup mieux la bande magnétique. Le AC bias vient d'être officiellement inventé. Résultat : une qualité exceptionnelle de captation comme de restitution, les Allemands tiennent le vrai truc et les améliorations ne se feront désormais qu'à la marge. Ils inventent même l'enregistrement sur deux pistes, préfigurant la stéréo qui ne sera utilisée en masse qu'à partir de la généralisation du microsillon en 1958... À la fin de la guerre, les Américains, dont la Navy était restée pendant tout le conflit accrochée au système des fils magnétiques qui commençaient à devenir bien désuets, en profitent pour piller sans vergogne les inventions de l'ex-Allemagne nazie et ramènent au pays la technique et l'appareillage d'enregistrement sur bandes. Et là, finalement, c'est l'adoption universelle de ce nouveau format.

La Minnesota Mining and Manufacturing (3M) Company commence à fabriquer des bandes et la société Ampex (un acronyme autour du nom et de la qualité du produit de son fondateur, **A**lexander **M. P**oniatoff **Ex**cellence) des magnétophones en Californie. Fidèle vecteur de la modernité, c'est par la radio que les choses vont avancer : le chanteur et animateur Bing Crosby, qui en a marre de ne faire que du direct dans ses émissions pour la chaîne ABC, aimerait bien en enregistrer plusieurs à la suite sans avoir à revenir en studio à chaque fois. Il essayerait bien aussi de faire un peu d'*editing* dans le contenu, par exemple en montant sur une seule piste plusieurs prises différentes d'une même chanson, gain de temps et d'énergie quand on n'atteint pas la perfection du premier coup. Il lance un appel d'offres auquel Ampex répond avec un enregistrement de très bonne qualité : ce sera eux qu'il choisira pour l'opération qui commence en 1948, investissant du même coup la somme de cinquante mille dollars dans la société, lui donnant le coup de pouce qui lui manquait pour prendre son essor.

Ça y est, le magnétophone est lancé et, comme tous les nouveaux venus, son arrivée tardive dans la famille du son éveille une grande excitation. Convenons que c'est une amélioration énorme par rapport au phonographe : déjà, uniquement du point de vue de la fidélité de captation et de restitution du son, la différence est frappante, il n'y a plus ce petit crachotement qui accompagne la lecture d'un phonogramme. Ensuite, l'équipement est facilement transportable, le magnifique AEG K7 de 1944 tient dans une petite valise qu'on peut emporter partout pour enregistrer ce qu'on veut, dedans comme dehors. On peut faire des copies quasi identiques d'une bande à l'autre sans difficultés. D'un point de vue intellectuel aussi, le procédé est séduisant, car on reste au stade magnétique, sans rentrer dans la partie mécanique de l'aiguille dans le sillon du disque, pas de conversion inutile. Et puis c'est long, une bande, beaucoup plus long en durée que le phonogramme de l'époque, ça permet de capter en une seule traite de longs discours (et Hitler ne s'en est pas privé). En outre, le support est réutilisable, puisqu'une tête d'effacement magnétisée avec la polarité inverse fait comme l'effet de passer une éponge sur un tableau noir. Et par-dessus tout, ça permet de coller des bouts de sons les uns aux autres, et *ça* c'est un saut absolument phénoménal.

Car pour la première fois, on peut tenir le son *entre ses doigts*. Jusqu'à présent, on a su le capter, le transmettre, le graver, mais il gardait pour ainsi dire son intégrité intacte, irrémédiablement liée à son support. C'était une forme d'onde en bloc qu'on ne pouvait manipuler que comme telle. Tandis que là, on a enfin la liberté de le casser en petits bouts, de le tripoter comme on veut pour le recoller après. Et aussi d'effacer ce qu'on ne veut pas. La bande magnétique devient du *son en ruban* et va trouver une application immédiate dans les studios d'enregistrement : finie l'obligation d'exceller en une seule prise, on n'a plus peur de faire de faux départ comme avec le phonographe qui, une fois qu'il est lancé, ne peut plus s'arrêter au risque de gâcher la matrice du disque. On peut y aller tranquille. En radio, on va pouvoir donner l'illusion d'un temps réel continu alors qu'il sera constitué de multitudes de temporalités différentes cousues ensemble. Bref, pour les ingénieurs et les techniciens, une aube nouvelle se lève. Mais pas que pour eux : chez les compositeurs et les musiciens, cette découverte produit aussi l'effet d'une bombe.

LES MUSICIENS BIDOUILLEURS

L'un des premiers à se jeter dessus est un guitariste américain, ami de Bing Crosby, qui s'appelle Lester Polsfuss et que l'on connaît mieux sous son nom de scène de Les Paul. Magnifique musicien, il est également un brillant inventeur et a déjà laissé son nom dans l'Histoire avec l'invention d'une guitare électrique à corps plein (les caisses creuses comme les guitares classiques produisant des larsens trop facilement à son goût) qu'il a montée les dimanches de l'année 1941 dans les usines vides de la marque Epiphone. Dénommée « la bûche » car elle n'était pas grand-chose d'autre qu'un gros bout de bois avec des cordes tendues et des micros dessus, cette guitare devint un modèle quasiment universel, la marque Gibson donnant d'ailleurs son nom à l'un de ses modèles. En 1949, Crosby offre à Les Paul son premier magnétophone, un Ampex 300, et c'est parti pour les bidouillages les plus insensés qui soient. Il commence par rajouter des têtes d'enregistrement sur l'appareil et invente derechef le système de *sound on sound*, qui lui permet d'enregistrer plusieurs fois sur lui-même sur la même bande, rien que ça ! Avec son épouse Mary Ford, excellente chanteuse, il enregistre et exécute ainsi en 1951 un *How High the Moon* en multipiste guitare et voix absolument hallucinant, la vidéo est disponible, il faut vraiment la voir : ce n'est ni plus ni moins l'acte de naissance de l'*overdub*, une technique d'enregistrement dont l'importance grandira jusqu'à occuper l'essentiel de la production musicale.

En effet, plus besoin d'avoir quatre guitaristes qui jouent ensemble, un seul jouant les quatre parties l'une après l'autre peut très bien faire l'affaire, c'est entièrement nouveau. Sur la vidéo, on voit tourner deux superbes Ampex en premier plan, l'innovation technologique est carrément assumée. Et Les Paul ne s'arrête pas en si bon chemin : il met des magnétos en chaîne, en les branchant les uns aux autres, découvrant ainsi le principe de l'écho artificiel, qui est le même signal répété juste après par une autre bande. L'effet sera très apprécié des pionniers du rock'n'roll, ils vont l'utiliser à tout bout de champ en le réglant à quelques millisecondes après le signal. Puis il fait se répondre en ping-pong deux magnétos et l'écho s'allonge d'autant, il cherche le point de feedback, accélère les vitesses de défilement de la bande, et c'est l'effet de *tape delay* qu'il défriche, ouvrant toutes grandes les portes de la musique électronique. L'enregistrement multipiste, donc le mixage, les effets en temps réel, tout l'avenir du son de studio puis de scène, voilà ce qui découle de ces premiers bidouillages...

LE *CHAMBERLIN*

Mais pendant ce temps, un autre esprit ingénieux saute sur l'occasion pour réaliser l'instrument de ses rêves en utilisant la bande magnétique de façon complètement différente. Harry Chamberlin est un ingénieur né dans l'Iowa, il joue du saxophone, il a inventé un modèle de moteur pour bateau préfigurant l'hydroplane, il a conçu (mais non breveté) le lave-vitre sur le pare-brise des voitures, et a fini par déposer un système de flocage de façade à la laine de roche pour isoler les maisons du froid. Dès que le magnétophone Ampex est en vente, il en achète un et commence à faire des essais dans un placard insonorisé chez lui. Il enregistre des trucs, il écoute, il repère la longueur de la bande, il coupe, il colle... Car c'est la boucle qui l'intéresse. Cette possibilité d'enregistrer un son qui peut se répéter à l'infini est une perspective splendide ! Il suffit de coller la bande sur elle-même, de trouver un système pour qu'elle soit toujours tendue devant la tête de lecture et le tour est joué. À première vue, c'est aux rythmes que cette idée s'applique le plus simplement et il enregistre quatorze figures différentes à la batterie et à la percussion, chacune avec trois variations possibles, et met tout ça en boucle sur bande en coupant et recollant chacune au bon endroit. L'ensemble vient sous la forme d'une grosse boîte, de la taille d'une télé, avec une sorte de poignée sur le haut qui se déplace latéralement pour passer d'un rythme à l'autre, et un petit levier en dessous pour jouer les alternatives au rythme principal. Ça s'appelle le *Rhythmate* et ça sort en 1949.

Mine de rien, nous sommes en présence de la première boîte à rythme. Et du premier échantillonneur analogique. Rien que ça. Voilà plus de soixante ans que notre musique consomme des boucles, alors ça ne paraît pas très impressionnant vu d'ici, mais nous nous trouvons à un moment capital : même si le principe de répétition était connu et utilisé par tous les musiciens, les batteurs en particulier, ce n'était à l'époque qu'une *séquence* répétée à la main alors que maintenant sur la bande c'est un *objet sonore autosuffisant*. Plus, elle va devenir un objet conceptuel, une façon de *penser* une musique dont la forme ne sera plus que l'organisation de la répétition. Le rap, l'électro, le dub, la house, toute notre culture musicale contemporaine repose sur la boucle, et c'est Chamberlin qui le premier la met en pratique, ce qui mérite tout de même un certain respect. Après ce *Model 100* dont moins de dix furent fabriqués, il passe l'année d'après au *Model 200*, c'est-à-dire le même principe mais au lieu des percussions, ce sera un orchestre à cordes. Il rajoute un clavier de trois octaves dont chacune des trente-cinq touches (trois fois douze moins un, il manque un *fa* dièse à la dernière octave) actionne une tête de lecture sur une bande qui joue la note appropriée. Autrement dit, si j'appuie sur le *sol* du clavier, la tête va se poser sur la bande où un violon a été enregistré en train de jouer le même *sol*. Et si je joue au clavier l'accord *do mi sol la*, ça sonnera *vraiment* comme un quatuor dont chaque membre joue une note de l'accord.

Incroyable. De vrais violons, sous les doigts. Le délice absolu. Certes, ça marche mieux avec des accords qu'avec des phrases mélodiques, dont l'articulation n'est pas très naturelle. En outre, on ne peut pas tenir les accords indéfiniment, puisque à la différence des rythmes, on ne peut pas mettre ces bandes-là en boucle. Car si l'on utilise ce procédé avec le son d'un violon qui attaque une note puis la tient, on retrouvera à chaque tour de boucle l'attaque initiale, ce qui donne une impression désagréable de disque rayé, très loin de l'illusion de la tenue d'un orchestre à cordes. Les échantillons ne durent donc pas plus de six secondes mais tout de même, l'effet est extrêmement réussi. Du coup, Chamberlin passe à tous les autres instruments de l'orchestre, flûtes, hautbois, trompettes...

Durant les années 50, il perfectionne son modèle qui se vend de mieux en mieux (même si on est très loin d'atteindre les chiffres de Hammond), et une centaine de *Model 200* sont fabriqués dans son atelier d'Upland en Californie. Bientôt, il va proposer un modèle où le clavier est coupé en deux en son milieu : à gauche la boîte à rythme et les accompagnements automatisés en boucle, et à droite les échantillons d'instruments solistes. Il recrute ses enfants pour l'aider à l'atelier et au début des années 60, l'histoire raconte que son laveur de carreaux, Bill Fransen, passionné par l'instrument, se fait engager par l'inventeur comme cadre commercial pour stimuler les ventes de l'appareil. Mais ce dernier est très fragile : les bandes magnétiques, soumises à des efforts constants, se cassent facilement et créent un embrouillamini que tous les propriétaires de minicassettes ont connu à un moment ou à un autre. Le mécanisme de lecture est lui-même extrêmement délicat et se grippe facilement – il faut compter un taux de retour de l'instrument d'environ 40 %, ce qui est énorme et absorbe une partie exagérée du temps de production. Tout cela n'est pas satisfaisant, estime Fransen, le produit est génial, mais Chamberlin n'arrivera jamais à produire un engin fiable, il a le réflexe typique de l'inventeur qui couve son invention comme un bébé et l'empêche de grandir.

LE *MELLOTRON*

C'est alors que Fransen prend une décision moralement douteuse mais néanmoins fertile qui reste encore aujourd'hui un sommet de je-m'en-foutisme dans l'histoire de la propriété intellectuelle : il prend un *Model 600 Music Master* sous chaque bras, laisse la radio allumée chez lui pour faire croire qu'il y est toujours et s'envole pour l'Angleterre dans l'espoir d'y trouver des industriels pense-t-il plus compétents. Il y attire l'attention de trois frères, Frank, Norman et Leslie Bradley qui ont à Birmingham une fabrique d'électronique et notamment de têtes de lecture, en leur demandant s'ils peuvent en fabriquer soixante-dix exactement à l'identique. Certainement, répondent-ils, mais pour quel usage ? C'est alors qu'il leur montre l'engin miraculeux, sur lequel il avait préalablement effacé tout ce qui faisait de près ou de loin référence à Chamberlin et à sa propriété sur le modèle. Croyant avoir affaire à un inventeur solitaire, les frères Bradley sont emballés par l'invention merveilleuse qu'ils ont devant eux et l'achètent immédiatement à Fransen qui, après avoir supervisé la fabrication du premier modèle, a la présence d'esprit de disparaître de la circulation. L'instrument s'appellera le *Mellotron* et c'est sous ce nom qu'il laissera des traces inoubliables dans la pop et le rock de son temps.

Une cinquantaine de *Mark I* sortent de l'usine des frères Bradley début 63, puis ce sera le *Mark II* en 64, dont seront fabriquées plus de deux cent cinquante copies. C'est à ce moment-là que Chamberlin s'aperçoit que son invention est en train de fleurir outre-Atlantique sous un autre nom et qu'il saute dans un avion pour s'expliquer avec les Britanniques. Brevets dûment déposés à l'appui, il force ces derniers à un deal dont ils se seraient bien passés mais qu'il est trop tard pour refuser, vu l'ampleur des investissements déjà engagés dans la fabrication de ce clavier miraculeux. Après avoir convenu fort sagement que chacun garderait la commercialisation de l'instrument dans son propre pays, il en coûtera tout de même aux frères Bradley la somme de trente mille dollars de l'époque (deux cent vingt mille aujourd'hui), ce qui ne fait que renforcer leur ardeur à perfectionner leur modèle. Une ardeur qui ne tarde pas à être récompensée par l'attention que leur portent dès 1967 des groupes comme les Beatles (qui l'utilisent pour l'intro flûtée de *Strawberry Fields Forever*), les Rolling Stones (*2000 Light Years from Home*) ou les Moody Blues (*Nights in White Satin*), avant de se généraliser dans le rock anglais à tendance psychédélique (King Crimson, Yes, Genesis, Soft Machine). Même la BBC en acquiert un modèle dès 1965 pour en faire une banque de sons radiophoniques à intercaler dans les différentes émissions.

Tout comme le *Chamberlin* qui connaît une évolution parallèle, le *Mellotron* devient au fil de ses améliorations, un peu comme le *Chord Organ* de Hammond mais en plus complet, un véritable orchestre à lui tout seul, permettant de jouer des rythmes, des accompagnements et des mélodies en même temps grâce aux bandes préenregistrées à cette fin. Pour chaque reproduction d'instrument, un jeu de bandes s'insère un peu comme un rayon dans une ruche d'apiculteur – ce qui entraîne d'ailleurs de vives protestations de la part du syndicat des musiciens, arguant d'une concurrence mécanisée déloyale. Hélas, le marché s'avère décevant au niveau du grand public, sans doute rebuté par le prix de l'instrument comme celui des jeux de bandes. Ce sont plutôt des groupes ou des studios qui vont progressivement en faire l'acquisition, et les frères Bradley s'adaptent à cette inflexion. L'instrument devient plus léger, plus fiable et le *M400* qui sort en 1970 sera la star de la marque, se vendant à près de deux mille exemplaires en quinze ans – ce qui n'est pas non plus un succès commercial, il faut le reconnaître.

L'instrument accompagna néanmoins toute l'émergence du rock anglais des années 60 et 70 – on prit rapidement l'habitude de le repérer en concert grâce à sa couleur laquée blanche et à sa forme de mini-piano droit qui le différenciait facilement des autres claviers. C'est sans doute la raison pour laquelle le nom de *Mellotron* laissera une marque plus profonde que celui de Chamberlin dans l'Histoire de la Musique, car il est très étroitement associé à un mouvement populaire qui, pour une fois, n'est pas américain mais anglais. Il faut également mettre au crédit des frères Bradley un dynamisme et une ingéniosité dans la fabrication en série que n'avait pas leur confrère californien. À l'un donc la gloire discrète d'avoir inventé la boîte à rythme et le *sampleur analogique*, aux autres celle d'avoir inspiré une génération de musiciens qui allait changer le monde – après tout, chacun joue sa partie. Pour autant, l'instrument connut un succès provisoire. Plusieurs raisons : un mécanisme extrêmement fragile (une tête de lecture qui perd son alignement parfait avec les autres compromet gravement l'ensemble des pistes, la moindre humidité qui se condense ruine les têtes, du coup les groupes prenaient d'habitude *deux* instruments en tournée pour en avoir au moins un en état de marche), des bandes qui cassent souvent (des kilomètres de cauchemar), le prix très élevé (entre vingt et trente mille dollars d'aujourd'hui), la difficulté de l'accorder de façon stable, tout ça mis ensemble complique la pérennité de l'instrument... D'autant plus que l'arrivée des échantillonneurs numériques au début des années 80 va rendre le système totalement obsolète.

Cependant, preuve de la robustesse de son pouvoir imaginaire, le *Mellotron* survécut à l'effondrement de sa distribution aux États-Unis en 1977 (les accords d'importation avec Chamberlin avaient évolué), le distributeur en profitant d'ailleurs pour s'attribuer la propriété du nom Mellotron, un travers que nous retrouverons plus tard dans d'autres occasions. Les frères Bradley durent changer le nom de leur instrument qui devint le *Novatron* et le vendirent encore pendant dix ans avant de fermer boutique en 1986. Mais en 1991, un musicologue canadien, David Keane, ressuscite le nom et se met à fabriquer des *Mark VI* et des *Mark VII* qui sortent encore à ce jour. Le fils de Leslie Bradley continue également l'œuvre de son père en Angleterre et fabrique le *M4000* qui reste lui aussi disponible. Quant au *Chamberlin*, il vécut une vie plus paisible jusqu'à la mort de son inventeur en 1981 qui, après avoir fabriqué plus de sept cents instruments à la main, s'inclina définitivement devant son rival britannique.

LA TAPE MUSIC

Mais nous voilà bien loin, rembobinons à présent jusqu'aux débuts du magnétophone. Car à l'écart des studios télé et de la musique populaire se produit une autre révolution, plus abstraite mais aussi durable : celle de la *tape music*. Elle bourgeonne un peu partout. Dès 1947, Louis et Bebe Barron commencent à tripoter un *Magnetophon* original que leur a offert pour leur mariage un cousin qui travaillait à la 3M, et déménagent rapidement à New York dans le Greenwich Village dont on leur a dit que c'était le paradis de l'avant-garde. Effectivement, John Cage fait rapidement leur connaissance et attrape leur virus : il leur demande de l'aider à monter son propre studio pour son Project of Music for Magnetic Tape d'où sortira sa première œuvre sur bande en 1952, *Williams Mix*, et c'est parti pour tout un bouillonnement dont nous ne tarderons pas à retrouver les traces. Ce sera d'ailleurs le même couple Barron, véritables précurseurs en la matière, qui signera quelques années plus tard la première bande originale entièrement électronique du célèbre film *Forbidden Planet*.

Les remous n'ont d'ailleurs pas attendu pour atteindre l'Europe. En particulier chez un musicien que nous avons déjà rencontré aux côtés de Maurice Martenot pendant l'année 1942 et qui est entre-temps devenu un pilier de la radiophonie expérimentale : Pierre Schaeffer. À la fois ingénieur et compositeur (et également violoncelliste, encore un), ce polytechnicien surdoué est en train de prendre une place déterminante dans la recherche radiophonique française. Voilà un moment qu'il fait des expériences avec des disques et le magnétophone arrive à point nommé. Il a déjà inventé le *sillon sans fin*, un accident de gravure volontaire qui fait tourner un moment de son en boucle, ou la *cloche coupée*, c'est-à-dire qu'il fait commencer la lecture du son d'une cloche après sa percussion initiale, le séparant de son attaque caractéristique et le transformant ainsi en un son totalement différent... Au sein de la Radiodiffusion télévision française, son Studio d'essai créé en 1942 est devenu à la Libération le Club d'essai et au moment où les magnétophones arrivent en France, il est sur le point de le redéfinir en Groupe de recherches de musique concrète (qui deviendra finalement le Groupe de recherches musicales, dit GRM, en 1958).

La musique concrète est un mouvement autour duquel vont s'agglomérer beaucoup de grandes figures de l'après-guerre. Il va prolonger en musique le débat que la peinture a entamé trente ans plus tôt lorsque avec un brin de provocation Marcel Duchamp exposait un urinoir comme œuvre d'art. La peinture doit-elle absolument se faire au pinceau ? La sculpture au burin ? Y a-t-il des matériaux nobles et d'autres ignobles ? Les objets de notre consommation quotidienne peuvent-ils être mis en perspective et devenir de l'art quand ils sont exposés comme tel ? Schaeffer, aux côtés de Pierre Henry et d'un groupe croissant de convaincus, pense que la matière sonore, grâce à l'enregistrement, peut et doit servir d'alphabet aux nouvelles compositions, non plus sous forme de notes, mais de sons. Autrement dit, le bruit d'une locomotive ou d'un couteau qui tombe est une expérience sensorielle qui peut, lorsqu'elle est *mise en forme*, exprimer des émotions aussi intimes qu'un instrument de musique traditionnel. Une corne de brume sur un bateau exprime un timbre proche de celui du tuba, pourquoi celui qui joue de la première serait en vareuse et celui du second en smoking ? On s'en fout des habits, ce qui compte, c'est l'effet sonore rendu, ses harmoniques, sa dynamique, son épaisseur, sa force émotionnelle – savoir d'où vient le son, c'est secondaire ! Au contraire, même : découvrir le son de la cloche quand il est privé de son attaque est une expérience de contemplation artistique magnifique, c'est de la vraie poésie sonore qui tranche sans hésiter dans la matière pour la réinventer !

C'est pourquoi le magnétophone tombe à pic, car il permet d'effectuer toutes sortes de manipulations géniales, dont la première, et non la moindre, est de pouvoir exécuter un montage du son exactement comme on écrit une partition de musique. Ce qui est marrant, c'est que cet outil qui est passif au départ, c'est-à-dire qui enregistre ou joue de la musique qui a été pensée hors de lui et dont il n'est qu'un reflet, devient partie intégrante du projet musical et se transforme soudain en agent actif. En diffusant en octobre 1948 ses fameuses *Cinq études de bruits*, Schaeffer entame en Europe une révolution qui n'a pas fini de faire des vagues... D'autant qu'elle bourgeonne également à Munich, avec Josef Anton Riedl, à Cologne, dans le studio de la WDR (Westdeutscher Rundfunk) avec Herbert Eimert que ne tardera pas à rejoindre Karlheinz Stockhausen, à la RAI de Milan au Studio di Fonologia avec Luciano Berio et Bruno Maderna... C'est un mouvement très fort qui réunit dans un même élan créateurs et inventeurs, compositeurs et ingénieurs, c'est la première fois que les *deux côtés du son* sont représentés dans *une seule pensée artistique*.

PIERRE SCHAEFFER ET LE GRM

Cela dit, cette fusion des deux faces du son reste inégalement accomplie : il y a en effet dans ce groupe musical deux tendances qui vont progressivement se durcir en opposition. L'une, issue de la musique sérielle qui depuis Schönberg utilise les douze tons en série de façon égale et systématique, vise à s'affranchir des effets de tension-détente qui caractérisent une tonalité et s'intéresse surtout à étendre son système de composition à tous les paramètres sonores autres que la hauteur (timbre, intensité, durée...). Ce sera le sérialisme intégral, c'est-à-dire une mainmise totale du compositeur dans son écriture sur tous les aspects du phénomène sonore, dont Boulez et Stockhausen furent un moment les chantres. L'autre école est plus bruitiste, préférant laisser au son une énergie intacte, l'organiser en contraste plutôt que l'ordonner en intervalles, voire susciter l'aléatoire comme mode de composition, comme le fera Pierre Henry. Traiter le son, en faire vraiment de la pâte pour inventer autre chose avec, voilà le projet qui va les inspirer. En France, le premier groupe trouvera en 1970 ses quartiers définitifs avec la création de l'IRCAM qui, dans l'esprit de Pierre Boulez, a pour mission de donner au compositeur tous les outils techniques sonores dont il peut avoir besoin. La deuxième école existe déjà, c'est le GRM pour qui les mots *artiste* et *technicien* ne sont que des oppositions factices – ce qui est toujours facile à dire quand on est polytechnicien et compositeur. Les deux établissements sont d'une créativité passionnante l'un comme l'autre, et continuent d'ailleurs de pousser recherches et trouvailles dont les retombées sont promptement avalées par la communauté informatique musicale.

Schaeffer s'attaque donc à une tâche immense qui consiste à réinventer le son de toutes les façons possibles et imaginables. C'est une terrible discipline doublée d'un risque énorme de dérapage ou de cul-de-sac. Mais c'est également une usine improbable d'où peuvent émerger des idées déconcertantes, surtout qu'il n'y a pas que le son qui est concerné, mais l'image aussi. Car il y a trois troupeaux de chercheurs au GRM : le Groupe de recherche musicale, le Groupe de recherche image qui expérimente de nouveaux concepts d'émissions télévisées, et le Groupe de recherche technique qui met au point de nouvelles machines pour le son et l'image. C'est d'ailleurs ainsi que sont nés les Shadoks, ces volatiles absurdes et merveilleux qui ébahirent la France de 68 : un prototype de machine à faire des animations simples sur des bandes de sept centimètres de large, l'*Animographe*, avait besoin de matière picturale pour en tester le fonctionnement. Un certain Jacques Rouxel, ancien publicitaire et alors chercheur au GRM avait dans ses cartons un projet d'animation avec des petites bêtes comme les Shadoks. Ils commencent donc une sorte de production expérimentale, pour voir, sans même avoir l'idée de la diffuser. Mais voilà que début 68, un nouveau directeur, Émile Biasini, est nommé à l'ORTF. Il fait le tour des unités de production, tombe sur ce projet, il adore et décrète : vous m'en ferez cinquante-deux épisodes, début de diffusion fin avril. Tout d'un coup le rythme change, fini de rire, il faut mettre le paquet. Fin avril, les premiers épisodes sont diffusés devant une France médusée et partagée en deux, ceux qui adorent et ceux qui détestent. Et puis le

13 mai, les événements que l'on connaît qui plongent le pays dans le chaos momentané : plus d'essence, plus de train et... plus de télé. Sauvés ! Ils mettent à profit ce répit inespéré pour reprendre leur souffle et achever la première saison sans encombre ni décès prématuré.

Ce qui nous éloigne passablement de notre sujet qui est celui du son et des inventeurs de clavier, mais ça tombe bien parce que Schaeffer a justement quelque chose à proposer sur la question : le *Phonogène*. Son étymologie nous dit que c'est un appareil qui crée du son, ce qui, on l'avouera, est un peu générique. En réalité, il s'agit d'un dispositif de contrôle sur la vitesse de défilement d'une bande magnétique. Deux types de *Phonogènes* sont développés au GRM, l'un à coulisse et l'autre, on s'en serait douté, à clavier. Dès qu'il s'agit de commandes de quoi que ce soit, même si on tente des alternatives, le bon vieux clavier refait toujours surface. Une octave, douze notes, il nous permet déjà de constater que la vitesse de défilement de la bande est directement liée à la hauteur des sons enregistrés. Autrement dit, si j'enregistre un *la* 440 et que je le rejoue deux fois plus vite qu'à la vitesse où je l'ai enregistré, j'entendrai un *la* 880, c'est-à-dire le même mais une octave au-dessus. Encore une loi simplissime du son : deux fois plus vite égale fréquence doublée, soit une octave plus haut (et deux fois plus court, mais ça c'est évident). Soit dit en passant, c'est une loi très utile quand on veut retranscrire un extrait musical qui défile trop vite pour qu'on puisse en reconnaître séparément toutes les notes : il suffit de l'enregistrer sur un dictaphone puis de le rejouer deux fois plus lentement (une option fréquente pour économiser de la bande), et on entendra toutes les notes parfaitement détachées une octave en dessous !

Mais là où l'invention de Schaeffer force l'admiration, c'est que son clavier ne sert pas à commander des sons d'instruments imités, comme pour le *Chamberlin* et le *Mellotron*, mais à *extraire une nouvelle forme de tonalité* de sons qui sont considérés comme *n'en ayant pas*. A priori, le bruit de la chasse d'eau vidant mes toilettes ne semble pas avoir sa place dans le chromatisme bien rangé d'un univers tonal, mais il suffit de l'assigner au *Phonogène* pour se rendre compte que lui aussi a un centre tonal et qu'il est très facile de jouer *Au clair de la lune* avec. Bien entendu, Schaeffer n'a pas pour but d'attirer les sons concrets (traduisez : qui ne sont pas produits intentionnellement par des instruments) dans l'orbite de la musique traditionnelle, mais son procédé nous rappelle combien le principe de tonalité est souple et finalement subjectif. Extrait de son contexte ou d'une partie de lui-même, le son contient bien une possibilité d'*ailleurs* qu'il appartient à l'homme moderne de recomposer. Et le clavier, aussi antinomique qu'il soit avec cet ailleurs qui n'aime pas être coupé en tranches, reste cependant un moyen d'y parvenir. On voit que Schaeffer suit une ligne de crête très mince entre l'imaginaire et le pratique, trouvant par l'exigence de sa recherche des chemins inédits allant de l'un à l'autre. Les amateurs de contrepet et de verlan apprécieront le remodelage de son nom qui exprime à la fois sa rigueur théorique et son imagination débordante : Fier Chépère.

SHANNON ET LA NAISSANCE DE L'INFORMATIQUE

Mais il y a une autre utilité de la bande magnétique à laquelle on ne s'attendait pas. Et elle arrive à point... pour stocker des données. Des successions de uns et de zéros vont constituer le nouvel alphabet informatique et ont besoin d'être mémorisés physiquement quelque part. Oui, la bande va devenir le compagnon inséparable de l'ordinateur pendant de très longues années. Transfuge du monde de la musique pour servir celui du calcul, il est bien normal que ce dernier lui rende la pareille et serve à défricher à sa façon le monde encore inconnu du son numérique. Car nous avons pour l'instant rencontré toutes sortes de savants, ingénieurs, inventeurs et musiciens qui créent du son de façon électrique ou électronique, mais toujours selon un mode *analogue*. Autrement dit, c'est toujours de la matière qui vibre, stimule et transmet une impulsion physique le long d'une chaîne complexe de traitement pour devenir, au bout, un son.

Or, depuis la guerre et l'intuition géniale d'Alan Turing de ce qu'allait être un ordinateur, il existe une autre façon d'en créer, avec juste du calcul et beaucoup de patience. Tout débute avec un personnage tout à fait singulier dont l'importance des travaux va s'avérer fondamentale. Claude Shannon est né dans le Michigan en 1916 et grandit dans la vénération de son héros, Thomas Edison. Il entre à dix-sept ans à l'Université du Michigan d'où il sort quatre ans plus tard avec deux diplômes, un de mathématiques et un d'ingénierie électrique. C'est alors qu'il rejoint le prestigieux Massachusetts Institute of Technology où il donne la pleine mesure de son talent puisqu'en publiant en 1938 sa thèse (*Une analyse symbolique des circuits de relais et de commutation*), il pose devant ses contemporains ébahis les fondements de ce qui allait devenir l'informatique. En utilisant la fonction binaire des commutateurs électriques, allumé ou éteint, *on* ou *off*, un ou zéro, il démontre la possibilité pour une machine de faire beaucoup plus que calculer : elle peut suivre électroniquement un chemin logique en enchaînant des choix binaires les uns après les autres selon une procédure que l'on appelle maintenant un algorithme.

Mais il ne s'arrête pas là (il n'a que vingt-deux ans !) et quand arrive la guerre il rejoint les Laboratoires Bell et travaille sous la supervision de l'armée en cryptographie, c'est-à-dire sur le déchiffrage de textes codés. C'est à ce titre qu'il fait la connaissance d'Alan Turing lorsque ce dernier se rend en 1943 aux États-Unis pour partager ses connaissances extraordinaires dans le domaine. Cet immense savant anglais, qui cassa le code de la redoutable machine de chiffrage allemande Enigma et fut l'un des artisans les plus décisifs de la victoire des Alliés, avait avant la guerre posé des fondements identiques à ceux de Shannon avec sa *Machine universelle*. L'Angleterre ne lui en fut guère reconnaissante, puisqu'elle le condamna quelques années plus tard à la castration chimique pour cause d'homosexualité, le poussant ainsi à un suicide étrange et révoltant : grand fanatique du *Blanche Neige* de Disney, il se donna la mort en croquant une pomme empoisonnée. Le bruit court que c'est cette pomme croquée qui servit de nom et de symbole à la marque Apple, rendant hommage à son génie si injustement récompensé (ce qui explique le petit arc-en-ciel présent sur les premiers modèles). Mais pour revenir aux Bell Labs, c'est l'occasion pour les deux hommes de se découvrir et ils s'entendent bien, ils pressentent tous les deux l'avenir de l'informatique avec une clarté prophétique – j'avoue que j'aurais aimé être une petite souris à la cafétéria du labo aux moments où ces deux grands hommes s'y retrouvaient pour discuter.

Ce qui mérite un petit mot sur ces fameux Bell Labs. Créés comme leur nom l'indique par l'inventeur que nous connaissons déjà, ils doivent leur naissance, une fois n'est pas coutume dans ce pays si riche, à la générosité française. En effet, lorsque Alexander Graham Bell inventa le téléphone, il lui fut attribué en 1880 par le gouvernement français le prix Volta, accompagné d'une dotation de cinquante mille francs or. Une fort jolie somme pour l'époque, avec laquelle l'inventeur fonda et construisit ses laboratoires dédiés à l'analyse, l'enregistrement et la diffusion du son, ainsi qu'au phénomène de surdité dont, rappelons-le, sa femme et sa mère étaient affligées. Au moment où Shannon les rejoint soixante ans plus tard, ces laboratoires sont devenus la propriété conjointe de la Western Electric et de AT&T et sont en train de devenir, sous la direction de Marvin Kelly, une référence mondiale dans la recherche privée.

La philosophie de ce brillant directeur (poursuivie par ses successeurs William Baker et John Pierce) est que, pour obtenir des résultats dignes de ce nom, il faut faire de la recherche fondamentale, et non de la recherche appliquée. Comme le dit Jean-Claude Risset que nous rencontrerons plus bas, ce n'est pas en améliorant la bougie qu'on invente l'éclairage électrique. Il faut donc non seulement une masse critique de chercheurs, mais aussi que tout le monde soit sous le même toit, ingénieurs, physiciens et métallos, les sachants et les faisants, de façon à ce que l'ingéniosité de chacun enrichisse et complète celle des autres au quotidien. Une conviction appliquée à l'architecture du bâtiment le plus célèbre des Bell Labs situé à Murray Hill, dont les couloirs interminables passent devant tous les bureaux dont la porte est souvent ouverte : impossible d'aller à la cafétéria sans tomber sur des collègues au moins une dizaine de fois. Derniers fondamentaux : du temps à volonté et une totale liberté pour les savants dont Kelly comprenait que les recherches pouvaient déboucher avec génie sur un domaine totalement différent de leur objet premier… ou rien du tout. Cette politique créative commence à donner des résultats très encourageants, notamment avec leur premier prix Nobel de physique en 1937 – en fait, c'est la génération de Shannon qui va en faire *le* laboratoire de recherche fondamentale le plus créatif et innovant du siècle, mais n'anticipons pas.

Quand donc il intègre l'équipe de ces brillants chercheurs, Shannon a en tête une autre théorie qu'il affinera progressivement pendant la guerre sur la circulation de l'information, ce qu'on appellerait aujourd'hui le flux des données. En 1948, il publie un article dans lequel il en expose les règles et là, il sidère tout le monde. Il n'est pas le premier à avoir théorisé le sujet et son nom est souvent associé à celui de Nyquist qui y avait travaillé vingt ans auparavant. Mais la clarté et la précision de sa feuille de route pour le futur sont implacables, et c'est pour ça qu'elle est passée dans l'Histoire comme le *théorème de Shannon*.

En théorie, dit-il, n'importe quel son peut être traduit en une série de *bits* (contraction de *binary digits*, chiffres binaires qui ne peuvent être que zéro ou un). Autrement dit, *tout peut être numérisé*. Pour comprendre, imaginons la forme de son la plus simple qui soit : une onde sinusoïdale. Comme une vague toujours identique, elle monte et descend régulièrement. Il y a plusieurs façons de la dessiner sur une feuille de papier : le plus simple est de la tracer à la main, un geste vieux comme l'âge des cavernes, c'est, dirons-nous, son expression analogique. Mais ce que je peux faire aussi, c'est prendre du papier millimétré et tracer la même forme d'onde non pas d'un seul geste, mais en la composant d'une multitude de petits points qui se suivent et restituent dans leur succession une apparence identique à ma courbe tracée à la main. Chaque petit point a une abscisse et une ordonnée, une position unique et identifiable sur le papier, il peut donc être exprimé en nombres, d'où son expression *numérique*. Énoncer ces nombres à la suite les uns des autres est donc une façon très fastidieuse mais efficace pour décrire numériquement la forme de cette onde. J'en profite pour faire remarquer combien le mot *digital* est trompeur car il semble indiquer l'action d'un doigt, alors qu'il vient de l'anglais *digit*, le chiffre, ironiquement appelé ainsi car il était pendant des siècles exprimé... par les doigts. Mais il a pris depuis en Français le sens de *numérique*, au risque parfois de confusion, c'est pourquoi il est bon de préciser leur synonymie.

Quoi qu'il en soit, si nous prenons l'exemple de notre bon vieux *la* 440, il est ainsi appelé car c'est la fréquence à laquelle il répète la même vaguelette : 440 fois par seconde. Pour en donner l'expression numérique fidèle, il faudra donc couper une seconde en quatre cent quarante tranches, chacune représentant une vague. Après, il faut au minimum deux points pour représenter cette vague, un point haut et un point bas. Ce qui veut dire qu'il me faudra deux fois plus de tranches que la fréquence de la note : une tranche pour le point haut, une pour le point bas, ce qui dans notre cas voudra dire 880 tranches. C'est ce qu'on appelle la fréquence d'échantillonnage. Maintenant, si l'on veut échantillonner *tous les sons audibles*, il faut se caler sur la plus haute fréquence perceptible par l'oreille humaine pour être sûr de ne rien rater. La communauté scientifique s'étant entendue qu'on ne pouvait physiquement entendre au-delà de 22 050 Hz (avec une marge de sécurité), c'est ainsi que la fréquence « officielle » d'échantillonnage est le double, c'est-à-dire 44 100 Hz, le fameux quarante-quatre point un.

Reste à régler le problème du point haut et du point bas : quand il n'y a que deux positions, une haute, une basse, on ne peut pas dire qu'elles expriment une dynamique très fine. Si je veux pouvoir faire la différence entre un pianissimo et un fortissimo, il me faudra une échelle plus précise, et c'est là que les bits entrent en jeu : ils constituent les degrés de hauteur disponibles pour exprimer ces points haut et bas. Si par exemple je veux enregistrer en huit bits, cela signifiera que j'aurai à ma disposition, selon la règle des probabilités, deux puissance huit combinaisons possibles (car il s'agit d'un choix binaire : un ou zéro). Pour les plus littéraires, disons que cela revient à chercher au Scrabble toutes les compositions d'un mot de huit lettres avec seulement un A et un B : il y en a 256. Et pour Shannon, ça veut dire 256 hauteurs disponibles pour inscrire un point sur la courbe, ce qui est quand même très précis (pour ceux qui l'ignorent, la quantification de profondeur de base est aujourd'hui de seize bits, soit 65 536 définitions possibles, presque 300 fois plus).

UN PORTABLE AU CASINO

On imagine à l'époque les langues pendantes et les yeux écarquillés à l'écoute de cette démonstration : elle constitue ni plus ni moins l'acte fondateur de la musique numérique telle que nous la connaissons aujourd'hui. Le plus fort, c'est que ce n'est là qu'une petite partie de sa théorie, qui prend en compte l'ensemble du phénomène de transmission numérique, depuis l'émetteur jusqu'au récepteur. Elle réfléchit sur l'acheminement automatisé de l'information dans sa globalité, d'où le nom contracté d'*informatique*, qui n'apparaîtra qu'au début des années 60. C'est donc tout l'avenir de l'ordinateur qui est compris dans cette déclaration de 1949. La répercussion de cette théorie s'étend d'ailleurs bien au-delà du traitement du son et même de l'électronique, puisqu'un grand nombre de chercheurs en sciences sociales l'appliquèrent au langage et aux échanges sociaux en général, ce qui ne manquait jamais de faire rire Shannon qui trouvait que la farce allait un peu trop loin. Et la farce, il connaît.

Au vu de son génie précoce, on pourrait l'imaginer comme quelqu'un de très sérieux, mais rien n'est plus faux. Ses collègues des Bell Labs ne font même plus attention quand il déboule dans les couloirs sur un vélo à une roue, jonglant avec trois balles en avançant – il peut aussi le faire en équilibre sur un fil. Ils ont fini par s'habituer à son canon à Frisbee, à sa trompette lance-flammes et à son échasse sauteuse motorisée. Il est vraiment imprévisible. Par exemple, avec un ami à lui du MIT, Edward Thorp, ils décident un jour pour s'amuser de réfléchir à une utilisation de leurs modèles mathématiques pour gagner à la roulette à tous les coups. En trichant un petit peu : ils projettent de calculer les probabilités de résultat en fonction de la vitesse de la bille quand elle est lancée. Ils se prennent au jeu et se retrouvent dans le sous-sol de Thorp les week-ends de l'année 1960 pour y confectionner l'ordinateur miniature qui pourra faire les calculs gagnants en temps réel.

Car, tant qu'à faire, autant tester le système en vrai dans un casino, c'est quand même plus marrant, il faut donc porter l'ordi sur soi sans attirer l'attention des videurs qui veillent au grain... Le résultat est splendide, il fait la taille d'un gros paquet de cigarettes, comprend douze transistors et représente le premier ordinateur portable de l'Histoire ! Il est relié à un micro dans le talon de la chaussure qui permet de chronométrer le temps de rotation de la boule tournant sur la piste en claquant du pied à chaque fois qu'elle passe devant un repère fixe. Tant que la boule tourne sur la piste, on peut encore jouer, c'est quand elle passe à la roue que les paris s'arrêtent. Un écouteur porté discrètement à l'oreille de son complice lui communique la réponse du calcul de l'ordinateur en utilisant huit tons différents, répétés ou non, représentant chacun un huitième du tapis où miser pendant les quelques secondes dont il dispose avant que la boule ne tombe sur la roue.

Les essais se précisent dans le sous-sol de Thorp avec une roulette réglementaire et ils sont très positifs : en commençant par vingt-cinq dollars et en appliquant de tête une règle mathématique qui calcule combien il faut miser en fonction de ce qu'on a, ils parviennent au bout d'une heure de jeu à un gain – hypothétique – de huit mille dollars ! Quand arrive l'été 61, ils sont fin prêts, et c'est avec leurs épouses respectives qu'ils décident d'aller prendre un peu de bon temps à Las Vegas. Et de, discrètement, soulager le casino de quelques liasses de billets. Sean Connery n'était même pas encore James Bond que les deux savants planifiaient déjà leur équipée comme dans un film d'espionnage : l'un serait le porteur de l'ordinateur, fixé par une ceinture à la taille, et claquerait du talon au passage de la boule. Astuce désopilante de Thorp : pour ne pas attirer la suspicion, le porteur devrait avoir à la main un carnet dans lequel il marquerait soigneusement les résultats successifs, comme seul peut le faire un amateur naïf croyant à sa martingale – ce genre de gogos sont immédiatement identifiés par les professionnels comme des rêveurs inoffensifs. La parfaite couverture ! Le complice, quant à lui, équipé de l'oreillette en liaison radio avec l'ordinateur, exécute les paris indiqués par celui-ci.

Une fois dans la place, le plan se déroule à merveille... quand l'ordi marche, ce qu'il fait plutôt de bonne grâce. En revanche, c'est l'oreillette du joueur le point faible du dispositif, car les fils peints en couleur chair qui descendent sous les vêtements au récepteur radio ont tendance à se casser facilement, nécessitant des allers-retours aux toilettes pour refaire les soudures. Il arrive que le petit haut-parleur s'échappe de l'oreille du joueur et suscite même une fois un cri d'effroi chez sa voisine qui croit voir un insecte électronique lui sortir du crâne... Mais en dépit de ces petites sueurs, leur système fonctionne admirablement. Les compères ont la sagesse de gagner suffisamment peu pour ne pas attirer l'attention de la direction, car c'est là que les ennuis commencent... Pour la petite histoire, Ed Thorp déplaça son attention par la suite sur le jeu de black-jack, puis sur les marchés boursiers pour y appliquer, avec les enseignements tirés de cette escapade, ce qui s'appellera le *critère Kelly* : dirigeant d'un hedge fund rapportant vingt pour cent par an, sa fortune est maintenant évaluée à plusieurs centaines de millions de dollars et il est encore vivant à l'heure où j'écris ces lignes.

LE TRANSISTOR

Mais revenons aux Bell Labs, où la période d'immédiat après-guerre est d'une fertilité sans comparaison. En 1947, dans le cadre d'une recherche fondamentale autour des effets quantiques sur la conductivité des solides, une équipe de chercheurs y invente un petit objet qui allait sérieusement accélérer l'histoire de la technologie : le transistor. Voilà quarante ans maintenant que toute l'électronique fonctionne avec la triode de Forest plus ou moins améliorée et il est temps de changer de paradigme – l'audion est toujours une invention magnifique sauf qu'à la longue il révèle plusieurs défauts. Tout d'abord, les circuits « à tubes » sont très volumineux. Quand par exemple on soulève le capot du *Novachord* de Hammond avec ses cent soixante-trois ampoules, on se dit qu'il doit forcément y avoir un moyen d'y arriver plus simplement. Il faut beaucoup d'énergie pour alimenter toutes ces lampes et elles dégagent beaucoup de chaleur. Elles prennent du temps pour chauffer avant de marcher. Elles sont sensibles aux chocs et aux vibrations. Elles sont périssables à plus ou moins long terme. Enfin, elles sont compliquées à fabriquer et leur assemblage est délicat. Bref, il est temps de passer à autre chose et ce sera le transistor.

Forgé par John Pierce en contractant *transfer resistor*, le nom est officiellement appliqué par l'équipe des Bell Labs à cette invention le 28 mai 1948 – comme on le sait, sans les mots, les choses n'existent pas vraiment. Ce petit objet miraculeux est la version « solide » de la triode à lampe : au lieu d'avoir, dans une ampoule sous vide, deux filaments séparés par une grille qui module le courant passant de l'un à l'autre, il utilise le même système mais avec des matériaux semi-conducteurs en contact rapproché, ce qui permet de doser leur résistance et leur conductivité. Ça se présente sous la forme d'une petite barrette partagée en trois sections, celle du milieu isolant les deux autres. Même principe : le courant arrive d'un côté, il est modulé par celui qui arrive au milieu et ressort amplifié de l'autre.

On a donc un minuscule objet rectangulaire avec trois petites pattes métalliques (les contacts électriques) qui peuvent aisément se souder sur la carte d'un circuit, et voilà, l'informatique moderne est née. Bienvenue à l'âge du *solid state*. Quasiment que des avantages : ça fait la même chose qu'une triode (amplificateur ou interrupteur), ça consomme beaucoup moins d'énergie (donc possibilité de piles, donc portable), par conséquent ça chauffe beaucoup moins, d'ailleurs ça n'a pas besoin de chauffer pour marcher tout de suite, si c'est bien soudé ça peut faire le tour du monde sans broncher et son espérance de vie est de cinquante ans. Petit bémol : lorsqu'un son saturé entre dans un transistor, la façon dont celui-ci traite l'anomalie du signal est sans concession, dure à l'oreille, alors qu'avec un tube, on obtient dans les mêmes conditions une coloration beaucoup plus naturelle. Mais on ne va pas commencer à se plaindre et si l'on veut ce son-là, eh bien on peut toujours sortir le vieil ampli à lampes du placard.

MAX MATHEWS

Au début des années 50, tous les signaux sont donc au vert pour une expansion massive de l'informatique. On n'attend plus que l'héritier de Shannon, celui qui mettra en pratique sa théorie grâce aux nouveaux ordinateurs. Mais les choses ne vont pas vite, car si l'on date l'invention du transistor en décembre 1947, il faudra attendre mai 54 pour que Texas Instruments en annonce la disponibilité dans le commerce... Et c'est cette année-là que Max Mathews pousse pour la première fois la porte des Bell Labs pour y intégrer, sous la direction de John Pierce, l'équipe d'Acoustique et de Recherche comportementale. Le département s'est engagé à louer à New York un superbe calculateur *IBM 704* (encore à lampes) pour trois cents dollars de l'heure, promettant plus de quarante mille opérations à la seconde. Mathews se frotte les mains : avec un tel monstre, on peut faire ce qu'on veut ! Entouré de quelques chercheurs il commence donc à se mettre au travail et va petit à petit, *bit by bit*, faire avec beaucoup de patience basculer le son dans le monde du numérique.

On ne saurait exagérer l'importance de sa contribution et de son influence sur tout ce qui se passe en termes de recherche sonore dans la seconde moitié du XXe siècle. Pour les derniers inventeurs vivants que nous rencontrerons à la fin de ce livre, Max, comme ils aiment à l'appeler, constitue une référence absolue, c'est le père de notre modernité musicale, c'est lui qui leur a *montré comment faire*. Pas seulement par la limpide clarté de sa pensée, mais aussi par son attitude générale dans la vie, sa curiosité, sa modestie, son humour qui font de lui aux yeux de tous ceux qui ont travaillé à ses côtés une sorte de super-héros de la science du son.

Mathews vient du Nebraska où il est né en 1926. Ses parents sont tous deux enseignants en sciences et son père est le proviseur du lycée d'une petite ville perdue dans la campagne. C'est pour lui la plus belle des enfances et la meilleure des éducations car il peut aisément passer du temps dans les laboratoires après les cours pour y poursuivre les expériences que sa curiosité du moment lui inspire. À dix-huit ans, il s'engage dans l'armée jusqu'à la fin de la guerre où il est affecté à l'entretien des radars et c'est là qu'il devient raide dingue d'électronique. Démobilisé en 1945, il poursuit ses études à l'excellente Caltech pour finir avec un doctorat au formidable MIT, parachevant ainsi un parcours académique d'une rectitude irréprochable. Il a vingt-huit ans lorsqu'il postule pour les Bell Labs, qui l'embauchent sur-le-champ. Et c'est l'occasion pour lui de se déployer vraiment. Car c'est bien beau de théoriser la conversion de l'analogique au numérique, mais la mettre en pratique est une autre histoire... C'est celle qu'il va si brillamment écrire.

Les débuts sont ardus. Déjà, il faut inventer des convertisseurs pour passer de l'analogue au numérique et vice versa. Le principe est qu'on veut pouvoir enregistrer une conversation numériquement et la restituer à nouveau en analogique. Il faut trouver un moyen de traduire les variations de voltage dues aux contours de la voix en bits suffisamment précis pour qu'ils en soient l'expression numérique la plus fidèle possible. C'est cela qui va occuper Mathews pendant ses deux premières années au laboratoire. Cependant, même s'il a bien été engagé pour travailler sur les communications téléphoniques et leur possible numérisation, il ne tarde pas à se rendre compte que l'esprit « Bell Labs » est beaucoup plus relax que ce à quoi il s'attendait. À commencer par son patron, le directeur scientifique John Pierce, à qui il doit d'ailleurs la technique de PCM (Pulse Code Modulation) qui lui permet de « lisser » les voltages pour adoucir l'effet saccadé des échantillons numériques qui se succèdent les uns aux autres. Précisons que c'est le même Pierce qui supervisait les recherches sur le transistor et deviendra mondialement célèbre en définissant les principes de la communication par satellite, dirigeant la réalisation et le lancement de son premier exemplaire, *Telstar 1*.

Bref, Pierce, non content d'être à ses heures perdues un écrivain prolifique de science-fiction sous le nom de J.J. Coupling, est également mélomane (il joue du piano) et ça tombe bien car Mathews joue depuis toujours du violon, ce qui nous change du violoncelle. Ils s'entendent à merveille, ils sortent souvent écouter de la musique, et Mathews raconte qu'un soir où ils étaient allés entendre un pianiste donner une interprétation d'une pièce décevante de Schnabel, ils se sont regardés à la sortie et se sont dit en rigolant qu'après tout, avec leur matériel, ils devraient être capables de faire mieux... Nous sommes en 1956 et ce défi à moitié sérieux est pourtant l'étincelle qui met le feu aux poudres. Car tout d'un coup une idée énorme, impossible, impensable fait surface : et si, avec un ordinateur, au lieu de *capturer* du son, on le *fabriquait* soi-même ? Avec juste des uns et des zéros à qui on donnerait des ordres selon la séquence adéquate ? Plus fou encore, serait-il possible d'imiter des sons naturels de façon entièrement numérique ? Les perspectives sont vertigineuses, car cela demande de comprendre *de quoi chaque son est fait* avant de pouvoir l'imiter, et dans ce domaine on commence à se rendre compte qu'on est bien loin d'avoir tout saisi.

En effet, plus on avance dans la connaissance, plus le mystère s'épaissit, un paradoxe scientifique bien familier. Notamment dans l'aspect *subjectif* de l'audition, c'est pourquoi on commence à parler de plus en plus souvent de psycho-acoustique. Cette subjectivité est d'une part liée à la position physique que l'on a par rapport au signal sonore, mais ça, on le sait depuis longtemps : le son se propage dans l'espace en rebondissant de façon très complexe jusqu'à l'oreille qui l'entend et cela suffit pour faire de l'audition une expérience strictement individuelle. Mais on se rend compte également que notre cerveau fait toutes sortes d'arrangements avec lui-même quand par exemple il s'agit d'écouter une conversation et de la musique en même temps : le plus souvent le signal est incomplet, ou brouillé par un autre, et nous le *calculons* autant que nous l'entendons réellement. Ce qui revêt une grande importance puisqu'il faut aussi tenir compte de ces facteurs dans la confection d'un son pour qu'il soit le plus ressemblant possible...

La tâche est immense et Mathews s'y attelle avec ardeur. Grâce au fidèle *IBM 704* (qui servira également à Ed Thorp pour calculer les probas de gagner au black jack), il dresse les plans du premier logiciel de création musicale. Un an après, en 1957, *Music I* voit le jour et propose, très modestement, la confection digitale d'une onde triangulaire avec un contrôle de hauteur, d'intensité et de durée. C'est la base à partir de laquelle tout le reste va voir le jour, la première brique de l'édifice. On serait tenté de dire : un an pour faire une note, ils s'embêtent pas aux Bell Labs. Mais c'est toujours le premier pas le plus laborieux, et Max part vraiment de zéro. Il faut créer de toutes pièces un protocole d'échange avec le calculateur (il n'était pas encore question d'ordinateur à l'époque) qui corresponde à la finalité du projet et surtout il faut le tester. C'est là que ça se complique.

Car ces calculateurs étant l'absolue quintessence de la modernité la plus à jour, ils sont fort sollicités pour leur puissance de calcul par toutes sortes de banques, assurances et autres riches institutions – les heures disponibles pour Mathews sont donc scrupuleusement comptées. N'oublions pas que cet *IBM* n'est disponible qu'à Manhattan et que le labo de Mathews est de l'autre côté de la rivière, à Murray Hill dans le New Jersey. Chaque fois qu'un résultat doit être testé, il faut donc que Max se rende à New

York avec ses cartes perforées, qu'il les insère dans la machine tel le pèlerin devant la Pythie, attende un certain temps que le calculateur crache la réponse sur bande magnétique (pas forcément le même jour, c'est selon les priorités de calcul), qu'il rapporte cette bande au labo et qu'il la fasse défiler dans son convertisseur pour entendre comment ça sonne... Il a intérêt à être soigneux au départ quand il fait les petits trous dans les cartes...

En 1958, c'est *Music II*, cette fois avec un *IBM 7094* construit sur la même architecture (pas besoin de tout recommencer à zéro) mais entièrement transistorisé. Plus rapide, plus puissant, il permet à Mathews de progresser avec sûreté : il crée seize modèles de formes d'ondes (les *wavetables*) qui lui serviront de référence et peuvent exprimer quatre voix simultanément. Et puis en 1960, le *Music III* achève de poser les fondations de la synthèse du son. En fait, se dit Mathews, le plus simple est de fonctionner par modules élémentaires, chacun se combinant aux autres en accomplissant une action particulière. Le tout est de trouver les bons modules, les traitements de base qui s'appliquent à tous les sons et qu'on va pouvoir combiner entre eux pour créer ce qu'on veut. La boîte à outils du bricoleur du son, en somme.

Il s'agit là d'une étape déterminante dans notre longue aventure. Car à partir de ce moment précis, toute la synthèse du son va utiliser ces outils logiques, *en analogue comme en digital*. Autrement dit, malgré des différences fondamentales, les raisonnements informatique et électronique se rejoignent désormais dans le processus d'une création sonore. Ces modules (que Mathews appelle des *unit generators*), quels sont-ils ? Tout d'abord un oscillateur, qui crée une forme d'onde. Puis un générateur de bruit, qui peut produire plusieurs fréquences en même temps. Puis un filtre qui permet de sélectionner les fréquences et de les faire évoluer dans le temps. Et enfin un mixeur qui permet d'additionner, soustraire, multiplier ou diviser les signaux entre eux. Le principe est donc de faire rentrer à volonté la sortie de l'un dans l'entrée de l'autre dans une démarche de *patching* qui va devenir le lot quotidien des années à venir et dont tous les apprentis synthésistes devront désormais apprendre à maîtriser les règles.

Mais encore une fois, quand le principe est trouvé, le plus dur reste de le mettre en pratique et c'est ce à quoi il passera le plus clair des année 60, en commençant déjà par tenter d'élucider les mystères de la voix. Car on pourrait croire qu'en réalisant quelques dizaines de phonèmes « synthétiques » de base on devrait arriver à l'imiter facilement, pourtant rien n'est plus faux. On sait depuis Helmholtz que la voix, tout comme un instrument de musique, possède de nombreux harmoniques dont l'ensemble définit son *spectre*. À l'intérieur de ce spectre, il y a ce qu'on appelle des *formants*, qui sont les harmoniques prédominants en fonction du phonème exprimé. Ce ne sont pas toujours les mêmes, ils changent en fonction des mots et des gens qui les disent et c'est bien là le problème. Car, comme on s'en rend bien compte, le langage n'est pas une succession de phonèmes avec pour chacun ses formants à lui mais un perpétuel glissement de l'un à l'autre. Quand on dit Aïe, on ne dit pas A-Ï-E, et tout tient à cette différence.

L'équipe de Max se donne donc comme défi de faire chanter à l'ordinateur une comptine d'enfant aisément reconnaissable, *Daisy : a Bicycle Built for Two*. Une chanson pour commencer, car il est plus facile d'imiter une voix qui chante qu'une voix qui parle, l'oreille est plus indulgente sur la compréhension. Et il faudra toute la pertinence d'un des chercheurs de son équipe, le fameux John Kelly, pour arriver à un résultat probant. Car quand on se contente de faire une sorte de fondu entre le A et le I, le chemin *numérique* le plus court n'est pas le plus convaincant. En fait, c'est au niveau du larynx que tout se passe, et c'est le chemin le plus court pour *lui* qui définira le changement. D'où la nécessité de le modéliser numériquement pour étudier la corrélation entre les mouvements du larynx et les sons exprimés. C'est d'ailleurs en traînant à Murray Hill qu'un collaborateur de Stanley Kubrick voit l'équipe de Max travailler sur ce projet et le propose au réalisateur, ce qui aboutira à la scène extraordinaire de *2001 : l'Odyssée de l'espace* où le cosmonaute Dave désactive une à une les mémoires du redoutable ordinateur HAL 9000 qui vient d'essayer de le tuer. Après avoir plaidé et protesté, HAL, la mémoire vide, finit par lui chanter la première chanson qu'on lui a apprise à sa naissance électronique, *Daisy*, avant de s'éteindre définitivement...

QU'EST-CE QU'UN SON ?

Mais il n'y a pas que la chanson dans la vie, et Mathews est persuadé qu'il est essentiel de travailler avec des compositeurs pour profiter au mieux de leur créativité, si différente de celle des scientifiques. Souvent, une exigence simple pour un musicien peut être extrêmement ardue à réaliser pour un technicien, posant ainsi des défis inattendus dont les résultats font toujours avancer la connaissance vers de nouveaux horizons. Le principe d'un compositeur « en résidence » est ainsi établi et, après une participation de James Tenney entre 1962 et 1964, c'est au tour du Français Jean-Claude Risset d'explorer à Murray Hill le terrain encore vierge de la composition par ordinateur. Ce pianiste, également normalien en physique, représentera par la suite un maillon essentiel entre la France et les États-Unis dans ce domaine, puisque c'est à lui que Pierre Boulez confiera la direction du département Informatique de l'IRCAM dont Mathews supervisera la création.

Arrivé aux Bell Labs, Risset découvre à son tour cet environnement ouvert et créatif, dirigé par un Max aussi chaleureux que stimulant. Le regard bleu de son patron, attentif et posé, la clarté de son discours, sa clairvoyance à hiérarchiser les problèmes, son attitude toujours positive et tournée vers l'avenir font de lui un boss de rêve aimé de tous. Mais plutôt que d'y officier comme compositeur et au vu de son cursus scientifique, Mathews propose à Risset de partager avec lui sa mission exploratoire fondamentale : comprendre enfin comment se font les sons. Vaste programme ! C'est un peu comme de lâcher deux zoologues dans la forêt amazonienne en leur demandant de classer tous les insectes qu'ils trouvent ! Car pour l'instant l'*IBM* qui chante *Daisy* n'est pas près de faire chavirer les cœurs. Et d'une façon générale, le son qui sort de toutes ces expériences n'est enthousiasmant *que* par ses promesses, et non par les résultats qui sont, disons-le franchement, assez décevants. Raide, sans grâce, la musique par ordinateur n'est pas encore prête à être écoutée – ce ne sera que dans le courant des années 70 que les choses commenceront à s'arranger un peu.

C'est pourquoi on ne peut que saluer le courage de ces savants qui espèrent que leurs recherches aboutiront dans dix ou vingt ans, posant patiemment les repères pour les générations futures...

Mathews propose donc à Risset : je prends le violon, tu prends la trompette et chacun de notre côté on essaye de comprendre comment ça marche. Et c'est ainsi qu'avec une patience d'entomologiste, les deux chercheurs scrutent tous les aspects du son de leurs instruments respectifs. Progressivement, Max désosse son violon pour remplacer la caisse de résonance par une série de filtres analogiques qui réagissent en temps réel aux vibrations des cordes. Jean-Claude étudie la progression des harmoniques de la trompette dans la durée et s'aperçoit que plus l'instrument joue fort, plus le spectre se modifie. En étudiant l'évolution d'*une* fréquence harmonique, il arrive à modéliser ce mouvement et à le répercuter à l'ensemble du spectre, ce qui sera fort utile plus tard en synthèse analogique, mais n'anticipons pas. Bref, petit à petit les connaissances évoluent mais elles demeurent extrêmement formelles et les compositeurs s'impatientent, on les comprend. Mais avant d'aller voir où les emporte leur fièvre créatrice, prenons encore quelques instants pour achever notre portrait de Mathews.

Incarnation vivante de l'esprit des Bell Labs, il alla plus loin qu'eux dans sa vision du futur. Il refusa de breveter le principe de la numérisation et s'assura que personne ne le ferait à sa place : il estimait que cette passerelle entre l'analogue et le numérique devait appartenir à l'humanité et non à un laboratoire. Il pressentit l'arrivée des ordinateurs individuels portables très longtemps avant tout le monde et travailla sur les premières polices de caractères pour les logiciels de traitement de texte. Il préfigura bien entendu tous les programmes d'enregistrement ou de traitement informatique du son. Il inventa avec son *Radio Baton* l'une des premières interfaces de commande numérique : comme avec une baguette de chef d'orchestre, il conduisait ainsi des partitions de Bach que l'ordinateur jouait au tempo et aux intensités donnés par lui en temps réel. Il fut le premier à créer une politique d'échange dans ce domaine, partageant sans retenue son savoir-faire et sa créativité. Tous les bidouilleurs d'aujourd'hui connaissent la série d'effets *Max MSP* issue des laboratoires de l'IRCAM, ainsi nommés en son honneur, et ce n'est que justice. Sa disparition en 2011 fut très profondément ressentie dans la communauté scientifique du son et il en demeure à ce jour l'un de ses plus grands modèles.

LE MONSTRE DE RCA

Mais tout le monde n'a pas sa patience et les compositeurs veulent du son, tout de suite. Déjà, le travail sur bandes magnétiques ouvre des horizons très attirants, et les ordinateurs promettent un avenir captivant. Au début des années 50, un brillant physicien, Harry Olson, et un ingénieur non moins créatif, Herbert Belar, tous deux travaillant comme chercheurs en acoustique pour la RCA, décident de s'associer pour réaliser un rêve complètement fou : un ordinateur qui jouerait de la musique. Moins impliqués dans la recherche fondamentale comme celle de Mathews qui consiste à créer numériquement tous les sons qui sortent de la machine, ils arrivent à convaincre leur boss de construire un synthétiseur avec des oscillateurs à lampes traditionnels, mais dont tous les paramètres seraient commandés numériquement : hauteur, timbre, intensité, durée… Ils font miroiter au big boss de RCA, le « Général » Sarnoff, la possibilité d'une machine miraculeuse qui jouerait et composerait de la musique automatiquement, sans avoir besoin de tout un orchestre pour produire le même résultat. Le *Mark I* voit donc le jour en 1955 dans leur labo de Princeton et attire progressivement les compositeurs les plus pointus dans le domaine, dont Vladimir Ussachevsky et Milton Babbitt qui en deviendront les développeurs les plus actifs.

La machine n'est pas facile à piloter. Déjà, rien ne se fait en temps réel. On établit les calculs, on réalise les cartes perforées, on les rentre dans la fente et on attend pour écouter. Il ne s'agit pas simplement d'écrire la musique comme le feront plus tard les *séquenceurs* dont le *Mark I* est l'illustre ancêtre, mais également de définir le timbre, l'enveloppe, la hauteur et l'intensité de chaque note qui la compose, ce qui prend un temps fou. Et quand, deux ans plus tard, Olson passe au *Mark II*, la direction de RCA se penche sur le projet et se rend compte que, d'une part, le syndicat des musiciens, mis au courant de cette tentative de les remplacer par des machines, menace encore une fois de se retourner violemment contre eux, et, d'autre part, qu'il faut trois semaines pour écrire une pièce de deux minutes, ce qui n'est pas un taux de rentabilité particulièrement intéressant. Pour Sarnoff c'est un cul-de-sac. Le vrai boum c'est la télé, aussi RCA se désengage progressivement du projet.

En 1959, un deal est trouvé avec le Columbia-Princeton Electronic Music Center que viennent de fonder Ussachevsky et Otto Luening pour accueillir le colosse informatique dans ses locaux de Manhattan. De nombreuses photos sont encore disponibles du *Mark II*, sur lesquelles on peut découvrir un monstre de métal et de fils boulonné à même le sol du labo, couvrant deux murs perpendiculaires de boutons, de câbles et de prises, et d'où émergent deux claviers alphanumériques servant à perforer les cartes avec lesquelles on donne les instructions. Un sacré machin. Mais malgré sa taille et sa lenteur, le *Mark II* excite l'imagination d'une foule de compositeurs, car il permet à la fois de programmer des sons de synthèse et de leur faire jouer une partition. Hourra, se disent-ils, on va enfin pouvoir faire des trucs qu'on ne pouvait pas physiquement faire avant, par exemple répéter une note *dix-sept fois en une seconde*. Ou écrire des intervalles injouables, des attaques impossibles, des tenues jamais vues, et pouvoir tout d'un coup les entendre, quelle aubaine magnifique !

Comme avec les bandes magnétiques, il s'agit de composer non plus avec des notes mais avec les sons eux-mêmes. Sauf que là, c'est très très précis, au bit près. Ce qui implique l'apprentissage d'un nouveau langage d'écriture pour que la machine puisse le lire, d'où les interminables journées de programmation. C'est une tâche de bénédictin dont l'âpreté incite pourtant à quelques découvertes fondamentales, comme celle qui édicte la forme de toutes les enveloppes possibles. Les sons de synthèse, énonce ainsi Ussachevsky, s'écoulent dans le temps selon l'enchaînement suivant : Attaque Déclin Sustain Relâchement. ADSR, les capitales magiques qui deviendront l'alphabet de la synthèse sonore. Par exemple, pour imiter le « déroulé » de son du violon, il faudra définir son attaque (le crin de l'archet heurtant la corde), le moment où cette attaque redescend (le déclin), puis se stabilise avec la note tenue (le sustain), pour finir avec la corde qui vibre brièvement seule quand l'archet a quitté les cordes (le relâchement). Cette séquence ADSR peut alors être appliquée à d'autres éléments d'un son, comme par exemple ses harmoniques que l'on peut filtrer dans le temps – produisant ainsi le vvzzzziiiaaaouuunnngg si typique des synthés.

C'est ainsi que le labo de Columbia (qui se trouvait d'ailleurs à quelques portes de celui où fut élaborée la confection de la bombe atomique, le fameux Manhattan Project) s'ouvre en permanence aux compositeurs – l'un de ses fréquents visiteurs sera d'ailleurs Edgard Varèse dont l'implication dans les recherches musicales de son siècle l'a placé aux premières lignes de l'innovation sonore. Le Français (naturalisé américain) a dès ses débuts porté une attention toute particulière à Theremin puis Martenot pour lesquels il écrivit, a fréquenté Stokowski et sera très vivement intéressé par les travaux exécutés aux Bell Labs par Pierce et Mathews dont il devint bon ami grâce à l'entremise de Newman Guttman, également membre de cette équipe. Pour Varèse, ce type d'expérimentation est essentiel à la mue de son art, et il a raison, car comme on le verra plus bas, ce laboratoire inspirera la génération suivante d'une façon que nul n'avait prévue.

La RCA va néanmoins se détacher totalement du projet – les ampoules et les connexions vieillissantes ne seront plus remplacées au fur et à mesure, et tout en clamant que sa compagnie a servi de berceau à la musique synthétique, Sarnoff renonce à en explorer le potentiel. Ironie de l'histoire : la descendance directe de cet énorme projet tient aujourd'hui dans nos sonneries de téléphone portable, qui ne sont pas vraiment des chefs-d'œuvre de musicalité... Autre ironie : le créateur original du programme, Harry Olson, proposa à son boss dans les années 60 de mettre en pratique le travail sur le *Mark II* pour développer un synthétiseur à clavier grand public – il avait un sens du marketing, une vision de l'instrument et une expérience imbattable, les trois éléments indispensables au succès d'un tel projet. Il se vit répondre qu'un tel marché ne représentait pas de réel intérêt, aussi prit-il peu après sa retraite et c'est en spectateur avisé qu'il admira l'incroyable explosion qui surgirait quelques années plus tard...

Chapitre VII

SCOTT, LE CAINE

En matière d'encyclopédie, un ouvrage me fascine depuis longtemps : *Les Fous littéraires*, d'André Blavier. Dans cette véritable somme de plus de onze cents pages, le bibliographe belge, aussi désopilant qu'industrieux, recense les auteurs qui ne sont *pas* passés à la postérité pour raison d'indifférence totale de leurs contemporains. Ça en fait des paquets, objectera-t-on, mais Blavier opère une sélection : son recensement ne retient que des auteurs se situant à la frontière cocasse entre folie et excentricité. Ce sont en majorité des textes scientifiques de penseurs ou savants qui ont en commun la certitude de détenir sur le monde une vérité définitive et argumentée. L'expression « littéraire » est trompeuse car il ne s'agit pas de littérature au sens où on l'entend habituellement, c'est-à-dire une œuvre de fiction, mais d'une simple publication – à compte d'auteur, il ne faut pas qu'ils aient même séduit un éditeur avec leurs élucubrations. Cette publication constitue donc pour eux le glorieux couronnement d'années de calculs, hypothèses et démonstrations dont le style semble traversé d'une fièvre contagieuse.

Le plus gros de ce volume, délicieusement découpé en catégories originales mais pertinentes

(« cosmogones », « prophètes, visionnaires et messies », « quadrateurs », « astronomes et météorologistes », « persécutés, persécuteurs et faiseurs d'histoires », « savants », « inventeurs et bricoleurs », etc.), est surtout consacré à des auteurs de la fin du XIXe siècle. On l'aura compris, le rythme des découvertes et changements de vie de cette époque encourageait les supputations les plus hardies sur les nouvelles règles ordonnant notre monde, et nombreux furent ceux qui crurent à leur mission d'éclairer leurs contemporains de leur propre certitude. Ce qui m'a le plus étonné en parcourant pour la première fois les pages de cette encyclopédie, c'est qu'il n'y a finalement pas beaucoup de différence entre ces fous littéraires et d'authentiques savants : même ardeur, même audace, même opiniâtreté dans l'hypothèse jusqu'au-boutée. En d'autres termes, plus on avance dans la lecture, plus on s'aperçoit que les génies ne sont simplement rien de plus que des fous qui ont raison. Cette façon de penser hors des cases, d'oser le ridicule, de rebrousser le poil de ses certitudes, voilà ce qui fait bouger les choses, finalement avoir tort ou pas n'empêche pas de continuer à essayer – et puis à force d'avoir tort, on peut finir par avoir raison...

Dans le récit qui nous occupe, celui des fous du son, personne n'a tort ou raison puisque tout le monde est plus ou moins fou. Personne ne prétend avoir mis la rationalité du monde sous sa coupe. Chacun essaye, à sa façon, de réaliser l'impensable – certains y parviennent mieux que d'autres et arrivent à laisser leur nom sur un instrument que les musiciens adoptent. Ceux-là restent ainsi dans la mémoire collective de grands passeurs et ce sont les plus brillants, les plus visibles d'entre eux que ce livre entend évoquer. Mais il y en a tant dont ces pages ne parlent pas... ceux qu'on considère un peu comme des originaux qui ne jouaient pas vraiment dans la cour des grands... L'Histoire est souvent cruelle – nous avons déjà vu comment l'idée ruineuse de l'un peut faire plus tard la fortune de l'autre et comment il y a toujours quelqu'un *avant le premier*. C'est pourquoi je voudrais honorer dans ce chapitre deux hommes extraordinaires que la vie, la personnalité ou le hasard ont placé un peu en marge de l'histoire officielle. D'authentiques génies, situés quelque part à côté des chemins de grand passage et dont les travaux eurent une importance discrète mais décisive tant ils étaient prophétiques. Deux vies singulières et émouvantes, deux destins fascinants.

HARRY WARNOW, INVENTEUR CONTRARIÉ

Le premier s'appelle Harry Warnow. Ses parents ont immigré d'Ukraine avec son grand frère de huit ans son aîné et sont venus s'installer à Brooklyn, où son père Joseph, diamantaire, a également ouvert un magasin de musique. C'est là que naît Harry en septembre 1908, premier Américain « de sol » de la famille. C'est un garçon intelligent et indépendant qui montre, tout comme son frère, des dons exceptionnels pour la musique – visiblement ça lui vient très facilement. Sur un piano mécanique du magasin de son père il se souvient enfant d'avoir regardé éberlué les touches s'enfoncer toutes seules et produire ces sons merveilleux. C'est ainsi qu'il apprendra à jouer, comme Art Tatum d'ailleurs et sans doute beaucoup d'autres comme eux qui dès le début se confrontent à la question : comment ça fonctionne ? Où faut-il poser les doigts pour que ça marche aussi bien ? Ce qui est très différent d'apprendre à déchiffrer de la musique depuis une partition et à bouger les mains comme il faut, nous y reviendrons.

Harry est curieux de tout, et pas seulement de musique, il commence à démonter les réveils, à lire des revues techniques et nous revoilà avec les premiers symptômes de l'inventeur : il aime bricoler, comprendre, il veut être ingénieur, c'est ça qui l'intéresse et il sort à dix-huit ans de la Brooklyn Technical School pour s'orienter vers les sciences. Mais son grand frère, qui est entre-temps devenu violoniste professionnel puis chef d'orchestre, lui achète un Steinway, lui paye ses études et le persuade de poursuivre sa formation musicale. Ce sera donc la toute jeune Juilliard School, dont il sort pianiste diplômé à vingt-deux ans. L'Amérique est en pleine crise, nous sommes en 1931, mais Harry est un musicien extrêmement abouti, il enchaîne vite les petits boulots et finit par rejoindre son frère Mark, toujours lui, qui dirige maintenant l'orchestre de la radio chez CBS. Il y officie comme pianiste et apprend très vite les ficelles du métier.

Pendant ce temps, il commence à accumuler du matériel. Déjà, il achète de quoi graver des disques. Le magnétophone n'existe pas encore, et la seule façon de fixer du son c'est avec un phonographe. Il enregistre tout, des monologues, des idées musicales, le bruit des voitures passant dans la rue, il enregistre même sa petite amie au téléphone pour lui rejouer la conversation deux minutes plus tard en parlant d'autre chose, il fait plein de farces sonores, il adore ça. Il achète aussi les toutes premières caméras 8 mm, et filme à tour de bras. Chez CBS il se procure des micros, il en fabrique. Il étudie la question. Il dit à l'époque : un microphone, c'est un microscope du son – une maxime d'une remarquable justesse. En effet, en fonction de l'endroit où on le place et de la direction dans laquelle on le pointe, les perceptions deviennent exagérément différentes, ce qui impose dans leur utilisation à la fois discipline et finesse d'écoute. Son appartement à Brooklyn est testé en permanence pour ses effets acoustiques naturels : pour les sons mats et rythmiques, le placard, et pour une jolie réverbération, il y a la salle de bains.

Sa copine Pearl, qui va devenir sa femme en 1935, sera d'ailleurs son ingénieure du son enrôlée d'office, gratuitement, pour les quinze ans qui viennent – et également la maman d'une petite fille et d'un petit garçon, avec Harry on n'a pas le temps de s'ennuyer. C'est un esprit brillant et inventif, il adore écrire de la musique, aussi un jour prend-il à part le producteur de l'émission où officie son frère et lui propose-t-il de composer un répertoire original pour le *Saturday Night Swing Session*. OK, lui dit le producteur, prends ton temps mais fais-moi quelque chose de bien. Huit mois plus tard, Harry revient avec un morceau, *The Toy Trumpet*, qui devient un tube dès sa première diffusion. Il le présente à la tête de son orchestre, le Raymond Scott Quintette – il dit avoir trouvé le nom dans un annuaire de téléphone, il en aime le rythme, et avoir rajouté Quintette après. Il s'agit pour lui de faire oublier ses origines étrangères et de se fondre au mieux dans le fameux melting-pot américain. Ce qui ne l'empêchera pas de se marier avec Pearl devant le rabbin, mais ça c'est sa vie privée. Pour le public, cette année 1936 marque le début de la carrière du compositeur à succès Raymond Scott, pianiste à la radio.

Son groupe est constitué des membres du CBS Radio Orchestra, ce qui se fait de mieux en matière de musiciens professionnels – on notera la présence du trompettiste Bunny Berigan, véritable star du moment (qui mourra peu après d'une cirrhose), ainsi que celle, à la batterie, de Johnny Williams, père du compositeur John Williams qui écrira entre autres les musiques de *Star Wars*, *Indiana Jones* ou *Les Dents de la mer*. Raymond Scott et son Quintette de choc swinguent dur, les mélodies sont escarpées, imprévues, facétieuses et semblent véhiculer vingt émotions différentes à la minute. L'engouement du public est quasi immédiat et le pianiste signe avec Columbia Records et Irving Mills (le manager de Duke Ellington) un contrat d'enregistrement qui lui fera vendre en cette fin des années 30 plusieurs millions de disques.

Les titres de ses compositions sont souvent loufoques : *Musique pour le dîner d'un troupeau de cannibales affamés*, *Danse de guerre pour Indiens en bois*, *Le Batteur joueur*, *Boy Scout en Suisse*, *Dans une salle de dessin au XVIIIe siècle*... Elles sont tirées au cordeau, c'est le son du jazz mais on n'improvise pas, ou plutôt Raymond (comme nous allons devoir maintenant l'appeler) laisse son orchestre improviser en répétition jusqu'au moment où il sent qu'il tient la bonne phrase et là il arrête tout : je veux exactement cette phrase, tu la gardes. Et ainsi de suite en reprenant et s'arrêtant. Interdit d'écrire la partition – on ne joue pas pareil, dit-il, et il a raison, mais quel travail ! Rejouer et rejouer et rejouer jusqu'à ce qu'une forme apparaisse, se solidifie et devienne enfin un morceau dont chaque note est fixée pour toujours.

Du coup, l'orchestre grogne parce qu'ils ne peuvent pas improviser. C'est marrant parce que vu d'ici, on dirait le monde à l'envers : ce sont des solistes d'une époque où *tout le monde* improvise à la radio et ne pas le faire est pour eux une humiliation. Mais Scott est un genre de *control freak* qui a besoin de décider chaque détail de sa musique et n'entend laisser à personne d'autre cette prérogative. Il n'est pas très à l'aise avec les gens, il est timide, cassant, souvent maladroit. En revanche, en musique, il sait exactement ce qu'il veut jouer, et sous sa direction, un musicien doit accepter de devenir de la pâte à modeler.

En tout cas, ça plaît au public, et rapidement il reçoit un coup de fil de Hollywood : on aime votre Quintette, ça vous dirait de faire de la musique de film ? Une telle occasion ne se refuse pas, surtout quand on est jeune marié avec bientôt une famille à nourrir, aussi déménage-t-il sur la côte Ouest en 1937 et commence-t-il à travailler pour les studios de cinéma. On voit même son orchestre qui apparaît dans plusieurs longs métrages (*Ali Baba Goes to Town*, *Happy Landing*) avec de très beaux plans sur tous les autres instrumentistes... sauf lui. Le pauvre est très timide et refuse d'apparaître à la caméra. Un comble pour Hollywood ! De fait, ça ne colle pas vraiment, il se sent très mal à l'aise dans ce paradis des apparences aux règles auxquelles il répugne à se plier. Lui, ce qu'il aime, c'est la musique, assembler des notes et des rythmes, pas faire le guignol devant une caméra avec un fez et des moustaches, ce qui, à son grand dam, est une pratique générale à L.A. et, pis encore, une des conditions élémentaires du succès.

Non, décidément, le cinéma ce n'est pas pour lui. Il retourne donc à New York l'année d'après, où il prend le poste de directeur musical à la radio CBS. Son Quintette figure toutes les semaines dans l'émission de variétés « Your Hit Parade », écoutée par l'Amérique entière : il devient l'un des chefs d'orchestre les plus en vue du moment. Il continue d'acheter du matériel et le voilà qui commence à imaginer une machine orchestre qui fonctionnerait électriquement, il évolue lentement du concept de la prise de son à celui de sa synthèse. Il réfléchit à l'idée d'un studio dans lequel il pourrait travailler à sa guise, mais l'installation telle qu'il l'imagine coûte cher, alors il étend son quintet à un big band et, fort de sa notoriété radiophonique accompagnée de substantielles ventes de disques, il laisse tomber CBS et prend la route avec le Raymond Scott Orchestra pour tourner dans tout le pays. Il invente le réveil parlant qui lit un message préalablement enregistré à l'heure convenue sur le cadran, il bouillonne d'inventivité. L'argent afflue, les commandes se bousculent, les idées fusent : à la fin de l'année 1940, on peut dire que l'avenir lui appartient.

L'ASCENSION DE RAYMOND

C'est à ce moment qu'il va donner une pente particulière à son destin en faisant plusieurs choses inattendues. Tout d'abord, il se fait refaire le nez. C'est étonnant car il est beau, son nez. Il est fort, c'est normal, car Harry est quelqu'un d'intense, il donne à son visage et ses yeux sombres une densité presque tragique. Mais sans doute le trouve-t-il trop juif, trop européen, son nez, l'homme veut se fondre dans l'Amérique sans faire d'histoires, il a compris qu'il pouvait se réinventer dans ce pays, et il le fait. Après tout, il ne s'appelle plus Harry, mais Raymond, et son nez ressemble maintenant plus à celui d'un O'Brian que d'un Warnow. Plus d'arête impérieuse mais un pied de marmite de boxeur irlandais qui a pris plus d'un coup. Ça le change considérablement, et pourtant l'intensité demeure, elle s'exprime juste d'une autre façon. Plus douce, plus lisse, moins tranchante. Sans doute précisément ce qu'il voulait.

À la même époque, il décide de prendre sous son aile une jeune fille de quatorze ans dont les talents exceptionnels ont attiré son attention. Elle s'appelle Marjorie Chandler, elle est canadienne et elle chante vraiment très très bien. Ses parents acceptent de la confier à la famille Scott dont elle deviendra le troisième enfant. Commence alors pour la jeune fille une harassante période de formation qui plus d'un soir la laisse en larmes, effondrée sur son lit. Car Raymond est tout sauf tendre, il lui faut la perfection, sinon on recommence. C'est un excellent professeur d'ailleurs, car il connaît toutes les ficelles de la musique *et* de la prise de son, ce qui est capital quand on chante à la radio. Il a repéré le don de la petite Marjorie, il sait qu'elle est à l'âge où le travail porte ses plus beaux fruits, alors il met le paquet. Tant et si bien qu'elle devient une chanteuse accomplie et que, dès 1942, elle commence à se produire avec l'orchestre de son protecteur.

Autre chose, il se rend compte que s'il tourne sans arrêt, il ne pourra jamais développer son studio. Or c'est ce qui lui tient à cœur, aussi met-il fin à deux ans de tournée avec le Raymond Scott Orchestra et reprend-il son poste de directeur musical chez Columbia – où on imagine qu'ils devaient le tenir en belle estime pour le laisser aller et venir à sa guise comme ça. Il en profite pour casser les codes raciaux de l'époque et impose, malgré les protestations des huiles de CBS, les premiers musiciens noirs à la radio en les mêlant aux Blancs dans l'orchestre. Et pas des manchots : Ben Webster au sax, Charlie Shavers à la trompette ou Cozy Cole à la batterie. C'est bien joué, c'est le moment de profiter du sentiment d'union nationale précipité par la guerre pour faire avancer les droits des Noirs, et il le fait. Rien d'autre ne l'y force que son admiration pour ces immenses musiciens avec lesquels il ose à peine jouer du piano, tant il les estime.

Enfin, il est approché par la Warner, dont le département Animation a pour directeur musical Carl Stalling, en vue de leur céder les droits d'utilisation de certaines de ses compositions. Bugs Bunny, Daffy Duck et le Coyote du désert ont besoin de musique et Stalling trouve que celle de Scott est parfaite pour leurs histoires loufoques. Plutôt que de lui demander de réaliser la bande-son des épisodes animés, ce qui constitue un boulot à temps plein, ils lui proposent de lui acheter ses mélodies et arrangements qui, une fois coupés, montés voire rejoués, seront parfaitement adaptés aux besoins de la production des Looney Tunes. Et c'est ainsi que la Warner Bros hissa au rang de tube planétaire la composition de Scott, *Powerhouse*, qui, dans quasiment toutes ses animations, préfigurait l'accumulation de catastrophes imminentes et désastreuses.

À la fin de la guerre, on trouve Raymond en train d'écrire des comédies musicales pour Broadway. Il a passé deux ans à diriger un nombre incalculable d'émissions de variétés à la radio et il est enfin prêt en 1946 à ouvrir son vrai studio, le Manhattan Rescarch, dans un grand espace à côté de chez lui dans le Long Island, avec des *Ondes Martenot*, des *Ondiolines*, un *orgue Hammond* bidouillé et bientôt les premiers magnétophones. Le prospectus qui le propose à la location le décrit comme « le studio le mieux adapté au monde pour la création de musique électronique et de musique concrète ». Pour saisir toute l'originalité de la démarche, il faut bien se remettre dans le contexte de l'époque. Aujourd'hui, avec un ordi, un micro et une carte son on peut dire crânement qu'on ouvre un studio. Et voudrais-je l'agrandir au-delà de ce modeste périmètre, que les magasins de musique vont rivaliser de propositions pour me vendre les articles les mieux adaptés à mes désirs les plus extravagants pour la somme la plus ridiculement basse. Mais en 1946, si l'on veut faire quelque chose d'aussi simple que d'enregistrer plusieurs instruments en même temps avec chacun son micro séparé, on regarde son compte en banque, on appelle le magasin de pièces détachées électroniques pour lui commander à prix d'or de quoi fabriquer des préamplificateurs et on fait chauffer le fer à souder pour assembler les « tranches » de la future console de mixage. Prix : exorbitant. Temps : exagéré. Profit : magnifique, le sentiment d'être le roi du monde. Le son, ce fleuve si longtemps indompté, ruisselle tout d'un coup dans les petits canaux qu'on lui a construits. Et on est le seul à faire ça, ou quasiment. C'est irrésistible.

Pareil pour les micros, le plus simple, c'est de les fabriquer soi-même. Le plus simple ? Pas vraiment, mais quand on a les bonnes pièces, les bons outils et un studio professionnel pour les tester avec de bons instruments de mesure, ce n'est finalement pas trop compliqué. 1946 est d'ailleurs l'année où l'un des plus grands et prolifiques ingénieurs du son de l'histoire du jazz, Rudy Van Gelder, enregistre pour la première fois des amis à lui dans le salon de ses parents à Hackensack, New Jersey. Lui aussi, il raconte qu'il s'était tout construit lui-même – sans oublier les haut-parleurs, dont la qualité est essentielle pour entendre objectivement le résultat. C'était une véritable époque de pionniers du son enregistré, tout coûtait cher et prenait du temps. On avançait dans le noir en perfectionnant l'électronique au fur et à mesure – les dix ans à venir allaient bouleverser le métier avec le transistor inventé l'année suivante, la course à la miniaturisation des circuits allait bientôt s'engager...

1946, c'est également l'année où Columbia Records dépose le brevet du polychlorure de vinyle qui ne peut être joué que sur un système d'amplification électronique. Ce sont les débuts du fameux vinyle trente-trois tours dont le microsillon va permettre l'enregistrement ininterrompu de plus de vingt minutes de musique et ouvrir la voie douze ans plus tard à la stéréophonie. Pour en revenir à Scott, son système d'archivage s'en trouve grandement simplifié car, comme on l'a déjà dit, il enregistre absolument tout. Les disques deviennent de bien meilleure qualité et prennent moins de place, tout en continuant de s'aligner dans son studio, soigneusement datés et étiquetés.

Les bandes magnétiques ne sont pas encore en usage et tout ce qui s'enregistre en session est fait sur un disque, ce qui est quand même assez compliqué. À ce sujet, je pense qu'il y a chez Raymond Scott une sorte de parenté naturelle avec un autre artiste aussi prolifique qu'inclassable, Frank Zappa, qui écrivait une musique aussi complexe que l'étaient les travaux électroniques du pianiste, partageant cette intrigante passion de l'archivage dont les rayons remplissaient ses caves constamment réfrigérées. Même attirance pour les systèmes sophistiqués (Zappa travailla avant sa mort avec l'IRCAM), même volonté de pousser la musique à des endroits incongrus à force d'en travailler inlassablement la matière... Mais la comparaison s'arrête là car autant Scott était timide, autant Zappa était désinhibé sur scène comme dans la vie.

Quoi qu'il en soit, à la fin des années 40, Raymond tourne à plein régime. Il a inventé en 1948 un synthétiseur avec oscillateurs à lampes dédié aux bruitages, une énorme machine qui fait synthétiquement toutes sortes de sons cocasses ou concrets, le bruit du steak en train de frire sur le gril, celui des crissements de pneus freinant sur l'asphalte, des sons de chute ou d'explosion... En raison de sa taille démesurée ainsi que sa façade couturée de câbles et constellées de gros boutons, Scott, non sans humour, appelle sa créature le *Karloff*, du nom de l'acteur célèbre pour son incarnation au cinéma du monstre du Dr Frankenstein. Mais il va beaucoup plus loin, en s'attaquant à la construction d'une machine qui va devenir le grand œuvre de sa vie : l'*Electronium*. Son ambition est en effet de construire un instrument électronique qui peut non seulement produire des sons mais également générer des mélodies, des harmonies et des formes *entièrement aléatoires*. Pas de clavier, juste des boutons. Une impulsion du compositeur, et c'est parti, la machine compose, joue, improvise tout en suivant les inflexions exercées quand on le désire. C'est un projet magnifique qui nécessite de hautes compétences d'ingénieur et de compositeur, il n'y a que lui qui peut faire ça. Pour y arriver, il va devoir concevoir et fabriquer divers éléments indépendants qu'il va petit à petit assembler en une seule machine, et c'est ce qui va l'occuper le plus clair de la décennie suivante.

Mais un événement survient qui donne une nouvelle inflexion à sa vie : son frère, son cher frère qui l'avait toujours si bien protégé, guidé, encouragé, va faire une visite de routine à l'hôpital un soir d'octobre 49 et n'en ressort jamais, victime d'une crise cardiaque foudroyante. Mark était gai, avenant, joueur, et sa disparition est une perte brutale pour Raymond, c'est tout un pan de sa vie qui s'écroule. Il a repris les tournées avec Marjorie qui est devenue une fort jolie jeune femme, joviale et modeste, qui chante de mieux en mieux. Raymond a bien travaillé avec elle, maintenant c'est sous le nom de Dorothy Collins qu'elle se produit et sa grâce enfantine fait chavirer les coeurs... dont celui de son mentor. Histoire classique, il tombe éperdument amoureux d'elle. Compilation de plusieurs classiques, en fait : le pianiste et la chanteuse, le maître avec l'élève, le père avec la fille, le démon de la quarantaine qui le pousse vers une femme de vingt ans de moins que lui, Œdipe, Lolita, Salomon, tout en même temps, encore une fois avec lui, on ne fait pas dans la demi-mesure.

Et puis elle l'a toujours connu comme Raymond, avec un nez de Raymond, Warnow c'est du passé, la mort de son frère le pousse pour ainsi dire à jeter sa vieille peau de Harry et il laisse derrière lui Pearl et ses deux enfants pour se consacrer à sa nouvelle vie avec Dorothy. Son fils, qui lui a consacré un merveilleux documentaire intitulé *Deconstructing Dad*, raconte que sa disparition du foyer familial fut quasiment indolore tant sa présence était rare auparavant – ça faisait longtemps qu'il avait compris que son père n'en était pas vraiment un, qu'il ne savait ou ne pouvait pas s'intéresser à ses enfants. Alors Raymond reprend l'émission dont son frère était le chef d'orchestre officiel, « Your Hit Parade », et en assure la direction jusqu'en 1957. Finies les tournées, cette fois-ci c'est pour de bon. L'émission passe de la radio à la télé et la jeune et ravissante Dorothy Collins, entièrement fabriquée par Raymond Scott, devient la petite fiancée de l'Amérique et l'une des premières stars du petit écran. Après le divorce en 50 vient l'annonce officielle du mariage en 52 et le couple devient une figure pour magazines. Raymond passe chaque semaine à la télé à la tête de son orchestre, mais il s'arrange pour être de dos quasiment tout le temps et quand il apparaît au générique de début, c'est derrière une harpe qui le dissimule en partie. Dorothy quant à elle occupe une grande partie du show dont elle est l'invitée permanente et vante longuement les mérites du sponsor de l'émission, la marque Lucky Strike, dont, selon ses mots, les cigarettes sont les plus propres et les plus fraîches.

THE JINGLE WORKSHOP

Pendant ce temps, Scott fonde chez lui The Jingle Workshop, un atelier pour musique de pub, et commence à inventer dur. Il fabrique deux enregistreurs multipistes, c'est-à-dire pouvant coucher en même temps sur la bande magnétique plusieurs sources sonores séparées, l'un avec sept pistes et l'autre quatorze, beaucoup plus que Les Paul – il s'agit sans doute des tout premiers multipistes au monde, nous sommes en 1952. Il faut dire qu'il est vraiment terrible, son studio. On prend un ascenseur pour y arriver en sous-sol, comme dans *Star Trek*. Et là, quatre pièces immenses : un atelier pour la confection d'outils et le travail du métal, un atelier pour le travail du bois, un atelier électronique et une pièce pour les prises de son. Un vrai palace, équipé avec tout le matos dernier cri. Il va pouvoir enregistrer plein de musiques de pubs, il y écrira même la bande-son du film de Hitchcock *The Trouble with Harry*, mais c'est surtout là qu'il va enfin pouvoir inventer tout son soûl, vieux rêve d'enfant dans son nouveau paradis de bricoleur haute fidélité.

Malgré son divorce, il voit ses enfants de temps en temps, toujours dans des contextes professionnels. Sa fille Carrie, qu'il a emmenée à un concert au Radio City Music Hall, a vu une dame jouer du *Theremin* et elle est sous le charme. Ooooh papa, j'aimerais tellement que tu m'en achètes un, le supplie-t-elle.

T'en acheter un ? Tu rigoles, je vais te le fabriquer ! Il a repéré dans les petites annonces d'un magazine d'électronique un jeune gars qui propose d'en vendre en pièces détachées, il l'achète, le monte et l'offre à sa fille. Qui, n'ayant pas hérité des talents musicaux de son père, s'en lasse rapidement (il faut dire à sa décharge que l'instrument est très dur à jouer juste) et le redonne à son père qui louche dessus depuis le début, tout ça finit au laboratoire, avec dans la tête la petite phrase que nous connaissons maintenant par cœur : je suis sûr qu'il y a moyen de faire mieux que ça.

Raymond va s'amuser avec pendant des années. Il se débarrasse des antennes, décide que plutôt que d'utiliser la position de la main dans l'air, c'est plus marrant et plus précis d'utiliser un capteur optique. Nous n'en avons pas encore parlé, mais ce système de contrôle est connu depuis très longtemps – on se souvient des inventions publicitaires de Theremin – et un certain nombre de claviers ont été inventés sur ce principe : une cellule photoélectrique au sulfure de cadmium réagit électriquement à une intensité de lumière et transforme celle-ci en fréquence, donc en note. En faisant varier les intensités, on fait tout simplement varier les notes. Dès 1916, un Ukrainien émigré en France, Vladimir Rossiné, avait conçu un *Piano optophonique* de cette façon. Il était peintre, et projetait sur le mur les transparences de disques rotatifs en verre peints par lui, accompagnés du son de synthèse généré par ces rotations. Un clavier commandait différents effets de filtre, de prisme ou de symétrie.

Cette entrée prometteuse de l'optique dans la créativité musicale de l'entre-deux-guerres ne sera malheureusement pas suivie d'effet durable, malgré le magnifique *Nivotone* du Moscovite Alexei Voinov qui proposait de découper tout simplement aux ciseaux dans du papier les mélodies qu'on voulait entendre, ou encore le *Cellulophone* de Pierre Toulon et Krugg Bass, dont les disques reproduisaient l'effet des roues phoniques en faisant alterner à fréquence régulière un signal lumineux (variant les timbres en fonction de la forme dessinée par les dents des roues). Il y eut aussi le très sophistiqué *Radio Organ of a Trillion Tones* qui superposait plusieurs disques, l'un pour les hauteurs de notes, l'autre pour les timbres... Mais pour une raison que j'ignore, toute la branche optique de la synthèse du son est restée confidentielle, elle n'a débouché sur aucune utilisation massive avant son utilisation numérique dans les lecteurs de CD. Mais elle est d'une grande élégance, et semble séduire de nombreux inventeurs à un moment ou à un autre, et Scott n'échappe pas à la règle.

En direction d'une cellule photoélectrique reliée à un oscillateur, il projette un rayon lumineux filtré par une pellicule allant graduellement de l'opacité à la transparence. Plus elle est transparente, plus la note est haute. À partir de là, il suffit de faire définir par le clavier ce degré de transparence pour avoir un synthétiseur tout à fait convaincant. Et c'est le cas. Comme avec les *Ondes Martenot*, on peut à la main gauche définir l'enveloppe du son en choisissant entre attaque rapide, lente, ou détachée (staccato). On peut glisser d'une note à l'autre de façon très précise et musicale. Le clavier de trois octaves peut être transposé avec un seul bouton vers le haut ou vers le bas, offrant plus de six octaves au total. Il a même mis au point un vibrato très naturel. Au jeune garçon qui lui a vendu le *Theremin* et qui est revenu quelques mois plus tard pour voir ce qu'il était devenu, Scott explique que cet instrument s'appellera le *Clavivox* et qu'il entend le mettre sur le marché. L'objet, s'il ne connut pas de développement commercial, eut pourtant le mérite déterminant de fixer plus de quinze ans en avance ce que seraient les synthétiseurs modernes et quand on le voit en photo, c'en est presque effrayant, on ne peut s'empêcher de se demander : comment a-t-il pu être aussi clairvoyant ?

Comme tous les génies, il est prolixe : il invente pour les distributeurs automatiques des petites unités sonores identifiant une marque qui se déclenchent quand on met une pièce. Il a deux petites filles avec Dorothy, il se penche donc sur les objets pour bébés et conçoit des petites boules remplies de ces unités sonores qui varient en fonction de leur manipulation, éveillant les oreilles enfantines à des harmonies et à des timbres stimulants. Il invente le fax, accessoirement, mais ne dépose pas de brevet. Comme il fait beaucoup de musiques de films, il invente le *Videola*, une console de mixage qui permet de jouer et d'enregistrer de la musique sur l'image en parfaite synchronicité.

Mais tout ça c'est du détail comparé à ses vrais travaux électroniques. Il va commencer par mettre au point un instrument extraordinaire qu'il appellera son *Wall of Sound*, son Mur de son. Il a récupéré des tranches de central téléphonique effectuant mécaniquement des connexions électriques en fonction des numéros composés et il commence à intégrer ces circuits électromécaniques à ceux des *Ondes Martenot* et de l'*orgue Hammond* – il crée ainsi un monstre hybride qui cliquette au gré des contacteurs s'agitant comme des élytres de criquets électroniques et produit des sons qui se succèdent en phrases aléatoires.

Rien que ça, c'est merveilleux. Une machine dotée d'une vie propre, qui construit elle-même une musique aussi plaisante qu'inattendue. Mais il ne s'arrête pas là puisqu'il poursuit ses recherches avec la *Circle Machine*. Comme son nom le suggère, elle repose sur le principe d'un bras articulé tournant à vitesse régulière au-dessus d'un cercle de lampes dont on peut faire varier individuellement l'intensité. Au bout du bras mobile, tournant au-dessus des lampes, un capteur optique traduit l'intensité de chacune en électricité, donc en fréquence, donc en note. Si on a un cercle de seize lampes, on peut faire se répéter à l'infini une phrase de seize notes successives, ce qui est quand même une séquence de taille respectable. Une séquence : c'est le mot important. Car cette machine préfigure l'une des inventions les plus courues en musique électronique : le séquenceur. La *Circle Machine* a l'air simple, comme ça, mais c'est le *concept musical* qui est prodigieusement audacieux.

Car toute l'installation repose sur le principe de faire se répéter une suite de notes (et non plus seulement des rythmes) à l'identique, et d'en faire de la musique, et ça c'est entièrement nouveau ! Encore une fois, on a du mal à imaginer aujourd'hui qu'il y eut une époque où il n'y avait *pas* de boucles... Mais au début des années 50 il est absolument farfelu d'imaginer quelque chose comme ça, c'est un truc de malade mental, d'obsessionnel, d'asocial. Tous les travaux de composition moderne comme ceux de la musique sérielle vont dans le sens exactement opposé : ne jamais se répéter, brouiller les pistes hors d'un rythme, d'une tonalité, d'un soupçon mélodique. Les Steve Reich, Philip Glass, Brian Eno et autre Terry Riley qui dix ans après commenceront à explorer ce domaine de la répétition minimale ne sont à ce moment-là que des ados boutonneux ! Une musique qui se répète ? Qui ne *change* pas ? Mais pour quoi faire ? Ça va pas la tête ? Quel intérêt ?

On mesure toute l'étendue du délire de Scott. Parce que ce n'est pas tout : le plus simple c'est quand même de faire des boucles rythmiques, non ? Chamberlin y avait bien pensé, mais sous forme de bande magnétique, tandis que Raymond, lui, va le faire de façon entièrement synthétique, beaucoup plus dur ! Ce sera *Bandito the Bongo Artist*, le véritable ancêtre de la drum machine, un authentique séquenceur rythmique qui fabrique ses propres sons et varie ses figures à l'infini. L'invention est datée de 1960, mais il est probable qu'elle ait été fonctionnelle quelques années auparavant. Là encore il est incroyablement en avance sur son temps.

Mais qu'advient-il de ces machines ? Sont-elles commercialisées ? Eh bien pas vraiment, car Scott est extrêmement méfiant, il a une peur bleue de se faire piquer ses inventions. Il a raison, son travail est effectivement précurseur pour son époque, mais d'un autre côté, il risque de lui arriver... ce qui est arrivé, c'est-à-dire qu'il renonce à occuper une place centrale dans l'Histoire de la Musique en se contentant de savoir qu'il avait quinze ans d'avance sur tout le monde en guise de consolation. C'est tout. Et quand le jeune homme qui lui a vendu le *Theremin* et qui continue de réaliser pour lui des petits travaux d'électronique lui demande quel usage il réserve à ce circuit, il se voit invariablement répondre : fais ce que je te demande et occupe-toi de tes affaires.

Ce n'est pas la première fois que nous rencontrons cette faiblesse d'inventeur qui peut s'avérer fatale, cette paranoïa fondamentale dont les degrés varient en fonction des hommes et des destins. Elle peut parfois étouffer la vie d'un homme qui préférera mourir assis sur son trésor plutôt que de l'abandonner aux autres. Or, il arrive toujours un moment, on est bien forcé de le constater, où l'inventeur se fait voler. C'est dur à dire, mais l'admettre est déjà un grand pas. Après, c'est quand et comment on se fait voler qui fait toute la différence, et ces pages commencent à en offrir une aimable variété. Mais pour Raymond Scott ce sera : rien. Il garde tout pour lui. De toute façon, tout ça, ce sont des bribes de ce qu'il a en tête et dont il approche patiemment, module par module. Ce n'est pas le moment de lâcher l'affaire et de laisser un branquignol lui piquer sa grande idée sous le nez.

L'*ELECTRONIUM*

Il est plutôt du genre contrarié, d'ailleurs. Son job à la télé le barbe royalement, ça fait un moment qu'il a l'impression de courir le cachet. Ces années à voir défiler le show-biz ne l'ont pas rendu plus philanthrope et il aimerait bien se mettre à son compte. Le destin prend alors les devants et il fait en 1958 une grosse crise cardiaque – son médecin lui dit, à sa sortie du bloc : vous en avez encore pour un an (heureusement, il avait tort). Lui, il pense : merde, mon *Electronium* ! Il quitte la télé définitivement et rentre chez lui très affaibli, mais il se remet vite au travail, c'est un hyperactif, il ne peut pas faire du surplace. Il soude, assemble, compose. Pour ses inventions, pour des films, des pubs, mais aussi des bébés. Eh oui, il fait trois albums de musique électronique pour bébés (il a, rappelons-le, deux filles en bas âge), intitulés *Soothing Sounds for Baby* qui sont des petites merveilles de gazouillis aléatoires. Il fait des musiques de pubs complètement futuristes, il faut dire que les années 60 s'y prêtent, l'avenir ne peut être que radieux.

Mais il se referme progressivement sur lui-même, son studio, ses inventions. Dorothy se détache petit à petit de lui ayant compris le cœur lourd qu'il lui faut maintenant se réaliser seule et non exécuter la partition d'un homme certes génial mais fondamentalement solitaire. La marionnette coupe ses fils, et en 1964 elle obtient le divorce. Pour Raymond c'est vraiment un coup dur. Le voilà tout seul. Il envisage le suicide, voit sa vie entière comme un échec. Mais l'*Electronium* le tient en vie, il veut lui faire voir le jour, et puis il fait la connaissance de Mitzi Curtis, une sémillante quinquagénaire à qui il propose très vite de l'épouser et grâce à laquelle il trouve enfin un havre sentimental. Et c'est reparti pour un tour.

Il commence à travailler avec le jeune Jim Henson (futur créateur des Muppets), et réalise avec lui un petit clip d'animation, *Un cerveau organisé*, qui est une pure merveille de surréalisme musical et graphique. De son studio sortent des musiques de pubs d'un modernisme époustouflant. Il lui vient l'idée de construire ce qu'il appelle ses *Fascination Series*. Il s'agit de petits modules autonomes qui proposent de la musique de fond. Il y en a cinq sortes : lignes mélodiques, accords, sons de l'espace, sons de la nature, bongo drums. En fonction de l'ambiance qu'on veut, on branche le module approprié qui commence à générer automatiquement de la musique. Il a même conçu le *Participator*, qui permet si on le veut d'altérer les séquences ou les timbres qui sortent des *Fascination* – il a vraiment pensé à tout. Encore une idée qui ne sera pas exploitée commercialement mais qui attire l'attention de Berry Gordy, le fondateur historique du label Motown Records. Voilà dix ans que ce dernier enchaîne tube sur tube avec les Jackson Five, Stevie Wonder, Marvin Gaye ou les Temptations, il est prêt à déménager ses bureaux de Detroit à Los Angeles, et il est à la recherche de nouvelles idées.

On lui a parlé de ce curieux génie, il décide d'aller le voir chez lui. Gordy atterrit donc dans le fameux Manhattan Research Studio à Long Island où, comme par hasard, Scott est en train de triturer son *Electronium*. Et là, Gordy en reste comme deux ronds de flan. L'instrument, d'un beau bois d'acajou très Arts déco, ressemble à une sorte de superbureau de directeur d'usine. Il n'y a pas de clavier mais un gros bloc en trois éléments posés sur le plateau et dont les faces verticales sont couvertes de rangées de lampes, de boutons et d'interrupteurs, comme si chacun correspondait à l'un des milliers d'employés de l'usine. C'est un meuble vraiment imposant, on a le sentiment qu'on pourrait envoyer une fusée sur la lune avec. Et ce n'est que de l'apparence qu'on parle, car en ce qui concerne les sons qui en sortent, on est carrément au XXIe siècle ! Toutes les inventions de Scott sont combinées dans ce synthétiseur-séquenceur. Ce qui est génial avec lui, c'est qu'il est un scientifique du dimanche, donc il s'en fout d'être rigoureux dans son approche. Comme il le dit lui-même, il est titulaire d'un doctorat en ingénierie primitive. Il a conçu sa machine pour qu'elle compose électroniquement de la musique par elle-même, ce qui suppose un jeu préétabli de directions harmoniques possibles qui en éliminent plein d'autres de facto. Pas exhaustif, mais efficace. Les programmes proposent des centaines de cadences et d'accords connus qui sonnent bien, les autres sont négligés car peu susceptibles de servir le propos.

Le résultat est stupéfiant. Les percussions défilent selon des figures qui varient tout en restant fidèles à la pulsion originale. Les lignes de basse, outre leur extraordinaire consistance électronique, dessinent les contours d'une logique implacable qui donne irrésistiblement envie d'entendre la suite. Les accords crépitent avec candeur, les mélodies s'insinuent obstinément dans les oreilles, cette machine est véritablement l'Eldorado de la créativité électronique ! Berry est enthousiaste, et se crée un fort et improbable courant de sympathie entre ce jeune Noir de Detroit devenu millionnaire grâce à sa vision révolutionnaire de la pop music et ce vieil homme fatigué qui a navigué dans les coulisses les plus blanches et les plus lisses de la télé. Viens t'installer à L.A., propose Gordy, je veux que tu aies une pièce à toi qui sera un laboratoire d'idées de chansons. Vas-y, développe ton truc, je *sais* qu'on va en tirer des tubes.

Scott accepte et déménage avec Mitzi en Californie pour continuer son travail. Après tout, maintenant qu'il n'est plus à la télé, les rentrées d'argent sont plus rares et tout ce qu'il gagne part en matos. La technique de composition de Gordy convient parfaitement au travail de Scott, car elle repose sur un pragmatisme expérimental permanent. Souvent, des groupes sont payés pour faire le bœuf, improviser ce qui leur passe par la tête et quand Berry entend quelque chose qui lui plaît, il le garde et en fait une chanson – les musiciens ne sont pas payés à l'heure, mais à la chanson qui en sort ou pas. Le secret de Motown, c'est le bricolage permanent, le couplet d'un morceau avec le refrain d'un autre, mélanger un groove et une basse de deux chansons différentes, finalement ce n'est pas une façon de procéder très éloignée de celle de Scott qui, à l'intérieur d'un cadre esthétique bien défini, cherche lui aussi les rapports disjoints, les ruptures de logique qui ouvrent vers quelque chose d'*autre*.

L'objectif n'est pas d'utiliser telles quelles les séquences qui sortent de l'*Electronium*, les sonorités sont beaucoup trop modernes et inhabituelles pour pouvoir poser un chanteur par-dessus, mais il est impossible que de cet aléatoire ne sorte pas une cadence harmonique, une combinaison basse-batterie dont on se dit : ah tiens, ça me donne une idée. À ma connaissance, aucun tube de la Motown n'a été directement associé à l'*Electronium*. Mais un ancien du label, qui se souvient de l'époque où Raymond passait ses nuits et ses jours dans « la pièce du fond », prétend qu'il peut encore aujourd'hui entendre dans telle ou telle chanson une suite d'accords ou une astuce rythmique venant de cet instrument. Souvent, le jeune Michael Jackson, après avoir passé la journée à enregistrer dans le studio à côté, passe le voir et s'assoit dans un coin pour l'écouter travailler, fasciné par cet univers extraordinaire.

Le seul problème, c'est que Scott n'arrête pas de perfectionner sa machine qui devient l'expression électronique du principe d'entropie. Des annexes lui poussent sur les côtés, des circuits entiers sont éventrés pour soutenir telle nouvelle direction, ça n'a pas de fin. À chaque fois que Berry veut frimer devant ses invités et leur faire la démonstration de l'*Electronium*, il tombe sur Raymond à quatre pattes à refaire des soudures, leur expliquant qu'après ça, ça va être bien mieux. Il y a toujours un truc à changer, une fonction qui existait hier et qui ne marche plus aujourd'hui. Il est en train de tomber dans sa machine. Avalé vivant. Le trou sans fond. Et quand quelqu'un s'approche pour lui demander candidement comment ça marche, le curieux se voit dardé d'un œil soupçonneux et vite éconduit vers la sortie. Scott est en train de devenir vraiment obsessionnel.

À nouveau son cœur le lâche en 76. Pontage coronarien, il s'en sort, mais cette fois-ci le choc est rude et le traumatisme postopératoire est important. Des mois à retrouver l'usage de la parole, de la mémoire, des mouvements simples. D'un commun accord avec Gordy qui n'en peut plus de sa machine toujours en panne, il cesse de collaborer avec la Motown, redéménage sur la côte Est et installe son studio dans une zone industrielle du Long Island, le Willow Park Center. En principe, on n'est pas censé y habiter, mais c'est là qu'il élit domicile avec Mitzi. Ils couchent dans l'immense salon, et il y a comme auparavant une salle de prise de son, un atelier pour les outils, un autre pour le bois et bien sûr un studio électronique. En fait, ils habitent dans le studio, c'est un truc de patachon, d'éternel ado, il ne sort que très peu et passe ses journées en pyjama à bricoler et à faire de la musique. Le paradis.

Mais trois ans plus tard, c'est une nouvelle attaque. Le couple repart en Californie, puis encore une attaque trois ans après, et ce coup-ci c'est très sérieux, il nécessite un triple pontage qui ne suffira pas à lui éviter une dernière rafale en 1988 dont il sortira conscient mais incapable de communiquer. C'est bientôt la fin. Il n'a plus d'argent, les années d'or du Raymond Scott Quintette, de la télé et de « Your Hit Parade » semblent bien loin, quelques royalties tombent encore pour la rediffusion d'un Daffy Duck ou d'un Coyote animé par sa musique, mais il a tout englouti dans son studio. Il aura été sans doute l'Américain qui aura le plus dépensé d'argent *à titre personnel* dans la poursuite de ses recherches sonores, sans jamais vouloir faire plus que construire la machine de ses rêves, à lui. Pour faire *sa* musique, rien d'autre.

Et lorsque à quatre-vingt-cinq ans son cœur lui fait une dernière fois défaut, ses archives si soigneusement rangées du temps de sa jeunesse sont en train de prendre l'eau dans une cabane de son jardin, entassées autour de son cher *Electronium* vaguement recouvert d'une bâche. Heureusement, un musicien du nom de Mark Mothersbaugh (cofondateur du groupe Devo), qui avait vu l'instrument du vivant de Scott, proposa après sa mort de le racheter à Mitzi et réussit à lui donner un abri dans son propre studio, bien au sec. Le seul problème, c'est que certaines parties du circuit sont manquantes : la machine condense toute l'histoire de l'électronique, il y a des lampes, des transistors, des circuits intégrés, et il n'y a ni mode d'emploi, ni fiche technique... Raymond travaillait le plus souvent seul, il semble que son secret soit parti avec lui. Seule de la rétro-ingénierie, qui remettrait les circuits en état de marche et permettrait de comprendre la fonctionnalité des différentes commandes, pourrait lui faire émettre à nouveau des sons, mais aux dernières nouvelles l'instrument n'a pas retrouvé sa voix...

Depuis sa mort, néanmoins, et grâce au travail de Gert-Jan Blom et Jeff Winner, une compilation est sortie en 2000 sur le label Basta Music qui reprend une sélection de son travail électronique ainsi que des musiques de pubs toutes plus angulaires et fantasques les unes que les autres. Ce double CD connut dès sa sortie, sous le nom de *Manhattan Research, Inc.*, un engouement immédiat auprès d'un grand nombre de DJ et de producteurs qui reconnurent l'extraordinaire potentiel *original* contenu dans sa musique. Le violoniste David Harrington, cofondateur du Kronos Quartet, le cite comme l'un des grands compositeurs américains. On retrouve désormais des échantillons de ses créations un peu partout en musique électronique contemporaine, où, de J Dilla à Amon Tobin en passant par Madlib et Soul Coughing, il a trouvé un foyer de fans en constante expansion. De façon fort curieuse mais finalement prévisible, il aura fallu enjamber au moins deux générations avant que son aventure musicale soit reconnue pour son audace et sa modernité. Une modernité ignorée de ses contemporains, qui ne connaissaient de lui que ce visage recomposé pour la télé et les Lucky Strike propres et fraîches. Derrière ce visage se cachait pourtant celui de l'inventeur, irrémédiablement passionné par un futur qu'il était seul à vivre.

HUGH LE CAINE

Un autre homme va jouer un rôle comparable quoique éminemment singulier dans l'histoire de la musique électronique, et celui-ci est canadien. Jusqu'à présent, à l'exception de Fessenden, l'inventeur de la radio, et de Bell qui sera naturalisé en 1882, nous n'avons pas rencontré beaucoup d'inventeurs de cette nationalité. Ce qui est trompeur, car il existe des liens étroits avec les États-Unis : le père d'Edison n'avait-il pas traversé la frontière, suite à des ennuis avec l'armée anglaise ? Hammond ne résidait-il pas en face du Canada dans la région des Grands Lacs ? Detroit est littéralement *sur* la frontière entre les deux pays... Mais l'homme qui nous intéresse est un Canadien pur jus d'érable, né et mort au pays, l'ayant peu quitté au cours de sa vie. Il est né le 27 mai 1914 à Port Arthur dans l'Ontario, pas loin de la frontière lui aussi mais un peu plus à l'ouest, en face du Minnesota américain, et il s'appelle Hugh Le Caine. Sa famille, des immigrés protestants français, s'est installée en ville quelques années auparavant – décidément, il faut croire que Louis XIV et la révocation de l'édit de Nantes ont plus fait pour la musique électronique qu'on ne le soupçonnait.

Son père est ingénieur à la centrale électrique et sa mère institutrice, il est un enfant désiré, et la famille s'agrandit trois ans plus tard avec la naissance d'une petite fille, Jeanne. La mère, Susan, est une femme active et curieuse, débordante d'énergie. Mais quand à l'issue de la Première Guerre mondiale les troupes canadiennes reviennent au pays, elles ramènent dans leurs bagages un échantillon gratiné de virus européens qui se jettent sur les malheureux locaux totalement sans défense, dont le petit Hugh qui attrape une grippe extrêmement agressive – il doit la vie une deuxième fois à sa mère qui le sauve in extremis… et lui enseigne le piano. À la maison, très vite ses petits doigts courent sur le clavier, et un jour qu'il a six ans, il apprend un accompagnement pour sa petite sœur qui doit chanter à la kermesse. Ils répètent et répètent et le soir dit ils sont prêts. Hugh monte sur scène, s'assoit au piano, on pousse la petite Jeanne depuis les coulisses, il attaque le premier accord et là, horreur, tout est faux !

Enfin, faux dans le sens *pas logique*. Ce qui se passe, c'est que le piano de la kermesse est accordé au diapason standard, au *la* 440, tandis que le seul instrument qu'il connaît jusqu'ici, celui qui est chez lui, est accordé *un ton en dessous*. Plus tard l'accordeur lui avouera qu'il avait choisi cet accord car il avait peur qu'à la véritable tension, le cadre n'explose et ne blesse quelqu'un ! Mais ce soir-là, c'est l'occasion pour Hugh de se rendre compte qu'il a l'oreille absolue, le *perfect pitch*. Cette particularité assez rare, une énigme neurologique encore aujourd'hui, consiste à pouvoir nommer les notes correspondant à tout ce que l'on entend, comme si elles étaient écrites sur du papier à musique. Le bruit d'un verre qui tinte, une sonnerie de téléphone sont tout de suite associés dans le cerveau à une hauteur, à un *pitch*. A fortiori dans la musique, quelqu'un qui a l'oreille absolue peut nommer aussi clairement que s'il les voyait les notes qui composent un accord de dix notes. C'est un talent très utile quoique parfois encombrant : un tourne-disque qui joue de la musique un peu trop lentement (donc un peu plus bas) est une épreuve insupportable. Un violon qui joue seul, mais trop haut, est un supplice. Tout ce qui est faux, en logique ou en accord, est une gêne constante, on n'y peut rien, c'est comme ça. Il arrive que l'on perde ce don si on ne l'entretient pas, mais il est sûr que certains naissent avec et d'autres pas. Dans le cas de Le Caine, il notera lui-même avec curiosité qu'il perdra cette faculté au cours des années 40, soulignant que s'il n'existe aucune corrélation statistique entre l'oreille absolue et l'aptitude musicale, il en existe bien une avec la folie – ou du moins, tempère-t-il, c'est ce qu'on croyait à l'époque.

Quelques années plus tard, Hugh se rend également compte qu'il a ce qu'on appelle une mémoire photographique. Non seulement il entend la musique clairement, mais il s'en souvient également, note pour note. Là encore, c'est un imprévu qui le lui apprend : il a dix ans quand le pianiste de la petite comédie musicale dans laquelle il chante se fâche avec le chef d'orchestre et démissionne quelques jours avant la représentation, emportant les précieuses partitions avec lui. Sans difficulté, le jeune Hugh restitue le soir du spectacle la partie de piano *de mémoire*, ainsi que celle de tous les choristes – il en est le premier surpris, c'est quand même bien pratique. Il est indéniablement attiré par l'électronique aussi : sa possession la plus prisée quand il a sept ans est un vieux microphone à charbon de téléphone qu'il branche dans le haut-parleur de la radio de son père, et avec lequel il produit en les approchant l'un de l'autre, ô joie, ses premiers larsens plus ou moins contrôlés ! Ses premiers sons entièrement électroniques (on note au passage la patience des parents) ! Chaque année il tente de graver un disque avec les moyens du bord : aiguille à coudre, huile d'olive, cire d'abeille, ça ne marche jamais mais ça ne l'empêche pas de réessayer l'année suivante. Pour moduler les lumières des spectacles de fin d'année, il branche un fer à repasser électrique sur le circuit, contrôlant ainsi les intensités d'éclairage avec le potentiomètre de résistance de cet irremplaçable appareil ménager.

Bref, encore un possédé de l'électricité. Tout comme sa sœur Jeanne, une matheuse brillante, il se destine à l'étude des sciences à la Queen's University de Kingston, une ville canadienne à quelques kilomètres au nord de l'État de New York. Lui, c'est plutôt les sciences appliquées, tendance ingénierie électronique, vraiment il aime ça, mais cette discipline n'est que très balbutiante et peu enseignée. En revanche, la physique nucléaire est en plein essor et le sujet passionne Hugh, surtout qu'il voit des corrélations entre ce sujet et celui de la musique électronique. Car il continue de jouer du piano et d'imaginer toutes sortes de choses. En 1937, il construit ainsi son premier clavier électromécanique à partir d'un harmonium à cinq dollars et d'un aspirateur d'occasion à trois dollars cinquante.

Le principe de l'harmonium est simple : grâce à une valve, commandée par chaque touche du clavier, de l'air est envoyé contre une anche métallique qui vibre et exprime une note. L'air est envoyé le plus souvent grâce à une pompe a pied. Le Caine désosse le meuble, bien sûr – toujours jeter ce qui est inutile –, et soumet toutes les anches au souffle d'un aspirateur *en même temps*. Il a disposé devant chacune d'entre elles des capteurs qui, quand ils sont polarisés par les touches du clavier, perçoivent une fréquence de vibration, donc une note exprimée électriquement. L'avantage de ce système est qu'il n'y a pas besoin d'attendre que l'anche passe de l'inertie à la vibration quand elle est sélectionnée par une touche, ce qui occasionne une attaque molle du son ainsi que plein d'harmoniques un peu louches qui mettent du temps à se stabiliser. Avec le système de Le Caine, on est directement dans une vibration stable et il n'y a plus qu'à régler électroniquement l'attaque du clavier qui peut, au choix, déclencher tout de suite le signal maximum, ou le faire progressivement – tout comme pour son relâchement d'ailleurs, ce qui est un travail d'enveloppe extrêmement moderne pour l'époque, puisque Hammond et Hanert n'appliqueront cette amélioration avec leur *Novachord* que deux ans plus tard. Pour le fun, il rajoute également un petit trémolo qui fait varier l'intensité du son, un nouvel effet électro disponible sur le tout récent Hammond.

Bien sûr, l'inconvénient est que ces anches qui vibrent librement font un potin de tous les diables, c'est comme un troupeau de moutons qui bêlent au loup tous en même temps. Hugh déploie des trésors d'inventivité pour résoudre le problème de façon bon marché et découvre à cette occasion que les grosses éponges de chez Woolworth's ont un très bon facteur d'isolation phonique. Malgré tout, le résultat est loin d'être parfait, mais ça ne fait rien parce que ce même système d'anches vibrantes va lui servir à mesurer l'effet des radiations sur l'ionisation d'une électrode, une nécessité fréquente en physique nucléaire – c'était d'ailleurs son idée de départ quand il avait entamé le projet. Une invention du domaine de la physique (qui sera reprise comme protocole de mesure dans tous les labos du monde par la suite) appliquée à un harmonium électrique hurlant bourré d'éponges, voilà typiquement l'esprit de l'escalier auquel nous ont habitués les inventeurs – avec Hugh Le Caine, nous en avons un superbe modèle.

Il profitera de ces années d'études pour se perfectionner au piano. Il a de grandes mains puissantes – il mesure quasiment un mètre quatre-vingt-dix – et il fréquente pendant l'été le Conservatoire de Toronto où il commence à se mesurer à des pianistes venus d'un peu partout. Pour lui, épris de perfection, c'est un choc. Non seulement il se trouve qu'il n'est pas le meilleur, mais aussi qu'il y en a beaucoup qui le dépassent de loin en technique instrumentale. La compétition s'annonce rude, or elle ne l'intéresse pas. De toute façon, il se rend compte qu'il a l'esprit beaucoup trop indépendant pour endosser le costume de l'interprète classique. Par exemple, il a horreur de jouer deux fois de suite la même chose. Quand il interprète du Mozart ou du Beethoven, il l'*interprète* vraiment, c'est-à-dire qu'il change quelques cadences par-ci par-là, modifie les formes en fonction de son humeur et trouve naturel que l'œuvre vive ainsi sous ses doigts – une vision quasi hérétique pour le monde classique de l'époque.

Ça ne veut pas dire qu'il va laisser tomber la musique, loin de là. Mais il comprend que le temps passé à pratiquer son piano en vue des concours sera mieux utilisé à suivre ses vraies pentes naturelles que sont la physique et l'électronique. En 1939, il obtient son master en ingénierie physique et se voit proposer un poste l'année suivante au National Research Council, une sorte de CNRS canadien. Lequel se tourne bien entendu vers l'effort de guerre et assigne Le Caine aux recherches ultra-secrètes sur le radar. Celui-ci déploie son intelligence hors cadre à résoudre brillamment un certain nombre de problèmes techniques, ce qui lui vaut l'admiration de ses collègues et supérieurs. Il fera d'ailleurs partie du petit lot de scientifiques canadiens qui les premiers mirent en œuvre le système de détection à ultra-haute fréquence dans la Marine et généralisèrent son utilisation sur toutes les mers du globe.

À la sortie de la guerre, le radar et ses micro-ondes prouvent leur utilité civile et une série de relais sont construits dans le pays pour développer ce nouveau mode de transmission grâce auquel nous communiquons encore aujourd'hui avec les satellites. Le Caine est le responsable technique du programme qui l'occupera pendant trois ans. Il se révèle rapidement atypique dans son milieu professionnel. En effet, il s'est aperçu qu'après quatre heures de travail et de réflexion intenses, il n'était plus bon à rien et n'arrivait pas à récupérer avant le lendemain – trop de distractions et de temps perdu. Conclusion : il faut faire arriver le lendemain plus vite, ce qui signifie quatre heures de boulot, quatre heures de tâches « de survie » et quatre heures de sommeil. Et de recommencer comme ça, en faisant passer de vingt-quatre à douze heures son cycle quotidien. Génial, aucun temps mort ! Petit inconvénient, parfois une tranche de quatre heures déborde un peu, du coup sa journée ne fait plus douze mais treize heures, ça décale d'autant l'ensemble du cycle et il se désynchronise davantage avec le reste du monde. Mais quand il est au bureau, il se distingue par une habileté sans limites à trouver des solutions simples à des problèmes compliqués, impressionnant beaucoup ses collègues qui lui pardonnent aisément ses lubies.

C'est d'ailleurs à cette époque qu'il découvre les

joies de la moto. En 1947, il achète une grosse Vincent de mille centimètres cubes et commence à sillonner le Canada à grande vitesse, roulant sans arrêt cet été-là. C'est pour lui un bonheur qu'il dit ne pouvoir comparer à nul autre. Il a trouvé ce qui, toute sa vie, sera sa soupape de sécurité mentale : rouler à moto à tombeau ouvert au milieu des grands paysages sauvages. En attendant, pendant qu'il travaille pour le NRC, il développe à côté de chez lui un petit studio où il a un graveur de disque acétate et un peu de matériel électronique. Car pendant la guerre il a réfléchi : franchement, le *Hammond*, c'est bien. Mais pourquoi autant d'ingéniosité et de dévouement technique à imiter un instrument qui existe déjà, le vieil orgue à tuyaux ? Pourquoi ne pas utiliser ses connaissances pour reprendre le flambeau des années 20, les Theremin, les Martenot, les Trautwein et offrir enfin à la synthèse du son le destin qu'elle mérite ? Une guerre et une génération plus tard, Le Caine pense qu'il est de son devoir d'aller plus loin. Et pour lui, ça veut dire construire *le* clavier définitif, celui qui va permettre de tripoter le son comme on le désire ! De tout moduler en temps réel ! Le rêve ! Et c'est parti pour le travail de toute une vie.

LE *SACQUEBOUTE ÉLECTRONIQUE*

En tant que pianiste, il ne lui semble pas illogique d'utiliser un clavier comme surface de contrôle de ses expériences sonores. Il en faut bien une, et celle-ci semble continuer de faire ses preuves. En cela il se considérera toujours plus comme un développeur qu'un inventeur : à quoi bon imaginer une nouvelle interface alors que celle existante mérite tant d'être assouplie ? Parce qu'un clavier *on / off* comme celui de l'orgue, ça ne suffit pas. En effet, pourquoi le piano a-t-il autant de succès ? Parce qu'il permet de varier les attaques et les intensités et donc les timbres développés pour une seule note. C'est une machine sensible, et c'est bien cet idéal qui va guider Le Caine dans la construction de son clavier électronique parfait : il veut que le musicien puisse faire évoluer à sa guise le timbre de chaque son créé, et qu'il ait enfin l'opportunité d'exprimer, avec des sons de synthèse, *toute* sa sensibilité.

Commençons donc par les touches. Pour Hugh, elles doivent pouvoir bien sûr jouer la note sélectionnée, mais également exprimer des modulations sur trois dimensions qu'on appelle XYZ. X : possibilité de modifier le *volume* de la note jouée en fonction de la force verticale avec laquelle on appuie, Y : variation de la *hauteur* de la note selon qu'on appuie horizontalement plus à gauche ou plus à droite de la touche, et Z : modulation du *timbre* selon qu'on joue en profondeur la touche près de soi (comme d'habitude) ou à l'autre bout, ce qui ne se fait jamais, mais peut très bien fonctionner. Malheureusement, Hugh doit abandonner la dimension Z, non parce que le clavier ne le permet pas, mais parce que la question du timbre est trop complexe pour être contrôlée par un seul paramètre sur la touche. Cette dernière, pour pouvoir mieux répondre à la pression latérale, est taillée comme en biseau sur les côtés et, comme sur les *Ondes Martenot*, c'est tout le clavier qui est monté sur ressort et bouge latéralement.

Également comme le Français, il a décidé que son instrument serait monophonique. Il y a déjà tant de choses à faire avec *une* note... Sa philosophie est donc : réglons ça d'abord et on verra bien après pour les accords. Ce qui libère la main gauche, à laquelle va incomber toute la manipulation de la matière sonore, et c'est là qu'il s'impose sans conteste comme un visionnaire ahurissant. En fait, il invente quelque chose qui ressemble beaucoup au trackpad des ordinateurs portables d'aujourd'hui. C'est un plateau circulaire de la taille d'un CD sur lequel on promène avec l'index une petite rondelle en feutre trempée dans un liquide conducteur. Ce plateau sur lequel court le doigt est divisé (de façon invisible) en sept tranches de taille inégale, comme des parts de tarte mal découpées, dont chacune est connectée à une forme d'onde particulière. En déplaçant son index sur le cercle, on peut donc changer de façon spectaculaire le timbre de la note jouée à la main droite. Et le plus fort, c'est que le son change *graduellement* quand on passe d'une tranche à l'autre. Quand on pose le doigt au milieu du disque, on a donc un petit peu de tout en proportions inégales qui changent au moindre déplacement – on imagine l'extase de Le Caine le jour où il l'expérimenta la première fois !

Concrètement, il a organisé son disque en deux axes selon les timbres voulus. L'axe nord-sud exprime celui de la quantité d'harmoniques audibles et l'axe est-ouest celui de leur qualité. Je m'explique. Tout cela est possible grâce au choix primordial qu'il a fait dès le début : utiliser un seul oscillateur, dit *de blocage*, qui va lui produire une belle onde carrée en créneaux de château fort. C'est l'oscillateur le plus simple qu'on puisse imaginer, une variante de l'oscillateur à relaxation que nous connaissons déjà. L'avantage, outre sa simplicité, est qu'il peut être modulé de façon plutôt fiable en fonction du voltage qui l'alimente. Côté acoustique, l'onde carrée quand on l'entend ressemble au son du hautbois, une qualité légèrement mélancolique qui plaît à

Le Caine et qu'il est heureux d'avoir comme forme d'onde de base.

À partir de cet oscillateur, qu'il va accorder très haut, il va partir du même principe que celui du *Novachord* en utilisant un diviseur de fréquence, dont l'utilisation commence à être bien connue en électronique. Mais à la différence de l'instrument de Hammond qui utilise pour chaque note du clavier un circuit de division particulier, Hugh utilise une petite pièce qu'il connaît bien de son labo de physique et de ses recherches sur les radars : le diviseur par deux. C'est très simple, très pratique, on en met autant de fois qu'on veut dans un circuit et ça a l'avantage de garantir la justesse des octaves, puisque justement leur rapport est de un à deux. Élégante, bon marché, la solution est du cent pour cent Le Caine. Concrètement, cela veut dire qu'à partir d'une fréquence d'un seul oscillateur il va pouvoir en créer d'autres, ses sous-multiples, et les mélanger à sa guise pour former les sons qui lui plaisent. En combinant des ondes carrées les unes aux autres, il obtient des sons très riches en harmoniques avec lesquels il va pouvoir travailler librement. C'est comme ça que les axes de modulation sur son cercle magique joué de la main gauche vont définir la quantité d'harmoniques (plus il y en a, plus le son est brillant) et leur qualité (que des octaves, ou bien tous les autres).

Et ce n'est pas tout ! Avec le pouce, on peut modifier les formants du son choisi, c'est-à-dire quels harmoniques vont ressortir plus que d'autres grâce à un filtre très efficace, ce qui est aussi entièrement nouveau. Auparavant, de tels changements se concevaient comme des positions préréglées et ne pouvaient pas se modifier en cours de route, une telle souplesse d'utilisation est du pain bénit pour des musiciens un peu créatifs. Et puisqu'il reste encore des doigts à la main gauche, pourquoi ne pas contrôler avec l'annulaire un bruit de tension (*voltage noise*) qui se mélangerait au son comme le souffle sur celui de la flûte ? De la sorte, on peut rendre l'attaque de la note plus vivante, plus humaine... Sans oublier un montage électronique qui permet si on le désire des glissandos d'une note à l'autre...

On a là une sorte de perfection définitive dans la conception d'un clavier électronique, et comme avec toutes les œuvres d'art, il brille autant par sa perfection que par son arbitraire, l'un nourrissant l'autre dans un puissant unisson. On sait pourquoi : cet instrument est entièrement conçu *pour les musiciens* – les oscillateurs, les fils, les soudures, tout ça passe au second plan. C'est l'arbitraire de l'oreille et du poignet qui font que Le Caine ne découpe pas de manière égale les tranches de son disque de contrôle des timbres parce qu'*à jouer c'est mieux comme ça*. Et par arbitraire aussi qu'il décide d'utiliser deux circuits accordés pour exprimer le vibrato latéral en les désaccordant légèrement, parce que *ça sonne mieux*. Et c'est enfin par arbitraire qu'il choisit dès le départ d'utiliser un seul oscillateur et d'en moduler le voltage, car c'est un moyen simple et fiable pour un musicien de contrôler la hauteur d'une note. Dans son instrument, il synthétise ainsi l'état de la connaissance de son époque en électronique, en acoustique et en musique, il trouve un moyen simple de regrouper tout ça en un seul objet et le met au service des pianistes et des compositeurs. Comme il l'écrira plus tard dans son journal, il pense qu'en matière de recherche, « toutes les décisions sont prises avec un sentiment de conviction et non avec une logique irréfutable ».

D'autant plus que ce choix de contrôle des hauteurs de son par la tension électrique du courant implique quelque chose d'essentiel : les touches du clavier vont devoir exprimer des voltages propres à chaque note, mais comment faire ? Car contrairement à ce qu'on pourrait penser, la question n'est pas simple à résoudre. En effet, la progression des notes sur le clavier est linéaire, autrement dit, on rajoute un demi-ton pour la note suivante, puis encore un demi-ton pour la suivante et ainsi de suite en empilant les mêmes demi-tons les uns par-dessus les autres. Mais les fréquences qui correspondent aux notes ainsi jouées progressent, elles, de façon logarithmique : entre mon *la* 440 de référence et le *si* bémol qui est juste au-dessus à 466 Hz, il y a une différence de 26 Hz. Mais si on mesure exactement le même intervalle une octave au-dessus, entre le *la* 880 et le *si* bémol 932, on constate maintenant une différence de 52 Hz (le double de 26) ! Et ainsi de suite, doublant à chaque octave ! C'est pourquoi il faut trouver une façon de faire correspondre les deux courbes... Et encore une fois, pas de souci avec la solution Le Caine : chacune des quarante-neuf touches du clavier (quatre octaves plus une note) est connectée à une résistance modifiant le voltage et dont la longueur est variable en progression logarithmique.

Ce qui va mettre tout le monde d'accord. Jusqu'à présent, personne n'avait réellement pensé *jusqu'au bout* à une solution aussi simple que le VCO, le Voltage Control Oscillator, comme principe directeur. Avec son clavier à résistance logarithmique, ses commandes à la main gauche font de la confiture de timbre à tous les petits déjeuners. Durant les trente ans qui viennent, quasiment tous les inventeurs de clavier vont utiliser cette configuration pour créer du son de synthèse. C'est également la raison pour laquelle on peut parfois lire que cet instrument est le premier synthétiseur, ce qui comme nous le savons maintenant est un peu exagéré, mais qui devient une vérité quand on lui ajoute « moderne ». Oui, il a inventé le synthé moderne. Trace incontestable du génie : après lui, ce n'est plus pareil.

À cause de l'effet de glissando très réussi sur ce son à ondes carrées qui rappelle dans ses graves une sorte de trombone médiéval, le très humoristique Hugh décide d'appeler cet instrument magique... *the Electronic Sackbut*, le Sacqueboute électronique. Tel est effectivement le nom de l'ancêtre du trombone, avec coulisse et tout petit pavillon, qui produit un son moins ample que son brillant descendant. Ce n'est donc pas le *LeCaine Deluxe Mark I*, ni le *Cainotronic*, ni l'*Electrocaine*, c'est beaucoup plus modestement une mise à jour d'un vieil instrument rigolo. En plus il faut voir l'allure qu'il a, son *Sacqueboute*. On dirait une cabane dans un arbre, son truc. Les trois pieds branlants d'un genre de table de nuit sont consolidés par de grosses planches de chantiers dépareillées clouées en travers à la va-vite, sur lesquelles des prises multiples sont vaguement vissées verticalement. Tout ça supporte un clavier clairement taillé à la main dans du bon bois. Dans la prolongation des touches, s'étend une tablette sur toute la largeur et sur laquelle on pose la main gauche quand on joue.

Jusqu'à présent, tout cela est rustique, bien qu'on sente une certaine solidité d'ensemble. Mais c'est quand on voit les contrôleurs qu'on réalise que cet instrument est en fait un jouet qui a été fabriqué par un enfant de sept ans : un bout de tasseau scié en biais et vissé à une extrémité tourne à plat autour de son axe entre deux autres vis qui bloquent sa course de part et d'autre, un superbe cadran inclus dans l'épaisseur de la table qui indique la justesse de la note, des sortes de grosses pinces à linge en bois pour contrôler les timbres de la main gauche, du papier d'aluminium, des fils et des composants en fouillis sous une boîte en zinc, des mots comme « doo-wa » écrits au crayon, la phrase : « on laisse le tournevis sur l'instrument »… On se croirait dans un dessin de Calvin et Hobbes !

Qui pourrait croire qu'il s'agit du nouveau Stradivarius des claviers ? En ce qui concerne le nom, Le Caine disait que le « choix de se référer à un instrument résolument obsolète laisse à son inventeur un certain degré d'immunité contre la critique ». Il semblerait qu'avec ce tour d'humour nous tombions là sur un trait constant de la personnalité de notre musicien qui, peu enclin à l'autosatisfaction, est plus tenté par une dépréciation de son propre travail qui, selon lui, n'est jamais à la hauteur, ou jamais comme il le voudrait, bref, pas bien. C'est donc je pense moitié par provocation et moitié par certitude (totalement illusoire) de ne pas être assez inventif que son *Sacqueboute* connaît un nom et une enveloppe charnelle aussi désinvoltes. Le jour ou Hugh aura l'impression d'avoir vraiment trouvé la solution, il donnera à son instrument une forme plus respectable – mais en attendant, tout reste à l'air sans se prendre au sérieux.

S'il y a un contraire vivant d'Edison, c'est bien lui. Il avait la possibilité à la fin de ses études d'aller bosser chez Hammond ou Wurlitzer où il aurait fait de sacrées étincelles, mais il n'aime pas l'idée d'être au service de quelqu'un dans un contexte commercial, aussi choisit-il la fonction publique dont il sera membre toute sa vie – pour des émoluments peu proportionnés à la générosité de ses inventions. C'est clair, l'argent ne l'intéresse pas. Poursuivre ses recherches tranquillement, un petit tour à moto de temps en temps et qu'on lui fiche la paix, voilà ce qu'il attend de la vie et s'arrangera pour l'obtenir de façon assez constante. Brevets, commercialisation, impératifs économiques égalent gros maux de tête. Nouvelle musique, sciences et inventions tous azimuts, peu ou pas de comptes à rendre : ça c'est la vraie vie !

Nous sommes en 1948 lorsque Hugh termine cette première version du *Sacqueboute électronique*, et il reçoit une bourse pour aller faire ses recherches de doctorat à Birmingham en Angleterre autour du nouvel accélérateur de protons, le synchrotron, dont la construction est en cours. Passionnant, pense-t-il, mais une fois là-bas, il déchante vite. Pendant trois ans on lui fait souder des circuits avec des composants rares et fragiles, on est après la guerre, l'Angleterre est ruinée. Peu ou pas de recherche, en plus Hugh n'a pas trop l'esprit d'équipe, son labo personnel est au Canada, il s'ennuie puissamment – même sa moto qu'il a fait venir de chez lui ne le délasse plus, les routes sont dit-il trop étroites, sinueuses et mal entretenues, en plus on roule du mauvais côté. Seul point positif : il fait la découverte à la radio anglaise de la musique concrète de Pierre Schaeffer et ça l'impressionne bigrement, propulsant son imagination créative dans un univers entièrement nouveau, ce qui aura des conséquences décisives pour la suite.

DÉBOIRES ET CRÉATIONS

Automne 1951 : il rentre enfin au pays pour terminer sa thèse de doctorat en physique nucléaire qu'il obtient brillamment en 52. Il se réinstalle à Ottawa, trouve un nouveau local pour son cher laboratoire et se remet immédiatement au travail. Il achète un magnétophone, le démonte, le copie, et sans perdre de temps, le voilà qui invente dans la foulée l'enregistrement multipiste *sur bandes séparées* ! Si on veut faire des corrections sur une piste, on les fait directement sur la bande qu'on peut couper comme on veut sans toucher aux autres. Simple, utile, bien vu : c'est du Le Caine. En Angleterre, il a aussi réfléchi à un système qui permettrait de faire jouer automatiquement à son *Sacqueboute* une partition écrite à l'avance et en cinq graphes : un pour la hauteur de la note, un pour le volume et trois pour le timbre. On sait qu'au même moment Vladimir Ussachevsky et son équipe appliquent la même démarche sur l'énorme synthétiseur numérique RCA, mais avec du papier perforé, comme pour un piano mécanique. Justement, c'est mécanique, pense Le Caine qui a depuis longtemps écarté l'hypothèse sans se douter que d'autres sont en train de travailler ferme dessus. Il ne veut pas d'un instrument robotisé, de toute évidence les courbes définies par des trous sont beaucoup moins souples que des vraies lignes continues, d'où son système, beaucoup plus performant. Excellents résultats, le *Sacqueboute* joue effectivement tout seul en avalant ses rouleaux de papier à cinq courbes avec une précision remarquable ! Quel outil inespéré de composition expérimentale ! Le rêve pour un amateur de musique nouvelle comme il en pullule à New York. Seulement voilà, il est à Ottawa, personne ne le connaît et il ne fait pas grand-chose pour que ça change, donc son invention va se classer tranquillement toute seule dans un pli de l'Histoire où son existence sera promptement et fort injustement oubliée.

Aucune importance, puisqu'il a un autre grand projet en route. On lui dit que les gens veulent un orgue ? D'accord, mais en reprenant la question là où l'a laissée Cahill : à condition de pouvoir moduler l'intensité quand on en joue. Pour ça, dit-il, il faut développer un clavier qui soit sensible au toucher, comme le *Sacqueboute*, mais en plus sophistiqué. Il invente alors un système très simple et efficace : sous chaque touche il fait partir cinq petites lamelles parallèles qui s'enfoncent à angle droit vers cinq contacts fixés en dessous du clavier. Même principe que le *Hammond*, chaque contact est relié à un oscillateur qui génère la fondamentale voulue, plus quatre de ses harmoniques, toutes en ondes carrées qui se combinent aisément. Mais à la différence de l'orgue normal, la rencontre ne se fait jamais entre les lamelles de la touche et le contact électrique. Grâce à une technique héritée de ses travaux sur le radar, il imagine un « couplage électrostatique » : en s'approchant du contact, la lamelle transmet une fréquence continue mais avec une amplitude qui varie en fonction de sa proximité. Autrement dit, la note conserve sa hauteur tout en modulant son intensité. Un ressort convenablement réglé permet de doser intuitivement la pression du doigt sur la touche pour obtenir le volume désiré.

Pendant ce temps, la hiérarchie de Le Caine au NRC est bien au courant de ses activités musicales, mais officiellement, il a été embauché comme chercheur en physique nucléaire, pas comme inventeur de clavier. Cela dit, il conquiert rapidement leur admiration et leur bienveillance. Le Caine est un homme grand et bien bâti, avec une belle tête énergique dotée d'un nez proéminent et volontaire, une dégaine à la Hergé. Sa voix légèrement nasale laisse traîner un parfum d'ironie que vient souvent souligner la construction parfaite de ses phrases, comme si chacune d'entre elles avait été pensée, pesée et réfutée avant même d'être entendue. Il est profondément timide mais quand il est lancé, surtout au piano, il devient un très joyeux compère qui peut faire la fête jusqu'au petit matin. Toujours accessible, il est d'une grande générosité intellectuelle. Progressivement conférencier sur ses propres découvertes, il prendra l'exercice très au sérieux, répétant son texte plusieurs jours avant la conférence, craignant de faillir à l'excellence qu'il s'est toujours imposée.

À partir de 1954, la direction du NRC, bonne fille, décide donc de mettre à la disposition de Le Caine un labo de musique électronique qui s'appellera l'ELMUS, officialisant ainsi sa recherche. Ce qui comporte certaines obligations insoupçonnées : à son orgue à clavier sensitif il a donné le nom pourtant très sage de *Touch Sensitive Organ*, mais il devra le changer. En effet *organ* en anglais veut dire à la fois « orgue » et « organe », aussi peut-on entendre le nom de son instrument comme « organe sensible au toucher », ce que l'administration canadienne ne saurait tolérer. Aussi, à la grande hilarité de Le Caine, doit-il changer le nom en *Touch Sensitive Keyboard*, ce qu'il fait de bonne grâce. Moyennant quoi il est motivé pour en vendre l'exploitation – il a le sentiment d'avoir des obligations morales de rendement. Contrairement aux Laboratoires Bell qui peuvent se payer le luxe de chercher pour ainsi dire dans le vide, au NRC on prend l'argent du contribuable très au sérieux et les chercheurs doivent faire tomber brevets et applications industrielles, si possible canadiennes en priorité.

Malgré son aversion pour le monde du commerce dans lequel il ne voit que cynisme et approximations, Hugh prend son courage à deux mains et expose en 1955 à la Foire internationale de Toronto son *Touch Sensitive Keyboard*. C'est un bel instrument avec ses douze oscillateurs et ses quatre-vingt-deux tubes rutilants. Immédiatement, les gens de Baldwin, une grande marque américaine de pianos et d'orgues, repèrent l'inventeur et son instrument dont les performances sont stupéfiantes. Déjà, ils lui proposent un job d'ingénieur chez eux, à un salaire plus qu'intéressant. Haha, merci beaucoup, s'esclaffe Le Caine, qui pour rien au monde ne veut lâcher son poste au NRC, mais ça ne m'intéresse pas. Ah non ? Alors peut-on obtenir l'exclusivité sur ce clavier pour le fabriquer nous-mêmes ? Ah ça c'est une autre histoire, leur dit-il, voyez avec mon administration !

La maison Baldwin, un des plus puissants acteurs de l'industrie musicale ? Pour la première sortie commerciale d'un produit Le Caine ? Au NRC on se frotte les mains, les bonnes affaires ne font que commencer, se dit-on. Et leurs avocats signent un contrat avec les Américains, des dollars à la place des yeux. Mais les mois puis les années s'écoulent et il ne se passera rien. Sur toute la longue durée du contrat, rien, absolument rien. Le Caine découvre les règles du métier.

Un : pour une boîte, acheter une exclusivité est une façon de s'assurer qu'un concurrent ne l'utilisera pas, la tranquillité a un prix, c'est celui-là. Rien ne force à utiliser ce brevet tant qu'il n'est pas considéré comme nécessaire. Tant pis donc pour celui qui vend l'exploitation pour de nombreuses années, car il n'est pas sûr que son invention sera jamais exploitée. Bien sûr il touche de l'argent pour cette exclusivité, mais pas autant que si elle était utilisée.

Deux : les approches révolutionnaires obligent à faire des changements en profondeur. Pour les grandes compagnies, les techniques de fabrication ont besoin d'être standardisées pour être rentables, et changer de pièces ou de méthode comme avec ces lamelles peut s'avérer très coûteux.

Trois : un instrument comme celui de Le Caine, aussi novateur qu'il soit, comporte un risque, celui de déplaire à l'acheteur potentiel. En effet, un clavier d'orgue qui tout à coup se met à vivre de façon aussi sensible sous les doigts peut s'avérer dérangeant pour les gens habitués à un simple *on / off*. Moderne, c'est bien, mais pas de trop.

Quatre : quand on cède l'exclusivité d'une invention révolutionnaire, ne jamais le faire pour longtemps, sinon les règles un, deux et trois s'appliquent et l'invention ne voit jamais le jour.

Résultat, c'est au tour du *Touch Sensitive Keyboard* de se coucher dans les plis de l'Histoire, mais Le Caine s'en fiche un peu : il est reparti sur son *Sacqueboute*. Il perfectionne son système de contrôle des timbres qui n'était pas abouti, assigne plus de fonctions à la main gauche et installe un ruban au-dessus du clavier qui permet de faire des glissandos de haut en bas. Et surtout, il se lance à son tour dans la musique concrète. De toute évidence, c'est un monde nouveau qu'il lui appartient d'explorer urgemment. Depuis son retour d'Angleterre il a ressorti son magnétophone multibande et s'est dit : c'est un bon début, mais on peut faire mieux. Et si on modifiait la vitesse de déroulement de chaque bande ? Là, on pourrait faire du bon boulot... Il s'est donc mis au travail sur ce qui deviendra son *Multi Track Recorder* : six bandes simultanées dont la vitesse de défilement indépendante est contrôlée par un clavier. Ça vous dit quelque chose ? Oui, le *Phonogène* de Schaeffer ! Incroyable, même intuition au même moment ! Sauf que l'appareil du Français fonctionne avec une seule bande, tandis que celui du Canadien en compte six, excusez du peu ! Avec mixeur pour les six pistes à la sortie et le son en stéréo !

D'ailleurs, Le Caine lui aussi compose pour son invention. Son œuvre la plus connue (il en écrivit fort peu, ayant de ses capacités de compositeur une aussi piètre estime que de celles de pianiste) est une pièce merveilleuse datée de 1955 et qui est intitulée *Dripsody*. Il s'agit d'une variation d'une minute vingt-six sur l'enregistrement d'*une* goutte d'eau tombant au fond d'une casserole. Choisie entre mille pour sa qualité la plus universelle, cette goutte est arpégée, désaccordée, réverbérée, rythmée et étalée sur les pistes du *Multi Track*, offrant à l'auditeur un déferlement inattendu et perlé d'une myriade de gouttes toutes jumelles mais toutes différentes. Grâce à ce document sonore ainsi qu'à quelques interviews et conférences, la reconnaissance de son travail commence à passer la frontière, et des compositeurs comme Ussachevsky à New York ou Josef Tal à Jérusalem entament une correspondance avec lui – pour lui commander chacun un *Multi Track*.

Ce sont des années fertiles pour Hugh qui continue d'inventer à tour de bras. En 1957, il met en route un programme ambitieux en assemblant une « banque » de cent huit oscillateurs sinusoïdaux, permettant des recherches fondamentales sur la synthèse du son. Certes, il faut chaque matin les accorder un à un, ce qui, en comptant au mieux une minute pour chacun, prend deux heures environ, mais dans patience il y a science : les assistants accordent, puis on fait toutes sortes d'expériences pendant la journée en essayant de les garder tous plus ou moins à la même hauteur. Il est depuis longtemps très impressionné par l'*Electronic Studie II* de Stockausen dont il a compris d'emblée le caractère fondamental, et pense que la combinaison d'ondes sinusoïdales est à la base de toutes les autres synthèses du son – ce qu'indique très clairement le théorème de Fourier. Encouragé par ses contacts avec l'Université de Columbia et son *RCA Synthesizer*, il imagine un nouveau procédé de contrôle de ces oscillateurs, qui s'appellera le *Spectrogram* : sur de longs rouleaux de papier, jusqu'à cent lignes différentes sont noircies ou non selon qu'on veut que l'oscillateur attribué joue ou pas. Raffinement supplémentaire, ces lignes, qui sont en fait des bandes très étroites, ont une couleur qui peut aller graduellement du blanc au noir en passant par toutes les teintes de gris. Sous chaque ligne, une cellule photoélectrique analyse l'intensité de la lumière qui traverse la bande et la traduit en modulation de volume. C'est un procédé encore une fois simple et astucieux qui permet d'automatiser des déclenchements de signal et d'intensité. Et quand il utilise ce procédé à la sortie de son *Multi Track Recorder*, ça lui permet de contrôler parfaitement le niveau de chaque piste dans le mix et de l'écrire sur un support qui peut le restituer à la demande – il faudra attendre des décennies avant de trouver cette option de « mémoire de mix » dans les studios professionnels !

C'est une vision des besoins du futur absolument lumineuse. Hugh est quelqu'un qui passe beaucoup de temps à réfléchir non seulement à ses inventions mais également à leur pertinence au regard de la musique de son époque, et les orientations qu'il prend sont toujours motivées par cet équilibre primordial entre l'art et la technique. Soit dit en passant, Hammond lui aussi réfléchissait beaucoup, sauf que pour lui, cela a pris la forme d'un modèle d'économie politique très abouti dont il publia en 1950 un manifeste sous le titre *Programme pour la prospérité universelle*, et qui passe en revue les différents équilibres économiques qu'il convient de réguler. Comme quoi il ne faisait pas qu'inventer des orgues...

UN HOMME À PART

Les choses vont donc bien pour Le Caine, même si ses excentricités ne changent pas tout en variant sans cesse. Il s'est recalé sur un cycle de vingt-quatre heures, mais maintenant il se fait tous les matins un mélange protéiné à base de lait fermenté battu avec douze œufs accompagnés d'une tête de laitue, et ça lui suffit pour la journée. Pour varier un peu de temps en temps, il mange une fois par semaine au restaurant.

Depuis fin 54 il s'est installé dans une maison qu'il a conçue lui-même. Au départ il voulait la construire, pour des raisons d'acoustique, sans aucun mur parallèle, mais à la banque pour obtenir son prêt, il s'est vu objecter qu'il ne pourrait pas hypothéquer la maison qui aurait une valeur de revente proche de zéro. Bon, bon, il demande de la documentation pour une maison modèle et fait construire la sienne en carré à partir de blocs en béton. Il ne respecte que partiellement le plan, d'ailleurs, il devrait y avoir un deuxième étage mais en fait il y construit une serre pour plantes exotiques au-dessus de laquelle il remplace le toit par une immense vitre. Passionné de photographie, il se sert de ce point élevé pour faire des agrandissements géants sur le plancher un étage plus bas. Le rez-de-chaussée est en fait une seule grande pièce à l'exception de la cuisine-bibliothèque. C'est tout ensemble son labo, sa chambre à coucher, son bureau, son garage à moto, sa salle de bains, son dressing et son atelier. Tous les murs sont peints en noir, c'est pratique, on peut écrire à la craie dessus. Les rideaux sont toujours tirés, car, selon ses dires, l'éclairage du jour est trop variable pour qu'on puisse compter dessus quand on travaille. Pas d'interrupteurs pour les ampoules mais des fils tendus à deux mètres de hauteur qu'il suffit de tirer pour allumer n'importe quelle lampe n'importe où dans la maison.

En voilà un qui n'est pas près de se marier, penseront certains, et pourtant l'impensable se produit. À l'occasion de l'ouverture d'un studio de musique électronique à l'Université de Toronto, son directeur du département Musique Arnold Walter prend contact avec lui – Le Caine est en train de devenir un expert national en la matière. C'est une bonne nouvelle car son travail est enfin reconnu, et puis Toronto est une ville plus vivante culturellement qu'Ottawa, charmante mais paisible capitale. Cela va lui permettre de collaborer avec des compositeurs et d'élargir son équipement de recherche. Et, cerise sur le gâteau, Walter a une belle-fille, Trudi, dont Hugh tombe très vite amoureux. La passion est partagée et, après avoir été demandée en mariage de façon laconique par un Hugh plutôt maladroit et qu'elle lui répond par l'affirmative, il lui dit : c'est bien.

Et voilà, l'affaire est entendue, passons à autre chose. Ils se marient donc au printemps 1960 et Trudi emménage bravement avec Hugh dans une maison de location à côté de son studio. Les premiers jours demandent un peu d'adaptation : lorsque au lendemain de leur nuit de noces elle prépare la table du petit déjeuner avec des fleurs, des fruits découpés et un joyeux babillage, Hugh la regarde en plissant les yeux, met son petit déjeuner sur un plateau et retourne se mettre au lit sans un mot en fermant la porte derrière lui. Mais passées les premières déconvenues, Trudi réussit toujours à garder une vie passionnée et indépendante de son mari aux usages duquel elle apprend vite à se plier – ce n'est pas à quarante-six ans que ce génie changera et elle le sait.

Il continue donc d'anticiper l'avenir en créant un filtre à six entrées (pratique pour le *Multi Track*) pour un traitement sur huit bandes de fréquences : de 0 à 75 Hz, de 75 à 150, de 150 à 300, de 300 à 600 et ainsi de suite d'octave en octave. Ce qui permet, entre autres, de traiter tel ou tel formant d'un son avec un autre totalement différent et de créer ainsi des sonorités surprenantes et inédites. Il simplifie son système de clavier sensitif en utilisant des lignes de peinture magnétique vaporisée sur les touches elles-mêmes sur lesquelles le doigt fait varier le courant par conductivité. Il invente un système de contrôle automatique d'une enveloppe qui en dessine la courbe du début à la fin. Il développe un super-séquenceur qui propose de travailler sur des séries de quatre à treize sons, qui sont alors injectées dans toutes sortes de choses, comme les composants eux-mêmes du son (durée, hauteur, enveloppe et timbre), ou des filtres, ou des oscillateurs, elles peuvent être jouées à l'envers ou à l'endroit, bref, un énorme terrain de jeu de musique sérielle qui peut encore une fois déboucher sur des trouvailles sonores totalement originales. Un nouveau studio s'ouvre à McGill University à Montréal, dont il supervise bien sûr le développement.

SUR LA ROUTE DE L'OUBLI

Mais le vent est en train de tourner au NRC. On veut des résultats, finies les explorations sonores tous azimuts, il faut du rentable tout de suite. Le chef administratif de Le Caine qui l'a si affectueusement protégé durant toutes les années 60 prend sa retraite en 1969 et les vents glacés du changement libéral s'engouffrent dans les couloirs de la NRC. Un soir qu'il rentre à la maison l'air attristé, Trudi demande à Hugh ce qu'il a et il lui répond : ils ont vendu mon *Touch Sensitive Keyboard* au surplus du coin pour vingt dollars... Du coup, il se ressaisit et fabrique un tout nouveau *Sacqueboute électronique* quatrième génération et l'habille comme il faut dans une belle coque orange qui devrait plaire aux jeunes. Le compositeur Paul Pedersen avec qui il est également en train de construire pour McGill un synthétiseur polyphonique le convainc de proposer leurs instruments à un businessman de Montréal dont la société fabrique des composants électroniques, David Wilson, qui est très intéressé par la commercialisation des deux claviers, le *Sacqueboute* et le *Polyphone*.

Une nouvelle fois, les avocats du NRC négocient le contrat avec la société de Wilson, la Dayrand Inc, et encore une fois ils font n'importe quoi : ils abandonnent tous les droits à Wilson pour cinq ans, s'engagent à lui fournir pièces et assistance sans aucune contrepartie ni obligation de résultat. Voilà des gens qui n'apprennent pas de leurs erreurs et illustrent les méfaits du libéralisme quand il devient la valeur phare d'une administration qui n'en connaît que les mots et non le sens. Il se reproduit exactement la même chose, sauf que là, on a vraiment l'impression que l'affaire va se faire : communiqués de presse, tournée de conférences enthousiastes, la fortune est au coin de la rue ! Mais plus le temps passe, plus il est clair que le *Sacqueboute* ne sera pas prêt à temps. Wilson se rend compte qu'il lui coûtera plus cher qu'il ne le pensait de fabriquer l'instrument et propose quelques « simplifications » qui bien entendu dénaturent les qualités révolutionnaires du clavier et hérissent le poil de Le Caine. De toute façon, la production ne commence pas, visiblement Wilson n'a pas les reins assez solides pour se lancer sur le marché comme ça.

Une fois encore, la farce se reproduit, mais ce coup-ci c'est l'enterrement de première classe, la course est devenue beaucoup trop serrée sur le marché des synthés qui en cette année 1971 regorge de modèles extrêmement aboutis. Il s'en est passé du temps depuis son premier *Sacqueboute* de 1948, vingt-trois ans ! Le moins qu'on puisse dire c'est qu'il a laissé à la compétition le temps de s'organiser ! Wilson refuse de rendre l'exclusivité et, fort de son contrat, ne fait rien et coule définitivement le projet. Ce n'est pas la seule mauvaise nouvelle : la maison dans laquelle Trudi et lui sont installés et dont ils sont locataires depuis leur mariage est vendue à un nouveau propriétaire qui, malgré des promesses lénifiantes, les expulse illico presto. Les voilà obligés de déménager six mois dans un motel à côté du studio, dans lequel ils décident de faire des travaux d'aménagement pour qu'il accueille une vie de couple : finir le deuxième étage, y mettre une salle de bains indépendante, peindre les murs en couleurs gaies, isoler le studio et créer dehors un appentis pour la moto. Eh oui, il faut s'adapter.

Au NRC, ça ne s'arrange pas non plus. La nouvelle hiérarchie ne considère pas les recherches de Le Caine comme utiles (ce qui est quand même gonflé, vu que ce sont leurs avocats qui ont à deux reprises saboté l'essor du *Sacqueboute*) et en 1974, ils ferment le département de recherches musicales. De toute façon, en musique électronique, la nouvelle révolution est informatique, et autant Le Caine est prêt en 1969 à apprendre le swahili, autant le Fortran ça ne lui parle pas… Il voit dans les débuts de l'ordinateur une raideur mécanique qui fait redescendre l'échelle en dessous de la maniabilité intuitive. Il sait bien que, peu à peu, la souplesse va arriver, mais repartir de zéro le fatigue et on le comprend. Parce qu'à ce stade, c'est vraiment le résultat audible, sensible, jouable qui lui importe et non un futur radieux qui, on l'a vu, ne lui a jamais guère profité. L'Université de McGill le déclare docteur *honoris causa*, son université de Queen's nomme l'un de ses bâtiments après lui, mais le NRC estime néanmoins qu'il faut arrêter les frais. La mort dans l'âme, Le Caine démissionne avec l'impression d'être jeté comme un vieux papier.

Mais c'est Hugh Le Caine, il est tellement particulier, tellement génial qu'on dirait que les aléas de la vie n'ont pas de prise sur lui. Il prend sa retraite à cœur, c'est-à-dire qu'il poursuit ses expériences dans son labo, il fait de longs voyages à moto, s'inscrit à l'école du soir pour apprendre à réaliser des films, se met à la peinture, écrit plusieurs nouvelles… Le soir de leur mariage, une fois rentrés chez eux, Trudi avait insisté pour porter un toast aux absents et Hugh l'avait bu avec entrain en ajoutant : et qu'ils le restent ! Il n'a pas changé depuis, les gens ne lui manquent pas et la vie sociale ne semble revêtir pour lui aucun intérêt – dans ce domaine son couple avec Trudi lui suffit amplement. Il donne néanmoins des conférences, file des coups de main aux étudiants qui viennent encore le voir pour lui demander conseil et prodigue son savoir avec son habituelle générosité.

Hélas, un jour d'été 76, il pleut sur la route de Montréal et il perd le contrôle de sa moto. Il part dans le fossé, perd connaissance, on l'amène à l'hôpital où il se réveille, visiblement conscient et fonctionnel, avant de s'effondrer à nouveau : une hémorragie cérébrale importante est détectée. Il reste deux mois dans le coma, pendant lesquels Trudi vient tous les jours lui mettre sa musique favorite (dont les interprétations de Glenn Gould, le héros canadien) sur les oreilles avec un casque, et voilà que fin août il ouvre un œil et revient à la vie. L'espoir renaît et il se lance dans la rééducation, lorsque peu après Noël, il est terrassé par une attaque cardiaque qui le fait dégringoler tout en bas à nouveau. Encore six mois de lutte et son cœur décide la fin de la partie le 3 juillet 1977, un an moins un jour après son accident.

Le destin de Le Caine est troublant tant son génie semble avoir été négligé par ses contemporains, à commencer par ses plus proches voisins, les Américains. Le fait qu'il ait habité quasiment toute sa vie à Ottawa – qui encore une fois n'est pas une ville trépidante de créativité et bien à l'écart des trajets continentaux – fut certainement un handicap. S'il avait déménagé dans le New Jersey, ou même à Chicago encore plus près, il est certain que sa contribution à l'industrie électronique aurait été plus fertile. Il se considérait comme un chercheur plus que comme un inventeur, ce qui est très différent. Résolument insensible à toute la dimension commerciale et légale de l'exploitation de ses travaux, il semble donc compréhensible qu'il ne se soit rien passé qui le mette sur le devant de la scène. Néanmoins, on aurait pu penser que son génie serait d'une façon ou d'une autre plus fort que tout ça, qu'un petit malin aurait vite compris à sa place comment en faire quelque chose de vendable, qu'un mécène serait tombé amoureux de ce bel esprit... mais non, il était juste trop loin de l'action.

Peut-être aussi est-il né au mauvais moment et a-t-il été inventif et audacieux à une époque qui voulait des choses simples et facilement vendables.

Né quinze ans plus tôt, il aurait sûrement fait partie des pères fondateurs. Quinze ans plus tard et il aurait sans doute bouleversé l'industrie du synthé et aurait fait la loi dans la Silicon Valley. Mais à son époque, Hammond avait l'affaire et il ne la lâchait pas – se présenter comme une alternative n'était guère facile. À cela s'ajoute la personnalité particulière de Le Caine qui faisait peu de cas des conventions, ainsi que son intelligence qui voulait *tout* embrasser, la synthèse du son, son expressivité, la musique concrète, la musique sérielle, les outils d'enregistrement et le traitement du son : tous ces domaines lui doivent des avancées spectaculaires qui furent prolongées bien des années plus tard. Et si on cherche son nom sur internet, très vite apparaissent les multiples photos de son premier *Sacqueboute électronique* tout de guingois avec ses planches de chantier et ses fouillis de fils, magnifique clin d'œil intemporel d'un enfant dont la sagesse a toujours dépassé son temps.

Chapitre VIII

RHODES

L'homme dont nous allons maintenant suivre les pas apparaît dans cette galerie de portraits comme un anachronisme. En effet, on ne peut que constater que les métamorphoses successives du clavier depuis Cahill ont atteint un degré de technicité dont la modernité électronique est devenue phénoménale. La synthèse et le traitement du son ont toujours été des repères de mathématiciens, physiciens ou ingénieurs de haut niveau, mais avec des hommes comme Mathews ou Le Caine on atteint des sommets, et même la démarche d'un inventeur du dimanche comme Raymond Scott est d'une technicité vertigineuse. Mais notre prochain grand homme est quelqu'un qui va dévouer sa vie à un but très simple, complètement à rebours du travail futuriste de ses contemporains. En effet, ce dont il rêve, c'est de réaliser tout simplement un *piano électrique*.

Harold Burroughs Rhodes est né le 28 décembre 1910. Il grandit près de Grand Saline au Texas où la famille de son père s'est établie depuis plusieurs générations. Ce dernier est semble-t-il un homme violent et abandonne Harold et son grand frère John aux soins de leur mère quand il est encore jeune. Son enfance et son adolescence ne sont pas gaies, sa mère fait des ménages, l'argent est rare et la vie dure. Malgré le support de l'Église adventiste du septième jour, à laquelle sa mère appartient et dont son frère grimpera les échelons hiérarchiques jusqu'à un office très élevé, Harold n'est pas croyant, ne le sera jamais et ne se convertira que sur son lit de mort – à la demande de sa fille. En revanche, il apprend dès son plus jeune âge la valeur de la parole donnée, du respect des autres et de l'importance en général d'avoir une boussole morale dans l'existence.

Très doué pour la musique, il se met au piano tout jeune et aime beaucoup ça. L'instrument le fascine, toutes ces pièces emboîtées les unes dans les autres, formant une mécanique parfaite pour produire un son dont la complexité l'ébahit. La musique, mais aussi l'harmonie, la composition, apprendre comment tout ça fonctionne est pour lui un sujet d'étonnement permanent. Il aime les systèmes, les plans, de fait quand arrive le moment de choisir un métier, il décide de s'orienter vers des études d'architecture, un autre sujet qui le passionne. Oui, il aimerait bien devenir architecte. La petite famille déménage donc en Californie et s'installe à Los Angeles, où Harold rejoint l'University of Southern California. Mais sa mère est victime d'un accident qui la cloue au lit pour un long moment, le forçant subitement à subvenir à leurs besoins : il interrompt ses études, reprend la clientèle de son professeur de musique qui doit quitter la ville, loue un lotissement d'appartements, habite dans l'un avec sa mère, sous-loue les autres et ouvre dans le dernier une école de musique.

C'est une façon de faire rentrer de l'argent rapidement, et puis Harold est bon, c'est même un excellent enseignant qui prend son métier très à cœur. Les élèves affluent et le voilà qui commence à réfléchir à une méthode d'apprentissage du piano adaptée à la jeunesse de son époque. Car nous sommes dans les années 30, la radio s'est installée dans la vie de tous les jours et la musique vole dans l'éther pour s'introduire dans chaque foyer. Tout musicien qui sommeille en chacun des auditeurs peut y trouver l'éveil d'une passion, et Harold pense qu'il faut donner aux nouveaux apprentis les outils qui conviennent à leur époque. Pour lui, apprendre à lire des partitions ne suffit pas à faire de la musique, c'est certes un langage qu'il convient de maîtriser, car il donne accès à toute la matière sonore qu'il y a derrière, mais l'univers insondable des sons harmonieux ne peut certainement pas se résumer à des pattes de mouche sur du papier à cinq lignes.

La méthode Rhodes va consister à apprendre le piano en stimulant tout à la fois la lecture, la compréhension et l'oreille. Également prioritaire : la gratification instantanée, le plaisir doit être là dès le début. Cela semble relever du bon sens, mais déjà à son époque, l'enseignement de la musique commençait à se figer dans une position aussi biscornue qu'inconfortable : apprendre à lire des choses de plus en plus difficiles, à les exécuter à la lettre, est devenu l'essentiel de l'effort fourni par l'apprenti musicien. Ce qui est une évolution assez surprenante lorsqu'on sait que jusqu'à la fin du XIXe siècle la plupart des concertistes « classiques » étaient des improvisateurs. Liszt aimait finir ses concerts en demandant au public de choisir les notes de la mélodie sur laquelle il allait ensuite construire une pièce composée sur l'instant. Tous les concertos de Mozart comportent une cadence offerte à l'interprète pour lui donner l'occasion de s'exprimer personnellement – quand il fallait donner la partition à l'imprimeur, le compositeur était bien forcé d'écrire quelque chose, il ne pouvait pas laisser en blanc, mais il couchait sur le papier *une* improvisation *possible* sur le thème donné, à charge pour l'interprète d'en proposer une à son tour.

À mon sens, le déferlement du piano dans les maisons du XIXe siècle n'est pas étranger à cet état de choses. C'est quand même assez nouveau, un instrument polyphonique aussi puissant et complexe qui n'a pas pour autant des tuyaux de dix mètres de long ou un son de rayons de vélo (pardon pour le clavecin). Nous avons là un instrument de musique très pratique qu'il faut juste apprendre à manipuler avec suffisamment de dextérité pour en sortir quelque chose de convenable. Comme une machine à écrire, mais en plus dur. Moyennant quoi, avec ça, on peut tout faire. Il suffit d'acheter la partition et de la lire. C'est formidable, ça marche très bien, mais ce n'est pas très créatif. Avec du dévouement et de la discipline, n'importe quel môme peut théoriquement devenir un athlète correct du piano. C'est long, c'est dur, mais bien expliqué, c'est pas sorcier. Et surtout, c'est une méthode qui, par sa simplicité, marche pour tout le monde. En revanche, tenter de faire comprendre à des enfants les rapports de tension existant entre la dominante et la tonique est une tâche plus ardue. Qui se complique encore un peu plus lorsqu'il faut susciter chez les mêmes le désir et l'habileté d'improviser sur ces bases bien comprises.

En devenant de plus en plus accessible sans l'intercession personnelle et éclairée d'un maître pouvant tout expliquer en même temps, l'enseignement du piano est donc allé avec la multiplication des conservatoires vers le rendement maximum et le questionnement minimum, formant des générations de plus en plus obsédées par le respect de la partition, sorte de radeau intangible dans la mer des possibles. Une question en passant : qui a dit que les notes doivent être toutes respectées ? Pourquoi ne pas commencer par reprendre systématiquement possession des cadences d'improvisations prévues dans les partitions classiques et qui offraient à l'interprète de l'époque l'occasion de briller indépendamment de la partition ? Qui a interdit de proposer des harmonies alternatives, des modifications affectueuses ou inspirées des lignes mélodiques ? Pourquoi serait-ce considéré comme un crime de lèse-majesté ? En musique baroque, ça se fait tout le temps ! Et quand Stan Getz joue une composition de Duke Ellington, en quoi l'un manque-t-il de respect à l'autre ? N'est-ce pas au contraire un hommage magnifique que de perpétuer la musique de la sorte ? Quelques grands interprètes contemporains comme Brendel, Perahia ou Barenboim ont pris l'habitude d'insérer des cadences étrangères à la partition originale qu'ils présentent au public, mais elles sont souvent écrites ou bien par des compositeurs postérieurs qui aimaient eux aussi profiter de cette liberté, ou bien par des contemporains, voire par l'interprète lui-même, mais ce ne sont que rarement des improvisations. Le fait que cet esprit de création instantanée n'ait plus cours dans le monde du classique me semble engendrer une sorte de respect religieux des textes sacro-saints qui rappelle bien d'autres fanatismes... Car où est la vérité ? Dans l'esprit ou dans la lettre ?

Rhodes s'attaque de façon frontale à ce problème : apprenons la musique en la comprenant, dit-il. Les premiers morceaux devront être simples à jouer, mais simples également à comprendre. Le piano n'est pas un instrument comme les autres, il y a beaucoup de choses dedans : de l'harmonie, de la mélodie, du rythme, des tempéraments et des siècles d'histoire, le tout plus ou moins bien imbriqué entre ces touches noires et blanches. Avec la méthode de Harold, l'élève se familiarise progressivement avec des notions d'harmonie appliquée et apprend à utiliser son oreille et non ses yeux comme guide musical. Le rythme est également d'une importance primordiale, précise-t-il. C'est lui qui soutient l'ensemble et le respecter, c'est donner à la musique tout l'éclat qu'elle mérite. Sans oublier le sens des formes, savoir reconnaître une structure familière (couplet couplet refrain par exemple), comprendre en écoutant comment fonctionnent ces formes, savoir analyser le système de tension-détente propre à toute œuvre et que chaque compositeur réinvente à sa façon. Et puis il y a les autres musiques, celles qu'on n'entend pas à la radio, celles qui ne font pas partie de notre patrimoine et qui ont leurs instruments, leurs constructions, leur esthétique très différente de la nôtre et au contact de laquelle nous pouvons enrichir notre écoute et notre pratique.

Et pour finir, la composition et l'improvisation : chaque enfant, Harold en est persuadé, est doté d'un esprit infiniment créatif que des années de formatage finissent par assécher s'il n'est pas reconnu et encouragé dès le début. Tout cela permet donc aux petits apprentis d'aborder l'étude du piano avec une ouverture d'esprit et un appétit que le simple solfège ne peut suffire à combler. Chaque élève doit avoir les outils nécessaires pour aller là où son désir l'attire et non là où l'imprimeur l'exige. D'où le succès de l'école de Harold, d'autant plus que l'intelligence du propos est doublée d'un infatigable enthousiasme à le propager. Rapidement, au début des années 30, il se retrouve à enregistrer et à diffuser une série d'émissions d'apprentissage d'une heure vendue à des radios à travers toute l'Amérique. Rhodes n'est pas un homme d'affaires, et il ne le sera jamais, mais il aime voir grand, il veut réellement construire quelque chose qui restera – on l'entendra souvent dire que sa méthode est la seule chose dont il soit vraiment fier dans sa vie.

LE BON MÉDICAMENT

Comme pour Martenot ou Theremin, c'est la guerre qui lui permet de développer ce qui germait en lui, sauf que pour lui ce sera non la Première, mais la Seconde : lorsque les États-Unis entrent dans le conflit, il est mobilisé sur le front Pacifique comme instructeur de vol pour l'US Air Force. On le dirige vers une école de formation qui cesse son activité avant la fin de son apprentissage, dans l'armée aussi il arrive qu'on fasse fausse route. Il faut le recaser quelque part et c'est là qu'un médecin militaire, qui avait remarqué la façon dont Harold enseignait le piano à certains de ses camarades, décide de lui confier un programme pédagogique d'une grande originalité. En effet, les hôpitaux de la côte Ouest commencent à se remplir d'aviateurs mutilés par un conflit beaucoup plus dévastateur côté Pacifique qu'Atlantique. Il faut trouver quelque chose pour leur remonter le moral, sinon la guerre sera perdue à la maison avant de l'être fatalement sur le front. La musique adoucit tous les maux est convaincu ce docteur aussi fin qu'éclairé, dont l'aptitude à reconnaître le génie de Rhodes constitua le déclic historique de sa brillante trajectoire.

Je vous rends à la vie civile, dit-il à Harold, mais vous allez apprendre à nos grands blessés à jouer du piano. Dans leur lit ? s'étonne ce dernier. Oui, je sais, se voit-il répondre, mais je suis sûr que vous trouverez un moyen. Rhodes se met à réfléchir. Comment contourner les deux inconvénients majeurs du piano que sont sa taille et son poids ? D'ailleurs pourquoi est-il si lourd ? À cause de la largeur de son clavier, déjà. Quatre-vingt-huit notes, ça fait du monde. Voilà une donnée qu'on peut modifier, on n'est pas obligé d'en mettre autant. Mais ça ne résout pas vraiment le problème, puisque à chaque note correspond une ou plusieurs cordes qui sont toutes tendues ensemble sur un cadre en fonte qui supporte une tension de plusieurs dizaines de tonnes, tout ça pèse très lourd. L'idéal serait que chaque corde ait son propre système de tension, léger et indépendant.

Reste la question de la taille, qui semble insoluble. Car il faut que les cordes aient un minimum de longueur pour exprimer des notes suffisamment graves et ça c'est vraiment un problème. Sauf si... Harold se demande si avec un système de résonateur on ne pourrait pas contourner cette difficulté : en tendant la corde sur une structure résonante qui vibre en même temps, on devrait pouvoir obtenir une note beaucoup plus grave que si on avait une petite corde toute seule. Il se met en quête du matériau approprié à cet usage et tombe sur des tubulures de bombardier B-17 désaffectés qui font parfaitement l'affaire. Après les avoir sectionnées en tronçons de taille décroissante de vingt à dix centimètres environ, il les découpe en deux dans le sens de la longueur, comme un haricot, et tend une corde de bout en bout dans les demi-tubes ainsi créés. On peut imaginer ça comme un archet dont la baguette serait un demi-tube et le crin, une corde de piano. Le résultat est très encourageant : lorsqu'on frappe la corde avec un petit marteau en feutre, elle vibre et se met à résonner à l'unisson avec le tube qui produit une note quelques octaves plus basses que l'originale.

Ce principe de résonateur est une solution d'une simplicité lumineuse à l'encombrement d'un piano et constituera la colonne vertébrale de ses recherches ultérieures. Rhodes sait qu'il a trouvé un truc, il ne le lâchera plus jamais. D'ailleurs, une fois qu'il l'a compris, le reste se met en place tout seul. Il imagine un clavier de deux octaves de *do* à *do* plus une tierce majeure au-dessus (jusqu'au *mi*, donc), dont chaque touche actionne une mécanique simple de marteau frappant une corde montée sur un demi-tube. Plus de problème de cadre en fonte qui pèse des tonnes, chaque corde est tendue indépendamment sur une structure en métal résonant léger. Mais pourquoi s'embêter avec ce système compliqué, alors qu'il suffit que les marteaux frappent directement les tubes pour créer un son sans avoir recours à une corde ? Eh bien tout simplement parce qu'un tube en métal ne peut pas plier et onduler sous le marteau comme le fait une corde. Cette souplesse permet un éventail dynamique de frappe beaucoup plus large, conservant pour l'instrument une finesse de touche comparable au piano. Sinon, on a un métallophone, ce qui n'est pas la même chose, même si les deux sons ont une similarité indiscutable.

Voilà, la mécanique est en place, il n'y a plus qu'à compléter le tout par un volet « atelier ». Le minipiano se présente dans une boîte sous forme de pièces détachées, et le premier travail du blessé allongé dans son lit est d'assembler l'instrument. En soi, cette étape dans l'apprentissage de la musique est déjà une révolution. Depuis quand les pianistes fabriquent-ils leur piano ? Personnellement, je n'en ai pas rencontré un seul. Saxophonistes, contrebassistes, bassonistes, percussionnistes, trompettistes, tous ont un rapport à la mécanique de leur instrument très intime. Chacun trimballe avec lui dans sa boîte qui un tube de lubrifiant, qui un élastique, qui des anches de secours qui permettent de parer sur le vif à une panne subite et répertoriée. Le pianiste en revanche est l'esclave de son accordeur : il y a lui et le piano, face à face et sans compromis. Il n'a pas trop le droit de mettre les mains sous le capot, il ne faut pas confondre pilote de course et mécanicien. C'est très distant, très abstrait comme rapport : il y a ceux qui le jouent et ceux qui le règlent. D'ailleurs, le professionnel ne se produit jamais (sauf exception rarissime) sur son propre piano, et si jamais il a le malheur avant le concert de dégainer ne serait-ce qu'une clé d'accordeur pour retoucher la justesse d'une note, le propriétaire de la salle lui saute sur le râble en lui disant qu'il va le casser, qu'il est pianiste et pas accordeur, etc.

Au passage, il m'est arrivé d'assister une fois à un sacrilège dont je dois dire qu'il était assez réjouissant. Je devais donner un concert dans une salle des fêtes dans le nord de la France, l'ambiance était très bon enfant, tout le monde avait l'air de se connaître. Passé l'entracte, j'attendais en coulisse le moment de monter sur scène et l'accordeur faisait une retouche sur le piano devant le public qui discutait gaiement – première transgression, l'accordeur doit travailler à l'abri des oreilles, mais ce jour-là, la salle n'avait pas été évacuée entre la première et la deuxième partie. Comme c'est l'usage, une fois la retouche terminée, il plaque quelques accords pour vérifier l'équilibre de son travail, enchaîne avec deux trois arpèges plutôt bien exécutés, suffisamment pour que le brouhaha se calme et que le public commence à lui porter attention. Puis il enchaîne avec *Michelle* des Beatles et là, on aurait entendu une mouche voler. Il s'en rend compte, il s'applique, tout le public est derrière lui, on sent qu'il en donne une version profonde et habitée, deux couplets, deux refrains dont le dernier finit par un délicat ostinato... et c'est le tonnerre d'applaudissements. Il tourne brièvement la tête vers l'audience qui lui est maintenant tout acquise, inspire un bon coup, lève les mains semble-t-il pour exécuter une autre pièce de son répertoire, puis croise mon regard dans les coulisses et s'avise subitement de la situation. Je ne peux pas en jurer, mais j'ai cru voir dans ses yeux la lutte entre l'envie de continuer et la nécessité de *rester à sa place*, ce qui voulait dire me la laisser. Ce qu'il finit par faire à regret, et je dois dire qu'entrer sur scène après lui fut une sensation aussi étrange qu'inédite, comme si j'arrivais au milieu du dîner.

Mais revenons à nos soldats. Une fois toutes les pièces de ce minipiano assemblées, la méthode Rhodes (ironiquement à peu près au même moment, Ernest Van de Velde allait inonder les salons français avec son quasi-homonyme, la *Méthode rose*) permet aux mutilés d'apprendre à jouer quelques airs simples sur un instrument dont ils connaissent intimement le mécanisme, ce qui donne au geste musical une profondeur inhabituelle. La méthode s'appelle tout simplement *Sit and Play* – on peut se demander si de nos jours une approche thérapeutique similaire serait envisageable dans l'armée, une pensée un peu déprimante, mais passons. Nous sommes en plein milieu de la Seconde Guerre mondiale et le programme connaît dans l'hôpital un succès instantané, tout le monde ne parle que du *Xylette*, surnom affectueux du très officiel Rhodes Army Air Corps Piano. C'est le Bon Médicament. À tel point que l'état-major en prend connaissance, vient constater sur place ce miracle de rééducation et décide de généraliser le programme à tous les hôpitaux militaires. Deux cent cinquante mille blessés et mutilés américains remonteront ainsi la pente grâce au *Xylette* (ainsi appelé car il rappelle le son du xylophone) et Harold se voit même décerner la plus prestigieuse médaille remise à un civil, la Commemoration of Exceptional Civilian Service.

LE *PRE-PIANO*

Quand arrive la fin de la guerre, la voie de Rhodes est toute tracée : il va perfectionner son système de piano et le proposer à la vente. Mais cette fois-ci, il sera électrique. Pour des raisons pratiques évidentes, celui de l'armée était strictement acoustique, mais depuis Hammond, l'électricité s'est imposée à tous les inventeurs comme un passage technologique obligé si l'on veut espérer vendre quoi que ce soit. Cependant il s'agit là d'un détail, car c'est surtout la mécanique qui attire toute son attention. Harold décide de laisser tomber l'ancien système d'archet et se dirige vers une solution intermédiaire entre le tube et la corde. C'est une petite tige métallique que le marteau de feutre va venir frapper, comme une minicorde, et en vibrant elle va émettre une note proportionnelle à sa longueur. Quant à la touche, elle bascule sur un axe horizontal et c'est son extrémité qui met en branle la pièce arrondie d'où part un bras terminé par le marteau. Contrairement au *Xylette*, ce piano-ci a des étouffoirs qui empêchent les tiges de vibrer librement et de résonner après que le doigt a lâché la touche. Ces étouffoirs sont montés sur des lamelles métalliques souples reliées au bras du marteau : lorsque celui-ci monte vers la tige pour la frapper, il tire l'étouffoir vers le bas, et quand il redescend il libère la lamelle qui remonte coller l'étouffoir à la tige, l'empêchant de résonner.

C'est vraiment une mécanique simplissime avec une translation directe du mouvement depuis la touche jusqu'au marteau, sans pièce intermédiaire, accompagnée d'une synchronisation de l'étouffoir tout aussi élémentaire. D'ailleurs, pourquoi changer ce qui marche, c'est ce principe qu'il adoptera sur tous ses claviers ultérieurs, affinant progressivement le procédé jusqu'à la perfection espérée. En ce qui concerne l'amplification, elle est assez rudimentaire : Harold a fini par se décider pour un micro piézoélectrique posé sur la petite table d'harmonie. Grâce à leurs composants en cristaux de quartz, ces pastilles ont la capacité de transformer la pression physique en courant électrique (et vice versa, bien sûr) et constituent un moyen d'amplification de guitare acoustique robuste et bon marché, même si la qualité du son n'est pas toujours au rendez-vous. En l'adaptant à son instrument, Rhodes choisit encore la solution la plus simple, une parfaite illustration de son bon sens et de son réalisme. Un petit circuit à lampes dans le corps du piano permet d'amplifier le signal et de le brancher à un haut-parleur avec un simple jack.

Il ne manque plus que le design, et de ce côté-là, c'est particulièrement réussi. Il se présente sous la forme d'un clavier de trois octaves plus une note (du *mi* grave au *fa* aigu) prolongé par une caisse de la forme d'un piano à queue, mais minuscule, deux fois la longueur des touches au mieux. On pense à la bande dessinée de Charlie Brown où le petit Schroeder passe son temps à jouer du Beethoven sur son piano miniature, il s'agit quasiment des mêmes proportions, c'est à se demander si le dessinateur ne s'en est pas inspiré ! Et pour en faire quelque chose de stable et sérieux, Harold imagine un ingénieux système qui fait que les pieds de ce petit piano, une fois à terre, longent le sol et se relèvent pour supporter le tabouret sur lequel on s'assoit pour en jouer. Le tout fait donc un seul meuble en aluminium chromé et en fibre de verre au look prémonitoirement fifties, facile à transporter, sonnant aussi bien au naturel qu'avec une amplification et constituant un premier pas ludique vers l'instrument plus complet qu'est le piano.

Il s'appellera donc le *Pre-Piano* et coûtera quatre-vingt-dix-neuf dollars (pour un équivalent de neuf cents aujourd'hui), ampli compris. Harold fonde la Rhodes Pianos Corporation et présente au Salon de la musique, le très influent NAMM Show, un prototype de son instrument en 1946. Les curieux se pressent, mais il faut dire que des nouveautés, ils en ont l'habitude. Comment sont faits les sons ? Avec des tiges ? Et quand elles cassent, on les remplace comment ? Le bois, il gonfle, non ? Rhodes est mitraillé de questions et tente d'y répondre au mieux. Néanmoins, les commandes commencent à tomber, c'est bon signe, l'affaire a l'air de prendre. Revenu du show, il se lance dans la fabrication des instruments mais c'est le début pour lui, il faut trouver des fournisseurs fiables et bon marché, ainsi qu'une façon d'assembler les pièces à moindre coût, alors il se débrouille un peu comme il peut – en fait il manque cruellement d'expérience.

Résultat : il choisit mal ses fournisseurs qui lui fabriquent des tiges fragiles et inégales ainsi que des circuits au rabais qui empêchent une finition digne de ce nom. Effectivement, sous les attaques des marteaux, les tiges cassent et pour les remplacer, c'est la croix et la bannière. Il faut un outil à air pulsé pour extraire le bout coincé dans le sommier et quand on en met une nouvelle, elle n'est plus aussi bien serrée – dès qu'il y a du jeu, ça casse encore plus vite. Rapidement, le service après-vente se transforme en cauchemar et Rhodes se voit obligé de remplacer le jeu complet de tiges et leur sommier chaque fois qu'il y en a une qui casse. Comme si chaque fois qu'on crevait il fallait remplacer le volant et les quatre roues... Pas vraiment un modèle commercial prometteur... Harold est affreusement déçu, au bout de deux ans il doit arrêter sinon c'est la faillite. Voilà quelque temps déjà qu'il a divorcé de sa première femme avec qui il a eu une fille qu'il n'élèvera pas, il décide de changer de vie radicalement. Il tombe amoureux d'une jeune femme, Patricia, laisse tout derrière lui et file se marier avec elle dans un trou paumé au Texas, Dell City, où il devient vendeur de tracteurs pour la marque John Deere.

C'est pour lui un moment de doute profond. Il approche de la quarantaine, son premier mariage est un échec, ses aspirations pédagogiques et mécaniques sont enterrées et il prend conscience du fait qu'il n'est pas doué pour les affaires. Tout juste bon à vendre des tracteurs. Ce qu'il fait pendant quatre ans, tentant d'oublier ses rêves inaboutis. Mais on ne se refait pas, et pendant ce temps, son cerveau continue de travailler en tâche de fond. Il ne peut pas ne plus y penser. D'abord parce qu'il sent qu'il n'était pas loin de la solution, et ensuite parce que c'est comme ça qu'il est né, il faut que ça carbure à temps plein là-dedans, tout le reste est accessoire. Qu'est-ce qui n'allait pas ? se répète-t-il inlassablement. La mécanique est astucieuse, économique et précise, il n'y a pas grand-chose à modifier, rien que des détails à corriger ici et là. Ce sont les tiges qui cassent parce qu'elles sont frappées trop fort.

Il faut trouver un moyen de les faire résonner sous une force moindre. Finalement, le système de résonateur sur son *Xylette* était bien, il faut juste trouver un moyen de combiner ce principe avec celui de la tige vibrante… et il trouve la solution.

C'est le bon vieux diapason à deux branches de tous les accordeurs qui lui en donne l'idée. Pourquoi ne pas utiliser cette forme astucieuse pour régler le problème ? Le voilà qui griffonne les plans d'une pièce en U, comme un diapason, mais dont les branches n'ont ni la même taille ni la même épaisseur. La plus fine est celle de la tige vibrante qui est sertie dans un petit bloc rectangulaire, lui-même solidaire de la deuxième branche, beaucoup plus épaisse et volumineuse, servant de résonateur. Ingénieux : un diapason asymétrique. Quand le marteau frappe la tige, celle-ci vibre à l'unisson avec sa partie résonante et produit une belle note sans forcer, ce qui n'était pas le cas avec la mécanique du *Pre-Piano*. Le tout produit un son acoustique un peu bizarre car on a l'impression d'entendre seulement la petite tige qui s'agite avec son résonateur, mais ça n'a pas d'importance puisque Harold va au bout de sa logique et décide de traiter électriquement chaque tige pour en attraper bien proprement et précisément la fréquence. Ce n'est pas très compliqué, une petite bobine aimantée passive juste devant la tige s'électrise à sa fréquence de vibration, on connaît le système, il suffit d'amplifier le signal et le tour est joué.

Histoire de se simplifier la vie encore plus, les tiges ne sont pas de la longueur exacte correspondant à chaque note, ce qui posait auparavant des problèmes très compliqués de fabrication, il fallait les tailler une fois pour toutes et tant pis s'il manquait un quart de millimètre entraînant la fausseté irrémédiable de la note ! Là, un petit ressort à spires inversées (une moitié dans un sens, une moitié dans l'autre), coincé à l'extrémité de la tige de taille standard, permet de l'accorder à la note voulue : en poussant le ressort avec un tournevis à tête plate on maîtrise la longueur résonante de la tige, donc sa hauteur, avec une grande précision.

Tout ça, Rhodes l'imagine dans sa tête en vendant des tracteurs. Quand en 1953 Patricia tombe enceinte de leur premier enfant, elle lui fait fermement savoir qu'elle n'a pas l'intention de mettre au monde un petit Texan et qu'elle n'en peut plus de Dell City : elle veut rentrer en Californie. Ça tombe bien, car Harold lui aussi en a marre des John Deere, il sait maintenant ce qui clochait dans son projet et il brûle de s'y remettre pour prendre le bon chemin cette fois-ci. Adieu donc le Texas, retour à Los Angeles, hourra, c'est la fin de la traversée du désert, les affaires vont pouvoir reprendre.

LEO FENDER ET HAROLD RHODES

Malheureusement, tout ne va pas si vite et les choses mettent vraiment du temps à redécoller. Harold reprend ses cours de musique et commence patiemment à concrétiser ses intuitions. Plusieurs années durant, il construit ses prototypes, les teste, les améliore, les précise. La famille s'agrandit et s'installe à Anaheim, à une heure au sud de Los Angeles. 1953, 56, 57, les naissances s'enchaînent et Dave, Carol et Janice grandissent dans cette maison où Patricia, encore pleine de vie à l'heure où j'écris ces lignes, réside toujours avec sa fille Carol. L'argent est rare et le train de vie modeste. De plus, Harold n'est pas un père facile et ses enfants ont du mal à échanger avec lui. C'est un très bel homme, au sourire franc et lumineux, il possède un charisme inné, mais il est vraiment dans son monde, incapable de parler de ses émotions, de ses sentiments. Quand on lui demande s'il aime ces fleurs, s'il va bien, il ne sait pas quoi dire. En revanche, il sait très bien ce qu'il veut ou ce qui ne va pas. On a seulement l'impression qu'il n'a pas les capteurs nécessaires pour percevoir les sentiments des autres. Du coup il peut mettre les pieds dans le plat de façon épouvantable, ou alors traiter quelqu'un comme un vulgaire chiffon sans en ressentir le moindre remords. Autant comme pédagogue il est d'une patience et d'une clarté remarquables, autant comme personne sociale il n'est pas tout à fait au point.

Toute son énergie est concentrée sur son piano. Il se met à la recherche d'un associé qui pourrait financer ses recherches et finit par rencontrer quelqu'un qui va faire beaucoup pour lui : Clarence Leonidas Fender. Plus connu sous le nom de Leo, ce sympathique ingénieur de un an plus âgé que Harold est né en Californie et a grandi à Fullerton dans le comté d'Orange, au sud de Los Angeles. Fasciné par l'électronique dès son plus jeune âge, après quelques errements dus à la Grande Dépression, il a ouvert avec sa femme un atelier de réparation de radios en 1938. S'intéressant vivement au son, il s'est mis à construire des systèmes d'amplification loués ou vendus à des orchestres qui commencent à recourir à ce système de diffusion. Rappelons que ces années sont celles des débuts de la guitare électrique qui envahit simultanément la scène des big bands, du jazz en petite formation et de la country sous toutes ses formes. Les guitaristes qui veulent travailler un peu vont donc avoir besoin de micros et d'amplis, et il se trouve que Leo fait ça très bien.

Au début des années 40, il s'associe à Doc Kauffman qui a littéralement mis au monde la guitare électrique avec son premier modèle commercialisé, la « poêle à frire » de Ricken backer, ainsi nommée en raison de son long manche et de son plateau de banjo produisant ce fameux son hawaïen si cher à la country. S'il y a bien quelqu'un qui connaît ça, c'est lui. Dès 1944, Kauffman et Fender déposent un brevet pour une *steel guitar* électrique qui se joue sur les genoux, et en 45 ils mettent en vente l'instrument avec son ampli. Il marche à merveille, et Leo, grand amateur de country, prend plaisir à discuter avec les musiciens des améliorations possibles à apporter. Il comprend en parlant avec eux que bientôt la guitare électrique sera partout, les big bands sont démodés, maintenant ce sont les guitaristes qui doivent faire autant de bruit qu'une section de cuivres. En dix ans, le rhythm and blues puis le rock'n'roll vont déferler sur la musique, on est passé à l'électrique et il va falloir des instruments adaptés. La guitare hawaïenne sur les genoux, c'est marrant cinq minutes, mais on assiste à une vague de fond qui va tout emporter, ce sont *toutes* les guitares qui vont devoir être amplifiées.

En 1950, il sort le modèle *Esquire*, petite merveille du genre, puis deux ans après la *Telecaster* qui deviendra avec ses deux barrettes de micros l'un des modèles les plus populaires de l'histoire de la guitare électrique, et sera jouée par tous les musiciens country de l'époque. Pour ceux qui ne sont pas satisfaits de ce modèle, il propose en 53 la *Stratocaster*, avec trois barrettes de micros cette fois-ci, et un système de tension flottante des cordes sur un ressort qui permet grâce à un bras articulé de jouer d'un vibrato aussi expressif que facile à manier. Pendant ce temps, il produit également pour les contrebassistes dépassés par les décibels un modèle exceptionnel de basse électrique, la *Precision Bass*, la première à être commercialisée. Et pour bien faire, il invente l'ampli *Fender Bassman* qui va avec, grâce auquel le bassiste peut désormais faire face aux batteurs et aux guitaristes les plus débridés. Autant dire que quand il fait la connaissance de Rhodes, Leo a le vent en poupe.

Harold lui plaît, c'est quelqu'un d'inventif et de sérieux, réellement habité par son projet et il décide de lui donner un coup de main. Il met à sa disposition ses ateliers et ses machines-outils, lui offre le prestigieux soutien de son nom et lui prodigue ses conseils d'ingénieur électronicien et de chef d'entreprise. Il investit du capital dans la Rhodes Piano Corporation qui devient la société Fender Rhodes et en 1959, quasiment dix ans après l'échec du *Pre-Piano* suivi de son exil au Texas, voilà un nouvel instrument qui sort de l'atelier : le *PianoBass*. Il s'agit d'un piano électrique de trente-deux notes (deux octaves et une sixte, du *mi* grave au *do* aigu) qui reprend le registre bas du piano acoustique. Le choix du registre de l'instrument est en fait dicté par l'avancement des recherches : Harold et Leo n'ont pas trouvé la façon satisfaisante d'amplifier des tiges plus courtes, alors en attendant, puisque ça sonne avec les longues, autant le commercialiser en l'état.

Et ça plaît. Le registre inhabituel de ce clavier intrigue et le son qui en sort est à la fois familier et inhabituel. On s'est éloigné du métallophone, mais pas complètement, il reste des harmoniques métalliques agréablement surprenants. On a gagné en velouté, il y a une rondeur qui convient bien à un son de basse électrique lorsqu'on ne frappe pas la touche trop fort. Et puis il y a précisément la dynamique du clavier qui est similaire à celle d'un piano, on sent au bout de la touche un marteau qui bascule et frappe la tige plus ou moins fort selon l'impulsion qu'on lui donne, une sensation qu'aucun *orgue Hammond* n'a jamais procuré. Quelques années plus tard, un groupe mythique aura recours à cet instrument pour l'utiliser de façon permanente : les Doors n'avaient pas de bassiste, mais un claviériste, Ray Manzarek, qui en jouait de la main gauche tandis que de la main droite il caracolait sur un orgue *Vox Continental*. Eh oui, tous les tubes de ce groupe ont été enregistrés avec un *Fender Rhodes PianoBass*, un bon début pour une playlist !

En 1963, c'est au tour du *Celeste* de voir le jour, même concept que le *PianoBass*, mais sur un registre médium aigu, disponible en trois ou quatre octaves, du *do* au *do*. Avec son petit capot bombé en fibre de verre colorée et son pied central chromé, il a vraiment fière allure. Moins populaire que le *PianoBass*, il installe néanmoins la marque Fender Rhodes dans le paysage musical, surtout que c'est Fender qui fabrique les amplis – ça se sait depuis quelques années maintenant qu'il ne fait pas que des guitares, et son nom brille en première place des meilleures ventes de l'époque, hissant les instruments Rhodes au même niveau de qualité. Pour Leo, dont les affaires prospèrent à une vitesse qui commence à l'effrayer, l'aventure avec Rhodes est un à-côté plaisant et récréatif, loin de la frénésie de ses usines d'où vont bientôt sortir deux mille guitares par jour. Et contrairement à Harold qui n'a pas encore réussi à mettre sur le marché le piano de ses rêves, il est fatigué. Ce qu'il aime, c'est traîner avec les guitaristes de country et trouver des solutions à leurs problèmes de son, et quand il entend dire qu'un jeune chanteur de blues appelé Jimi Hendrix joue de sa *Stratocaster* avec les dents, il a l'impression que les choses sont peut-être allées un peu plus loin qu'il ne l'espérait.

Sa santé vacille, il en a marre, il veut vendre la boîte. La très puissante compagnie Columbia Broadcasting System (radio, télé, cinéma, musique, équipement) qui est devenue la RCA des années 60 est intéressée par un rachat de l'affaire.

Comme il aime bien Harold, il va le voir début 65 et lui propose d'acheter l'action qui lui manque pour devenir majoritaire de la marque Fender Rhodes. Il lui explique que de cette façon, les gars de CBS, qui ne sont pas très chauds pour acquérir Rhodes séparément, seront bien obligés de le faire puisque ce sera devenu la propriété de Fender. J'en profite pour souligner qu'il s'agit dans ce récit d'un des très rares moments de pure noblesse d'âme qui tourne bien. Car en forçant la main de CBS, Fender va donner à Rhodes le dernier coup de pouce qui lui manquait pour aller au bout de son idée – tout en faisant faire à ses acheteurs une affaire en or, entraînant pour une fois le triomphe du bon sens sur les a priori. En effet, Harold a considérablement perfectionné sa mécanique et affiné la conception de sa tige qu'il appelle maintenant une *tine*, elle est plus solide, elle se désolidarise facilement de l'ensemble résonant quand il faut la changer, elle sonne mieux à la fois dans les registres graves, médiums et aigus, bref ça y est, le *Rhodes* est mûr, prêt à éclore presque vingt ans après le *Pre-Piano*. Moment historique.

LES DÉBUTS CHEZ COLUMBIA

En janvier 65 CBS rachète donc Fender et Fender Rhodes, Leo se retire des affaires comme prévu – et voit d'ailleurs sa santé s'améliorer de façon spectaculaire, décidément voilà un homme qui fait les bons choix. Pour Harold, c'est aussi le rêve : des moyens que seule la plus grosse des *major companies* peut lui offrir, un réseau de distribution nationale et internationale de premier ordre, des techniciens et ingénieurs parmi les meilleurs, un beau salaire de conseiller technique, des royalties pour chaque note vendue (eh oui, comme il y a plusieurs formats de clavier, c'est la touche qui devient l'unité de royaltie), tout est là, tapis rouge et y a plus qu'à. Sans perdre un instant, Rhodes passe à l'action et met en route la fabrication simultanée de deux modèles de piano électrique, l'un pour la scène et l'autre pour l'étude. Maintenant qu'il a les moyens, il sait exactement quoi faire.

Son premier modèle pour le *live* comprend deux éléments : un volume rectangulaire horizontal constitué par le clavier, la mécanique, les tines et les résonateurs, bref tout ce qui produit le son, posé à angle droit sur un volume identique reposant sur le sol. Ce qui soutient le clavier est en fait un amplificateur doté de quatre haut-parleurs diffusant le son au volume que l'on veut, du très faible au très fort. Deux haut-parleurs sont dirigés vers l'extérieur, dans le sens du regard du pianiste, et servent à projeter le son dans la salle ou vers les autres musiciens. L'autre paire est dirigée vers l'intérieur, c'est-à-dire vers les genoux du pianiste, qui hélas n'ont pas d'oreilles, mais ça permet quand même d'avoir une bonne idée du son produit. Un design d'une grande simplicité permet de mettre un capot rigide au-dessus du bloc clavier qui transforme le tout en malle de voyage robuste et fiable, d'où son nom de *Suitcase*. Le dessus de l'instrument est d'une couleur très classe, sorte de paillette argentée qui rappelle le ton gris de l'épais tissu tendu sur le bloc d'amplification. Trois boutons au-dessus du clavier permettent de moduler le volume, les graves et les aigus, ainsi qu'un trémolo à vitesse et profondeur réglables. La mécanique est en bois, les marteaux sont en feutre comme des vrais marteaux de piano, avec une forme classique en goutte d'eau. La taille des claviers est variable, elle va de soixante et une à quatre-vingt-huit touches (la taille d'un vrai piano) en passant par soixante-treize, la plus réaliste : en effet l'octave supplémentaire du plus grand format se situe en bas, dans un registre où ça ne sonne pas très bien et où l'extension n'est pas particulièrement utile.

Deuxième modèle : le *Student Piano*. Même mécanique à l'intérieur, c'est l'électronique qui change. Ce clavier-ci est destiné à l'enseignement façon labo de langues où plusieurs élèves travaillent au casque, connectés à la table d'écoute centrale du professeur. Par souci d'élégance, il repose sur un pied central qui s'évase en queue de poisson vers le bas en un équilibre futuriste. La première version est dorée, les suivantes seront vert avocat, orange, rouges, puis noires. Cet instrument n'ayant pas vocation à être monté et démonté tous les soirs comme son équivalent scénique, il est fait en deux parties, le pied massif et le clavier lui-même, dans une très jolie coque en fibre de verre moulée en arrondi. Sous le clavier, deux blocs de part et d'autre de la position assise. À droite, deux speakers dirigés vers le bas, un pour les graves et un pour les aigus, permettent d'entendre l'instrument amplifié « naturellement » si on le désire. À gauche, un boîtier électronique propose l'amplification elle-même, avec la possibilité de jouer au casque sans les haut-parleurs, un bouton qui contrôle le volume et la vitesse d'un métronome électronique ainsi qu'une connexion à la console du professeur.

Les deux modèles fonctionnent magnifiquement

bien, leur sonorité cristalline est remarquablement équilibrée, le clavier est agréable à jouer, ce sont deux versions d'une même réussite spectaculaire dans le monde des pianos électriques. Parce qu'il en existait avant, des pianos électriques, et depuis un moment. Il ne faudrait pas croire que Rhodes était le premier, loin de là. Néanmoins, pour des raisons que nous verrons tout à l'heure, les solutions qu'il apporte sont suffisamment consistantes pour en faire *le* grand nom du genre. Voyons donc où en est la concurrence.

LA MAISON WURLITZER

Elle est en grande partie personnifiée par un homme et par une compagnie. Commençons par la compagnie, la société Wurlitzer. Au moment où Rhodes sort son *Student Piano*, voilà plus de cent ans que le fondateur de cette honorable maison a ouvert boutique aux États-Unis. Natif de Saxe, Rudolph Wurlitzer a émigré d'Allemagne en 1853 et s'est installé dans la ville de Cincinnati, dans l'Ohio. Le commerce de la musique et de ses instruments coule dans les veines de sa famille depuis plusieurs siècles et grâce à son savoir-faire, son affaire prospère vite en Amérique. Au départ importateur d'instruments, il devient rapidement fournisseur de l'armée américaine et en 1906, cinquante ans après sa fondation, la compagnie occupe à New York un volumineux immeuble de six étages.

En ce début de siècle, les trois fils of Rudolph ont pris le relais, ce sont des jeunes de leur temps, ils commencent à fabriquer des pianos mécaniques qu'on déclenche avec des pièces. Ils développent pour le cinéma muet le redoutable *Mighty Wurlitzer*, cet orgue à tuyaux dont on a déjà parlé, qui ressemble à un énorme fraisier blanc et rouge et fera pendant presque trente ans le lien exclusif entre le *Telharmonium* et le *Hammond*. Les affaires sont tenues d'une main ferme – on dit que l'inventeur de cet instrument, Robert Hope-Jones, se donna la mort à la suite d'un conflit avec la maison Wurlitzer dont les exigences auraient été exagérées... Ce sont les mêmes frères qui accueillent Theremin à son arrivée aux États-Unis, organisant sa minitournée publicitaire au profit de leur chaîne de magasins. Ce sont encore eux qui, à l'arrivée du parlant, translatent le principe de leurs pianos mécaniques à pièces, les fameux Nickelodeons, à celui des juke-box, dont ils vont devenir les maîtres incontestés dans les années 30 et 40. Depuis longtemps facteurs de pianos, ils vont lancer en 1935 des tout petits pianos droits appelés *Spinets* qui connaîtront en raison de leur taille et de leur prix très modérés un succès considérable. Les Wurlitzer sont partout, sur tous les fronts, et sont aussi experts en innovation qu'en communication. C'est *la* grande chaîne de magasins de musique aux États-Unis. La marque produit sans arrêt de nouveaux modèles, des pianos, des orgues, maintenant des boîtes à rythme et... des pianos électriques. C'est normal, c'est dans l'ADN de la famille.

Car Rudolph et ses trois fils, en plus du business, aiment inventer, bricoler et passer du temps à tripoter des claviers. Cependant, ils ont régulièrement recours au travail d'autres inventeurs dont ils achètent les brevets, et il y en a un qui se distingue de tous les autres par sa pertinence, son excellence et son ingéniosité. On entend rarement prononcer son nom dans le milieu de la musique électronique, bien qu'il soit à la croisée de plus d'une invention déterminante. Il s'agit de Benjamin Miessner – et non Meissner comme on l'écrit souvent à tort, l'erreur est très répandue. Pourquoi n'occupe-t-il pas une place plus importante dans l'historiographie de la musique électronique, voilà qui reste pour moi un mystère, toujours est-il que c'est par lui que beaucoup de choses vont arriver.

BENJAMIN MIESSNER

Il est né en 1890, il est donc un peu plus vieux que Hammond, Theremin et Martenot, mais comme eux c'est à l'armée qu'il découvre la radio et le monde merveilleux de l'électronique. En 1909, en poste à la station radio navale de Washington, il améliore le système de détecteur à galène de façon définitive, puis s'illustre à sa sortie de l'armée par une invention particulièrement frappante qu'il appellera *the Electric Dog*, le chien électrique. Il s'agit d'un robot à quatre roues qui se dirige tout seul vers une source de lumière. Le moins que l'on puisse dire, c'est que pour 1912, c'est une invention franchement innovante. Une série de cellules photoélectriques couplées à un gouvernail orientent en fonction de la localisation d'une source lumineuse cette petite caisse noire dotée de roues directionnelles. C'est très simple et très malin, et l'application militaire s'ensuit immédiatement : on en fera un système de guidage pour torpilles sous-marines, les dirigeant ainsi vers les navires qui en les éclairant les attirent irrémédiablement vers eux. Boum, Miessner est lancé. Il sait pourtant qu'il a encore des choses à apprendre, aussi va-t-il faire des études d'ingénieur à la Purdue University dans son Indiana natal, dont il ressort en 1916. Il travaille à nouveau un an pour l'armée puis repart dans le privé. Il a entre-temps rédigé un ouvrage de deux cents pages sur l'état actuel de la radio et donne des conférences plusieurs fois par an. Je ne sais pas si c'est vrai, mais j'ai lu qu'il avait quitté le service pendant la guerre sur la dénonciation d'un de ses voisins l'accusant de trahir son pays en tenant des propos pro-allemands. Il aurait fait appel auprès de l'assistant de l'amiral de la flotte, un certain Franklin D. Roosevelt, mais aurait été débouté de sa requête, privant ainsi l'armée américaine d'un de ses plus brillants électroniciens.

Tout en approfondissant son expertise en radio, il entame les années 20 comme chef de la Division de recherche acoustique de la Brunswick Phonograph Company à Chicago – il faut dire que la musique, le son, il baigne dedans depuis tout petit. Comme Raymond Scott, Benjamin a en effet un grand frère chef d'orchestre, Otto, qui commence à faire parler de lui comme pédagogue, et connaîtra plus tard une renommée nationale sans doute plus voyante que celle de son cadet d'inventeur. Les deux frères collaborent d'ailleurs sur plusieurs projets au cours de cette décennie, dont un intrigant *Rythmicon* dont il ne subsiste aucune trace et qui semble avoir eu, outre le même nom, les mêmes propriétés que celui de Theremin. Mais ce que voudrait Otto, c'est un piano electrique, quelque chose qui permette d'avoir un clavier sans que ce soit le meuble entier qui vienne avec, un piano un peu démocratique, un truc à dix dollars à brancher dans le mur et qui se joue au casque, sans accordeur, sans déménageur et sans voisins furieux.

En 1930, Miessner vend à RCA une cinquantaine de brevets relatifs à la radio pour une petite fortune, ce qui lui permet d'ouvrir sa boîte, Benjamin

Miessner Inventions, Inc – glissons au passage que ses parents l'ont doté du nom complet de Benjamin *Franklin* Miessner, ce qui pose clairement la question du déterminisme des prénoms. Quoi qu'il en soit, le voici inventeur officiel et il ouvre un laboratoire à Millburn, dans le New Jersey, où il s'applique à électrifier tous les instruments qui lui tombent sous la main, violon, guitare, clarinette, avec des résultats inégaux. Et, bien sûr, le piano. Ils connaît les efforts qui l'ont précédé. Il y a eu le *Choralcello*, ce mammouth contemporain du *Telharmonium* qui proposait un clavier actionnant des roues phoniques comme celui de Cahill et un clavier jouant d'un vrai piano, dont les cordes vibraient sous l'effet des marteaux habituels ou alors de champs magnétiques déclenchés par des électroaimants. Le *Creatone* vient de sortir, avec un système similaire où la vibration de la corde est entretenue par un champ magnétique, empêchant l'extinction de la note et sonnant comme un chœur céleste. Mais, en vrai ingénieur, Benjamin aborde la question méthodiquement et il propose ni plus ni moins de capter électriquement le son de chaque corde d'un piano acoustique.

Pour l'époque c'est une idée complètement farfelue, aussi farfelue d'ailleurs que toutes les autres qui ont cours dans les années 30 et donnent naissance aux magnifiques instruments qu'on a vus. Il imagine donc un système extrêmement simple, une petite bobine avec un aimant en son centre qui se magnétise selon les fréquences vibratoires de la corde métallique qui ondule au-dessus. C'est le principe qui est utilisé encore aujourd'hui pour les guitares électriques, une preuve éclatante de la robustesse et de la simplicité du procédé. À ce sujet, notons qu'il ne fonctionne qu'avec une corde métallique : une corde en crin ou en nylon ne fait pas réagir l'électroaimant.

Miessner retire donc la table d'harmonie du piano (le fond de l'instrument qui vibre et projette le son émis) puisqu'il s'intéresse au *mouvement* de la corde et non au son, et ne garde avec le clavier que le cadre assurant la tension des cordes. Après, toute la question est de savoir où on dispose le capteur le long de la corde car, en fonction de sa position, on aura plus ou moins d'harmoniques, d'attaque ou de timbre. Il n'est pas compliqué d'en mettre sur plusieurs rangées pour additionner, soustraire, filtrer les sons ainsi obtenus : ça marche, l'éventail de son est suffisamment large pour aller du simple piano acoustique amplifié à l'orgue électrique, c'est une vraie réussite.

Il présente son *Electronic Piano* en 1932 à la réunion annuelle du bureau new-yorkais de l'Institute of Electrical Engineers, aux côtés du *RangerTone* et du *Theremin* à clavier, et le système fait aussitôt fureur. Comme avec la radio, plutôt que de mettre son nom sur un appareil, il préfère vendre le brevet aux compagnies qui sont intéressées par sa fabrication. Elles seront un bon nombre à utiliser telle ou telle application de ses brevets et sortiront des claviers aux noms prometteurs : *Electronic Minipiano, Electrone, Dynatone, Storytone, Electrochord...* Je ne surprendrai personne en disant qu'au même moment outre-Atlantique, particulièrement en Allemagne, des découvertes similaires voyaient le jour avec le *Radiopiano* de Hiller ou le *Neo-Bechstein* de Vierling et Nernst, prix Nobel de physique. Et ils ne sont pas les seuls : comme d'habitude l'idée est en l'air et l'attrape qui pourra.

Ce que fait Miessner en déposant de nombreux brevets très précis, qui vont d'ailleurs sérieusement inquiéter l'industrie naissante non pas des pianos mais des guitares électriques. En effet, il menace d'un procès quasiment toutes les compagnies qui se lancent si elles ne lui payent pas des royalties sur ses micros. Vega, Epiphone, Kay crachent au bassinet, en revanche Electro String, National-Dobro et Gibson décident de faire front contre le bluff de Miessner... qui finit par laisser tomber. Mais c'est dire s'il est au centre du jeu avec ses inventions. Cela dit, il sait qu'il n'a pas encore trouvé la bonne solution. Plusieurs raisons à cela : tout d'abord, les cordes ne s'arrêtent pas instantanément de vibrer quand l'étouffoir les recouvre, ce n'est pas vraiment gênant pour un piano acoustique, mais c'est embêtant quand les cordes sont amplifiées, dès qu'on joue un peu vite ça fait de la bouillie de notes, donc ce n'est pas satisfaisant. Et puis cette invention n'est guère qu'un piano avec des micros, ça ne simplifie pas le problème de l'accord, du poids, de l'encombrement, c'est du plus, pas du moins, bref, c'est un bon début mais aucun des objectifs n'est vraiment atteint.

Benjamin se met donc à la recherche d'une alternative légère et économique au système de cordes tendues par un cadre en fonte. Il y a bien un moyen, c'est en utilisant des anches métalliques, des petites lamelles frappées par un marteau, mais jusqu'à présent le résultat est décevant et le timbre de ces anches demeure disgracieux. Néanmoins, maintenant qu'il a un peu avancé dans la mise en pratique, il s'est aperçu qu'il y avait plusieurs secrets à leur bonne utilisation. La taille doit être de six millimètres et demi pour une épaisseur de moins d'un millimètre, afin que ça soit tout fin et que ça vibre bien. La note exprimée est bien entendu beaucoup trop haute telle quelle mais ça n'a pas d'importance, car dans les années 40 la conversion de fréquence est devenue une opération simple, à condition que la vibration initiale soit bien stable, ce qui est le cas avec ces petites lamelles.

Autre détail essentiel : l'endroit où le marteau frappe l'anche et celui où le micro perçoit sa vibration. En tâtonnant ainsi, en perfectionnant le circuit électrique pour lisser les fréquences les plus graves et stimuler, voire créer des harmoniques pairs et impairs, Miessner s'approche peu à peu d'un son électronique qui ressemble à celui du piano. Pour accorder, un peu de soudure fondue sur l'anche descendra la note et en retirer la fera remonter. Plus de cadre en fonte, plus de table d'harmonie, plus de cordes de longueur interminable, un poids de trente-cinq kilos avec son préampli, un faible coût de fabrication : mission accomplie ! Il l'a fait ! Là encore il renonce au désir de voir son nom sur le clavier et vend le brevet à Wurlitzer qui, en le mettant sur le marché en 1954, va créer la sensation avec son *EP-110*. *EP* c'est pour *Electric Piano*, et rapidement le son fait tache d'huile. Pensé tout d'abord comme un instrument d'étude (anticipant ainsi la démarche de Rhodes), le clavier déborde progressivement de son cadre éducatif et de plus en plus de groupes le prennent avec eux sur la route. L'instrument est léger, funky, amplifiable à volonté et constitue une alternative très confortable à l'*orgue Hammond*, la *cabine Leslie* et les vertèbres écrasées.

En 1959 il est immortalisé par son intro dans une chanson de Ray Charles qui deviendra un tube planétaire, *What'd I Say* avec son drôle de petit son de vibrato électrique et à partir de là c'est parti, les succès s'enchaînent avec *Mercy, Mercy, Mercy* de Joe Zawinul, *I Heard It Through the Grapevine* de Marvin Gaye, *Crawling King Snake* des Doors, *You're My Best Friend* de Queen, *The Logical Song* de Supertramp... Il semble fait pour jouer des petits riffs qui restent gravés dans l'oreille dès qu'on les a entendus une fois. À la fois percussif et velouté, c'est un instrument qui se fond très bien dans le nouveau contexte de musique électrifiée, entre basse et guitare électriques, c'est le clavier parfait d'accompagnateur.

L'honnêteté m'oblige à mentionner un autre inventeur, le fort brillant et sympathique Ernst Zacharias qui travailla toute sa vie pour la marque allemande Hohner, encore aujourd'hui très présente sur le marché de la musique. C'est à lui que nous devons un instrument dont le son ressemble beaucoup au *Wurly*, il fait surface en 1962 et s'appelle le *Pianet*. Sa mécanique est encore plus simple : au bout de la touche, un petit caoutchouc légèrement adhésif appuie doucement sur une lamelle métallique. Quand on enfonce la touche, son extrémité bascule vers le haut, « aspirant » un instant la lamelle qui est collée en dessous pour la relâcher tout de suite après. Elle se met à vibrer et une bobine aimantée attrape ainsi une fréquence. C'est une façon originale de contourner le problème de l'attaque du son qui se fait d'ordinaire avec un marteau et constitue *le* moment confus et délicat de l'opération. En plus, son clavier est dynamique : plus on appuie fort et vite sur la touche, plus ça fait vibrer l'anche, simple et astucieux.

C'est d'ailleurs le même Zacharias qui imagine en 64 le *Clavinet* avec un son proche du clavecin acoustique : là, ce sont de vraies cordes qui ne sont pas pincées mais « écrasées » par une petite pièce de caoutchouc comme le ferait un doigt sur un manche de guitare, encore une fois une approche de la production du son qui sort des sentiers battus. Le *Clavinet* fera d'ailleurs partie de l'instrumentarium obligé du claviériste des années 70 : Herbie Hancock chez les Headhunters en fera avec une pédale wah-wah une utilisation super funky, Rick Wakeman en exploitera tout le côté baroque dans son groupe Yes, Richard Wright chez les Pink Floyd le fera gronder furieusement sur *Have a Cigar* et Stevie Wonder lui offrira son tube absolu avec ses six pistes superposées de *Superstition*. Il s'agit là, mis à part le *Hammond*, d'un des tout premiers instruments électriques utilisés à grande échelle, au même titre que le *Wurly*. Une différence cependant : les Wurlitzer avaient quitté leur Saxe natale plus d'un siècle auparavant, tandis que la maison Hohner est encore aujourd'hui fermement établie à Trossingen en Forêt-Noire, ce qui rend leur exploit commercial outre-Atlantique d'autant plus remarquable.

Nous arrivons d'ailleurs à un tournant de notre histoire où la production instrumentale va connaître un développement exponentiel et il ne m'est hélas pas possible de m'attarder sur *chacun* de ces modèles splendides qui ont illuminé la musique de cette époque. Heureusement, une littérature abondante est disponible sur le sujet et les esprits curieux (ou chagrins de ne pas voir ici mentionné leur clavier favori) trouveront facilement leur bonheur en quelques minutes sur internet. Je mentionne furtivement ces claviers tous contemporains pour donner une idée du marché quand Rhodes arrive en 1965 avec le plan de ses petites merveilles chez CBS : on voit que la place est déjà bien occupée. Le *Wurlitzer* et le *Pianet* sont là depuis respectivement onze et trois ans, avec un son tout de même très proche l'un de l'autre et des ventes solides – sans être astronomiques.

LA MATURITÉ

Alors comment se fait-il que Rhodes arrive à se glisser dans cet environnement et à triompher indiscutablement de ses concurrents en arrivant aussi tard ? Personnellement, je pense que c'est à cause de sa mécanique. Le *Wurly* comme le *Pianet* sont des instruments magnifiques, avec un son bien à eux qui inspire tout de suite le musicien, mais ils n'ont pas la *profondeur* du clavier du Rhodes dont l'ensemble pèse plus lourd, le double du *Wurly*, mais ce sont des kilos bien gagnés. Le fait qu'on ait un marteau avec un développement de course très abouti donne le sentiment à celui qui en joue qu'on peut vraiment *rentrer* dans l'instrument, le jouer de vingt façons différentes, varier les dynamiques à l'infini, passant du cri au murmure avec une égale facilité. La touche résiste, et quand elle s'enfonce, on a physiquement l'impression de sentir la frappe de la tine en bout de course. C'est pour un pianiste un lien fondamental avec l'instrument qu'il ne retrouve ni sur le *Pianet* ni sur le *Wurly*, dont les claviers sont un peu faiblichons, lâchant leur son tout de suite sans en garder pour après.

En fait, le *Rhodes* est le seul instrument électrique qui procure la même impression de richesse dynamique que son équivalent acoustique. Encore aujourd'hui, les claviers numériques dits « lourds » qui sont censés imiter l'enfoncement naturel des touches du piano sont, je trouve, très loin d'un ressenti réaliste, même si le son qui en sort est indéniablement attirant. Le *Rhodes* a d'autres avantages indéniables : sur un soixante-treize touches, toutes les notes, grave, médium, aigu, ont une vraie couleur riche et complète. Le *Clavinet* sonne bien sur deux octaves, après ce sont des effets sonores qu'on peut en extraire, mais pas d'harmonies un peu complexes. Pareil pour le *Pianet* dont la touche est privée de rebond et dont l'ensemble manque de corps. Quant au *Wurly*, c'est au milieu du clavier qu'il sonne bien, quand on va vers les extrêmes, le son s'effiloche progressivement jusqu'à devenir peu probant. Le *Rhodes*, lui, est très égal sur toute la largeur du clavier, il n'y a pas de trous de son, où qu'on pose les doigts.

Malheureusement, les claviers ne vont pas se mettre à sortir de l'usine en rangs serrés dès la signature du contrat et il va falloir à Harold encore quelques années pour que l'instrument prenne corps et se fabrique en masse. Mais dès 1968, le trompettiste et compositeur Miles Davis en exige un dans les studios de CBS où il enregistre comme artiste maison, et Herbie Hancock en joue pour la première fois sur le titre *Stuff*. Voici comment s'en souvient le pianiste : « Miles nous avait donné rendez-vous pour une session d'enregistrement, je me pointe au studio et je vois Tony Williams en train d'accorder sa batterie, mais je ne vois pas de piano, alors je me dis, ils vont venir le livrer plus tard. Mais quand j'ai demandé à Miles ce qu'il voulait que je fasse, il m'a dit : tu joues de ça, en pointant du doigt vers un piano électrique dans le coin de la pièce. Je savais que c'était un *Fender Rhodes*, parce que j'avais vu des photos déjà. J'ai dit ah euh d'accord, mais dans ma tête je pensais : attends une minute, Miles veut que je joue de ce... jouet ? J'en avais jamais joué ni entendu un, mais on m'avait dit : naaah c'est pas un vrai piano, c'est un jouet ! Mais bon si le patron veut que j'en joue... Je l'ai branché, j'ai joué un accord... et j'ai aimé tout de suite. Il avait ce son de cloche, tout d'un coup je me retrouvais à penser à plein de combinaisons dans ma tête. C'était comme une guitare, mais pas vraiment non plus. Ça n'avait pas l'attaque cassante du piano, et je me disais, c'est un son chaud... et non seulement ça, mais je pouvais aussi monter le volume et jouer aussi fort que Tony sans qu'il ait besoin de se retenir ! »

À partir de là, la réputation du clavier est faite. On entend deux *Rhodes* converser continuellement dans le double disque phare de Davis *Bitches Brew* marquant l'entrée grandiose du trompettiste dans la musique électrique. Tout de suite après, c'est Chick Corea qui en fait son seul clavier d'expression dans les premiers disques de son groupe Return to Forever, puis Joe Zawinul avec sa nouvelle formation Weather Report, tous les grands solistes s'emparent de l'instrument et le font chacun sonner merveilleusement bien. Et s'il ne fallait retenir qu'un seul groupe vocal qui l'utilisa avec une splendide constance, ce sont sans doute les Carpenters. C'est une pub formidable pour Rhodes dont les ventes vont enfin pouvoir décoller avec la mise sur le marché en 69 du fameux *Fender Rhodes Mark I*, le modèle que tout le monde veut avoir. Il existe en deux versions de soixante-treize notes : le *suitcase* avec son haut-parleur et le clavier posé dessus, et le *stage* qui est juste le clavier posé sur quatre pieds fins en alu, que l'on relie par un câble à un ampli extérieur. Il est recouvert d'une sorte de tissu goudronné tendu sur le bois, baptisé le *tolex*, d'une résistance telle qu'il en tapissera la carosserie des ambulances Packard. On commence à voir l'instrument à la télé, sur des pochettes de disques, dans les magazines, en quelques années les *Fender Rhodes* sont devenus les chouchous des pianistes, tous les groupes en ont un.

LE *RHODES*, MEILLEUR AMI DU PIANISTE

Dans les ateliers de CBS, Harold est devenu un personnage de légende, tant par le sérieux qu'il met à produire le meilleur instrument possible que par l'accumulation de ses étourderies de savant Cosinus. Par exemple, c'est un spécialiste de l'oubli des clés *dans* la voiture fermée – à la réception il y a toujours une longue tige prête à être utilisée pour forcer la serrure par la vitre. Ou alors il va à l'aéroport, toujours avec sa voiture, il la gare au parking et quand il revient deux jours plus tard, il ne se souvient plus de là où il l'a stationnée : il prend sans hésiter un taxi et, une fois arrivé aux ateliers, demande à un de ses assistants d'aller la trouver à l'aéroport et de la lui ramener. Il perd tout, il est dans les nuages. Sauf en ce qui concerne son cher piano électrique. Il n'est que consultant, il n'apparaît pas dans l'organigramme de CBS, mais il s'implique totalement dans l'amélioration de son modèle. Et entre 69 et 72, de grands changements vont se produire dans la mécanique. Les marteaux de piano en feutre vont disparaître : d'une part ils ont tendance à se creuser trop facilement à l'endroit où ils frappent la tine, d'autre part ils pèsent trop lourd et Rhodes veut faire beaucoup d'efforts dans ce sens-là. L'ensemble de la mécanique est allégé en mêlant bois et plastique, et le marteau est remplacé par un petit cube en Néoprène qui fait très bien l'affaire.

Les résonateurs évoluent aussi. Au départ, c'étaient de longues tiges carrées d'un centimètre de côté qui avaient une belle acoustique naturelle, mais il y a moyen de les améliorer. Ils s'affinent, se courbent, sonnent mieux et gagnent en légèreté. Les tines sont fabriquées selon un procédé « sans centre » qui, en les rendant plus stables, améliore leur longévité au centuple, éliminant ainsi définitivement *le* problème fondamental de fragilité de ce diapason asymétrique – il faut dire que ça fait vingt-cinq ans que ça dure et la solution est accueillie avec soulagement. Désormais toutes les pièces se démontent et sont indépendantes les unes des autres, la casse n'est donc plus un souci, les remplacements sont disponibles et peu coûteux. L'instrument en général évolue vers plus de légèreté et de fiabilité, se taillant rapidement une réputation de robustesse que lui envient ses concurrents qui, s'ils sont plus légers, demeurent nettement plus fragiles et compliqués à réparer quand il y a un problème.

En outre, pour un pianiste un peu bricoleur, l'entretien et l'accord sont d'une simplicité enfantine, ce qui est un avantage considérable, pas besoin de le ramener au magasin dès qu'il y a quelque chose qui ne marche pas. L'axe du marteau d'une note du milieu est cassé ? Ils sont tous identiques, à l'aide d'un tournevis plat, on fait en quelques secondes sauter celui de la note la plus aiguë du clavier pour remplacer en urgence celui du milieu, plus souvent utilisé. Je me suis moi-même retrouvé en grande détresse dans un festival à l'étranger où je n'avais été présenté à mon *Rhodes* que dix minutes avant de monter sur scène. Sans doute venait-il d'un autre plateau où il avait dû être maltraité, toujours est-il que je me suis aperçu que l'étouffoir du *fa* du milieu était absent et que cette note résonnait sans retenue quand on la jouait. C'est le pire cauchemar, bien plus terrible qu'une note cassée qui ne joue pas, car à moins de retirer physiquement la touche du clavier pour s'empêcher de la jouer (ce qui est quand même assez déprimant à voir), il n'y a pas de moyen d'éviter qu'à un moment ou un autre on appuie sur cette touche qui fera résonner le *fa* éternellement sans possibilité de l'étouffer. Un examen de quelques secondes m'ayant permis de constater qu'un des feutres des étouffoirs avait simplement disparu dans la nature, j'ai découpé avec une paire de ciseaux un petit volume de mousse plastique équivalent, l'ai collé sur le montant, et j'ai pu jouer le concert sans encombre. Un cutter, un tournevis cruciforme, un tournevis plat, une clé de huit, un tube de colle et roulez jeunesse, on est paré à toutes les situations. Pas d'électronique, l'ensemble est passif, ce sont toujours des petites bobines d'électroaimants liés les uns aux autres par des points de soudure très solides.

Autre avantage, la mécanique est réglable : deux petites vis à la base du résonateur permettent de varier la distance et la hauteur de la tine par rapport à son micro, ouvrant en large les différentes possibilités du son : plus ou moins rond, plus ou moins riche en harmoniques, plus ou moins percussif, d'un tour de poignet on peut lui faire dire beaucoup de choses, à cette tine – le coin des spécialistes : avec l'âge, le résonateur aura tendance à se déchausser en se déplaçant de droite à gauche, tirant la tine hors de la course recommandée du marteau. Toujours avoir dans sa besace quelques filtres de cigarettes à rouler que l'on coince entre les résonateurs pour forcer le bloc réfractaire à s'aligner sur les autres. Mais mis à part ces infimes désagréments, l'instrument est d'une solidité à toute épreuve et le mien a dû effectuer plusieurs fois le tour du monde sans le moindre incident. Son armature en bois de deux centimètres d'épaisseur et ses épaisses cornières métalliques le protègent des chocs à la perfection, et ses pieds vissables se transportent aisément dans le compartiment qui s'emboîte au-dessus du clavier. Je n'ai jamais cassé une tine et il m'arrive pourtant de taper fort sur le clavier. Quatre vis cruciformes au-dessus du cadre sont en tout et pour tout ce qu'il faut dévisser pour accéder à tous les points de la mécanique et la réparer aisément en très peu de temps.

Le toucher quant à lui est ce qui se fait de plus proche *dans l'intention* d'un vrai piano. Cependant les sons produits sont très riches, à la fois ronds et brillants, ils sont bourrés d'harmoniques, aussi l'instrument ne se joue pas exactement comme son frère acoustique. Par exemple, plusieurs notes proches jouées ensemble au milieu du clavier expriment une friction très efficace sur un piano, beaucoup moins sur un *Rhodes* qui efface les tensions et mélange les notes les unes aux autres. Il faut par conséquent jouer moins de notes et privilégier la clarté d'expression harmonique – c'est joli avec très peu de choses, il n'y a pas besoin d'en rajouter. Par contre, et ça c'est vraiment une sensation merveilleuse, le clavier a un rebond qui n'existe pas au piano, il donne vraiment l'impression d'enfiler des pattes de chat. Comme si la tine était une balle en caoutchouc qu'on s'amusait à faire rebondir du bout des doigts, c'est une façon très ludique de faire de la musique pour un pianiste – qui prend d'ailleurs conscience sous ce toucher feutré que celui du piano ressemble par comparaison à un véritable bouquet de têtes d'épingles.

C'est quand même extraordinaire que Rhodes ait réussi à restituer, avec guère plus de deux pièces, une mécanique qui en compte presque cinquante sur un piano. C'est tout simple : l'extrémité de la touche est garnie d'un feutre sur lequel vient s'appuyer le bras du marteau avec à sa base une découpe arrondie puis plate. Quand on appuie sur la touche, elle fait s'élever le bras du marteau qui accélère en glissant sur l'arrondi jusqu'au moment de frapper la tine, puis se bloque en arrivant sur sa partie plate. Le marteau va un peu plus loin sous la première impulsion, touche la tine, puis revient en dessous en position de blocage, développant une frappe unique et précise qui ne rebondit pas après. Attachée par un fil de tissu au bras du marteau, une tige souple dont le bout est garni de feutre fait guise d'étouffoir

– quand le marteau monte, il s'écarte de la tine, et vice versa. Simplissime.

Enfin, c'est un instrument qui permet au pianiste d'utiliser des *effets*, un concept en pleine expansion chez les guitaristes depuis plusieurs années. Rhodes n'aime pas ça du tout, les effets, il est comme Hammond, il trouve que ça dénature complètement le son qu'il a mis tant d'années à perfectionner, mais il sait écouter les musiciens, c'est une de ses grandes qualités. Et lorsque Herbie Hancock lui glisse à l'oreille qu'il serait souhaitable de prévoir dans le prochain modèle de *suitcase* deux sorties pour brancher des effets, il le note et le fait. La pédale *fuzz* (sortie en 57), le *delai sur bande* (l'*Echoplex*, 59), le *ring modulator* (61), la *wah-wah* (67), deviennent des terrains d'aventures enfin accessibles pour des pianistes qui font leur révolution électrique avec vingt ans de retard sur les guitaristes, il était temps ! Comme le fera remarquer le même Hancock, contrairement au piano qui se distingue toujours des autres instruments par sa puissance, sa richesse et son timbre si particuliers, le *Rhodes* a une façon très naturelle de se mélanger aux autres instruments – on est aussi à l'aise avec lui en accompagnement qu'en solo, ce qui en fait un clavier extrêmement complet. Il n'est donc pas étonnant qu'avec ces toutes ces qualités, le nom de Rhodes soit désormais sur toutes les lèvres.

Au début des années 70, les choses commencent à tourner agréablement. Voilà dix ans que Harold a quitté sa deuxième femme Patricia et les blessures de son divorce se sont refermées. Il s'est remarié avec Delores, une femme vive, joyeuse et entreprenante qui donne à sa vie sociale un nouvel éclat mondain. CBS a acheté Fender Rhodes il y a quelques années pour la somme de treize millions de dollars, son instrument est en train de trouver son public, la distribution suit, tous les compteurs sont au vert. À l'âge déjà vénérable de soixante ans, il sort tout juste le nez de la demi-galère qu'a été sa vie jusque-là. C'est son âge d'or, la récompense de son immense patience de pédagogue, d'enseignant et d'inventeur persévérant. Il habite désormais dans un immense domaine à Woodyear, il a des voitures de collection, un camion de pompier des années 30 (pour rigoler), il a même une pompe à essence personnelle pour alimenter tous ces moteurs. Delores est toujours élégante, bien habillée (mais les enfants de Patricia qui viennent pour les fêtes ne l'aiment pas tellement), elle est plus jeune que Harold, elle a deux filles à elle mais elle lui donne un fils, Harold Junior, oui, décidément, tout semble sourire à Rhodes.

SORTIE DE ROUTE

Pendant ce temps, il n'a pas laissé tomber son rêve de populariser, grâce à son piano électrique, l'enseignement de la musique. Il fait embarquer quelques-uns de ses *Student Pianos* dans un camion spécialement aménagé, sorte de petit studio roulant de ville en ville, proposant aux mélomanes des séances d'apprentissage de la méthode Rhodes avec des enseignants agréés. C'est génialement américain, on voudrait *habiter* dans un de ces camions. Mais en 1974, CBS décide d'arrêter l'opération qui n'est pas assez rentable. Et retire, avec neuf ans de retard, le nom de Fender sur son nouveau modèle qui devient le *Rhodes Mark I*.

C'est également l'époque à laquelle la direction de la boîte commence à prendre la main sur le travail de Harold. Être en cheville avec une grosse compagnie a des avantages indéniables en termes de moyens commerciaux, mais génère également des désagréments très irritants pour quelqu'un d'un peu... indépendant. Les décisions se prennent ou ne se prennent pas, on ne sait pas où, on ne sait pas quand. Voilà que tout à coup un grand nombre d'instruments reviennent en service après-vente : Rhodes, en posant des questions autour de lui, s'aperçoit que la direction a changé de fournisseurs sans rien lui demander, et fait maintenant assembler ses claviers au Mexique. Comme rien n'est automatisé, la confection optimale de l'instrument dépend entièrement de l'application et de l'outillage qui lui sont dédiés. Un pas de vis légèrement désaxé, une embase trop profonde, et fatalement le défaut refait surface à un moment ou un autre avec plus ou moins de gravité.

Rhodes, ça le rend dingue. Que son nom soit associé à un produit défectueux lui est tout à fait insupportable. Mais ce n'est pas lui qui décide, alors il continue de conseiller en pestant bruyamment... quand il le peut. Il a bientôt soixante-dix ans, il commence à lever le pied et passe moins souvent à l'atelier. Néanmoins, son modèle subit encore des améliorations en légèreté, en qualité et en fiabilité, et prend en 1979 un nouveau look (avec toutefois la même mécanique) : voilà le *Mark II*, son capot n'est plus bombé mais plat, on peut poser d'autres claviers par-dessus. En matière de conception, le *Stage Piano Mark II* est à mon avis la perfection aboutie. Mais tout dépend de l'endroit où la mécanique a été montée ainsi que de l'année de sa fabrication. Pour les amateurs, on peut lire cette dernière information sur le cadre du piano lui-même, en général à droite, sous la forme d'un nombre à quatre chiffres dont les deux premiers indiquent le numéro de semaine et les deux derniers l'année de fabrication. Ce modèle est quasiment incassable – quand il a été bien assemblé.

Hélas, les contrôleurs de coût ne tardent pas à mettre leur nez dans la conception de l'instrument, imposant de fabriquer des touches entièrement en plastique (moins chères) sur le modèle suivant. Hérésie ! dit Rhodes et il a raison, car sans le bois, le clavier est trop léger, tout son caractère disparaît, il devient un gros jouet en plastique, c'est vraiment horrible. Nombreuses sont les touches qui cassent. En fait, Harold se rend compte que pendant cette décennie, en contrepartie de confortables émoluments, il a progressivement abandonné son instrument à une bureaucratie qui pense pouvoir vendre un produit plus cher à moindre coût, ce qui s'avère une stratégie payante à court terme mais désastreuse dans la durée. Deux logiques s'affrontent avec des temporalités très différentes. CBS est une énorme multinationale qui veut des retours sur investissement rapides et en hausse constante. En revanche, n'importe quelle manufacture d'instruments de musique a besoin de temps pour tester ses produits avant de les mettre sur le marché, et c'est là que le bât blesse, car les ordres viennent d'en haut et ils sont : vous sortez des nouveautés tout de suite.

De ce choc des cultures va naître un clavier hybride qui à mon sens représente parfaitement le cul-de-sac dans lequel CBS s'est fourré. Dans les bureaux de la direction, on tient les propos suivants : le *Rhodes* a rapporté plein d'argent mais les ventes s'essoufflent. Les synthétiseurs arrivent à leur belle maturité, si on veut conserver la marque, il faut l'électroniser, et vite. L'idée n'est pas fondamentalement mauvaise, mais l'analyse est incomplète. Déjà, elle suppose que le *Rhodes* dans son état actuel est arrivé en fin de vie, que la nouveauté des années 80 le rend obsolète. Rien n'est plus faux, puisque le marché de ces instruments d'occasion reste très actif et leur cote continue de monter après trois décennies. Le piano acoustique est encore plus vieux, et il est toujours là parce qu'il était tout simplement le plus aimable et docile instrument à clavier dont on pouvait disposer à l'époque. Les commerciaux de CBS ont à mon sens manqué de mégalomanie en refusant de voir que le *Rhodes* était ce clavier parfait en version électrique, le considérant comme un effet de mode, alors qu'il allait devenir un classique.

Après, tout dépend de comment le projet est mené à bien, et c'est là que les choses parlent d'elles-mêmes. Ce nouvel instrument est constitué de deux couches, la première qui ne change pas des modèles précédents et l'autre, entièrement électronique, posée par-dessus. Les circuits de cette dernière traitent le signal envoyé par la couche inférieure et proposent une sorte de « son synthé » à huit voix qui vient s'ajouter à celui du *Rhodes* traditionnel. La structure même de l'instrument reproduit cette juxtaposition de deux couches de logiques qui n'ont pas grand-chose à voir l'une avec l'autre. En ce qui concerne les sons, on en a vite fait le tour : quelques nappes, quelques imitations de *Clavinet* ou d'accordéon, pas de quoi casser trois pattes à un canard. Et du point de vue de l'électronique, c'est tout simplement un cauchemar, pour une raison très simple : les ateliers Rhodes ne sont ni qualifiés ni équipés pour manipuler des composants électroniques extrêmement fragiles, fort sensibles aux champs magnétiques ainsi qu'à la chaleur des fers à souder, lesdits composants étant de qualité médiocre, pour compresser les coûts bien sûr. C'est vraiment une idée imaginée dans un bureau, il n'y a pas moyen qu'en vrai ça puisse marcher...

Résultat : un désastre complet. Le cas d'école du gâchis total à grande échelle. À la sortie de l'usine, tous les circuits électroniques sont contaminés, les soudures bavent les unes sur les autres. Quand on branche le machin on entend la radio. Les notes jouent toutes seules ou s'éteignent n'importe quand. On peut même parfois les faire marcher juste en soufflant dessus. Au contrôle qualité on s'arrache les cheveux. Tout le monde hurle. Une réunion générale est organisée, le responsable commercial dit : arrêtez de vous plaindre, réglez le problème et envoyez-les en magasin. À ce moment-là, raconte un des ingénieurs dégoûté par la tournure que prend l'affaire, voilà que le *Rhodes* nouveau modèle qui était dans la salle de réunion se met à crépiter puis à jouer tout seul, comme pris d'une crise d'épilepsie. Quelqu'un se met à rire et le commercial sort en hurlant ET VOUS TROUVEZ ÇA DRÔLE ? En fait, ce n'est pas drôle du tout car la direction ignore complètement le problème et décide de commercialiser ce clavier maudit qu'elle appellera le *Rhodes Mark III EK-10*. Un nom qui, déjà, sonne épouvantablement mal. Les Japonais vont adorer, disent-ils, faites-en fabriquer trois mille.

Mais les Japonais n'adorent pas du tout pour une raison totalement imprévue et néanmoins rédhibitoire, une sorte de malédiction à la Apollo 13 : dans le circuit de l'*EK-10*, il y a une puce qui émet une fréquence perturbant gravement les ondes des télévisions nippones, qui ont des normes de diffusion différentes de celles des États-Unis. Dès qu'on le branche, tous les écrans partent en sucette – ces problèmes spécifiquement japonais viennent donc s'additionner à ceux cités plus haut. De toute façon, aux États-Unis ça coince aussi. Le service après-vente est submergé. Il n'y a pas que l'électronique qui tombe en panne, la mécanique casse également, les instruments ne supportent plus le voyage… Que faire ? Tous les réparer ? Combien ça va coûter ? La réponse revient d'en haut : on laisse tomber, vous nous détruisez tout ça. Eh oui, il y a un moment où il faut admettre son erreur et CBS renonce à récupérer ses *EK-10* nippons, qui connaîtront une deuxième vie lorsque, dûment compressés, ils iront s'agglomérer à un récif artificiel dans la mer du Japon. Incroyable mais vrai. Une sorte de grâce poétique dans la réincarnation que ne connaîtront pas leurs frères américains qui, une fois rappelés aux entrepôts de Fullerton, seront sous les yeux médusés de l'équipe technique proprement écrasés avant d'être envoyés à la décharge.

Un peu dur à avaler. Théoriquement, Rhodes n'a rien à voir avec tout ça, mais c'est quand même son nom qu'on écrabouille et ça ne lui plaît pas du tout. Néanmoins, c'est un esprit positif et quand il ressort de sa semi-retraite, c'est pour proposer bravement les plans d'un *Mark IV* (qui ne verra pas le jour) puis d'un *Mark V*. Pendant ce temps-là, le principe d'entropie grignote tout le système et le chaos s'installe lentement mais sûrement. Dans les bureaux de la maison mère, la direction de CBS Music Instruments rachète la marque ARP, dont nous évoquerons le destin dans quelques pages, et qui est sur le point de sortir un modèle comparable à l'*EK-10* en beaucoup plus performant. C'est le *Chroma*, qui risque de ne pas voir le jour puisque la boîte est en faillite. C'est bête, tout le travail est fait. Hop, puisque la boîte est rachetée, on décide de relocaliser le projet dans la division Rhodes (sans lui en parler bien sûr), on l'appellera le *Rhodes Chroma* sauf que là ça n'a plus rien à voir, de près ou de loin, avec l'instrument de Harold qui en éprouve une très vive contrariété. Ça fait deux fois qu'on lui fait le coup et il commence à en avoir vraiment assez.

Décidément, le début des années 80 ne lui est pas

très souriant. On fait un peu ce qu'on veut avec son nom sans lui demander quoi que ce soit. Le désastre de l'*EK-10* a illustré l'incapacité de CBS à choisir les options opportunes pour l'avenir de son instrument – en réalité, la direction a pris depuis un moment la décision de se désengager de ce secteur, et Harold en fait à présent les frais. En 1983, CBS se sépare donc de sa division Rhodes et la vend à son ancien directeur Bill Schultz, qui veut encore croire à la pérennité de cette splendide invention. Mais le bel élan est cassé. Le *Mark V* sort en plus de trois mille exemplaires dans l'indifférence générale, ce qui est bien dommage car c'est le plus abouti qu'ait supervisé Rhodes de son vivant ! En 1987, pour sauver au moins quelque chose de la faillite, Schultz vend le nom Rhodes à la marque japonaise Roland, qui l'utilisera elle aussi sur des modèles (*MK-60*, *MK-80*) n'ayant aucun rapport avec le travail de son inventeur original. Encore une fois, Rhodes est scandalisé, mais que faire ? Son nom a été vendu, il n'y a rien à espérer.

Ce sont des années noires pour Harold qui voit sa vie personnelle également affectée : il divorce au début de la décennie suivante d'avec Delores qui le met dehors avec peu de ménagement. Il est ruiné, tout l'argent s'est évaporé, son piano ne se vend plus, même son nom ne lui appartient plus, il y a des façons plus heureuses d'attaquer ses soixante-dix ans ! D'autant plus que quelques années plus tard, à cause d'une stupide histoire de frein à main dans une allée en pente, sa propre camionnette lui roule dessus et lui casse le col du fémur : ce sont de longs mois passés allongé, c'est vite déprimant de perdre ainsi sa mobilité. Mais il est amoureux, heureusement, de Margit, une très ancienne élève des années d'après-guerre à qui il avait à l'époque déclaré sa flamme mais dont la famille avait refusé l'union. Il l'a retrouvée, ils s'aiment toujours et ça le fait tenir. Sauf que comme ils ne sont pas encore ensemble au moment de l'accident et qu'il a besoin d'assistance quotidienne pour les choses les plus élémentaires, plutôt que de sauter le pas et d'emménager avec elle comme infirme provisoire, il se tourne vers son ex-femme Patricia qu'il avait laissée avec trois mômes derrière lui vingt-cinq ans auparavant et lui demande s'il peut s'installer chez elle en attendant de récupérer l'usage de sa hanche. Par pitié et parce qu'on ne pouvait arriver à lui en vouloir, dit-elle, elle y consent et le voilà de retour à Anaheim sans le sou à soixante-quinze ans avec la jambe dans le plâtre et l'impression d'avoir appuyé sur le mauvais bouton de la machine à remonter le temps.

Heureusement, à la fin des années 80, Harold récupère un peu l'usage de ses jambes, épouse Margit et fait la connaissance de Joe Brandstetter, propriétaire d'un magasin de musique et fan absolu de son travail. Ce dernier s'agite beaucoup pour son idole et réussit en 1996 à mobiliser la communauté du show-business américain pour lui faire attribuer un Grammy pour l'ensemble de son œuvre. Quincy Jones, Bob James, Herbie Hancock, tout le monde est venu pour fêter l'inventeur de ce clavier miraculeux qui leur a donné tant de plaisir. Moment très émouvant pour le vieil homme qui depuis dix ans est si l'on peut dire sur la touche... Brandstetter arrive ensuite à le convaincre de l'aider à récupérer la propriété de son nom une nouvelle fois en le rachetant à Roland. En 1997, la marque japonaise consent finalement à vendre à Brandstetter le nom Rhodes pour la somme de dix mille dollars, une bouchée de pain... L'homme d'affaires entreprend immédiatement la fabrication d'un *Mark VII* (sous le contrôle un peu distant de Harold qui a subi une attaque cardiaque sérieuse l'année d'avant) et commence alors d'exercer sa propriété de la marque avec une fermeté plutôt procédurière, interdisant ainsi à la famille Rhodes d'exercer quelque activité musicale que ce soit associée à son nom. Films, livres, documentaires utilisant son nom doivent désormais nécessairement recevoir sa vigilante approbation.

Mais la vraie affaire de Harold, c'est sa méthode, à laquelle il travaille encore, c'est à ça qu'il passe le plus clair de son temps avec le nouveau propriétaire de son nom. Comme le dit sa fille, c'est quelqu'un de très généreux, il n'a qu'un désir, c'est que tout le monde soit heureux et que la musique procure du plaisir autour de lui. Le seul problème, c'est que comme il est en même temps totalement obnubilé par ses instruments et sa méthode, il est imperméable au reste de tout ce qui l'entoure, c'est l'histoire de sa vie. Tous les matins de son existence, il se sera levé en se disant : bon, comment pourrais-je faire *mieux* aujourd'hui ? Il est un inventeur, et rien ne peut le faire changer.

Son destin me rappelle celui de ce végétal magnifique qu'on trouve un peu partout dans le monde (notamment en Californie), l'agave. Cette plante succulente a l'apparence et la patience d'un cactus dont elle emprunte les pointes, dardant ses feuilles vigoureuses comme en étoile de mer. Elle peut vivre jusqu'à vingt ans avant de lancer son grand œuvre : une hampe splendide qui s'élève en son milieu sur plusieurs mètres, avec au bout ses fleurs, prêtes à être pollinisées. Hélas, l'ascension de cette remarquable tige assèche toutes ses ressources et une fois le tronc érigé, l'agave s'éteint, son devoir accompli. Harold aura mis un temps incroyablement long à faire profiter le monde de sa géniale invention, il le vivra quasiment à soixante ans, après de bien longues périodes de doute, de disette et de malchance. Et une fois le succès accompli, il ne tarda pas à fléchir puis à sombrer. Comme souvent, la racine des noms dit leur secret. En grec ancien, *agavos* veut dire : digne d'admiration.

Après une série de problèmes cardiaques à répétition, Rhodes s'éteint en l'an 2000, onze jours avant de fêter son quatre-vingt-dixième anniversaire.

Chapitre IX

MOOG, BUCHLA

Nous voici arrivés à un point de notre récit où les choses s'emballent un peu et où tout arrive en même temps. Car pendant que Rhodes poursuivait son étoile, beaucoup de choses ont changé depuis l'invention de son *Pre-Piano*.

D'un point de vue technique, l'invention du transistor en 1947 a permis de réduire considérablement la taille et le coût des circuits électroniques tout en accroissant leur simplicité d'utilisation, et il faut bien admettre que c'est une révolution prodigieuse. Néanmoins, il aura fallu plus de dix ans pour que ce petit objet s'immisce dans la consommation quotidienne – c'est là qu'on mesure la distance séparant une invention de son application. Au début des années 60, les petits bricoleurs peuvent donc trouver pour une poignée de dollars les briques en silicium pour construire leur château dans le ciel. Se produit alors une chose prévisible : en démocratisant l'accès à son savoir et ses outils, le monde de l'électronique voit émerger d'un peu partout un grand nombre d'esprits créatifs qui vont faire évoluer cette science à une vitesse exponentielle. Plus il y a de gens sur le coup, plus ça avance vite, une évidence qui, soit dit en passant, souligne l'importance de l'accès universel à la connaissance. Le son, pionnier de ces expériences, ne fait donc pas défaut en matière d'innovation et les pages qui vont suivre tenteront de retracer le destin de quelques héros de cette explosion créative.

Car ils sont nombreux, ceux qui s'aventurent maintenant dans cette voie. Le succès de Hammond est présent dans tous les esprits et on sait depuis plus de vingt ans qu'un clavier électrique peut se vendre profusément, pour peu que sa couleur sonore soit plaisante au public. Les copies et déclinaisons du fameux instrument commencent d'ailleurs à fleurir un peu partout. Vox en Angleterre (1962) ou Farfisa en Italie (1964) proposent désormais des versions légères, modernes et colorées de ces claviers qui équipent les groupes pop que tout le monde écoute. À l'opposé, depuis que les premiers travaux sur bandes magnétiques ont montré que le son était une matière que l'on pouvait trancher, retourner, malaxer et éparpiller selon son bon vouloir, les dernières velléités *figuratives* de celui-ci se sont définitivement évaporées. Autrement dit, un son n'est plus censé sonner *comme quelque chose*, il s'est définitivement libéré de la matière à laquelle il était attaché depuis la nuit des temps. Il est devenu un phénomène physique et esthétique débarrassé de toute entrave, il n'a plus de référent ni de finalité, il est tout simplement ce qu'il est ! Une révolution que la peinture abstraite avait effectuée cinquante ans auparavant, notamment avec les premiers travaux de Kandinsky – la musique a toujours été plus lente à se réinventer.

Mais au début des années 60, c'est chaud bouillant. On a l'impression que les travaux enfiévrés de la première moitié du siècle convergent et tous les ingrédients sont enfin là : les outils techniques, la liberté conceptuelle, un marché en demande... Un homme se trouvera au point de rencontre de ces forces, comme soumis à elles. Un homme dont le cerveau brillant lui permettra d'*entendre* des circuits électroniques rien qu'en les voyant, mais dont la modestie légendaire lui fit dire qu'il n'avait rien fait d'autre que de se trouver au bon endroit au bon moment. Un homme qui va faire basculer le clavier dans sa maturité électronique et dont le nom intime aujourd'hui le respect et l'admiration unanimes – au point de donner lieu le jour de son anniversaire à un *doodle* d'une très grande complexité sur la page d'accueil de Google, imitant les fonctions sonores d'un de ses instruments les plus connus – j'ai nommé : Bob Moog.

J'en profite pour préciser, avant d'entrer dans le vif du sujet, que le nom de Moog devrait selon son propre désir, se prononcer *Mogue* (comme Vogue, aimait-il préciser) et non *Mougue* comme on l'entend partout. Je suis particulièrement sensible à cette question ayant moi-même un nom pouvant se prononcer de cinq façons différentes, et bien que conscient du fait que le lire n'est pas le prononcer, je persiste à croire qu'en précisant sa juste sonorité avant d'entamer cette lecture, j'augmente ses chances de rectitude. Il s'agit d'un très ancien nom hollandais qui veut dire frère ou sœur de sang et que notre inventeur a décidé de prononcer à l'allemande tout simplement parce qu'il aime bien sa sonorité comme ça. La moitié de sa famille dit *mougue*, mais il préfère *mogue*, et c'est vrai que c'est plus classe. Cela dit, j'ai par ignorance prononcé son nom avec délectation de la mauvaise façon pendant des décennies et je dois avouer qu'il y a dans le son *ou* et la présence de ces deux o collés l'un à l'autre comme une paire d'yeux rieurs quelque chose d'immédiatement sympathique que j'ai du mal à défaire de son image.

UN AMOUREUX DU *THEREMIN*

Robert Arthur est né le 23 mai 1934 à New York. Son père est ingénieur électrique et la famille habite à Flushing dans le Queens, un quartier tranquille et résidentiel de la ville, en face de Manhattan. Enfant unique, il grandit sous la loupe de l'affection parentale et manifeste très tôt un goût prononcé pour la nature et la vie au plein air – tout gamin, il rejoindra les scouts de New York et ne manquera la qualification finale de « Eagle Scout », la plus haute distinction de l'ordre, que faute de performance physique, un domaine où, de son propre aveu, il n'est pas compétitif. D'ailleurs, il n'est pas très compétitif tout court, même s'il est excellent élève, passionné de physique et d'électronique. Mais toutes les familles ont leur petit truc tordu qui traîne et sa mère, qui a déçu son père à elle en n'étant pas la pianiste prodige qu'il aurait aimé avoir comme fille, a transmis à son fils cette frustration et le soumet dès son quatrième anniversaire à une discipline pianistique de fer. Il gardera des douze longues années d'apprentissage qui s'ensuivirent un souvenir cuisant, comparant les leçons de piano de sa mère à l'administration d'une purge, ce qui convenons-en ne prédispose pas à l'épanouissement musical. Il passera pourtant ses diplômes de piano à la Manhattan School of Music, dont le niveau est excellent, pour finir par s'entendre dire à seize ans qu'il ne devrait pas compter sur une carrière de soliste, même s'il avait la compétence adéquate pour des travaux d'accompagnement.

Merci, mais non, leur répondit poliment le jeune Robert, soulagé que le cauchemar s'arrête enfin. De toute façon, ce qui lui plaît, c'est l'électronique, et de ce côté-là, c'est bien parti.

Son père a toujours aimé bricoler le week-end, et le jeune Bob se retrouve souvent à fabriquer avec lui des radios, des amplis... Avant l'âge de douze ans, il sait souder des composants, lire un diagramme, tester un circuit. Son lycée est le Bronx High School of Science, un établissement réputé pour la qualité de son enseignement (en sortiront sept Prix Nobel de physique) et à quinze ans il présente à sa classe stupéfaite un instrument de musique électronique dont il a trouvé les plans dans *Radio and Television News* et qu'il a assemblé chez lui : un *Theremin*. Il est tombé amoureux de l'instrument, ce sera le premier qu'il construira, inaugurant une très longue série qu'il n'interrompra quasiment jamais durant son existence. Après son bac, il continue avec une licence de physique au Queens College ainsi qu'à l'Université de Columbia en ingénierie électrique, tout en finançant ses études en vendant par correspondance des *Theremin* de sa fabrication. Il a fondé en 1954 avec l'aide de son père la R.A.Moog Company et donne depuis libre cours à son intérêt dévorant pour cette magnifique invention. Comme tant d'autres avant et après lui, il est à la fois fasciné par la magie du geste musical et persuadé qu'on peut certainement en améliorer la conception. Encore une fois, il est vraiment troublant de voir comment cet instrument fait toujours vibrer une partie insoupçonnée du cerveau humain – je possède un *Theremin* moi-même et je ne me lasse jamais de voir les néophytes de passage le découvrir avec ébahissement, convaincus qu'une mine d'or est cachée dedans.

Le jeune Bob développe donc le modèle qui passe

du *201* au *305*, puis au *351* (l'attribution des numéros est fantaisiste et les centaines sont là pour faire joli, mais on sent qu'on tient quelque chose : les centaines arrêtent de défiler et on améliore un modèle particulièrement prometteur) et c'est celui-ci qu'il vendra à Raymond Scott, initiant là une autre dérive magnifique dont nous connaissons maintenant les détails. Car c'est lui, le jeune homme de vingt ans qui livre à l'inventeur-compositeur ce qui va devenir son *Clavivox* et découvre fasciné son laboratoire géant ! C'est lui qui y voit et y entend les débuts du séquenceur qui auront tant d'importance sur ses propres travaux ! C'est lui qui repassera voir Scott dans son Jingle Workshop à de multiples reprises, devenant un de ses amis proches – mais pas au point de se voir dévoiler les secrets de l'*Electronium*, on se souvient de la paranoïa de Raymond. À vingt-trois ans, Moog obtient ses deux licences au Queens College et à Columbia, et décide d'enchaîner sur un doctorat de physique à l'Université de Cornell située à Ithaca, à cinq heures de New York quand on roule vers le nord-est en direction du Canada et des Grands Lacs. Il y est bien, la nature environnante y est sauvage et généreuse, c'est le paradis du campeur et il y prend racine.

À peine arrivé, il perfectionne son *Theremin* en remplaçant les tubes habituels par des transistors et en 1957, il crée le modèle *Professional*. À la suite de quelques essais et améliorations, il publie début 61 un article dans *Electronics World* qui déclenche un intérêt immédiat chez les acheteurs potentiels, et son nouveau modèle, le *Melodia*, devient vite un best-seller : plus de mille unités en sont vendues au prix de quarante-neuf dollars et cinquante cents, l'affaire commence à rapporter de l'argent, ce qui aide Bob à poursuivre son doctorat (qu'il traînera quasiment pendant huit ans, un classique chez les thésards), tout en le persuadant que cette branche d'activité est non seulement passionnante mais peut également se révéler lucrative. Il est possible de commander le *Melodia* en pièces détachées ou bien déjà assemblé, auquel cas il y a de fortes chances que le travail ait été fait sur la table de la cuisine par une habituée du nom de Shirleigh qui deviendra madame Moog en 1958. Ils s'installent dans un tout petit patelin des environs, Trumansburg, et y fondent leur foyer. Leur première fille, Laura, y naît en 1961. Ils sont vraiment en pleine cambrousse et Bob adore ça : ça l'aide à réfléchir.

LES PREMIÈRES DÉCOUVERTES

Car depuis qu'il a transistorisé son *Theremin*, ça bouillonne dans sa tête. C'est un universitaire, pas un bricoleur du dimanche, il connaît les travaux de ses prédécesseurs en matière de traitement du son et il est convaincu que, d'un point de vue théorique, l'invention du transistor laisse entrevoir un monde de nouvelles règles et donc de nouvelles libertés. Mais ces règles, il faut les inventer avant de voir si elles mènent quelque part, et son intuition l'attire dans la même direction que Le Caine une décennie auparavant. Il sait qu'il y a plusieurs façons de modifier le signal du son, et que les deux procédés les plus habituels sont le traitement direct des fréquences en courant alternatif (exprimées en hertz) ou bien la modulation par un courant continu (en volts). Le transistor rend cette dernière opération d'une simplicité tellement appétissante qu'il est tenté de se dire : et si on prenait comme règle l'idée que *tout* puisse être contrôlé par des variations de courant continu ? Des oscillateurs, des filtres, des enveloppes, tout cela assigné simplement au voltage ? Comme toutes les idées géniales, celle-ci est d'une évidence aveuglante. Il imagine donc toute une série de modules de traitement du signal sonore régis par la même et simple règle : le voltage. En cela il reprend l'idée de Le Caine d'un VCO (un Voltage Controlled Oscillator), mais il franchit un degré de plus en décrétant qu'un accroissement d'un volt dans le traitement du signal correspondra dans le son à un changement de hauteur d'une octave. Comme ça, arbitrairement, parce que c'est plus pratique.

Un volt pour une octave : en liant ces deux unités à la base de son système de synthèse du son, Moog jette un pont essentiel entre l'électronique et la musique. Je suis convaincu que c'est ce lien qui constitue son premier pas vers l'universalité. Il est un ingénieur mais également un pianiste accompli et pour lui, il est capital, même s'il n'en a pas forcément pleinement conscience sur le moment, d'établir le plus vite possible cette connexion entre les deux mondes tels qu'ils existent séparément. Une conviction encore une fois partagée par Le Caine pour qui l'inventeur doit être au service du musicien... À mes yeux, Bob Moog représente la synthèse parfaitement équilibrée de tous ses prédécesseurs. Il connaît les travaux de Le Caine, même si je n'ai pas entendu dire qu'ils se soient rencontrés. Ithaca est littéralement à mi-chemin entre New York et Toronto, où le Canadien a, comme on s'en souvient, supervisé la création d'un studio de musique électronique et où Moog se rendra à plusieurs reprises au début des années 60. Il connaît également de près les travaux de Raymond Scott pour qui il réalise régulièrement des circuits et qui vient le voir pour cela depuis son studio new-yorkais. C'est d'ailleurs au cours d'une de ces expéditions que Scott décidera d'embarquer sa future femme Mitzi pour l'épouser officiellement sur le chemin afin, une fois mariés, de passer à l'hôtel leur première nuit ensemble (ce sont des cinquantenaires tout à fait sérieux). Hélas, ils arrivèrent trop tard à la mairie qu'ils avaient choisie. Raymond téléphona en panique à Bob afin que ce dernier lui trouve quelqu'un à Trumansburg pour les marier en quatrième vitesse, et le lendemain matin, l'éleveur de poulet qui faisait office de juge de paix au village remettait promptement les choses en ordre. C'est dire si les deux hommes étaient proches.

Moog connaît bien sûr les travaux de Theremin (même si Clara Rockmore, à qui il présente très ému dès 1962 son modèle *Troubadour*, le qualifiera de « jouet » et l'encouragera vivement à s'améliorer), Miessner, Hanert, tous ces inventeurs géniaux qui depuis les années 20 ont pavé la route de la musique électronique, et c'est comme s'il était l'incarnation du meilleur de chacun d'entre eux qui se serait tranquillement installé à l'intérieur de sa tête, sans la paranoïa de Scott, sans l'excentricité de Le Caine, tous rassemblés et ordonnés comme par magie chez un homme naturellement bienveillant et réfléchi. Bob est simplement persuadé que l'électronique est la porte d'entrée toute neuve vers une musique dont les contours restent encore flous mais dont les enjeux techniques sont passionnants. La recherche dans ce domaine est d'ailleurs en train de se généraliser un peu partout dans les centres universitaires américains, qui deviennent à la fois des acheteurs de matériel et des pourvoyeurs de postes d'enseignant ou de conférencier. Une économie balbutiante se met en place et Moog est l'un des premiers sur le coup.

D'autant plus que, non content de décréter que

ses oscillateurs seraient contrôlés selon sa règle d'un volt par octave, il s'amuse également à utiliser *deux* oscillateurs : l'un, qui crée le signal, rentre dans le deuxième, affectant la hauteur en modulant le voltage. Ainsi, quand on envoie dans le deuxième oscillateur une onde sinusoïdale émise par le premier, on obtient un effet de vibrato électronique absolument parfait. En rajoutant un amplificateur dans le circuit, on peut en contrôler de la même façon le volume, créant ainsi à volonté un trémolo impeccable. Et ce n'est que le début, parce qu'on peut renvoyer ce signal à nouveau dans le deuxième oscillateur et ainsi de suite, exactement comme le fit Armstrong une génération plus tôt avec la triode et son effet de *feedback* aux propriétés magiques !

C'est en bricolant ainsi que s'impose l'idée de module : en construisant des petites boîtes séparées dont chacune a *une* fonction dans le traitement du son (exactement comme l'avait fait Mathews en numérique quelques années avant), il peut les combiner les unes aux autres à sa guise. Voltage Controlled Oscillators, Voltage Controlled Amplifiers, chacun devient une unité autonome, on câble avec un *patch cord* la sortie de l'un dans l'entrée de l'autre, et c'est parti. Deux oscillateurs, deux amplificateurs : quatre modules, donc quatre petits coffrages métalliques alignés côte à côte, dont la face externe comporte des boutons à tourner et des prises à brancher. S'il n'y avait un clavier à part, relié par quelques fils, on pourrait croire qu'on a affaire à un petit central téléphonique sophistiqué et intrigant. Mais Moog tient clairement quelque chose, et ça commence à se savoir. Sentant le vent souffler dans son sens, le presque trentenaire sollicite et obtient une aide de l'État aux petites entreprises et ouvre un atelier / laboratoire / magasin dans la grand-rue de

Trumansburg. Il engage un assistant et, en plus de fabriquer ses *Theremin* qui se vendent toujours bien, il peaufine ses modules.

C'est là que les choses s'accélèrent. Nous sommes en 1963 et Bob a retrouvé un copain de ses années à Columbia qui s'appelle Walter Sear. Ce dernier a quatre ans de plus que lui et a pas mal roulé sa bosse depuis l'université. À l'époque où ils s'étaient rencontrés, il venait de s'installer à New York comme musicien freelance après avoir tenu le pupitre de premier tuba au Philadelphia Orchestra. Rapidement, il s'est fait une place dans la fosse du Radio City Music Hall et s'impose progressivement dans les studios de publicité. Il est intelligent, drôle, entreprenant, et les bons tubistes ne courent pas les rues. Titulaire d'un diplôme de chimie, il a toujours considéré que le business des tubas était injustement négligé et qu'il y avait quelque chose à faire. Il a monté par conséquent une affaire d'importation de tubas fabriqués selon ses spécifications dans des usines belges et tchèques, et franchement ça marche bien. Il aime bien Bob à qui il a acheté l'un de ses premiers *Theremin* (lui aussi il a fabriqué des radios quand il était petit), il connaît le marché des instruments et maintenant que la R.A.Moog Co a pris un peu d'épaisseur, il propose à l'inventeur de s'occuper de ses affaires.

Il le persuade donc de prendre un stand avec lui à la convention annuelle de la New York State Music Association à Rochester, où Bob monte son *Theremin* qui – troublante magie de cet instrument – attire immédiatement l'attention du public, dont celle d'un jeune compositeur de trente et un ans, Herbert Deutsch, qui a également étudié à la Manhattan School of Music. Contrairement à Bob, il a poursuivi ses études musicales qui le portent maintenant vers les nouvelles techniques de composition électronique. À la maison il travaille lui aussi avec un *Theremin*, un oscillateur et des bandes magnétiques, mais tout seul il ne s'en sort pas. Les deux se mettent à discuter et Deutsch redouble d'excitation quand il s'aperçoit qu'il a en face de lui quelqu'un qui connaît très bien son affaire. Venez donc me voir jouer, propose-t-il à Moog, je donne dans quelques jours un concert de musique expérimentale dans le loft du sculpteur Jason Seley. Je vous invite.

Voilà sept ans que Bob a quitté New York et depuis, la ville a beaucoup changé. Greenwich Village est devenu un point de ralliement de tout ce que la côte Est connaît d'artistes d'avant-garde. On y retrouve pêle-mêle peintres, danseurs, musiciens, acteurs, tout le monde participe à cette révolution culturelle et esthétique avec une absence de tabous totale et revendiquée. Ce n'est pas du tout la culture de Moog qui est passé d'une enfance pavillonnaire plutôt conservatrice à une vie d'ingénieur dans une campagne encore plus conservatrice. Il n'a que très vaguement entendu parler de John Cage ou de Pierre Schaeffer (il se rattrapera plus tard en appelant son berger allemand Stockhausen), et le monumental *RCA Mark II Synthesizer* qui a pris ses quartiers à Columbia après son départ n'a pas encore attiré son attention. Aussi, quand il découvre ce soir-là le spectacle de Deutsch qui utilise des bandes magnétiques et des sculptures en pare-chocs de voitures qu'un percussionniste frappe à divers endroits, il a l'impression d'avoir atterri sur la lune. Et il adore ça. C'est un monde totalement différent du sien et pourtant il s'en sent infiniment proche et voit tout de suite comment ses recherches peuvent y trouver leur application. Après le concert, Herb et lui se lancent dans une conversation décisive : il faut absolument trouver une façon de produire de la musique électronique en *live*, c'est une évidence. J'habite un coin très sympa à la campagne, dit Bob, ça te dit de venir à mon labo ? On discutera de tout ça, on essayera des trucs...

Quelques mois plus tard, Deutsch déboule à Trumansburg et saute de joie en découvrant les sons que Moog concocte depuis quelques années. Ça l'inspire énormément et il en sort tout de suite des motifs et des couleurs qui éberluent Moog à son tour. Décidément, ils sont sur la piste de quelque chose. Ils décident alors de brancher un vieux clavier d'orgue sur le système pour en contrôler les modulations. Et si on trouvait une façon de changer l'attaque de la note ? demande Deutsch. Va me chercher une sonnette à la droguerie d'en face, répond Bob à Herb qui s'exécute, captivé. À son retour, Moog trouve un système pour la brancher avec un condensateur sur le circuit, et quand Deutsch appuie sur une touche, il appuie en même temps sur la sonnette : le courant s'accumule puis se libère lentement, alimentant progressivement l'amplificateur et donnant à l'attaque du son une forme de courbe ascendante en whoooaaaa. Voilà, nous assistons aux premiers moments de ce qui allait devenir quelques années plus tard un phénomène mondial irréversible et prendre le nom de *synthétiseur*. Le mot n'était utilisé par personne à l'époque, mis à part Ussachevsky et Luening qui avaient ainsi baptisé le monstre de RCA, on parlait plutôt de *studio portable pour composition en temps réel de musique électronique* dont l'acronyme, SPPCETRDME n'invite guère au rêve, il faut en convenir. C'est progressivement que Moog et son cercle immédiat de collaborateurs vont s'habituer à appeler *synthétiseur* l'étrange objet de leur recherche, et il faudra attendre 1966 pour voir ce mot accompagner les brochures publicitaires de la compagnie. Précisons qu'il a une forme très rudimentaire, c'est un assemblage de modules reliés les uns aux autres par des *patch cords* qui ne ressemble en rien à ce que nous connaissons aujourd'hui, c'est du matériel de studio, une agglomération de machines à traiter le son.

C'est d'ailleurs un studio, celui de Toronto où il se rend régulièrement, qui lui commande à l'automne 64 un *filtre passe-bas*, qui permet comme son nom l'indique de retirer les fréquences hautes d'un son et de ne laisser passer que les basses. Il s'agit là d'un module historique, car non seulement il constitue le premier Voltage Controlled Filter de la panoplie de Moog, mais il comporte également un petit bouton rajouté à la dernière minute sur la façade du filtre (on s'en rend compte car il n'est pas aligné avec les autres), qui correspond à ce que l'inventeur appellera plus tard la *résonance*. Pour comprendre l'importance de sa découverte, imaginons une feuille de papier blanc : si, avec un pinceau, on en noircit la surface à l'exception d'une bande verticale qui reste blanche au milieu, on reproduit visuellement le principe du filtre qui lui aussi ne conserve qu'une bande de fréquences en éliminant les autres. Mais quand on regarde de près les bords de cette bande blanche, on s'aperçoit que le pinceau n'a pas tracé un trait régulier, il présente mille petites imperfections, c'est normal, il n'a pas été tiré à la règle. La même chose se passe avec le son : on n'a pas encore trouvé la façon de le tirer à la règle, il faut le faire à la main et c'est là que ça se complique.

En effet, en travaillant sur les « bords » du filtre, Moog s'est aperçu que, quand le signal entrant était trop important, il se produisait un effet de saturation qu'il fallait corriger pour que son module fonctionne au mieux. Mais son été avec Deutsch l'a ouvert à une approche différente et il se dit : plutôt que de chercher *la* valeur parfaite de correction qui de toute façon n'existe pas, pourquoi ne pas s'offrir le plaisir de la moduler comme on veut ? Sur notre feuille de papier, cela reviendrait à pouvoir doser le fondu entre le noir et le blanc des bords en fonction de la lumière de la pièce, juste en tournant un bouton. Et ce bouton, c'est exactement ce dont tout le monde va bientôt raffoler, c'est le son Moog, celui qui fait zzzvvviooung et qui sera sa signature acoustique ! Il va donc le rajouter en dernière minute à son *low-pass filter* original qui demeure, on le comprend, un objet culte dans ce studio de Toronto.

Deux semaines plus tard, Bob reçoit un coup de fil qui l'invite à participer à la prochaine convention de l'Audio Engineering Society qui a lieu à New York en octobre. Au jour prévu, il met donc ses inventions dans son combi VW et descend en ville en se demandant à quoi ce genre de réunion peut bien ressembler. Quand il arrive, il découvre des consoles de mixage, des magnétophones haut de gamme et tout un matériel devant lequel il se sent d'un amateurisme déplacé. Malgré ça, des curieux s'agglomèrent vite à son stand où il a déployé ses quatre pauvres modules et sa paire d'enceintes, et il voit ébahi son carnet de commandes se remplir au fur et à mesure de la journée. C'est clair, il n'est pas venu pour rien. Ses trois premiers clients sont Alwin Nikolais, un chorégraphe d'avant-garde qui produit lui-même ses bandes-son, Lejaren Hiller, un compositeur de formation académique qui anime le studio de musique électronique de l'Université de l'Illinois et Eric Siday qui est *le* nom en musique de pub de l'époque et qui commandera à Moog un système complet d'une douzaine de modules payé comptant, il en a les moyens. On voit que l'éventail est large de ceux qui sont susceptibles de s'intéresser à ses petites inventions.

L'ATELIER DE TRUMANSBURG

Des musiciens aussi ont pris l'habitude de venir à son atelier dans les bois. Eux n'ont pas les moyens de s'acheter le coûteux équipement au complet, mais ils acquièrent un ou deux modules, et puis ils sont vraiment très intéressés. L'un d'entre eux en particulier, un jeune homme aussi doué que secret du nom de Walter Carlos, passe beaucoup de temps avec Bob et donne son avis sur les orientations à prendre, notamment en ce qui concerne un clavier sensible au toucher. Bob écoute, bricole, teste puis présente aux musiciens qui lui donnent leurs impressions en temps réel. Tout cela commence à prendre forme et à la fin 65, il produit des modules standardisés sous le nom de *900 Series*, et les propose assemblés les uns aux autres sous les noms de *Synthesizer I, II* ou *III*. Sur le premier catalogue édité en 1967, on peut acheter des oscillateurs (901), des amplificateurs (902), des générateurs de *white noise* (c'est-à-dire toutes les fréquences en même temps, comme le son du vent, module 903), des filtres « en échelle » (*ladder filters*) qui sont le fleuron de sa production et qui représentent le seul brevet que Moog déposera jamais (les fameux 904 A et 904 B), des réverbérations qui donnent l'impression d'être dans une église (905), des générateurs d'enveloppe pour contrôler l'évolution du son dans le temps (911), un ruban de contrôle horizontal sur lequel on déplace son doigt pour moduler le signal (qui rappelle furieusement celui du *Trautonium*, 955), sans oublier les fameux ring modulators de l'exceptionnel Harald Bode et dont nous reparlerons plus bas (6401 et 6402). Pour info, le haut de gamme, le *Synthesizer III*, est tout de même proposé à six mille deux cents dollars de l'époque, soit quarante-cinq mille aujourd'hui, une somme plutôt rondelette.

Car il faut bien faire tourner l'atelier de Trumansburg. Avec la complicité de Walter Sear, Moog fabrique depuis quelques années des amplis pour guitare électrique et tente d'honorer les commandes de cinq cents ou mille unités que son ami arrive à faire tomber avec son bagout inimitable. Mais ils ne sont pas les seuls sur le marché, et leur unique chance de s'en sortir est de tirer les coûts de fabrication vers le bas, ce qu'ils font, pour se rendre compte qu'il y a des buzz et des humm et des crrr dans tous les circuits et que la moitié des amplis revient en service après-vente. Résultat : en 1967, Moog est à la limite du dépôt de bilan, même s'il a appris en chemin des techniques de fabrication de masse qui s'avéreront cruciales pour la suite. Les amplis, c'est fini. Aussi, l'intérêt récent pour ses produits plus électroniques lui semble éminemment encourageant et jette un jour heureux sur les déboires de ces deux dernières années. Ça l'arrange d'autant plus qu'il lui est très pénible de fabriquer des objets qui fonctionnent mal. Sa philosophie est simple : fais-le bien dès la première fois. Il a horreur de l'approximation et des raccourcis qui font gagner du temps sur le moment mais en font perdre à la longue, il essaye en permanence d'atteindre l'excellence du premier coup, seule base solide pour l'avancée suivante.

Son catalogue de 1967 propose donc, avec la liste de ses modules, sa profession de foi en huit points :

1 – Le *Synthétiseur* doit être capable d'exécuter les opérations de génération et de modification du son que l'on trouve dans un studio classique, ainsi que de proposer des ressources additionnelles en accord avec les règles de l'art.

2 – Sa conception ne doit tolérer aucune limitation inutile.

3 – La manipulation du *Synthétiseur* doit être aisée à comprendre par un musicien et ne doit pas requérir de connaissances techniques poussées.

4 – Tout doit être fait pour faciliter une composition rapide ainsi qu'un contrôle direct du compositeur sur les commandes.

5 – Les instruments doivent être stables et précisément calibrés pour rendre facile un travail avec une partition.

6 – Le *Synthétiseur* complet doit être aussi léger et facile à transporter que possible, et doit être d'une apparence plaisante à la vue.

7 – La fiabilité doit reposer sur un assemblage solide, des composants de qualité et un travail soigné.

8 – En utilisant les contrôleurs adéquats, le *Synthétiseur* doit être utilisable immédiatement dans le cadre d'une performance, comme dans celui d'une programmation en studio.

Suit une liste d'une vingtaine d'universités nord-américaines qui ont commandé des modules à la R.A.Moog, histoire de rassurer l'acheteur encore hésitant. Ce qui est vraiment incroyable, c'est que cette vision en huit points du synthétiseur reste entièrement valide aujourd'hui, et qu'en éditant ce catalogue, Moog faisait beaucoup plus que vendre des pièces d'équipement électronique. Il posait concrètement les bases d'une nouvelle philosophie en matière de création musicale et de lutherie instrumentale qui correspondait parfaitement à son époque – et qui perdure encore aujourd'hui.

Ce qui bien entendu ne passe pas inaperçu auprès de ses contemporains, et les nouvelles vont vite. Il a fourni en 1965 à John Cage un dispositif d'antennes semblables à celles des *Theremin* qui commandent des effets sonores quand les danseurs de Merce Cunningham s'en approchent – la moitié des soudures menacent de lâcher pendant la performance et Cage n'est pas très impressionné par le jeune Moog qui peine à tout faire marcher correctement, mais pour un thésard qui deux ans plus tôt seulement fabriquait des *Theremin* dans son garage, se retrouver sur la scène du Lincoln Center à New York avec la crème de l'art contemporain représente une certaine accélération de tempo. Courant 66, il décide avec un étudiant du nom de Weidenaar d'éditer une revue dédiée au nouveau monde qu'ils sont en train de découvrir et, en janvier 1967, paraît le premier numéro du mensuel *Electronic Music Review*. De plus en plus de musiciens traînent à Trumansburg et sa femme Shirleigh nourrit tout ce petit monde avec une cuisine si succulente qu'elle publiera pour le bonheur de tous son livre de recettes dix ans après.

Table ouverte, labo ouvert : Bob propose à tous de venir essayer ses machines, et certains musiciens ne sont pas franchement doués pour l'électronique. L'un d'entre eux, David Borden, se souvient des semaines passées à câbler des modules les uns aux autres et de sa terreur la première fois qu'une âcre fumée s'en élève à la suite d'une fausse manip. Lorsque Moog s'en aperçoit, il lui dit : très bien, très bien, surtout quand c'est brûlé ne touche plus à rien et essaye de te souvenir comment tu en es arrivé là. Et si tu veux continuer la nuit, voici la clé ! En fait, le musicien, connu pour sa poisse, était le meilleur moyen que

Moog avait trouvé pour tester par l'absurde son système et repérer des failles que sa logique n'aurait pu déceler, il fait ce qu'on appelle de l'*idiot proofing*, une des méthodes de l'inventeur pour s'assurer de la qualité et la fiabilité de ses instruments. Encouragé par l'intérêt de tout ce petit monde, Moog ouvre d'ailleurs un studio où les compositeurs peuvent venir travailler et petit à petit le paisible village de Trumansburg se peuple de la fine fleur de l'avant-garde new-yorkaise. Les habitants ébahis voient sortir Sun Ra de sa Cadillac blanche en robe et mitre cosmiques pour s'acheter une glace à l'*ice cream parlor* du coin. Un Noir aussi excentrique est une véritable nouveauté dans le coin, et les allées et venues de tous ces hurluberlus à la mode hippie n'est pas vraiment de leur goût.

Pourtant on peut dire que la R.A.Moog stimule vigoureusement l'économie locale : de deux employés en 1963, on passe à douze en 67, et jusqu'à quarante-deux en 69 ! La chanson des Beach Boys qui est sortie en 66, *Good Vibrations*, est un tube énorme et s'écoule à plus de un million d'exemplaires, popularisant définitivement le son du *Theremin* dans le monde de la pop – et stimule du même coup les ventes de l'instrument. C'est d'ailleurs vers Bob Moog que Brian Wilson, le leader du groupe, se tourne quand il s'agit de partir en tournée et qu'il faut un instrument facile à utiliser en concert. Bob concevra une petite tablette rectangulaire sur laquelle il fixera son fameux ruban et c'est Walter Sear qui, avec un crayon gras, marquera pour eux d'un trait épais des repères comme sur un manche de guitare, avec le nom des notes à côté. Les Rolling Stones achètent un *Synthesizer III* complet en 68 et obtiennent de l'usine Moog qu'elle leur envoie un instructeur pour une semaine. C'est à Jon Weiss que reviendra cette pénible tâche : il habite chez Mick Jagger (et y découvre un garçon charmant, doté d'une vive intelligence et d'une impressionnante collection de disques), finit par rester un mois et ne décide de rentrer à Trumansburg que par fidélité pour Bob, malgré les invitations pressantes du groupe à rester. Ce sera d'ailleurs l'occasion pour Jagger de faire figurer l'instrument à l'écran dans un film culte, *Performance*, où il joue le rôle d'une star déchue dans son studio souterrain. Pour la petite histoire, le reste du groupe dissuada Jagger de jouer du *Synthesizer* sur scène comme il aurait aimé le faire, pas assez rock'n'roll, et le chanteur revendit l'instrument à un studio berlinois où un certain Christopher Franke l'achètera en 73 pour l'incorporer à son groupe... Tangerine Dream.

Les Beatles ne sont pas en reste et c'est George Harrison qui en acquiert un et en truffe leur dernier album *Abbey Road* en 69, notamment sur le titre *Here Comes the Sun*, où il a quasiment un rôle de soliste. Les Fab Four ne faisaient d'ailleurs que répondre à leurs rivaux les Byrds, dont l'album *The Notorious Byrd Brothers* avait un an auparavant utilisé une gamme très complète de sons psychédéliques signés Moog. Bref, à Trumansburg, les trois étages de l'atelier sont en ébullition. Après de longues années de recherches et d'explorations sans autres arrière-pensées que le goût pour l'inconnu et la soif de son, voilà que l'affaire devient sérieuse. Dès lors, il faut lâcher le magazine, plus le temps, pourtant Dieu sait que l'idée était géniale – elle sera reprise quelques années plus tard sous la forme de la publication *Keyboard Magazine*. La rapidité de cette ascension prend tout le monde de court et Bob n'est pas un manager au sens strictement commercial du terme. Disons qu'il assoit son autorité sur le respect qu'il inspire et la grande liberté qu'il laisse à tous ceux qui travaillent avec lui. Mais si un employé a besoin d'une tablette pour poser son téléphone, il est vivement encouragé à prendre des planches, une scie, un marteau et à se la confectionner lui-même. Tous les besoins sont traités au fur et à mesure et pour Bob, qui est un retardataire chronique, cela signifie s'adapter en permanence et trouver sans discontinuer des solutions aux problèmes qu'il s'est lui-même inventés. C'est vrai en électronique mais également en termes commerciaux, tant en comptabilité qu'en gestion de la clientèle. Heureusement, pour l'instant il n'y a que de bonnes nouvelles.

Car pendant que Walter Sear développe le nom et les produits de Moog sur la côte Est, un jeune compositeur californien s'intéresse beaucoup au *Synthesizer* et propose à Bob d'en assurer la promotion et les ventes sur la côte Ouest. Il s'agit de Paul Beaver, qui fait la rencontre de Bob en avril 67 lorsque ce dernier se rend à la convention de l'Audio Engineering Society qui a lieu à Los Angeles. Il y est attendu avec beaucoup d'impatience par une foule de compositeurs de tout poil qui se pressent autour de ses machines avec des *wow* et des *far out, man* dont Bob s'amuse beaucoup. Drogues, cheveux longs et pattes d'éléphant, les codes de la contre-culture californienne semblent très éloignés des inclinations personnelles de Moog, qui rêverait de voir ses instruments se fondre dans l'univers de la musique classique et contemporaine, mais il faut bien admettre qu'il s'agit là d'une clientèle fortunée, dépensière et favorablement disposée à son égard. Beaver travaille avec un autre compositeur et multi-instrumentiste, Bernie Krause, avec qui il réalise des musiques de pub et expérimente des répertoires de musique psychédélique. Ensemble, ils cassent leur tirelire pour acheter un *Synthesizer III* et enregistrent immédiatement un album intitulé *The Zodiac Cosmic Sounds* avant d'enchaîner en 1968 avec un album phare, *The Nonesuch Guide to Electronic Music*, qui demeure un marqueur éminent de son époque.

Lorsque a lieu en été 67 le fameux *Summer of Love* du Monterey Pop Music Festival, dont la seule édition proposa sur trois jours des concerts de Ravi Shankar, Otis Redding, Jefferson Airplane ou du Jimi Hendrix Experience, Beaver et Krause installent un stand de démonstration sur le site du festival et commencent à faire émerger de leur Moog des nappes de son qui attirent irrésistiblement agents, tourneurs et musiciens. L'engouement est immédiat. C'est là que George Harrison, Jagger, les Byrds et une foule d'autres artistes le découvrent. Au bout des trois jours, les deux compères ont vendu six ou sept unités à quinze mille dollars pièce, et ce n'est que le début d'une longue liste qui comprend rapidement les Monkees, Frank Zappa, Van Morrison ou les Doors. La même année, ils utilisent le *Synthesizer* pour la bande-son du film *The Graduate* (*Le Lauréat*) de Mike Nichols qui remportera un succès mondial et convaincra Hollywood que ce nouvel instrument a toute sa place dans les studios de cinéma.

Mais il ne faut pas croire que la Californie ait patiemment attendu que Bob Moog daigne lui rendre visite pour découvrir la synthèse du son. Bien au contraire. Car au moment même où le jeune Bob fondait en 1963 la R.A.Moog dans la grand-rue de Trumansburg, un autre génie d'un calibre similaire posait les bases de la musique électronique avec un vocabulaire étonnamment proche. Son nom est resté longtemps confidentiel, même si le milieu de la musique électronique le vénère depuis de longues années : il s'agit de Don Buchla. Puisque j'en ai pris l'habitude, je précise que le nom se dit Boucla, ce qui donnera au lecteur de ce livre une patine internationale qui fera des miracles dans les milieux autorisés.

DON BUCHLA, INVENTEUR CÔTÉ OUEST

Don est né en 1937 à South Gate dans le comté de Los Angeles en Californie. Son père, pilote d'essai, les abandonne très tôt son frère et lui, et c'est le nom de celui qui épousera sa mère en secondes noces qu'il gardera désormais. La famille de Don déménage souvent, quasiment tous les ans, on ne peut pas dire qu'il ait eu une enfance heureuse. À l'âge de quatorze ans, il part de chez lui et n'y retournera plus – il fera sa vie tout seul. C'est un jeune homme extrêmement brillant et décidé qui, tout comme Moog, est un amoureux inconditionnel de la nature. Il est également passionné d'échecs, un jeu où il excelle et qu'il dit avoir abandonné car, dérive fréquente chez les excellents joueurs, il ne pensait plus qu'à ça. À l'âge de dix-huit ans, il entre à l'Université de Berkeley à San Francisco et obtient quatre ans plus tard son master en physique, qu'il aura financé en grande partie grâce à ses exceptionnelles capacités de calcul. En effet, tous les samedis soir, il se rend au casino et joue au poker où il gagne invariablement en comptant les cartes et en utilisant des règles simples de statistique et de psychologie, amassant ainsi d'une semaine sur l'autre un petit pactole qui lui sera bien utile. C'est aussi un bricoleur-né et une carte de circuits électroniques lui parle aussi clairement que s'il lisait un livre. Son talent commence à être connu sur le campus et il travaille un moment sur l'un des premiers accélérateurs de particules du

Lawrence Berkeley National Laboratory (ce qui nous rappelle le parcours de Le Caine), avant de participer à des travaux intermittents pour la NASA, cette dernière devenant au cours des ans l'employeur fidèle de l'inventeur.

Buchla est un esprit singulier. À la différence de Moog dont le métier d'ingénieur fut sa porte d'entrée dans le monde qui l'entoure, Don est une sorte d'homme de la Renaissance, curieux de mille sujets, adorant la musique, la littérature, l'astronomie. Ce qui l'intéresse, c'est le neuf, l'inédit, son esprit est résolument tourné vers l'avant-garde et il éprouve une méfiance instinctive envers tout ce qui est « grand public ». Il faut dire que le milieu estudiantin du San Francisco des années 60 représente la crème de l'activisme politique durant cette période agitée, et pour le jeune Don cet environnement critique constituera le terreau fertile sur lequel fleurira son imagination. Les gens l'intéressent, l'argent beaucoup moins. Enseignant à l'école pour aveugles de l'université et subjugué par leur extrême sensibilité auditive, il invente pour eux une sorte de canne électronique qui identifie la présence d'objets en trois dimensions en leur associant un son différencié – un système de guidage par LED et ultrasons absolument révolutionnaire.

Mais, raconte-t-il, cette innovation qu'il appelle l'*ORB* se heurte à la manne des chiens pour aveugles dont les centres d'apprentissage engloutissent la totalité du budget attribué aux anciens combattants non-voyants. Les intérêts économiques sont considérables et même si le système de Don est d'une utilité et d'une ingéniosité novatrices, la petite bourse qu'il reçoit du ministère de la Défense pour mener à bien son projet s'assèche subitement : le milieu a fait pression et les aveugles, que cela leur plaise ou non, continueront de se rendre tous les trois ans dans le centre de dressage du New Jersey où leurs chiens (beaucoup aimeraient s'en passer) sont régulièrement conditionnés pour leur fonction d'assistance. De cet épisode, Don gardera le sens aigu de l'absurdité politique – qui en fera un ami de longue date des Yes Men, pionniers de l'imposture assumée qui poursuivent encore aujourd'hui par l'humour et les canulars une critique au vitriol de notre société médiatique et marchande. Il constatera avec humour que John Cage était enchanté par son *ORB* qu'il utilisait à tout bout de champ, le pointant sur des multitudes d'objets pour obtenir des effets sonores qui le transportaient de joie.

Passionné de nouvelle musique, Buchla commence à traîner au début des années 60 dans l'un des centres de la contre-culture californienne qu'est le San Francisco Tape Music Center. Fondé en 1962 par deux jeunes compositeurs de grand talent, Ramon Sender et Morton Subotnick, cet établissement a pour but de populariser la musique concrète ainsi que ses médias courants que sont la bande magnétique et les instruments électroniques de studio. Les compositeurs John Cage, Terry Riley, Steve Reich ou Pauline Oliveros en sont des visiteurs réguliers et la qualité des rencontres musicales y est d'un très haut niveau. Tout ce petit monde commence à en avoir marre de couper des bandes aux ciseaux pour obtenir des effets inhabituels, voilà plus de quinze ans que ça se fait, la démarche est sans conteste originale, stimulante, facile à comprendre mais extrêmement fastidieuse. Encore une fois, l'irruption du transistor et les premiers balbutiements de l'informatique laissent entrevoir à nos jeunes compositeurs des moyens plus modernes que les ciseaux à lame courbe que l'on utilise pour monter les bouts de bandes les uns sur les autres. Il est temps de changer de paradigme et ce sera sans conteste Don Buchla l'artisan le plus inspiré de cette révolution californienne.

Lui aussi compose sur bandes, il a un magnéto à une piste et ça commence à l'énerver. D'ailleurs, quand il fait la connaissance de Subotnick au Tape Music Center, il parle tout de suite matos et lorsqu'il apprend qu'ils ont eux un magnéto à *trois* pistes, ils deviennent très bons amis. Il leur emprunte le précieux équipement, travaille avec, le leur rend, ils commencent à discuter et rapidement Sender, Subotnick et Buchla se retrouvent à imaginer à quoi pourrait ressembler, selon eux, l'outil compositionnel électronique le plus abouti. Une subvention de cinq cents dollars de la fondation Rockefeller va leur permettre d'acheter l'équipement nécessaire et de construire l'instrument de leur rêve. Au départ, ils ne pensent pas particulièrement à un instrument de musique d'ailleurs, mais à une sorte d'ordinateur qui ferait du son – enfin, Subotnick et Sender, parce que Buchla, lui, a déjà son idée derrière la tête. Ce sur quoi ils sont d'accord, c'est qu'il faut construire des modules contrôlés par voltage (exactement comme Moog dont ils ignorent pour l'instant les recherches) et qu'il ne faut surtout pas de clavier. Sender, pianiste de formation, aurait bien voulu, mais les deux autres s'y opposent fermement : à quoi bon inventer un nouvel instrument de composition si c'est pour le rattacher dès sa naissance à l'encombrante tradition du clavier, ses maudits demi-tons et toutes les contradictions qui viennent avec ?

Ce choix fondamental, diamétralement opposé à celui de Moog, aura bien entendu une importance décisive pour l'avenir de leurs recherches. Il est fondé sur la même foi que celle qui guidait Theremin, Trautwein et le Martenot des premières années : foin de clavier ! À l'aventure vers les grands espaces inexplorés ! Ce qui tracera également une ligne de fracture durable entre les moogiens et les buchlans, les premiers revendiquant une démocratisation de ce nouvel instrument à toutes les musiques, la pop, le rock, le jazz, le classique, et les seconds voulant donner une impulsion nouvelle aux méthodes de composition traditionnelles et proposer des machines à inventer une musique dont les formes et les fonctions sont encore à définir. Bien entendu, les deux hommes se connaissaient et s'estimaient énormément et ce sont leurs fidèles respectifs qui inventeront une rivalité là où il n'y avait que deux directions parallèles s'enrichissant l'une l'autre – mais c'est souvent comme ça, en art comme en toute chose publique, où il est fondamental de se créer des ennemis pour exister soi-même.

À la fin de l'année 1963, l'instrument est prêt, il a la taille d'une grosse boîte à outils dont une face latérale affiche une douzaine de boutons crantés et une trentaine de prises rondes réparties visiblement sur quatre modules différents, il s'appelle le *Modular Electronic Music System* et passera dans l'Histoire sous le nom de *Buchla Box*. Il n'est pas très beau à voir et on a du mal à imaginer que de la musique puisse sortir de ça, mais c'est le prototype de ce que deviendra le premier synthétiseur modulaire à voir le jour dans le commerce et qui s'appellera le *100 Series*. Comme on va s'en apercevoir, bien que le principe de contrôle par le voltage ait été utilisé par Moog quasiment au même moment, la nature de son utilisation par Buchla est sensiblement différente. J'en profite pour préciser que la primauté de la commercialisation d'un synthé modulaire revient de l'avis de tous à Buchla qui dans cette voie aura précédé Moog de quasiment un an. Mais comme le dispositif modulaire n'est pas en soi brevetable et que l'esprit des deux hommes était bien plus occupé par des questions d'ordre technique et artistique que par leur aspect légal, cette primauté, reconnue par Moog lui-même, n'a d'autre valeur que celle d'une vérité historique sans grandes répercussions financières, administratives ou même techniques. Il faut plutôt y voir la confirmation du fait que l'idée était clairement dans l'air et que les deux côtes des États-Unis s'activaient à la réaliser, chacune à sa façon.

Le principe de base est commun aux deux hommes : différents modules de production et de traitement du son que l'on relie entre eux par des câbles et dont on varie les valeurs avec des boutons. Mais contrairement à Moog, Buchla assume dès le départ le fait qu'il s'agit d'un instrument de composition reposant sur trois variétés différentes de signal. Tout d'abord, le signal audio, tel qu'il est créé par un oscillateur (à ondes carrées, triangulaires, en dents de scie...) ou par une source externe : bande magnétique, radio, microphone... Les câbles gris par lesquels ce signal est acheminé dans le système sont blindés (afin d'éviter les interférences des câbles voisins) et terminés par une miniprise téléphone. Ensuite il y a les fameux *voltage controls* qui déterminent la hauteur du son, son enveloppe, son amplitude, qui sont générés par un clavier ou une source programmable de voltage et s'acheminent dans le système avec des câbles noirs à fiches « bananes » non blindés puisqu'il s'agit de courant continu sans interférence ni danger de manipulation. Enfin, il y a ce que Buchla appelle les *timing pulses* qui sont générés par des claviers, des séquenceurs programmables ou des générateurs de pulsation. Ils sont utilisés pour déclencher des notes, des *gates* (un système qui ne laisse passer le signal qu'à une valeur que l'on détermine à l'avance), ou pour initier une chaîne d'événements musicaux. Ces signaux sont acheminés par des câbles bananes rouges.

Plusieurs remarques. Des claviers, direz-vous ? Je pensais qu'il n'y avait *pas* de clavier ! La réponse est simple : un clavier n'est pas forcément une succession de touches noires et blanches qui s'enfoncent, il peut être constitué de n'importe quelle commande pourvu qu'elle s'exprime avec les doigts. Aussi devrait-on peut-être utiliser le terme d'*interface* qui est plus générique et laisse la porte ouverte à d'autres modes de contrôle manuel. Cette question d'interface demeurera d'ailleurs une préoccupation permanente de l'inventeur, qui durant toute sa vie cherchera des modes alternatifs d'expression gestuelle pour mieux servir la musique. Ainsi, il propose pour sa première invention modulaire des *sensitive touch plates*, des plaques sensibles au toucher qui sont capables d'exprimer trois valeurs différentes que sont la largeur, la longueur et la profondeur (le fameux XYZ). Ces plaques ont un petit air de famille avec le clavier traditionnel dans la mesure où elles se présentent comme une alternance de bandes sombres et claires, mais la comparaison s'arrête là. Il n'y a pas la répartition de deux puis trois notes noires qui caractérisent notre système occidental, ce sont juste des bandes alternées auxquelles on attribue les valeurs que l'on désire : un demi-ton les jours où on n'est pas inspiré, ce qu'on veut quand on l'est. Et même si elles ne s'enfoncent pas, ces plaques sont sensibles à l'intensité avec laquelle on les joue, c'est la troisième dimension disponible. Comme on s'en rend compte, Buchla accorde dès son premier essai une très grande attention à la façon dont le geste humain contrôle la création du son machinique. L'ouverture d'un filtre, l'envoi d'un oscillateur dans une enveloppe, voici les nouveaux enjeux, on s'en fout d'être en *si* bémol majeur puisque tout est à réinventer.

Une autre remarque : on voit aisément que l'approche du Californien est tout de même très différente de celle du New-Yorkais. Déjà, le *voltage control* n'est pas érigé en vecteur unique de modulation comme avec Moog, c'est seulement une des valeurs avec lesquelles on joue. De plus, chaque type de modulation a son câble, sa fonction, et propose une approche beaucoup plus ouverte que si un seul paramètre était en jeu. Enfin, dès le premier modèle, on constate l'existence d'un séquenceur, et ça c'est une avance considérable sur Moog qui ne proposera cette fonction qu'en 1969, c'est-à-dire bien longtemps après que Buchla ne l'ait appliquée à son invention. Le séquenceur a un double avantage. D'une part ça fait des années que les *tape musicians* fabriquent des boucles à la main en collant leurs notes enregistrées sur bande, un centimètre de *sol*, trois centimètres et demi de *fa*, cinq de *mi* – c'est sans aucun doute la partie la moins drôle de cette méthode de composition, et de les faire exécuter par la machine constitue pour eux la définition même du progrès. D'autre part, le fait que cette « boîte » génère toute seule son matériel mélodique suivant l'ordre ou le désordre dans lequel il est programmé constitue un tournant structurel décisif : c'est désormais la machine qui produit en temps réel la matière première à partir de laquelle le traitement du son va se faire.

Il serait d'ailleurs décevant de s'arrêter au domaine de l'audio – appliqué à l'optique, le système de Buchla devient une plate-forme magnifique aux expérimentations visuelles les plus hallucinantes, c'est le cas de le dire. L'inventeur commence à se promener un peu partout avec sa drôle de boîte, et les occasions de mélanger l'image au son ne sont pas rares à San Francisco dans les années 60, on peut même dire qu'elles sont quasi incessantes. Sous l'impulsion de Ken Kasey ont lieu fin 65 les premières *Acid Test Parties* où tous les participants, public comme musiciens, prennent du LSD et tripent ensemble. Le groupe des Grateful Dead est là dès le début, et Buchla montera sur scène plus d'une fois avec eux muni de sa fameuse boîte qui génère des sons et des lumières parfaitement adaptés à l'esprit de leur temps. En effet, il peut contrôler des dispositifs lumineux très complexes grâce à sa machine, à une époque où l'on découvre la lumière noire, l'effet stroboscopique et toutes sortes d'effets psychédéliques qui ne demandent qu'à être orchestrés par la Buchla Box. Il peut aussi projeter sur un écran des matières colorées soumises aux mêmes variations que la musique. C'est également l'occasion d'utiliser son invention pour les aveugles, l'*ORB*, qui fait réagir la musique au passage des gens dans le balayage de ses rayons...

Puis ce seront les *Trips Festivals* qui dureront toute l'année 1966 entre Los Angeles et San Francisco, suivis des *Electric Circus* en 67 qui contaminent la côte Est par la présence de Subotnick en résidence à New York, avant de déborder au Canada... Buchla est de toutes ces aventures, expérimentant sans cesse, obsédé par le son, la lumière et la mise en scène du public comme instrument créatif. Entre-temps, il a ouvert un studio à Oakland où il fait de la musique et des modules. Les Hells Angels du coin sont des clients fréquents, ils viennent enregistrer de la musique avec Kasey dont ils sont les pourvoyeurs de drogue. À ses heures perdues, Buchla travaille sur des vieux *Chamberlin* dont il goûte particulièrement le mélange de bande magnétique et d'électronique, tentant de trouver des exploitations nouvelles à cet étrange et attachant instrument. Il perfectionne ainsi sa *Box* et se dirige lentement vers un deuxième modèle de synthétiseur, beaucoup plus abouti, le *200 Series* qui sortira en 1970. Un an auparavant, il a vendu les droits d'exploitation de ses *100 Series* à CBS qui est en pleine phase d'achat de lutherie musicale (Fender, Rhodes, Rogers, etc.) mais il s'est rapidement rendu compte que le développement de produit n'était pas leur fort, aussi se contente-t-il de leur abandonner son premier modèle avant de passer au suivant qu'il commercialise lui-même.

Et il est cher. Très cher. Pour Buchla ce n'est pas un problème, vu qu'il n'a aucun penchant pour une carrière de capitaine d'industrie, et que de toute façon il y a des clients pour ses synthés, suffisamment pour lui permettre de continuer. Ce sont des universités, de riches particuliers, des studios de musique contemporaine ou des studios de publicité qui forment l'essentiel de sa clientèle, et même si son atelier est en 1969 moins important que celui de Moog, l'activité y est non moins intense. L'originalité et la qualité de ses produits sont ses seuls arguments commerciaux, et cela suffit. Une artiste comme Suzanne Ciani dut travailler longtemps à la chaîne de montage chez Buchla pour pouvoir s'en offrir un, avec lequel elle produira plus tard des centaines de musiques de pub, de film ou de concert, au point d'en faire son instrument exclusif. Elle n'est d'ailleurs pas la première à utiliser cette merveilleuse machine à composer, Morton Subotnick sort dès 1968 sur Nonesuch Records (le même label que celui de Bernie Krause) un album magnifique, *Silver Apples of the Moon*, qui devient un manifeste éclatant pour les nouvelles musiques électroniques en train de voir le jour.

SWITCHED-ON BACH

À ce sujet, on ne soulignera jamais assez l'importance des disques fétiches dans l'impact que peut avoir un nouvel instrument sur son public. C'est vraiment la meilleure publicité qui soit, et Moog, que nous avons laissé dans son atelier de Trumansburg en pleine effervescence, est sur le point d'en faire l'heureux constat. Le pianiste Walter Carlos, qui depuis longtemps travaille avec Bob à l'élaboration de son synthétiseur, s'est donné avec la productrice Rachel Elkind un projet simple et passionnant, une sorte de cadre formel qu'il va utiliser afin de pousser les performances de l'instrument à bout et d'en exiger ce à quoi on n'aurait pas pensé de prime abord. Avec le *Moog*, il va enregistrer en *re-recording* (*ou overdub*, c'est-à-dire les unes après les autres, le clavier est monophonique et il faudra attendre encore quelques années avant d'avoir de la polyphonie) toutes les voix de différentes pièces de Jean-Sébastien Bach, dont ses fameux concertos brandebourgeois. Les compositions sont splendides, les timbres variés et les tempi solides, tout cela constitue un terrain de jeu extrêmement stimulant. Faire jouer au *Moog* des parties de violon, de flûte, de violoncelle, d'alto, de trompette, de hautbois sont autant de défis que Carlos relève patiemment, accordant à chacune l'enveloppe, le timbre, la dynamique et la chaleur qui lui conviennent le mieux, sans tenter d'en faire l'impossible copie conforme. C'est un énorme travail, d'une exigence exceptionnelle, et le résultat est stupéfiant : on entend que ce ne sont pas des imitations d'instruments, il s'agit clairement d'un synthétiseur, mais la musique de Bach n'en souffre absolument pas, au contraire, elle acquiert une sorte de contemporanéité naturelle. C'est vraiment du baroque n'roll.

Carlos va trouver chez CBS une oreille attentive et il s'accorde avec eux pour sortir le projet en disque fin 68, décidément une année fertile en enregistrements légendaires : sur le même label au même moment, Terry Riley publie son fameux *In C*, dont l'influence minimaliste sur les compositeurs et les rockers fut telle qu'on la sent encore aujourd'hui. Les gens de Columbia se décident avec Carlos pour un titre qui a le mérite de la franchise, *Switched-On Bach*, littéralement *Bach Branché*, même s'ils ne sont pas sûrs que jouer du Bach au synthé soit si branché que ça : les amateurs de classique n'ont absolument rien de commun avec les adorateurs de ces nouvelles musiques électroniques, qui ressemblent selon eux à de mauvais bruitages de films de science-fiction. Bref, ce genre de *crossover* étant tout nouveau dans l'industrie, la sortie du disque se fait dans la plus grande expectative.

Sur la pochette on voit un musicien baroque en bas blancs et habit bleu, implicitement Bach lui-même, assis sur un petit banc en bois en train d'écouter ce qu'on devine sortir d'un casque dissimulé sous son abondante perruque bouclée. Le fil du casque est branché au *Moog* en arrière-plan qui déploie sur une table d'époque trois volumes de taille conséquente avec plein de beaux boutons noirs qui donnent envie de les tripoter. Sur le visage du compositeur, qui tient à la main une plume et du papier à musique, s'affiche une grimace dont on ne sait si elle exprime la surprise, la joie ou la consternation

– un peu la tête qu'on fait quand on croque dans un cornichon trop acide. Du *Moog*, un gros câble s'étire paresseusement pour aller se brancher dans une prise quelque part en dehors du champ de la pochette, exprimant clairement l'origine électrique de la musique. Paradoxalement, les modules ne sont pas reliés entre eux par les habituels *patch cords* (peut-être que le graphiste du projet trouvait que ça faisait trop fouillis), ce qui implique que, tel quel, aucun son ne peut logiquement en sortir, mais ça, personne ne le sait en 1968 – pas beaucoup moins qu'aujourd'hui j'imagine.

C'est peu de dire que le disque plaît, c'est une déferlante instantanée, un carton historique, un tube mondial. Dès sa sortie les ventes décollent, on se précipite pour acheter cet album, c'est compulsif. Cinq cent mille copies vendues en quelques mois, bientôt le million, le seul disque de platine jamais enregistré en musique classique. Glenn Gould, véritable incarnation de la musique du maître allemand et gardien reconnu de son temple, décrète qu'il n'a jamais entendu une plus belle exécution des Brandebourgeois, que ce soit en disque ou en concert. Quasiment du jour au lendemain, les acteurs jusque-là fort discrets de la synthèse du son sont projetés sur le devant de la scène avec une promptitude qui prend tout le monde de court. Le synthétiseur n'est finalement pas un joujou pour scientifiques en mal d'équations sonores ou pour hippies chevelus en quête d'absolu cosmique. C'est un vrai instrument de musique au sens classique du terme, il peut séduire le grand public, s'intégrer à n'importe quelle formation et redonner à un répertoire que l'on connaît des couleurs insoupçonnées. D'ailleurs, vu son succès commercial, et comme souvent aux États-Unis, la formule sera immédiatement reprise et déclinée jusqu'à l'écœurement. En voici quelques perles : *The Moog Strikes Bach*, *Chopin à la Moog*, *Switched-On Bacharach*, ou encore *Switched-On Santa* pour la traditionnelle période des fêtes de fin d'année.

Pour l'auteur de ce disque, c'est également une surprise très inattendue de se retrouver ainsi sous les projecteurs. Et elle n'est pas très bienvenue, car il se trouve que Walter Carlos est depuis fort longtemps mal à l'aise dans son corps d'homme et désire ardemment changer de sexe. L'argent gagné par le succès de l'album lui permettra d'ailleurs de subir dans les meilleures conditions cette opération très coûteuse et complexe pour l'époque, mais au prix d'une impasse totale sur toute apparition publique. En 1969, l'Amérique est peut-être prête à admettre que Bach soit joué au synthé, mais certainement pas par une transsexuelle. Or Walter, qui a commencé l'année d'avant un traitement hormonal et s'habille depuis en fille, se fait appeler Wendy, ce qui est un problème de marketing fondamental : comment l'appeler ? Quand l'album obtient cette année-là trois Grammy Awards (meilleur album classique, meilleure performance classique et meilleure prise de son classique), il est difficile à son auteur de refuser les propositions commerciales qui découlent de son nouveau statut de star. C'est donc bien sous le nom de Walter que Carlos apparaît au « Dick Cavett Show », il est même affublé d'une énorme paire de rouflaquettes sur une pub pour le Dolby Sound System en 1970, deux ans seulement avant son opération définitive.

D'un naturel timide et intense, l'énorme pression qui s'exerce sur lui est quasiment insupportable, et quand George Harrison ou Stevie Wonder viennent sonner à sa porte pour découvrir son synthé et lui parler un peu, il fait invariablement répondre qu'il n'est pas là. Devenue Wendy, elle dira plus tard que toute cette période était un véritable cauchemar. D'ailleurs, chez CBS, on veut un artiste qu'on peut prendre en photo, voir en concert et vendre dans des magazines sur papier glacé, tout le contraire de Carlos – ils s'en désintéressent donc rapidement. Wendy continuera de sortir la plupart de ses albums chez eux, mais sans toute la promo personnalisée qui va avec, ce qui lui convient assez bien. Ce n'est pas la fin du monde pour la compositrice qui connaît heureusement une très belle carrière notamment dans la musique de film : Stanley Kubrick (encore lui) lui fait réaliser la bande-son du fort polémique *Orange mécanique* (1971) où elle fait subir à Beethoven le même traitement qu'à Bach, avec quelques dérives psychédéliques en plus. Leur collaboration continuera avec le remarquable *The Shining* (1980), et c'est à elle que les studios Disney feront appel pour réaliser la musique de leur très futuriste *Tron* (1982). En 1979, sept ans après son opération, la poussière est un peu retombée : W. Carlos fera son *coming out* dans *Playboy* – mais elle regrettera amèrement plus tard ce geste de confiance envers les éditeurs sans scrupules du magazine.

En dépit de cet aspect conflictuel de la vie personnelle de Carlos, son album *Switched-On Bach* va ouvrir la voie à une décennie de correspondances entre la pop et la musique classique et sortir le synthétiseur de la niche où il se trouvait pour le placer au centre de l'action, comme par exemple avec le rock symphonique. Cela est particulièrement vrai chez les Anglais qui vont dominer la scène de l'époque : Rick Wakeman du groupe Yes, Tony Banks de Genesis, Keith Emerson de the Nice, puis Emerson, Lake and Palmer vont tous emprunter au classique ou bien des références ou bien carrément un répertoire, comme c'est le cas avec Moussorgski et ses *Pictures At An Exhibition*, titre de l'album célèbre du groupe ELP.

Inutile de dire que cet engouement subit a un impact immédiat sur les affaires de la R.A.Moog qui voit son carnet de commandes se remplir aussitôt. C'est une surprise pour la petite entreprise, mais pas forcément une bonne tant le changement d'échelle les prend de court. En réalité, ils sont en train de réfléchir à l'étape d'après le modulaire et ils ne sont pas encore tout à fait prêts. Car Bob Moog se rend bien compte que ces énormes modules à relier les uns aux autres (à *patcher*, dirait un technicien) demeurent encombrants et peu faciles à utiliser en live. Il a également remarqué qu'il y avait un certain nombre de connexions entre oscillateurs, filtres et enveloppes que le musicien établissait de façon routinière car il en avait toujours besoin, et petit à petit s'insinue dans son esprit l'idée d'un synthétiseur qui serait *pré-patché* derrière la façade et qu'on ne contrôlerait que par des boutons : plus besoin de connecter à la main les différents modules, ils le seraient déjà « par-derrière », selon les combinaisons les plus utilisées. C'est un abandon en rase campagne d'une des valeurs phares de la maison qui consiste à justement ne formater aucune configuration à l'avance pour garder toutes les options ouvertes, mais c'est également suivre un credo fondamental de Moog qui dit qu'il faut écouter ce que veulent les musiciens. Et les musiciens, ils veulent un instrument qu'on peut jouer tout de suite et si ça veut dire abandonner un peu de leur liberté en ingénierie sonore, ça ne leur semble pas très grave. C'est comme de passer d'un PC à un Mac : de l'ouvert au fermé, mais du laborieux à l'intuitif. Si ça marche mieux et plus vite, c'est tout ce qui compte. Moog a envie de tenter le coup.

LE *MINIMOOG*

En 1969, il charge donc un ingénieur fraîchement arrivé à l'atelier, Bill Hemsath, de réfléchir à la question sur son temps libre. Il y a au fond de l'atelier un cimetière de pièces détachées où atterrissent tous les instruments ou modules qui sont cassés, il est libre de prendre ce qu'il veut là-dedans pour faire ses essais. Bill farfouille, il cherche un bout de clavier intact et en trouve un de trois octaves et demie du *fa* au *do* – ce sera la taille finale de l'instrument, c'est comme ça que ça s'est décidé. Il se met en quête d'un boîtier qui puisse convenir, en tordant un peu les pièces il finit par y arriver et là, il commet un geste qui nous semble aujourd'hui d'une banalité absolue mais qui constitue pourtant un saut qualitatif extraordinaire : *il soude le clavier au boîtier*. Jusque-là, les touches noires et blanches étaient considérées comme un contrôleur parmi d'autres, c'était un module à acheter ou non sur le catalogue des éléments disponibles et on pouvait très bien faire de la musique sans. Tandis que là, le clavier est clairement l'interface assignée au synthé, et même si cette image traîne dans l'imaginaire collectif depuis des décennies, c'est la première fois que le lien est si fermement établi entre les deux.

Hemsath intègre donc dans le boîtier une demi-douzaine de modules et les raccorde entre eux avec des soudures. Mais il y a un truc qui le chiffonne : le cadre du clavier qu'il a récupéré correspondait dans sa vie antérieure à un modèle plus large, aussi y a-t-il une surface plate de trois centimètres à gauche du clavier qui ne sert à rien. C'est dommage, se dit-il, on pourrait mettre quelque chose à cet endroit, alors il a l'idée d'insérer une sorte de bouton qui glisse d'avant en arrière et qu'on peut assigner à ce qu'on veut, la hauteur du son par exemple. C'est une idée comme une autre, elle vaut ce qu'elle vaut, mais on l'abandonne quand du prototype A on passe au B, plus compact, plus complet et d'une meilleure organisation visuelle. Quoi ? Comment ? Vous avez retiré le bouton sur le côté ? Mais pourquoi ? Ça marchait du tonnerre ! s'exclament les musiciens consultés sur la question. Du coup, sur le modèle C, le bouton est de retour, on lui en a même adjoint un deuxième à côté qui glisse pareillement d'avant en arrière, comme ça on peut moduler la hauteur du son (le *pitch*), et autre chose en plus ! Enfin, sur le modèle D, le principe de bouton glissant s'est perfectionné avec un système absolument génial qui remplace le précédent et constitue, je pense, l'élément décisif dans l'amour des musiciens pour cet instrument, j'ai nommé la *molette*.

Il s'agit d'une roue dentée orientée comme une touche du clavier et dont émerge du bois seulement le tiers supérieur. Cette roue en plastique blanc, d'une dizaine de centimètres de diamètre, est crantée sur sa largeur de façon à ce que le gras du doigt s'y accroche aisément. Un système de ressorts assure que quand on la fait tourner dans un sens ou dans l'autre, elle revient toujours à sa position médiane, signalée par un cran plus important. Il y en a donc deux sur le *Model D*, l'une pour le type de modulation que l'on décide de lui attribuer et l'autre pour la hauteur du son : c'est le magique *pitch bend*. Pour la première fois, un pianiste a la possibilité de faire avec facilité ce geste étonnant qui consiste à modifier en temps réel la hauteur d'une note jouée au clavier. Il faut dire que depuis le temps, on attendait ça avec impatience – on se souvient que le geste inventé par Martenot consistait à fabriquer l'enveloppe du son et non pas sa hauteur. Jouer de cet instrument de la main droite pendant que de la gauche on tripote la molette au moment opportun est une sensation d'allégresse que tout pianiste doit avoir connue au moins une fois dans sa vie. La main droite est tempérée tandis que l'autre flotte où elle veut ! La rigueur à droite, l'émotion à gauche, les deux mondes en même temps à portée de main ! À la limite de l'impensable ! On comprend que quand l'instrument sort en 1970, tout le monde en soit fou.

Abolir la musique en tranche telle que l'impose le clavier est devenu possible, facile, et immédiatement jouissif. Un panneau de contrôle clair et lisible affiche trois oscillateurs, un mixeur et des « modifieurs » qui sont en fait des enveloppes de filtres ou d'amplification avec Attaque, Decay et Sustain. Une entrée permet de faire passer dans les circuits du synthé un signal externe comme une voix ou une guitare et d'en traficoter le son de façon extrêmement efficace. On se demande comment on peut obtenir des sonorités aussi intenses et différentes les unes des autres avec cette disposition qu'on pourrait croire simpliste, mais la présence des trois oscillateurs, la qualité unique des filtres et la façon dont chaque module est pré-patché avec les autres fait que les possibilités sont quasiment infinies et les résultats stupéfiants. Même le hasard joue le jeu lorsque l'ingénieur Jim Scott fait une erreur de calcul et s'aperçoit une fois l'instrument sorti d'usine que, tel qu'il est câblé, horreur, le signal rentre saturé dans les filtres. Mais contre toute attente ça lui donne un grain et une richesse inégalés – Scott se gardera bien d'y remédier tant l'effet sonne admirablement. Pour ces raisons et bien d'autres encore, cet instrument laissera une marque indélébile dans l'histoire des synthétiseurs et dès sa sortie, son nom flotte dans tous les rêves de musicien, tout le monde (y compris l'auteur de ces lignes comme on peut s'en douter) veut devenir propriétaire d'un *Minimoog* !

À quoi bon faire la liste de tous les artistes qui y ont eu recours dans leur carrière ? Il y a de quoi remplir un imposant bottin. Le *Minimoog* se joue debout, il se joue avec du feeling, on plie les genoux quand on courbe la note avec la molette : c'est à ce moment qu'apparaît la figure du *keyboard hero* que les claviéristes désespéraient de voir un jour arriver. Depuis les déhanchements salaces d'Elvis Presley, un fossé s'est creusé entre les guitaristes qui en toute impunité font depuis quinze ans de leur instrument sur scène un véritable accessoire sexuel et les pianistes, coincés eux avec un meuble de trois cents kilos manquant clairement d'attrait. Il faut vraiment en jouer avec les pieds comme Jerry Lee Lewis ou avec perruque et chandeliers comme Liberace pour attirer un peu l'attention, et c'est sûr que même ça, c'est un peu maigre, lorsque au même moment Jimi Hendrix enflamme les foules en jouant de sa *Stratocaster* avec la langue et en y mettant le feu.

C'est indéniablement Keith Emerson qui sera le pionnier de cette révolution. Il est anglais, il est rock, jazz, classique, iconoclaste et pour lui le clavier doit être un spectacle. Sur scène, il joue avec un *orgue Hammond* dont il charcute tous les soirs les entrailles avec un couteau de chasse, créant ainsi des déchirements électriques de la plus belle intensité, et un *Monster Moog* qui empile sur un mètre cinquante de haut et un mètre vingt de large à peu près tout ce que l'inventeur propose comme modules disponibles

– dont un bon tiers ne sont là que pour faire joli, il y a même un écran télé en haut à droite qui diffuse de fausses courbes d'ondes. Pour lui, plus il y en a, mieux c'est, il suffit d'assumer le poids et le volume de son instrument, ce qui est tout de même une grande première dans l'histoire scénographique du clavier ! Il joue aussi du magnifique ruban que Bob propose comme contrôleur il le passe autour du cou comme une guitare, et là toutes les barrières tombent, même un pianiste peut bouger du pelvis ! Il en jouera d'ailleurs au point d'user la surface du ruban lui-même, créant des courts-circuits qu'il découvre avec délices, les utilisant volontairement pour en faire une mitraillette sonore... Grâce à lui, toute une génération de pianistes se libère de l'encombrant tabouret et joue enfin debout, assumant ainsi cette virtuosité érectile qui lui était jusqu'à présent refusée.

Surtout depuis qu'avec le *Minimoog*, on peut reprendre l'attitude sans le camion qui va avec. L'instrument est petit, son cadre en bois permet de le transporter comme une valise (d'un petit vingt-cinq kilos, quand même) qui, une fois ouverte, laisse le bloc électronique se lever comme un pupitre en angle avec le clavier. Et le plus important : on le trouve en magasin, à côté des batteries et des amplis de guitare, une grande première. Ce genre d'instrument ne se trouvait auparavant que sur catalogue, il devient là un objet de consommation courante : douze mille exemplaires en seront fabriqués entre 1970 et 1981, ce qui est énorme pour un instrument qui, rappelons-le, n'utilisera jamais les circuits intégrés dits microprocesseurs qui sont pourtant disponibles dès 1971, Moog et son équipe jugeant que leur qualité n'était pas encore au point. Ce qui veut dire se priver des raccourcis en temps et en matériel offerts par ces puces miraculeuses, mais le son passe d'abord. De nombreux virtuoses donnent à l'instrument ses lettres de noblesse, Chick Corea avec Return to Forever, Jan Hammer dans le groupe Mahavishnu Orchestra, George Duke avec Frank Zappa... Tous les nouveaux groupes dignes de ce nom ont un *Minimoog* avec eux. Et pas seulement des solistes, et pas seulement en jazz, en rock ou en jazz-rock, comme on appelle cette nouvelle musique électrique, mais en pop également : le compositeur Gershon Kingsley, fondateur du Moog Quartet, va écrire un titre instrumental, *Popcorn*, qui à travers sa reprise par le groupe Hot Butter va devenir en 1972 le premier tube planétaire de musique électronique.

Mais aspirés par ces succès, nous avançons un peu vite sur la pente de l'enthousiasme. Revenons en 1970 : les modulaires ont la cote, le *Minimoog* est en train de sortir, la marque est à l'apogée de sa célébrité, on ne peut plus se retourner sans voir le sigle aux deux O dont l'intérieur de l'un s'agrémente d'une double-croche. Aux Grammys de cette année, Bob reçoit un Trustees Award qui récompense toute une carrière d'excellence dans la musique, deux ans après Duke Ellington et deux ans avant les Beatles. L'atelier tourne à plein régime, bref, tout va pour le mieux dans le meilleur des mondes... Sauf que pas du tout. Aussi affreux que ça puisse paraître, la R.A.Moog est en faillite. Partie de rien, cette entreprise d'ingénieurs, dont la plupart sont des musiciens frustrés et des amoureux comblés du son, a grandi trop vite et de façon mal encadrée. Les modules sont longs et coûteux à fabriquer (au mieux trois systèmes complets sont fabriqués en une semaine), et les commandes sont honorées avec beaucoup de retard. De nombreux acheteurs ont voulu faire un tube rapide à la Wendy Carlos, mais très peu arrivent à faire quelque chose de profitable. D'un carnet de commandes plein en 69, l'atelier passe à un carnet vide pendant l'été 70. L'argent a été mal investi, mal géré, il y a des problèmes de trésorerie et pas de fonds propres pour amortir les trous d'air. À l'automne 70 il faut se rendre à l'évidence : la boîte coule et pour la renflouer, quelqu'un devra en racheter les dettes et remettre de l'ordre dans la comptabilité qui a été sinon ignorée, du moins considérée comme un aspect très secondaire de cette extraordinaire aventure. C'est d'autant plus rageant que le *Minimoog* est en train d'arriver, qu'il va nécessairement faire un carton et que, un an auparavant, cette sortie aurait peut-être sauvé l'affaire. Mais après avoir donné tant de temps, d'amour et d'énergie à ses synthétiseurs et aux hommes et femmes qui l'ont aidé à les construire, Bob voit le fruit de son travail se dérober devant lui juste au moment où il allait le cueillir. Ce qu'il lui faudrait, c'est un peu de capital, mais il n'est pas bon pour trouver ça, il est ingénieur, pas *fundraiser*, et personne autour de lui n'est en mesure de l'aider. S'il veut que son entreprise survive, il n'a pas le choix : il doit vendre son catalogue et, plus grave, son *nom* à quelqu'un qui, avec les fonds et l'expertise appropriés, l'exploitera à sa place.

LES ANNÉES SOMBRES

Cet homme sera Bill Waytena. Businessman et inventeur à ses heures, il se spécialise dans le rachat de sociétés mal gérées pour les revendre quelques années plus tard avec profit. Convaincu que le temps des jouets électroniques à clavier est venu, il vient de faire fabriquer par deux ingénieurs un synthé qu'il a baptisé le *Sonic V* et qu'il a mis sur le marché, pensant en vendre au moins cinq mille. C'est quand il en écoule dix fois moins qu'il se rend compte que le nom de Moog pourrait l'aider, or ce dernier est à vendre. Sans sortir un sou de sa poche et en se contentant de garantir les malheureux vingt-cinq mille dollars que la compagnie doit à ses fournisseurs, le voilà qui devient propriétaire d'un nom mythique de la synthèse du son. Il reprend donc la main et organise les choses à sa façon. Exit le représentant Walter Sear, qui continuera sa joyeuse route à New York, ouvrant un studio d'enregistrement légendaire par la qualité de son matériel analogique, Sear Sound (il aura vingt autres métiers dont celui de producteur de films de série Z, puis de films pornos, organisant même le tournage d'une scène d'un de ses films dans la fameuse cabine du studio A).

Waytena ferme l'atelier de Trumansburg, éparpillant du même coup la ruche de talents qui s'était spontanément développée autour de Bob, et relocalise l'atelier dans la banlieue de Buffalo, ville frontière avec le Canada. L'endroit où le nom de Moog va continuer de grandir a été pendant cent ans une usine à gélatine, une substance qui, précisons-le, se fabrique en laissant macérer des peaux de buffles dans des puits de teinture pendant un an avant de les bouillir puis de les presser pour en extraire le fameux produit. C'est comme une tannerie mais en pire, et un siècle de puanteur suinte des murs du bâtiment. On est loin de la riante campagne où Moog aimait tant se promener et on ne peut pas dire qu'il ait particulièrement d'atomes crochus avec son nouveau patron.

Heureusement, d'un point de vue commercial, le *Minimoog* est bien travaillé, notamment grâce aux exploits du pétulant directeur des ventes et marketing, David Van Koevering, qui en assure le succès incontestable. R.A.Moog se fond dans la société de Waytena, Musonics, puis devient Moog Music, ce qui explique que le *Minimoog* ait connu, en fonction de son année de fabrication, ces trois noms successifs sur la petite plaque vissée au bord du clavier. Douze mille ventes dans le monde entre 1970 et 81, la plus grande partie d'entre eux pendant les premières années de commercialisation, c'est considérable pour un produit aussi sophistiqué et même si ce chiffre reste très loin des records de Hammond, il met sans équivoque le *Minimoog* en tête des best-sellers de l'époque – car il y en a d'autres, des synthés, l'avance de Moog et Buchla n'a duré que quelques années et maintenant que le marché existe, la concurrence commence à débouler, ce qui ne facilite pas les choses. Une société en particulier s'impose progressivement avec des produits similaires, très compétitifs, et d'une qualité exceptionnelle : les synthés ARP.

Chapitre X

ARP, MOOG, BUCHLA

Le fondateur de ARP, Alan Robert Pearlman, appelé *Arp* dès l'école primaire d'après ses initiales, est un New-Yorkais né en 1925, fils de concepteur de projecteurs de cinéma et petit-fils de réparateur de phonographes. Il a presque dix ans de plus que Moog, et quand ce dernier est en train de bidouiller ses premiers modules dans son atelier de Trumansburg, Pearlman travaille déjà pour la NASA : il conçoit des amplificateurs pour les programmes Gemini puis Apollo. C'est un brillant ingénieur, et au début des années 60, il se met à son compte, s'associe avec un collègue et fonde le Nexus Research Laboratory spécialisé dans les composants électroniques d'amplification. En 1966, l'affaire est vendue avec un bon profit, et Pearlman entame sa quarantaine avec la confiance de l'entrepreneur ingénieur qui a prouvé qu'il sait faire des affaires. Il adore la musique classique, et n'a que peu d'estime pour les rockers et les hippies dont les expériences musicales lui semblent très loin de ses préoccupations, mais il suit d'un œil attentif les travaux de Buchla et de Moog. Il est très pointu en ingénierie sonore et ça le démange de se jeter dans le jeu pour se faire une place dans l'éducation musicale par les synthés.

Toutes les écoles devraient en avoir, pense-t-il. En 1969, il investit cent mille dollars de sa poche, en lève cent mille autres et fonde la société Tonus qui sort son premier modèle, le *2500*, en 1970.

C'est un gros synthé modulaire dans la ligne de ce qui se fait déjà, une volumineuse cabine comprenant un clavier relié à une quinzaine de modules : oscillateurs, amplificateurs, filtres, enveloppes, séquenceur et mixeur. Deux caractéristiques cependant le distinguent de la concurrence. D'une part, le design du synthé évite la jungle de fils si familière au *Moog* et au *Buchla* et propose comme système de patch des petits picots (*matrix switches*) qui glissent de haut en bas sur des crans qui représentent chacun une connexion. Cette particularité est un signe précurseur de ce qui sera une véritable obsession chez Pearlman : ne pas faire comme les *Moog* sera souvent pour lui comme une boussole qui donne le sud et provoque une source inépuisable d'ennuis, le forçant à imaginer des solutions alternatives inutiles à des fonctionnements approuvés par les musiciens eux-mêmes. L'autre spécificité, et elle est de taille, est que ses oscillateurs sont d'une stabilité sans commune mesure avec ceux qui existent déjà. En effet, malgré la maniabilité du transistor, ni Moog ni Buchla n'ont réussi pour l'instant à fabriquer des oscillateurs qui, en chauffant, ne se désaccordent pas. C'est un problème technique que la raison s'est fait fort de négliger : on réaccorde bien son violon pendant un concert, pourquoi pas un synthé ? Mais c'est ignorer la longue tradition qui veut que le claviériste ne s'accorde pas, jamais, ni à l'orgue ni au piano, ajouté au fait que nous avons là une machine très sophistiquée dont il semble paradoxal qu'elle soit incapable de jouer juste plus d'une demi-heure d'affilée.

La grande technicité des connaissances de Pearlman

ainsi que son ingéniosité lui ont permis de concevoir, dans la façon dont ils sont disposés, des oscillateurs beaucoup moins sensibles à la chaleur que ceux de ses concurrents, ce que ne se privent pas de faire remarquer les brochures publicitaires de la marque. Le résultat est donc un synthé très fiable avec des possibilités plus abouties que celles du Moog mais d'une apparence plus destinée aux ingénieurs qu'aux musiciens : de nombreux diagrammes bourrés de flèches et de symboles multiples donnent l'impression d'un délicieux jeu de piste électronique dont la signification n'est pas forcément claire pour le commun des mortels. Cependant, pour une entrée dans le club exclusif des synthés modulaires, c'est une authentique réussite, l'instrument est d'excellente facture et même s'il n'en sera fabriqué guère plus d'une centaine, il officialise l'arrivée d'un adversaire très sérieux dans la nouvelle course au son. C'est d'ailleurs un *ARP 2500* qui sera choisi par Spielberg dans *Rencontre du troisième type*, lorsqu'il faudra mettre en musique et à l'écran les cinq notes de l'échange musical entre François Truffaut et les extraterrestres – on voit très bien l'instrument dans le film, c'est même l'un des ingénieurs d'ARP, Philip Dodds, qui en joue pendant la scène mythique (qui, pour la petite histoire, mit neuf semaines à être tournée au grand désespoir de Pearlman qui avait besoin de Dodds à l'atelier).

Dès l'année suivante, ARP ajuste le tir, sort le *2600*, et c'est un gros événement. Il est plus compact (il se met dans une valise et on peut l'emporter facilement avec soi en prenant le clavier portable dans l'autre main), plus didactique, et instaure un système très astucieux : les différents modules sont pré-patchés pour que les débutants puissent tout de suite en sortir un son, mais on a également la possibilité, si on le désire, d'utiliser des câbles pour relier les éléments entre eux de façon « customisée ». On est encore dans une logique modulaire, sauf que les modules sont déjà choisis, donc pas de casse-tête à éplucher les catalogues pour définir ceux dont on pense avoir besoin. Ses trois oscillateurs sonnent fort bien et les sons qu'on extrait de l'instrument sont d'une richesse et d'une sophistication quasiment inépuisables. Le modèle est mis en vente chez Sam Ash, le grand magasin de musique new-yorkais, et rapidement on s'y presse pour voir la nouvelle coqueluche des synthés. De très nombreux musiciens en tomberont amoureux, et quelques spécificités bienvenues comme la possibilité d'inverser le sens du clavier permettront par exemple à Joe Zawinul, le cofondateur de Weather Report, d'en utiliser un pour chaque main, la gauche jouant en miroir ce que joue la droite grâce à leurs claviers ainsi symétrisés. De Brian Eno à Herbie Hancock en passant par David Bowie et Stevie Wonder, tout le monde intègre à son répertoire cette nouvelle machine : la marque ARP s'installe durablement dans le paysage.

En 1972 vient la réponse au *Minimoog*, c'est l'*Odyssey*, conçu comme son concurrent direct. Mais encore une fois, il ne faut pas faire comme Moog, alors plutôt que de reprendre la molette du *pitch bend*, les ingénieurs d'ARP proposent un système alternatif, le *Proportional Pitch Control* : trois boutons carrés alignés en longueur à côté du clavier, sur lesquels on pose les doigts de la main gauche, quand on veut faire descendre la note on appuie à gauche, quand on veut la faire monter on appuie à droite, et pour la modulation on appuie au milieu. Ingénieux, sans nul doute, mais sans aucun rapport avec l'osmose instinctive entre le claviériste et sa molette qui demeure la perfection en matière de contrôle instantané. Autre conséquence de la règle

PCM (Pas Comme Moog), les contrôles sont effectués par des curseurs qui rappellent les *matrix switches* du *2500* mais ça, c'est assez bien vu. Aujourd'hui encore, deux gestes principaux ont surnagé dans le traitement du son : tourner un bouton ou bouger un curseur. Moog est à fond bouton, donc ARP sera curseur tant qu'il pourra, c'est de bonne guerre. En revanche, à l'intérieur du synthé se trouve un filtre un peu spécial : celui utilisé jusque-là étant la copie conforme du fameux *ladder filter* de Moog à quatre pôles (son seul dépôt de brevet, rappelons-le), une discussion d'avocats entre les deux parties conduit à une modification du design des filtres d'ARP. Dans le processus, une erreur de calcul sera faite par leurs ingénieurs, et le résultat sera un filtre moins performant que celui de Moog, laissant à mon sens à ce dernier la suprématie dans le domaine.

La marque se développe et diversifie ses produits : c'est le *Pro-Soloist* (1972) avec ses sons présélectionnés de façon astucieuse et ludique, le *String Ensemble* (1974), une audacieuse imitation d'un orchestre à cordes, et enfin l'*Omni* (1975), un synthé polyphonique, sorte de trois en un à prix abordable qui devient leur produit vedette. Résultat : en 1976, ARP représente 40 % du marché.

Une ascension vertigineuse pour cette marque encore toute jeune, d'autant plus qu'en face Bob Moog est en train de lâcher la course. Résumé des épisodes précédents : Van Koevering a convaincu la nouvelle direction de Moog Music de sortir un modèle concurrent du *Pro-Soloist* qui s'appellera le *Satellite*. Waytena assigne un peu d'équipement et deux lampistes pour assister Moog (dont il dira avec humour qu'ils ne savaient pas tirer ne serait-ce qu'une ligne droite), et en juin 73 au fameux NAMM show, le prototype du *Satellite* est présenté au-dessus d'un orgue Wurlitzer. Cette disposition n'est pas innocente, car tout fabricant d'orgues rêverait d'intégrer à son instrument un synthé Moog qui lui donnerait un cachet particulier. De fait, les Orgues Thomas sont intéressés et Waytena arrive à leur extorquer un contrat léonin qui lui assure des royalties de quarante pour cent – huit fois plus que l'usage en vigueur dans le métier... En outre les acheteurs s'engagent à fabriquer cinq mille exemplaires du *Satellite* en *stand alone*, c'est-à-dire tout seul, sans l'orgue qui va avec. C'est tout simplement ce qu'on appelle une licence, il vend le nom de Moog aux Orgues Thomas. Pas tout à fait du goût de Bob qui a l'impression de faire du travail de cochon et n'aime pas avoir son nom collé à des instruments sur lesquels il n'a aucun contrôle.

Mais d'un point de vue financier, c'est très malin car en deux ans, la comptabilité est passée de vingt-cinq mille dollars de dettes à un profit de vingt-cinq pour cent grâce à ce deal avec les Orgues Thomas. Maintenant que Waytena a garni le panier de la mariée, il faut vite lui trouver un époux : ce sera Norlin, premier fabricant d'instruments aux États-Unis et notamment propriétaire de la marque Gibson. Une boîte qui dégage un profit de vingt-cinq pour cent est extrêmement rare et de part et d'autre on se frotte les mains à l'idée de cette bonne affaire. Waytena cède ainsi en 1973 pour plusieurs millions de dollars la société dont il avait pris le contrôle deux ans auparavant, une excellente opération pour lui. Le deal est que Moog continue ses recherches chez Norlin et reste actionnaire chez son nouveau propriétaire, dont il doit demeurer l'employé pendant quatre ans avant de vendre ses parts s'il le désire.

Le problème c'est qu'à partir de là, Bob commence à compter les jours. Les gens de Norlin ont décidé de centraliser toute leur fabrication dans l'ancienne usine de gélatine, font des travaux colossaux, s'aperçoivent qu'ils ont dépensé trop d'argent, donc qu'ils n'ont plus les moyens de financer la recherche. Ils se séparent de Van Koevering qui a littéralement sauvé le *Minimoog* du désastre et en a fait un succès mondial, et mettent quelqu'un de chez eux qui n'a ni son amour ni son talent. Laissé dans son coin, Bob fait des amplis et des pédales pour guitare, les ateliers sont de plus en plus souvent sollicités par d'autres clients et au bout de quelques années, l'usine ne fait quasiment plus que de la sous-traitance. L'inventeur supervise vaguement la sortie du *Polymoog* et du *Micromoog* en 1975, mais il ne se sent pas du tout concerné et ne pense qu'à l'année butoir de 1977, date à laquelle il pourra vendre ses parts et sortir de cette impasse avec au moins un peu d'argent. À l'expiration du contrat, il laisse donc derrière lui Moog Music dans la gélatine qui a fini par engloutir jusqu'à son nom, encaisse son dû, déménage en Caroline du Nord dans un environnement beaucoup plus proche de ses goûts écologiques et s'installe à la campagne près de la petite ville d'Asheville sur un terrain dont la vallée s'appelle Big Briar – ce qui deviendra le nom de sa société, puisqu'il n'a plus le droit d'utiliser le sien. Comme on le voit, les années 70 ne lui sont guère propices – ce qui fait les affaires d'ARP pour qui la voie est libre, et ils ne vont pas se priver d'en profiter.

L'ÉPOPÉE D'ARP

Le vaisseau est piloté par trois brillantes personnalités. En premier lieu, il y a Pearlman bien sûr, le fondateur. Ses qualités d'ingénieur sont prépondérantes et il se félicite de ne plus avoir à s'occuper de l'aspect quotidien de son business, qu'il avait accompli chez Nexus plus par nécessité que par plaisir personnel. Ce qui l'intéresse dans sa nouvelle entreprise, c'est de faire de la recherche sur le long terme, de bricoler dans son atelier et d'imaginer les formes du futur. L'administration de la compagnie est donc laissée à Lewis Pollock, l'avocat d'affaires qui s'est occupé de vendre Nexus pour le compte de Pearlman quelques années plus tôt et qui, bien qu'il ne figure pas dans le nouvel organigramme, se retrouve à gérer la boîte au jour le jour, ce qui lui plaît beaucoup, même s'il n'est pas formé pour ça. L'interface avec le monde de la musique est assurée par une troisième personne que Pollock a découverte à Princeton, un petit génie de vingt et un ans passionné de musique et d'électronique, David Friend. Ce sont ces trois personnes, plus deux personnalités extérieures amenées par Pollock, qui siégeront au conseil d'administration.

Déjà c'est bizarre : une aussi petite boîte avec un aussi gros conseil d'administration est une véritable étrangeté, surtout quand personne n'a dans le conseil les compétences commerciales à la hauteur de la haute technicité des produits. De tous ceux qui ont voix au chapitre, Pearlman est sans doute celui qui a le plus d'expérience dans le domaine, mais ça ne l'intéresse pas de s'en occuper, aussi laisse-t-il à Pollock une entière liberté dans la gestion du quotidien. Quant à l'innovation technique et les nouveaux instruments, ils deviennent le pré carré de David Friend qui, il faut le dire, enchaîne les succès sans mollir. L'*Odyssey*, prétend-il, s'est vendu deux fois plus que le *Minimoog* (ce dont on peut néanmoins douter). Toutefois il est clair qu'à présent, c'est ARP qui mène la danse : le *Pro-Soloist* est incontestablement plus sexy que le *Satellite* que Waytena a vendu aux Orgues

Thomas. Quant à l'*Omni*, il propose à son utilisateur une imitation très convaincante d'un ensemble à cordes pour les accompagnements, un synthé pour les mélodies et des sons de basses pour le rythme dans un seul instrument qui fait de vrais accords (le rêve pour un compositeur), et il est beaucoup plus apprécié que le *Polymoog* qui, contrairement à ce que son nom pourrait laisser croire, n'a comme on l'a vu qu'un rapport très lointain avec l'inventeur.

Or, nous sommes au moment clé où les synthés sont enfin en train de devenir polyphoniques, et c'est peu de dire que ce moment est attendu avec impatience. Car depuis l'expérience avortée du *Novachord* (dont l'*Omni* et le *Polymoog* reprendront le principe de divisions par octaves), un claviériste a le choix entre des orgues électroniques qui font maintenant toutes sortes de choses, boîte à rythmes intégrés, basse arpégée, mais qui restent des orgues tout ce qu'il y a de plus coincés dans le tempérament traditionnel, ou alors les synthés monophoniques qui font des sons extraordinaires que l'on promène où on veut – mais à une seule voix. À la sortie de l'*Omni* en 1975, la polyphonie était en chemin, ce n'était pas une surprise, mais celui qui se débrouillerait pour sortir le premier synthé polyphonique qui tiendrait la route et qui sonnerait vraiment bien marquerait des points de façon durable et symbolique. Et c'est le cas avec ce modèle, qui sera vendu à plus de quatre mille exemplaires.

En conséquence, David Friend est devenu le gourou du son chez ARP. C'est lui qui assure la pérennité du renouveau. Pour la première fois depuis Hammond, un fabricant de claviers enchaîne les modèles populaires sous une seule marque, ce qui n'est pas rien, car le marché commence à devenir très encombré et le rythme de l'innovation s'accélère à une vitesse exponentielle. Être capable de surfer sur cette vague puissante mais capricieuse demande un flair, une inventivité et une souplesse extraordinaires, et Friend est indéniablement doué de ce côté-là. Au point de se considérer comme le vrai moteur de la société et de marginaliser progressivement Pearlman qui met du temps à s'en rendre compte. Au milieu, Pollock jongle pour essayer de garder la boîte à flot, ce qui n'est pas une mince affaire : le décollage vertical d'ARP dès 1970 avec son *2600* puis son *Odyssey* ont mis en évidence le fait que la société était sous-financée, et en 1973 il faut massivement réinjecter du capital, sinon c'est la clé sous la porte. Mais grâce au bagout de Pearlman, Pollock et Friend ainsi qu'à leur conviction d'être dans le train du progrès, des obligations sont émises, des promesses sont faites et c'est reparti. Le cash est de retour. Diana Ross, intriguée par les créateurs de ces merveilleuses machines, vient visiter leur usine de quinze mille mètres carrés dans le Massachusetts pour voir comment elles sont fabriquées, et Pearlman fait don de certains de ses instruments au Metropolitan Museum, c'est la consécration. Le comportement général qui en résulte tient plus de la boîte de prod hollywoodienne que de l'humble lutherie électronique à la Moog – autres temps, autres mœurs, nous entrons dans une ère de flamboyance et la maison ARP en est l'incarnation.

Le problème, c'est que la société n'est pas tenue, et plus le temps passe, plus ça s'aggrave. En 1976, Joseph Mancuso, un contrôleur de gestion expérimenté, est engagé pour remettre de l'ordre et il le fait, il commande une étude de marché et se rend compte qu'a priori les produits ARP se vendraient mieux s'ils se vendaient *plus cher*. Magie du marketing, ça marche ! Il nettoie les comptes, décide de favoriser les commandes nationales pour accélérer le cash flow et fin 77 il présente une compagnie qui fait sept millions de dollars de chiffre d'affaires et deux cent trente mille de bénéfice net, un vrai miracle. Malheureusement, son savoir-faire ne résout aucun des deux problèmes de fond de l'entreprise. Le premier est qu'il n'y a pas vraiment *un* boss dans la compagnie. Quand Pollock part une semaine, c'est Friend qui prend les commandes, et quand c'est lui qui est absent et que Pollock n'est pas revenu, c'est Pearlman qui bouche les trous. Ça part dans tous les sens, ce à quoi s'ajoute un deuxième problème : les ego sont devenus trop gros, Friend pense que la boîte, c'est lui, Pollock essaye de limiter la casse, et Pearlman se demande comment il va pouvoir reprendre contrôle de la compagnie qu'il a fondée avec son argent huit ans auparavant. Après en avoir parlé à son avocat, il renoncera au projet et assistera impuissant à la course folle de son si beau navire...

Tout va se polariser autour d'un projet fort ambitieux de Friend qui veut proposer à la vente un synthétiseur pour guitare. Personne n'a essayé ça avant et l'idée est très séduisante. Pour des fabricants de claviers, pouvoir se servir dans l'immense réservoir des guitaristes serait une aubaine commerciale historique ! Tous les gratteux qui achètent des magazines, des pédales d'effets ou des amplis par containers entiers, si on pouvait leur faire dépenser leurs bons dollars chez ARP, ce serait un véritable saut quantique pour la boîte qui deviendrait la number one in ze world ! De quoi faire tourner la tête ! Mais Pearlman émet deux objections. La première, c'est que si on veut que ça marche, il faut trouver un moyen de transformer une hauteur de son émis par la guitare (un *pitch*), en un voltage qui va commander le synthé. Au vu de toutes les merveilleuses inventions décrites dans cet ouvrage, ça semble l'enfance de l'art, mais aussi curieux que cela puisse paraître, sur ce point les ingénieurs bloquent, ils n'y arrivent pas. Or, il faut trouver la solution, qu'elle soit fiable et qu'on puisse la commercialiser, ce qui fait beaucoup de *si* et peu de *comment*. On est dans le noir complet et on n'a pas la moindre idée de ce que ça va coûter. Deuxième objection : le monde des guitaristes n'est pas celui des claviéristes, ce sont deux cultures totalement différentes et il y a déjà beaucoup de monde sur le coup, encore une fois on y va la fleur au fusil sans avoir la moindre idée de ce qui nous attend. Continuons de faire ce que nous savons faire, conclut-il, et ne lâchons pas la proie pour l'ombre.

Mais Friend ne se laisse pas démonter par les arguments de son aîné et s'engage à corps perdu dans la réalisation du *Centaur*, un monstre polyphonique de cent quinze circuits imprimés qui devra servir de base au développement d'un clavier et d'un éventuel synthé guitare. Plutôt que de se concentrer sur son développement en tant que clavier, Friend abandonne totalement cet aspect de la recherche et se concentre uniquement sur son application pour la guitare. Pearlman procède à un rapide examen des circuits et décrète que le maximum de temps sans panne qu'on peut espérer de l'engin est de deux heures et que son prix en magasin serait entre quinze et vingt mille dollars... Défaitisme, objecte Friend qui en profite pour prendre le pouvoir dans la société et en 1977 se nomme président d'ARP, persuadé que depuis l'invention du synthé rien n'aura été plus brillant que son invention qu'il a nommée *Avatar*. Sans doute aurait-il mieux fait de feuilleter un dictionnaire avant de baptiser ainsi son projet, car au côté de la très séduisante et légèrement mégalomane signification divine de ce mot (qui décrit les multiples incarnations du dieu Vishnu), il y a celle, plus prosaïque, d'événement fâcheux ou de mésaventure. Voyant la catastrophe arriver avec une clarté prophétique, Mancuso, qui avait fait des miracles pour rendre la boîte présentable, se presse de passer à la dernière phase de son plan, ce que ferait tout administrateur avisé : vendre l'affaire tant qu'elle vaut encore quelque chose. Gulf and Western est prêt à racheter la compagnie pour dix dollars l'action alors qu'elle n'en vaut que quatre, ce qui est une bonne affaire. Mais le conseil d'administration refuse, scandalisé. La clairvoyance de Mancuso est considérée comme une trahison par Friend qui obtient de le faire virer.

À partir de là, c'est la spirale descendante. Quand l'*Avatar* sort fin 77, ARP a investi la somme pharaonique de quatre millions de dollars dans le projet et a étouffé toutes les autres recherches de développement. Finalement, ce nouveau modèle est un *Odyssey* adapté à une guitare qui coûte trois mille dollars, beaucoup plus que ce qu'un guitariste est prêt à investir pour un produit de la sorte. Devant la réaction mitigée du marché, la marque s'engage dans une braderie de son dernier-né auprès des revendeurs (pour six achetés, un septième offert) qui l'identifie clairement comme une affaire dont il faut se méfier. Conséquence prévisible, l'*Avatar* fait un flop (malgré le fait que le système de *pitch to voltage* fonctionne et servira de modèle pour les autres marques), il n'en sera fabriqué que trois cents exemplaires – il aurait fallu en vendre au moins quatre fois plus pour commencer à amortir le produit. Pas grave, dit Friend qui se dit qu'il va rééditer son coup d'éclat de 1973 quand ils avaient frôlé le dépôt de bilan et qu'il avait sorti l'*Omni* : on va se refaire avec le suivant. Sauf que la situation n'est plus la même. Les sommes engagées sont énormes, les gâchis non moins considérables et traduisent un manque de discernement de plus en plus alarmant. Il est encore temps de réduire la voilure, de sous-louer une partie des somptueux ateliers, de réduire le train de la boîte, bref d'apprendre de ses erreurs comme le suggère Pearlman impuissant, mais c'est la solution Friend qui prévaut : on continue comme avant.

APRÈS LE BEAU TEMPS, LA PLUIE

Le clavier censé retourner la situation s'appelle le *16 Voice Electric Piano*. Rien qu'au nom, on sent un petit manque d'inspiration. C'est un piano électrique avec seize sons présélectionnés, d'où le nom de « voice » (piano acoustique, électrique, marimba, clavecin, harpe…), on est loin des produits inventifs et audacieux qui ont fait le succès de la marque. Avec ce modèle il est clairement question de faire des affaires. Ce qui serait sans doute une bonne idée dans l'absolu, mais dans la situation où se trouve la compagnie, il s'agit de ne pas se louper et de produire, comme le promet la brochure, de l'électronique haut de gamme et le meilleur son du marché. Or à l'atelier, on n'a pas le temps de faire tous les tests nécessaires, l'argent manque et le temps presse… L'inévitable se produit, et lorsque l'instrument sort de fabrication, il a deux défauts rédhibitoires : l'isolation des boutons de contact a tendance à fondre à la chaleur, devenant ainsi très vite instable, et à la sortie, le signal, quand il fonctionne, crachote de façon pas très haut de gamme. Quand il s'en aperçoit, Philip Dodds, l'ingénieur en chef (le même qui jouait du *2500* pour les aliens) supplie la direction de suspendre la production le temps de régler le problème. Pas question se voit-il répondre, si on prend un mois de retard, on est foutus, on continue comme ça.

C'est la fuite en avant. Les claviers reviennent en SAV, et après le désastre commercial de l'*Avatar*, la situation est grave. Friend enchaîne avec le *Quadra*, un monstre à quatre processeurs qui est une compilation de tous les modèles précédents mais qui ne convainc pas, puis un *Sequencer* assez malin, suivi d'un *Solus* monophonique qui est un *Odyssey* à voilure réduite qui ne fait pas le carton espéré. Rien n'y fait : il a perdu la main. En 1980, à la suite d'une assemblée houleuse, Friend est forcé à la démission de la présidence et quitte la boîte. Pearlman reprend ce qui reste d'ARP, et c'est alors qu'il se passe quelque chose de tout à fait extraordinaire : avec Dodds ils se mettent à leur tour au travail pour inventer dans les règles de l'art le clavier qui, ils l'espèrent, va sauver une dernière fois l'affaire. Maintenant que Friend est parti, tout est repensé depuis la base selon des critères qui agréent à Dodds comme à Pearlman. Et ils accouchent d'une petite merveille, le *Chroma*.

C'est un synthé polyphonique avec une cinquantaine de presets ébouriffants : orgue, harpe, gong, guitare, vibraphone, flûte, violon, tout l'orchestre est dans la boîte, sans compter des sons en ffsshhooaaaiiing et en zzzzjjjiiooo qui ajoutent un vernis de modernité irrésistible. Deux presets peuvent se jouer en même temps, et la combinaison sous les doigts d'un ensemble de cordes et de cuivres donne au compositeur amateur l'impression d'être Wagner ou Beethoven en quelques accords seulement. Son clavier est sensible à la vélocité ainsi qu'à l'*aftertouch*, c'est-à-dire à la force avec laquelle on continue d'appuyer sur la note après l'avoir jouée, ce qui permet en particulier des effets de vibrato très réussis sur une seule note tandis que les autres ne bougent pas. Le clavier est un régal à jouer, le rapport entre le doigt et le son est instinctivement idéal. Moog lui-même en l'essayant au NAMM de 1982 concédera avec un sourire : je n'ai jamais joué d'un instrument que l'on sent aussi bien. Les sons qui en sortent sont typiquement eighties et on les entendra dans plus d'un film (notamment dans *Psycho II* et *Twilight Zone*, dont la musique est de Jerry Goldsmith) ou d'un album (Oscar Peterson, Herbie Hancock, Tangerine Dream). Le design d'affichage s'est considérablement modernisé, finie la prolifération de boutons et de curseurs à la seventies, on n'en garde que le minimum, maintenant ce sont des contacteurs en petites membranes planes sur lesquelles on appuie, elles font des lumières, c'est magnifique, on a vraiment changé de décennie. En plus, on peut le connecter à un ordinateur qui enregistre et fait rejouer au clavier tout ce qu'on veut. On peut reprogrammer les sons depuis son PC avec le logiciel fourni avec l'instrument, du jamais vu ! Le *Chroma* est une bombe.

Hélas, il arrive trop tard. Depuis l'*Avatar*, les ventes se sont effondrées et la marque a dégringolé en chute libre. Les fournisseurs veulent être payés à la livraison. La société n'a plus de crédit nulle part, et sa banque principale à qui elle doit presque deux millions décide en 1981 de procéder à sa liquidation. Ça y est, c'est fini. Ils ont l'impression de vivre un mauvais rêve, surtout qu'avec le *Chroma* ils tiennent enfin le modèle qui va les remettre dans le jeu ! Las, ils sont obligés de vendre la société pour la somme ridicule de trois cent mille dollars, ainsi que l'exploitation du *Chroma* pour un montant de cinquante mille dollars humiliant, à une société que nous connaissons bien maintenant, qui est CBS. Dodds réussit miraculeusement à convaincre la multinationale de les prendre, lui et l'équipe d'ARP qui a travaillé sur le *Chroma*, pour finir la conception chez eux. Il raconte néanmoins que dès que la question de la fabrication du clavier est ouverte, les administrateurs de CBS, plutôt que d'en laisser le soin à ceux dont c'est le métier depuis dix ans, décident de la faire exécuter dans une de leurs usines qui assemble des orgues et n'a aucune expérience dans le domaine. Un petit contrôle des coûts par-dessus qui élimine deux trois dispositions essentielles au fonctionnement du clavier, et voilà trois cents instruments « fabrication CBS » qui partent à la poubelle. Malgré tous les obstacles sur le chemin de sa venue au monde, le *Chroma* finira néanmoins par être un joyeux succès avec ses trois mille ventes et s'avérera une excellente affaire pour CBS dont il sera un produit phare – malgré les protestations de Rhodes dont le nom, comme on s'en souvient, a été accolé à ce clavier avec lequel il n'avait rien à voir. L'ironie de l'histoire est que le *Rhodes Chroma* est une authentique réussite, et qu'en d'autres temps Harold n'aurait pas eu à en pâlir, n'étaient ses mésaventures avec CBS, mais parfois l'absurde bascule du bon côté.

Quant à Pearlman, il reste seul à tenir le sac après que tout le monde est parti, et dans le sac il y a un grand trou de cinq cent mille dollars, et il est le seul à avoir mis ses propres fonds dans l'aventure. C'est un coup très dur pour sa famille et lui, il ne remettra plus les pieds dans la musique mais continuera sa vie d'ingénieur dans une compagnie de logiciels graphiques, un environnement moins spectaculaire. Il gardera un souvenir sans amertume de cette décennie extraordinaire, ses cinq premières années en allégresse totale et les cinq dernières comme un lent cauchemar, mais il reste heureux et flatté que son dernier bébé le *Rhodes Chroma* ait survécu à sa chute, laissant dans l'histoire des claviers une dernière marque de sa si généreuse imagination.

MOOG CHEZ KURZWEIL

Nous voici donc au début des années 80. Mais que fait Bob Moog pendant ce temps-là ? Nous l'avions laissé en Caroline du Nord où il s'était empressé de déménager à la fin de son contrat avec Norlin. Il s'est accordé dix-huit mois de congé sabbatique et retrouve enfin l'équilibre avec la nature dont il a tant besoin pour se sentir bien. Sa famille compte maintenant quatre enfants, il a retrouvé son centre de gravité et peut se remettre au travail. À commencer par les *Theremin*, of course, dont il va bientôt doter ses modèles du nom délicieux d'*Etherwave*, renouant poétiquement avec les bonnes vieilles ondes éthérées avec lesquelles tout a commencé. Il se remet à les fabriquer avec son assistant à l'atelier et cela lui assure des rentrées modestes mais régulières. Ses deux filles les plus âgées s'occupent de la paperasse, Big Briar est devenue une petite entreprise familiale. Et maintenant qu'il est libre, il peut participer à des collaborations agréables, comme avec son ancien ingénieur Jim Scott des premiers jours de R.A.Moog ainsi que Tom Rhea qui l'avait rejoint en 1972 chez Moog Music. À eux trois ils planchent sur une commande de la marque italienne Crumar (qui faisait d'excellents clones de *Hammond* ainsi que des synthés imitant les cordes), dont les dirigeants **Cru**cianelli et **Mar**chetti rêvent que le grand Bob leur signe un modèle : ce sera en 1983 le *Crumar Spirit* qui, avec ses deux oscillateurs, n'a pas l'épaisseur du *Minimoog* qui en compte trois, mais compense en maniabilité ce qu'une décennie d'électronique a apporté dans le domaine – un bijou absolu de synthé monophonique, passé complètement inaperçu et fabriqué en toutes petites quantités, il est aujourd'hui un modèle extrêmement recherché par les collectionneurs.

Comme on le voit, Moog s'amuse à nouveau mais ne devient pas millionnaire pour autant. Or ses enfants ont grandi, il est temps de les envoyer au *college* faire des études supérieures, et aux États-Unis, ça coûte extrêmement cher. Ce n'est pas avec les ventes du *Spirit* et de l'*Etherwave* qu'il va pouvoir y arriver, aussi quand Ray Kurzweil le contacte pour lui proposer de travailler pour la société qu'il a fondée deux ans plus tôt, Kurzweil Music Systems, il saute sur l'occasion et accepte avec reconnaissance. La famille déménage à nouveau, cette fois-ci à côté de Boston où se trouve le siège de l'entreprise, et Moog se retrouve avec un nouveau patron qui n'a pas grand-chose en commun avec ses anciens employeurs. Quelques mots s'imposent en effet sur cet homme tout à fait extraordinaire.

Ray Kurzweil est né en 1948, ce qui fait de lui le cadet de nos inventeurs jusqu'à présent. Malgré son jeune âge, il n'a pas perdu de temps. Il est, comme Moog, un New-Yorkais du Queens, sauf qu'en ce qui le concerne, ses parents s'y sont installés une décennie auparavant seulement, fuyant juste avant la guerre une Autriche de plus en plus ouvertement antisémite. Sa mère est peintre, son père pianiste et chef d'orchestre : le petit Ray grandit dans un univers éclairé où il décide dès cinq ans qu'il sera inventeur. Comme ses congénères précoces, il monte, démonte, sauf que lui, il fabrique un petit théâtre de robots. Très tôt, il s'intéresse aux phénomènes cognitifs et il sera l'un des premiers à paver la route de l'intelligence artificielle. Sur les conseils de son oncle qui travaille aux Laboratoires Bell et qui lui a enseigné les rudiments de l'informatique encore balbutiante, il se présente l'année de ses quinze ans au concours de l'International Science Fair avec son projet : il a réalisé pour l'occasion un programme informatique qui analyse des pièces de musique célèbres et en compose de nouvelles à partir des motifs ainsi extraits, à la manière de. Le jour de la compétition, il joue au piano du Mozart qui n'en est pas et dévoile devant le jury incrédule comment la pièce a été composée. On n'en est pas encore au point où la machine joue elle-même la composition, mais c'est un tour de force incroyable pour l'époque. Il emporte le premier prix, et sera même sélectionné en 1965 pour aller serrer la pince au président des États-Unis Lyndon B. Johnson.

Après son bac, il part étudier à l'excellent Massachusetts Institute of Technology, et en deuxième année il récidive : il compose un logiciel de mise en relation entre les bacheliers et les universités, l'ancêtre de notre Admission Post Bac, qu'il appelle le *Select College Consulting Program*. À cette fin, il a loué pour mille dollars de l'heure le seul ordinateur de l'État assez puissant pour gérer une telle base de données. C'est du business, le programme est un immense succès, et il vendra quelques années plus tard la petite compagnie qu'il avait fondée pour le développer au prix très plaisant de cent mille dollars, plus les royalties. Il est clair que Ray a non seulement la bosse des maths mais également celle des affaires, une combinaison suffisamment rare dans cet ouvrage pour être soulignée. À vingt-six ans, il fonde sa première vraie société, la Kurzweil Computer Products, dont le but est de reconnaître visuellement des caractères d'imprimerie, quels qu'ils soient. La reconnaissance optique de caractères existait déjà, mais limitée à des typos données et peu nombreuses (Courier, OCR A...), et Kurzweil veut aller plus loin en analysant les motifs communs à toutes les typos pour en synthétiser la reconnaissance, exactement comme le fait le cerveau humain.

Il est en plein développement de ce projet lorsqu'il se retrouve un jour dans l'avion à côté d'un aveugle avec qui il engage la conversation, lui expliquant son travail. Quand il en découvre les détails, son voisin, enthousiaste, lui explique comment le monde des non-voyants pourrait être radicalement changé par une invention qui appliquerait ses découvertes pour lire des livres à haute voix ! Kurzweil comprend la justesse de la remarque et oriente alors ses recherches dans ce sens, ce qui ne fait que compliquer le problème, parce que le scanner n'existe pas encore et les voix synthétiques non plus... Le voilà obligé de concrétiser trois inventions en une seule et c'est ainsi qu'il réalise le premier scanner plat (*flatbed*) associé à une voix de synthèse qui lit tout ce qu'on lui présente, et c'est une réussite. Consécration suprême, le journaliste vedette Walter Cronkite propose à la sortie de son invention un sujet au journal télé, toujours conclu par la même phrase un peu théâtrale, qu'il fait lire exceptionnellement ce soir-là par la machine de Ray. Des millions de téléspectateurs médusés peuvent entendre alors une voix de robot désincarnée dire d'un ton monocorde : *et ainsi va la vie en ce 13 janvier 1976.*

Stevie Wonder, qui était devant sa télé ce soir-là, téléphone le lendemain à Kurzweil et demande à venir à son atelier, il veut être le premier acheteur de sa machine miraculeuse. Les deux hommes sympathisent vite, une amitié qui aura une importance décisive par la suite : quelques années plus tard, Stevie fait visiter à son ami Ray son nouveau studio à Los Angeles et se lamente de la barrière qui existe entre les instruments acoustiques, dont la richesse et les ressources sont quasiment infinies mais également très compliquées à utiliser en concert à cause de leur prise de son, et tout ce que l'informatique commence à contrôler, les séquences, les programmations, mais avec des sons sans charme et sans souplesse. Si seulement, soupire-t-il, on pouvait utiliser cette précision de l'informatique pour l'appliquer à reproduire des sons acoustiques, ce serait le meilleur des mondes... Il n'en faut pas plus à Ray, fils de musicien, pour polariser son intelligence et ses moyens exceptionnels sur la question, et il fonde dans la foulée la Kurzweil Music Systems avec Wonder comme conseiller musical. Peu après, la marque accouche du premier piano numérique réellement convaincant à partir de l'échantillonnage d'un vrai piano (de plusieurs en réalité) : le *K 250*. Cette invention utilise très astucieusement des connaissances de pointe pour l'époque et les applique à un marché très en demande de ce type de produit, une combinaison de flair technologique et de sens des affaires qui feront de son nom un synonyme de réussite au fil des décennies.

Nous sommes en 1982, Ray est persuadé que le piano numérique remplacera progressivement le piano acoustique, une foi qui lui sert de boussole dans ce nouveau projet. L'extinction du vieux meuble en bois, feutre, cordes et chevilles n'est pas encore actée, mais on est bien obligé de constater qu'il avait en partie raison : à ce jour, le marché américain du piano est partagé en deux moitiés à peu près égales, l'une acoustique, l'autre électronique (n'existant que depuis quarante ans), la part acoustique étant en chute libre et l'électronique très stable. Si les courbes se prolongent dans la même direction, nous aurons dans dix ans un rapport de un tiers / deux tiers en faveur de l'électronique... et des prédictions de Kurzweil. Sa vision du futur ne se cantonne d'ailleurs pas à la musique, mais à l'évolution technique de l'humanité dans sa globalité, puisqu'il énonce à la même époque sa loi des *rendements accélérés* (*accelerated returns*). Elle repose sur la constatation que l'être humain accélère progressivement son aptitude à sauter d'un stade d'évolution à un autre, l'expansion technologique se démocratisant au fur et à mesure, créant ce qu'il appelle un *positive feedback* dont nous avons déjà constaté la réalité dans ces pages. Là où la loi de Moore prédit le doublement tous les deux ans du nombre de transistors sur un microprocesseur, Kurzweil extrapole ce théorème au progrès technologique dans son ensemble et trace pour notre futur une courbe exponentielle qui évolue sans peine d'un paradigme à l'autre, et dont l'unité de référence serait l'information en mouvement.

L'exactitude des prédictions de Kurzweil s'étant vérifiée au cours des décennies suivantes, il a acquis aujourd'hui une notoriété internationale qui semble elle aussi exponentielle, et l'a conduit à cofonder un mouvement de pensée, le *transhumanisme*, qui théorise l'amélioration spirituelle et physique du genre humain à travers le progrès technologique, lui donnant la dimension d'un évolutionnisme biologique incontournable. Au moment où j'écris ces pages, il est depuis deux ans *chief engineer* chez Google, pour qui il continue ses recherches, ne faisant, dit-il, que poursuivre ce qui est déjà commencé. Il est persuadé que l'homme va « externaliser » de plus en plus ses fonctions essentielles, et fait remarquer très justement que les téléphones portables sont déjà devenus des prothèses indispensables de mémoire à l'*homo modernus*, par exemple lorsqu'ils se souviennent des numéros de nos proches pour nous : connaissez-vous celui de vos amis par cœur ? Avant la génération numérique, ajoute-t-il, nos connaissances étaient rangées dans nos têtes, nos livres et nos cahiers, alors que maintenant elles sont stockées pour la plus grande partie sous forme de uns et de zéros quelque part sur la planète. Et qui niera que c'est plus facile de brancher son GPS que de déplier une carte ? Les machines ont déjà envahi notre quotidien, et bientôt les nanotechnologies nous permettront d'aller et venir dans notre corps à notre guise pour y stimuler ou y détruire ce que l'on désire, quelle que soit sa taille : des robots microscopiques sont en train d'être fabriqués pour accomplir ces tâches. L'interpénétration de l'homme et de la machine est déjà engagée, conclut Ray, et il est de notre devoir de l'accompagner, repoussant plus loin les défenses de l'homme contre les maladies et même la mort – un sujet controversé sur lequel il s'exprime très souvent avec brio.

Mais revenons à Moog : Kurzweil est un esprit incroyablement actif, curieux et ouvert, et il n'a pas le temps de suivre en détail le développement de tous les projets qu'il initie, qui sont nombreux (notamment un système de reconnaissance vocale qui donnera naissance entre autres au logiciel Siri présent sur tous les iPhones). Il a la plus haute estime pour Bob Moog dont il connaît et admire depuis longtemps le travail sur la synthèse du son et la lutherie électronique. C'est la raison pour laquelle, confronté à un certain nombre de problèmes dans le perfectionnement de son piano numérique, il a fait appel à lui comme *chief scientist*. Bob supervisera le développement des modèles ultérieurs, dont le fameux *K2000* qui sortira en 1991. Il travaille surtout sur le clavier lui-même, son poids, le ressenti de son mouvement, et se retrouve dans un environnement à la pointe de l'informatique, ce qui est pour lui l'occasion de se familiariser avec cette discipline dans laquelle il connaît peu de choses, lui, le roi de l'analogique – il en fera fort bon usage quelques années plus tard. C'est également l'assurance de garder une place centrale dans le monde des claviers dont l'évolution devient extrêmement rapide. Il se rend ainsi chaque année au NAMM ou à la Musikmesse de Francfort non plus en tant que chef d'entreprise d'une boîte au bord du gouffre, mais en tant qu'ingénieur salarié exempt de toute pression.

Moins de tension, plus de temps pour lui, Moog devient également un écrivain occasionnel mais apprécié, collaborant à maints magazines, ouvrages thématiques, préfaces et autres présentations. Sa plume en fait un auteur recherché pour sa justesse et son humour bienveillant – malheureusement, il n'existe pas à ma connaissance de collection complète de ses publications, qui dévoilent toutes un témoin assidu de son temps. Il continue de faire vivre sa société en vendant ses *Etherwave* et commence à avoir plein d'envies auxquelles il aimerait accorder plus de temps. Ses enfants ont quasiment fini leurs études et malgré l'affection et le respect qui le lient à Kurzweil, il décide en 1989 de reprendre sa liberté et de retourner à Asheville, comme il en avait d'ailleurs toujours eu l'intention quand il avait déménagé à Boston : la petite maison de type ranch avec deux mille mètres carrés de terrain que leur avait trouvée Ray était sympa, mais rien à voir avec les sept hectares de leur splendide propriété. Moog obtient un poste d'enseignant à l'Université de Caroline du Nord et Big Briar recommence à bourdonner d'activité.

DE RETOUR À ASHEVILLE : LE *VOYAGER*

Les projets spéciaux resurgissent, dont celui promis de longue date au compositeur John Eaton, qui consiste à inventer ni plus ni moins que le clavier contrôleur définitif : sensible à la position du doigt n'importe où sur les touches ainsi qu'à l'*aftertouch*, c'est le nouveau défi que Moog s'est donné et qu'après deux ans d'efforts il finit par livrer à son commanditaire en l'appelant le *Multi Touch Sensitive Keyboard*. C'est un énorme travail qui entend repousser un peu plus les limites expressives du clavier : en décryptant très finement la position du doigt sur la touche, celui-ci permet au musicien de modifier au plus près la justesse d'un son, de contrôler l'ouverture d'un filtre, de varier un volume, bref de lui assigner toutes les modulations qu'il désire, et tout passe par le clavier dont chaque touche devient un mini *touchpad*. Livré au compositeur en 1988, le *MTS Keyboard* verra sa première sortie quatre ans plus tard à Chicago lors de la présentation du travail d'Eaton – Bob y est, bien sûr, mais il est moins emballé par la musique produite, très expérimentale, que par l'exploit technique qui la constitue.

Le développement de ce clavier unique aura occupé plus ou moins tout le temps libre de Bob pendant deux ans, de 1986 à 88, mais hélas personne n'est prêt à payer le prix que coûte sa fabrication, soit seize mille dollars... Voilà encore une merveilleuse innovation qui va se ranger discrètement dans les plis de l'Histoire. Ça commence à créer des remous dans sa famille : sa femme Shirleigh en a marre de voir bosser son mari jour et nuit sur des projets certainement passionnants mais qui finissent invariablement sur une scène de musique microtonale d'universitaires hermétiques, ou enrichissent ses patrons successifs qui gagnent tous dix fois plus que lui. Il jouit maintenant d'un respect mondial, elle aimerait bien que Bob se repose deux minutes sur ses lauriers et passe un peu plus de temps avec elle et ses enfants. Malheureusement, son mari ne se refait pas, c'est un *workaholic*, un drogué du boulot, les inventeurs ne peuvent pas s'arrêter d'inventer, c'est comme si on leur demandait d'arrêter de respirer. Aussi le début des années 90 est-il assez houleux et en 1994, quand les enfants sont grands, le couple divorce. Bob se remarie l'année suivante avec Ileana, une professeure de philo, et se remet plus sereinement au travail.

En 1999, il décide de fabriquer non plus des claviers mais des pédales, les fameuses *Moogerfoogers* qui s'utilisent aussi bien sur une guitare qu'un clavier, notamment le *Rhodes* dont elles deviendront quasiment une extension naturelle : filtre, ring modulator, phaseur (qui reproduit l'effet d'une *cabine Leslie*), delay (répétant le son après qu'il a été joué), chacune de ses fonctions est devenue indispensable au musicien moderne pour embellir la sonorité de son instrument, et la qualité légendaire des produits Moog est au rendez-vous. Si on ajoute l'*Etherwave* au catalogue, tout cela fait gentiment tourner Big Briar. Mais pendant ce temps, Norlin a fait faillite, tout a été vendu, le nom de Moog, qui ne lui appartenait déjà plus, n'appartient maintenant plus à *personne*. Bob s'en fiche un peu, mais voilà qu'il voit apparaître sur le marché des produits qui portent sa fameuse marque sans qu'il ait la moindre idée de ce dont il s'agit : faute d'exploitation, son nom est tout simplement tombé dans le domaine public et les gens se servent comme ils veulent.

Après avoir beaucoup réfléchi, Moog se laisse persuader par ses proches de récupérer son nom et, en 2002, Moog Music ouvre à nouveau dans de grands et beaux bâtiments à Asheville où les ateliers tournent encore aujourd'hui. Tout en poursuivant la fabrication de ses pédales et autres *Etherwave*, Bob va pouvoir enfin achever son grand œuvre : après tant de revers de fortune et de pérégrinations, il va pouvoir revenir à cet instrument qui lui avait échappé trente ans auparavant, son chouchou, celui qui l'a rendu célèbre dans le monde entier et qui reste depuis une référence absolue dans le monde des synthés : le *Minimoog*. Depuis sa sortie en 1970, beaucoup d'eau a coulé sous les ponts et Bob a énormément appris à la fois de la vie et de la lutherie électronique. La question est : comment, après tout ce temps, va-t-il reprendre son modèle et le mettre au goût du jour ?

Avec son équilibre habituel. Sans esbroufe, avec la tranquille assurance de partir d'une base saine. Visuellement, on note peu de différence avec le modèle original, même principe du panneau de contrôle qui pivote en angle avec le clavier, même cadre en bois clair, mêmes couleurs, même graphisme, mêmes boutons (mais plus nombreux), ce n'est pas une réplique à l'identique mais une harmonieuse évolution qui s'attache à améliorer les détails. Une nouveauté cependant : en plein milieu du panneau on trouve un *touchpad* carré surmonté d'un tableau d'affichage en LED, laissant deviner une empreinte digitale sur ce mythe instrumental analogique. Issu des expériences de Bob sur le

MTS Keyboard, le *touchpad* propose de promener son doigt en modulant trois paramètres en même temps (en combinant par exemple un filtre, un ring modulator et un vibrato), ce qui peut transformer le son en temps réel de façon très ludique avec une grande simplicité de moyens. On a littéralement l'impression de *tordre le son au doigt* avec une grisante puissance. Et pour les nostalgiques, il y a toujours les deux molettes à gauche du clavier. Ajoutons un rétro-éclairage du panneau de contrôle qui ferait pâlir d'envie le Captain Kirk de l'*Enterprise*, et nous avons là un rêve de synthétiseur. Moog a gardé le bon et l'a rendu meilleur, tout simplement. Il aurait pu viser grand, lancer avec fracas un nouveau produit, mais il s'est contenté de penser trente ans de progrès avec mesure et bon sens, et de les appliquer à ses idées de départ qui n'avaient pas vieilli. Ce synthé n'est donc pas simplement une des plus belles machines sur le marché, c'est aussi le témoignage d'une grande et belle patience qui porte ses fruits malgré les intempéries – tant d'autres ont disparu pour les pires des raisons... Quel réconfort de voir que parfois le génie surnage !

LE PROPHÈTE SOLITAIRE

Cela ne l'empêche pas de poursuivre ses collaborations, notamment avec son alter ego californien, Don Buchla, sur un instrument magnifique appelé le *Piano Bar*, que nous allons découvrir bientôt. Nous avions laissé ce cher Don quelque part en 1969, au moment où il vendait ses *100 Series* à CBS. Il a fait un bon deal et avec une partie de l'argent, il s'est acheté un immense ranch en Californie du Nord dont il gardera la propriété pendant presque quarante ans. Il aime la nature, dormir dehors, il écrit de la poésie, il fait de la photo, compose, fabrique des synthés, tourne avec son groupe électro Fried Suck, c'est un esprit libre, inventif et curieux. Son œil bleu pétillant de malice dans un visage buriné par le soleil californien darde sur le monde un regard aussi intéressé qu'amusé. Ce n'est pas vraiment un grand bavard – à vrai dire il incarne le pire cauchemar du journaliste qui aura toujours du mal à lui extirper quelques confirmations monosyllabiques. Par contre, si on lui pose la bonne question, il peut être intarissable, prenant son temps pour choisir soigneusement ses mots et *tout* expliquer *simplement* à des cerveaux qui tournent trois fois moins vite que le sien. Il est d'une précision méticuleuse, tant dans la conception que dans l'exécution de tout ce qu'il entreprend, être en dessous de la perfection ne l'intéresse pas. J'oubliais : avec l'argent de CBS, il a également acheté un billet pour la lune à la compagnie d'aviation PanAm.

Dans le monde du jazz, on a souvent rapproché Duke Ellington et Thelonious Monk, qui semblaient être les deux astres d'un même ciel, l'un le soleil et l'autre la lune. Cette dualité m'apparaît ressembler à celle qui unit Moog à Buchla. Le premier a cette immédiate accessibilité qui fait que son travail parle à tous et que tous vont s'y servir. Le second a cette approche délibérément transversale, se moquant des besoins et des conventions, suivant sa propre étoile, sans pourtant quitter un instant le cœur même du sujet. Car s'il y a bien un maître de la synthèse du son et de sa manipulation en *live*, c'est Don Buchla. Toute sa vie, il n'aura de cesse de réinventer son art avec un succès sans égal, ignorant les batailles qui font rage au-dessus de sa tête :

les ventes, les rachats, les actions, tout cela ne le concerne pas et il s'est juré de ne jamais céder sa petite entreprise Buchla and Associates à qui que ce soit (il a néanmoins renoncé à sa promesse fort récemment, le regrettant cruellement). Comme il ne représente qu'un intérêt financier négligeable, cela le met à l'abri des OPA hostiles, restructurations et autres manœuvres financières : hormis ses *100 Series* qui se vendront chez CBS à plusieurs centaines d'exemplaires, chaque fabrication d'un nouvel instrument par son atelier se compte, à quelques rares exceptions près, en dizaines, voire en unités.

Comment fait-il pour trouver des clients alors ? En fait ce sont plutôt ses clients qui le trouvent. Ça a toujours été comme ça et il n'y a pas de raison que ça change. Telle université ou tel compositeur lui suggère l'idée d'un nouvel instrument qui l'intéresse, ils s'accordent sur un prix et il se met au travail. Ou alors il décide qu'un nouveau contrôleur doit être inventé et il trouve toujours quelqu'un pour le financer. Si sa production devait être évaluée non à ses ventes mais à la qualité de leur conception et à leur précocité par rapport au reste du marché, alors il serait millionnaire à la Bourse des idées. Chacun de ses instruments est un filet jeté loin dans le futur qui ramène des pépites magnifiques.

Puisqu'il a vendu ses *100 Series*, il s'attaque donc aux *200*. De son aveu, c'est son modèle favori, sur lequel il reviendra pendant plus de trente ans. Le *Buchla Electric Music Box 200 Series* est beaucoup plus complet que son prédécesseur. Il propose pas moins de quarante-quatre modules différents dont certains portent les noms délicieux de *dodecamodule* (212, bien sûr), *kinesthetic input* (221), *programmable pulser* (242), *sili con cello processor* (288) ou *source of uncertainty* (265 et 266). Développé par son inventeur jusqu'en 1982 (dans un premier temps), il lui offrira la possibilité de peaufiner son sens de l'esthétique unique en matière de présentation des contrôleurs. Buchla aime les couleurs, et contrairement à Moog qui reste extrêmement sobre de ce côté-là, c'est une explosion de rouges, de bleus, de noirs et de gris, que viennent égayer encore plus les *patch cords* bigarrés reliant les modules les uns aux autres. Un synthé de Buchla en action sonore est toujours un régal pour les yeux et même si boutons, tirettes ou interrupteurs sont symétriquement disposés à l'intérieur d'une fonction, l'asymétrie prédomine dans l'assemblement général, donnant une joyeuse et généreuse impression de bordel organisé.

C'est un instrument massif qui se dresse devant son utilisateur en un arc de cercle, comme un poste de pilotage d'avion. S'asseoir devant un *Buchla Electric Music Box 200*, c'est un peu se pencher vers une accueillante grotte du son, au fond de laquelle on voit briller, clignoter et vivre leur vie intelligente des petits LEDs rouges irrésistibles. Les *touch sensitive plates* qui servent de contrôleurs se présentent comme on l'a dit sous la forme d'une rangée de plaques sensibles que l'on assigne à ce qu'on veut et ne servent en aucun cas de support à une quelconque virtuosité pianistique – elles sont là comme une interface naturelle entre la main et la machine, permettant de varier timbres, rythmes ou hauteurs des sons avec une aisance tactile débarrassée de tout souci technique. À l'intérieur, une technologie très en avance sur son temps combine des circuits analogiques de haute qualité avec l'utilisation des premiers semi-conducteurs en *chips*, préfigurant la logique numérique qui va s'imposer progressivement dans toutes les applications électroniques. L'architecture de l'instrument est aussi souple que complexe et permet une somme vertigineuse de combinaisons et donc d'explorations sonores : c'est une véritable machine à composer de la musique en temps réel, et se plonger dedans est une source intarissable d'émerveillement.

Mais en parler comme d'*un* synthétiseur serait illusoire, car il est l'assemblage de modules qui peuvent être combinés différemment et servir de base à d'autres déclinaisons, et c'est ainsi que Buchla réalise le *System 101*, un petit instrument qu'il construit autour d'un clavier traditionnel de trois octaves. On a vu que ces touches noires et blanches ne l'intéressent pas comme contrôleur a priori, mais il ne dédaigne pas offrir à ses amis musiciens un instrument dont le maniement leur est connu. À une condition, cependant : que le clavier soit polyphonique. Pour Don, utiliser un clavier monophonique est une perte de temps complète puisque c'est en ignorer la fonction principale, qui est de pouvoir lui faire jouer des accords. Une mélodie simple, ça se fait très bien avec un ruban, un bouton, une plaque, que sais-je, mais jouer des accords, voilà ce pour quoi le clavier a été inventé dès le XVIIe siècle ! Aussi met-il au point un système de polyphonie à quatre voix (le mieux qu'on pouvait faire à l'époque) avec quatre ans d'avance sur l'*Omni* d'ARP – ce qui donne une idée de sa précocité.

Dans la même veine, il sort en 1973 un modèle encore plus compact, le *Music Easel*, avec deux oscillateurs et deux filtres, qui tiennent dans une valise de la taille d'un attaché-case. La façon dont les fréquences, leurs amplitudes et leurs enveloppes sont conçues est extraordinairement complexe pour un instrument aussi petit. Et il ajoute à ce synthétiseur la signature Buchla, une fonction absolument révolutionnaire pour son époque : la mémorisation – rudimentaire, on est en 73 – du patch. Cela permet tout simplement de sauver des sons ou des idées que l'on peut ressortir quand on le désire, sans avoir à en configurer à nouveau tous les paramètres à la main, une utopie pour l'époque. C'est avec cette fonction que le *Prophet V* dont nous reparlerons plus bas s'imposera sur le marché en 78 : encore une fois Buchla est là avant tout le monde. Son *Easel* sera d'ailleurs ressuscité en 2013, quarante ans plus tard, exposant intacte la même fraîcheur qu'à ses débuts.

Mais Buchla ne fait pas que des synthés. C'est un scientifique, un chercheur, la connaissance le passionne. Il a le profil parfait pour la NASA qui développe un très grand nombre de sujets de recherche, et Don travaillera pour eux en pointillé entre les années 60 et 80. Sans être un commanditaire particulièrement généreux, ce prestigieux institut a permis d'assurer à Don, comme à d'autres inventeurs et fous du son, des rentrées régulières sur des périodes pouvant s'étendre de un à quatre ans. L'un de ces projets a pour hypothèse des vols d'animaux interplanétaires, aussi est-il assigné à des expériences dont le but est de capter les fonctions vitales de singes soumis aux conditions d'un voyage spatial. Ce qui inclut les ondes cérébrales, auxquelles Buchla s'intéresse particulièrement (le contrôleur absolu !), fabriquant des capteurs extrêmement précis, pour arriver à la conclusion que le rêve de Martenot, qui consistait à pouvoir créer de la musique avec uniquement son cerveau, semblait encore hélas très loin de notre portée : les courants sont trop faibles et mélangés pour pouvoir en faire quelque chose, constate-t-il avec regret, souhaitant bonne chance à ceux qui arriveront à en démêler les fils.

À LA RECHERCHE
DE LA PARFAITE INTERFACE

Toutefois, son cœur appartient d'abord à la musique. Après avoir divorcé en 1969 de sa première femme avec qui il a eu deux filles, il s'est remarié un an plus tard. Sa nouvelle femme (avec qui il aura un fils) partage la scène avec lui dans leurs expériences musicales : elle joue de l'*essence de violoncelle* qu'il a inventé pour elle (un violoncelle électrique sans caisse de résonance et dont les cordes sont reliées à des capteurs électriques) et il joue du *Buchla*. Dans ses concerts, il cherche le son, le geste, mais aussi la participation du public. Il les fait chanter, bouger, il fabrique des installations qui captent leurs réactions, affectant la musique en train de se produire. Il aime être l'agent de cette interaction, il trouve ça passionnant de changer les gens, de les surprendre et d'assister à leur participation au processus créatif collectif.

Ses recherches continuent. Tout en poussant ses *200 Series*, il lance plusieurs autres chantiers dont le magnifique *500* en 1971, dont il ne fabriquera que quatre copies – il s'agit du premier synthé analogique entièrement piloté de façon numérique. En 1977, il sort le *300* qui retrouve des *touch plates* comme contrôleurs et propose un dialogue unique entre les commandes numériques et leurs prolongations analogiques, développement qu'il met à profit pour concevoir un an après son monstre de polyphonie spécialement réalisé pour son ami pianiste et enseignant David Rosenboom, le *Touché*. On peut jouer huit notes en même temps (encore un miracle pour l'époque), chacune reliée à trois oscillateurs pour un total de vingt-quatre oscillateurs simultanés ! Une épaisseur de son jamais égalée ! Et tout se sauve sur un ordinateur grâce à un langage que Don a développé, et donne la possibilité d'enregistrer des boucles qui deviennent alors un matériau musical indépendant, bref, la grande classe. Fidèle à sa parcimonie, il n'en fabriquera hélas que cinq exemplaires. Il travaille pour la science, pour l'Histoire, et pour quelques heureux individus.

En 1982, il enchaîne avec le *400* et là on atteint un niveau hallucinant : finis les *patch cords*, l'informatique a pris le dessus et ce coup-ci Buchla est carrément prophétique, on programme le synthé directement à l'écran de l'ordi connecté à l'instrument, installant une posture (le clavier, l'écran au-dessus) qui sera celle du compositeur que nous connaissons encore aujourd'hui ! Grâce au langage informatique MIDAS dont il réalise l'architecture, le logiciel permet de composer de la musique, éditer des séquences en temps réel, sauver tout ça sur des bandes informatiques, bref, tout ce que tout le monde commence à faire... dix ans plus tard. Ce qui ne veut pas dire qu'il n'y a pas de contrôleurs manuels, mais ils sont beaucoup plus sobres qu'avant, laissant la place de choix aux bonnes vieilles *touch plates* qui sont maintenant au nombre de vingt-cinq sous des formes variées.

Cet instrument, qui préfigure de façon visionnaire ce qu'on appelle maintenant la MAO (musique assistée par ordinateur), sort au moment ou une autre révolution est en train de se produire dans le langage musical, à laquelle pourtant il ne participera pas. Elle a pris la forme étonnamment simple d'un fil blindé avec, à chaque bout, une prise mâle à cinq broches.

Un fil, deux prises : c'est le câble MIDI. L'acronyme est éloquent : *Musical Instrument Digital Interface*. Midi, l'heure où il n'y a plus d'ombre et où la lumière éclaire tout distinctement. Il s'agit d'un protocole de communication qui permet l'échange d'informations numériques entre plusieurs instruments reliés entre eux par ce fameux câble, à condition qu'ils parlent tous le même langage informatique. Si cette condition est remplie, chaque synthétiseur peut alors devenir une extension de celui auquel il est branché : concrètement, à partir d'un clavier, je peux en activer un autre à distance. Pour un musicien, c'est très pratique. Si, par exemple, j'ai un synthé qui fait de beaux sons de cordes et un autre des cuivres que j'adore, quelle que soit leur marque, je les connecte en MIDI et je peux les faire sonner tous les deux en même temps. Ou moitié l'un, moitié l'autre. Et ce n'est que le début des possibilités, qui sont innombrables.

Issue de l'association de quelques inventeurs contre le reste du monde, c'est une ambitieuse tentative industrielle, car elle essaye d'imposer, avec son langage et sa connectique, un nouveau standard à toute la lutherie électronique. Autrement dit, cela revient à imaginer un espéranto musical que comprendraient toutes les machines. Nous aurons l'occasion de reparler de ce moment historique, mais au NAMM Show de 1983, la démonstration publique de connexion entre un *Prophet 600* américain et un *Jupiter 6* japonais laisse entendre qu'une page décisive est en train de se tourner. Et, de fait, le MIDI s'installe pour de bon dans la connectique musicale, jusqu'à aujourd'hui où, sous sa forme initiale (nous en sommes toujours à la version 1.0 !), il sert encore d'alternative fiable à l'USB. Un espéranto que finalement tout le monde parle.

Mais Buchla juge le procédé trop rustique et il n'a pas participé aux intenses consultations qui se sont tenues en vue de son élaboration, il est à des années-lumière d'un protocole aussi simpliste. Cependant, avec sa vision et son pragmatisme habituels, il s'empare rapidement du procédé dès son arrivée. En 1987 il sort donc un nouveau synthé, le *700*, qui explore toutes les possibilités du MIDI. Sur la façade, il n'y a plus que cinq boutons, tout le reste se fait en posant les mains sur les *touch plates*. Mais l'instrument n'est pas réalisé selon ses exigences et Don semble renoncer à la surenchère qu'il s'imposait lui-même. Il change de braquet et se concentre désormais sur le nouvel enjeu : les contrôleurs MIDI eux-mêmes. Il faut dire qu'il y a à faire. Maintenant qu'on peut associer à peu près n'importe quel geste à la production d'un son, la voie est grande ouverte pour les nouveaux visionnaires, et Don est encore une fois le sherpa de cette expédition qui n'a, semble-t-il, toujours pas touché son but aujourd'hui.

En 1990 il sort le *Thunder*, une sorte de pad hexagonal aux longueurs inégales dont les bandes de contrôle à sa surface semblent issues d'une série animée japonaise de l'époque, tout en vélocité, pointues, et argentées, Yu-Gi-Oh adorerait. Il persiste l'année suivante avec son *Lightning*, dans la pure tradition du *Radio Baton* de Mathews, quoique d'un mécanisme différent. Il s'agit de deux épaisses baguettes d'une vingtaine de centimètres de long, comme deux longs wood-blocks, que l'on agite dans l'espace devant une boîte de capteurs photosensibles. Les infrarouges émis par les baguettes informent les capteurs de leur position, de leurs déplacements, de leur accélération et de leur vitesse, et un programme traduit ces informations en langage MIDI, qui est transmis à un ou plusieurs synthés. Tous les mouvements peuvent ainsi déclencher des sons, les transformer en temps réel, jouer n'importe quelle gamme imaginaire, bref, créer un lien invisible entre l'espace et la machine.

Avec son humour habituel, Buchla en imagina d'ailleurs une mise en scène. Le rideau se lève sur un percussionniste qui, avec ses *Lightning*, semble jouer de divers instruments disséminés autour de lui : timbales, caisse claire, gongs, xylophone… Mais pendant qu'il exécute la pièce, Don entre en scène coiffé d'une casquette à la Sherlock Holmes et retire un à un les instruments tandis que la musique continue – on s'aperçoit alors qu'elle est produite par les baguettes qui déclenchent des sons à distance, et non par les percussions elles-mêmes. La pièce se finit avec l'interprète qui joue dans le vide une partition de plus en plus complexe, final, salut, rideau. Même s'il s'agit là d'une bonne farce, on ne peut s'empêcher de penser au *Terpsitone* de Theremin qui imaginait la danse transfigurée en son, et de se dire que Buchla, par la largeur et la profondeur de ses vues, est sans doute son successeur direct.

Les deux hommes vont d'ailleurs se rencontrer à Bourges, où comme on s'en souvient le Russe a été autorisé à se rendre en 1989, franchissant le rideau de fer pour la première fois. Un festival de musique électronique s'y déroule chaque année, toute la communauté des inventeurs s'y rend régulièrement et cette fois-ci, l'événement est exceptionnel. Le vieil homme y est reçu comme le Messie retrouvé, et malgré son âge avancé, son esprit pétille encore de finesse et d'à-propos. Bob Moog est là aussi, terriblement ému de voir celui qui lui avait servi de guide absent toute son existence, quelle belle récompense que la vie parfois, qui nous offre des joies qu'on n'aurait crues possibles ! Buchla est très heureux également d'avoir la chance de parler à ce grand homme, et que font deux génies de l'électronique quand ils se trouvent ensemble ? Ils parlent d'électronique bien sûr, et Don me confiera qu'il avait demandé à Theremin comment il était arrivé à exercer un contrôle aussi fin de ses timbres, et que Léon lui avait fort obligeamment répondu avec tous les détails nécessaires.

Buchla passera donc l'essentiel des années 90 à peaufiner son *Lightning* en lui donnant des versions *II* (plus percussive) et *III* (plus précise), il met au point de gigantesques bâtons de pluie électroniques dans sa série *Earth, Rain* et *Fire*... Et puis il travaille sur son contrôleur le plus accompli à mon avis et le meilleur selon le sien : le *Marimba Lumina*. Il se présente comme un clavier de marimba, c'est-à-dire qu'au lieu de se chevaucher comme au piano, les marches et les feintes, d'une quinzaine de centimètres de long, sont alignées en deux rangées les unes au-dessus des autres et se jouent avec des baguettes. À la place des lattes de bois, on trouve à nouveau les *touch plates* qui servent maintenant de capteurs MIDI : en les frappant, on envoie un signal au synthé auquel ils sont branchés, produisant ainsi un son dont on a programmé auparavant la nature. Ingénieux sans être révolutionnaire, mais Buchla ne s'arrête pas là. En effet, un système de fréquences radio permet d'identifier chacune des quatre mailloches *quelle que soit la note jouée*, rendant possible l'exécution de quatre sonorités différentes en même temps, chacune étant contrôlée par sa mailloche. Et ça, par contre, c'est très bien vu. Sans cette addition, nous aurions affaire à un contrôleur MIDI classique : on tape et ça déclenche un son. Mais le fait de pouvoir distinguer les mailloches où qu'elles jouent est une option que n'offre pas le clavier : ce dernier ne fait pas la différence, lorsqu'il est actionné, entre le pouce, l'index et les autres doigts de la main !

Des petits pads supplémentaires permettent d'aller beaucoup plus loin que de jouer simplement du marimba électronique, on peut modifier les paramètres en temps réel, enregistrer des boucles qu'on assigne à des effets... Finalement, c'est beaucoup plus facile de tirer le maximum d'un clavier en l'étalant comme ça : les doigts de la main sont beaucoup trop collés les uns aux autres pour pouvoir vraiment se déplacer indépendamment et utiliser toutes les possibilités spatiales qui leur sont proposées. Prolonger les poings par quatre mailloches permet d'élargir le geste et d'utiliser au mieux les ressources de capteurs particulièrement sensibles, on approche du contrôleur parfait ! Il faut dire que trois des assistants de Don à cette époque jouent du marimba et développer une telle interface leur semble le bon sens même : c'est un clavier MIDI pour percussionnistes, histoire de remettre la frappe au cœur de la musique et de ses impulsions – du vent, les pianistes avec leurs petits doigts tous égaux, leur long cou et leur toucher mou !

Et puis au moment ou Bob décide de ressusciter son *Minimoog*, Don aussi revisite son passé et reprend son *200 Series* qui devient pour l'occasion le *200e*, très attendu par tous les amateurs et qui est une sorte de fantasme absolu de tout amoureux de synthèse modulaire. Si je pouvais, j'utiliserais son design comme papier peint. À le voir, il frappe tout d'abord par sa densité. Je crois que je n'ai jamais vu, répartis dans un savant désordre, autant de diodes, curseurs, boutons ou contrôleurs divers au centimètre carré sur un synthé – ou même ailleurs. Quand on l'allume, tout cela clignote comme le ferait une réjouissante guirlande de Noël sur Pluton et semble inviter immédiatement à l'exploration. Il a la même taille et il est plus léger que le *Voyager*, et se présente toujours en trois parties articulées qui maintenant se plient et se déplient à loisir. Quant à sa conception, c'est tout simplement l'aboutissement de toute une vie à imaginer une façon de faire la musique autrement. Pas de clavier, retour aux racines avec les *patch cords* multicolores, ce sont les séquenceurs qui produisent le son. L'hybridation entre l'analogique et le numérique est poussée à son paroxysme tout en conservant la légendaire distinction entre modulation de voltage, de fréquence et de pulsation, avec ses câbles appropriés.

Il s'agit en fait de quatre synthétiseurs hyperpuissants en un seul, qui peuvent se combiner les uns aux autres dans un entrelacs fourmillant de possibilités – autrement dit nous avons là la Machine Ultime du nouveau millénaire. Et on s'aperçoit que oui, Buchla a, toute sa vie, fabriqué des instruments de rêve. Pas des produits dont l'avenir se trouve en Bourse ou dans des chaînes de grands magasins, non, des rêves d'enfants qui avec le temps s'étoffent, s'élancent, et s'inventent sans relâche des cathédrales dont les clochers dominent leur temps. Fidèle à ces rêves, il va jusqu'au bout, imaginant à chaque fois la meilleure manière de stimuler notre énergie créatrice et mettant au service de celle-ci sa brillante intelligence. En retour, la façon dont il organise électroniquement la production du son est tellement singulière que patcher un *Buchla* pour en faire progressivement de la musique donne l'impression de reproduire la connexion des synapses de son cerveau, une expérience à tenter absolument, même si elle se situe quelques milliards de fois en dessous de la réalité !

LE *PIANO BAR*

La sortie en 2004 du *200e* coïncide avec celle du *Piano Bar*, l'origine de cette digression qui nous ramène à la collaboration entre Moog et Buchla. Pour sa femme Nannick, enseignante au département de Psychologie à l'Université de Berkeley et pianiste issue d'une grande famille de musiciens français, Buchla a décidé de développer une merveilleuse invention. Il fabrique pour son piano une sorte de grand peigne qu'on peut poser à la perpendiculaire contre le fond du clavier sur toute sa largeur et dont les dents épousent l'alternance en hauteur des marches et des feintes pour se trouver toujours à la même distance de la touche. Dans chaque dent, un capteur infrarouge qui détecte la note jouée et la vitesse, donc l'intensité, avec laquelle elle est frappée. Cette longue barre d'un bon centimètre d'épaisseur se pose très aisément sur le clavier et la hauteur de l'ensemble se règle de part et d'autre avec un petit mécanisme d'une grande simplicité, de telle sorte que le dispositif s'installe en une minute sur n'importe quel piano standard. Sur la face visible de la barre, d'une hauteur de cinq centimètres environ, on peut voir s'afficher grâce des diodes lumineuses les notes qu'on est en train de jouer, rouge pour les marches et vert pour les feintes. Une plaque sensible sous les pédales métalliques capte le jeu de pied du pianiste et l'ensemble clavier / pédales est relié à une petite boîte qui traduit ces informations en langage MIDI : *note on, velocity, note off, pedal on, pedal off*, tout ce qu'un bon contrôleur par clavier doit faire.

Ça n'a l'air de rien comme ça, mais pour un pianiste c'est un saut extraordinaire. Car hormis le piano ou le *Rhodes*, l'ensemble des claviers proposés aux musiciens aujourd'hui est, comme l'avait prophétisé Kurzweil, non seulement numérique mais doté de claviers qu'on appelle à *toucher lourd* et dont le poids et la dynamique sont censés imiter une mécanique naturelle. Hélas, malgré les efforts énormes investis dans cette recherche, nous sommes encore très loin selon moi de cette sensation physique consistant à enfoncer une pièce mécanique qui, dix articulations plus loin, va lancer un marteau contre une corde. Le rebond, la souplesse, l'intonation sont imités dans le son mais jamais naturels dans le geste, et si un clavier numérique est parfaitement adapté à l'*exécution* d'une pièce musicale, il se révèle à mon sens incapable d'épouser les contours sensibles de l'*interprétation*. Pour faire chanter la matière, il faut qu'elle frotte, qu'il y ait de l'aléatoire, des disparités, que l'inertie hésite et que ce soit elle qui décide avec notre assentiment. Lorsqu'un clavier « lourd » commande un son typiquement synthétique, ça n'a pas grande importance, puisque les paramètres assignés au clavier sont eux aussi synthétiques. Mais quand il imite un vrai piano, le son est absolument parfait pour tout le monde *sauf pour le pianiste* qui est très loin de la sensation que pourrait lui procurer un instrument acoustique avec une vraie mécanique.

À vrai dire, le principe d'un piano acoustique dont le clavier est « midifié » n'est pas nouveau, il fut même l'un des premiers instruments à être doté de ce langage, mais pendant très longtemps, cela a représenté un travail manuel d'installation fort onéreux réservé à la crème des musiciens ou des studios pouvant se le permettre. Les pianos Yamaha ont d'ailleurs proposé ce modèle en série dès 1982 avec leur incroyable *Disklavier*, mais le surcoût de l'option

MIDI sur le piano restait à l'époque non négligeable. Aussi, offrir au pianiste la possibilité d'utiliser son propre instrument, si médiocre soit-il, pour contrôler d'autres sources sonores en posant prestement le *Piano Bar* sur son clavier est un cadeau absolument magnifique – je l'utilise personnellement sur un Steinway de 1905 fabriqué au moment où Cahill peaufinait son *Telharmonium*, et je ne peux retenir le frisson de joie qui me traverse à chaque fois que je fais parler ce vénérable ancêtre en langage MIDI, c'est comme de recevoir un e-mail de Victor Hugo. Mais pour Buchla, son invention a également une vertu pédagogique grâce aux diodes colorées qui convertissent en lumière les notes jouées. L'œil vient au secours de l'oreille hésitante du musicien débutant et constitue une méthode d'apprentissage... éclairée !

Et Moog, dans tout ça ? Eh bien c'est avec lui que Buchla va tenter de trouver les solutions techniques astucieuses pour que cette magie soit possible, et ce n'est pas de la petite bière. Car un pianiste a l'habitude d'avoir toute la touche à sa disposition et il faut que la présence de cette barre incongrue lui grignote le moins de clavier possible, sinon c'est comme courir avec des semelles de plomb. L'épaisseur est donc l'enjeu décisif, et faire tenir toute cette électronique sur une bande aussi étroite que fine, qui soit assez résistante pour protéger les fragiles capteurs photoélectriques, et que l'on puisse la trimballer partout où on va, voilà un défi digne de ces deux génies ! Au bout de nombreux mois de travail et après plusieurs modèles intermédiaires, ils finissent par trouver un agencement et des matériaux satisfaisants.

Car il ne faut pas croire que la lutherie électronique se limite à souder des *chips* entre eux :

chaque vis, chaque détail compte. Déplacer un composant dans un circuit peut avoir des conséquences inattendues et radicales, il se trouve soudain exposé à plus ou moins de chaleur, de lumière, de magnétisme, et c'est en assimilant cela que Pearlman a trouvé le principe de l'oscillateur qui ne se désaccorde pas. En quoi est fait le clavier, combien de couches de bois pour la caisse, quel angle donner au câble d'alimentation, modifier un élément entraîne immanquablement des réactions en chaîne qui exigent une exceptionnelle intelligence en chimie, en électronique, en physique, en mécanique, en optique (et j'en oublie), pour analyser, comprendre et anticiper les causes de tel ou tel effet ! C'est ça, le métier d'inventeur ! Et en électronique, les notions de taille et de densité sont *la* question primordiale, sans cesse remise sur le tapis dans une course à la miniaturisation. Faire tenir un circuit aussi complexe dans cette longue règle qu'est le *Piano Bar* représente de la part des deux hommes un exploit remarquable.

Même si la paternité de l'invention revient sans conteste à Buchla, c'est donc avec un plaisir partagé qu'ils accoucheront en 2002 de ce *Piano Bar* miraculeux, chacun le fabriquant au final de son côté sous son nom, Buchla quelques dizaines et Moog quelques centaines. Malheureusement, ils ne purent avoir l'occasion de travailler à nouveau ensemble car trois ans plus tard, Bob décédait brutalement le 21 août d'un cancer du cerveau foudroyant. La nouvelle prend tout le monde de court. On ne verrait plus ce large visage bienveillant auréolé d'une chevelure blanche hirsute, au nez en bec d'aigle tombant sur une bouche toujours au bord du sourire, ses chemises et ses blouses dans la poche desquelles s'alignaient invariablement deux ou trois feutres de couleur, dans la plus pure tradition des ingénieurs de laboratoire... Confronté à la question de sa succession qu'il serait impensable d'affaiblir au moment où son nom brille à nouveau, Bob a pris avant sa mort la décision de laisser Moog Music entre les mains de son administrateur, Michael Adams, qui s'engage à poursuivre le travail de Bob tout en s'adaptant au marché en évolution constante. À Michelle Moog-Koussa est revenue la tâche d'honorer la mémoire de son père à travers la Moog Foundation, ce qui ne se passe parfois pas sans difficultés avec la compagnie Moog Music qui fait de son héritage culturel un usage plus commercial. Mais même si nous connaissons déjà l'histoire de ces enfants dépossédés du nom de leur père par le biais d'un deuxième mariage (souvenons-nous de Hammond ou Rhodes), celle-ci semble se dérouler en prudente harmonie. En juin 2015, Moog Music, en pleine expansion, annonçait fièrement qu'elle passait (pour moitié) en autogestion en proposant aux employés de prendre une participation dans la société, sans aucun coût pour eux : il s'agit là d'une éruption socialiste rarissime aux États-Unis, confortant la promesse qu'Adams avait faite à Moog de poursuivre non seulement son travail mais aussi ses valeurs.

Valeurs que Moog a toujours partagées avec Buchla, qui a milité constamment pour l'égalité des êtres humains entre eux, convaincu que l'éducation en est la clé, ne rechignant jamais à se mettre à son service avec une générosité sans fond. Don a revendu son ranch il y a quelques années et s'est installé à Berkeley, en face de San Francisco, dans une très agréable maison adossée à un grand parc naturel. Mais un cœur affaibli par des décennies d'explorations chimiques et électroniques l'oblige désormais à ralentir son rythme, et le conflit qui l'oppose à son distributeur, à qui il a imprudemment cédé ses droits récemment, l'affecte énormément. Il poursuit néanmoins ses recherches, puisant inlassablement dans l'aventure du son les forces qui le font vivre.

Chapitre XI

OUTRE-MERS

PETER ZINOVIEFF, UN ARISTOCRATE PAS COMME LES AUTRES

Voici quelques chapitres que nous arpentons le continent américain de long en large, créant subrepticement le sentiment qu'il ne se passe rien ailleurs. Grossière erreur, bien au contraire, ça bouge dans tous les coins et de façon fort différente. En Europe d'abord, et particulièrement en Angleterre, où de brillants cerveaux s'activent depuis un moment dans le domaine de la musique électronique. L'un de ces compositeurs, peu connu du grand public, eut pourtant une importance déterminante dans le développement d'un synthé anglais contemporain du *Moog* et du *Buchla*, d'une ergonomie révolutionnaire, allumant une flamme qui brille encore aujourd'hui. Son nom est Tristram Cary.

Né à Oxford en 1925 d'un père pianiste et d'une mère romancière, il s'enrôle pendant la Seconde Guerre mondiale dans la Royal Navy à dix-huit ans comme ingénieur radar – on devine la suite, il tombe amoureux de l'électronique et, une fois démobilisé en 1946, s'y jette à corps perdu. Tout en poursuivant au Trinity College de Londres des études de piano « académique », il commence à acquérir du matériel électronique en surplus de l'armée qui, une fois le conflit passé, se débarrasse à vil prix d'un équipement fort utile pour ses plans. Tristram s'intéresse beaucoup au magnétophone également, cette prise de guerre aux possibilités fascinantes. Petit à petit, il assemble les pièces de son studio électronique et, au milieu des années 50, il a développé, en parallèle de sa carrière de compositeur de musique de film, une vie d'expérimentateur en musique contemporaine. En 1955, ce sympathique barbu aux allures de capitaine Haddock signe sa première et remarquable bande-son pour un film avec Peter Sellers et Alec Guinness, *The Ladykillers*, et enregistre la même année pour la BBC une suite électronique intitulée *The Japanese Fishermen*.

Dix ans plus tard, il est devenu à Londres une référence en matière de musique électronique – il en ouvre même une classe en 1967 au Royal College of Music. Il travaille souvent avec le labo de la BBC, le fameux Radiophonic Workshop, et réalise à partir de 1964 les effets sonores d'une série très appréciée en Angleterre, *Doctor Who*, sorte de *Star Trek* britannique dont les méchants sont incarnés par les Daleks, des envahisseurs gluants pilotant des robots tueurs en forme de cône à roulettes dont les voix passées par un ring modulator éructent obstinément le verbe EX-TER-MI-NER, et constituent une référence absolue en termes de truquage sonore de science-fiction. C'est la compositrice Delia Derbyshire qui a réalisé la musique du générique de la série, et ce n'est qu'une question de temps avant que Cary ne fasse la rencontre d'un ami et collègue de Delia, un compositeur et bricoleur exceptionnel du nom de Peter Zinovieff, personnage décisif de cette aventure, qui va bientôt donner à leur collaboration un tour très concret. Fils d'une princesse russe et d'un père aristocrate ayant tous deux fui la révolution soviétique, Zinovieff est né citoyen de Sa Gracieuse Majesté en 1933 et a grandi avec son frère dans l'Angleterre en guerre, ballotté entre les pensions et les maisons familiales – pendant ce temps sa mère, Sophia Dolgorouky, était détenue par les nazis en France où elle organisait l'évacuation clandestine de réfugiés juifs. Arrivé à sa majorité, Peter choisit de passer un doctorat de géologie à Oxford, ce dont il s'acquitte brillamment, tout en poursuivant sa brûlante obsession : l'informatique musicale.

À la différence de Cary, qui, outre un compositeur, est un vrai technicien, avec un solide bagage scientifique et une approche analogique de la synthèse du son, Peter est plutôt un brillant bricoleur avec peu de patience pour les détails techniques. Surtout, il est persuadé que c'est l'ordinateur qui peut changer la donne dans la musique et que tout le reste suivra, ce qui, il faut en convenir, se révélera quand même assez prophétique. Il a lu avec beaucoup d'intérêt les travaux de Mathews et Risset aux Bell Labs et, comme tous les autres adeptes de *tape music*, il est totalement exaspéré par la manipulation des bandes magnétiques qui demande des heures pour confectionner une boucle toute simple. Il rêve de pouvoir ordonner les sons à sa guise sans avoir à les découper comme à l'école primaire. Heureusement pour lui, il a épousé une femme extrêmement belle et fortunée, Victoria Heber-Percy, dont il suffit de vendre la tiare de mariage pour acheter ce dont il rêve depuis toujours : un ordinateur personnel, un *PDP-8* de chez Digital Equipment. D'ailleurs, pour bien faire, il en achètera deux, successivement, auxquels il donnera le nom de ses deux premiers enfants, Sofka et Leo (le *8/S* et le *8/L*). Notons qu'au milieu des années 60, il s'agit d'une part d'une dépense exorbitante (le prix d'une maison à Londres), et d'autre part d'une sorte de lubie digne de Wallace et Gromit construisant une fusée en bois pour aller voir si la lune est vraiment faite en fromage. Mais c'est le propre des grands esprits que de voir ce qui n'est pas encore advenu – à leurs contemporains de faire la différence entre les visionnaires et les hurluberlus, les premiers étant vite assimilés aux seconds lorsqu'ils travaillent pour leur compte et non comme Cary au sein d'une structure reconnue d'utilité publique comme la BBC ou le Royal College of Music.

Zinovieff installe chez lui à Putney son précieux matériel dans son appentis de jardin qui devient rapidement l'un des studios les plus pointus de la planète. Les compositeurs européens de musique contemporaine tels que Stockhausen ou Birtwistle s'y pressent, et leur excitation rappelle celle de leurs cousins américains lorsqu'ils s'agglutinaient quelques années plus tôt autour du *RCA Synthésizer* à Columbia. Progrès oblige, l'ordinateur ne remplit plus une pièce mais juste une ou deux armoires. Tout comme Ussachevsky et Babbitt, Peter imagine une solution hybride : piloter des synthés analogiques avec un outil informatique. Puisque l'ordinateur est un *ordonnateur*, un donneur d'ordres, pourquoi ne pas l'utiliser en temps réel pour effectuer des commandes d'une précision telle que la main humaine ne pourra jamais égaler ? Autrement dit, pourquoi ne pas imaginer un robot musicien qui tiendrait dans une boîte et jouerait d'un synthé analogique comme vous et moi, mais en mille fois mieux ? De toute façon, le tout-numérique est une option beaucoup trop scientifique et onéreuse pour être portée à l'époque par un homme seul, et introduire du numérique *à l'intérieur* de l'analogique comme le fera bientôt Buchla est un calcul trop subordonné à l'instrument et à sa manipulation propre. Or, pour Zinovieff, l'important est d'avoir un outil de composition auquel il suffit d'adjoindre n'importe quel appareil analogique pour lui faire exprimer du son, finalement peu importe sa nature, un oscillateur ne sera jamais qu'un oscillateur.

Le vrai problème est donc le suivant : comment écrire un programme informatique qui contrôle entièrement tous les paramètres d'un synthé analogique ? Et comment les relier l'un à l'autre ? Comment remplacer la main qui bouge des curseurs ou tourne des boutons par une série de uns et de zéros ? C'est un sacré casse-tête et Peter a besoin d'un assistant pour calculer et fabriquer tout ça, mais il ne trouve personne à la hauteur jusqu'à ce qu'il tombe sur David Cockerell, un petit génie des circuits électroniques de neuf ans son cadet avec qui le courant passe tout de suite. Cockerell n'est pas particulièrement fan de musique contemporaine, lui il est plutôt pop-rock mais il est surtout impressionné par l'énergie communicative et la vision futuriste de Zinovieff. Il suffit que ce dernier pose un problème théorique pour que le premier trouve en quelques semaines sa solution technique : une équipe qui gagne. Commence alors une collaboration d'une demi-douzaine d'années qui portera des fruits magnifiques. Le premier d'entre eux se déguste en janvier 68 au Queen Elizabeth Hall, au cours de l'interprétation absolument surréaliste d'une œuvre de Zinovieff intitulée *Partita for Unattended Computer*. Magnifique en smoking et nœud papillon, Tristram Cary introduit la pièce en en expliquant les règles : la musique qu'on va entendre sera entièrement improvisée par un ordinateur seul, il s'agit non pas de la lecture d'une bande magnétique, mais d'une performance absolument unique dont la relecture jouera quelque chose de tout à fait différent. Une fois les présentations faites, Zinovieff et ce que je pense être sa femme Victoria montent brièvement sur scène pour s'assurer que le programme est prêt à fonctionner, l'un tourne un bouton, l'autre tape un code, les deux quittent l'estrade et c'est parti pour une dizaine de minutes d'improvisation informatique libre.

Difficile de décrire la musique, j'imagine que si R2-D2, le petit robot de *Star Wars*, prononçait dans son délicieux langage un discours d'acceptation à l'Académie royale des sciences, ça sonnerait à peu près comme ça. D'un autre côté, il est difficile de croire qu'en cette année 1968 le public britannique n'y entende autre chose qu'un gargouillis électronique sans queue ni tête – ce qui est d'ailleurs l'avis du critique du *Financial Times* qui était là. Bien entendu, il ne s'agit pour Zinovieff que d'un premier pas et rapidement il se rend compte qu'il aura besoin d'un autre ordinateur. Car le premier sert d'interface avec les machines analogiques et n'a pas la capacité de calcul pour faire autre chose que de l'aléatoire. Il en faut donc un deuxième qui pourra faire exécuter au premier la partition désirée et là, ça se complique sérieusement. Zinovieff engage alors un ingénieur en informatique, Peter Grogono, qui travaille sur un programme qu'il intitule MUSYS et qui aura pour tâche de piloter l'ensemble. Ainsi assistons-nous aux débuts de la musique assistée par ordinateur telle que nous la connaissons aujourd'hui, c'est-à-dire utilisant l'informatique pour faire jouer des machines analogiques. Certes, les recherches formelles de Mathews ou Ussachevsky ont précédé celles de Zinovieff, mais elles étaient justement plus formelles et moins axées sur la satisfaction rapide du compositeur qui veut pouvoir entendre sa pièce immédiatement.

Ce rapport que l'on peut dire « pratique » conduira donc Cockerell et Zinovieff à essayer beaucoup de choses avec cet ordinateur, y compris de lui faire enregistrer directement du son grâce à un convertisseur analogue/numérique fabriqué pour l'occasion et de le lui faire rejouer après, c'est-à-dire d'inventer l'échantillonneur numérique *à jouer*. Le *sampleur*, tout simplement. Un instrument capable d'enregistrer et de rejouer des sons à la commande, de les mettre en boucle, de les triturer dans tous les sens... Dans un studio souterrain de la banlieue sud de Londres, un compositeur de musique contemporaine épris de modernité invente avec vingt ans d'avance la pierre angulaire de toute notre musique d'aujourd'hui, celle sur laquelle reposent le rap, la pop et tout ce qui se produit d'un peu sophistiqué dans le métier... Aujourd'hui, on trouve des sites entiers sur internet révélant l'origine des *samples* qui émaillent les succès du moment... Incroyable ligne tendue entre deux univers si différents et dont les valeurs, les origines, le public, l'univers professionnel n'ont absolument rien à voir ! Tout mène à tout, c'est magnifique !

NAISSANCE D'EMS

Cependant, les dépenses consacrées au studio dont Cockerell construit les éléments les uns après les autres commencent à assécher la fortune familiale et il est temps de faire rentrer un peu d'argent dans les caisses. Contrairement au San Francisco Tape Music Center qui connut un essor salvateur à la suite d'une grosse donation de la fondation Rockefeller, Zinovieff ne peut pas compter en Angleterre sur des donateurs privés, et la BBC poursuit d'autres objectifs avec d'autres musiciens et d'autres machines. Une requête du compositeur de musique de film Don Banks tombe alors à pic : il voudrait que Cockerell et Zinovieff lui construisent un petit synthétiseur qu'il pourrait manipuler tout seul pour le dédier à la fois à un usage commercial (il fait beaucoup de musiques de films d'horreur et de science-fiction) et à des recherches personnelles (né en Australie et résident londonien, longtemps adepte de la musique sérielle, il a étudié notamment avec Milton Babbitt et Luigi Nono). L'occasion fait le larron et à eux deux ils construisent un synthé portable qui condense ce qu'il y a de mieux dans le studio de Putney : deux oscillateurs, un ampli, un filtre, une enveloppe... Ce sera le *VCS 1* (pour *Voltage Controlled Studio 1*) dont Banks est tellement satisfait qu'il en sera construit quelques exemplaires supplémentaires dans la foulée par les deux associés. L'appareil, sous forme d'une boîte métallique rappelant furieusement la première *Buchla Box*, est un véritable succès. L'acheteur aime. Zinovieff aurait-il trouvé le moyen de financer son studio ? Il en parle au pub un soir de 1969 à Tristram Cary, devenu un ami, et à David Cockerell : vous seriez partants pour en faire un business ? Très vite les idées fusent et dès ce soir-là ils décident d'en faire une aventure commune, fondant la société EMS, pour Electronic Music Studios.

Rapidement, Cary conçoit le design d'un synthé qui, Peter et lui en sont persuadés, trouvera son débouché commercial dans l'enseignement musical en Angleterre, pourvu qu'il soit d'un prix plus abordable que les énormes modules de Moog et les épiphanies de Buchla – qui visent d'ailleurs une clientèle identique aux États-Unis, où les universités ont sans conteste les poches plus profondes. Se fournissant toujours dans les magasins de surplus de l'armée britannique sur Lisle Street, Cockerell récupère donc des pièces détachées les moins chères possible et bricole avec ses deux compères un synthé exceptionnel à prix réduit, le *VCS 3*, qui va rapidement s'installer au panthéon des machines éternelles. De façon extrêmement surprenante, il a la même forme que l'ordinateur portable sur lequel je suis en train d'écrire ces lignes : deux panneaux à angle ouvert (mais non articulés, rigidifiés dans un habillage de bois), et rien que ça c'est déjà totalement déroutant, nulle part ailleurs on ne voit ça et il faudra attendre le *Minimoog* pour retrouver une disposition semblable.

Sur le panneau vertical, trente boutons crantés, un vumètre qui montre avec une aiguille le montant du signal audio, et un interrupteur. Le regroupement des commandes est clair et on voit au premier coup d'œil qu'on dispose de trois oscillateurs, d'un filtre passe-bas et d'une enveloppe. Mais quand on regarde d'un peu plus près, on remarque la présence d'un ring modulator (un effet qui additionne et soustrait un signal à un autre, créant des harmoniques et des battements très étonnants), d'une réverbération (créant la saisissante illusion sonore d'être dans un grand espace), d'un générateur de bruit (toutes les fréquences en même temps, à filtrer en fonction de la couleur voulue), on voit que l'enveloppe ne marche pas comme chez les Américains (elle est modulée par une onde carrée), et surtout que deux amplis permettent de faire rentrer dans la machine deux signaux extérieurs, voix, guitare, ce qu'on veut, et de les traiter de façon très abrasive. Pour le plus grand plaisir du pouce et de l'index, les boutons commandant les trois oscillateurs sont *slow motion*, c'est-à-dire à deux étages qui ne tournent pas à la même vitesse : on tourne avec les doigts la partie haute qui entraîne la partie basse qui se meut beaucoup plus lentement, comme sur une horloge mécanique sur laquelle on ferait défiler les heures avec l'aiguille des minutes. L'impression est magnifique, on a le sentiment quand on les manipule d'effectuer une recherche extrêmement précise sur la fréquence voulue entre un et dix mille hertz, c'est très... gratifiant.

Mais les vraies surprises sont sur le panneau horizontal. Pour éviter le joyeux fouillis des *patch cords*, la solution EMS tient à une autre trouvaille faite sur Lisle Street : une matrice carrée de seize trous de côté qui permet avec un petit picot qu'on enfonce de connecter chacune des seize lignes (listées de 1 à 16) avec chacune des seize colonnes (de A à P). Si je veux envoyer le signal de mon premier oscillateur (ligne 3) dans une enveloppe (colonne D), j'enfonce mon picot à l'intersection 3/D. Ce qui rappelle le système des *matrix switches* des premiers ARP, mais en mieux (sauf si on y fait tomber des miettes de biscotte), et une fois encore donne l'impression d'une grande précision : penser en termes d'abscisse et d'ordonnée est une démarche intellectuelle plus abstraite que de connecter deux modules entre eux avec un vrai câble. Mais les surprises ne s'arrêtent pas là, puisque à côté de cette matrice, on découvre... un *joystick* ! Récupéré sur une commande d'avion téléguidé, ce petit manche permet d'assigner deux effets à travers la matrice et d'en modifier la combinaison en le déplaçant de haut en bas et de droite à gauche de façon très intuitive. Il s'agit là de l'ancêtre du *touchpad* (en deux dimensions néanmoins) que l'on trouvera sur le *Moog Voyager*, dans le sens où il permet de commander avec un seul doigt deux effets en même temps, c'est comme de se voir pousser une troisième main ! C'est carrément génial, et le système fera école sur de nombreux modèles postérieurs d'autres marques. Ce n'est plus abstrait et précis, mais tout son contraire, mouvant et sensible, et le fait de combiner les deux approches (matrice et joystick) indique aussi bien une très grande ouverture d'esprit qu'un vrai travail collectif.

En dessous, quelques boutons supplémentaires et une broche à laquelle on peut connecter un clavier. Ah oui, j'oubliais : parce que, bien sûr, ce synthé n'a pas de clavier. On est dans le monde de la musique contemporaine où ce contrôleur est considéré avec commisération comme un vestige féodal du règne de la tonalité – ce qui tombe bien, car les premiers oscillateurs dégotés par Cockerell dans les surplus ne sont pas, vu leur prix, d'une justesse exceptionnelle, ce qui se serait entendu avec beaucoup plus de clarté s'ils avaient été commandés par un clavier. Ainsi, pour la somme de trois cent trente livres sterling (à peu près six mille euros aujourd'hui), on peut acquérir une machine aussi étonnamment performante que créative et dont les possibilités sonores sont vertigineuses. Son design est d'une modernité sidérante, le son qui en sort est magnifique, le prix en est élevé mais reste raisonnable : en quelques mois, le *VCS 3* va conquérir l'Angleterre puis l'Europe avec une vitesse dont ses créateurs seront les premiers surpris. Car non seulement les universités se montrent très intéressées par cet outil pédagogique, ça c'était prévu, c'était même l'objet de toute l'opération, mais elles sont immédiatement doublées par la scène bouillonnante de la pop et du rock anglais qui va se jeter sur le nouveau venu avec avidité. Pour ne citer que les plus connus, on peut voir dès 1971 Brian Eno et Roxy Music avec un *VCS 3* sur scène et tous les membres des Pink Floyd revendiquent son utilisation (l'ostinato de *On the Run* sur l'album *The Dark Side of the Moon* est un splendide exemple de ses possibilités), on peut l'entendre sur *Won't Get Fooled Again* dans *Who's Next* des Who, sur les disques de King Crimson, de Gong, de Led Zeppelin, ce sera le premier synthé de Jean-Michel Jarre, bientôt l'un des instruments vedettes d'*Autobahn*, l'album phare de Kraftwerk...

Or les objectifs de départ étaient modestes. En hiver 69, l'usine située à trois heures de Londres peine à en fabriquer douze par mois – il va falloir s'adapter et augmenter sérieusement la production. Rapidement, la société EMS compte trente et un employés (dont vingt-quatre sur le site de fabrication) et commence à produire d'autres modèles pour étoffer sa gamme. Typiquement, le développement part dans des directions opposées. Sous l'appellation générique de *Synthi*, les trois hommes conçoivent le *100* qui est un assemblage de trois *VCS 3*, un monstre d'électronique mesurant dans les deux mètres de large et un mètre quatre-vingts, de haut, et dont le prix est proposé à cinq mille cinq cents livres (presque cent mille euros aujourd'hui), et le *A*, qui est un *VCS 3* compact tenant dans un attaché-case dont le prix (trois mille cinq cents euros) est pour le coup plus que raisonnable.

Personnellement, ce fut avec ce modèle que je découvris en tout début d'adolescence le monde de l'électronique, et le choc fut durable. Le fait qu'on puisse le faire tenir dans une petite valise standard lui donnait un côté agent secret qui ne faisait qu'ajouter à son charme, mais en soi l'instrument était déjà totalement déconcertant. Les boutons, contrairement à ceux du *VCS 3* en noir et blanc, étalaient une joyeuse palette de couleurs formica, des bleus, des verts, des jaunes, des blancs, des rouges qui lui donnaient un côté ludique irrésistible. Le clavier qui semblait dessiné sur l'intérieur de la face vide de la mallette était presque choquant de désinvolture : pour pouvoir en jouer il fallait enjamber avec les doigts le rebord du couvercle et ses capteurs étaient vraiment rustiques, c'était pas avec ça qu'on allait enregistrer *Switched-On Bach*, c'était clair. Mais enfoncer les petits picots sur cette grille de mots croisés sonores et accorder les oscillateurs avec les commandes en *slow motion* était un régal dont je ressens les détails encore aujourd'hui. De toute évidence, je n'étais pas le seul à en goûter l'utilisation, puisqu'en 1973, mille quatre cents *VCS 3*, *Synthis A* et *AKS* (une version avec séquenceur et clavier connectable) avaient été vendus, sans oublier dix-huit *100*, un exploit extraordinaire pour une aussi petite structure qu'EMS.

LE MOUVEMENT S'ACCÉLÈRE

C'est donc sur les chapeaux de roues que démarre cette enseigne mythique qui allait marquer la décennie aux côtés de Moog, Buchla et ARP. Notons que, tout comme eux, Zinovieff est peu intéressé par les affaires, et qu'en ce qui le concerne, c'est carrément un euphémisme de dire ça. Autant les autres ne sont pas toujours doués pour le business, autant lui en a presque horreur tant ses exigences de compositeur sont aux antipodes des valeurs commerciales communément admises. Et de fait, c'est à sa façon qu'il s'est engagé dans cette entreprise, même s'il est sûr que, sans Cary et Cockerell qui ont un bagage technique et un bon sens plus terre à terre, l'ensemble n'aurait jamais décollé. Mais sa façon est celle d'un aristocrate russe élevé dans les meilleures écoles anglaises, époux d'une descendante directe de Guillaume le Conquérant : sa table est toujours ouverte aux visiteurs les plus variés, son studio qui donne en contrebas sur les berges de la Tamise est ce qui se fait de mieux dans la galaxie, trois délicieux petits enfants courent de l'un à l'autre dans une atmosphère joyeuse et spontanée, quand on vient chez EMS, c'est beaucoup plus qu'un instrument qu'on y acquiert, c'est tout le monde qui va avec. C'est celui des ingénieurs qui viennent avec curiosité examiner la pointe de la recherche électronique, comme Bob Moog ou Ray Dolby, celui des compositeurs comme Stockhausen ou Hanz Werner Henze qui rêvent de tripoter tous les boutons, des acheteurs institutionnels comme pour Radio Belgrade ou Mossfilm de Moscou, qui acquerront chacun un *Synthi 100*. Et c'est celui des rock stars comme les Rolling Stones ou les Beatles qui font chavirer le cœur de la comptable mais pas du tout celui de Zinovieff, qui ne suit cette actualité qu'avec une distance de bon aloi et laisse à un fidèle de la maison, Robin Wood, le soin de les recevoir avec les honneurs qu'ils semblent mériter.

Car EMS n'a pas de réseau de distribution. Un magasin à Londres à l'extrême limite parce qu'il en faut quand même un, mais au début la plupart des ventes se font à Putney, chez Zinovieff, où tout ce monde se mélange quotidiennement (parfois on est trente à table) dans une atmosphère joyeusement libre, créative et contrastée. La publicité pour les *Synthis* que l'on voit maintenant fleurir dans les magazines reflète d'ailleurs cet environnement typiquement britannique qui mélange le sérieux le plus grave avec une folie douce tapie derrière : le slogan « Everybody needs a Synthi » décline la proposition sous des formes variées allant du classique « Every band needs a Synthi » (chaque orchestre a besoin d'un *Synthi*) au plus loufoque « Every picnic needs a Synthi », jusqu'au carrément délirant « Every nun needs a Synthi » où l'on voit une nonne en coiffe et en chasuble, un casque sur les oreilles, qui joue religieusement de dos un modèle *A*, une main sur le contrôle d'un oscillateur et l'autre posée sur un clavier branché à la mallette. Tout est possible, chez EMS, on ne s'interdit rien, l'imagination est, en ces quelques années bénies, réellement au pouvoir. Cockerell, avec la collaboration de David Gilmour des Pink Floyd, développe même une pédale d'effets extraordinaire pour son époque, la *Hi-Fli*, qui comprend un *ring modulator*, une distorsion, des filtres et des formes d'ondes déclenchées par le signal d'une guitare électrique, préfigurant l'*Avatar* que nous avons rencontré plus haut. Ça part vraiment dans tous les sens.

Dans cette atmosphère surchauffée, Zinovieff poursuit néanmoins ses recherches, cette activité trépidante ayant, rappelons-le, pour seul but de lui permettre de continuer à faire ce qui l'intéresse, c'est-à-dire le travail du son avec un ordinateur. On se souvient de son travail avec l'échantillonneur numérique mais il reste très contrarié par la taille ridiculement petite de la mémoire disponible sur sa machine (32 Ko !) qui ne lui permet de disposer que d'une seconde de son. C'est alors qu'il se penche sur les travaux de Homer Dudley des Bell Labs publiés juste avant la guerre, qui proposaient un système très astucieux de transmission du son de la voix. L'enjeu de l'époque était (comme aujourd'hui) celui de la taille des informations courant sur le fil – une autre façon de décrire ce qu'on appelle la bande passante. Puisque véhiculer une voix claire et compréhensible est ce qui prend le plus de place, la première solution est donc de limiter les fréquences que l'on transmet : au lieu de la bande passante comprise entre 400 et 3 400 Hz, on peut grignoter en haut et en bas, et décider qu'on ne va garder par exemple que les fréquences comprises entre 1 000 et 2 500 Hz. Cela donnera l'impression d'une voix très étouffée et elle sera nettement moins compréhensible. Rapidement on se rend compte qu'il y a une limite à ce système et que sur une bande trop étroite on ne comprend plus rien, c'est une fausse bonne idée. Dudley propose donc de couper le son en tranches comme le faisait Shannon mais d'une façon différente : par fréquences. Il divise le spectre de la voix en douze tranches de fréquences différentes simultanées et transmet en temps réel les modulations de chacune d'entre elles en fonction de la voix et de son contour changeant. À l'autre bout de la ligne, un « synthétiseur » qui réagit sur les mêmes douze tranches reproduit en temps réel l'intensité de chacune, créant une illusion de voix reconstituée électroniquement.

C'est une idée géniale, car ne transitent plus par les fils que les informations relatives aux modulations de ces douze tranches, ce qui « pèse » dix fois moins que le signal audio complet. Néanmoins, il y a un petit problème : la voix qui ressort de ce système a une sonorité très… synthétique. Pour de la communication militaire ça peut aller, mais pour le grand public, entendre une mère dire à sa fille au téléphone je t'aime ma chérie avec une voix de robot peut être une expérience traumatisante. Les applications civiles de cette invention appelée *vocoder* resteront donc dormantes jusqu'à ce que Zinovieff s'en empare pour combler sa boulimie créative. Il s'en fiche de déformer la voix : malaxer, remâcher, reconstruire, c'est ce qu'il fait toute la journée. Par contre, en faire un matériau brut dont il puisse jouer en temps réel est une idée particulièrement excitante et grâce à la banque de filtres d'excellente facture que lui a construits Cockerell, le résultat est d'une qualité très convaincante.

LA DESCENTE AUX ENFERS

Il fait en 1972 la connaissance d'un entrepreneur américain qui lui propose d'exploiter ses travaux pour les réappliquer à la téléphonie, trente-cinq ans après l'idée originale mais avec les moyens techniques d'aujourd'hui : introduction en Bourse à Wall Street, injection massive de liquidités, la totale. Pour Zinovieff c'est une très bonne nouvelle car EMS connaît les mêmes problèmes que ses confrères américains Moog et ARP : la société a grandi trop vite et elle manque cruellement de capitaux pour soutenir sa croissance, il faut faire quelque chose sinon tout risque de s'écrouler. Il se lance donc avec entrain dans ses recherches sur le vocoder, qui sont fort coûteuses, et arrive le moment où la banque anglaise qui soutient l'entreprise, au vu des dépenses constamment supérieures aux recettes, décide fin 73 d'encaisser le chèque de garantie de plus de un million de dollars qu'avait signé l'entrepreneur. Et là, consternation : le chèque est en bois. C'est un revers très dur pour Zinovieff qui n'abandonne pas son projet mais réduit la voilure et peste contre les Américains qui n'ont ni foi ni loi, c'est la deuxième fois qu'il se fait avoir, la première c'était quand il s'était aperçu qu'un pseudo-distributeur aux États-Unis vendait en fait des mauvaises sous-copies de son *VCS 3* sous un autre nom. Pour ne rien gâcher, son mariage bat de l'aile et il va bientôt divorcer de Victoria, ce qui n'améliore pas sa condition financière.

Et puis en 1974, le coup de grâce : Cockerell quitte la boîte et part aux États-Unis pour s'y installer. Pour lui, il n'y a pas de doute : devant le rouleau compresseur américain dont les produits sont redoutablement compétitifs, EMS ne fait pas le poids. Le vrai marché maintenant est celui des nouveaux groupes qui veulent des claviers à jouer, pas des unités de recherche électroniques sophistiquées qui vont bientôt faire figure de dinosaures. Le développement se fait dans le sens de ce que veulent les musiciens de pop ou de rock et leurs désirs sont écoutés très attentivement par les ingénieurs qui conçoivent les nouveaux modèles. De plus, les goûts personnels de Cockerell le font pencher vers cette culture qu'il connaît par cœur et il a envie d'écrire un peu de son histoire, ce qu'il fera brillamment chez Electro-Harmonix, où il réalisera des pédales de haute qualité, ainsi que chez Akai chez qui il fabriquera les sampleurs mythiques *S900* et *S1000*, après un petit détour par l'IRCAM. Il n'empêche que, pour Zinovieff, c'est un choc, suivi par la défection de Tristram Cary, pour qui toute cette histoire a pris des proportions un peu effrayantes et qui ira s'installer en Australie où il finira ses jours, reprenant une paisible activité de compositeur et d'électronicien.

Peter se retrouve donc seul aux commandes et les déjeuners au studio n'ont plus la même insouciance qu'auparavant. D'ailleurs, il est obligé de vendre sa maison de Putney et déménage à côté d'Oxford. Il continue de faire fabriquer des *Synthis* et des *VCS 3*, mais les nouveaux modèles peinent à émerger et les anciens deviennent de plus en plus démodés. En revanche, ses recherches sur l'échantillonnage continuent, et en 1976 il sort un *Vocoder 5000* qui ne comporte pas douze mais vingt-deux filtres et qui est une véritable merveille du genre – il reste considéré aujourd'hui comme le premier vocoder disponible dans le commerce qui soit adapté au besoin des musiciens, comme le prouvera amplement son utilisation par le groupe Kraftwerk dans son titre *Autobahn* (pour les curieux, ça commence à 6'38"). Malheureusement, le bel élan des débuts est cassé, et en 1979 Zinovieff est forcé de déclarer EMS en faillite. Le rêve aura duré dix ans et aura marqué et la recherche et la musique de son temps avec une vigueur étonnante. Grâce à ses relations à la BBC, il arrive à faire entreposer les éléments de son studio qui ont été saisis au cours de la banqueroute dans une sorte de donjon au National Theater. Ils y restent enfermés là en attendant que la société EMS puisse refaire surface avec la complicité active de Robin Wood, toujours amoureux de la marque et cheville ouvrière de sa survie jusque-là. Mais lorsque ce dernier obtient de pouvoir y accéder, il trouve des éléments coupés grossièrement à la scie, entassés les uns sur les autres au milieu de flaques géantes suite à des nombreuses inondations : tout est foutu, il n'y a plus rien à faire, il ne reste rien de ce rêve jusqu'au-boutiste du plus beau studio du monde... Au moment où j'écris ces lignes, Zinovieff est encore actif à quatre-vingt-cinq ans, et son travail de composition connaît des développements récents que l'on peut aller découvrir sur son site, mais il a totalement décroché d'EMS depuis 1979. Et c'est toujours Robin Wood qui fabrique et répare à Cornwall les fameux *VCS 3* et *Synthi A* qui n'ont, selon moi, pas pris une ride.

Comme on le voit, l'Europe n'est pas en reste en matière d'innovation dans les années 70 et je ne ferai hélas que mentionner l'Italie avec Crumar, Farfisa, Elka, l'Allemagne avec PPG ou Waldorf, la France avec le Kobol RSF, chacun faisant avancer l'affaire à sa manière. Cependant, il est temps d'admettre une évidence qui s'est peu à peu imposée. Le vieil axe atlantique entre l'Ancien et le Nouveau Continent, s'il reste fort culturellement, n'a plus le même poids en termes d'échanges. D'ailleurs, quand Zinovieff s'est rendu au NAMM show du temps de sa splendeur, il y a été accueilli avec une froideur distante qui ne sentait guère l'internationale des compositeurs mais bien plutôt la guerre commerciale des tranchées. En outre, ses machines allaient à contre-courant de la tendance générale : le superbe *Synthi 100* amené à grands frais dut être abandonné sur place pour une bouchée de pain afin d'économiser le transport du retour – ce qui donne une idée de l'intérêt que portèrent les Américains aux produits EMS. Non, les choses ont évolué depuis la Seconde Guerre mondiale et on a tout simplement changé d'océan : maintenant c'est autour du Pacifique que les choses se passent. En Californie, bien sûr, bientôt en Australie mais surtout, et énormément, au Japon.

L'ÉMERGENCE DU JAPON

Il faut dire que ça fait maintenant cent ans qu'ils sont sur le coup, les Japonais, et ce n'était qu'une question de temps avant qu'ils ne sombrent à leur tour dans la folie électronique. En 1868, l'année où Edison dépose son premier brevet, débute pour l'Archipel la nouvelle ère politique du Meiji qui extirpe soudainement sa société de plusieurs siècles de féodalisme Shogun, et dont la doctrine culturelle prône l'ouverture au monde en général et à l'Occident en particulier. Et avec l'Occident, bien sûr, le clavier, son cheval de Troie musical qui fascine par son invraisemblable monstruosité. Couper le son en tranches aussi nettes et l'assigner aux machines que l'on veut est le procédé le plus... antimusical qu'on puisse imaginer, c'en est presque obscène de détachement et de cruauté. C'est une logique complètement folle qui consiste à attribuer une fois pour toutes *une* fréquence à *une* note, sans jamais se mettre d'accord sur la meilleure façon de le faire, tout en se privant de l'infinie subtilité d'une hauteur légèrement altérée selon l'humeur du moment, tout ça pour pouvoir contrôler *toute la musique* ? Le concept a de quoi surprendre. Et séduire, aussi, parce que ça fonctionne magnifiquement bien. C'est le véhicule parfait pour faire chanter toutes les merveilleuses finesses harmoniques de la musique occidentale, ce ruissellement permanent de couleurs changeantes qui expriment d'un instant à l'autre la joie, la colère, l'espoir, l'amour, la mort, c'est complètement hypnotisant !

Précisons que cette irruption du clavier dans la culture japonaise ne s'est pas faite de but en blanc, elle avait un passeur, un instrument dont nous n'avons fort injustement pas encore parlé et qui a pourtant joué un rôle déterminant dans notre histoire : l'accordéon. Considéré souvent comme le parent pauvre des claviers, surnommé gaillardement le piano à bretelles et censé être l'instrument des classes populaires, beaucoup ignorent qu'il appartient effectivement aux peuples du monde... depuis plus de quatre mille cinq cents ans. C'est le premier instrument à utiliser la méthode des anches qui vibrent, créant une note quand on souffle dessus – Miessner ou Le Caine, pour ne citer qu'eux, ne faisaient que reprendre ce savoir multimillénaire en l'électronisant. Pour être parfaitement honnête, l'ancêtre de l'accordéon que l'on reconnaît être le *sheng*, un instrument chinois datant du vingt-cinquième siècle *avant* J.-C., ressemblait plutôt à un énorme harmonica dont on jouait cependant les notes avec les doigts. Il n'avait pas encore de soufflet et mériterait plutôt le nom d'orgue à bouche, mais c'est le *son* qui est là depuis le début et perdurera dans les cérémonies traditionnelles jusqu'à nos jours, se développant au fil des siècles au Japon sous le nom de *sho*, préparant l'arrivée de son cousin européen.

Celui-ci fut conçu dans les années 1820, et si l'on attribue son invention au Berlinois Christian Buschmann en 1822, il semblerait qu'on l'ait vu ailleurs en Europe, notamment en Russie, plusieurs années auparavant. Son brevet ne fut pourtant déposé qu'en 1829 à Vienne par Cyrill Demian, qui proposait bel et bien un instrument à bretelle et à soufflet, mais dont seule la main gauche actionnait cinq touches, qui produisaient chacune deux accords différents selon que l'air était aspiré ou expiré, comme sur un harmonica. Progressivement, on passe de cinq à huit touches, puis à douze, puis la main droite se trouve assignée à d'autres touches pour jouer des mélodies contre les accords de la main gauche, le nombre de plis du soufflet se multiplie, et en 1852 le bien nommé Philippe-Joseph Bouton invente l'accordéon-piano, où les touches de la main droite ne sont précisément plus des boutons, mais un vrai clavier avec marches et feintes soigneusement réparties selon l'agencement qu'on connaît. L'instrument se répand alors à une vitesse incroyable dans toute l'Europe : France, Allemagne, Italie (où la ville de Castelfidardo est devenu son épicentre le plus connu), tous se mettent à en construire en quantité et à en exporter dans le monde entier. Des formes dérivées apparaissent comme le *bandonéon* qui enflammera l'Argentine à la fin du XIXe siècle, toutes les régions du monde se l'approprient pour jouer leur propre folklore, le Brésil, le Mexique, la Colombie, la Louisiane, le Québec, les Antilles, le Cap-Vert, Madagascar, La Réunion, l'Égypte, le Soudan, l'Arménie... et le Japon, où dès le milieu des années 1850 on le voit apparaître dans la musique populaire.

TORAKUSU YAMAHA, PIONNIER DU GENRE

Aussi, quand quelques années plus tard s'achève une guerre civile ravageuse dont l'issue conforte l'emprise de l'empereur sur le pays en même temps que ses convictions internationalistes, la voie est ouverte pour les premiers harmoniums à anches vibrantes qui serviront de guide-chants, s'insinuant petit à petit, grâce à la sonorité fidèle et bien connue du *sho*, dans les méandres des oreilles nippones. Mais il y a *un* homme qui va officialiser l'entrée du Japon dans le club des claviers tempérés, il est né à Nagasaki le 20 avril 1851 (un mois après Emile Berliner), et son nom va prendre une importance considérable au cours du XXe siècle : il s'appelle Torakusu Yamaha. Troisième fils d'un samouraï de la préfecture de Wakayama, sa famille a explosé lors des profonds bouleversements sociétaux de la nouvelle ère Meiji. Il a reçu toutefois une excellente éducation de son père, astronome et mécanicien passionné, et il tente adolescent sa chance en étudiant l'horlogerie avec un ingénieur britannique. Rapidement il ouvre une échoppe, mais l'affaire capote faute de clients et sans doute d'expérience. Il commence alors une école de médecine puis prend un travail de réparateur d'équipement médical qui l'amène à Osaka, *la* grande ville ouverte sur l'Occident. Ce qu'il y voit l'emballe, l'avenir lui semble vraiment prometteur. Mais voilà qu'un jour on l'envoie dans la petite ville de Hamamatsu pour qu'il y contrôle et répare l'équipement du nouvel hôpital. Il est là pour un moment, il s'installe, et comme il est dans une petite ville, on sait rapidement qu'il est réparateur. Ça tombe bien, parce que l'harmonium de l'école est tombé en panne et on ne sait pas comment faire, peut-être que s'il voulait bien y jeter un œil… ?

Yamaha se retrouve devant un superbe *Mason and Hamlin* dont il tombe immédiatement amoureux. Après avoir localisé la panne, il répare l'instrument en prenant soin d'en faire le croquis le plus fidèle possible. Il a trente-six ans, ce qu'il a vu est une merveille de technicité et d'harmonie et quand il sort de l'école ce jour-là, c'est décidé : il va construire un harmonium japonais. Comment ses compatriotes sauront-ils résister à cette splendide invention ? Le succès est au bout du chemin, il en est persuadé (à juste titre). Il emprunte de l'argent à son logeur ainsi qu'au directeur de l'hôpital et il se met à la tâche d'en fabriquer un à sa façon. Deux mois plus tard, il a fini, son instrument a trente-neuf touches (un peu plus de trois octaves) et Torakusu est plutôt content du résultat. Mais à qui le montrer pour savoir si c'est au point ? Personne à Hamamatsu n'a les compétences pour lui répondre, aussi décide-t-il de le présenter à l'École de musique de Tokyo, tant qu'à faire, autant prendre ce qui se fait de mieux en matière d'autorité académique.

Et le voilà parti pour la capitale (deux cent cinquante kilomètres, quand même), tirant son orgue derrière lui, pour avoir la désagréable surprise de s'entendre dire à l'arrivée que l'accordage de son clavier est épouvantable et qu'il faut vraiment qu'il corrige ça. On comprend son désarroi : ce qui est plaisant à l'oreille occidentale en matière de tempérament est régi par des lois fort complexes et arbitraires dont un Japonais ne peut avoir la moindre idée à cette époque. Il a accordé son orgue à l'aveuglette, sans se rendre compte que des lois existent et qu'il ne peut pas les entendre. Rien qu'un peu d'étude ne puisse arranger, et il trouve peu après la façon d'accorder ses anches comme il convient.

Pour le reste, il sait faire : travail du bois, assemblage des pièces, tout est exécuté avec un soin minutieux. La qualité de son travail attire rapidement une clientèle et une renommée croissantes. Une classe moyenne est en train de se constituer qui veut avoir de la musique à la maison, à l'école ou au temple, et l'harmonium est fait pour ça. En quelques années, l'atelier grossit à vue d'œil et lorsque Torakusu fonde en 1889 la Yamaha Fūkin Saizōjo (Manufacture d'orgues Yamaha), l'usine compte déjà une centaine d'employés et sort deux cent cinquante harmoniums dans l'année. Il est lancé sur une trajectoire qui ne faiblira plus.

L'harmonium, il commence à le maîtriser, mais il faut dire qu'on en a vite fait le tour. Non, ce qui l'intéresse maintenant, le fascine, l'envoûte, l'appelle irrésistiblement, c'est bien notre roi des animaux, le Meuble Suprême, j'ai nommé le piano. En 1897, il fonde donc la Nippon Gakki Seizō (Manufacture japonaise d'instruments de musique) et, dans de nouveaux ateliers à Hamamatsu, il se lance dans la fabrication ô combien exigeante de ce délicat animal. Il attire alors l'attention du ministère de l'Éducation qui, en 1899, lui offre très intelligemment une visite de cinq mois aux États-Unis au cours de laquelle il visitera plus d'une centaine d'usines. Quand il revient, il se sent enfin prêt et, en 1900, il sort son premier piano.

Celui-ci est de bonne qualité, il reçoit même des prix aux expositions internationales, les résultats sont très encourageants. Yamaha a commencé avec des pianos droits, mais grâce à des collaborations allemandes et américaines, il sort en 1902 son premier piano à queue : en quelques années seulement il arrive à imposer la Nippon Gakki dans la cour des grands. La voie est toute tracée, il semble qu'il va passer sa vie à perfectionner ainsi ses pianos, mais voilà, en 1916 il meurt subitement à l'âge de soixante-cinq ans. Nous sommes pendant la Première Guerre et le vice-président de la société, Chiyomaru Amano, en prend la direction dans l'urgence – il en gardera les rênes pendant dix ans. En ces heures troublées, le Japon se substitue le temps du conflit aux producteurs occidentaux avec qui le contact est rompu et connaît un essor industriel et commercial phénoménal. À la sortie de la guerre, la compagnie est donc florissante et son carnet de commandes ne cesse de se remplir : en 1920, ce sont dix mille harmoniums et mille deux cents pianos qui sortent tous les ans de l'usine où travaillent plus de mille employés. Les ventes de piano doublent tous les deux ans, la progression est stupéfiante.

Hélas, les années qui suivent voient le balancier de la fortune s'abattre sur la jeune société. Le taux du yen s'envole, pénalisant les fabrications japonaises à l'export. Deux incendies coup sur coup détruisent leurs deux sites de production les plus importants, puis c'est le séisme de Kanto en 1923 qui achève de mettre à bas le siège de la compagnie. À peine reconstruits, les ateliers sont alors agités par une grève des ouvriers très dure qui mettra plus de trois mois à trouver une issue, lorsque les réserves financières seront épuisées de part et d'autre. Nous sommes en 1927, la Nippon Gakki est au bord de la faillite, le conseil d'administration propose en dernier ressort de relever Amano de la direction et d'y placer l'un de ses membres, Kaichi Kawakami. Contre toute attente, ce dernier accepte la proposition, retrousse ses manches et décide de remettre la compagnie sur pied. Il réorganise la production, coupe dans les dépenses, rembourse les dettes et assainit les finances. Le diapason tenu entre les griffes d'un dragon, l'emblème de la compagnie dont la présence rappelait les premières mésaventures de Torakusu Yamaha, se multiplie au nombre de trois dans la disposition croisée qu'on connaît encore aujourd'hui, et devient le sigle de tous les produits Yamaha. Chacun des diapasons représente un domaine où la société doit tendre à l'excellence : la qualité de fabrication, la modernité de la technique et l'efficacité du marketing – des valeurs encore en cours aujourd'hui. Il lance en 1930 la première salle d'écoute entièrement dédiée à l'étude de l'acoustique instrumentale et commence à tisser des liens étroits avec le système éducatif japonais dont il convoite la clientèle.

Malheureusement, c'est quand les affaires reprennent et les comptes sortent du rouge que le Japon se lance dans une deuxième aventure militaire dont les fabricants de pianos se seraient bien passés : dès 1937, par ordre du gouvernement, la Nippon Gakki voit sa production totalement réorganisée et se met à fabriquer des moteurs d'avions et de chars. Par chance, grâce à de puissants soutiens politiques, Kawakami réussit à échapper à la nouvelle règle qui prohibe la fabrication d'instruments de musique jusqu'à nouvel ordre, et la compagnie continue de produire quelques pianos bon an mal an, une chance que n'aura pas son concurrent direct Kawai. Cela dit, ses efforts pour sauver la boîte pèseront peu devant les bombardements américains qui ne lui laisseront à la fin du conflit plus qu'une seule usine debout. Après la capitulation de 1945, il ne reste donc plus grand-chose de la splendeur d'avant guerre et à l'automne ne sortent des usines que des instruments faciles à fabriquer comme des harmonicas ou des xylophones. Mais l'effort paye malgré tout et dès 1946, les premiers pianos recommencent à apparaître, d'autant plus que, grâce à son expérience acquise pendant la guerre, l'atelier peut maintenant fabriquer ses propres cadres en fonte. Kawakami, qui a su piloter la compagnie avec dextérité et dévotion pendant deux décennies plutôt agitées et qui approche de l'âge de la retraite, décide alors en 1950 de laisser à son fils Genichi le soin de porter plus loin les valeurs de son fondateur.

LES PREMIERS CLAVIERS ÉLECTRONIQUES

Ce qu'il fait avec brio. Mettant à profit l'expérience forcée de la guerre, il se lance dans la fabrication de moteurs à son compte en fondant en 1955 la Yamaha Motor Co, qui rencontrera le succès qu'on connaît. D'ailleurs, le mot d'ordre est : diversification. Les partenariats avec les écoles et les événements musicaux sont renforcés, une école Yamaha est même fondée qui forme les musiciens de demain. La marque fabrique des pianos, des guitares, des harmoniums, des accordéons, et louche sur les produits plastiques : elle deviendra le premier producteur au Japon de polymères renforcés avec de la fibre de verre, conduisant au juteux marché des équipements nautiques puis du sport. L'électronique enfin, qui nous intéresse tout particulièrement.

En 1959, le premier orgue électronique Yamaha sort de leurs usines, il est à transistor et il s'appelle l'*Electone*. Il est construit sur le modèle classique des orgues de salon, c'est-à-dire avec deux claviers de quatre octaves (une de moins que les *Hammond*) et un pédalier d'une octave plus une note (ce qui est tout petit). Le fait qu'il ne soit pas à lampes augure d'une modernité de pointe, bien qu'encore débutante : chaque touche est reliée à un oscillateur et le déclenche de façon assez crue, ce qui produit un son peu plaisant, mais il faut bien commencer quelque part. Les ingénieurs de Yamaha passeront alors la décennie à peaufiner leur idée du clavier jusqu'en 1970 où ils sortent un instrument avec circuit intégré. En dix ans, ils ont assimilé trois révolutions : des lampes aux transistors et des transistors aux circuits intégrés, les fameux *microprocesseurs*.

Cette dernière invention, qui concentre des milliers de circuits en leur donnant des capacités autonomes de mémoire et de logique, est un progrès électronique considérable qui va bouleverser la technologie du son. Ce qui va inciter Yamaha à s'interroger : où sommes-nous en train d'aller ? Notre premier harmonium date de 1887, nous fabriquons des pianos depuis 1900, ne serions-nous pas en train de nous accrocher à de vieux modèles ? En outre, les ventes d'orgues de maison commencent à décliner, le marché sera bientôt saturé. Conclusion : il faut changer de direction. On ne veut plus électroniser un orgue, on veut placer le synthétiseur au centre de notre recherche. Plus d'entraves, on aide le clavier à s'envoler. Ça fait un petit moment qu'ils cherchent l'angle, et là ils le tiennent et ne vont plus le lâcher. En 1975 sort donc le *GX-1*, un monstre de trois cents kilos qui les propulse au centre du jeu. Moulés avec le tabouret dans un ensemble superfuturiste, trois claviers superposés, un ruban comme sur les premiers Moog, un pédalier, des touches sensibles à la vélocité (c'est-à-dire à la force de la frappe) et même un *aftertouch* latéral permettant un vibrato sur les notes tenues, comme sur un manche de violon. Cartouches de mémoire disponibles pour sauvegarder ses sons ou s'en procurer d'autres, etc., etc. La conception générale propose le meilleur des deux mondes, l'orgue et le synthé, et le résultat est totalement époustouflant, c'est la Rolls des claviers. Au prix d'une Rolls d'ailleurs, puisqu'il se cède à près de trois cent mille euros actuels. Mais la liste est longue de ceux que cela n'effraie pas : Keith Emerson, Stevie Wonder (qui en tapissera littéralement son album mythique *Songs in the Key of Life*), John Paul Jones de Led Zeppelin, Benny Andersson de Abba...

1975, c'est l'année où ARP sort aussi son premier synthé polyphonique, l'*Omni*, en même temps que le *Polymoog*. Mais leur approche à tous deux est plus laborieuse car elle vient des modules, des oscillateurs, du travail sur le son monophonique d'abord, alors que Yamaha vient de l'orgue, de façon très pragmatique, et envoie un son énorme sans le moindre état d'âme. Ils ne sont pas encore en compétition directe en raison de la différence de prix mais avec cette machine de rêve, ils signifient clairement leurs ambitions futures. Et en 1977, ils basculent dans le tout-synthé, adieu les pédaliers, les doubles claviers, ça y est ils sont dans le jeu. Ils refont le coup de la Rolls des synthés mais cette fois pour vingt mille euros, quinze fois moins cher et un tiers du poids. C'est le *CS-80*, qui trouve immédiatement sa place dans le top dix des synthés éternels. Le son est d'un moelleux inégalé, il propose des presets d'une souplesse faite pour plaire instantanément au musicien. C'est avec ce synthé mythique que Vangelis réalisera une bonne partie de la musique du film de Ridley Scott, *Blade Runner*, notamment la mélodie évanescente et cuivrée qu'on entend dès les premières mesures du générique.

Quelques petits défauts existent malgré tout : le poids, d'abord, car trimballer sur la route un clavier de cent kilos n'est pas une sinécure, et ensuite le fait que les oscillateurs se désaccordent facilement et s'avèrent compliqués à réaccorder, il faut sortir le tournevis et y passer la matinée. Néanmoins, du synthé de luxe réservé aux *happy few*, Yamaha est descendu d'un cran et s'adresse à des professionnels un peu moins fortunés : le milieu se rue sur l'instrument qu'on retrouve dans des milliers de bandes originales ou albums, allant de *Thriller* de Michael Jackson à *Who Are You* des Who, en passant par Peter Gabriel, David Bowie ou Brian Eno, mais également dans des studios de moindre éclat, élargissant ainsi sa clientèle à la production de musique en général. Conquérir le marché par le haut en passant du secteur professionnel spécialisé à celui du grand public est une trajectoire extrêmement originale et risquée, car cela suppose des produits d'une qualité impeccable, faute de quoi la réputation de la marque s'effondre. Heureusement, la gestion assurée de Genichi Kawakami réussit à combiner une qualité technique de haut niveau avec une créativité totalement dévouée au service du musicien, ce qui en fait des instruments qu'on aime acheter.

La marque continue ainsi d'avancer dans sa recherche du Clavier Parfait selon ses critères : bon marché, totalement innovant, avec un son énorme. Et bientôt leur patience finit par être récompensée. En 1983, année charnière dans l'histoire de l'électronique musicale, va sortir de leur atelier un instrument qui remplit toutes ces conditions : il coûte moins de deux mille dollars, il développe la technique révolutionnaire de la synthèse FM, et les sons qui en sortent donnent l'impression d'être au milieu d'un bol de *Rice Krispies* en quatre dimensions. Ce synthé va bouleverser non seulement la méthode de fabrication du son mais aussi toutes les règles du métier, puisque ce bijou se vendra à presque deux cent mille exemplaires, c'est-à-dire cent fois plus qu'un succès moyen ! Depuis Hammond on n'avait jamais vu ça ! Le tube absolu, le triomphe planétaire, le must indiscutable, le chouchou immédiat, le *DX 7* !

LE *DX 7*

On remarque que nous arrivons à un point où la production de synthés foisonne depuis une bonne décennie et que des noms tels que le *Solovox*, l'*Odyssey* ou le *Novachord* ont laissé progressivement la place à des dénominations par assemblages de lettres et de chiffres. C'est un procédé un peu indigeste car on ne sait plus si on parle de voiture, de satellite ou d'instrument de musique. Si Hammond pouvait faire chanter sa marque en baptisant ses modèles *Dolphin*, *Maverick*, *Cadette*, *Romance*, *Cougar*, *Commodore*, *Elegante*, ou encore *Colonnade*, il y a dans le cas de Yamaha une politique de dénomination numérique dès le départ, et cette la logique finira par s'étendre à presque tout le marché.

Ce mode un peu rébarbatif d'appellation trouvera avec le *DX 7* un ambassadeur mondial (en français : le déikset) qu'on ne peut ignorer. Car en une année, celui-ci est partout. Sur tous les albums, dans tous les studios, sur toutes les scènes, dans toutes les séries télé, toutes les musiques de films, c'est un déferlement phénoménal, on n'avait jamais vu ça. Il va jusqu'en Afrique, où son preset numéro 22, un son de marimba légèrement modifié, fait désormais partie intégrante de l'orchestration standard en musique sénégalaise.

Le bon synthé au bon moment : le rêve de tout fabricant et que Yamaha vient de réaliser. Mais il ne s'agit pas d'un coup de chance, c'est le fruit d'une logique persistante d'amélioration au service du musicien dont ce modèle représente une forme de perfection aboutie. Il est rectangulaire, sa couleur est marron très foncé et il est lisse comme une peau d'anguille – pas de boutons qui dépassent, à part les molettes de pitch et de modulation, en plastique sombre également, et deux curseurs intitulés *volume* et *data entry*. Comment fait-on alors pour communiquer avec ce mutant de l'ère Terminator ? Il y a bien un clavier, il fait cinq octaves de *do* à *do*, mais pour choisir les sons, les modifier ? Comment rentrer dans la machine ? La solution retenue par les ingénieurs Yamaha ressemble beaucoup à celle développée pour le *Rhodes Chroma*, mais poussée jusqu'au bout. L'interface se fait quasi exclusivement par des membranes vertes en très léger relief qui réagissent agréablement en cliquant sous le gras du doigt. Tout ce qui concerne la navigation dans les menus de programmation passe par ce système, et ce n'est que quand il faut graduer une valeur à la louche qu'on a recours au *data entry*, sorte de curseur universel.

Rien que ça en fait un synthé à part. D'habitude, ce qu'on aime dans cet instrument, c'est tourner les boutons, tripoter des curseurs, tordre la machine dans tous les sens pour avoir un contact sensible avec le son, mais le *DX 7* dit exactement l'inverse : aujourd'hui, l'instrument que nous vous proposons offre tellement de possibilités, avec une logique tellement sophistiquée, qu'il est vain d'imaginer le programmer en temps réel. Oubliez le vieux carcan de l'analogique, vous êtes dans le monde de la synthèse FM digitale qui met sa merveilleuse complexité au service du musicien et de son clavier. Assignez à l'avance les effets que vous voulez aux touches qui sentiront non seulement votre vélocité mais également la pression continue de votre doigt une fois la note jouée, tordez la justesse du son avec le *pitch bend*, vous disposez même d'une molette de modulation pour un effet supplémentaire, alors soyez modernes, soyez précis et prêts à dégainer tout de suite le son qui tue, il suffit juste d'assigner les bons paramètres, mais faites ça à la maison, pas sur scène. L'ère des robots est arrivée : on les programme et on ne s'en occupe plus après. Et pour ce faire, à l'endroit où on s'attendrait à trouver les interfaces de commande, on n'a pour tout secours que des diagrammes en pattes de mouche indiquant seize combinaisons différentes (baptisées *algorithmes*) de six *opérateurs* (en fait des oscillateurs digitaux) et un minuscule écran d'affichage. Bienvenue au monde des calculs, et bon courage pour la lecture du manuel qui vient avec.

Mais en contraste avec cette approche très cérébrale, le *DX 7* est l'exemple type du *plug and play*. On le sort du carton, on regarde la notice deux minutes le temps de comprendre qu'on va y passer la soirée, on la repose et on branche le synthé si avidement désiré. Et de ce clavier robotique sortent des sons d'une accroche irrésistible. C'est comme si, en cuisine, on passait du vieux couteau de table à la lame en céramique. Tout est bien aiguisé, les attaques, les enveloppes sonores, le contrôle du clavier, l'imitation de certains instruments comme la basse électrique « slappée » ou bien les percussions, tout ce qui a des harmoniques un peu bizarres : quand on pose les mains sur le clavier on ne peut plus le lâcher. Ironie savoureuse, au service après-vente de Yamaha qui reçoit les appareils endommagés, on s'aperçoit que près de 90 % des acheteurs n'ont modifié aucun des sons proposés. Autrement dit, ils étaient très contents des presets d'usine, et de toute façon, puisqu'on peut en acheter d'autres en petites cartouches qu'on insère dans l'instrument, pourquoi chercher à comprendre les principes de la synthèse FM alors qu'elle sonne aussi bien en toute ignorance ? Attirée par une technique nouvelle de synthèse du son, la clientèle moyenne se voit donc offrir un instrument qui la dispense de sa compréhension, même si à l'opposé, dans des endroits comme l'IRCAM, le foisonnement de ses possibilités est exploré, bien sûr, avec le plus vif intérêt.

En attendant d'en apprendre plus sur ce procédé révolutionnaire qu'est la synthèse FM, il nous sera néanmoins utile de savoir que son principe a été découvert et breveté par un musicien et enseignant américain de la côte Ouest, John Chowning, et que sa licence d'exploitation fut acquise dans les années 70 par Yamaha, ouvrant la voie à une collaboration transpacifique entre le Japon et la Californie dont la sortie du *DX 7* constitue l'éclatante réussite. C'est un moment de bascule capital, car ce succès rend soudain visible le résultat d'une dynamique engagée depuis un siècle de la part de la marque japonaise qui consiste à s'imposer dans le marché mondial de la création musicale en échangeant connaissances et technologies, et elle a trouvé en Californie un collectif de talents merveilleux qui va désormais devenir son partenaire principal. Tant qu'il s'agit de fabriquer un piano, le cahier des charges est tellement contraignant que l'inventivité y joue un rôle réduit, mais en matière de synthé, tout est ouvert, l'imagination et le flair sont les seules boussoles auxquelles on puisse se fier. Ne pas se nourrir de l'invraisemblable créativité de la San Francisco Bay Area serait un crime, et en exploitant les découvertes magnifiques des Américains, tout en vérifiant constamment que l'agrément de l'utilisateur demeure au centre des préoccupations, que le prix reste au plus bas et que l'instrument est fiable, Yamaha fait preuve d'une imagination pratique et industrielle absolument remarquable.

Il faut dire que cette année 1983 est très spéciale dans l'histoire de la musique, car elle marque également l'introduction du CD dans la consommation courante, officialisant l'irruption du numérique dans notre vie de façon irréversible. Le digital est là, sous nos doigts, et on sent à cette époque qu'il n'y a *aucune limite* à ce que l'on va pouvoir accomplir avec cette nouvelle façon de tripoter le son. Or, cette invention a été développée à nouveau dans le cadre d'une collaboration japonaise, mais cette fois-ci entre Sony et les Hollandais Philips. Le monde entier assiste ainsi à cette montée en puissance du Japon, associant progressivement son succès tant à sa créativité commerciale qu'à son système de collaboration, et le *DX 7* amplifie sans aucun doute cette perception.

Enfin, n'oublions pas que 1983 est également l'année de naissance du protocole de communication entre les synthétiseurs dont nous avons déjà évoqué l'existence, le signal MIDI. Lui aussi est le fruit d'une collaboration transpacifique, son initiateur est japonais, il s'appelle Ikutaro Kakehashi et c'est sans doute lui qui incarnera le mieux ces valeurs nippones, façon *self-made man*.

IKUTARO KAKEHASHI, PLUS FORT QUE LE DESTIN

Sa vie comporte beaucoup de similitudes avec celle de son prédécesseur Yamaha, dont il deviendra avec sa marque Roland le concurrent direct quatre-vingts ans plus tard. Il voit le jour au pire moment pour un sujet de l'empereur, c'est-à-dire en 1930. En effet, un an après sa naissance, le Japon envahit la Mandchourie, puis l'escalade continue avec la guerre sino-japonaise en 1937 et une bonne guerre mondiale par-dessus le marché pour finir en mai 45 dans les circonstances qu'on connaît : on ne peut pas appeler ça une enfance de rêve. Orphelin à l'âge de deux ans, Ikutaro est élevé par ses grands-parents qui habitent Osaka et lorsqu'il obtient son diplôme d'ingénierie chimique du collège préfectoral d'Osaka à l'automne 45, il ne reste après les bombardements plus grand-chose de la ville dans laquelle il a grandi. La maison de ses grands-parents a brûlé, il souffre de malnutrition chronique et il est obligé d'abandonner à grand regret ses études pour se refaire une santé à la campagne de Kyushu, l'île méridionale de l'Archipel dont est originaire sa grand-mère. La nourriture y est plus abondante et le cadre plus revigorant que les ruines d'Osaka peuplées de gens faméliques et désorientés, il commence à reprendre du poil de la bête. Du coup, il s'ennuie.

Il finit par trouver un emploi au cadastre et, pendant quatre mois, il sillonne la région, parlant à chaque habitant de chaque maison de chaque commune, offrant ainsi à son destin entreprenant le premier réseau de ses futurs clients. Car bientôt il se fait engager par un horloger dont il léchait la vitrine depuis un certain temps, fasciné par les mécanismes exposés en devanture dont les enchevêtrements lui parlent avec une clarté troublante. À cette époque, on a *une* montre et puis c'est tout, et quand elle tombe en panne, il faut bien la faire réparer. Les boutiques d'horlogerie croulent donc sous les clients et pour un jeune homme en quête d'un métier, s'engager dans cette voie semble un raisonnement sain. En quelques semaines d'apprentissage auprès du maître horloger, il assimile aisément les rudiments sur les pendules que celui-ci lui enseigne et demande à passer à la suite, c'est-à-dire les montres de poignet. Et là, ça bloque. Son maître lui explique que ce n'est pas comme ça que ça se passe, que l'apprentissage ne dure pas deux mois mais sept ans, trois ans sur les pendules, puis l'entretien, les fournitures, la comptabilité, et *enfin* les montres, et que ça s'est toujours passé comme ça depuis que le métier existe. Comme tous les esprits brillants qui se découvrent, Ikutaro comprend alors que sa soif de connaissance est beaucoup trop vorace pour s'accommoder de délais aussi infiniment lents. Il remercie son maître en s'excusant platement, et commande un livre promettant des instructions complètes sur l'art de réparer les montres avec la ferme décision de le lire et de se mettre à son compte.

Ce qu'il fait rapidement, avec le succès qu'on suppose. On voit que comme Hammond ou Yamaha, c'est dans l'horlogerie que Kakehashi trouve la clé qui le fait entrer dans le monde de la lutherie. Et comme il n'a pas de temps à perdre et que sa curiosité est insatiable, il se met rapidement à réparer des radios, auxquelles il porte un intérêt tout particulier. En effet, au milieu de ce Japon dévasté surnage pour lui une montagne de bonheur : l'irruption de la musique américaine sur les ondes nippones. Pendant de longues années, celles-ci avaient été surveillées par une censure extrêmement stricte et ne diffusaient quasiment que des chants patriotiques et des informations officielles, et voilà que tout d'un coup, toutes les barrières tombent et qu'une musique libre inonde l'éther avec des mélodies, des harmonies et des rythmes totalement nouveaux et étonnamment séduisants... Pour Kakehashi, c'est une source d'émerveillement infini, et son lien avec ce plaisir, c'est la radio, aussi lui consacre-t-il rapidement son intérêt d'ingénieur débutant – on l'imagine en train de réparer dans son échoppe de Kyushu montres et récepteurs en écoutant Glenn Miller en musique de fond. Mais il attend plus de la vie. Après avoir passé une année à travailler la terre de son oncle, il décide de retourner faire des études à Osaka, cette fois-ci pour y apprendre l'électronique. Ce qu'il sait déjà le passionne littéralement, il n'est qu'une éponge demandant à s'imbiber de savoir, et c'est sans aucun doute la seule chose sensée à faire.

Hélas, au moment où il prépare l'examen qui lui donnera accès à l'université, sa santé décline à nouveau et le médecin lui apprend qu'il a la tuberculose. Cette maladie infectieuse est très répandue autour de lui, et le seul traitement que l'on connaît à l'époque tient en trois principes : de la nourriture, du bon air et du soleil. On procède aussi à des injections de calcium, histoire de faire quelque chose, mais cela ne semble avoir d'effet ni négatif ni positif sur l'évolution de la maladie... Au bout de six mois une place se libère enfin dans le sanatorium de Sengokuso et Kakehashi se retrouve au lit, les forces au plus bas, le moral encore en dessous, des rêves écrasés plein la tête et des heures à tuer. Il commence donc à réparer les montres et les radios des autres patients et du personnel hospitalier, ça lui fait des petites rentrées d'argent. En 1951, il apprend que des programmes de télévision seront bientôt disponibles au Japon et pour lui c'est une certitude : il *doit* voir la première diffusion sur sa propre télé, celle qu'il aura fabriquée lui-même. C'est obligé, s'en priver lui semble insoutenable. Il emprunte alors une considérable somme d'argent à sa tante pour pouvoir s'acheter les composants séparément (tout à fait conscient qu'il ne vivrait peut-être pas assez longtemps pour la rembourser) et sur son lit d'hôpital il assemble les pièces à temps pour la première émission de trois heures... Et ça marche ! Une fois par semaine, il savourera son plaisir si ardemment désiré, tout en réalisant que la libre circulation des ondes est une des plus belles inventions de l'homme.

Sa santé continue toutefois de décliner, ce qui paradoxalement va le sauver : quand le sanatorium dispose enfin de quelques doses du premier antibiotique contre la tuberculose, la streptomycine, son état est tellement grave qu'il est un des premiers patients à être choisi comme cobaye pour ce traitement. Le résultat est immédiat. Dès le lendemain, il retrouve l'appétit et commence à reprendre du poids – le diplômé d'ingénierie chimique est sauvé par les siens. Cela prendra quelque temps avant qu'il reprenne l'épaisseur nécessaire pour affronter les mouvements de la vie, mais la pente est solide et il finit par sortir de l'hôpital en 1954. Dans ses plans, ces quatre années passées auraient dû être dévolues à ses études, mais à présent il est trop tard. Il décrète qu'il est sorti de ce qu'il appelle l'Université de Sengokuso, épouse sa fiancée (avec qui il aura un fils peu après) et ouvre un atelier de réparation de radios et télés. En route pour la vie active, il était temps.

L'électronique domestique s'étendant aux autocuiseurs de riz ou aux machines à laver la vaisselle, Kakehashi élargit progressivement son champ d'action et à la fin des années 50, la Ace Electrical Co est une solide société d'électroménager qui emploie vingt personnes. L'affaire tourne rondement, et c'est ainsi que le veut Kakehashi, car en tripotant les radios il a contracté une nouvelle maladie, incurable cette fois-ci, qui ne frappe que les esprits les plus créatifs et dévore tout leur temps : la théréminite. Inventeur intuitif et amoureux de musique, il n'a pas pu résister à l'appel de la radio et s'est jeté dans la lutherie électronique avec passion, surtout depuis qu'il a entendu un des premiers orgues à lampes jouer dans une église. Un si beau son, que l'on peut obtenir avec des matériaux si simples et une technologie si accessible sans avoir à entretenir deux ou trois centaines de tuyaux, c'est un miracle ! Dans l'arrière-boutique de son magasin, il commence donc par fabriquer un *Theremin*, puis un orgue rudimentaire de quarante-neuf touches. Il a trouvé sa passion et en 1960 il fonde une nouvelle compagnie, la Ace Electronic Industries qui va absorber le plus clair de son énergie – de toute façon, on ne le voyait pas vendre éternellement des lave-linge et des sèche-cheveux.

Le premier instrument à sortir de son atelier n'est paradoxalement pas un clavier. En entrepreneur avisé, Kakehashi sait que le marché des orgues est déjà solidement occupé et qu'il n'a pas les connaissances techniques suffisantes pour s'y lancer comme ça. En revanche, un produit nouveau, promis selon lui à un grand avenir, lui permettrait d'occuper la place avant tout le monde et c'est sur la boîte à rythme qu'il va jeter son dévolu. Il a admiré le *Side Man* de Wurlitzer sorti en 1959 qui propose douze figures prédéfinies générées par des oscillateurs à lampes, mais il en a également remarqué l'encombrante et imparfaite réalisation, et comme tout inventeur, s'est dit : c'est génial, mais je peux faire mieux que ça.

Il commence par un premier modèle, le *Rhythm Ace RI*, qu'il dote de transistors au lieu des vieilles lampes, produisant des sons percussifs de synthèse que l'on déclenche lorsqu'on enfonce les boutons correspondants aux différents instruments. Aujourd'hui on appelle ça un *drum pad* et on en voit partout, mais à l'époque l'idée peut sembler totalement farfelue. Des sons de batterie sous les doigts ? Qui ne jouent pas tout seuls ? Quel intérêt ? Kakehashi le voit bien, il ne s'agit là que d'une première étape, il sait que bientôt ces sons pourront être programmés électroniquement et qu'on pourra définir soi-même leur agencement, mais il faut bien commencer par le commencement alors il décide de prendre un *Rhythm Ace* sous un bras et un *Canary* – un petit synthé monophonique – sous l'autre, et se rend au NAMM show de 1964 à Chicago pour y exposer sa modeste production. Histoire de voir comment ça se passe là-bas, en Amérique.

C'est la claque, mais il s'y attendait. Il faut dire que c'est particulièrement hardi de sa part de débouler tout seul de nulle part et de poser ses deux machines dans un salon international qui parle une langue dont il ne connaît que les rudiments et aucun des usages. Et puis, concrètement, s'il veut voir ce qui se fait ailleurs, il est obligé de fermer son stand, ce qui n'est pas très bon pour le business... Mais lorsqu'il s'accorde quelques minutes pour marcher dans les allées du salon et parcourir les autres stands, il découvre abasourdi l'existence du *Chamberlin*, se réjouit de la présence d'un *Theremin* (dont le démonstrateur est Bob Moog mais il ne l'apprendra que plus tard), et sent une méfiance généralisée dans les stands d'orgues dès qu'il commence à poser des questions un peu précises. L'industrie dans ce secteur est en effet à couteaux tirés et Kakehashi, en tant que Japonais, n'est pas particulièrement le bienvenu. Enfin, il prend la mesure du florissant marché de la musique et de la puissance de réalisation qui l'alimente.

Le bilan immédiat de l'opération est modeste : il a vendu huit machines, mais c'est un début. Il a trouvé un distributeur, il a même sympathisé avec un facteur d'orgues plus aimable que les autres, dont il a visité l'usine à Waynesboro en Virginie. Mais il a surtout compris comment le jeu se jouait, et il a maintenant assez d'informations pour savoir où il met les pieds. Et puis, sur le retour, il s'arrête à Los Angeles où il en prend plein les yeux... et les oreilles en allant écouter au Hollywood Bowl Duke Ellington, Ella Fitzgerald et Oscar Peterson, la classe totale. C'est clair, il reviendra.

Une fois de retour à Osaka, il prend le temps qu'il faut pour perfectionner son *Rhythm Ace*, et en 1967 le nouveau modèle est prêt sous le sigle *FR-1*. Cette fois-ci, il est très séduisant. Il ressemble un peu à une tête d'ampli, ou à une grosse radio rectangulaire. L'objet est beau, sa façade en aluminium argenté est comme enrobée par la caisse de protection dont la poignée supérieure souligne une utilisation mobile et robuste. Seize boutons rectangulaires que l'on pousse, un peu comme sur une machine à laver (un vestige de sa période d'électroménager ?), proposent seize rythmes différents : rock'n'roll, valse, tango, slow rock, fox trot, dixieland, western, bossa nova, swing, biguine, rumba, samba, mambo, cha cha, shuffle et marche. Sur la droite, un bouton de volume et un de tempo que l'on tourne, et enfin la touche du chef, le petit détail qui change tout : quatre boutons circulaires qu'on enfonce et qui permettent de soustraire un ou plusieurs éléments de la figure rythmique, comme la grosse caisse, le shaker, la clave ou les congas. On ne peut pas modifier les rythmes mais on peut en altérer de cette façon les accents et en changer facilement l'aspect. De plus, on peut jouer deux presets en même temps, ce qui permet des combinaisons comme rumba-shuffle ou valse-western aussi créatives qu'improbables.

L'accueil réservé à la *FR-1* est très différent de celui qu'avait suscité son prédécesseur. Non seulement elle excite l'intérêt en *stand alone*, c'est-à-dire comme élément indépendant à acheter tel quel, mais elle attire également l'attention des ingénieurs de chez Hammond qui prennent contact avec lui pour en équiper leur prochain modèle d'orgue, le *Piper* qui sortira en 1970. Ce petit clavier portable et sans pédalier aura une boîte à rythme et proposera ce système génial qui joue les accords de main gauche en arpège : lorsqu'on pose la main sur le bas du clavier et qu'on joue par exemple l'accord *do mi sol do*, en fonction de la figure choisie, l'orgue va jouer en rythme une ligne de basse fondée sur ces notes, par exemple pour une habanera (le rythme de la chanson de Carmen), il va faire *do sol-mi sol, do sol-mi sol*, en boucle, permettant à des débutants de se faire plaisir immédiatement. Pour Kakehashi, c'est l'ouverture qu'il espérait. Il va enfin entrer dans le circuit. Et pas avec n'importe qui, avec Hammond, le grand horloger, le *self-made man*, le grand ingénieur, le plus grand entrepreneur de la profession. On imagine l'émotion du Japonais ! Rapidement le deal est fait, et même plus, car il se trouve que Hammond International cherche un partenaire sur le marché asiatique pour distribuer ses orgues, voire en fabriquer sur place. Pour Ikutaro qui a su les convaincre qu'il était l'homme qu'il leur fallait, c'est vraiment inespéré, il entre dans le business par la grande porte.

Un tel volume de production suppose des changements de fond dans son organisation. Tout d'abord il crée une nouvelle société en 1968, la Hammond International Japan, en *partnership* avec la marque américaine, instituant là un procédé de participation auquel il sera fidèle toute sa carrière : *kakehashi* ne veut-il pas dire « pont » en japonais ? Il garde sa marque Ace, qui alimente en boîtes à rythme le *Piper*, et va fabriquer des orgues sous licence. L'atelier d'Osaka étant trop petit, il déménage à Hamamatsu : la ville est en pleine expansion et, depuis l'époque où Torakusu Yamaha y construisait son premier harmonium, elle est devenue un centre industriel de haute technologie réputé – 100 % de la production japonaise de pianos y est fabriquée, ainsi que 95 % de ses motos !

Grâce à son solide carnet de commandes et à sa direction avisée, Kakehashi voit ses compagnies croître à une vitesse exponentielle, mais, concentré sur la qualité de sa production, il ne se rend pas compte qu'un problème financier est en train de mijoter dans le fond qui va bientôt lui causer des soucis. En effet, il n'est pas le seul patron de sa boîte, il a un associé, Kazuo Sakata, dont il apprécie beaucoup la collaboration même s'il est ce qu'on appelle un partenaire silencieux. Un profond respect unit les deux hommes et c'est sur cette solide entente que Kakehashi a pu s'appuyer et croître de la sorte. Mais au fil des injections de capital, Sakata est devenu actionnaire majoritaire dans les sociétés qu'ils détiennent tous les deux, y compris chez Hammond Japan, et lorsque la société Sakata Shokai est rachetée par un fabricant de produits chimiques, Kakehashi se retrouve avec à ses côtés non plus son vieil ami mais des industriels ne comprenant rien à la musique et auxquels il faut pourtant obéir. Et ça, Kakehashi n'en veut pas, ça le ralentit, le distrait, l'étouffe, alors la mort dans l'âme, il vend en 1972 ses parts chez Hammond et sa chère Ace Company avec laquelle il avait débuté, démissionne des conseils d'administration et, une fois encore, se remet à son compte.

L'ÉPOPÉE DE ROLAND

Déjà, il lui faut un nom. Un nom international, que l'on pourra prononcer dans toutes les langues. Il veut une initiale originale, qui se distingue, il a remarqué que la lettre R n'apparaît pas dans les listings d'exposants habituels dans les salons musicaux. Il feuillette l'annuaire téléphonique de Los Angeles et tombe sur le nom *Roland*. Il aime bien, deux syllabes aux sonorités rondes qui finissent par une petite occlusion, c'est ce qu'il lui faut. Il improvise un graphisme, le découpe et le pose sur un petit orgue dans son atelier en face de son bureau. Tous les jours pendant une semaine, ses yeux tombent dessus, il teste visuellement pour voir si ça tient le coup. Oui, c'est bon, il garde. Et tant mieux si plus tard on racontera de façon fantaisiste que sa marque s'est inspirée de la célèbre *Chanson de Roland*, ça ne fera qu'ajouter du lustre au capot.

Le nom, c'est fait, maintenant il lui faut une stratégie. Car il est le nouveau venu dans un marché des claviers qui est verrouillé depuis longtemps par

Yamaha et Kawai, les deux marques ayant développé sur le territoire nippon leur réseau de distribution de façon quasi hermétique. Sa seule chance de s'en sortir, estime-t-il, est de proposer d'une part un produit original, donc sans concurrence, ce qu'il a commencé à faire avec ses boîtes à rythme, et d'autre part de développer une distribution à l'étranger qui lui donnera une image de marque internationale. L'autre avantage de l'export, c'est qu'il est payé à la livraison, ce qui insuffle tout de suite de l'argent frais dans la comptabilité. Et comme ses fournisseurs japonais sont payés en général avec trois mois de délai, si rien ne vient gripper la mécanique il peut fabriquer un instrument en trois mois et le vendre à l'étranger sans sortir d'argent. C'est très tendu, le moindre dérapage ou accident implique un très gros chèque, mais s'il fait attention ça devrait bien se passer.

Et effectivement, tout se passe bien. De fait, il mettra huit ans à équilibrer ses comptes de telle sorte qu'il n'est plus sur la corde raide, huit années pendant lesquelles le développement de Roland sera… stratosphérique. Très habilement, Kakehashi développe un système de partenariat à l'étranger selon les règles suivantes :

> 1 – Avec un système de moitié-moitié, Roland et le partenaire local investissent le même capital.
>
> 2 – Le partenaire local sera forcément un *vrai* local, pas une filiale d'un groupe basé ailleurs. C'est lui qui décide qui il va employer, quelle stratégie adopter, etc.
>
> 3 – Financièrement, le partenaire local sera entièrement autonome, l'important étant de conserver à parties égales l'indépendance et les obligations.
>
> 4 – Le directeur doit être plus jeune que Kakehashi.

Sa vision va à l'encontre de ce que lui disent ses conseillers légaux : en cas de désaccord, à 50/50 vous êtes bloqué, prenez le 1 % supplémentaire qui vous laisse les mains libres. Non, non, répond Ikutaro. Chacun doit considérer que c'est *son* affaire, après on trouve toujours des solutions. Et effectivement, au fil des ans, il y aura des fermetures, des transferts de brevets ou encore de graves problèmes de taux de change, mais à chaque écueil, une solution viable est proposée qui satisfait les deux parties, révélant à quel point Kakehashi est aussi bon businessman qu'ingénieur. Avec ce système, il va prendre pied en Australie, aux États-Unis, au Canada, en Europe et même à Taïwan, et au début des années 80, la marque Roland est connue et appréciée sur toute la planète. Elle fabrique des pianos électroniques (gamme *EP*), des pédales pour guitare sous le nom de Boss, dont la *AD50 Double Beat* qui est l'ancêtre des multi-effets, des synthés comme le très bon marché *SH-1000*, sorti en même temps que le premier Korg (une autre marque japonaise qui déboule à son tour sur le marché et se positionnera comme concurrent direct de Roland), suivi de l'inoubliable *Jupiter 4*, des amplis de guitare dont le très célèbre *Jazz Chorus* qui reste à ce jour l'un des modèles préférés des professionnels, une guitare-synthé, la *GS 500*, sortie en même temps que l'*Avatar* d'ARP et tirant ses marrons du feu beaucoup plus habilement, des racks d'effets comme son fameux *Space Echo* qui peupleront maints et moult enregistrements des années 70, un gros synthé modulaire acheté par la radio japonaise NHK ainsi que par les Britanniques de la BBC, le *System 700* (qui sera aussi beaucoup utilisé dans les premiers albums de Depeche Mode), et surtout des boîtes à rythme qui, comme il l'avait imaginé presque vingt ans auparavant, vont lui permettre de s'imposer comme référence incontournable.

Il les développe grâce à un microprocesseur de sa conception, le *MCB micro composer*, et lance en 1980 la *TR-808* qui connaît un succès instantané. Elle est programmable, c'est-à-dire qu'on peut composer le rythme que l'on veut et même définir une structure enchaînant plusieurs figures différentes pour en faire une chanson. Trente-deux allocations mémoire permettent de sauver autant de rythmes et de combinaisons qu'on le désire. Chaque élément rythmique est modulable en hauteur, en volume, en longueur ou en brillance, et l'ensemble est d'un usage intuitif immédiat. Ce n'est pas la première drum machine puisque, on s'en souvient, le *Rythmicon* de Theremin en était bien l'ancêtre dès 1931, et puis en 1963 il y avait *Bandito the Bongo Artist* de Raymond Scott pour ne citer que lui, puis dans un passé plus proche le *ComputeRhythm* de la marque italienne Eko, ou encore le *PAiA Programmable Drum Set* à construire chez soi, mais rien qui approche la merveilleuse aisance avec laquelle la *TR-808* nous fait basculer dans le plaisir musical. Rythmées par le tempo choisi, les petites diodes qui éclairent chacune des seize touches défilent en boucle de gauche à droite de telle sorte qu'on peut toujours voir où on en est. Pour écrire un rythme, il suffit de sélectionner un instrument, la grosse caisse par exemple, et de le jouer en temps réel à l'endroit où on le veut, puis on passe à un autre, comme la caisse claire, puis la cymbale de charleston, etc. Corriger une erreur se fait avec une grande facilité, et en tripotant la machine cinq minutes, on arrive tout de suite à des résultats captivants.

Du coup, tout le monde la veut. C'est elle qu'on entend dans *Sexual Healing* de Marvin Gaye ou *Planet*

Rock d'Afrika Bambaataa, rapidement le hip-hop s'en empare, la house, la techno, sa petite sœur la *TB-303*, un séquenceur de lignes de basse fondé sur le même principe, va provoquer les débuts de l'acid house, et c'est parti pour Roland, Kakehashi vient de pondre un Instrument Mythique qui le pose sur la carte une fois pour toutes. Au même moment sortait pourtant la *Linn LM-1* (dont nous allons parler bientôt), une boîte à rythme de la génération d'après, c'est-à-dire avec des échantillons de vraies percussions et non des sons synthétiques. Mais la technologie était toute fraîche, pas encore bien maîtrisée, et l'instrument extrêmement coûteux, tandis que celui de Roland est simple d'usage, presque trois fois moins cher et parfaitement abouti dans sa logique électronique. Un documentaire, *808*, a même été tout récemment consacré à cette merveilleuse machine par un producteur qui considère qu'elle est tout simplement « l'équivalent de la guitare rock pour le hip-hop », faisant remarquer que des artistes comme Madonna, Kanye West ou Taylor Swift l'utilisent encore dans leurs productions aujourd'hui.

L'EXPANSION TRANQUILLE

Ce succès donne confiance à Ikutaro juste au moment où le dollar se met à dévisser par rapport au yen, ce qui va secouer l'économie japonaise fort douloureusement. Grâce à son intelligente gestion et à la confiance qu'inspire son nom, il arrive à surmonter cette crise et enchaîne illico avec son chantier suivant. Car Kakehashi appartient à une génération qui a vu le marché exploser en vingt ans de façon jamais vue auparavant : si les années 60 ont été celles de l'expérimentation et des applications fondamentales, les années 70 ont transformé ces découvertes en business à grande échelle. L'électronique est dans toutes les maisons sous forme de pédale, d'ampli, de clavier, de boîte à rythme, la jeunesse s'en donne à cœur joie dans les garages ou les sous-sols, et il faut bien l'alimenter en incessantes nouveautés. Au début des années 80, on a donc une profusion extraordinaire d'instruments de toutes sortes qui sonnent de mieux en mieux mais dont le seul défaut naît de cette profusion même : toutes ces machines sont incapables de communiquer entre elles autrement que par, au mieux, le vieux système de *voltage control* qui demande un câble pour chaque paramètre modulé, et au pire rien du tout, ce qui est quand même dommage. Par exemple, si on veut caler le vibrato d'un synthé sur une boîte à rythme d'une marque différente, il sera quasiment impossible d'éviter un décalage progressif de l'un par rapport à l'autre – s'ils étaient connectés, ils pourraient tourner sur le même tempo sans disparité. Chaque marque tente bien de développer son format propriétaire qui fonctionne seulement avec ses propres instruments, mais il y a tellement de fabricants et de produits toujours nouveaux que plus personne ne reste fidèle à un seul constructeur.

Il est temps de passer à la vitesse supérieure, se dit Ikutaro. Le défi est splendide : unifier le monde de la musique électronique sous un seul standard qui permettrait à toutes les machines de communiquer entre elles ! Ça fait un moment que tout le monde en parle dans les salons d'exposition, mais personne n'est d'accord sur la façon de s'y prendre. Mais il en faut plus pour décourager Kakehashi. Ce qu'il imagine est une nouvelle puissance du clavier, un orgue au carré, que dis-je, un orgue puissance seize, puisque le standard sur lequel il travaille compte seize canaux, permettant de contrôler seize instruments différents. Un clavier maître et seize esclaves – oui, c'est comme ça qu'on dit – obéissant au doigt et à l'œil. Chaque canal permettrait de transmettre une multitude d'informations sur les commandes utilisées en temps réel, les notes jouées bien sûr, mais n'importe quel autre paramètre que l'on modifierait en jouant : le *pitch bend*, l'ouverture d'un filtre... Je pourrais brancher seize synthés de marque différente, chacun sur son preset « orchestre symphonique » et déclencher depuis mes dix petits doigts... seize orchestres symphoniques !

Et si l'on peut transmettre ces informations, on peut les écrire et les faire rejouer par la machine qui les a enregistrées, et là ça change tout. Il devient alors très facile de composer tout seul de la musique qui sonne très bien très vite, avec plein d'instruments différents et des possibilités de contrôle inouïes. On peut dessiner un phrasé comme au pinceau, et si ça ne va pas, un petit coup de gomme numérique et c'est réglé dans l'instant : oups, le trombone part un peu tard à la mesure treize, pas de souci on va le bouger, il partira avec les autres. Alors qu'avant il fallait rembobiner la bande, faire signe au trombone et refaire la prise, là, avec un trombone imité numériquement qui fait ce qu'on lui dit, tout devient flexible, modulable, rattrapable, on entre dans le monde, si propre au numérique, des *infinis possibles*.

Mais tout cela, Kakehashi ne peut le réaliser seul et c'est à ce moment qu'il décide de se tourner vers la Californie pour y trouver les appuis nécessaires. La collaboration, toujours la collaboration. Et c'est ainsi que nous nous retrouvons en cette fameuse année 1983 où tout bascule grâce à sa ténacité combinée à celle de son partenaire américain, Dave Smith de

Sequential Circuits, avec qui il va concourir à l'extraordinaire création du signal MIDI. Smith et une poignée d'autres joueront un rôle primordial dans cette révolution, et il est plus que temps de leur consacrer quelques pages, car sans eux, rien ne se serait fait, et surtout rien ne continuerait de se faire. En route pour la Californie.

Chapitre XII

LE CERCLE
DES PRÉSIDENTS DISPARUS

Dans un café macrobiotique de Berkeley, le Brewed Awakening (un jeu de mots intraduisible sur le café et les réveils difficiles), se réunit une semaine sur deux une singulière tablée. Un passant inaverti ne verrait que d'aimables septuagénaires semblant beaucoup s'amuser à discuter entre eux, sans se douter qu'il frôle la plus importante concentration de cerveaux en matière d'électronique musicale sur la planète. Cette joyeuse assemblée se réunit depuis presque vingt-cinq ans et compte parmi ses membres les plus grands innovateurs de la profession. La plupart ont eu à un moment donné une compagnie qui a fabriqué des instruments de musique électronique portant leur nom et qui a fait faillite – comme nous l'avons vu au long de ces pages, l'expérience n'est pas nouvelle et hormis quelques heureux destins comme ceux de Hammond ou de Kurzweil, force est de constater que la règle en Amérique est quasiment inévitable : qui synthétise perd sa chemise. Le fait nouveau est que ces hommes ont vécu cette expérience à peu près tous en même temps, et que plutôt que de gaspiller leur énergie à s'affronter les uns les autres, ils ont choisi de rebondir chacun à sa façon et de mettre en commun leurs découvertes les plus récentes dans un dialogue qui les enrichit tous. Constitué peu après la sortie du film de Peter Weir avec Robin Williams, cet éminent aréopage s'est auto-intronisé la Dead Presidents Society (que l'on pourrait traduire par « le Cercle des Présidents Disparus », et se tient très étroitement informé des dernières innovations que la Silicon Valley toute proche génère à flux constant.

Nous en connaissons déjà quelques membres fondateurs : Bob Moog, dont le décès en 2005 laissa un vide béant dans cette amicale communauté, Max Mathews, véritable pionnier théorique de l'aventure du son, disparu à son tour en 2011 et Don Buchla, dernier survivant de la « première » génération d'inventeurs de synthés modulaires. Autour de ce noyau dur se sont agglomérés des chercheurs-musiciens comme David Wessel, directeur du Center for New Music and Audio Technologies à l'Université de Californie à Berkeley (ne pas confondre avec l'école de musique de Berklee à Boston, fondée comme on l'a vu par Joseph Schillinger), ou Keith McMillen, créateur prolifique de logiciels de traitement de son et fabricant de violons électriques. Et puis aussi les inventeurs d'un ou de plusieurs instruments mythiques, continuant à ce jour d'innover sans relâche. Celui qui, de l'avis de tous, a le mieux tiré son épingle du jeu malgré ses mésaventures commerciales, et dont la société affiche aujourd'hui une santé florissante, est l'homme à qui l'on doit l'impulsion primordiale dans la création du langage MIDI : Dave Smith.

DAVE SMITH, UNE IDÉE DERRIÈRE LA TÊTE

Guitariste et claviériste depuis ses années de lycée, Dave est né en 1950 à San Francisco et a grandi dans la région avec une passion pour la musique et les sciences. Tout en continuant de jouer dans des orchestres amateurs, il poursuit à l'UC Berklee des études d'informatique et d'ingénierie électrique qu'il conclut avec succès au début des années 70. Il enchaîne avec un boulot dans l'aérospatiale, refuge bien connu des luthiers électroniques – décidément le son et l'espace ont beaucoup de choses en commun. Il lui faut bien gagner sa vie, mais Dave s'embête un peu au bureau et quand un ami lui parle d'un nouveau synthé qui vient de sortir, il achète en 1972 un *Minimoog* au charme duquel il succombe instantanément. Pour lui, cet instrument représente la fusion parfaite entre la musique et la technologie, il exulte, ça y est, il a attrapé le virus. Grâce à ses solides connaissances en électronique et poussé par son instinct d'inventeur, il commence sur ses heures de loisir à fabriquer pour son *Minimoog* des accessoires qui, nouveauté oblige, n'existent pas dans le commerce. Il confectionne en particulier un petit séquenceur qui permet de faire jouer son synthé tout seul, et il en est assez content. Des amis l'encouragent, il en vend quatre, sous le nom de *Model 600*. C'est modeste, mais suffisant pour le pousser à persévérer et, en 1975, il accouche du *Model 800* qui permet cette fois-ci de séquencer un *Minimoog* ou un *ARP 2600*. Les ventes augmentent. Il continue ses recherches et il rêve d'un synthé « programmable », ce que Buchla a déjà réalisé avec son *Music Box 500*, mais de façon confidentielle. Dave Smith, lui, veut l'offrir au grand public.

On l'a vu dans la rivalité entre Moog et ARP, la grande affaire des années 70 consiste à stabiliser la justesse des oscillateurs. La chaleur, en particulier, est un problème constant contre lequel butent tous les inventeurs : plus la température du circuit augmente, plus ils se dérèglent et malgré les recherches, la solution parfaite ne semble pas exister – en analogique. En revanche l'informatique, dont la vitesse d'oscillation du processeur est étroitement contrôlée, permet de s'assurer d'une beaucoup plus grande précision et de corriger instantanément les dérives répétées de l'analogique. Et comme l'avait si bien pressenti Zinovieff, toute la question est de pouvoir relier l'un à l'autre, du numérique à l'analogique, pour arriver aux meilleurs résultats. Or, à la fin des années 70, les premiers microprocesseurs deviennent aisément disponibles. Ces circuits intégrés (les fameux *chips*) proposent des fonctions d'amplification, de filtrage, d'oscillation ou d'enveloppe numériques toutes faites qui peuvent *contrôler en temps réel* les différents composants analogiques présents dans un synthétiseur. Pour Smith, c'est là qu'est l'avenir.

S'il arrive à placer ces *chips* en amont des circuits analogiques, il résoudra trois problèmes en même temps. Un, la justesse des oscillateurs qui peut être ainsi constamment surveillée. Deux, la polyphonie : comment générer des voix différentes avec un clavier quand on veut éviter d'assigner un oscillateur à chaque touche ? En utilisant le calcul des microprocesseurs, qui analysent les notes jouées de façon plus élégante que les diviseurs d'octaves de l'*ARP Omni*. Et trois, la mémoire. Car si on pouvait jusqu'à présent trouver des sons extraordinaires à force de manipuler les boutons d'un synthé, lorsqu'on voulait conserver sa trouvaille, il fallait noter soigneusement la position de chaque curseur et la reproduire à la main la fois d'après en espérant avoir tout bien relevé. Or, connecter directement le clavier et les commandes d'un synthé à des microprocesseurs, qui donnent à leur tour l'ordre aux différents modules de s'exécuter, permet de garder une trace numérique de toutes ces actions, et donc de les reproduire à volonté... C'est une avancée inestimable, puisque l'apprenti synthésiste peut désormais, à partir de presets donnés, dériver comme il l'entend, personnaliser les sons qui lui plaisent et les sauver dans la mémoire digitale de la machine où ils demeurent bien rangés jusqu'à leur prochaine utilisation.

Dave Smith entrevoit intuitivement tout cela, mais il se dit qu'il ne fait pas le poids comparé aux géants de l'époque comme Moog ou ARP, et s'attend à voir cette technologie réalisée par eux plutôt que par lui. Mais l'année 1976 s'écoule, et rien ne se passe d'autre que la confirmation du départ de la course à la polyphonie. En 77 il s'élance : il quitte son boulot chez Lockheed et se consacre entièrement à sa petite entreprise, Sequential Circuits, avec laquelle il va fabriquer en moins de huit mois le synthé de ses rêves : polyphonique (à cinq voix, deux oscillateurs par voix) et programmable (donc entièrement piloté par des microprocesseurs), cet instrument portera le nom bien mérité de *Prophet 5*. Le coup est jouable, voici maintenant une petite décennie que l'industrie de l'électronique se développe avec une généreuse euphorie, et lancer un nouveau produit peut conduire à un succès immédiat, même si l'on n'appartient pas à une grosse boîte : la suprématie de Moog et ARP est en train de vaciller, les Japonais s'installent dans le paysage et une deuxième génération de Californiens déboule avec mille idées en tête. *Keyboard Magazine* vient de voir le jour et en achetant quelques pages de pub, on peut se lancer dans la compétition même si l'on est inconnu du grand public. Ce qui compte, c'est le produit, et pour ça il faut faire impression au NAMM, le rendez-vous annuel des professionnels, dont l'histoire est en train d'entamer son âge d'or. En effet depuis quelques années, les progrès sont sidérants et les visiteurs ébahis peuvent y découvrir des instruments de plus en plus aboutis. Et quand en janvier 1978 au stand de Sequential Circuits, Dave Smith déballe son *Prophet 5*, celui-ci fait l'effet d'un coup de tonnerre.

LE *PROPHET 5* ET LE MIDI

Pour l'utilisateur moyen, le premier coup de foudre est pragmatique : enfin, on peut personnaliser ses presets, les sauver et les retrouver intacts quand on rallume l'instrument après l'avoir éteint. C'est comme si on passait tout d'un coup de la peinture à la photo numérique, c'est un bouleversement complet dans les habitudes de travail. On peut aller aussi loin que l'on veut dans l'exploration sonore tout en semant tel le Petit Poucet des cailloux de uns et de zéros qui nous remettent sur le chemin en un centième de seconde seulement. Autre raison de succomber : la polyphonie, qui est encore rare sur le marché et qui trouve là un ambassadeur persuasif. Les sons des dix oscillateurs sont magnifiquement riches et offrent des possibilités de modulation simultanées sur plusieurs notes qui sont vraiment dans l'air du temps. Du point de vue de l'apparence, c'est également un sans-faute : l'ensemble est sobre, le métal sombre tutoie le bois et dégage une impression de robustesse naturelle. Il n'y a pas de curseurs mais des boutons à tourner et des petits carrés à enfoncer en guise de contrôles qui là encore évoquent un sentiment instinctif de fiabilité. Seule une petite fenêtre à diodes affiche deux caractères lumineux qui nous rappellent la présence des microprocesseurs dissimulés dans les circuits. Ce synthé séduit aussi l'acheteur en lui promettant des oscillateurs stables sur le long terme. Enfin, et ce n'est pas le moindre de ses attraits, il flatte son portefeuille, car à cinq mille dollars il est cher, mais pas hors de prix pour une nouveauté aussi importante. Ça fait beaucoup de qualités pour un seul clavier et Dave Smith réussit là un tour de force que peu avant lui avaient égalé : sortir dès sa première tentative un Instrument Mythique.

Car le *Prophet 5* entre immédiatement au panthéon des synthés immortels. Peter Gabriel, Weather Report, Genesis, David Bowie se précipitent pour l'avoir. Chez les Pink Floyd ou les Talking Heads, chaque membre du groupe en veut un. Durant les dix ans de sa production, plus de huit mille unités seront écoulées, un score remarquable, surtout pour un premier produit. Inutile de dire que Smith s'impose du jour au lendemain comme un acteur majeur des révolutions en train de se jouer, et qu'il n'entend pas en rester là. Il enchaîne avec le *Prophet 10* qui comme son nom l'indique est le double de son prédécesseur : deux claviers, dix voix simultanées, plus un séquenceur intégré, et la possibilité d'utiliser deux timbres en même temps. Un vrai produit de luxe dont ne seront fabriqués que mille unités, l'occasion pour Smith de renverser la vapeur et de sortir en 1981 le *Pro-One*, une version monophonique moins chère que le *Prophet 5* qui fait encore mieux que son grand frère en se vendant à plus de dix mille exemplaires : le nom de Sequential Circuits est sur toutes les lèvres.

Avec son premier-né, Smith a amorcé un mouvement de fond qui ne va pas tarder à être suivi par l'ensemble de l'industrie et bientôt *tous* les synthés seront équipés d'un microprocesseur, ce qui leur ouvre la possibilité, puisqu'ils parlent le même langage numérique, de les faire communiquer les uns avec les autres. Une question que Dave connaît bien, depuis le temps qu'il s'embête à fabriquer des séquenceurs compatibles avec les différents formats propriétaires des marques Moog et ARP. Les conditions sont enfin réunies pour abattre cet obstacle et il va s'y employer avec une obstination prémonitoire. En 1980 l'idée est dans l'air, et dans les couloirs du NAMM, ils sont quelques inventeurs à réfléchir dans la même direction.

C'est Tom Oberheim (informaticien et inventeur dont nous ferons la connaissance tout à l'heure) qui aborde Dave Smith le premier et évoque la possibilité d'une connectique universelle à tous les instruments. L'idée prend racine lorsque Kakehashi, de Roland, aborde également la question : décidément, l'instant est mûr pour tenter quelque chose. En 1981, Smith ouvre publiquement le débat lors d'une communication à l'Audio Engineering Society et propose à ses collègues différentes pistes de réflexion – il semble écouté et le sujet retient l'attention. Et lorsqu'en janvier 82 il propose aux exposants du NAMM de tenir une réunion pour en discuter plus avant, il a l'heureuse surprise de voir que tout le monde répond présent. Les propositions fusent. C'est un moment historique, il s'agit d'imposer un format universel et *parfait* puisqu'on a l'occasion de partir de zéro. Rapidement, deux écoles s'affrontent : les idéalistes qui veulent le meilleur système possible, et les réalistes qui savent qu'il faudra trouver des compromis pour que tout le monde y trouve son compte. Les esprits s'échauffent, la discussion tourne en rond, on n'arrive pas à s'entendre : à la fin de la réunion le projet semble mort-né. Infaisable dans ces conditions, disent les Américains en quittant la salle.

C'est le moment que choisit Kakehashi pour tirer discrètement la manche de Smith et lui proposer de continuer cette intéressante discussion à son stand. Finalement, le Californien n'avait pas parlé dans le vide et autour de la marque Roland il voit les têtes familières des dirigeants de Yamaha, Akai et Korg, tous japonais et visiblement prêts à avancer dans la même direction. Kakehashi a effectivement suivi un chemin parallèle à celui de Smith, mais il a trouvé chez ses confrères nippons une oreille plus attentive. Tout de suite, on parle concret. On se décide sur le format, chacun travaille de son côté, on se tient au courant des avancées des uns et des autres, Roland et Sequential Circuits centralisant le projet. Commence alors une course technologique des deux côtés du Pacifique, chacun dissimulant à l'autre certains aspects de son travail et collaborant ouvertement sur d'autres...

Car cette mise en commun a un prix : personne ne revendiquera la propriété du nouveau format, une occurrence quasiment unique dans l'histoire commerciale des technologies ! Seuls des fous du son peuvent imaginer travailler ainsi à l'échelle planétaire sans en retirer d'autre profit que celui de pouvoir mieux communiquer ensemble ! Ce qui ne veut pas dire que tous les brevets doivent passer par la fenêtre, d'où le soin des différents inventeurs à ne pas divulguer leurs secrets de fabrication, mais sur cette technologie-là, on partage tout, c'est le principe ! Et c'est ainsi qu'en ce jour historique de janvier 1983, nous retrouvons nos protagonistes autour d'un *Jupiter 6* de Roland et un *Prophet 600* de Sequential Circuits reliés entre eux par ce câble à cinq broches qui inaugure une ère que tout le monde pressent grandiose. Le MIDI est né.

JOHN CHOWNING : À LA RECHERCHE D'UN NOUVEL ESPACE SONORE

Ce seront les Japonais qui en profiteront le plus vite. C'est normal, car grâce à leur travail partagé avec Smith, ils ont une longueur d'avance sur les autres ronchons qui attendaient que ça se fasse sans eux. Le premier à récupérer la timbale est sans aucun doute le *DX 7* de Yamaha qui propose cette option sur son premier modèle dès 1983. Il n'en avait pas vraiment besoin, car il s'agit d'un synthé déjà très innovant avec son système de synthèse FM, mais parfois tout arrive en même temps au bon moment. Se trouver à la conjonction inaugurale de deux inventions aussi majeures est d'ailleurs un exploit qu'aucun autre fabricant ne peut revendiquer, et cela explique certainement le retentissement phénoménal qu'a connu la sortie du *DX 7*. Détail intéressant, un an après sortait chez Roland le *D-50*, un synthé extrêmement audacieux mêlant pour la première fois la synthèse du son et l'utilisation d'échantillons, qui connut un succès encore plus spectaculaire que le Yamaha puisqu'il s'en vendit trois cent mille exemplaires, soit cent mille de plus. Cependant, ce clavier avec de très belles textures, qu'on a pu reconnaître dans mille albums des années 80 (notamment *Bad* de Michael Jackson ou *Revolutions* de Jean-Michel Jarre), n'est pas resté dans l'imaginaire de la lutherie électronique : la magie était passée un an avant.

Car magie il y a. La synthèse FM présentée pour la première fois sur un synthé grand public constitue un saut technologique ahurissant. C'est une toute nouvelle façon de créer du son qui mijotait depuis quinze ans en attendant son heure – la voici arrivée. On la doit à un autre membre de la Dead Presidents Society, le batteur, compositeur et enseignant du nom de John Chowning. Né en 1934 (la même année que Moog) dans le New Jersey dans une famille modeste de trois enfants, le jeune John se passionne dès son plus jeune âge pour le son, et se souvient encore d'après-midi entiers passés dans les grottes des Appalaches à écouter l'espace entrer en résonance avec lui-même au moindre son émis. À huit ans il se met au violon, plus par amour de la musique que de l'instrument, et, devenu adolescent, il découvre l'amour de sa vie : la percussion. Il s'y plonge avec passion et atteint rapidement un très bon niveau. Après avoir passé son bac le voici enrôlé dans la guerre que l'Amérique poursuit en Corée et c'est l'occasion pour lui de rejoindre comme batteur l'un des fameux big bands de l'US Navy. Ces orchestres sont de véritables pépinières de talents, et Chowning subit une grosse pression musicale pour égaler ses pairs – excellente stimulation artistique dont il ressort musicien accompli.

Une fois démobilisé, il s'inscrit avec une bourse de l'armée dans une petite université de l'Ohio spécialisée dans les arts et, tout en poursuivant sa pratique du jazz aiguisée par l'école de la Navy, il s'immerge dans l'étude des compositeurs « contemporains » : Boulez, Bartók, Stravinsky, etc. Quand il sort de l'université en 1959, c'est vers la France qu'il se tourne lorsqu'il se joint à la quarantaine d'étudiants qui recueillent l'enseignement précieux et mondialement estimé de Nadia Boulanger. Il croise Quincy Jones qui achève de s'y abreuver et reste deux ans à Paris, retrouvant chaque lundi son illustre professeure.

Ces cours représentent pour lui une formation théorique inestimable au cours de laquelle l'harmonie et le contrepoint sont étudiés sous toutes les coutures – son objectif est de prendre de la hauteur, mais il faut bien savoir au-dessus de quoi on s'élève, et Chowning prend la chose très au sérieux. Sur son temps libre, il en profite également pour écouter ce qui se joue à Paris, ça tombe bien car il s'y passe beaucoup de choses, notamment l'expérience lancée au Théâtre Marigny en 1954 par Pierre Boulez, le Domaine musical, une série de concerts dédiés à la musique expérimentale de compositeurs contemporains comme Messiaen, Schönberg ou Berio.

C'est en allant à une soirée consacrée à Stockhausen qu'il a une véritable épiphanie : des voix d'enfants préenregistrées sont trafiquées et diffusées sur quatre haut-parleurs répartis en hauteur, créant avec la musique une impression surréelle d'*espace courbé* en contradiction complète avec le volume de la pièce. Malgré les sifflets et huées des « traditionalistes » qui l'entourent et manifestent bruyamment leur désapprobation, il est totalement fasciné, comme si on lui avait brusquement ouvert un troisième œil au milieu du front. Lorsqu'il se rend à son cours la semaine suivante, il fait part à Nadia Boulanger de l'extraordinaire impression que lui a faite cette expérience musicale, s'attendant à s'attirer les foudres du maître, mais à sa grande surprise elle l'encourage dans cette voie – un bon professeur doit savoir repérer la pépite en chacun de ses élèves. Cela le pousse à suivre ses envies, mais voilà : le matériel coûte cher, c'est une technologie toute nouvelle, il n'a pas de labo, il n'est pas chez lui, tout seul il ne peut rien faire. Un peu à contrecœur il retourne alors aux États-Unis et s'inscrit en doctorat à l'Université de Stanford, entamant avec ce prestigieux établissement au sud de San Francisco une relation tumultueuse qui s'écrit encore aujourd'hui.

Une fois sur place, il se rend rapidement compte qu'à son grand dam, il n'y a rien qui se rapproche de ce qui l'intéresse vraiment et qu'il appelle, faute d'une meilleure définition, de la *musique pour haut-parleurs*. Il se résigne alors à une place de percussionniste dans le Symphonique du campus lorsqu'un étudiant lui glisse un jour dans la main un article découpé dans le magazine *Science*. Il s'intitule « L'ordinateur numérique comme instrument de musique » et il est signé Max Mathews. Bourré de mots étranges et de diagrammes intrigants, ce texte va faire basculer Chowning de sa période d'éveil à celle de son activité. Même si tout ne lui semble pas limpide, il comprend l'essentiel, c'est-à-dire que l'ordinateur peut théoriquement produire n'importe quel son. C'est simple : le computer crache des nombres qui sont convertis en voltages qui excitent à leur tour les haut-parleurs. Grosso modo, avec un ordi, un convertisseur et des speakers, pas besoin des énormes studios dont il a entendu parler, il peut travailler tout de suite tout seul. Et un ordinateur, il y en a un sur le campus, un *Burroughs B-5500* tout neuf avec lequel il apprend rapidement à parler son langage de programmation, l'ALGOL, en prenant des cours du soir. Personne n'imagine l'utiliser pour produire du son, d'ailleurs les enseignants de Stanford pensent le plus grand mal de ce courant qui selon eux déshumanise la musique. Mais lui, c'est le contraire qu'il veut, c'est humaniser les machines qui l'intéresse, quel irrésistible défi !

En 1964, il prend son courage à deux mains, sollicite un rendez-vous avec celui qui lui a montré la voie, l'inestimable Max Mathews, et se rend aux Bell Labs dans le New Jersey pour l'y rencontrer.

L'entente est immédiate, la discussion passionnante, et Chowning ressort du bâtiment avec une grosse boîte de cartes perforées que lui a très gracieusement offertes Mathews, dont il va pouvoir nourrir son ordinateur pour produire des ondes sonores de base et approfondir ainsi ses recherches. Une fois rentré à Stanford, on le trouve toujours fourré au département d'Intelligence artificielle (AI) ou à la bibliothèque où il lit frénétiquement des traités d'acoustique et d'électronique, bref, il se fait à trente ans une culture complète sur un sujet dont la complexité le subjugue. Son rêve : avec un ordinateur, réussir à faire de la vraie sculpture sonore en 3D. Proposer à l'auditeur une vraie spatialisation du son, le mettre au centre d'un dispositif sensoriel entièrement nouveau, créer l'illusion qu'on peut toucher ce qu'on entend...

LA SYNTHÈSE FM

En 1966 ses recherches progressent, mais, fraîchement diplômé, il lui faut maintenant trouver du travail. Le plus naturel consiste à prendre la chaire au pied de laquelle il venait d'étudier et le voilà professeur assistant en composition. C'est du boulot, il faut donner des cours, écrire régulièrement des œuvres reconnues par ses pairs, ça ne lui laisse pas beaucoup de temps libre, mais il continue passionnément de tripatouiller les ondes et les nombres dans le donjon de l'AI avec la certitude que tout reste à faire. Et en 67, il tombe sur un truc très intéressant. En utilisant un oscillateur pour moduler de façon linéaire le signal d'un autre, il s'amuse à accélérer cette modulation jusqu'au point où le son se

Le Cercle des Présidents Disparus 577

transforme radicalement en quelque chose de très différent sans pour autant changer de hauteur (ce qui n'est pas le cas si, comme sur tous les synthés de cette époque soucieux de coller à une logique de clavier, cette modulation est exponentielle). Les sons ainsi créés surprennent Chowning par leur étrange qualité et après une étude de leur spectre, il s'aperçoit qu'ils contiennent toutes sortes d'harmoniques inhabituels et même des *inharmoniques*, c'est-à-dire des fréquences qui ne sont pas des multiples de la fréquence originale. Mieux encore, c'est dans l'imitation des instruments les plus durs à reproduire synthétiquement comme les cloches, les cuivres ou les percussions que les résultats sont les plus réussis. Cependant, il se rend vite compte que la moindre altération dans la modulation FM entraîne des modifications considérables dans la structure du son.

Si on veut avoir une idée de l'étonnement de John, on peut le comparer à cette expérience qui, si elle n'est pas directement liée à la synthèse FM, permet néanmoins de comprendre par analogie ce phénomène sonore sidérant : prenons une plaque de métal fine mais rigide, saupoudrons-la généreusement de sel, et plaçons sous son centre un petit haut-parleur. Puis connectons ce haut-parleur à un oscillateur émettant une fréquence sinusoïdale toute simple, et augmentons progressivement sa valeur à partir de 100 Hz. Au départ, rien ne se passe, le sel reste éparpillé et l'on peut entendre une note très grave qui monte petit à petit. Puis, aux alentours de 350 Hz, la matière s'organise d'un seul coup et les grains de sel s'assemblent pour former une sorte d'étoile molle à quatre branches avec un cercle au milieu. Autour de 1 000 Hz, après un petit flottement, c'est un grand cercle central entouré de huit ronds plus petits qui se dessine spontanément, à 1 800 Hz on voit apparaître une double croix flanquée de petits cercles sous les branches, puis des carrés et des losanges en grand nombre, et plus la fréquence s'élève, plus les formes se délitent pour se recomposer dans une géométrie de plus en plus complexe et très différente à chaque fois, avec une beauté de formes digne d'un mandala tibétain. Assister à ce phénomène est une expérience quasi mystique qui révèle une magie très puissante du son. Chowning se trouve un peu dans la même position : lorsqu'il module le signal il se passe des choses très troublantes sauf que dans son cas, il suffit de trois fois rien pour bouleverser les formes créées. Et surtout, reste un problème : il a découvert un truc formidable, mais il ne comprend pas comment ça marche. Selon les critères d'Edison, il a eu son 1 % d'inspiration, maintenant il lui en reste 99 % à transpirer. Il a trente-trois ans, il retrousse ses manches et il apprend les maths.

Et il comprend enfin. En donnant des instructions de modulation de fréquence très précises issues de formules mathématiques complexes qu'il maîtrise de mieux en mieux, il peut désormais atteindre le son désiré avec uniquement du calcul. Surtout qu'il ne se cantonne pas à deux oscillateurs, plus il en rajoute et les fait se moduler les uns les autres, plus les résultats sont prometteurs ! Passionné par sa découverte, il met progressivement au point des sons imitant des percussions, des voix, des cuivres, et, les mois passant, il se dit qu'il tient peut-être quelque chose. En 1970, il reprend contact avec Mathews pour lui présenter ses travaux. Celui-ci en comprend immédiatement l'importance et le presse de déposer un brevet pour s'en assurer la paternité officielle, un conseil d'une immense sagesse comme nous n'allons pas tarder à le voir.

Pour les enseignants de Stanford, le choix est

simple à l'époque : ils peuvent breveter eux-mêmes leurs inventions, mais à eux d'assumer intégralement le coût du dépôt ainsi que toutes ses exploitations, ou alors ils peuvent signer un accord avec l'Office of Technology Licensing (OTL) de l'université et leur laisser faire tout le boulot – avec un pourcentage très nettement défavorable à l'inventeur, cela va sans dire. Mais Chowning s'en fiche complètement des pourcentages et des exploitations commerciales, il veut juste planter son petit drapeau sur cette technologie et l'approfondir pour jouer *ses* œuvres, il n'y a que la musique qui l'intéresse dans cette histoire. Aussi signe-t-il pour un dollar l'agrément qui délègue à l'OTL le soin d'en faire ce qu'ils veulent.

En 1971 il compose avec son nouvel outil la pièce *Sabelithe*, première mondiale à être réalisée à partir de la synthèse FM. Les sons qu'on y découvre sont tantôt lunaires, tantôt finement rythmiques et sont parfaitement en phase avec leur époque, mais c'est dans leur *évolution* que l'innovation est totale : on peut par exemple entendre un bruit de percussion ralentir sa cadence et se transformer progressivement en une trompette digne des meilleurs Symphoniques, l'effet de morphing sonore est tout simplement confondant. Cette fois-ci, la preuve est claire qu'on peut faire absolument tout ce qu'on veut avec le son numérique. L'année suivante, il réalise enfin son rêve et écrit *Turenas*, dont la diffusion est assurée à 360 degrés par des haut-parleurs suspendus. Sauf que dans son département, on s'indigne. Il ne faut pas confondre bruit et musique, un enseignant est censé inspirer les élèves par son propre travail, et non les dévoyer vers des chemins d'une validité artistique contestable, etc. Cela fait sept ans qu'il est assistant professeur et arrive le moment de l'évaluation : il est viré.

Coup très dur pour le jeune père de famille, mais une bonne fée veillait sur lui, puisqu'il reçoit quelques mois plus tard un appel de Pierre Boulez l'exhortant à venir participer à la création de l'IRCAM qui va bientôt voir le jour. John saute sur l'occasion et le voilà de retour à Paris, cette fois-ci avec une ligne de crédit quasiment illimitée et des compositeurs, chercheurs et techniciens d'une qualité exceptionnelle. Finalement, la vie est belle. D'autant plus que depuis son départ du campus, les choses ont pris une tournure tout à fait inattendue. Alors que les efforts de l'OTL pour intéresser des constructeurs d'orgues à la synthèse FM sont restés vains pendant des années, voilà qu'ils reçoivent la visite d'un ingénieur japonais qui dit travailler pour Yamaha et exprime son désir d'en acquérir la licence. La marque nippone n'a pas encore l'aura qu'elle acquerra quelques années plus tard, mais il s'agit d'une proposition solide émanant d'un interlocuteur qui, à la différence des précédents, a tout compris à la beauté et au potentiel de l'invention de Chowning. À l'OTL on s'inquiète : sans le compositeur dans la boucle, le deal ne se fait pas. En outre, John a été recruté par Boulez qui est au sommet de sa gloire internationale (rappelons qu'il est à l'époque chef du New York Philharmonic *et* du BBC Orchestra), et projette de construire un centre de musique électro-acoustique d'envergure planétaire où la synthèse FM peut prospérer de façon concurrentielle. Zut, on a brûlé une sainte, comprennent les recteurs de Stanford qui avalent leur amour-propre et supplient Chowning de bien vouloir revenir en tant que chercheur associé, avec hausse de salaire et promesse de pouvoir créer son propre département. Beau joueur, ce dernier accepte et en 1975 il revient en Californie.

Sans perdre de temps, il fonde le Center for Computer Research in Music and Acoustics (**CCRMA**, prononcer Karma) autour duquel il assemble quelques collègues partageant son rêve et, tout en poursuivant des échanges créatifs avec l'IRCAM, amorce une longue collaboration avec les ingénieurs de Yamaha. L'entente est cordiale, l'équipe technique japonaise excellente, et leur exigence professionnelle réconfortante pour l'inventeur. Pendant trois ans, ils vont patiemment affiner les calculs et l'ingénierie de la synthèse FM, l'orientant très concrètement vers l'imitation la plus parfaite d'instruments acoustiques variés. Pour Chowning, c'est une occasion de développer pleinement ses intuitions et pour Yamaha, l'espoir de gains à venir faramineux. Mais au moment où sort le *Prophet 5* et où l'inventeur semble avoir accompli sa part du marché, les ingénieurs japonais n'ont pas encore trouvé la façon économique et stable d'intégrer des *chips* aux circuits analogiques. Fidèles à l'esprit de leur marque, ils mettent sur le marché un premier modèle très encombrant, vendu à prix d'or mais d'excellente qualité. Un deuxième modèle suit qui perfectionne le premier en s'appuyant sur l'expérience puis vient enfin la version idéale et grand public, le *DX 7*.

Et c'est le carton. Du jour au lendemain, Chowning passe du statut d'obscur enseignant en composition à celui du génial inventeur de la synthèse FM. Stanford n'a pas à s'en plaindre, loin de là, puisque l'université se taille la part du lion dans la répartition des royalties : en 1993, dix ans après la sortie du clavier, elle a encaissé plus de quatre millions de dollars (de l'époque) et plus de sept cent mille puces équipées de la synthèse FM s'écoulaient chaque année dans le monde. Ce qui rapporte également un agréable pécule à Chowning qui ne faisait pas ça particulièrement pour l'argent, mais il ne va pas s'en plaindre. Pour ne rien gâcher, il touche désormais une coquette somme annuelle de Yamaha pour continuer ses travaux avec eux. Cette fortune dont il n'a cure a pourtant un effet immédiat sur son prestige dans le campus. Pendant une brève période (précédant l'ingénierie génétique et les progrès de l'internet), il détient le record de royalties générées par un seul brevet, la grande classe. Personne ne se doutait que les élucubrations sonores d'un universitaire totalement inconnu pourraient avoir des conséquences financières de cette ampleur, pour une fois, c'est le système qui a tort et l'olibrius qui a raison. Conséquence immédiate : son département est confortablement financé et il peut désormais travailler dans le respect de ses pairs et un environnement créatif inestimables. Le CCRMA trône aujourd'hui en bonne place sur le campus dans le bâtiment historique où résida le premier président de l'université en 1915 (tout un symbole), et continue d'accueillir et de former sous la bienveillante houlette de John des étudiants de tous les pays.

LA DÉFERLANTE DE KORG

Mais si Chowning est sans conteste celui qui retira le plus grand profit de l'échange entre le Japon et la Californie, il en est d'autres qui, des deux côtés du Pacifique, tissèrent des liens solides et fructueux qui prospèrent encore aujourd'hui. Pour les rencontrer, retournons à ce mois de janvier 1982 où, au stand de Roland, se décide le MIDI : parmi les participants à ce moment historique, il est temps de faire la connaissance du plus atypique d'entre eux.

Tsutomu Katoh, le fondateur de Korg, est un

excentrique passionné dont la contribution à la lutherie électronique sera prépondérante. Né à Nagoya en 1926, il semblerait qu'il ait été sous-marinier pendant la guerre, mais c'est un épisode sur lesquel il ne s'est jamais exprimé publiquement, pas plus que sur les quinze ans qui suivirent, passés visiblement dans le monde de la nuit. On le retrouve en 1960 propriétaire d'un bar-discothèque dans lequel il programme de la musique live. Parmi ses musiciens réguliers il emploie un accordéoniste notoirement connu, Tadashi Osanai, qui s'accompagne avec une machine dont nous avons entendu parler, le *Side Man* de Wurlitzer, la première boîte à rythme à être commercialisée à grande échelle, et qui connaît à ce titre un succès planétaire. Au moment même où Kakehashi s'émerveillait de cette invention incomplète qui n'attendait que lui pour être perfectionnée, Katoh et Osanai se font aussi la réflexion que nous connaissons bien : c'est génial mais on peut faire mieux.

Il se trouve que l'accordéoniste est également ingénieur diplômé de l'Université de Tokyo, que le patron du club est un homme entreprenant, intelligent et curieux, aussi décident-ils rapidement en 1962 de mettre leur projet à exécution. Ils ouvrent un atelier le long des voies ferrées du réseau Keio, embauchent quatre assistants et fondent les Keio Electronic Laboratories. En 1963, ils accouchent de leur première machine, la *Doncamatic DA-20*, alors que Kakehashi concocte au même moment son *Rhythm Ace*. Même si la première est moins avancée technologiquement que le second, sa sortie frappe les esprits et aiguise définitivement l'intérêt pour ce type d'instrument électronique – à tel point que le groupe Gorillaz en fera le titre d'un single en 2010, reprenant un échantillon vocal de Katoh prononçant lui-même le nom de son invention avec des accents toniques inimitablement japonais, couronnant son inventeur d'une renommée accrue.

Ses machines rythmiques rencontrent un petit succès, renforcé par la sortie de modèles de plus en plus perfectionnés, jusqu'à la naissance en 1967 d'un petit bijou, la *Mini Pops*, avec lequel la Keio Electronic attaque le marché américain sous le nom d'Univox. Un design intrigant, des sons originaux parfois décalés, une facilité intuitive d'utilisation : l'instrument fait un tabac et donne des ailes à Katoh. Car ce qu'il veut vraiment fabriquer, ce sont des orgues, il en rêve depuis longtemps, et lorsqu'un excellent ingénieur du nom de Fumio Media lui propose un modèle sur les plans duquel il est en train de travailler, il accepte avec enthousiasme de le financer. Un premier prototype voit le jour en 69 et le projet se concrétise en 72 lorsque sortent de l'atelier cinquante orgues à deux claviers portant les initiales de Katoh et Osanai, plus un suffixe évoquant l'instrument : la marque Korg était née.

Cependant, conscient de la concurrence existant sur le marché des orgues, il comprend vite qu'il lui faut changer son fusil d'épaule : ça fait presque quarante ans maintenant que le premier Hammond est sorti, ce type de clavier a déjà beaucoup vécu et la nouvelle direction est clairement pointée dans le sens des synthés. Le marché est tout neuf, Katoh s'y jette alors avec passion. L'arrivée en fanfare du *Minimoog* le conforte dans son choix et il sort en 1973 le *Korg 700* (ou *Minikorg*), la même année que le *SH-1000* de Roland avec qui il partage le privilège de produire le premier synthétiseur japonais. C'est un clavier monophonique à trois octaves et un seul oscillateur, qui, il faut bien le dire, est assez farfelu : en partant de la constatation que les claviéristes doivent lire des partitions mais qu'ils n'ont jamais de pupitre avec eux, donc qu'ils les posent sur le dessus du synthé, Katoh a décidé de mettre les contrôles sur la tranche *en dessous* du clavier, ce qui n'est pas éminemment pratique lorsqu'on veut jouer et tripoter le son en même temps. Les quelques curseurs, au nombre de dix, ont des formes et des couleurs acidulées qui ne semblent pas répondre à la signalétique habituelle pour l'époque, et les seuls autres contrôles sont des sortes de petites poignées de porte qu'on tourne de cran en cran ou des interrupteurs en bâtonnets dont on choisit la position haute ou basse. Le nom des fonctions d'enveloppe est étrange : au lieu de désigner le *sustain* (qui définit la tenue de la note), on peut lire *Percussion / Singing*, et ce qu'il appelle *Sustain* est en fait un *release* (le relâchement du son, s'estompant plus ou moins progressivement). Le filtre devient un *Traveler* et l'amplitude *Expand*. Pas de molette pour le *pitch bend* ou la modulation, pas d'entrée pour appliquer les filtres à un signal externe et un manuel de trois pages seulement, l'instrument a cependant deux atouts pour lui.

D'une part, il est très bon marché, un bon tiers du prix de l'*Odyssey* ou du *Minimoog*. Et pour tous ceux qui assistent émerveillés à l'émergence de ces nouveaux claviers mais n'ont pas le budget pour se les offrir, le *Minikorg*, comme il est bientôt appelé, est une aubaine sur laquelle ils se précipitent. D'autre part, malgré son oscillateur unique et son étrange assemblage, il *sonne bien*. En bricolant avec peu de moyens mais un goût musical très sûr, Katoh a réussi l'exploit de créer un instrument robuste, original et attractif qui connaît un succès immédiat. Contrairement à Yamaha qui vise en premier lieu le haut de gamme avant de descendre dans son échelle de prix, Korg fait l'inverse, et ça paye. Il monte en qualité avec le *700 S*, puis en 1975 avec le *800 DV* qui offre la possibilité d'utiliser deux timbres différents en même temps, une avancée considérable : on peut par exemple combiner l'attaque très percussive d'un son avec la longue tenue d'un autre, créant de façon intuitive une méthode de synthèse en coupé-collé qui connaîtra plus tard une utilisation massive (notamment sur le fameux *D-50* de Roland). L'architecture du synthé est aussi originale que ses prédécesseurs et semble installer une logique alternative à celle qui prévaut autour de lui, prouvant qu'on peut s'y prendre autrement et s'arranger pour que ça sonne bien quand même.

C'est le même esprit pratique qui lui inspire la même année une invention décisive qui le placera au panthéon des grands hommes : l'accordeur électronique. Ce petit objet magique permet d'indiquer avec précision lorsqu'un instrument est bien accordé ou pas. Jusqu'alors, c'était le bon vieux diapason qui tenait ce rôle et que l'on soit violoniste, trompettiste ou hautboïste, c'était sur le *la* émis par cet objet à deux branches que s'accordaient les membres de l'orchestre. À partir de cette unique note, chacun affinait sa justesse. Mais par exemple dans le cas du violon, qui comporte bien une corde à vide qui joue un *la*, il lui reste trois cordes à vérifier, un *mi*, un *ré* et un *sol* qu'il lui faut ajuster en les comparant au *la* original. Pour un musicien professionnel ça ne pose pas de problème, mais pour les débutants la tâche peut être ardue et l'accordeur électronique s'avère un fort précieux accessoire – on pense également aux apprentis guitaristes qui, eux, ont six cordes à ajuster ! L'objet ressemble à un petit magnétophone portable et comporte sur sa face supérieure un vumètre à aiguille ainsi qu'un bouton que l'on tourne sur douze positions représentant chacun des douze tons à accorder. Il marche à piles, on l'allume, on joue la note sur l'instrument et l'aiguille oscille puis se stabilise sur la hauteur de celle-ci : si elle est trop haute, l'aiguille part à droite, trop basse à gauche, la position médiane indiquant la justesse désirée. C'est simplissime d'utilisation, ça marche très bien et tout le monde se demande pourquoi on ne l'a pas inventé avant – signe objectif du génie.

Il en vendra vingt millions, une quantité presque inimaginable sur ce type de marché. Et surtout, il fera connaître la marque Korg à des musiciens qui a priori n'auraient pas été susceptibles de s'y intéresser – les petits accordeurs *WT 10* et leurs mutiples successeurs établiront domicile dans maintes housses de basse ou de guitare et deviendront le meilleur ami des débutants comme des professionnels, un atout de choix quand on veut fidéliser une clientèle à sa marque. Mieux encore, Katoh avoue que c'est le seul « instrument » produit par ses soins pour lequel il a reçu au cours des ans des tonnes de courrier répétant inlassablement le même contenu : merci. On a vu comment Buchla, Rhodes et les autres sont sensibles à l'idée que leurs inventions soient appréciées par leurs utilisateurs et comment une soirée en coulisse d'un concert de Keith Emerson suffisait à Bob Moog pour oublier toutes les misères de son métier. Mais dans le cas de Katoh, ce n'est pas un artiste qui le remercie, c'est la planète entière ! Une montagne de lettres ! Remarquons au passage que de tous nos inventeurs de claviers, il est sans doute le seul à ne pas être ingénieur ou musicien, le seul à dépendre entièrement de son association avec d'autres talents pour réaliser son rêve, ce qui lui confère sans aucun doute une place à part.

À partir de ce moment, la compagnie de Katoh se retrouve au stade bien connu d'une croissance exponentielle qu'il doit alimenter par des fonds propres de plus en plus importants, et la moindre erreur peut être fatale. Aussi prend-il l'avis de commerciaux et d'ingénieurs qui n'ont peut-être pas son originalité et son intuition, mais savent comment faire tourner une boîte avec de nouveaux produits qui plaisent. Le design devient moins extravagant et les modèles collent aux attentes de leur temps : un synthé polyphonique (salué par Moog comme « le meilleur pour les gros sons ») sort en 1977, puis en 78 c'est la série *MS*, dont le fameux *MS 20* qui combine un système de patch à l'ancienne avec des contrôles modernes et propose à un prix très abordable des sons fort riches et agréables à triturer – une génération plus tard, il fera encore la joie de musiciens comme Goldfrapp ou Aphex Twin qui en trufferont leurs compositions. Toujours en 78, c'est une excellente imitation du *Hammond B 3* qui sort de ses usines, le *BX 3*. Puis en 81, la marque commercialise le *Polysix*, vite baptisé « le *Prophet 5* du pauvre » qui est, comme son sobriquet l'indique, un synthé polyphonique programmable qui conjugue encore une fois la sobriété du prix avec la richesse du son. C'est un succès phénoménal pour Korg qui s'adresse comme toujours à des musiciens qui rêvent d'avoir un synthé haut de gamme mais ne peuvent se l'offrir.

Tout au long des années 80, Katoh va consolider son importance sur le marché en créant des produits originaux et économiques, sans jamais tomber dans l'écueil de la médiocrité. Cet homme fort sympathique, dont les traits émaciés surmontés d'une épaisse tignasse évoquent un oiseau malicieux et un peu fou, entretient d'ailleurs une relation cordiale avec ses compétiteurs japonais et américains. Kakehashi est un proche, même si leur amitié se heurte souvent à la sobriété du patron de Roland qui ne partage pas le goût de son alter ego pour les longues discussions alcoolisées. Ses rapports avec Yamaha sont également excellents, à tel point qu'en 1987, il fusionne avec son concurrent tout en gardant le nom et la direction de sa marque – une année d'importance puisque c'est également celle où Yamaha rachète Sequential Circuits.

En effet, la florissante affaire de Dave Smith s'est dégradée depuis que celui-ci a décidé de se lancer dans la prometteuse direction de l'informatique musicale et de ses logiciels associés. Trop précurseur, mal financé et soumis à une concurrence implacable, l'inventeur est obligé d'abandonner la marque qui l'avait rendu célèbre – acquérant du même coup sa carte de membre du Cercle des Présidents Disparus.

Mais il recouvre ainsi sa liberté, dont il profite pour aller travailler chez son acheteur, ou plutôt ses acheteurs puisque Yamaha *et* Korg vont recourir à ses brillants services. Un luxe pour Katoh qui vient de sortir sans son aide un clavier historique, le *M1 Workstation*, troisième arrivé au podium des grands succès de la décennie aux côtés du Roland *D-50* et du Yamaha *DX 7* avec ses deux cent cinquante mille exemplaires vendus. Ce synthé astucieux est le premier à proposer de façon accessible un ensemble de fonctions très diverses qui en font une unité de travail totalement indépendante : grâce à ses huit timbres simultanés et son séquenceur très abouti, il est possible de composer de la musique pour huit instruments différents, de les mixer, de leur appliquer des effets et de produire avec ce clavier un résultat que seul un orchestre complet dans un studio sophistiqué aurait pu produire dix ans seulement auparavant. Comme d'habitude, les presets, qui sont des mélanges d'échantillonnage et de sons de synthèse, sont stupéfiants de réalisme (et je confesse en utiliser encore quelques-uns aujourd'hui). Avec cet instrument, Katoh prouve définitivement qu'il excelle à fournir aux musiciens les outils dont ils ont besoin, ce qui est beaucoup plus que de bons claviers. Peut-être le fait qu'il ne soit pas ingénieur lui permet-il d'avoir une vision plus utilitariste que technique dans la poursuite de ses inventions, se concentrant ainsi sur un champ plus large que la simple synthèse du son, mais il est clair que son génie réside moins dans l'invention pure que dans l'assemblage de technologies existantes ne demandant qu'à être combinées ensemble.

À la fin des années 80, nous atteignons ainsi un stade où toutes les technologies nouvelles sont à peu près maîtrisées et où l'innovation réside dans l'utilisation qui en est faite à prix abordable. Les glorieuses explorations des années 60 et 70 sont passées, et on ne reverra plus d'instruments à trois cent mille dollars qui, en proposant une approche révolutionnaire, ne s'adressent encore qu'aux *happy few* en attendant que les coûts de fabrication descendent et les rendent accessibles au grand public. Deux noms feront exception à cette règle : le *Fairlight* australien et le *Synclavier* américain, deux véritables palais de la synthèse, englobant en un seul instrument toutes les découvertes, passées ou récentes, relatives au son. Mais malgré leur succès auprès de quelques professionnels et leur présence sur un petit nombre d'albums cultes (comme *Slave to the Rhythm* de Grace Jones ou *Jazz from Hell* de Frank Zappa), ils furent victimes de la guerre des années 80 dont l'enjeu est clairement démocratique : les musiciens veulent mieux et moins cher. Leurs derniers instruments à inventer sont les échantillonneurs et les drum machines, la course est lancée pour conquérir ce nouveau marché, et c'est Dave Rossum qui la mène en tête.

LE TRIOMPHE D'E-MU

Ce Californien fascinant a grandi à Pasadena où il a passé son bac en 1970, option biologie. Les sciences l'intéressent beaucoup, il poursuit ses études à l'University of California de Santa Cruz et un beau jour où il est en train de tripoter des ribosomes pour ses études sur l'ADN, la porte de son labo s'entrouvre sur son directeur de recherche qui lui demande d'aller donner un coup de main au département Musique où ils viennent de déballer un *Moog 12* (un de ses premiers instruments modulaires) et ne savent pas très bien comment s'y prendre pour le faire marcher. Est-ce qu'il pourrait y jeter un œil ? Dave s'y rend intrigué et se trouve devant une machine dont il comprend instantanément le maniement. Le soir même le voilà devenu instructeur. Quand on lui demandera plus tard quel est le rapport entre la biologie et la synthèse du son et comment il a fait pour s'y sentir aussi à l'aise, il répondra simplement que l'univers est régi plus ou moins toujours par les mêmes règles.

Il est positivement mordu par cette découverte et venu l'été 71, il se met à construire un synthé à lui. Avec l'aide de sa petite amie de l'époque, Karen (qui deviendra sa femme quelques années plus tard) et de son vieux copain de lycée, Scott Wedge, il accouche d'un premier instrument d'excellente qualité, qu'il vend immédiatement, utilise l'argent pour en construire un deuxième, qu'il vend aussi vite, et à l'automne 72 il est temps de former une compagnie. Les trois bricoleurs, après mûre réflexion, décident de l'appeler E-mu, pour Electronic music, et c'est parti pour une grande aventure. Ils visent haut cette fois et sortent le *E-mu Modular*, un synthé modulaire comme son nom l'indique, qui le positionne en concurrent direct de Moog et d'ARP. Ses oscillateurs sont encore plus stables que ceux de l'*ARP*, sa finition est impeccable, son maniement aisé et son façonnage conçu pour durer vingt ans. Il partage également avec Buchla le privilège de sortir le premier synthé équipé d'un microprocesseur, car Rossum s'intéresse beaucoup à l'informatique et il a bien compris que c'est là que ça va se passer.

Les affaires marchent modestement. Rossum poursuit ses collaborations avec ses collègues-concurrents et c'est lui qui, avec la participation de Ron Dow, confectionne pour Dave Smith le fameux *SSM chip* (pour *Solid State Music*) que ce dernier intègre à son *Prophet 5* : il est à l'épicentre de cette révolution qui officialise la fusion entre le numérique et l'analogique. Les royalties générées par cette contribution lui permettront d'ailleurs de poursuivre les activités d'E-mu, qui sont maintenant tendues vers la sortie d'un instrument qui, tout comme le *Fairlight* ou le *Synclavier*, illustre le vent de folie qui souffle sur cette fin des années 70 où chacun cherche le secret de l'Ultime Synthé : pour E-mu, c'est l'*Audity*. Son exposition au NAMM show de 1980 fait grande impression avec sa polyphonie à seize voix, son séquenceur très abouti et sa puissance de calcul, grâce au *SSM chip* que Rossum a considérablement amélioré pour ce prototype. C'est vraiment le nec plus ultra des synthés. Un seul problème, qui vient avec : son prix. Soixante-neuf mille dollars ne se trouvent pas sous le sabot d'un cheval et les professionnels qui en ont les moyens préfèrent dépenser le triple pour les *workstations* de rêve que produisent au même moment ses collègues australiens et américains. Le résultat, très décevant, est qu'E-mu ne vend aucun exemplaire de son *Audity*, qui rejoint illico le cimetière des éléphants synthétiques.

Une autre mauvaise nouvelle attend Rossum à son retour du NAMM : Dave Smith a décidé de ne plus utiliser son *chip* dans la nouvelle mise à jour de son *Prophet 5*, il a trouvé mieux ailleurs. Pour Rossum, c'est embêtant, il a mis tous ses jetons sur l'*Audity*. Il n'est pas un homme d'affaires, juste un fou du son, et au début de ces années 80 il apparaît évident qu'E-mu a laissé passer le train qui filait dans le sens de l'Histoire. Aussi décide-t-il de le retrouver à la gare d'après : celle des échantillonneurs. À ses yeux, tout reste à faire dans le domaine. Comment rendre leur manipulation plus aisée, plus convaincante ? Car pour l'instant, on se trouve devant de multiples contrariétés : une fois déclenché, un sample se joue jusqu'à la fin, on ne peut pas l'interrompre en relâchant la touche du clavier qui l'a déclenché. À l'opposé, on ne peut pas le faire durer plus longtemps que sa valeur réelle : si je veux jouer une nappe de violon pendant dix secondes avec un échantillon qui en dure cinq, je suis coincé (comme d'ailleurs sur son ancêtre le *Mellotron*). Et puisqu'on est dans les cordes, comment combiner un son d'attaque de violon avec une longue tenue ? Il en va ainsi pour chaque instrument qui pose un nouveau problème et ce sont eux que Rossum va résoudre un à un.

Il construit un prototype d'échantillonneur, sur lequel il enregistre la voix de sa femme interprétant *Mary Had a Little Lamb*, la même chanson qu'Edison gravait cent ans plus tôt sur son premier phonographe – une très étrange corrélation dont Karen

Rossum ignorait tout lorsque je lui ai posé la question de ce choix, ce qui donne à réfléchir sur ce qui se passe dans le cerveau humain quand il est en train de participer à un moment historique. Grâce au perfectionnisme de son mari, l'échantillonnage est d'excellente qualité et les bases de travail solidement posées. Première étape : créer des banques de samples, et c'est ainsi qu'ils organisent des séances d'enregistrement avec des musiciens payés en cash à qui on n'a pas vraiment expliqué à quoi elles allaient servir – le très puissant syndicat des musiciens américains aurait immédiatement opposé leur droit à l'utilisation commerciale de tels échantillons, ce qui se comprend, mais cela aurait signifié la fin de la boîte et il n'en est pas question.

Mission suivante, s'appliquer à patiemment tisser les fils qui relient ces sons au clavier pour lui faire jouer ce qu'on veut. La question de la durée, par exemple, est réglée de façon fort astucieuse par l'utilisation d'une boucle *à l'intérieur* de l'échantillon. Prenons par exemple un violoncelle qui joue un *fa* : nous aurons une attaque puis une tenue plus ou moins longue. La solution de mettre l'échantillon entier en boucle n'est pas satisfaisante, car à chaque relecture du sample, celui-ci donnera l'impression de réattaquer la note. En revanche, il est possible de choisir une section à peu près égale dans la tenue qui suit et de mettre celle-ci en boucle pour pouvoir prolonger sa durée autant de fois qu'on le désire sans que le subterfuge soit distinctement audible. Si on se débrouille bien et qu'on arrive à isoler une longueur complète d'archet, on a vraiment l'impression que le violoncelle tient la note indéfiniment, c'est saisissant. Le premier essai de ce brillant stratagème fut effectué dans les toilettes de la société E-mu, où ils enregistrèrent pour rire l'un de leurs collègues uriner avant de mettre cet échantillon en boucle, inventant ainsi à leur grande hilarité le principe de la Vessie Géante, redéfinissant dans la foulée les règles du management créatif.

Et ça marche plutôt bien. En 1981, sort leur premier sampleur, l'*Emulator I* qui laisse encore à désirer mais trouve, outre Stevie Wonder et Daryl Dragon, une vingtaine d'acheteurs dans les mois qui suivent – avant que les ventes ne s'arrêtent complètement. Réagissant avec promptitude, E-mu sort un *Mark II Emulator I* qui propose des additions et des soustractions bienvenues : un séquenceur est intégré à l'instrument et le prix descend de vingt pour cent par rapport à son prédécesseur, qui se vendait au prix pourtant déjà raisonnable de huit mille dollars. Dans les deux années suivantes, il s'en vend quatre cents exemplaires, un signe encourageant. Et lorsqu'en 1984 sort l'*Emulator II*, c'est enfin le succès espéré : l'instrument est superbe, on peut échantillonner jusqu'à dix-sept secondes de son (une éternité !), les filtres analogiques sont chaleureux et précis et les enveloppes étonnantes de souplesse. En outre, différentes options de connectique permettent de relier le clavier à un ordinateur grâce à un logiciel fourni par Digidesign. Ça y est, plus besoin de payer une fortune pour avoir tout en même temps. Avec un des premiers modèles d'Apple, on peut tranquillement le connecter à son *Emulator* et utiliser immédiatement les ressources étonnantes de son séquenceur.

C'est un pas de géant, car il inaugure la configuration que nous utilisons encore aujourd'hui, c'est-à-dire un sampleur avec un ordi. À huit mille dollars, les ventes s'envolent et atteignent rapidement les huit mille exemplaires. Ce n'est pas le tabac que sont en train de faire les Japonais, mais cela constitue un exploit dans le petit milieu du son. D'autant plus qu'E-mu continue sur sa lancée et sort en 1987 l'*Emulator III* qui pose les jalons définitifs du sampling moderne : les échantillons sont de 16 bits avec une fréquence de 44,1 kHz (les formats courants encore aujourd'hui), les banques de son deviennent disponibles sur CD, la connectique avec l'ordinateur est grandement améliorée et il est opéré par son propre système dans lequel on se déplace grâce à des menus en diodes lumineuses. Hélas ce modèle connaît de nombreux déboires dans ses débuts de fabrication et, malgré des mises à jour successives, l'instrument aura du mal à trouver sa clientèle.

Mais Rossum n'a pas mis tous ses œufs dans le même panier : dès le début des années 80, il a également compris l'importance croissante de ces merveilleuses petites inventions que sont les boîtes à rythme, qui sont en train de devenir d'irrésistibles drum machines. Jusqu'à présent, on a vu que les sons qui en sortaient étaient synthétiques. Avec l'arrivée de l'échantillonnage il est désormais possible de faire jouer de vrais instruments, des grosses caisses, des caisses claires, des bongos, des timbales, des charlestons qui sonnent comme si on y était. Et grâce à l'informatique on peut *programmer* les rythmes que l'on veut au lieu de se contenter de tripoter des presets immuables. Aussi s'attelle-t-il à la confection de ce qu'il appelle son *Drumulator*. Finis les rêves de grandeur, l'objectif est de proposer un produit à moins de mille dollars qui soit agréable à jouer et qui sonne bien. Pour cela, il lui faut compresser les coûts, repenser les microprocesseurs et optimiser l'organisation générale de l'instrument, ce qu'il accomplit avec brio. Résultat : dès sa sortie en 1983, le *Drumulator* se vend comme des petits pains (dix mille exemplaires en deux ans), confortant Rossum dans cette direction prometteuse qui l'amène, avec la complicité de Scott Wedge qui en développe les *touchpads* sensitifs et Marco Alpert le design fonctionnel, à sortir deux ans plus tard la *SP 12* qui devient une référence du genre. Elle permet d'enregistrer ses propres échantillons et malgré la brièveté des samples et leur qualité médiocre de définition (12 bits seulement), elle étonne par la fluidité de son maniement grâce à des curseurs permettant de mixer en temps réel les différentes pistes d'instruments. Gros succès, vite confirmé à la sortie en 1987 de la légendaire *SP 1200* qui tutoie la perfection, faisant ainsi le bonheur des premières productions de rap et de hip-hop ainsi que plus tard des personnalités aussi variées que Daft Punk, Roni Size ou Phil Collins.

ROGER LINN ET LES DRUM MACHINES

Cependant, si l'on doit à E-mu les premiers sampleurs abordables et simples d'utilisation, en ce qui concerne les drum machines, ils n'étaient pas les premiers, et il nous faut parler de celui qui en fut le précurseur incontesté. J'en profite pour m'excuser si ces pages commencent à ressembler à un roman de Dostoïevski où les personnages entrent et sortent comme ils l'entendent, mais cette décennie a produit une pléthore de cerveaux brillants et généreux dont je ne mentionne pourtant l'existence que de quelques-uns. La plupart sont encore vivants, actifs et créatifs et représentent la dernière génération des grands inventeurs qui, brique à brique, ont construit le mur du son sur lequel s'appuie toute notre production musicale contemporaine. Car à partir des années 90, le son va progressivement s'installer *dans* l'ordinateur et c'est là qu'il va connaître une nouvelle aventure dont les héros seront les programmeurs. C'est désormais dans le *software* qu'il s'envole, tandis qu'avec le *hardware*, en particulier les claviers, les choses n'évoluent plus guère qu'en se perfectionnant.

Pilier du Cercle des Présidents Disparus et sans contredit son porte-parole le plus actif et éloquent, voici donc Roger Linn. Ce Californien né en 1955 dans le comté de Los Angeles a commencé sa carrière comme guitariste professionnel. Excellent musicien, il trouve vite du travail dans l'orchestre de Leon Russell, un chanteur de country, et cosigne *Promises* pour Eric Clapton. Il se retrouve souvent en studio, l'aspect technique de l'enregistrement l'intéresse et il possède des connaissances de base en électronique. Il compose, beaucoup, et pour enregistrer ses maquettes il joue lui-même de la basse, de la guitare et des claviers, mais avec la batterie c'est toujours compliqué. Il ne peut pas le faire à la maison à cause des voisins, il faut louer un studio, ça coûte cher, c'est décourageant. Il y a bien une solution, ce sont les boîtes à rythme, mais celles qui sont sur le marché ne sonnent pas comme une vraie batterie et surtout elles ne sont pas programmables, ce qui exclut toute possibilité de composition rythmique originale. Comme d'habitude, c'est de la frustration que naît l'invention, et Roger décide d'y remédier. Il lit, il parle, il consulte, il n'est pas ingénieur mais il comprend très bien ce qu'on lui explique et arrive rapidement à la conclusion qu'il peut y arriver avec un peu d'application. Il apprend à programmer en BASIC et développe dans son salon un logiciel qui donne la possibilité de créer des formes rythmiques et de les modifier en temps réel. En discutant avec Steve Porcaro, du groupe Toto, surgit l'idée d'utiliser des échantillons sonores plutôt que des sons de synthèse, ce qui pour l'époque est une hypothèse assez farfelue mais envisageable, à condition de ne pas s'attendre à une imitation parfaite de la réalité.

Et c'est ainsi qu'un guitariste de vingt-cinq ans déboule en 1980 avec une drôle de boîte qui va totalement bouleverser la donne, la *Linn LM-1 Drum Computer*. Elle représente très précisément l'accomplissement du rêve de tout musicien compositeur qui ne peut pas avoir une batterie chez lui. Avec les douze échantillons disponibles (kick, snare, hi-hat, cabasa, tambourine, deux toms, deux congas, cowbell, clave et handclap), on peut créer un rythme à seize temps, ou bien en temps réel, ou bien en *step recording* (c'est-à-dire en le construisant pas à pas comme on l'écrirait sur du papier). Rien que ça, c'est merveilleux, mais ça ne s'arrête pas là. Si on veut enregistrer en temps réel, on choisit son tempo que l'on entend cliquer comme un métronome et on lance la machine. On commence par exemple par la grosse caisse (le *kick*), que l'on joue à l'endroit voulu en appuyant sur le petit carré tactile qui lui est assigné et au bout des seize temps, la piste se met en boucle, rejouant ce qu'on vient d'enregistrer. Et là, miracle : le troisième coup de grosse caisse qu'on avait joué un peu en retard s'est remis tout seul au bon endroit ! On continue avec la caisse claire (la *snare*), et, pareillement, les petites imperfections dans l'exécution de l'enregistrement sont immédiatement corrigées, donnant le sentiment merveilleux d'être un grand batteur très précis. Avec la cymbale charleston (*hi-hat*), idem, toutes les croches qu'on martelait avec plus ou moins de bonheur sur le petit pad noir se sont comme par magie ordonnées comme à la parade. Et ainsi de suite. L'impression est stupéfiante, car grâce à ce procédé on arrive très rapidement à composer des formes rythmiques complexes qui ont une rigueur d'exécution professionnelle qu'un simple tripoteur de boutons n'aurait jamais imaginé avoir en lui.

Ce miracle s'appelle la quantification (*to quantize* en anglais) et constitue la pierre angulaire de tout ce qui se fera par la suite en musique live électronique. Rapidement généralisé par le MIDI quelques années plus tard, il représente pour les musiciens l'équivalent de la touche T9 de nos portables qui corrigent en temps réel l'orthographe de nos SMS. Cet outil ouvre intuitivement la musique à des non-instrumentistes qui atteignent ainsi en quelques secondes la perfection d'exécution qu'un vrai batteur met dix ans à acquérir. C'est ainsi qu'un nouveau type de musicien peut voir le jour : le machiniste, qui joue des machines. Au lieu des touches ou des cordes, il tripote des boutons, et ce procédé créatif inspirera un nombre incalculable de vocations musicales qui n'auraient sans doute pas vu le jour sans lui. D'autant plus que la *LM-1* propose d'affiner la quantification pour exprimer les nuances infinitésimales exigées par les rythmes ternaires comme le swing ou le shuffle et de « personnaliser » ainsi la pulsation.

Une option que n'offre pas sa concurrente directe, la *TR 808* de Roland qui, sortie la même année, pâlit un peu de la comparaison : avec ses sons de synthèse, même réussis, et sa quantification rudimentaire, elle ne fait pas le poids face à sa consœur qui propose des échantillons de vrais instruments qu'on peut désaccorder à sa guise, découvrant l'impact rythmique de ces nouveaux sons dérivés, des grosses caisses profondes comme des ravins, des caisses claires sèches comme une piqûre d'épingle, c'est ça la nouvelle matière sonore ! Précisons cependant que les deux machines ne se positionnent pas dans la même catégorie, car si la *TR 808* s'achète à mille deux cents dollars, la *LM-1* en coûte quatre fois plus. Résultat : cette dernière ne se vendra guère mieux qu'à sept cents exemplaires, tandis que la première en vendra douze mille unités.

En 1982, Roger enchaîne avec la *LinnDrum*, plus perfectionnée, et les ventes augmentent. Il gagne en assurance et décide alors de marquer un grand coup. Il recrute la crème des ingénieurs de la Silicon Valley sur le projet de sa *Linn 9000* dont il veut qu'elle soit tout ce qu'on doit attendre d'une drum machine : un séquenceur MIDI intégré avec trente-deux pistes (le luxe !), la possibilité d'enregistrer ses propres échantillons, et surtout des *touchpads* sensibles à la vélocité et la pression qui doivent en faire la perfection dans le genre. Les sommes engagées sont importantes, la recherche dure plus longtemps que prévu, et il arrive ce que nous avons déjà vu maintes fois se produire : l'idée est géniale, mais faute de temps et de moyens, l'instrument comporte à sa sortie prématurée d'usine de nombreux défauts. Les modèles vendus reviennent en panne, il faut les réparer et surtout régler tous les problèmes de façon définitive, ce qui apparaît vite hors de portée dans cette situation critique. La Linn Electronics est trop jeune et fragile pour y survivre et en 1986 elle dépose le bilan. Roger est éligible au Cercle.

Mais s'il ne semble pas fait pour être chef d'entreprise, ses idées sont néanmoins brillantes et il va, tout comme Dave Smith, se tourner vers l'Orient afin de poursuivre ses travaux. Son choix se portera sur la société japonaise Akai, une nouvelle venue dans le monde de l'échantillonnage qui met les bouchées doubles pour s'imposer dans ce juteux marché. Un excellent calcul, puisqu'il ressort de cette association un instrument qui va marquer les générations futures, en particulier le monde du hip-hop : la *MPC 60*. Ce *Music Production Center* est une sorte de drum machine-séquenceur-sampleur gonflé aux stéroïdes qui prolonge directement les travaux de Linn. Ses seize petits pads carrés sont d'une sensualité tactile immédiatement plaisante, son utilisation est d'une grande souplesse et c'est typiquement le genre d'instrument que l'on veut acheter après l'avoir essayé deux minutes en se disant : voilà une machine qui est faite pour les musiciens. De fait, elle se répand comme une traînée de poudre et son design fondamental reste aujourd'hui quasiment inchangé malgré ses multiples mises à jour (dont la fameuse *MPC 2000* qu'on retrouve sur quasiment *tous* les disques de rap du nouveau millénaire). Roger a les mains libres, on lui fait confiance, il travaille à distance avec David Cockerell (souvenez-vous, l'ancien cofondateur d'EMS) qui assure la confection du *hardware*, et il commence à se refaire des plumes après la disparition prématurée de sa société. Il n'est d'ailleurs pas le seul à qui l'entreprise sauve la mise car, parallèlement, Akai a mis sur le marché des échantillonneurs dont la qualité va considérablement augmenter avec l'arrivée d'un autre naufragé du son, le dernier présenté dans ce chapitre et non le moindre, Tom Oberheim.

LE GROS SON D'OBERHEIM

Celui-ci vient d'assister impuissant à la disparition de sa boîte et la proposition des Japonais tombe à pic. Quelques années auparavant, il était pourtant l'un des noms les plus respectés du milieu, ses synthés étaient partout... Mais reprenons au début.

Le Cercle des Présidents Disparus

Natif du Kansas, ce fan de jazz et bricoleur de hi-fi décide à vingt ans d'aller voir ce qui se passe à Los Angeles avec dix dollars en poche et une insatiable curiosité. Enchaînant quelques jobs de subsistance, il finit par tomber sur une annonce d'emploi pour un dessinateur technique qui lui semble intéressante. La société qui a mis l'annonce, la National Cash Register, est l'une des premières à travailler sur et avec des ordinateurs. En 1956, il s'agit d'une technologie totalement inconnue du grand public, et lorsque Tom commence à travailler pour eux, le monde qu'il découvre le laisse pantois. Le concept, la technologie, les implications, tout est excitant. Il veut faire ça toute sa vie.

Comprenant qu'il lui faut une solide éducation pour réaliser son rêve, il s'inscrit aux cours du soir à l'University of California à Los Angeles (UCLA) tout en continuant de travailler pour diverses compagnies, toujours dans le domaine de l'informatique, notamment pour l'aéronautique et la recherche spatiale (encore un inventeur sauvé par la NASA). Il n'est pas un employé modèle, il reste neuf mois, un an maximum dans un boulot et puis il change, il est une bonne incarnation des sixties dans la nonchalance de son parcours professionnel : il va où il veut quand il veut. Dès que son boss l'énerve, il change de job. À l'UCLA, il passe autant de temps au département de Physique qu'à celui de Musique où il fait la rencontre de joyeux expérimentateurs dont le trompettiste Don Ellis, à qui il propose des menus travaux d'électronique, comme la construction de systèmes de sonorisation. Enfin ses travaux servent à autre chose qu'à envoyer des fusées dans la lune ou à compter les recettes d'un caisse enregistreuse.

À la lecture d'un article écrit en 1961 par Harald Bode dans *Electronics Magazine*, il décide alors de construire un ring modulator tel qu'il y est décrit et de l'appliquer au traitement *live* d'un instrument. C'est un procédé assez radical qui fait émerger des sons robotiques affublés d'harmoniques totalement inhabituels n'ayant qu'un très lointain rapport avec le ton original (souvenez-vous des affreux Daleks du Doctor Who qui lui doivent leurs voix grinçantes). Traité par cette étonnante petite boîte, le simple parcours d'une gamme de *do* majeur se révèle être une ascension improbable dont chaque intervalle constitue un pas géant ou de fourmi. C'est vraiment très marrant à utiliser si on réussit à contourner élégamment l'aspect agressif de certaines notes, et Tom arrive à en vendre deux ou trois autour de lui.

À la fin des années 60, il a son diplôme de physique en poche et les choses semblent prendre une bonne tournure. Son ring modulator a attiré l'attention d'autres musiciens, comme Herbie Hancock ou Jan Hammer (ils adorent ce son et en trufferont leurs albums) puis d'une grosse compagnie de distribution, la Chicago Musical Instruments (CMI), qui lui propose en 1969 de travailler pour eux et de fabriquer une version grand public de sa boîte magique. Fini l'amateurisme, il emprunte quelques milliers de dollars à des copains et fonde la Oberheim Electronics. Tout son enthousiasme s'exprime dans le logo de la société qui affiche dans un grand O une paire de croches devenues des jambes qui s'élancent bravement vers l'avenir, dans la plus pure imitation du pape de la BD californienne underground, Robert Crumb, dont le *Keep On Truckin'* est devenue l'étendard de sa génération. Il fabrique donc pour la CMI son *Maestro RM 1a*, et ça marche très bien. À tel point que lorsqu'il leur propose un *phase shifter* reproduisant électroniquement dans une petite boîte l'effet de la *cabine Leslie* (qui fait la taille d'un *orgue*

Hammond), ils sautent sur sa proposition et mettent sur le marché son *PS I*, qui rencontre un succès phénoménal : plusieurs dizaines de milliers d'unités (entre vingt-cinq et cent mille selon les sources !) sont écoulées en quelques années et installent définitivement la réputation d'Oberheim dans le milieu.

C'est pour lui l'occasion de se rapprocher de ses collègues inventeurs et « musiciens électroniques » comme Richard Grayson ou Paul Beaver qui commencent à apparaître un peu partout sur la côte Ouest. Les synthétiseurs sont maintenant la grande affaire et il aimerait bien voir ce qu'il peut trouver là-dedans. Il commence en proposant en 1971 au fondateur d'ARP Alan Pearlman de devenir son distributeur en Californie, et il arrive à vendre son *2600* à plusieurs musiciens de renom comme Leon Russell ou Frank Zappa ainsi qu'à un bon nombre de jazzmen ou de studios. Il remarque alors que ce nouveau modèle n'offre plus la possibilité comme son prédécesseur le *2500* de jouer deux notes à la fois, il modifie le circuit du dernier-né d'ARP et lui redonne cette option qu'on ne trouve sur aucun autre synthé de l'époque, tous étant encore monophoniques. C'est une avancée notable mais pas suffisante pour faire bouger les lignes et la qualifier de vraie polyphonie puisque ces deux notes ne peuvent être exprimées que par la même touche et expriment toujours le même intervalle quelle que soit la note jouée. Il ne baisse pas les bras et fabrique un séquenceur, le *DS 2*, qui donne la possibilité d'asservir un synthé à ses séquences – formidable, mais le problème reste le même, on ne peut pas jouer une deuxième voix par-dessus, pourtant c'est ça qui serait vraiment bien !

Tom fabrique donc une nouvelle petite boîte qu'il appelle un *SEM*, un *Synthesizer Expander Module*. Il le conçoit comme une *voix de secours* pour un instrument plus performant. Supposons que j'ai un *ARP 2600* et que je veux jouer deux voix en même temps : il me faut alors acheter un autre synthé, je n'ai pas le choix – sauf si j'ai un *SEM*. Je le branche à mon *ARP* et le tour est joué, je peux produire deux voix simultanées à partir du même clavier ! Une voix supplémentaire dans une boîte ! C'est un système très ingénieux et, dès 1974, il commence à en vendre quelques-uns à travers CMI. Mais les rouages de l'économie se soucient peu de ses modules et au même moment, son distributeur se fait racheter par Norlin, les mêmes qui venaient d'acquérir Moog (et ne sauront quoi en faire). Nouvelle direction, du jour au lendemain, toutes les commandes s'arrêtent. Oberheim vient de perdre son gagne-pain, mais il a toujours sa société et depuis quelques mois, une idée lui trotte dans la tête qu'il aimerait bien réaliser : plutôt que de brancher un module sur un autre synthé, pourquoi ne pas relier plusieurs modules ensemble et en faire un synthé polyphonique ? Comme on l'a vu, Yamaha et ARP sont aussi sur le coup, mais leur approche est beaucoup plus complexe et s'intègre à des exigences sur l'ensemble de l'instrument que Tom n'a pas, vu qu'il n'a jamais fabriqué de clavier. Finalement, ce coup du sort est une bénédiction, et c'est ainsi que la marque Oberheim entame sa longue ascension qui la portera en dix ans au firmament des grands synthés.

Mais comment s'y prendre pour assigner les notes du clavier aux différents modules ? Tom engage Dave Rossum et Scott Wedge de la toute jeune E-mu pour l'aider à résoudre le problème, et en 1975 sort le synthé qu'il aurait voulu avoir : trois octaves, deux voix et un séquenceur analogique. Avec une voix, on écrit une séquence et avec l'autre on joue dessus. Ou alors on joue les deux voix ensemble sur le clavier. Ce qui est un peu pauvre, c'est sûr, aussi propose-t-il dans la foulée un synthé plus grand qui rassemble quatre *SEM*, donc quatre voix, et là il frappe un grand coup. Parce que avec quatre voix, on a enfin une véritable polyphonie. Pour ne pas avoir à programmer chaque module séparément (ce qui n'est pas très pratique), Oberheim pond un programme numérique qui prend en charge la manipulation de certains paramètres, ce qui facilite la tâche, mais n'est pas encore la panacée.

Pour la petite histoire, Tom étant en contact avec Joe Zawinul, le cofondateur de Weather Report, il le tient au courant des derniers développements de ses recherches et sait qu'il est très intéressé par l'éventualité d'un instrument polyphonique. Il va donc le voir avec son modèle d'*Oberheim Polyphonic Synthesizer* et tente de lui expliquer les arcanes de sa programmation, qui, il faut en convenir, n'est pas de toute simplicité. Devant l'air légèrement ahuri de Zawinul, Oberheim quitte ce dernier persuadé que le compositeur n'a rien compris à ses explications. Mais quelques semaines plus tard, il reçoit un coup de fil du pianiste qui lui demande de passer le voir chez lui. Une fois arrivé, Zawinul le fait asseoir et lui joue la bande qu'il vient d'enregistrer avec, entre autres, l'instrument que Tom lui avait laissé : c'est *Birdland*, une composition qui deviendra rapidement un tube mondial auquel peu d'êtres vivants peuvent prétendre avoir échappé, et auquel le synthé d'Oberheim apporte la chaleureuse couleur du refrain. Tom en ressortira extrêmement troublé par le fait qu'un artiste, même s'il ne comprenait pas son point de vue d'ingénieur, était capable de s'orienter tout seul dans cette jungle de curseurs et de boutons pour en faire quelque chose d'aussi abouti. Finalement, se dit-il, si le son est bon, un musicien retrouve toujours ses petits.

Car c'est ça qui caractérise ses claviers : un gros son fabriqué dans les règles de l'art, tout simplement. À la fin des années 70, la recette est connue : il faut deux oscillateurs (un seul n'est pas suffisant, trois c'est selon lui un luxe inutile) proposant chacun plusieurs formes d'ondes, mixés dans un filtre (VCF), puis dans un amplificateur (VCA), modulés chacun séparément par son enveloppe. Qu'est-ce qui fait alors la différence entre les différentes marques ? Oberheim est persuadé que ce sont les filtres. Les siens sont de moins bonne qualité, certes, mais ils donnent à l'ensemble une épaisseur plaisante et singulière qui deviendra la signature sonore dont tout le monde va bientôt raffoler. En 1978, il sort l'*OB-1*, puis en 80 l'instrument qui va définitivement l'installer comme une influence majeure dans les années qui viennent : l'*OB-X*.

Cet imposant synthé de cinq octaves est disponible en deux, quatre ou huit voix, mais c'est cette dernière option qui emporte le pompon : trois voix de plus que le *Prophet 5* et les mêmes avantages : l'instrument est programmable et comporte trente-deux allocations de mémoire où l'on peut sauvegarder ses sons. Rapidement, les mises à jour arrivent avec l'*OB-Xa* (muni d'une *Curtis chip*) qui propose de séparer les voix entre elles ou de les superposer les unes aux autres, ce qui en décuple l'épaisseur sonore – il devient immédiatement le chouchou des musiciens et on l'entend sur tous les disques de l'époque, que ce soit Miles Davis, Van Halen, Laurie Anderson, Queen ou The Police. En 1981, c'est à Roger Linn qu'il répond en sortant sa *DM-X*, une drum machine numérique et programmable jouant des échantillons de vrais instruments, d'une grande aisance de maniement. Puis c'est le *DS-X*, un séquenceur numérique vite adopté par le milieu. Il connecte tous ces éléments grâce à un protocole dont il est propriétaire, pavant la route de ce qui allait devenir le MIDI, dont il est l'un des premiers apôtres : c'est lui qui fait le lien entre Dave Smith et Kakehashi au tout début des années 80 et donne du corps à cette idée, même s'il n'est pas associé directement à sa finalisation.

Fort du succès de ses synthés, Oberheim continue de produire des instruments très appréciés des musiciens, et sa ligne *Matrix* (avec ou sans clavier) fait un véritable tabac. La marque est devenue une référence. Mais on connaît l'histoire : poussée trop vite et trop tôt, elle fait face à des budgets de recherche et d'expansion sans cesse en augmentation et sa santé financière n'est pas suffisante pour passer ce cap sans une recapitalisation ou quelques modifications dans sa structure. Une deuxième solution que choisit l'avocat d'affaires avec qui travaille Tom : il lui conseille un montage un peu particulier dans lequel Oberheim n'est plus le patron de sa boîte, il entérine la modification sans trop en comprendre les sous-entendus. Mal lui en prend, puisqu'il se rend compte au bout d'un moment qu'en signant ces papiers, il s'est dépossédé de ce qu'il avait mis dix ans à construire. En 1985, son nom est vendu à la marque Gibson et tout le cash disponible dans la société, de l'ordre de plusieurs millions, a été tranquillement siphonné dans le compte personnel de l'avocat. Tom a cinquante ans et il a tout perdu. Bienvenue au Cercle.

C'est ainsi que nous le retrouvons en 1986 à travailler comme consultant pour Roland et Akai, pour qui il confectionne une carte électronique permettant de relever la résolution d'échantillonnage de douze à seize bits pour son sampleur vedette, le *S 900*. Celui-ci ne va pas tarder à s'imposer dans tous les studios sous sa forme plus aboutie en stéréo, le *S 1000* et, grâce au coup de pouce d'Oberheim, la série *S* d'Akai passera dans l'Histoire comme l'une des plus belles réussites en termes d'échantillonneur. L'inventeur rejoint donc ses confrères californiens qui ont, comme lui, trouvé au Japon une structure d'accueil où ils continueront leurs travaux au cours de la décennie suivante, pérennisant cet axe transpacifique au long duquel vont s'épanouir de si constantes collaborations.

QUELQUES ÉPILOGUES

Deux remarques s'imposent à la fin des années 80. À partir de ce moment, l'essentiel de la production instrumentale va se consacrer à combiner ou approfondir sans innovation majeure les découvertes accumulées jusque-là – à l'exception de la numérisation du son, bien sûr, qui va trouver dans l'ordinateur un nouveau support et dont je laisse à mes collègues historiens le soin de démêler le passionnant écheveau. Le *hardware* a vécu, vive le *software* ! Une autre constatation est que cette décennie aura été marquée par l'accession des marques japonaises à une domination pérenne que rien ne semble menacer encore aujourd'hui, et la stabilité qui en résulte ne comprend plus les coups de théâtre auxquels nous nous étions habitués. Comment cette stabilité s'est-elle imposée ? Sans doute grâce au bon sens du capitalisme nippon qui aura su tirer profit de la prolifique mais brouillonne exubérance américaine. Aux États-Unis, l'absence de visibilité économique sur plus de douze mois, la valse incessante des rachats et des recapitalisations, un calendrier de production dicté par les directeurs financiers et non les ingénieurs sont autant d'obstacles à la croissance raisonnée à laquelle aspirent tous les inventeurs du son. Mais comme aime à le répéter Dave Rossum, la nécessité est la mère de l'invention et il est clair qu'en la matière, l'Amérique n'a jamais manqué de ressources.

À l'opposé, le capitalisme japonais repose sur un impératif de longévité qui imprègne chacun de ses projets. Ce qui ne va pas sans quelques problèmes : la fidélité des employés à leur entreprise complique la tâche d'un nouveau venu sur le marché qui voudrait débaucher de la main-d'œuvre chez la concurrence, ce qui rend quasiment impossible une ascension rapide dans le milieu. Mais l'avantage est que sur le long terme, la constance paye : la maison Yamaha n'a trouvé le succès avec son *DX 7* qu'à sa troisième tentative d'utilisation de la synthèse FM, ce qui démontre une détermination et une patience inhabituelles dans le monde des affaires américain. Les banques japonaises savent que s'engager sur le long terme comporte des risques passagers mais qu'un projet bien conçu mérite d'être porté jusqu'au bout. Dans un tel environnement, on comprend que les alliances entre compétiteurs deviennent plus faciles et profitables, comme l'a prouvé la naissance du MIDI. Soulagés des pressions comptables immédiates, les entrepreneurs peuvent également se concentrer sur la qualité de leur produit, construisant patiemment une image de fiabilité qui s'apprécie au cours des ans. Enfin, il faut noter un souci constant de pragmatisme par rapport à l'invention. Dans les bureaux de recherche et de développement nippons, la question fondamentale est toujours : en quoi notre instrument répond-il aux attentes des musiciens ? Cette stratégie, si elle est accompagnée d'une attention équivalente à la créativité, ne peut manquer de trouver sa cible. Et si cette créativité existe aussi ailleurs, que ce soit en Europe ou aux États-Unis, il n'y a aucune honte à l'assimiler à l'ensemble du projet. Les fous du son ne connaissent pas de frontière.

Que sont devenus les derniers héros de cette épopée ? Ils vont très bien, merci. Tom Oberheim, après avoir abandonné sa boîte et son nom, a refondé une nouvelle société, Marion Systems (du nom de sa fille), qui a continué de produire de magnifiques instruments pendant quelques années avant de s'éteindre et de devenir Sea Sound, se spécialisant dans les cartes audio et interfaces pour ordinateurs. Après avoir hésité à s'installer dans la région de Toulouse (à proximité de l'Aérospatiale, une ressource toujours disponible), cet amateur de bonne chère s'était résolu à ne plus fabriquer de synthés lorsqu'en 2008 la Red Bull Music Academy eut l'excellente idée de l'inviter à l'une de ses fameuses rencontres organisées entre des géants de la musique électronique et un public de jeunes artistes. Tom y découvrit ahuri une foule de jeunes gens passionnés par son travail, très au fait de ses accomplissements, et repartit chez lui avec en poche plusieurs commandes pour ses célèbres *Synthesizer Expander Module* qu'il ne fabriquait plus depuis presque trente-cinq ans. Il en a donc repris la confection dans son petit atelier de la San Francisco Bay Area et, quand il a du mal à honorer de gros contrats, sa femme lui donne un coup de main. Il vient de fêter ses quatre-vingts ans et en paraît quinze de moins.

Au moment où nous avons quitté Dave Rossum en 1987, il était à la tête d'une société qui, grâce à ses instruments, dégageait un bénéfice net de cent mille dollars par mois. Après avoir frôlé l'extinction en 88, puis retrouvé l'année suivante ses marques grâce au magnifique *Proteus* (mais également au prix de profonds remaniements dans son organisation, entraînant le départ de son ami de toujours, Scott Wedge), E-mu a fini par trouver un partenaire financier auquel s'adosser : Creative Labs, dont l'ambition visionnaire était de conquérir le marché des cartes son. En effet, cet élément allait devenir indispensable pour relier l'ordinateur au reste du foisonnant univers du son, et se positionner tôt dans cette course allait devenir primordial. Le génie de Rossum se déployant dans une direction similaire, l'association avec E-mu semblait évidente, et en 1993 les deux sociétés fusionnèrent, combinant l'une son capital et l'autre son expertise. À la suite de cette transition, Rossum s'est désengagé petit à petit de la conception des nouveaux instruments, se consacrant de plus en plus à sa tâche de *chief engineer* de Creative Labs, dont les nouveaux *chips* durent subir la rude concurrence des jeux vidéo émergeant durant la décennie. Au début des années 2000, la marque E-mu se trouva contrainte de sous-traiter sa fabrication en Chine, abandonnant progressivement la situation dominante qu'elle avait exercée sur le marché de la musique pendant près de trente ans. Grand amateur de voyages extrêmes et moniteur de plongée, Rossum travaille désormais dans une société à la recherche d'algorithmes permettant de séparer la voix des bruits ambiants qui encombrent les conversations téléphoniques. Bientôt proche de la retraite, ce chercheur insatiable et marcheur impénitent, le seul à n'avoir jamais fait partie du Cercle, contemple avec gourmandise l'idée de retourner bientôt à la musique juste pour le plaisir – espérons-le, pour le nôtre aussi.

Dave Smith, après avoir conseillé Yamaha et Korg

(notamment sur leur splendide *Wavestation*), est devenu le président de Seer Systems, dont l'activité reprenait la tâche qu'il avait dû abandonner quelques années plus tôt : concevoir des répliques numériques d'instruments et d'effets analogiques. En 1996, grâce à son association avec Creative Labs et les lumières de Rossum, son logiciel recréant intégralement un synthétiseur dans un ordinateur se vendit à plus de dix millions d'exemplaires avant de connaître un succès encore plus éclatant avec sa version suivante, *Reality*. Cependant, lassé de ce champ qu'il avait été l'un des premiers à défricher et revenant à ses amours de jeunesse, Dave a fondé sa société en 2002, Dave Smith Instruments, assumant enfin de mettre sur un clavier un nom qu'il trouvait dans sa jeunesse bien banal, comparé à celui de Moog ou Oberheim. Cycliste infatigable, il a sillonné les États-Unis à vélo (sauf le Kansas – trop plat) et ne rechigne pas lorsqu'il est de passage en France à se faire un petit Paris-Brest-Paris pour le plaisir, ce qui en dit long sur ses capacités d'endurance physique et mentale. Sise en plein cœur de San Francisco, sa compagnie propose aujourd'hui des claviers et des drum machines qui font les délices des musiciens, résistant courageusement à la concurrence qui fait rage dans le domaine. Se promener dans son showroom est d'ailleurs un supplice insoutenable pour le claviériste qui, comme un enfant dans un magasin de bonbons, a envie de tout acheter. En collaboration avec Roger Linn qui en a assuré le design, il a sorti en 2011 une magnifique drum machine, la *Tempest*, et a récupéré il y a quelques mois de Yamaha (grâce à un geste fort amical de son président Takuya Nakata) la propriété de sa marque Sequential Circuits pour laquelle il vient d'élaborer une version moderne de son fameux *Prophet 5* sous le nom de *Prophet 6*.

Le Cercle des Présidents Disparus

Roger Linn a quant à lui poursuivi sa carrière de designer d'instruments et demeure avec sa femme Ingrid, violoncelliste, ingénieure et marathonienne, un ambassadeur toujours enjoué du Cercle des Présidents Disparus. Qui ne s'appelle plus comme ça d'ailleurs, puisque cette réunion informelle porte désormais le nom de Breakfast Club, moins original sans doute, mais plus résolument tourné vers l'avenir de la journée qui vient. Avec l'aide de Dave Smith et de Tom Oberheim, il a conçu en 2001 une petite boîte magique, l'*AdrenaLinn*, faisant office de drum machine / pédale multi-effets, qui connut un grand succès auprès des guitaristes auxquels elle était destinée. Passionné par le problème des contrôleurs alternatifs au clavier, il vient de rendre public son *LinnStrument* sur lequel il travaillait depuis plusieurs années et qui offre à des non-claviéristes la possibilité de contrôler par une multitude de petits pads les instruments que l'on veut avec une précision et une richesse étonnantes. Il n'a jamais laissé tomber la guitare et les lundis soir, lorsqu'il est en ville, il descend de sa petite maison de Berkeley donnant sur la baie de San Francisco et va jouer à la mandoline des airs traditionnels napolitains pour les heureux clients du Caffe Trieste.

Enfin, Alan Robert Pearlman s'est retiré en Nouvelle-Angleterre où il jouit d'un repos bien mérité du haut de ses quatre-vingt-dix ans, des souvenirs de l'âge d'or d'ARP plein la tête dont il parle encore avec bonheur et conviction.

Côté japonais, Tsutomu Katoh est décédé en 2011, laissant derrière lui la société Korg en pleine expansion – la marque vient d'ailleurs de ressortir une copie du fameux *Odyssey* avec la complicité de David Friend qui en a supervisé la fabrication. En ce qui concerne Roland, Ikutaro Kakehashi vient de souffler ses quatre-vingt-cinq bougies – il a quitté la direction de sa compagnie en 2013 et jouit lui aussi d'une heureuse retraite. La marque Akai connut quant à elle un destin mouvementé : à la fin des années 90, la Akai Holdings comptait cent mille employés dans le monde lorsque à la suite d'un énorme scandale financier (qui valut la prison à son P-DG qui avait détourné à son profit plus de huit cents millions de dollars), elle dut se séparer de sa branche musicale qui fut rachetée par un groupe américain, la rebaptisant Akai Professional Musical Instrument Corporation. Cette aventure prit fin en 2005 à la suite d'une seconde banqueroute et la marque fut reprise par le propriétaire de Numark et Alesis, avant d'être acquise en 2012 par inMusic Brands. Quant à Yamaha, la société continue sur sa lancée et demeure une valeur toujours plus stable dans un environnement pourtant difficile.

En Europe, la marque suédoise Clavia, créée en 1983, a réussi le tour de force de résister à la pression japonaise et continue de produire des instruments splendides dont l'habillage rouge de ses *Nordlead* constitue un repère visuel bien connu sur les scènes du monde entier. En matière de recherche, l'IRCAM à Paris continue de centraliser un grand nombre de recherches fondamentales sur le son, et le GRM poursuit son activité informatique avec, depuis 1990, la confection de ses fameux GRM Tools (traitement numérique du son) qui ont rapidement trouvé le chemin de tous les ordinateurs dédiés à la musique. Jean-Claude Risset, après ses expériences avec Max Mathews, s'est installé en France où il continue de partager une existence bien remplie entre ses fonctions de directeur de recherche émérite au CNRS à Marseille et ses activités de pianiste et de

Le Cercle des Présidents Disparus

compositeur, parcourant le monde avec ses projets toujours plus modernes et passionnants.

Je profite de ce moment récapitulatif pour souligner la surprenante longévité de ces hommes dont nous avons suivi le destin. Mis à part Bob Moog, triste exception, la plupart de nos fous du son semblent avoir trouvé dans leur activité un étonnant élixir de jeunesse qui les conserve bien au-delà des moyennes en vigueur. Léon Theremin est sans doute le doyen, ayant vécu 97 ans, John Pierce 92, Max Mathews 84, Raymond Scott 85, Benjamin Miessner 85, Harold Rhodes presque 90, Maurice Martenot quasiment 82, Oskar Sala 91... Et nombreux sont ceux qui, comme on l'a vu, sont encore vivants et solidement accrochés à leur rêve de faire avancer la musique au-delà de ses limites admises. Auraient-ils trouvé une méthode de conservation par le son ? La question mérite d'être posée. En tout cas, il semblerait que vivre le futur au quotidien se révèle une excellente incitation à profiter de chaque instant le plus longtemps possible – il suffit d'être certain que l'avenir, c'est demain.

Outro

Cet avenir, quel est-il ? Où en sommes-nous aujourd'hui ? Savourons le chemin parcouru : en 1880, rien de ce que nous connaissons aujourd'hui n'existait et le monde de la musique était à l'aube d'un bouleversement colossal dont les fous du son allaient devenir les aventuriers. Cet ouvrage n'ayant évoqué qu'un nombre restreint d'entre eux, on ne peut qu'imaginer la foule industrieuse de savants, ingénieurs ou musiciens qui ont concuru, chacun à son échelle, à cette furie d'invention sans récolter ni gloire ni fortune. Certains grands hommes, comme Edison ou Shannon, ont porté l'attention temporaire de leur génie à des recherches qui ont bouleversé la production du son, avant de s'envoler vers d'autres horizons. D'autres y ont dévoué leur vie sans dévier d'un degré dans leur obstination, comme Cahill, Moog ou Mathews. D'autres encore ont, comme Martenot ou Buchla, enjambé le fossé qui sépare le musicien de l'ingénieur et ont inventé tout un monde dont leur instrument est la voix inépuisable. Mais chacun, à sa façon, a posé sa pierre au Palais du Son dans lequel nous vivons aujourd'hui. Les radios, téléphones, micros, écouteurs, chaînes stéréo, baladeurs, vinyles, CD, studios d'enregistrement, guitares électriques ou synthés sont autant de testaments de leur acharnement. Ces hommes ont innervé de leurs trouvailles notre quotidien sonore jusqu'à en occuper les moindres replis, et la musique que nous écoutons aujourd'hui leur doit tout.

Ce récit s'achève à la fin des années 80, au moment où le son a basculé progressivement dans une ère numérique dont nous cherchons depuis les limites. Les inventeurs d'aujourd'hui sont les programmeurs, et ce sont eux qui, patiemment, dessinent les nouveaux contours du possible. Cette révolution a eu pour conséquence de pousser sur les scènes de concert un objet qui, il y a cinquante ans, remplissait une pièce entière, et ne fait aujourd'hui guère plus que la taille de ce livre : l'ordinateur. Sa miniaturisation associée à sa puissance de calcul en ont fait depuis plus d'une décennie un outil prisé des musiciens tant pour la composition que pour la performance. Parfois même, il constitue le seul instrument qu'un DJ amène à un concert, et *tout* sort de cette petite boîte rectangulaire : troupeau d'éléphants, orchestre symphonique, samba brésilienne ou bruits de fourchette, plus rien n'étonne avec l'ordi. Cependant, un problème se pose avec insistance : comment en jouer ? Les ressources de son clavier alphanumérique ne sont guère adaptées aux exigences d'un musicien qui, en produisant un son, doit pouvoir contrôler simultanément son attaque, sa justesse, son timbre, son intention, sa durée, et une foule d'autres paramètres qui font les joies de cet art...

Cette incapacité de l'AZERTY à transmettre les finesses que l'on désire exprimer en temps réel n'est pas sans rappeler celle que dénonçaient Theremin, Martenot ou Trautwein lorsqu'ils tentaient d'échapper à l'écrasante domination sur leur siècle du clavier en marches et en feintes. Il n'y a pas de quoi s'en étonner lorsqu'on sait que l'une des premières machines à écrire, ancêtre du clavier d'ordi, comportait des touches noires et blanches, comme sur un piano ! Même posture assise, même geste des mains en coupelle, dont les doigts s'agitent sur quelques centimètres carrés – la parenté est irréfutable. Le clavier, toujours le clavier, et cette même frustration à ne pouvoir dire toute la musique : il semblerait que nous tournions en rond.

La solution logique est donc de trouver des contrôleurs adaptés à ce nouveau défi, un chemin qu'arpentent nos inventeurs depuis plus de trente ans. De nos jours, cette recherche est en pleine expansion, et il ne se passe pas d'année sans qu'une nouvelle interface ne soit conçue quelque part à la surface du globe. Touches, souffle, pads, tout est bon pour inventer une façon originale de commander un son. Questionné sur l'avenir qui nous attend à ce sujet, John Chowning soulève néanmoins une vérité assez crue : tout apprenti en musique, dit-il, a besoin d'idoles auxquelles s'identifier dans la pratique de son instrument. Pour qu'un nouveau contrôleur puisse inspirer un jeune débutant, il faut qu'il soit déjà utilisé par un maître depuis plusieurs années avant que sa réputation ne commence à engendrer de nouvelles vocations. Et c'est là que le bât blesse : pour l'instant, aucune solution alternative au clavier et plus généralement à la logique du pousse-bouton ne s'est encore imposée, ce qui laisse à penser que nous ne sommes pas tout à fait sortis de l'ornière.

Mais la direction semble claire : c'est dans l'espace que va se jouer la prochaine révolution. Non pas l'espace des galaxies lointaines, mais celui qui enrobe comme une peau les gestes du corps humain, ce même espace que Theremin apprivoisait avec une ferveur si prophétique, plongeant dans la stupéfaction les spectateurs de ce miracle. Au lieu des ondes hétérodynes, ce sont les capteurs optiques qui offrent désormais les applications les plus prometteuses pour une réinvention du geste musical. Bientôt sans doute verrons-nous émerger une nouvelle génération rompue à l'exercice de commander les trois dimensions avec autant de virtuosité que naguère le ruban du clavier ou la touche du violoncelle, reprenant le rêve de l'ingénieur russe là où il l'avait laissé.

Dans ce domaine tout reste à faire, et les explorateurs de ce nouveau monde sont attendus avec impatience. Puissent-ils nous apprendre à faire chanter l'espace, à lier le geste au son avec une passion renouvelée, nous invitant à une musique dont les formes nous surprendront par leur fraîcheur – et dont on ne pourra s'empêcher de penser : c'est génial, mais il y a moyen de faire mieux.

APPENDICES

Remerciements

Alain Kahn
Ambro Oliva
Anne-Marie Bonnel
Arnaud Merlin
Béatrice Verstraete
Benoît Sourisse
Bernard Tichit
Bertrand Dicale
Bruno Canac
Carol, Patricia Rhodes
Chloé Deschamps
Dave Rossum
Dave Smith
Dominique Poutet
Don Buchla
Élodie Deglaire
Emmanuel Bex
Étienne, Ferida Jardel
Francis Mandin
Gerald Mccauley
Heinz Cadera
L'internet
Jacques Gamblin
Jean-Claude Risset
Yoram Leker
Jean-Loup Dierstein

Jean-Philippe Rykiel
Jim Debardi
John Chowning
Klaus Blasquiz
Laurent Cugny
Laurent Perrier
Marc Battier
Marc Sirguy
Marcel Bourdon
Marion Held Javal
Mark Vail
Melanie Villenet Hamel
Michelle Moog
Nathalie Forget
Nicolas Bailly
Olivier Nora
Philippe Bussonnet
Pierre Allio
Ray Kurzweil
Roger Linn
Stephan Oliva
Thierry Maniguet
Tom Oberheim

Ainsi que ma femme Patricia et mes enfants Ulysse, Pannonica et Émile qui ont vécu les affres de ce livre au quotidien.

Glossaire

ACCORD, ACCORDAGE : Se dit lorsqu'on accorde un instrument à une fréquence de référence.

ADSR : Initiales de Attack, Decay, Sustain, Release. Ce sont les différentes étapes de la vie d'un son, dessinant ainsi son enveloppe. Lorsqu'on joue une note sur un violon, l'attaque de l'archet sur la corde (Attack) est suivie d'un déclin en intensité (Decay), puis de sa stabilisation en une note tenue (Sustain) et enfin du relâchement par l'archet de la corde (Release), qui continue de vibrer par elle-même jusqu'à l'extinction naturelle du son.

AFTER TOUCH : Procédé de captation de la pression du doigt sur une touche après son attaque initiale.

ALGORITHME : En électronique, succession de choix logiques dans un champ de possibles donné.

ALTERNATIF : Se dit d'un courant électrique qui change deux fois de sens dans une période. Sa capacité à voir sa tension modifiée par un transformateur en fait le type de courant utilisé pour la distribution sur des grandes distances.

AMPÈRE (A) : Unité de mesure de l'intensité d'un courant électrique. Voir Courant électrique.

AMPLI, AMPLIFICATEUR : Module permettant d'augmenter la tension et/ou l'intensité d'un signal. Par extension, un ampli est l'équipement dans lequel on branche un instrument électrique pour entendre le signal généré, comme avec une guitare électrique.

Analogique : Se dit lorsqu'un signal est traité par des composants utilisant des lois physiques naturelles : vibration, conductivité, magnétisme... Ce type d'électronique fut le seul connu avant la découverte du numérique.

Attaque, attack : Voir ADSR.

Audion : Voir Triode.

Bit : Unité la plus simple de la numération binaire informatique, exprimée par un 1 ou un 0. Le bit est la quantité minimale d'information pouvant être transmise en informatique.

Cabine Leslie : Invention de Don Leslie qui consiste à traiter le son à travers un mécanisme de diffusion rotative. En modulant à la fois l'amplitude et la fréquence du son (par effet Doppler), elle lui donne une dimension spatiale en constante modification et lui assure un vibrato et une chaleur incomparables.

Capacité, capacitance : Propriété d'un corps à accumuler une charge électrique. Voir Condensateur.

Champ électrique : Désigne le domaine des interactions physiques entre des corps sensibles à une force électrique. C'est celui que l'on crée lorsqu'on frotte un tube en verre avec de la laine, attirant ainsi poussières ou bouts de papier à proximité.

Champ électromagnétique : Résultat de l'interaction entre le champ électrique et le champ magnétique, il désigne entre autres le domaine où se propagent les ondes électromagnétiques telles que celles de la radio ou la télévision. Voir Spectre.

Champ magnétique : Désigne le domaine des interactions physiques entre des corps sensibles à une force magnétique. Ce champ est extrêmement vaste et multiple, puisqu'il désigne aussi bien la polarisation de notre planète que celui créé par une lampe de bureau.

Chip : Voir Microprocesseur.

Chorus : Traitement du son qui consiste à créer une copie du signal entrant et de la décaler légèrement dans le temps d'avec l'original. L'effet produit donne une impression d'épaisseur que dégageraient plusieurs instruments jouant la même note en même temps.

Chromatique : Se dit d'une gamme comprenant tous

les intervalles (étymologiquement, toutes les couleurs) disponibles sur un clavier de piano. Les notes qui les constituent sont au nombre de douze : *do, do* dièse (ou *ré* bémol), *ré, ré* dièse (ou *mi* bémol), *fa, fa* dièse (ou *sol* bémol), *sol, sol* dièse (ou *la* bémol), *la, la* dièse (ou *si* bémol) et *si*.

CIRCUIT INTÉGRÉ : Voir Microprocesseur.

CLAVIER MAÎTRE : Se dit d'un clavier qui commande, par connexion numérique ou analogique, d'autres éléments (claviers, modules, drum machines...) en leur donnant des informations que leur langage reconnaît.

COHÉREUR : Élément détecteur des premiers récepteurs radio, dont les propriétés de changement d'état étaient sensibles aux ondes électromagnétiques.

CONDENSATEUR : Composant électrique ou électronique dont la fonction est d'accumuler une charge électrique, puis de la décharger. Il sert, entre autres, à stabiliser une alimentation électrique ou à filtrer un signal.

CONDUCTIVITÉ : Propriété d'un élément à transmettre un courant électrique.

CONTINU : Se dit d'un courant électrique unidirectionnel. Ses qualités en font le type de courant utilisé dans les appareils électroniques.

CONTRÔLEUR : Tout dispositif susceptible de convertir un mouvement humain en signal électrique et permettant de contrôler l'expression d'un instrument électronique.

COURANT ÉLECTRIQUE : Déplacement de porteurs de charges électriques à l'intérieur d'un matériau conducteur, d'où l'existence d'une tension. Il est utilisé sous deux formes distinctes : le courant alternatif et le courant continu (voir Alternatif et Continu). Il se mesure selon son intensité (exprimée en ampères, A), sa tension (en volts, V) et sa fréquence (en hertz, Hz). Si l'on compare le courant électrique à un fleuve s'écoulant en pente, son *intensité* sera comparable au débit de l'eau (une quantité en mètres cubes par seconde), et la *tension* le générant sera comparable au dénivelé entre son point haut et son point bas (en mètres). En ce qui concerne sa fréquence (en Hz), elle ne se mesure que sur un courant alternatif, dont les électrons vont et viennent plusieurs dizaines de fois par seconde.

CURTIS CHIP : Microprocesseur d'excellente qualité fabriqué par Doug Curtis.

DÉCIBEL (dB) : Unité de mesure, entre autres, de l'intensité d'un son. Elle est graduée sur une échelle logarithmique.

DÉCLIN, DECAY : Voir ADSR.

DELAY : Effet consistant à répéter un signal selon une périodicité et une durée définies.

DEMI-TON : Plus petit intervalle utilisé en musique occidentale. Il s'exprime en jouant deux touches connexes sur un clavier de piano : par exemple de *do* à *do* dièse (une marche et une feinte) ou de *mi* à *fa* (deux marches, sans feinte entre les deux).

DIATONIQUE : Se dit d'une gamme dont on ne jouerait que les marches sur un clavier, c'est-à-dire *do ré mi fa sol la si*.

DIGITAL : Voir Numérique.

DIODE : L'un des premiers composants électroniques. Grâce à sa capacité à ne laisser passer un courant électrique que dans un sens, elle permet notamment de détecter dans des ondes électromagnétiques leur modulation d'amplitude. Elle fournira une aide précieuse aux pionniers de la radio.

DISTORSION : Effet consécutif à la saturation d'un signal. Par extension, traitement du son qui exagère la présence de certains harmoniques dans le signal, produisant un effet qui le sature et prolonge sa durée. D'une façon plus générale, elle désigne toute déformation du signal original.

DIVISEUR DE FRÉQUENCE : Traitement électronique d'un signal qui en divise la fréquence par une fraction donnée : 1/2, 1/3, 1/10… Il sera utilisé par nos inventeurs pour générer plusieurs fréquences à partir d'un seul oscillateur.

DRUM MACHINE : Instrument électronique permettant de simuler ou reproduire des sons percussifs et d'en ordonner la séquence. Les drum machines seront un outil incontournable de la création musicale dès le début des années 1980.

DYNAMIQUE : Niveau relatif d'intensité sonore pouvant être produite par un instrument. Une dynamique importante comprendra donc une grande différence entre les niveaux inférieur et supérieur possibles, en langage musical : du pianissimo au fortissimo.

ÉCHANTILLON : Son résultant de l'enregistrement numérique d'un signal analogue. Sa qualité dépend de la fréquence (en Hz) et de la résolution (en bits) de l'échantillonnage.

ÉCHANTILLONNAGE : Action de numériser un son, autrement dit de convertir un signal analogue en sa réplique digitale.

ÉCHANTILLONNEUR : Instrument permettant de rejouer des échantillons. Son utilisation massive en hip-hop a généralisé l'utilisation de boucles rythmiques ou instrumentales.

ÉLECTROACOUSTIQUE : Technique de création musicale associant des sons acoustiques à leur traitement électrique ou électronique.

ÉLECTROAIMANT : Bobine de fil électrique qui, lorsqu'il est alimenté en courant, produit un champ magnétique.

ÉLECTROMÉCANIQUE : Dispositif utilisant les techniques combinées de la mécanique et de l'électricité. Les roues phoniques de Cahill tournant devant des électroaimants en constituent l'exemple.

ÉLECTRONIQUE : Dispositif de traitement d'un signal électrique.

ENVELOPPE : Courbe dessinée par la vie d'un son dans le temps. Elle peut s'appliquer à la hauteur d'une note, à son intensité, à la modification de ses harmoniques ou à tout autre élément variant du son.

FACTEUR : Se dit d'un fabricant de clavier acoustique (piano, orgue, clavecin...), par exemple « un facteur d'orgues ».

FEEDBACK : Procédé électronique consistant à réinjecter un signal dans une unité de traitement dont il sort. L'illustration la plus triviale de ce procédé est audible lorsqu'on approche un microphone de sa source de diffusion : il se produit alors un son aigu et très pénible appelé larsen.

FEINTES : Les touches noires d'un clavier de piano.

FILTRE : Module permettant de sélectionner certaines fréquences contenues dans un signal.

FORMANT : Fréquence dominante dans les harmoniques

d'un son donné. S'applique surtout dans l'analyse de la voix, dont les formants varient continuellement en fonction du locuteur et des phonèmes qu'il exprime.

FRÉQUENCE : Mesure de la périodicité d'un signal. Elle s'applique notamment au courant électrique, aux ondes électromagnétiques ainsi qu'aux ondes sonores, dont la hauteur perçue lui est proportionnelle. Elle s'exprime en hertz (Hz), 1 Hz représentant un cycle par seconde. La fréquence est à l'électronique ce que le tempo est à la musique.

GALVANOMÈTRE : Appareil mesurant l'intensité d'un courant électrique.

GATE : Signifie « porte » en français. Élément logique d'un circuit analogue ou numérique dont la fonction consiste à bloquer ou laisser passer un signal selon sa valeur.

GLISSANDO : Se dit quand on glisse continûment avec une seule attaque d'une note à une autre, comme sur la touche d'un violon.

HARMONIQUE : Fréquence multiple de la fréquence fondamentale d'un son musical. Une note d'une fréquence de 110 Hz (correspondant à un *la* grave) aura pour harmoniques naturels 220 Hz (le *la* une octave au-dessus), 330 Hz (un *mi* plus haut), 440 Hz (le *la* d'au-dessus), 550 Hz (un *do* dièse encore plus haut), etc. Une combinaison particulière d'harmoniques présents dans l'expression continue d'un son constitue son timbre.

HERTZ : Voir Courant électrique.

INDUCTION : Création à distance d'un courant électrique.

INHARMONIQUE : Se dit d'un harmonique dont la fréquence n'est pas un multiple entier de la fréquence fondamentale.

INTERFACE : Équipement permettant de mettre en relation un être humain et un instrument de musique électronique. Il peut prendre la forme d'un clavier, d'un curseur, d'un capteur photoélectrique… C'est le terme générique par lequel on désigne un contrôleur. Voir Contrôleur.

INTERVALLE : En langage musical, distance existant entre deux notes. Elle se calcule en tons et en demi-tons. Les intervalles existant à l'intérieur d'une octave sont : la seconde mineure (*do-do* dièse, un demi-ton), la seconde majeure (*do-ré*, un ton), la tierce mineure (*do-mi* bémol, un ton et demi), la tierce majeure (*do-mi*, deux tons), la quarte (*do-fa*, deux tons et demi), la quarte augmentée, ou quinte diminuée (*do-fa* dièse ou *do-sol* bémol, trois tons, c'est le fameux triton), la quinte (*do-sol*, trois tons et demi), la quinte augmentée, ou sixte mineure (*do-sol* dièse ou *do-la* bémol, quatre tons), la sixte (*do-la*, quatre tons et demi), la sixte augmentée ou la septième mineure (*do-la* dièse ou *do-si* bémol, cinq tons), la septième majeure (*do-si*, cinq tons et demi) et l'octave (*do-do*, six tons).

INTONATION : Manière d'attaquer une note quand on la joue. Une intonation fausse ne respecte pas la justesse voulue de la note – une obsession pour les violonistes et autres instrumentistes à cordes.

LAMPE : Dénomination courante du tube électronique ayant l'aspect d'une ampoule. Elle accomplit dans les débuts de l'électronique des fonctions d'amplification, de redressement ou d'interruption d'un signal électrique. Elle sera progressivement remplacée par le transistor.

LAMPE À ARC : Dispositif utilisant le phénomène d'arc électrique qui se produit entre deux conducteurs distants sous tension. L'arc électrique est utilisé pour produire de la lumière, ou, aux débuts de la radio, pour émettre des fréquences très élevées, créant ainsi des ondes électromagnétiques.

LARSEN : Voir Feedback.

LEGATO : Action de lier les notes les unes aux autres quand on les joue à la suite.

LINÉAIRE : Se dit d'un système de graduation dont les valeurs s'accroissent de façon arithmétique. En musique, cette échelle définit l'accroissement des intervalles lorsqu'on monte une gamme : une octave correspond à un intervalle de douze demi-tons, deux octaves à vingt-quatre demi-tons, trois octaves à trente-six demi-tons, etc. Les fréquences associées à ces notes connaissent en revanche une progression logarithmique : d'une note à une autre une octave au-dessus, la valeur de la fréquence est doublée, à deux octaves elle est *quadruplée*, à trois octaves *octuplée*, etc. Notons qu'en anglais, échelle et gamme utilisent le même mot : *scale*.

LOGARITHMIQUE : Lorsque la grandeur à représenter varie fortement, l'échelle linéaire habituelle n'est pas adaptée. L'échelle logarithmique propose une graduation qui dilate les valeurs faibles et rapproche les valeurs fortes, permettant de rendre compte des ordres de grandeur. Voir Linéaire.

MARCHES : Touches blanches d'un clavier de piano.

MICROPROCESSEUR : Composant électronique comportant de multiples processeurs miniaturisés, permettant l'accomplissement de tâches logiques complexes.

MIDI : Acronyme de *Musical Instrument Digital Interface*. Langage informatique universel permettant de relier entre eux plusieurs instruments électroniques et d'en mutualiser les ressources.

MODULATION : Action de modifier un ou plusieurs paramètres dans le traitement du son ou plus généralement d'un signal électrique.

MODULE : Unité de production ou de traitement du son.

MOLETTE : Contrôleur en forme de roue utilisé sur certains synthétiseurs pour moduler un paramètre du son émis : hauteur, enveloppe, filtre, etc. Voir Pitch bend.

MONOPHONIQUE, MONODIQUE : Qui n'exprime qu'une seule note à la fois.

MULTI-EFFETS : Unité de traitement du son combinant plusieurs effets. Elle se présente en général sous la forme d'un rack ou d'une pédale.

NUMÉRIQUE : Production, captation et traitement d'un signal par des outils informatiques. En musique, le numérique s'est dans un premier temps attaché à reproduire des sons et des traitements analogiques. Mais progressivement, la création numérique s'éloigne de l'imitation, déjà grandement acquise.

OCTAVE : Note exprimée lorsqu'on double sa fréquence initiale. Voir Intervalle.

ONDE : Vibration périodique qui se propage dans un champ donné.

OSCILLATEUR : Module permettant de produire un signal sonore sous forme d'une onde simple. Les oscillateurs se distinguent selon la forme d'onde générée : sinusoïdale, carrée, en dents de scie, triangulaire, aléatoire...

Oscilloscope : Appareil permettant de visualiser les oscillations d'un signal et de sa forme d'onde au cours du temps.

Overdub, re-recording : Principe constituant à enregistrer un signal sur de la musique déjà enregistrée.

Pad : Petite surface sensible, habituellement rectangulaire, servant de contrôleur MIDI alternatif au clavier. Il est utilisé notamment sur les drum machines pour composer des rythmes complexes. Il se joue au doigt ou à la baguette, ce qui en fait une interface particulièrement appréciée des batteurs. Le touchpad est une application spécialisée de ce contrôleur permettant de moduler, avec le mouvement ou la pression du doigt sur le dispositif, deux ou trois paramètres de traitement du son simultanément. Voir XYZ.

Patch : Ensemble des connexions effectuées entre plusieurs modules.

Patch cord : Câble permettant de relier un module à un autre.

Patcher : Action de connecter entre eux plusieurs modules.

Phase shifter : Effet électronique créant l'impression d'une spatialisation du son. Ce traitement ressemble à celui effectué par le chorus ou la cabine Leslie.

Pitch : Hauteur d'une note.

Pitch bend : Contrôleur permettant d'altérer la hauteur d'une note.

Polyphonique : Qui exprime plusieurs notes en même temps. On désigne par « voix » le nombre de notes jouables simultanément : une polyphonie à deux voix, quatre voix, etc.

Preset : Dans un synthétiseur ou tout appareil électronique de production musicale, combinaison de paramètres et de contenus définis à l'avance, disponibles sur une seule commande.

Processeur : Composant électronique exécutant les instructions d'un programme informatique.

Quantification, quantize : En musique, procédé électronique qui consiste le plus souvent à replacer des impulsions imprécises dans les divisions correctes d'un tempo.

Rack : Assemblage sous une forme rectangulaire standard

de différents modules de production ou de traitement du son. Grâce à la connectique MIDI, ce format s'est étendu à un très grand nombre d'instruments électroniques. Ainsi, un synthétiseur peut exister sous forme de clavier intégré ou « en rack » et sera alors commandé par un clavier distant.

REDRESSEUR : Composant électronique permettant de transformer le courant alternatif en courant continu.

RELÂCHEMENT, RELEASE : Voir ADSR.

RÉVERBÉRATION : Traitement du signal sonore donnant l'impression qu'il est joué dans un espace dont on perçoit le caractère (église, salle de concert, petite pièce...).

RING MODULATOR : Effet qui, en combinant deux ondes distinctes, les multiplie, les additionne et les soustrait, produisant des sons dotés d'harmoniques très inhabituels.

ROUE PHONIQUE : Élément d'un dispositif de création électromécanique du son. En forme de roue dentée, sa tranche tourne devant un électroaimant, générant un courant électrique dont la fréquence est proportionnelle au nombre de ses dents. Elle constitue la base des systèmes instrumentaux inventés par Cahill et Hammond.

SAMPLE : Voir Échantillon.

SAMPLEUR OU SAMPLER : Voir Échantillonneur.

SIGNAL : Variation d'une grandeur électrique dans le temps. Dans cet ouvrage, il désigne le plus souvent un son produit acoustiquement, électriquement ou électroniquement.

SINUSOÏDALE : Forme d'onde basique des premiers sons de synthèse. Sur un oscilloscope, elle s'affiche comme une vague régulière. Depuis Fourier, elle est considérée comme la décomposition la plus simple d'une onde complexe.

SPECTRE : Ensemble des fréquences possibles d'un signal. Le spectre sonore acoustique perceptible par l'oreille humaine s'étend de 16 Hz à environ 16 000 Hz. À ne pas confondre avec le spectre électromagnétique qui, lui, est beaucoup plus vaste et comprend : les ondes radioélectriques (de 0 Hz à 300 GigaHz), les infrarouges (de 300 GigaHz à 430 TeraHz), la lumière visible à l'œil nu (de 384 TeraHz à 789 TeraHz), les ultraviolets (de 789 TeraHz à 30 PetaHz), les rayons X (de 30 PetaHz à 30 ExaHz) et enfin les rayons gamma (de 30 PetaHz à l'infini).

STACCATO : Action de détacher les notes les unes des autres quand on les joue à la suite.

SUSTAIN : Voir ADSR.

SYNTHÈSE ADDITIVE : Procédé de création électronique d'un son qui consiste à additionner des signaux le plus souvent sinusoïdaux au signal original, produisant ainsi des harmoniques qui enrichissent son timbre.

SYNTHÈSE FM : Fabrication d'un son par la modulation linéaire de la fréquence d'un signal. Elle permet en particulier la création de sons dotés d'harmoniques complexes que la synthèse classique échouait jusque-là à reproduire.

SYNTHÈSE SOUSTRACTIVE : Procédé de création électronique d'un son qui consiste à filtrer certaines fréquences produites par le signal d'un oscillateur, notamment lorsqu'il produit des ondes en dents de scie, très riches en harmoniques.

SYNTHÉTISEUR MODULAIRE : Le terme est apparu au milieu des années 1960. Il désigne un assemblage de plusieurs modules électroniques dont les fonctions combinées peuvent créer des sons complexes. Par extension et avec l'adjonction d'un clavier, l'instrument prendra le nom générique de Synthétiseur, ou Synthé.

TABLE D'HARMONIE : Grande pièce de bois constituant la partie inférieure d'un piano et sur laquelle est fixée le cadre tendant les cordes. Sa qualité (type de bois, finition) est un facteur déterminant pour la sonorité de l'instrument.

TEMPÉRAMENT : Définition des valeurs de fréquence idéales assignée à chaque touche d'un clavier.

TENSION : Voir Courant électrique.

TENUE : Voir ADSR.

TIMBRE : Ensemble des caractéristiques sonores permettant d'identifier un instrument ou une voix. Il est déterminé en grande partie par la répartition des harmoniques présents naturellement lorsque cet instrument ou cette voix produisent un son. Se dit également d'un son polyphonique dans un synthétiseur lorsqu'il peut se combiner à d'autres. Pouvant ainsi exprimer plusieurs familles d'instruments simultanément (cordes, percussions, claviers, cuivres…), on parle alors d'un synthétiseur multitimbral.

TON : Intervalle composé de deux demi-tons.

TOUCHE : Élément d'un clavier permettant l'expression d'une note. Sur un instrument à cordes, c'est également le manche de bois sur lequel l'instrumentiste écrase la corde avec le doigt pour exprimer la hauteur du son voulu.

TOUCHPAD : Voir Pad.

TRANSFORMATEUR : Appareil électrique permettant de transformer la tension et / ou l'intensité d'un courant.

TRANSISTOR : Contraction de *transfer resistor*. Il remplace le tube électronique, ou lampe, sous la forme d'un petit dispositif composé d'éléments semi-conducteurs qui peuvent tenir en grand nombre sur un circuit imprimé. Voir Lampe.

TRÉMOLO : Traitement du son qui consiste à en altérer, à intervalles réguliers, son intensité en volume.

TRIODE : Composant électronique décisif dans l'histoire de la radio grâce à ses propriétés amplificatrices d'ondes électromagnétiques. Réception et émission de signal radio en sont des applications précieuses. Elle ouvrira à la conception des oscillateurs modernes.

VCA (VOLTAGE CONTROLLED AMPLIFIER) : Module permettant d'amplifier le signal entrant en contrôlant sa tension.

VCF (VOLTAGE CONTROLLED FILTER) : Module permettant de filtrer certaines fréquences présentes dans un signal entrant en contrôlant sa tension.

VCO (VOLTAGE CONTROLLED OSCILLATOR) : Module permettant de produire un signal sonore en contrôlant sa tension. Voir Oscillateur.

VÉLOCITÉ : Expression de la force à laquelle on joue la touche d'un clavier.

VIBRATO : Légère modulation de la hauteur d'une note dans son expression par un instrument. Sur un violon, le vibrato s'obtient en oscillant régulièrement d'avant en arrière le doigt sur la corde lorsqu'elle est en contact avec la touche.

VOLTAGE, VOLT (V) : Voir Courant électrique.

WORKSTATION : Unité de production de musique électronique autonome, permettant de créer, de séquencer et de traiter des sons complexes. Elle recrée en un seul instrument l'équivalent d'un studio d'enregistrement complet.

XYZ : Symbole des trois dimensions d'expression possibles d'un clavier ou d'un autre contrôleur tel que le touchpad : longueur, largeur et profondeur.

Orientation bibliographique

120 Years of Electronic Music. The history of electronic music from 1800 to 2015. Ressource en ligne, disponible sur 120years.net (consulté le 31/07/2018).

ADAMS, Mike, *Lee de Forest, King of radio, television and film*, s. l., Copernicus Books, 2012 [1re édition 2011].

CAGE, John, *Confessions d'un compositeur*, Paris, Éditions Allia, 2013.

CHADABE, Joel, *Electric sound, the past and promise of electronic music*, Upper Saddle River, Prentice Hall, 1997 [1re édition Pearson, 1996].

CHARLES RIVERS EDITORS, *American Legends : the life of Thomas Edison*, s. l., Charles Rivers Editors, 2012.

DUFFIN, ROSS W., *How equal temperament ruined harmony (and why you should care)*, New York / London, W.W.Norton, 2008.

ÉCHENOZ, Jean, *Des Éclairs*, Paris, Les Éditions de Minuit, 2010 [2e édition Guérande, Éditions de la Loupe, 2011].

GAYOU, Évelyne, *Le GRM, Groupe de recherches musicales*, thèse publiée [soutenue à l'université Paris-Sorbonne, 2006/7], Paris, Fayard, 2010.

GLINSKY, Albert, *Theremin : Ether Music and Espionnage*, University of Illinois Press, coll. *Music in American Life*, 2005 [1re édition 2000].

HENDY, David, *Noise, A Human History Of Sound And Listening*, Londres, Profile Books, 2013.

HOLMES, Thom, *Electronic and experimental music : techno-*

logy, music, and culture, New York / London, Routledge, 1986 [4ᵉ édition 2012].

Isacoff, Stuart, *Temperament. The Idea That Solved Music's Greatest Riddle*, New York, Afred A. Knopf, 2001.

Jamin, Jacqueline, *De la lyre d'Orphée à la musique électronique : histoire générale de la musique à l'usage des élèves de l'enseignement du 2nd degré*, Paris, Alphonse Leduc, 1961 [2ᵉ édition 1964].

Kakehashi, Ikutaro, *1 Believe in Music. Life Experiences and Thoughts on the Future of Electronic Music by the Founder of the Roland Corporation*, Milwaukee, Hal Leonard, 2002.

Klein, Étienne, *Il était sept fois la révolution. Albert Einstein et les autres...*, Paris, Flammarion, 2005 [2ᵉ édition coll. Champs Sciences, 2016].

Kosmicki, Guillaume, *Musiques électroniques. Des avants gardes aux dance floors*, Marseille, Le mot et le reste, 2009 [2ᵉ édition 2016].

L.F. Von Helmholtz, Hermann, *On The Sensation Of Tone* [1954], Cosimo Classics, 2007 [1963 pour la 1ʳᵉ édition originale allemande, 1874 pour la 1ʳᵉ traduction en anglais].

Lattard, Jean, *Intervalles, tempéraments et accordages musicaux. De Pythagore à la simulation informatique*, Paris / Budapest / Turin, L'Harmattan, 2003.

Laurendeau, Jean, *Maurice Martenot, luthier de l'électronique*, Paris, Éditions Beauchesne, 2017 [1ʳᵉ édition Montréal / Croissy-Beaubourg, Louise Courtaud / Dervy livres, 1990].

Martinet, Jean-Marie, *2 000 ans d'orgues*, Haroué, Gérard Louis, 2006.

McCauley, Gerald et Rove, Benjamin, *Down The Rhodes : The Fender Rhodes*, s. l., Hal Leonard Books, 2013.

Michaels, Sean, *Corps conducteurs* [*Us Conductors*, 2014], traduit de l'anglais par Catherine Leroux, Paris, Rivages, 2015.

Milner, Greg, *Perfecting Sound Forever* [2009], traduit de l'anglais par Cyril Rivallan, Bègles, Le Castor Astral, 2014.

Murphy, Garet, *Cowboys and Indies : The Epic History of*

the Record Industry, New York, St. Martin's Press / Thomas Dunne Books, 2014.

PINCH, Trevor et TROCCO, Frank, *Analog Days. The invention and impact of the Moog synthesizer*, Massachusetts / London, Cambridge / Harvard University Press, 2004 [1re édition 2002].

Ross, Alex, *The Rest is Noise. À l'écoute du XXe siècle, la modernité en musique* [*The rest is noise : listening to the twentieth century*, 2009], traduit de l'américain par Laurent Slaars, Arles, Actes Sud, 2010.

SACKS, Oliver, *L'odeur du si bémol. L'univers des hallucinations*, Paris, Seuil, 2014.

SCHAEFFER, Pierre, *Traité des objets musicaux. Essai interdisciplines*, Paris, Seuil, 1966.

SMITH, Richard R., *The History of Rickenbacker Guitars*, s. l., Centerstream Publications, 1987.

The Diary of Thomas Edison, Old Greenwich, The Chatham Press, 1971.

The San Francisco tape Music Center, 1960s counterculture and the avant-garde, David W. Bernstein (éd.), Berkeley, University of California, 2008.

TOURNES, Ludovic, *Du phonographe au MP3 (XIXe-XXIe siècle) : une histoire de la musique enregistrée*, Paris, Autrement, 2008.

VAIL, Mark, *The Hammond Organ : Beauty in the B. The Story of the B-3 and Other Great Hammond Organs*, San Francisco, Freeman Books, 2002 [1re édition 1997].

VAIL, Mark, *Vintage Synthesizers*, s. l., Backbeat Books, 2000 [1re édition 1993].

WEIDENAAR, Reynold, *Magic music from the Telharmonium*, London, The Scarecrow Press, 1995.

WERMELONGER, Raymond, *De l'acoustique à la musique. Notions théoriques de base à l'usage des musiciens, des professeurs de musique et des mélomanes*, Paris, International Music Diffusion, 2006.

WITT, Stephen, *À l'assaut de l'empire du disque* [*How Music Got Free. The end of an industry, the turn of the century, and the patient zero of piracy*, 2016], traduit de l'anglais par Cyril Rivallan, Pantin, Le Castor Astral, 2016.

WOLFF, Francis, *Pourquoi la musique ?*, Paris, Fayard, coll. Histoire de la pensée, 2015.

WOLLHEIM, Donald, *Advancing the electronic age : Lee de Forest*, London, Britannica Books, 1962.

YOUNG, Gayle, *The Sackbut Blues : Hugh Le Caine, Pioneer in Electronic Music by Gayle Young*, Ottawa, National Museum of Science and Technology, 1989.

Index des noms

ABBA (groupe de musique) : 539.
ADAMS, John : 53.
ADAMS, Michael : 508.
ADER, Clément Agnès : 81-82.
AFRIKA BAMBAATAA, Lance Taylor, dit : 559.
ALEXANDERSON, Ernst : 131.
ALLART, Sylvette : 179.
ALPERT, Marco : 597.
AMANO, Chiyomaru : 535.
ANDERSON, Laura Phillips, dite Laurie : 608.
ANDERSSON, Benny Bror Göran : 539.
ANDREWS (homme d'affaires et associé de Laurens Hammond) : 221.
APHEX TWIN, Richard David James, dit : 588.
Apollon (dieu mythologique) : 66.
ARCHIMÈDE (physicien et mathématicien grec) : 65.
ARMSTRONG, Edwin Howard : 119-120, 213, 215-221, 423.
ARTHUR, Chester Alan : 79.

BABBITT, Milton Byron : 300, 513, 517.
BACH, Johann Sebastian : 143, 165, 177, 299, 447-448, 450-451.
BAKER, William : 281.
BANKS, Anthony, dit Tony : 451.
BANKS, Don : 517.
BARANOV-ROSSINÉ, Vladimir Davidovitch : 319.

Index des noms

BARENBOIM, Daniel : 366.
BARRAULT, Jean-Louis : 179, 181.
BARRON, Bebe : 272.
BARRON, Louis : 272.
BARTÓK, Béla : 573.
BASS, Krugg : 320.
BATISTA, Rubén Fulgencio Batista y Zaldívar, colonel, dit : 147.
Beach Boys (groupe de musique) : 157, 433.
BEAVER, Paul : 435-436, 605.
BEETHOVEN, Ludwig van : 102, 166, 336, 374, 451, 476.
BELL, Alexander Graham : 28-33, 39, 81, 83, 209, 280-281, 331.
BELL, Chichester Alexander : 39, 256.
BELLAMY, Edward : 82.
BERGMAN, Ingrid : 157.
BERIA, Lavrenti Pavlovitch : 152-155.
BERIGAN, Rowland Bernard, dit Bunny : 308.
BERIO, Luciano : 274, 574.
BERLINER, Emil, dit Émile : 33, 39-40, 59, 210, 218, 532.
BERNHARDT, Henriette-Marie-Sarah, dite Sarah : 198.
BERNOULLI, Daniel : 16, 202.
BERNSTEIN, Leonard : 181.
BIASINI, Émile-Joseph : 276.
BILSTIN, Youri : 160, 165.
BIRTWISTLE, Harrison : 513.
BISMARCK, Otto, duc de Lauenburg et prince de : 201.
BIZET, Alexandre César Léopold, dit Georges : 99.
BLATCH, Nora Stanton Blatch Barney : 215.
BLAVIER, André : 304.
BLOM, Gert-Jan : 330.
BLUMLEIN, Alan Dower : 81.
BODE, Harald : 430, 603.
BONAPARTE, Napoléon (empereur des Français) : 58.
BURDEN, David Russell : 432.
BOULANGER, Juliette Nadia, dite Nadia : 573-574.
BOULEZ, Pierre : 179, 275, 297, 573-574, 580.
BOUTON, Philipp-Joseph : 531.
BOWIE, David Robert Jones, dit David : 465, 540, 569.
BRAHMS, Johannes : 101.

BRALEY, Frank : 268-271.
BRALEY, Leslie : 268-272.
BRALEY, Norman : 268-271.
BRANDSTETTER, Joseph, dit Joe : 411-412.
BRANLY, Désiré Eugène Édouard, dit Édouard : 114, 119.
BREL, Jacques : 179, 183.
BRENDEL, Alfred : 366.
BUCHER, Walter Hermann : 259.
BUCHLA, Donald, dit Don : 414, 436-446, 461-463, 490-491, 493-495, 497, 499-504, 506-508, 514, 517, 564-565, 587, 592, 619.
BUCHLA, Nannick : 496, 504.
Bugs Bunny (personnage du dessin animé *Looney Tunes*) : 313.
BUSCHMANN, Christian Friedrich Ludwig : 531.
BUSH, Vannevar : 241.

CAGE, John Milton : 272, 425, 432, 439.
CAHILL, George F. : 107, 109, 111, 134.
CAHILL, Joseph (vice-président de la New York Telephone Company) : 102.
CAHILL, Thaddeus : 62, 64-65, 78, 80, 82-92, 95-98, 102, 105-111, 119, 121, 134, 137, 185-186, 189, 191, 195, 210, 225-227, 230, 236, 348, 362, 390, 506, 619.
Calvin (personnage de la bande dessinée *Calvin et Hobbes*) : 345.
Capitaine Haddock (personnage de la bande dessinée *Tintin*) : 511.
CARLOS, Walter, dit Wendy : 429, 447-448, 450-451, 458.
CARNEGIE (famille) : 80.
CARON, Nelly : 179.
CARUSO, Enrico : 101.
CARY, Tristram Ogilvie : 510-514, 517, 522, 527.
CHAMBERLIN, Harry Dwight : 265-272, 323.
CHARLEMAGNE (empereur des Français) : 67.
CHARLES, Ray Charles Robinson, dit Ray : 393.
Charlie Brown (personnage de la bande dessinée *Peanuts*) : 374.
CHLADNI, Ernst Florens Friedrich : 16.
CHOPIN, Frédéric François : 77, 102.

CHOSTAKOVITCH, Dmitri Dmitrievitch : 129.
CHOWNING, John : 544, 573-582, 621.
CIANI, Suzanne : 446.
CLAPTON, Eric : 598.
CLAUDEL, Paul Louis Charles : 180.
CLEVELAND, Stephen Grover, dit Grover : 79.
COCKERELL, David : 514, 516-518, 520, 522, 524, 526-527, 602.
COLE, William, dit Cozy : 312.
COLLINS, Marjorie Chandler, dite Dorothy : 312, 316-317, 321, 325.
COLLINS, Philip David Charles, dit Phil : 451, 597.
COLOMB, Christophe : 30.
CONNERY, Sean : 286.
CONSTANTIN (empereur romain) : 67.
COOPER, Martin : 117.
COREA, Chick : 182, 398, 458.
COUPLING, J. J., *voir* PIERCE, John Robinson.
COWELL, Henry Dixon : 140-141.
Coyote (personnage du dessin animé *Looney Tunes*) : 313, 329.
CRISTOFORI, Bartolomeo : 76.
CROS, Charles : 35, 37.
CROSBY, Harry Lillis, dit Bing : 261, 263-264.
CROSBY, Oscar T. : 88, 97, 103-106.
CRUCIANELLI, Mario : 479.
CRUMB, Robert : 604.
CUNNINGHAM, Merce : 432.
CURTIS, Mitzi : 325, 327, 329-330.

Daffy Duck (personnage du dessin animé *Looney Tunes*) : 313, 329.
Daft Punk (groupe de musique) : 597.
Daleks (personnages de la série télévisée *Docteur Who*) : 511, 604.
D'ANNUNZIO, Gabriele : 198.
Dark Vador (personnage de la licence *Star Wars*) : 71.
DARWIN, Charles : 168.
DAVIS, Miles Dewey : 397-398, 608.
DEBUSSY, Claude : 166, 177.

DEMIAN, Cyrill : 531.
Depeche Mode (groupe de musique) : 557.
DERBYSHIRE, Delia A. : 511.
DESCARTES, René : 15, 88.
DEUTSCH, Herbert Ann : 424-426, 428.
Devo (groupe de musique) : 330.
DIERSTEIN, Jean-Loup : 183.
Dionysos (dieu mythologique) : 66.
DODDS, Philip Van Horn Weems : 464, 475-476, 478.
DOLBY, Ray : 523.
DOLGOROUKY, Sophia Skipwith, épouse (princesse russe) : 512.
DORSEY, Tommy : 140.
DOSTOÏEVSKI, Fiodor Mikhaïlovitch : 597.
DOW, Ron : 592.
DRAGON, Daryl Frank : 595.
DREYFUS, Alfred : 199, 201.
DUCHAMP, Marcel : 273.
DUDDELL, William : 100.
DUDLEY, Homer W. : 524-525.
DUKE, George : 458.
DUSE, Eleonora : 198.

EATHERLY, Claude Robert : 243.
EATON, John Henry : 487.
EDISON, Charles : 48, 331.
EDISON, Madeleine : 48.
EDISON, Mina Miller, épouse : 46-48.
EDISON, Theodore Miller : 48.
EDISON, Thomas Alva : 19-30, 33-46, 48-61, 78, 81, 83, 114, 117-118, 121, 203, 207, 210, 218, 255-257, 279, 345, 529, 578, 593, 619.
EDISON, Thomas Jr. : 28, 44, 47.
EDISON, William Leslie : 28, 44, 47.
EDISON-OESER, Marion Estelle : 28, 44, 47.
EIMERT, Herbert : 274.
EINSTEIN, Albert : 133.
ELKIND-TOURRE, Rachel : 447.
ELLINGTON, Edward K., dit Duke : 196, 309, 366, 458, 491, 552.

ELLIS, Don : 603.
EMERSON, Keith : 451, 456, 539, 587.
Emerson, Lake and Palmer (ELP) : 451-452.
ENO, Brian Peter George St John le Baptiste de la Salle Eno, dit Brian : 322, 465, 520, 540.
ÉRARD, Sébastien : 77.
EULER, Leonhard : 16.

FAIRCHILD, Mary Louise : 91.
FENDER, Clarence Leonidas, dit Leo : 379-383, 404, 446.
FESSENDEN, Reginald Aubrey : 114-117, 119, 121, 214, 331.
FISHBAUGH, Paul : 89.
FITZGERALD, Ella : 552.
FLEMING, Alexander : 118-120.
FORD, Henry : 230-233.
FORD, Mary Iris Colleen Summers, épouse : 264.
FOREST, Lee de : 110-111, 119-122, 135, 137, 203, 213-217, 219-220, 288.
FOURIER, Charles : 16, 353.
FOURIER, Jean Baptiste Joseph, dit Joseph : 187.
FRANCK, César Auguste Jean Guillaume Hubert : 177.
FRANÇOIS-JOSEPH Ier (empereur d'Autriche) : 257.
FRANKE, Christopher : 434.
Frankenstein, Victor, dit Docteur (personnage de fiction) : 316.
FRANKLIN, Benjamin : 25.
FRANSEN, Bill : 267-269.
Fried Suck (groupe de musique) : 491.
FRIEND, David : 468-476, 615.

GABRIEL, Peter Brian : 540, 569.
GABRILOWITSCH, Clara Clemens, épouse : 107.
GABRILOWITSCH, Ossip : 107.
GALILÉE (géomètre, physicien et astronome italien) : 15, 31.
GANCE, Abel : 181.
Gaston Lagaffe (personnage de la bande dessinée éponyme) : 22.
GAVEAU, Étienne : 166, 172.
GAVEAU, Gabriel Eugène : 166, 172.
GAYE, Marvin Pentz : 325, 393, 558.

Genesis (groupe de musique) : 269, 451, 569.
GERSHWIN, George : 140, 196, 232-233.
GETZ, Stanley Gayetzsky, dit Stan : 366.
GILLILAND, Ezra Torrence : 44-45.
GILLILAND, Lillian : 45, 47.
GILMOUR, David : 524.
GIVELET, Armand : 134.
GLASS, Philip : 322.
GLINKA, Mikhaïl Ivanovitch : 128, 143.
GOLDBERG, William Scott, dit Bill : 132, 134-135.
Goldfrapp (groupe de musique) : 588.
GOLDSMITH, Jerrald K. Goldsmith, dit Jerry : 477.
GONDRY, Michel : 253.
Gong (groupe de musique) : 521.
GOODMAN, Benjamin David, dit Benny : 140.
GORBATCHEV, Mikhaïl Sergueïevitch : 156.
GORDY, Berry : 325-329.
Gorillaz (groupe de musique) : 583.
GOULD, Glenn : 27, 360, 449.
GOUNOD, Charles : 116, 143.
GRANT, Archibald Alexander Leach, dit Cary : 157.
Grateful Dead (groupe de musique) : 445.
GRAY, Elisha : 28-30, 32-34, 83-87, 169, 209.
GRAYSON, Richard : 605.
GRÉGOIRE Ier (pape) : 70-71.
GROGONO, Peter : 515.
Grommit (personnage du dessin animé *Wallace et Grommit*) : 513.
GUEST (famille) : 139.
GUILLAUME LE CONQUÉRANT, Guillaume Ier, duc de Normandie, dit (roi d'Angleterre) : 523.
GUINNESS, Alec : 511.
GUSCHINA, Maria Fodorovna : 155-156.
GUTTMAN, Newman : 302.

HAENDEL, Georg Friedrich : 89, 116.
HAMMER, Jan : 458, 604.
HAMMOND (famille) : 198-199.
HAMMOND, Andrew : 198.
HAMMOND, Laurens : 197-209, 221-236, 238, 240-243, 245,

250-254, 270, 288, 331, 335, 341, 353, 361, 373, 388, 403, 415, 461, 470, 508, 541, 547, 553, 563.
HAMMOND, Peggy : 252-253.
HAMMOND, Polly : 252-253.
HAMMOND, Roxana Scoville, épouse : 253.
HANCOCK, Herbert Jeffrey, dit Herbie : 394, 397, 403, 411, 465, 477, 604.
HANERT, John : 230, 234-236, 238-240, 243, 245-247, 335, 422.
HARRINGTON, David : 330.
HARRISON, George : 434, 436, 450.
HARRISON, William Henry : 79.
HEBER-PERCY, Victoria : 512, 515, 527.
HELLBERGER, Bruno : 187.
Hells Angels (groupe de musique) : 445.
HELMHOLTZ, Hermann Ludwig Ferdinand von : 16, 85, 295.
HEMSATH, Bill : 453.
HENDRIX, Johnny Allen Hendrix, dit Jimi : 382, 456.
HENRY, Pierre : 273, 275.
HENSON, James Maury, dit Jim : 325.
HENZE, Hans Werner : 523.
HERBERT, Belar : 299.
HERGÉ, Georges Rémi, dit : 348.
HERTZ, Alfred : 101.
HERTZ, Heinrich Rudolf : 112-114, 187.
HILLER, Ferdinand : 391.
HILLER, Lejaren Arthur : 428.
HINDEMITH, Paul : 189-191, 193, 195.
HITCHCOCK, Alfred : 157, 193, 318.
HITLER, Adolf : 260, 262.
Hobbes (personnage de la bande dessinée *Calvin et Hobbes*) : 345.
HOFFMAN, Samuel : 157.
Holmes, Sherlock (personnage de fiction) : 500.
HONEGGER, Arthur : 177, 180, 193, 195.
HONEST ABE, Abraham White, dit : 214.
HOOKE, Robert : 30.
HOPE-JONES, Robert : 387.
Hot Butter (groupe de musique) : 458.
HUGHES, David Edward : 33.

Hugo, Victor : 82, 506.
Huygens, Christiaan : 15.

Ioffé, Abram Fiodorovitch : 123, 125, 127, 130-132, 150.
Ives, Charles Edward : 140, 142.

J. Dilla, James Dewitt Yancey, dit : 330.
J. P. Morgan, John Pierpon, dit : 52-53, 56, 58, 102, 104, 108.
Jackson Five (groupe de musique) : 325.
Jackson, Michael : 328, 540, 572.
Jagger, Michael Philipp, dit Mick : 434, 436.
Jarre, Jean-Michel : 521, 572.
Jefferson Airplane (groupe de musique) : 436.
Jefferson, Thomas : 53.
Jenny, Georges : 254.
Jimi Hendrix Experience (groupe de musique) : 436.
Johnson, Lindon Baines : 481.
Jolivet, André : 177, 181.
Jones, Grace : 590.
Jones, Quincy Delight : 411, 573.

Kakehashi, Ikaturō : 545-548, 550-557, 559-561, 570-571, 583, 588-589, 609, 615.
Kandinsky, Vassily : 415.
Kant, Emmanuel : 88.
Kasey, Kenneth Elton, dit Ken : 445.
Katoh, Tsutomu : 582-585, 587-590, 615.
Kauffman, Doc : 380, 382.
Kavina, Lydia : 156.
Kawakami, Genichi : 537, 540.
Kawakami, Kaichi : 536-537.
Keane, David : 271.
Kelly, John Francis : 296.
Kelly, Marvin : 281-282.
Kemmler, William : 54-56.
Kennan, George Frost : 153.
Kepler, Johannes : 15.
Khrouchtchev, Nikita Sergueïevitch : 155.
King Crimson (groupe de musique) : 269, 521.

Index des noms

KINGSLEY, Götz Gustav Ksinski, dit : 458.
KONSTANTINOVA, Ekaterina : 148.
KOWALSKY, Henri : 129-130.
Kraftwerk (groupe de musique) : 521, 528.
KRAUSE, Bernie : 435-436, 446.
Kronos Quartet (quatuor à cordes) : 330.
KTESIBIOS (ingénieur grec) : 65.
KUBRICK, Stanley : 296, 451.
KURZWEIL, Raymond C., dit Ray : 480-486, 505, 563.

LANGMUIR, Irving : 216-217.
LAPLACE, Pierre-Simon de : 16.
LAWS, Samuel Spahr : 24-26.
LE CAINE, Hugh : 306, 331-362, 420-422, 438, 530.
LE CAINE, Jeanne : 332, 334.
LE CAINE, Susan : 332.
LE CAINE, Trudi : 355-360.
Led Zeppelin (groupe de musique) : 157, 521, 539.
LÉNINE, Vladimir Ilitch Oulianov, dit : 123-124, 127-131.
LERTES, Peter : 187.
LES PAUL, Lester William Polsfuss, dit : 263-264, 318.
LESLIE, Donald James, dit Don : 250-251.
LEVIDIS, Dimitri : 172.
LÉVY, Lucien : 218.
LEWIS, Jerry Lee : 254, 456.
LIBERACE, Władziu Valentino : 456.
LINCOLN, Abraham : 139.
LINDBERGH, Charles Augustus : 146.
LINN, Roger : 598, 601-602, 608, 614-615.
LISZT, Franz : 77-78, 364.
Lolita (personnage de fiction) : 317.
LONDON, John Griffith Chaney, dit Jack : 79.
LORIOD, Jeanne : 179.
LOUIS XIV (roi de France) : 331.
LUENING, Otto Clarence : 300, 426.
LUMIÈRE, Louis Jean : 164.

MADERNA, Bruno : 274.
MADLIB, Otis Jackson Jr., dit : 330.
MADONNA, Madonna Louise Ciccone, dite : 559.

MAGER, Jörg : 189.
Mahavishnu Orchestra (groupe de musique) : 458.
Mamma G, *voir* GILLILAND, Lillian.
MANCUSO, Joseph : 471, 474.
MANZAREK, Raymond Daniel Manczarek, dit Ray : 382.
MARC-AURÈLE (empereur romain) : 70.
MARCHETTI, Federico : 479.
MARCONI, Guglielmo : 114, 118, 120, 214.
MARTENOT, Gabriel : 159.
MARTENOT, Geneviève, dite Ginette : 159, 165-166, 173, 177-180.
MARTENOT, Madeleine : 158-160, 179.
MARTENOT, Maurice : 158-183, 186, 189, 192, 196, 198, 215, 236, 238, 254, 272, 302, 338-339, 368, 388, 440, 455, 495, 617, 619-620.
MARTENOT, Renée : 160, 179.
MARTIN, Constant : 253.
MASSENET, Jules : 127.
MATHEWS, Max Vernon : 290-299, 302, 362, 423, 499, 512, 515, 564, 575-576, 578, 616-617, 619.
MAXWELL, James Clerk : 112-113, 187.
MAYER, Jörg : 134.
McELHINEY, Robert James, dit Bob : 411.
McMILLEN, Keith : 564.
MEISSNER, Walther : 216-217.
MENDELSSOHN, Jakob Ludwig Felix Mendelssohn Bartholdy, dit Felix : 102.
MESSIAEN, Olivier Eugène Charles Prosper : 177-179, 181-182, 574.
MEUCCI, Antonio : 34.
MIESSNER, Benjamin Franklin : 388-393, 422, 530, 617.
MIESSNER, William Otto, dit Otto : 389.
MILHAUD, Darius : 177.
MILLER, Alton Glenn, dit Glenn : 48, 140, 548.
MILLS, Irving Harold : 309.
MITCHELL, Grant Anthony : 205.
MONK, Thelonious Sphere : 491.
MONTESSORI, Maria : 160.
Moody Blues (groupe de musique) : 269.
MOOG, Adrian : 526.

Index des noms

Moog, Ileana Grams, épouse : 488.
Moog, Laura : 420, 479-480, 486, 488.
Moog Quartet (groupe de musique) : 458.
Moog, Robert Arthur, dit Bob : 414, 416-438, 440-442, 444, 446-447, 452-453, 457-468, 470-471, 477, 479-480, 485-491, 493, 500, 504, 506-508, 517, 523, 552, 564, 573, 587-588, 614, 617, 619.
Moog, Shirleigh : 420, 432, 479-480, 488.
Moog-Koussa, Michelle : 479-480, 486, 488, 508.
Moore, Adrian : 484.
Morgan (famille) : 80.
Morgenstern, Emmanuel Lubezki : 146.
Morrison, George Ivan, dit Van : 436.
Morse, Samuel Finley Breese : 22.
Mothersbaugh, Mark Allen : 330.
Moucherol, Christophe : 71.
Moussorgski, Modeste Petrovitch : 452.
Mozart, Wolfgang Amadeus : 77, 336, 364, 481.
Munch, Charles : 181.

Nakata, Takuya : 614.
Neill, Roy William : 205.
Nernst, Walther Hermann : 391.
Newton, Isaac : 15.
Nichols, Michael Igor Peschkowsky, dit Mike : 436.
Nikolas II (tsar de toutes les Russies) : 123.
Nikolais, Alwin : 428.
Nono, Luigi : 517.
Nyquist, Harry : 282.

Oberheim, Marion : 612.
Oberheim, Tom Elroy : 570, 602-610, 612, 614-615.
Œdipe (héros de la mythologie grecque) : 317.
Ohm, Georg Simon : 16.
Olgin, Moissaye Joseph : 135.
Oliva, Ambro : 183.
Oliveros, Pauline : 439.
Olson, Harry Morton : 299-300, 302.
Oppenheim, Salomon Jr. : 113.
Osanai, Tadashi : 583-584.

PAGE, James Patrick, dit Jimmy : 157.
PAINE, Thomas : 20.
PASCAL Ier (pape) : 70.
PASCHENKO, Andreï Filippovitch : 130.
PAUL JONES, John Baldwin, dit John : 539.
PEARLMAN, Alan Robert : 462-464, 468-469, 471-473, 475-476, 478, 507, 605, 615.
PEDERSEN, Paul Richard : 357.
PENNY, Emory : 245.
PÉPIN LE BREF (roi des Francs) : 67.
PERAHIA, Murray : 366.
PETERSON, Oscar Emmanuel : 477, 552.
PFLEUMER, Fritz : 259.
PIERCE, Edwin H. : 96-97.
PIERCE, John Robison : 281, 288, 290-292, 302, 617.
Pink Floyd (groupe de musique) : 190, 394, 521, 524, 569.
PLEYEL, Ignace Joseph : 77.
POLLOCK, Lewis : 468-469, 471-472.
PONIATOFF, Alexander Matveevich : 261.
POPOV, Aleksandr Vladimirovitch : 114.
PORCARO, Steven Maxwell Steve : 598-599.
PORTER, Cole Albert : 196.
POULSEN, Valdemar : 117, 120, 256-260.
PRESLEY, Elvis Aaron : 456.
PROUST, Valentin Louis Georges Eugène Marcel Proust, dit Marcel : 82.
PUCCINI, Giacomo : 101.
PYRRHUS Ier (roi des Molosses) : 58.
PYTHAGORE (réformateur, philosophe et mathématicien grec) : 12, 15, 75, 92-94.

Queen (groupe de musique) : 393, 608.

RACHMANINOV, Sergueï Vassilievitch : 134.
Radiohead (groupe de musique) : 183.
RAMEAU, Jean-Philippe : 15.
RAPHAËL (peintre et architecte italien) : 71-72.
RAVEL, Maurice : 177.
REDDING, Otis Ray : 436.

REDMOND, Forrest : 221, 235, 245, 252.
REICH, Steve : 322, 439.
RENAUD, Madeleine : 179, 181.
Return to Forever (groupe de musique) : 398, 458.
RHEA, Tom : 479.
RHODES, Carol Andrea : 363, 378-379, 404, 411-412.
RHODES, Cecil John, dit John : 362-363, 412.
RHODES, Dave : 378-379, 404, 411-412.
RHODES, Delores : 403-404, 410, 412.
RHODES, Harold Burroughs : 362-364, 366-370, 372-379, 381-384, 386, 393, 395-399, 402-407, 409-414, 446, 478, 508, 587, 617.
RHODES, Harold Jr. : 404, 412.
RHODES, Janice : 378-379, 404, 411-412.
RHODES, Margit : 410-412.
RHODES, Patricia : 376, 378, 403-404, 411-412.
RIEDL, Josef Anton : 274.
RILEY, Terry : 322, 439, 448.
RISSET, Jean-Claude : 281, 297-298, 512, 616.
ROCKEFELLER (famille) : 80.
ROCKMORE, Clara Reisenberg, épouse : 148, 156, 422.
ROMANOV (famille impériale) : 123.
ROMBERG, Sigmund : 232.
ROOSEVELT, Franklin Delano : 389.
ROSEN, Lucie Bigelow Dodge, épouse : 139, 142, 148-149, 156.
ROSEN, Walter Tower : 139, 142, 148-149.
ROSENBOOM, David : 496.
Ross, Diana : 471.
ROSSUM, Dave : 591-594, 596, 606, 611-614.
ROSSUM, Karen : 591-593.
ROUXEL, Jacques : 276.
Roxy Music (groupe de musique) : 521.
RUSSELL, Claude Russell Bridges, dit Leon : 598, 605.

SAINT-SAËNS, Camille : 128, 143.
SAKATA, Kazuo : 554-555.
SALA, Oskar : 189-194, 617.
SALOMON (roi d'Israël) : 317.
SARNOFF, David : 219, 242, 299-300, 302.

SAUVEUR, Joseph : 15.
SCHAEFFER, Pierre : 180, 272-278, 346, 351, 425.
SCHEIBLER, Carl Wilhelm Bernhard : 16.
SCHILLINGER, Joseph : 135, 138-140, 145, 147, 564.
SCHMIDT, Rudolf : 190.
SCHNABEL, Arthur : 292.
SCHÖNBERG, Arnold : 195, 275, 574.
SCHONBERG, Harold Charles : 155.
Schroeder (personnage de la bande dessinée *Peanuts*) : 374.
SCHUBERT (famille) : 208.
SCHULLER, Eduard George : 259.
SCHULTZ, William Charles, dit Bill : 410.
SCHULZE, Klaus : 194.
SCHUMANN, Robert : 102, 166.
SCOTT (famille) : 312.
SCOTT, Carrie : 308, 318-319.
SCOTT, Jim : 455, 479.
SCOTT, Mitzi : 422.
SCOTT, Raymond : 306, 308-313, 315-320, 323-331, 362, 389, 419, 421-422, 558, 617.
SCOTT, Ridley : 540.
SCOTT DE MARTINVILLE, Édouard-Léon : 34, 36-37.
SCRIABINE, Alexander Mikhaïl : 128.
SEAR, Walter Edmond : 424, 430, 433, 435, 460.
SELEY, Jason : 425.
SELLERS, Richard Henry, dit Peter : 511.
SELMER, Henri : 254.
SENDER, Ramón José Sénder Garcés, dit Ramon : 439-440.
SHANKAR, Robendra, dit Ravi : 436.
SHANNON, Claude Elwood : 279-282, 284-287, 289, 525, 619.
SHAVERS, Charlie : 312.
SIDAY, Eric : 428.
SIGNORET, Simone : 179.
SIMMONS, Bill : 99.
SIZE, Ryan Owen Granville Williams, dit Roni : 597.
SMITH, Anton : 209.
SMITH, Dave : 561-562, 564-572, 589, 592-593, 601, 609, 613-615.
SMITH, Jimmy : 250.

SMITH, Mildred : 209, 221, 252.
SMITH, Oberlin : 255-256.
Soft Machine (groupe de musique) : 269.
SORENSEN, Stanley : 253.
Soul Coughing (groupe de musique) : 330.
SPIELBERG, Steven : 464.
SPINOZA, Baruch : 88.
STALINE, Iossif Vissarionovitch Djougachvili, dit Joseph : 131, 151-152, 154-155.
STALLING, Carl W. : 313.
STEIN, Johann Andreas : 76.
STEINWAY (famille) : 77.
STEPANOFF, Alexandra : 135.
STILWELL, Mary Edison, née : 28, 43-44, 48.
STOCKHAUSEN, Karlheinz : 274-275, 352, 513, 523, 574.
STOKOWSKI, Leon : 142, 172, 196, 302.
STRAVINSKY, Igor Fiodorovitch : 196, 573.
STREICHER, Johann Baptist : 76.
STRONG, Idea Louise : 198-201.
SUBOTNICK, Morton : 439-440, 445-446.
SUN RA, Herman Poole Bloun, dit : 51, 433.
Supertramp (groupe de musique) : 393.
SWAN, Joseph Wilson : 41-42, 44.
SWIFT, Taylor Alison : 559.

TAGORE, Rabindranath Thakur, dit : 183-184.
TAL, Josef Grünthal, dit Josef : 352.
Talking Heads (groupe de musique) : 569.
Tangerine Dream (groupe de musique) : 194, 434, 477.
TANNER, Paul Ora Warren : 157.
Temptations (groupe de musique) : 325.
TENNEY, James : 297.
TERTULLIEN, Quintus Septimius Florens Tertullianu, dit : 66.
TESLA, Nikola : 48-52, 57-58, 113.
The Beatles (groupe de musique) : 254, 269, 371, 434, 458, 523.
The Byrds (groupe de musique) : 434, 436.
The Carpenters (groupe de musique) : 398.
The Doors (groupe de musique) : 382, 393, 436.

The Fab Four (groupe de musique) : 434.
The Headhunters (groupe de musique) : 394.
The Nice (groupe de musique) : 451.
The Police (groupe de musique) : 608.
The Rolling Stones (groupe de musique) : 269, 433, 523.
The Who (groupe de musique) : 521, 540.
THEREMIN, Lev Thermin, dit Léon : 122-140, 142-159, 161-162, 164, 170, 172-173, 176-177, 186, 189, 198, 215, 236, 241, 302, 319, 338, 368, 387-389, 422, 440, 500-501, 558, 617, 620-622.
THORP, Edward Oakley : 285-287, 293.
TIERSEN, Yann : 183.
TOBIN, Amon Adonai Santos de Araujo Tobin, dit Amon : 330.
TODD, Frederick Cage : 88.
TOSCANINI, Arturo : 134.
Toto (groupe de musique) : 598.
TOULON, Pierre : 320.
TRAUTWEIN, Friedrich : 185-186, 189, 191, 193, 338, 440, 620.
TRENET, Louis Charles Auguste Claude, dit Charles : 254.
TRUFFAUT, François : 464.
TUPOLEV, Andreï Nikolaïevitch : 151.
TURING, Alan Mathison : 279-280.
TWAIN, Samuel Langhorne Clemens, dit Mark : 100, 106-107.

ULYSSE (héros de la mythologie grecque) : 12.
USSACHEVSKY, Vladimir Kirilovitch : 300-301, 347, 352, 426, 513, 515.

VAN DE VELDE, Ernest : 372.
VAN GELDER, Rudolph, dit Rudy : 314.
Van Halen (groupe de musique) : 608.
VAN KOEVERING, David : 461, 466, 468.
VANDERBILT (famille) : 80.
VARÈSE, Edgar : 140, 196, 302.
VERDI, Giuseppe Fortunino Francesco : 82.
VIERLING, Johann Gottfried : 391.
VINCI, Léonard de : 31.
VOINOV, Alexei : 319.

Index des noms

WAGNER, Wilhelm Richard : 99, 476.
WAKEMAN, Richard Christopher, Rick : 394, 451.
Wallace (personnage du dessin animé *Wallace et Grommit*) : 513.
Walter (cousin de Laurens Hammond) : 221.
WALTER, Arnold Maria : 355.
WALTER, Bruno : 133.
WALTER, Gabriel A. : 76.
WARNOW, Harry, *voir* SCOTT, Raymond.
WARNOW, Joseph : 306.
WARNOW, Mark : 306-308, 316-317.
WARNOW, Pearl : 307-308, 317.
WARREN, Henry : 222.
WAYTENA, Bill : 459-461, 466-467, 469.
Weather Report (groupe de musique) : 398, 569.
WEBER, Walter : 261.
WEBSTER, Ben : 312.
WEDGE, Scott : 591-592, 597, 606, 613.
WEIDENAAR, Robert : 432.
WEIR, Peter : 564.
WEISS, John : 433.
WESSEL, David Meyer : 564.
WEST, Kany Omari : 559.
WESTINGHOUSE, George : 51-58, 90, 114, 131.
WILLIAMS, Anthony Tillmon, dit Tony : 397.
WILLIAMS, John Towner : 309.
WILLIAMS, Johnny : 309.
WILLIAMS, Lavinia : 148-151, 155-156.
WILLIAMS, Robin : 564.
WILSON, Brian : 433.
WILSON, David : 357-358.
WILSON, Thomas Woodrow : 202.
WINNER, Jeff : 330.
WONDER, Stevland Hardaway, dit Stevie : 325, 395, 450, 465, 482-483, 539, 595.
WOOD, Robin : 523, 528.
WRIGHT, Richard Nathaniel : 394.
WURLITZER, Rudolph, dit Rudy : 134-135, 137, 386-387, 393, 395, 551, 583.

Yamaha, Torakusu : 532-537, 547, 554.
Yes (groupe de musique) : 269, 394, 451.
Yes Men (groupe de musique) : 439.
Yu-Gi-Ho (personnage du manga éponyme) : 499.

Zacharias, Ernst : 394.
Zappa, Frank Vincent : 315, 436, 458, 590, 605.
Zawinul, Josef, dit Joe : 393, 398, 465, 607.
Ziegfeld, Florenz : 207-208, 246.
Zinman, Boyd : 146.
Zinovieff, Leo Alexandrovich : 512.
Zinovieff, Peter : 511-517, 522-529, 566.
Zinovieff, Sofka : 512.
Zwolle, Henri Arnaud de : 74.

Intro	11
Chapitre I. *Edison*	19
Un jeune homme entreprenant	19
Les premiers brevets	25
Premiers pas dans l'aventure sonore	29
Le phonographe	34
L'ampoule	40
L'électricité	43
La guerre des courants	48
Une défaite sans vaincu	53
Chapitre II. *Cahill*	62
Petit historique du clavier	64
On affine le modèle	72
Un format universel	76
Une Amérique en plein bouleversement	78
Naissance du *Telharmonium*	82
L'heure des banquiers	88
Le tempérament	92
En route pour les affaires	96

664 *Les fous du son*

Les ennuis commencent	102
Une longue extinction	105
CHAPITRE III. *Theremin*	112
Les balbutiements de la radio	117
Un jeune Russe visionnaire	121
Les débuts de la gloire	127
À la conquête du monde	131
Business à la new-yorkaise	136
De nouveaux instruments	140
Les obstacles s'accumulent	145
Esclave de Beria	149
Après la guerre	154
CHAPITRE IV. *Martenot, le* Trautonium	158
Les *Ondes Martenot*	161
Perfectionnement de l'instrument	166
Voyages et bonnes idées	173
Création d'un répertoire	176
Les Trente Glorieuses	179
Le *Trautonium*	185
Oskar Sala, mixturtrautoniste	190
CHAPITRE V. *Hammond, les brevets*	195
Une enfance insolite	198
Inventeur à tout prix	203
La question des brevets	209
Le cas Armstrong	213
La radio FM	218
La Hammond Clock Company	220
Des horloges aux claviers	224
Une idée bien reprise	227
Le casse du siècle	233

Table des matières

L'aventure synthétique	235
Interlude militaire	240
Un *Hammond* dans chaque foyer	243
Le *B-3*	247
Changement de vie	252
CHAPITRE VI. Tapes and computers	255
Le *Magnetophon*	259
Les musiciens bidouilleurs	263
Le *Chamberlin*	265
Le *Mellotron*	268
La tape music	272
Pierre Schaeffer et le GRM	275
Shannon et la naissance de l'informatique	278
Un portable au casino	284
Le transistor	287
Max Mathews	289
Qu'est-ce qu'un son ?	296
Le monstre de RCA	299
CHAPITRE VII. *Scott, Le Caine*	304
Harry Warnow, inventeur contrarié	306
L'ascension de Raymond	311
The Jingle Workshop	318
L'*Electronium*	324
Hugh Le Caine	331
Le *Sacqueboute électronique*	338
Déboires et créations	346
Un homme à part	354
Sur la route de l'oubli	356
CHAPITRE VIII. *Rhodes*	362
Le bon médicament	368

Le *Pre-Piano*	373
Leo Fender et Harold Rhodes	378
Les débuts chez Columbia	383
La maison Wurlitzer	386
Benjamin Miessner	388
La maturité	395
Le *Rhodes*, meilleur ami du pianiste	398
Sortie de route	404
CHAPITRE IX. *Moog, Buchla*	414
Un amoureux du *Theremin*	417
Les premières découvertes	420
L'atelier de Trumansburg	429
Don Buchla, inventeur côté Ouest	437
Switched-On Bach	447
Le *Minimoog*	453
Les années sombres	459
CHAPITRE X. *ARP, Moog, Buchla*	462
L'épopée d'ARP	468
Après le beau temps, la pluie	475
Moog chez Kurzweil	479
De retour à Asheville : le *Voyager*	487
Le prophète solitaire	490
À la recherche de la parfaite interface	496
Le *Piano Bar*	504
CHAPITRE XI. *Outre-mers*	510
Peter Zinovieff, un aristocrate pas comme les autres	510
Naissance d'EMS	516
Le mouvement s'accélère	522
La descente aux enfers	526

Table des matières

L'émergence du Japon	529
Torakusu Yamaha, pionnier du genre	532
Les premiers claviers électroniques	537
Le *DX 7*	541
Ikutaro Kakehashi, plus fort que le destin	546
L'épopée de Roland	555
L'expansion tranquille	559
CHAPITRE XII. *Le Cercle des Présidents Disparus*	563
Dave Smith, une idée derrière la tête	564
Le *Prophet 5* et le MIDI	568
John Chowning : à la recherche d'un nouvel espace sonore	572
La synthèse FM	576
La déferlante de Korg	582
Le triomphe d'E-mu	591
Roger Linn et les drum machines	597
Le gros son d'Oberheim	602
Quelques épilogues	610
OUTRO	619

APPENDICES

Remerciements	625
Glossaire	627
Orientation bibliographique	640
Index des noms	644

DU MÊME AUTEUR

Aux Éditions Gallimard

MONK, coll. L'Arpenteur, 1996 ; nouv. éd. MONK, coll. Folio n° 3009, 2017.

Chez d'autres éditeurs

JAZZ CLUBBERS : AU DUC DES LOMBARDS, éditions de l'Elocoquent, 2010.

JAZZ ME BLUE : ANTHOLOGIE PROPOSÉE PAR JEAN-PAUL GRATIAS, Alvik, coll. « Moisson Rouge », 2009.